NAPOLÉON III

DU MÊME AUTEUR
en poche

Le fascisme italien, avec Serge Berstein, Paris, Seuil, Points. Histoire n° 44, 1980.

Fascisme français : passé et présent, Paris, Flammarion, Champ n° 236, 1991.

Les Fascismes, Paris, Seuil, Points. Histoire n° 147, 1991.

Voyage en Ritalie, Paris, Payot, Petite bibliothèque Payot n° 224 2004.

L'Europe en chemise noire : les extrêmes droites en Europe de 1945 à no jours, Paris, Flammarion, Champs n° 565, 2004.

Verdi, Paris, Perrin, tempus n° 88, 2005.

collection tempus

Pierre MILZA

NAPOLÉON III

PERRIN
www.editions-perrin.fr

tempus est une collection des éditions Perrin.

1

Dans l'ombre de l'Aigle
(1808-1815)

« Je vous fais compliment de la naissance de votre fils. Je désire que ce prince s'appelle Charles-Napoléon. » C'est en ces termes lapidaires qu'en mai 1808 Napoléon Iᵉʳ, alors au sommet de sa gloire, prend acte de la naissance du troisième fils de son frère Louis, roi de Hollande, et d'Hortense de Beauharnais, fille de l'impératrice Joséphine. Trois semaines plus tard, l'empereur ajoutera un autre prénom à l'état civil du nouveau-né, désormais baptisé Charles Louis-Napoléon. Pour ses familiers, il sera Louis-Napoléon Bonaparte, en attendant de prendre, avec la couronne impériale, le nom de Napoléon III.

Le jeune prince avait vu le jour dans la nuit du 20 au 21 avril, à une heure du matin, rue Cerutti — aujourd'hui rue Laffitte — au cœur d'un quartier où se côtoieront sous le Second Empire le Paris de la finance et le monde du spectacle. L'enfant, déclaré né « avant terme », était si faible que sa mère crut qu'il ne survivrait pas à l'accouchement. « Il fallut, écrit-elle le baigner dans du vin, le mettre dans du coton pour le rappeler à la vie [1]. » On craignit un moment qu'en dépit des soins qui lui étaient prodigués par Baudelocque [2], la reine elle-même ne mourût avant le lever du jour. La veille, Hortense s'était rendue chez sa belle-sœur,

Caroline Murat, pour assister en compagnie de son fils,
Napoléon-Louis, âgé de quatre ans, à une fête enfan-
tine, et elle avait été fortement impressionnée par les
exercices périlleux d'un danseur de corde. Telle est du
moins la raison qu'elle donnera dans ses Mémoires de
la venue avant terme de Louis-Napoléon. Les autres
tiennent aux rapports détestables qu'Hortense entretenait de longue date avec son époux et aux rumeurs qui
accompagnèrent la troisième grossesse de la reine de
Hollande.

Une filiation incertaine

Ce n'était pas la première fois que le bruit avait couru
dans l'entourage de Napoléon de l'illégitimité d'un fils
d'Hortense et de Louis. Ce dernier n'avait-il pas soup-
çonné son frère, alors Premier Consul, d'être le géniteur
de Napoléon-Charles, né en 1802, au point de se retirer
en province dès les premiers signes de la grossesse et
de songer à divorcer de son épouse ? Il avait fini par
renoncer à ce projet mais il s'était montré irréductible
lorsque Napoléon avait proposé, après la proclamation
de l'Empire, d'adopter l'enfant et de le faire roi d'Italie
sous le nom de Napoléon II, autrement dit de le désigner aux yeux de l'Europe comme l'héritier du trône
impérial. Il fallut, pour contourner la résistance de
Louis, que Napoléon fît adopter par un texte plébiscitaire le principe de sa succession au profit de la postérité mâle de Joseph Bonaparte. Ce dernier n'ayant eu
que des filles et sa femme n'étant plus en état de supporter une nouvelle maternité, il en résultait que le jeune
Napoléon-Charles se trouvait désigné successeur naturel et légitime de l'empereur sans qu'il fût besoin de
recourir à l'adoption[3].
Le scénario que Napoléon avait imaginé au lendemain du 18 Brumaire, avec la complicité de Joséphine,
se trouvait ainsi réalisé. Bien décidé à ceindre la couronne impériale, le Premier Consul ne pouvait laisser

en suspens la question de la succession dynastique, la stérilité de son épouse l'obligeant soit à divorcer de celle-ci — ce à quoi il se refusait — soit à envisager d'adopter un rejeton issu du clan des Bonaparte. Ayant opté pour cette solution, il songea dans un premier temps à Joseph, alors privé lui aussi de postérité, puis à Lucien, père de deux filles et qui refusa avec hauteur, à Louis enfin, quatrième fils de Charles Bonaparte et de Letizia Ramolino.

Louis était né en 1778. Il était donc de près de dix ans le cadet de Napoléon qui avait pratiquement élevé ce jeune frère et avait fait de lui son aide de camp en Italie et en Égypte, puis son ambassadeur en Russie après Brumaire, et enfin un colonel de dragons. C'est au cours de son séjour italien que Louis Bonaparte contracta la maladie vénérienne qui devait, en peu d'années, transformer ce brillant militaire en une épave humaine. En octobre 1801, au moment où Napoléon et Joséphine le jettent dans les bras d'Hortense, il est déjà à moitié paralysé, couvert de furoncles et en proie à de profondes crises de neurasthénie. Les médecins de la Faculté de Montpellier, auxquels il confie sa détresse physique, et les thermalistes de Barèges ne peuvent déjà plus grand-chose pour lui.

On conçoit que la jeune et sémillante Hortense, fille de Joséphine et du général vicomte Alexandre de Beauharnais, que la Convention avait placé à la tête de l'armée du Rhin, avant de l'envoyer à la prison des Carmes, puis à la guillotine, ne manifesta guère d'enthousiasme lorsque sa mère lui fit part du projet que le Premier Consul et elle-même avaient formé de son mariage avec Louis Bonaparte. Il fallut beaucoup d'insistance de la part du Premier Consul et de son épouse, pour qu'elle se résolve à faire passer la raison d'État avant ses propres inclinations. « Duroc ne lui déplaisait pas », mais il n'avait pas l'heur de séduire Joséphine qui brocardait son extraction modeste : « Je ne pourrais m'habituer, disait-elle, à t'entendre appeler Madame Duroc[4]. » Fille docile, façonnée aux normes de son époque et de son milieu par Mme Campan et son pensionnat de Saint-Germain, Hortense n'était pas à proprement parler une beauté. Mais elle avait du charme, une grande fraîcheur, de belles boucles blondes et un regard mélancolique qui lui valaient de nombreux hommages de la part des jeunes gens qui peuplaient la petite Cour consulaire des Tuileries et de Saint-Cloud. Elle n'en éprouva que plus de mal à devoir épouser l'ombrageux et peu séduisant Louis Bonaparte.

C'est de ce dernier que vinrent paradoxalement les résistances les plus vives. Au retour de la première campagne d'Italie, Louis s'était épris d'une nièce de Joséphine, Émilie de Beauharnais, et c'est Napoléon qui, pour une raison mal élucidée, s'était opposé au mariage. Le jeune homme s'était incliné, mais peut-être en avait-il conservé une certaine rancœur. Il fut surtout aux prises, dès que Lucien Bonaparte eut vent de l'affaire, avec une offensive de dénigrement dirigée contre Napoléon et contre sa jeune belle-fille, suspecte aux yeux de Lucien d'être la maîtresse du Consul. Louis commença par déclarer que l'affaire était pour lui enterrée, avant de céder aux instances de Joséphine et de son époux, ainsi qu'aux charmes de la future reine de Hollande.

Dès que fut obtenu le consentement des jeunes gens, on hâta les préparatifs du mariage. Celui-ci eut lieu le 4 janvier 1802 à Paris et fut suivi d'une brève lune de miel. Six semaines après la cérémonie, aux premiers signes d'une grossesse qu'il semblait ne pas vouloir endosser, Louis quitta précipitamment La Malmaison pour sa « petite campagne » de Baillon — une propriété située à proximité de Chantilly et qui avait appartenu à Mme de Pompadour —, interdisant à son épouse de le suivre. De là, il rejoignit son régiment à Joigny, puis partit en cure à Bagnères-de-Bigorre et à Barèges, fit retour à Joigny en septembre, ne réapparaissant à Paris que huit mois plus tard, pour déclarer la naissance de son premier fils.

Napoléon ne fit pas grand-chose pour réconcilier les

deux conjoints. Si l'on suit Hortense dans ses confidences ultérieures, le Premier Consul lui aurait dit qu'il était « peut-être heureux » que l'Europe ait cru que le petit Napoléon-Charles était de lui. Voilà qui coupait court aux rumeurs faisant état de sa propre stérilité. Il ne chercha pas, en tout cas, à rassurer son jeune frère. Il se contenta, pour le déloger de sa garnison de Joigny où Louis commandait un régiment de dragons, de le nommer général. Puis il s'appliqua, par tous les moyens, à lui faire accepter l'idée de l'adoption de Napoléon-Charles. Mais il eut beau lui faire décerner l'épée de Grand Connétable et l'ordre de la Toison d'Or, le doter de revenus immenses, le menacer de le priver de ses titres, et même user de violence à son égard : il se heurta à un inébranlable refus.

L'annonce d'une deuxième grossesse rapprocha un moment les deux époux. Sans doute Louis jugea-t-il qu'il n'avait cette fois aucune raison de douter de sa paternité. Plus tard, il manifestera à l'égard de ce second fils, né le 11 octobre 1804, une tendresse refusée aux deux autres. Jusqu'en 1806, le couple vécut dans une coexistence dorée, partagée entre Compiègne où Louis se trouvait en garnison, l'hôtel particulier de la rue Cerutti, le château de Saint-Leu, dont le jeune général fit l'acquisition en 1804, et de brefs séjours à La Malmaison. L'empereur avait tenu à traiter Hortense comme une seconde impératrice, constituant sa maison avant celle de Joseph et de Madame Mère, et couvrant son époux d'honneurs et de prébendes. Estimant qu'en ne capitulant pas devant son frère, il avait préservé son honneur, ce dernier profitait sans vergogne des largesses impériales. En échange, Napoléon exigeait du couple qu'il donnât au moins l'apparence d'une vie commune, interrompue il est vrai par les longs séjours en cures thermales qu'exigeait l'état de santé de Louis Bonaparte.

C'est au printemps 1806 que celui-ci fut placé par Napoléon sur le trône de Hollande, l'une des pièces du « système familial » que l'empereur avait imaginées

pour assurer sa domination sur l'Europe. Louis était
enthousiaste à l'idée de ceindre une couronne et de gouverner un État, fût-il étroitement assujetti à l'autorité de
son frère. Hortense accueillit pour sa part l'événement
comme un drame. Non seulement, elle allait devoir
quitter les êtres et les lieux qu'elle aimait — sa mère,
l'empereur, le jeune et séduisant comte de Flahaut,
fils adultérin de Talleyrand, avec lequel elle avait
commencé à nouer une amitié amoureuse, le château
de Saint-Leu dont elle s'était fait un refuge —, mais il
lui faudrait renoncer aux plaisirs de la vie parisienne
pour se plier à l'austère étiquette d'une Cour étrangère.
Surtout, elle comprenait qu'en devenant roi de Hollande, Louis détiendrait un pouvoir qui ne s'exercerait
pas seulement sur ses sujets : « Je ne le croyais pas
ambitieux, écrira-t-elle, mais je découvrais en lui je ne
sais quelle satisfaction. Jusque-là, tout changement
l'avait tant troublé ! Alors, il jouissait pleinement du
plaisir de devenir son maître et surtout le mien[5]. »

Sans doute est-ce pour ne pas être séparée de ses
enfants qu'Hortense accepta de suivre son mari à La
Haye. Ce qui l'attendait dans la capitale néerlandaise
dépassait toutefois ce qu'elle avait pu imaginer dans
ses pires moments d'angoisse : des palais obscurs et
humides, la menace d'une attaque anglaise dans un
pays dégarni de troupes, le tête-à-tête avec un conjoint
dont le contact physique lui faisait horreur et qui se
comportait en tyran soupçonneux et querelleur. Hortense ayant confié à Joséphine que Louis ne cessait de
lui faire grief de son appérit de vivre et l'accusait de
toutes les turpitudes, la retenant prisonnière dans le
plus sinistre de ses palais, c'est Napoléon lui-même
qui, se portant garant de la vertu de sa belle-fille, prit
la plume pour admonester son frère : « Vous voulez
qu'une femme de vingt ans, qui voit passer la vie, qui
en a toutes les illusions, vive dans un cloître et soit
comme une nourrice toujours à laver son enfant[6] ? »

À la suite de ce rappel à l'ordre impérial, Louis proposa à sa femme une sorte de pacte par lequel chacun

des deux conjoints s'engagerait à faire table rase du passé et à vivre désormais « comme des gens de bien et de vertu »[7]. Par ce biais, le roi entendait obtenir d'Hortense qu'elle renonçât à rencontrer ou à correspondre avec qui que ce soit sans son consentement, en échange de quoi il promettait de faire de même. La réponse fut sans détour : « Je ne puis signer cet écrit parce que je ne veux pas vous tromper et que je ne pourrai pas remplir la tâche qu'il m'impose. [...] Vous voulez avoir sur-le-champ ce que l'on n'obtient qu'avec le temps, et surtout avec cet abandon et cette confiance que je méritais et que vous n'avez jamais eus pour moi[8]. »

Les rapports entre les deux époux en étaient arrivés à ce point lorsque l'aîné de leurs deux enfants, le petit prince Napoléon-Charles — héritier présumé du trône impérial —, fut pris d'une fièvre maligne dont les médecins hollandais ne surent déterminer la cause. Mandé en toute hâte, Corvisart, le médecin de la famille impériale, ne put que diagnostiquer une angine diphtérique : trop tard pour sauver l'enfant qui mourut dans la nuit du 4 au 5 mai 1807. Ce décès d'un fils de quatre ans qui portait les espoirs de pérennité de la dynastie semble avoir davantage bouleversé l'empereur que son frère Louis. Quant à Hortense, elle paraissait brisée par ce drame. Peut-être se sentait-elle coupable de n'avoir accordé à son premier enfant qu'une tendresse intermittente ? Terrifiée par l'image de la mort, elle refusa d'approcher son cadavre et se réfugia dans un état de prostration dont elle sortit au bout de quelques jours pour rejoindre Bruxelles en compagnie de sa tante Caroline et retrouver Joséphine au château de Laecken.

De retour en France, Hortense ne fit qu'un bref passage à Paris avant de se rendre dans les Pyrénées pour se reposer et prendre les eaux. D'abord à Bagnères-de-Bigorre — mais, dit-elle, « ce paysage enchanteur n'était pas en rapport avec la disposition de mon âme »[9] —, puis à Cauterets où Louis la rejoignit fin juin et passa en sa compagnie une dizaine de jours au cours desquels le couple offrit à son entourage l'apparence d'une vie conjugale normale. Le 6 juillet, le roi de Hollande partit seul pour soigner ses nombreux maux à Ussat, laissant Hortense libre de ses mouvements, entourée d'une petite cour composée de gens de sa maison.

Commence alors une série d'épisodes qui ont été par la suite examinés à la loupe par plusieurs générations d'historiens en quête de « preuves » de la légitimité ou de l'illégitimité du futur Napoléon III. À peine débarrassée de la présence de Louis, la reine, qui a recouvré une bonne partie de ses forces et de son équilibre, a entrepris de longues et secrètes excursions dans les Pyrénées. Nous les connaissons par ce qu'elle a bien voulu en dire dans ses Mémoires et par la correspondance personnelle du général de Castellane, préfet des Basses-Pyrénées, avec son fils. Ainsi, elle a quitté Cauterets le 10 juillet à cheval, en compagnie d'Adèle de Broc et d'un gentilhomme de sa maison, elle a fait escale à Lourdes et à Pau, est revenue à Cauterets pour tromper la vigilance du préfet, puis est repartie pour visiter Biarritz, Irún, San Sebastian, a escaladé les cimes « comme une biche » et fait l'admiration de ses guides ; s'est séparée de son écuyer M. de Bylandt, « parce qu'il trébuchait dans la montagne », etc. De retour à Cauterets, elle a repris la route le 25 juillet à trois heures du matin pour Gavarnie, où elle a fait halte le lendemain, neuf mois, très exactement, avant la naissance de Louis-Napoléon.

À cette date Louis Bonaparte se trouvait lui-même à Ussat. Il ne sera rejoint à Toulouse par son épouse que le 12 août. De là les nombreuses suppositions sur ce qui aurait pu se passer à Gavarnie si, contrairement à ce qui fut affirmé à la naissance de Louis-Napoléon, l'enfant n'était pas venu au monde avant terme. On a, pour étayer la thèse de l'adultère, souligné le soin que prit Hortense à tenir secrètes ses équipées pyrénéennes. On a longuement glosé sur l'absence de ressemblance physique entre le père officiel et son fils présumé. On a cherché qui, parmi les personnes ayant approché la reine lors de son séjour à la montagne, aurait pu la consoler de son récent malheur. Élie Decazes, le futur ministre de Louis XVIII, qui venait de perdre sa femme et cherchait lui aussi repos et apaisement dans les Pyrénées ? Le vicomte de Bylandt, l'écuyer hollandais de la reine, qui dut quitter Cauterets en toute hâte, moins semble-t-il à cause de ses médiocres qualités d'alpiniste que parce qu'il fut rappelé à La Haye par le roi Louis ? Ou encore l'amiral hollandais Ver Huell, un homme « d'un extérieur agréable et prévenant » — *dixit* Louis Bonaparte — qui se trouvait lui aussi à Cauterets durant l'été 1807 ? Aucune de ces hypothèses n'est à rejeter de manière définitive mais aucune (sans parler d'autres scénarios peu crédibles imaginés par les professionnels du commérage, avant et après 1815) n'emporte davantage la conviction.

Nombreux sont aujourd'hui les historiens qui estiment que l'hypothèse la moins improbable est celle de la paternité du roi Louis[10]. Pourquoi, après tout, Hortense n'aurait-elle pas, comme beaucoup d'autres femmes, accouché avant le terme complet de sa grossesse ? Il paraît établi qu'après avoir rejoint son mari à Toulouse, non sans avoir retardé de quelques jours l'heure de leurs retrouvailles (« je ne fus pas maîtresse de cacher à mon mari l'espèce de répugnance, la crainte même que me faisait éprouver notre réunion »[11]), puis durant leur voyage de retour jusqu'à Saint-Cloud, le couple donna à son entourage les signes apparents de leur « raccommodement ». À supposer qu'elle ait eu lieu, la venue d'un amant de la reine à Gavarnie le 26 juillet n'est nullement incompatible avec d'éventuelles relations conjugales à Toulouse trois semaines plus tard : quand bien même celles-ci devaient mettre un terme définitif au rapprochement des deux époux. N'est-ce pas ce que suggère le roi Louis dans une lettre adressée à Hortense le 14 septembre 1816 ? « La deuxième fois, écrit-il, où nous vécûmes conjugalement, fut, après deux ans, à Compiègne, où nous restâmes environ deux mois, et enfin à Toulouse, en 1807, depuis le 12 du mois d'août que vous vîntes me trouver de Cauterets jusqu'à notre arrivée à Saint-Cloud, vers la fin dudit mois[12]. »

Arrivés à Paris le 24 août, le roi et la reine se séparè-
rent. Louis ne se faisait plus guère d'illusion sur le sort
qui était réservé à son mariage. « Le 12 août 1807,
écrira-t-il plus tard à Hortense, je vous revis à Toulouse ; je me jetai dans vos bras et, bientôt, je fus si bien
convaincu qu'après ce troisième effort tout était fini
entre nous que, sans me plaindre, sans rien dire, je sup-
portai une réunion qui me perçait l'âme parce qu'elle
me prouvait que c'en était fait[13]. » Tandis qu'Hortense
s'installait à Saint-Cloud, il s'isola à Saint-Leu avant
de reprendre le chemin de ses États, non sans avoir
ordonné à la reine de le rejoindre sous quinze jours.
Cette dernière n'en avait nulle intention. Dès qu'elle eut
compris qu'elle était enceinte, elle prit prétexte de
malaises éprouvés lors de ses déplacements entre la
résidence impériale et l'hôtel de la rue Cerutti pour se
faire interdire par les médecins de la Cour tout voyage
en voiture.

Pour faire bon poids, l'empereur ne prit aucun ménagement pour ordonner à son frère de rejoindre au plus
vite son royaume et de laisser Hortense accoucher tranquillement à Paris. Humilié, Louis se réfugia dans un
silence boudeur, ne correspondant avec son épouse que
pour exiger d'elle qu'elle lui renvoie son second fils,
furieux de ne pouvoir s'opposer aux prières publiques
et d'usage pour la délivrance de la reine et dépêchant à
Saint-Cloud son chirurgien, Giraud, avec pour mission
de lui ramener le prince Napoléon-Louis et de s'assurer
que la grossesse de son épouse n'était pas simulée[14].

Hortense, on l'a vu, accoucha de son troisième enfant
dans la nuit du 20 au 21 avril 1808. Louis Bonaparte
s'était refusé à faire le voyage de La Haye pour assister à
une naissance dont il soupçonnait, ou feignait de croire
qu'elle n'était pas de ses œuvres. Était-ce pour en
dénoncer l'illégitimité qu'il adressa à l'empereur, en
juin 1808, en réponse à la lettre dans laquelle Napoléon
lui faisait part des prénoms qu'il avait choisis pour son
neveu ces mots ? « Je remercie Votre Majesté de la lettre
qu'elle a bien voulu m'écrire relativement à l'accouche-

ment de la reine. Je me conformerai avec empressement aux désirs de Votre Majesté sur les noms à donner
à son fils. »

À *son* fils, et non à *mon* fils. On a donné de cette
formule des interprétations diverses, selon que l'on
cherchait ou non à faire la preuve de la filiation légitime
du jeune Louis-Napoléon. Si la thèse du lapsus n'a
guère été retenue — compte tenu de l'extrême minutie
mise par Louis dans la rédaction de ses écrits —, celle
de la vengeance ou de la « punition » visant aussi bien
l'empereur et Joséphine que la reine de Hollande, a
davantage retenu l'attention. On a également mis en
avant le fait qu'il s'agissait d'une lettre protocolaire dans
laquelle Louis Bonaparte parlait d'un fils de la Maison
impériale, donc d'un fils de l'empereur, au sens dynastique du terme [15]. Mais n'est-il pas plus simple et plus
vraisemblable de penser qu'au moins à cette date le roi
nourrissait plus que des doutes quant à cette paternité ?
Pourtant, après avoir ignoré son existence jusqu'à la fin
de l'Empire — alors qu'il ne cesse de réclamer la garde
de son deuxième fils —, Louis finira par se rapprocher
de lui aux heures douloureuses de l'exil, jouant de loin
le rôle d'un père sermonneur mais nullement indifférent, avant de le désigner dans son testament comme
son héritier naturel : « Je laisse [...], écrira-t-il, tout ce
qui constitue mon héritage [...] à mon héritier universel,
Napoléon Louis (*sic*), seul fils qui me reste. »

S'agissant des traits physiques et psychologiques qui
pourraient incliner à voir, ou non, dans le futur Napoléon III le fils légitime de Louis Bonaparte, disons qu'ils
ont donné lieu à des interprétations contradictoires.
Quoi qu'en dise dans ses Mémoires Valérie Masuyer,
dame d'honneur de la reine Hortense (« le roi Louis a
une très belle tête. Son fils Louis lui ressemble ; surtout
le haut du visage » [16]), ses traits sont ceux des Beauharnais. Son flegme, sa douceur, son caractère taciturne
et secret sont fort éloignés des emportements et de la
véhémence des Bonaparte. Rares furent d'ailleurs, dans
la famille et parmi les familiers de l'empereur, ceux qui

crurent à la filiation légitime de Louis-Napoléon. Dans l'intimité de Jérôme, que Napoléon avait fait roi de Westphalie et que son neveu élèvera plus tard à la dignité de maréchal de France, on ne se privera pas de brocarder la « lourdeur germanique » de Napoléon III, imputable, selon le plus jeune des frères Bonaparte, à ses « origines hollandaises » [17].

Laissons de côté ces supputations fondées sur des ragots de Cour et des considérations génétiques scabreuses dont plusieurs générations de pamphlétaires ont fait leur miel, avant et après le rétablissement de l'Empire. Victor Hugo, pour ne citer que lui, ne considérait-il pas que Napoléon III était « l'enfant du hasard » dont le nom était « un vol et la naissance un faux » ? L'important est que, durant toute sa vie, l'homme du 2 décembre ait cru à la légitimité de sa filiation. Informé, sans doute assez tôt, des bruits qui couraient dans les cours européennes, il se refusa toujours d'y attacher le moindre crédit. Devenu après la mort de l'Aiglon en 1832 le prétendant officiel au trône impérial, il ne pouvait douter que la Providence l'eût choisi dans le clan des Napoléonides pour poursuivre l'œuvre de son oncle.

Un enfant délicat

Louis-Napoléon était de santé fragile. L'héritage syphilitique de son père, à supposer que Louis fût bel et bien son géniteur, y fut sans doute pour quelque chose, de même que sa naissance prématurée. Hortense, comme Joséphine, était de complexion délicate et ses grossesses ne furent pas exemptes de difficultés. L'enfant était émotif, timide, renfermé et sujet parfois à de brusques colères. L'atmosphère dans laquelle s'écoulèrent ses premières années n'était pas étrangère à l'instabilité de son caractère. Un père absent, ou ne séjournant à Paris que pour de brefs passages, une mère aimante mais frivole, souvent éloignée elle aussi de

Saint-Leu pour quelque séjour dans une ville d'eau, ou pour rejoindre son amant, le brillant comte de Flahaut, la relégation de Joséphine, remplacée auprès de l'empereur par une archiduchesse autrichienne qui allait devenir la marraine de Louis-Napoléon, les querelles familiales des Bonaparte, le trône de Hollande retiré à Louis, accusé par son frère de favoriser la contrebande avec l'Angleterre, le carrousel des nourrices et des dames d'honneur de la reine, en attendant la catastrophe de 1814 et la disparition prématurée de sa grand-mère : voilà qui avait de quoi ébranler les repères d'un enfant au demeurant peu désiré.

C'est en 1803 qu'Hortense avait fait la connaissance de Charles Flahaut de la Billarderie, fils adultérin de la future marquise de Souza et de Talleyrand. Le jeune homme, qui n'avait pas vingt ans, était à la fois l'aide de camp de Murat et l'amant de Caroline Bonaparte, sa femme. L'amitié initiale s'était muée, chez elle, en passion amoureuse. Charles avait beau être épris d'une jeune Polonaise, la comtesse Potocka, cela ne l'empêcha ni de savourer les délices d'une promotion rapide (il fut nommé colonel en 1808 et baron d'Empire après Wagram), grâce à l'appui de la reine Hortense, ni de céder à ses charmes deux ans plus tard. De leur liaison, tacitement encouragée par Joséphine et par l'empereur lui-même — qui avait officiellement émancipé sa belle-fille après l'avoir contrainte une dernière fois à séjourner auprès de son mari en Hollande —, naquit en 1811 un enfant déclaré sous le nom de Charles-Auguste Demorny, fils d'un planteur de Saint-Domingue. Sous le nom de comte, puis de duc de Morny, ce demi-frère de Napoléon III sera l'un des personnages clés du 2 décembre et du Second Empire.

Le 4 novembre 1810, donc plus de deux ans après sa naissance, eut lieu le baptême du petit Louis-Napoléon. Dans l'intervalle, l'empereur avait divorcé de Joséphine pour épouser Marie-Louise d'Autriche, fille de l'archiduc François de Habsbourg-Lorraine, le futur François Ier. Curieuse cérémonie que ce baptême tardif, célébré par le cardinal Fesch dans la chapelle de la Trinité du château de Fontainebleau. L'enfant avait Napoléon pour parrain et c'est l'impératrice Marie-Louise qui tint sur les fonts baptismaux le petit-fils de la femme qui l'avait précédée sur le trône. Hortense ne semble pas s'en être particulièrement émue, elle qui croyait Joséphine « plus heureuse dans sa douce solitude qu'environnée de tant d'éclat »[18]. Longtemps soumise à la tyrannie soupçonneuse de son époux, elle entendait jouir de sa liberté et des facilités que lui valaient les faveurs impériales.

Tandis qu'Hortense partage son temps entre les fastes de la vie mondaine — elle dispose de deux millions de revenus et d'une domesticité nombreuse —, ses cures thermales à Plombières ou à Aix-les-Bains et ses rendez-vous amoureux à l'hôtel de Beauharnais, le jeune Louis-Napoléon grandit, entouré de l'attention affectueuse des dames d'honneur et des femmes de chambre de la reine. Hortense Lacroix, la future Mme Cornu, fille de l'une d'entre elles, le décrit comme « aimant, caressant, généreux ». Il s'oppose tellement peu à son entourage que sa mère le surnommera « monsieur oui-oui », mais il est sujet à des paniques nocturnes et aura besoin de lumière dans sa chambre jusqu'à l'âge de douze ans.

Depuis son divorce, Joséphine passe la plus grande partie de l'année à La Malmaison : un domaine comprenant, outre le château et ses dépendances, 750 hectares de bois, de prés et de terres cultivées, et une vingtaine de fermes. Elle y reçoit les membres de sa famille et de nombreux visiteurs que l'empereur encourage à ne pas abandonner l'impératrice déchue. Elle se plaît également à y accueillir les deux fils d'Hortense et de Louis. Lorsqu'il réaménagera plus tard La Malmaison, Napoléon III se souviendra avec émotion des journées passées auprès de cette jeune grand-mère qui « me gâtait dans toute la force du terme, tandis qu'au contraire ma mère, dès ma plus tendre enfance, s'occupait à réprimer mes défauts et à développer mes qualités. Je me souviens qu'arrivés à Malmaison, mon frère et moi nous étions maîtres de tout faire. L'impératrice, qui aimait passionnément les plantes, et les serres chaudes, nous permettait de couper les cannes à sucre pour les sucer, et toujours elle nous disait de demander tout ce que nous voudrions ». Lorsque l'on transporta la dépouille de Joséphine à l'église de Rueil, le 2 juin 1814, ce furent ses deux petit-fils, Louis-Napoléon et Napoléon-Louis, âgés respectivement de six et dix ans, qui conduisirent le deuil.

La débâcle

Deux mois s'étaient écoulés depuis l'effondrement de l'Empire. L'armée des coalisés avait envahi la France, obligeant Napoléon à abdiquer le 6 avril en faveur du roi de Rome. Un monde s'écroulait et, dans la tourmente, ceux qui devaient tout au régime déchu s'affairaient à sauver ce qui pouvait l'être. Hortense ne fut pas longue à rejoindre le camp des opportunistes. Il faut dire que dans le climat de débandade qui régnait aux Tuileries dans les derniers jours de mars — l'empereur ayant rejoint l'armée pour tenter par d'ultimes manœuvres de faire reculer les alliés —, on se souciait peu de ses conseils. Elle pressait Marie-Louise — à laquelle Napoléon avait confié la régence en janvier — de ne pas quitter la capitale alors que Joseph Bonaparte et la majorité des membres du Conseil l'incitaient au contraire, conformément au vœu de Napoléon, à partir pour Rambouillet avec la famille impériale. « Je lui parlais encore, écrira-t-elle, lorsque le roi Joseph entra. Je continuai. Il m'écouta sans répondre un mot, sans doute par l'habitude qu'on avait sous l'Empire de traiter comme vaines et légères toutes les réflexions des femmes sur la politique[19]. » Quand on eut arrêté le départ de l'impératrice, Hortense s'inquiéta auprès de l'aîné des Bonaparte de ce que le Conseil avait décidé concernant son propre sort et celui de ses fils. « Il me répondit, dit-elle, que, dans des circonstances si délicates, on ne pouvait donner de conseil et que chacun ferait ce qui lui conviendrait[20]. » Autrement dit : sauve qui peut et chacun pour soi ! « Je retournai chez moi, poursuit Hortense, révoltée de tant de faiblesse. »

Louis, qui s'était réfugié en Autriche à la suite de l'annexion de ses États par l'empereur, était de retour en France. Lui aussi exigeait de son épouse qu'elle se conformât aux ordres de Napoléon et rejoignît Marie-Louise, à Rambouillet d'abord puis à Blois où l'impératrice s'était repliée et réclamait sa présence. Isolée, privée de la protection de son beau-père et craignant de se voir enlever ses fils — héritiers du trône après le roi de Rome, n'appartenaient-ils pas à l'Empire ? — Hortense feignit d'abord de céder. Elle quitta Paris dans la soirée du 29 mars, à l'heure où l'armée des coalisés atteignait les faubourgs de la ville, fit étape à Glatigny et arriva à Rambouillet dans la nuit du 30 au 31 mars.

C'est alors qu'elle décida de changer d'itinéraire et déjà peut-être de camp. Marie-Louise lui ayant envoyé une petite troupe chargée de l'escorter jusqu'à Blois, elle renvoya celle-ci et fit savoir à l'impératrice que sa mère la réclamait auprès d'elle et qu'elle se devait de la rejoindre à Navarre, le château que Joséphine possédait dans la région d'Évreux. C'est là que la mère et la fille vont apprendre, dans les premiers jours d'avril, qu'un gouvernement provisoire s'est installé à Paris, que Napoléon a abdiqué et que sénateurs et députés ont « librement » appelé au trône de France l'aîné des frères du défunt roi Louis XVI.

Le 16 avril 1814, Hortense était de retour à La Malmaison, bien décidée à défendre ses intérêts et ceux de ses fils, donc à séparer son sort de celui des Bonaparte. Une semaine plus tôt, elle avait dépêché dans la capitale sa lectrice et amie, Louise Cochelet, avec pour mission de lui ménager des appuis auprès des ennemis de Napoléon. Louise, que la malignité publique avait affublée du surnom de mademoiselle *Cochelaide*, était sans rivale dans l'intrigue et n'eut aucun mal à intéresser diverses personnalités à la cause de l'ex-reine de Hol-

lande. Celle-ci pourra bien fustiger dans ses *Mémoires*
les jeunes femmes « empressées à courir au-devant des
étrangers », tandis qu'elle-même se serait imposé « une
froide réserve » envers les vainqueurs [21], c'est bel et bien
d'un appel du pied en direction des nouveaux maîtres et
de leurs alliés dont était chargée la lectrice d'Hortense.

Le premier à répondre favorablement à ces avances
fut le tsar Alexandre Ier. Louise Cochelet, qui possédait
de nombreuse relations dans la haute société russe, mit
dans son jeu le comte de Nesselrode, attaché à la grande
chancellerie de l'Empire, et le prince Léopold de Saxe-
Cobourg, alors général au service de la Russie. L'un et
l'autre plaidèrent la cause d'Hortense auprès du tsar,
avec assez de conviction semble-t-il pour que, lors de
son retour à La Malmaison, où Joséphine était arrivée
quelques jours plus tôt, la reine trouvât « la cour remplie de cosaques » et l'ex-impératrice en grande conversation avec le tsar. « Voilà ma fille et mes petits-fils,
déclara-t-elle. Je vous les recommande [22]. » Prière super-
flue : dès leur première rencontre Alexandre fut troublé
par le charme d'Hortense, sensible à la fois à la grâce
de la jeune femme et aux discrètes évocations que fit
cette dernière de son infortune et du sort que paraissait
lui réserver son appartenance au camp des vaincus.

Il est peu probable qu'il y eût entre eux autre chose
qu'une amitié amoureuse, mais Alexandre brûlait de se
rapprocher davantage de la reine, en même temps qu'il
se sentait vaguement responsable de ses malheurs.
Aussi décida-t-il d'intervenir auprès de Louis XVIII,
d'une part pour que le roi acceptât d'entériner la clause
qui, dans le traité signé le 11 avril par les représentants
des coalisés et par les délégués français, accordait à
la reine de Hollande et à ses enfants un revenu de
400 000 francs [23], et que d'autre part, Hortense fût faite
duchesse de Saint-Leu. Un titre moins compromettant
que ceux dont elle avait hérité en épousant un Bonaparte et qui la mettait en posture d'être reçue à la Cour
du souverain restauré. Louis dut, quant à lui, se contenter du titre de comte de Saint-Leu. Il protesta avec véhé-

mence auprès des autorités royales, intervenant notamment auprès de Decazes : sans résultat.

La faveur du tsar eut pour effet d'attirer chez Joséphine, qui n'en demandait pas tant — elle considérait même que les relations de sa fille avec le vainqueur de Napoléon manquaient de mesure —, le roi de Prusse et tous les princes de la Confédération germanique, ainsi que de nombreux renégats de la cause impériale, tel Bernadotte. Le tsar Alexandre était devenu un familier de La Malmaison. Parlant d'une de ses visites, la duchesse de Saint-Leu écrit : « Il s'occupa beaucoup de moi et caressa mes enfants, les garda longtemps sur ses genoux, et je ne pus contenir un moment d'émotion en me disant : "C'est un ennemi qui devient leur unique soutien[24]." » Le tsar se rendit également plusieurs fois à Saint-Leu. Ce fut à l'occasion de l'une de ces visites que Joséphine prit froid, prélude au mal qui devait l'emporter quelques semaines plus tard.

À la Cour de Louis XVIII, les commérages allaient bon train. On ne se privait pas non plus, dans les minces légions bonapartistes, de critiquer les familiarités que la fille de l'ex-impératrice entretenait avec l'autocrate russe. Par la suite, on reprochera souvent à Hortense sa duplicité, sa légèreté, son âpreté à vouloir sauver, par la trahison, ce que l'Empire lui avait donné. Comme si la plupart des maréchaux de Napoléon avaient été des modèles de loyauté ! La duchesse de Saint-Leu avait au moins l'excuse d'avoir connu le pire à l'époque de la Terreur : son père envoyé à l'échafaud après avoir commandé une armée républicaine, sa mère jetée en prison et sauvée *in extremis* de la guillotine, elle-même et son frère Eugène promis jusqu'à Thermidor à l'on ne sait quel nouveau déferlement de violence. Qu'elle ait voulu, dans un contexte certes différent, épargner à ses fils de devoir troquer leurs espérances princières contre une vie de proscrits n'a pas de quoi surprendre.

La contre-offensive de Louis Bonaparte ne se fit pas attendre. L'ex-roi de Hollande se sentait à la fois outragé par l'« inconduite » de celle qui demeurait juridiquement sa femme et humilié de devoir à celle-ci le titre dévalué qui lui avait été attribué sous la pression du tsar. Il commença par engager une procédure d'annulation du mariage qui tourna court, Hortense refusant toute transaction qui ne lui laisserait pas la garde de ses fils et l'entière propriété de ses biens. Il ne lui restait plus qu'à porter l'affaire devant les tribunaux, exigeant que l'aîné lui fût confié. Il se désintéressait en effet du sort de Louis-Napoléon qu'à cette date il considérait encore, semble-t-il, comme un bâtard.

Pour gagner les juges à sa cause, Hortense crut bon de solliciter la protection du roi. Louis XVIII accepta de la recevoir. Il se montra courtois, apparemment attentif aux arguments de la reine qui lui faisait valoir le danger qu'il y aurait pour sa couronne à laisser un héritier potentiel de Napoléon hors des frontières du royaume, mais il se garda soigneusement d'intervenir dans le procès. Le tribunal rendit son verdict le 7 mars 1815 : il stipulait que le prince Napoléon-Louis devait être remis à son père et donnait trois mois à la partie adverse pour exécuter le jugement. À cette date, Napoléon qui avait débarqué une semaine plus tôt à Golfe-Juan était en route pour Paris où il fit son entrée le 20 mars.

Les Cent-Jours

Le « vol de l'Aigle » plonge l'ancienne reine de Hollande dans un profond embarras. Hortense n'a-t-elle pas renié son appartenance au clan des Napoléonides, sollicité l'appui du souverain restauré, obtenu de celui-ci l'érection de sa terre de Saint-Leu en duché, assortie d'un apanage princier ? N'a-t-elle pas entretenu de tendres relations avec le tsar Alexandre, reçu à sa table le roi de Prusse et ses fils, Wellington, Pozzo di Borgo et d'autres ennemis déclarés de Napoléon ? Certes, elle conserve une grande affection pour son oncle et beau-père, mais elle craint que ce dernier ne veuille lui faire

payer sa trahison au prix fort : par exemple en donnant
satisfaction aux requêtes du roi Louis concernant la
garde du jeune Napoléon-Louis.

Va-t-elle choisir pour autant d'épouser la cause des
Bourbons ? Elle a deux raisons au moins de ne pas le
faire. La certitude tout d'abord que rien ni personne ne
peut empêcher Napoléon de reconquérir son trône : elle
le dit clairement à la maréchale Ney, venue lui annoncer que son mari était en route pour Besançon, avec
pour mission d'arrêter l'usurpateur. Ensuite le sentiment d'être l'objet aux Tuileries d'une pure réhabilitation de façade, due à la seule faveur du tsar et par
conséquent rétractable. N'accuse-t-on pas Hortense de
conspirer contre la monarchie et de préparer en sous-
main le retour de l'empereur ? Ses résidences et ses
déplacements sont étroitement surveillés par la police,
et, lorsque arrive à Paris la nouvelle du débarquement
de Napoléon en Provence, les voix ne manquent pas — à
commencer par celle de Fouché, son voisin — pour lui
conseiller de se mettre à l'abri. Ce qu'elle fait, trouvant
refuge auprès d'une amie martiniquaise, après avoir
expédié ses fils dans une retraite sûre près de Paris.
Trop jeunes encore pour être conscients des périls
qui les entourent, les deux enfants y goûtent pendant
quelques jours, en l'absence de leur précepteur, la
saveur de l'aventure et de la clandestinité.

Les retrouvailles du proscrit de l'île d'Elbe et de sa
belle-fille furent moins dramatiques que ne l'avait prévu
Hortense. Certes, Napoléon accueillit avec froideur les
quelques paroles embarrassées que lui adressa cette
dernière lors de son arrivée aux Tuileries. Il se contenta
de lui demander ce qu'elle avait fait de ses fils, après
quoi il la convoqua en audience le lendemain matin.
La reine y fut copieusement chapitrée par l'empereur :
« Quand une famille à laquelle on se trouve lié est malheureuse, on doit partager ses malheurs comme on a
partagé sa fortune. Il faut plutôt manger du pain noir
que de vivre inconvenablement[25]. » Et encore : « Vos
enfants n'étaient-ils pas mes neveux avant d'être vos

fils ? L'avez-vous oublié ? Vous croyez-vous le droit de les faire déchoir du rang qui leur appartenait[26] ? » Pourtant, l'empereur ne résista pas très longtemps au spectacle de la reine éplorée, touchante lorsqu'elle évoquait son isolement au lendemain de la première abdication, abandonnée par les Bonaparte et menacée de se voir retirer la garde de ses fils. Il lui pardonna. Peut-être parce que, en l'absence de Marie-Louise et du roi de Rome, il avait besoin de sentir auprès de lui une présence amie, et parce que Hortense, pour laquelle l'empereur avait toujours manifesté une vive affection, lui rappelait la femme dont il avait dû se séparer pour donner une postérité à l'Empire.

La mère et ses deux enfants vécurent la plus grande partie des Cent-Jours dans une assez grande intimité avec l'empereur. Hortense lui rendait fréquemment visite à l'Élysée, dînait et passait de longues soirées en sa compagnie. Privé de son fils, que les Autrichiens retenaient à Vienne auprès de Marie-Louise, Napoléon s'était pris d'affection pour ses deux neveux, notamment pour le plus jeune. Louis-Napoléon se rappela toute sa vie l'instant où, aux Tuileries, son oncle l'avait porté à la fenêtre pour lui montrer la parade des troupes au Carrousel. Si la plupart des représentants du clan Bonaparte n'avaient pas tardé à rejoindre l'empereur, Louis s'était empressé d'aviser son frère qu'il n'avait nulle intention de rentrer en France, du moins tant que son divorce ne serait pas prononcé : une issue à son mariage forcé que l'ex-reine de Hollande refusait d'envisager. Ce que souhaite Hortense à cette date, alors qu'elle vient de perdre son procès, c'est une séparation légale lui assurant la garde de ses deux fils, et qu'elle finit par obtenir *in extremis* de l'empereur, une semaine avant Waterloo.

Le 20 juin, en fin d'après-midi, rue Cerutti, alors que Benjamin Constant achevait de lire le manuscrit d'*Adolphe*, « un petit roman de sa composition »[27], celle-ci apprit du duc de Rovigo la nouvelle (encore incertaine, mais confirmée le soir même par le général

Sébastiani) de la déroute de l'armée impériale. Napoléon arriva le lendemain à Paris, épuisé et d'humeur
sombre. Hortense le rejoignit à l'Élysée et assista à son
dîner solitaire, avant de passer le reste de la soirée en
sa compagnie. Deux jours plus tard, ayant abdiqué sous
la pression de la Chambre, il demanda à sa belle-fille de
bien vouloir l'accueillir à La Malmaison où il séjourna
jusqu'au 29 avant de rejoindre Rochefort, puis l'île
d'Aix. Pour Hortense et ses fils la seconde abdication
ouvrait une période d'incertitude ; prélude aux heures
sombres de l'exil.

L'exil
(1815-1830)

Ni le roi Louis XVIII, de retour à Paris le 8 juillet, ni les alliés n'ont pardonné à Hortense sa « double trahison ». N'a-t-elle pas favorisé par ses intrigues le « vol de l'Aigle », comme on feint de le croire dans l'entourage des vainqueurs ? N'a-t-elle pas occupé pendant trois mois la place de l'impératrice absente ? L'ancienne reine de Hollande sait qu'elle ne peut guère compter sur ses anciens amis, royalistes ou bonapartistes ralliés. L'heure n'est à la mansuétude ni pour la France vaincue — les cosaques bivouaquent sur les Champs-Élysées — ni pour les Napoléonides, ni pour elle-même. Son seul espoir est de réussir, une fois encore, à mettre de son côté le tsar Alexandre.

Or ce dernier, s'étant porté garant auprès de ses alliés de la tranquillité que devait assurer à l'Europe l'exil de Napoléon à l'île d'Elbe, s'estimait floué par le retour inopiné de l'empereur et dupé par le double jeu d'Hortense : « Comment voulez-vous que je me mêle encore de cette famille-là ? aurait-il déclaré à la comtesse Walewska. Voyez la reine Hortense. Je l'ai protégée en 1814. Eh bien ! elle est la cause de tous les malheurs qui arrivent à la France[1]. » Alexandre refusa donc de recevoir la reine. Pis, s'étant rendu avec son état-major à l'hôtel de la rue Cerutti pour y rencontrer le prince de

Schwarzenberg, qui avait établi son logement militaire dans la résidence parisienne d'Hortense, il s'abstint de monter saluer son ancienne amie[2] et se contenta de dépêcher auprès d'elle un secrétaire de l'ambassade de Russie, Paul Boutiaguine, avec pour mission de faire connaître à la reine déchue de Hollande son sentiment sur le rôle qu'elle avait joué et qui était, selon lui, « indigne d'une femme ».

Sollicité à son tour, Metternich aurait volontiers passé l'éponge, mais il se heurta à l'intransigeance de Louis XVIII. Déjà, les listes de proscriptions étaient prêtes et l'on s'apprêtait à faire passer devant des cours martiales plusieurs dizaines de personnes compromises dans l'aventure des Cent-Jours, parmi lesquelles figuraient de nombreux familiers de la reine. Celle-ci a peut-être tendance à amplifier dans ses Mémoires les périls qui pesaient sur elle et sur ses enfants. N'étaient-ils pas, après le roi de Rome, les prétendants légitimes à la succession de l'empereur ? Hortense redoutait un enlèvement, les fils pris en otage cessant de constituer un danger pour la couronne restaurée. Elle-même aurait été l'objet de menaces et de manifestations d'hostilité de la part des royalistes. Au lendemain de l'abdication de Napoléon, elle avait donc loué un appartement rue Taitbout, à deux pas de son domicile, et y avait laissé ses deux fils, après son retour rue Cerutti, où le prince de Schwarzenberg s'était porté garant de sa sécurité.

C'est à Decazes, nommé préfet de police au retour des Bourbons, que fut confiée la mission d'obtenir de la reine qu'elle prît avec ses enfants le chemin de l'exil. Déjà, la plupart des Napoléonides avaient gagné l'étranger. Ne restaient à Paris que Madame Mère, son demi-frère le cardinal Fesch, et Jérôme Bonaparte. Le terrain avait été soigneusement préparé par Fouché qui eut, semble-t-il, plusieurs entretiens avec Hortense, avant de faire paraître dans *Le Moniteur* une note qui incluait cette dernière dans la liste des personnalités accusées de haute trahison. Il fallut néanmoins que le général Müffling,

gouverneur de Paris au nom des alliés, intervînt personnellement auprès de la reine et menaçât d'expulser celle-
ci par la force, pour qu'elle se résigne à partir. Le 19 juillet
1815, escortée par un jeune aide de camp de Schwarzenberg, le comte de Woyna, la duchesse de Saint-Leu quitta
la capitale en compagnie des deux princes, Napoléon et
Louis, de son écuyer, M. de Marmold et de quelques
domestiques. Destination Prégny : l'ancien château de
Joséphine, dans le canton de Genève.

Errance

Après la chute de l'Empire, le clan des Bonaparte a
essaimé dans plusieurs directions. L'aîné Joseph a
choisi de s'expatrier outre-Atlantique et s'est établi près
de Philadelphie. Julie est à Francfort d'où elle partira
bientôt pour Bruxelles. Jérôme et son épouse se sont
réfugiés au Wurtemberg, avant de se rendre en Autriche
comme Élisa et Caroline. Madame Mère, le cardinal
Fesch, Pauline, Lucien et Louis sont à Rome, sous l'autorité et la protection du pape. Hortense a opté pour la
Suisse, persuadée d'y être accueillie à bras ouverts. Sa
déception n'en est que plus grande lorsqu'elle apprend
que, pressées par le gouvernement français, les autorités helvétiques lui ont interdit le territoire de la Confédération. La réponse à la note adressée par Talleyrand
au président de la Diète, De Wyss, est sans équivoque :

> Aujourd'hui la Diète, à laquelle j'ai présenté la lettre de
> Votre Excellence, vient d'ordonner qu'elle soit communi-
> quée à tous les gouvernements cantonaux, avec l'invita-
> tion expresse [...] à refuser l'entrée de la Suisse à ceux des
> individus qui ont joué un rôle principal dans la conspira-
> tion contre le Roi, quand même ils seraient munis de pas-
> seports, et, dans le cas où ils auraient déjà pénétré dans
> le pays, à les renvoyer par le plus court chemin hors des
> frontières en leur déclarant qu'on ne peut les tolérer sur
> le territoire suisse [3].

La ferme insistance de Woyna, qui n'était pas insensible au charme d'Hortense, permit à cette dernière de gagner quelques jours : le temps de trouver un autre refuge pour elle et ses fils. La Savoie, toute proche, restait provisoirement administrée par la France, mais les combinaisons diplomatiques qui s'échafaudaient à Vienne prévoyaient qu'elle devînt possession du roi de Piémont-Sardaigne. Toujours escortée par son mentor autrichien, la reine se rendit donc à Aix-en-Savoie (aujourd'hui Aix-les-Bains), avec l'espoir d'y être tolérée. Le baron Finot, qui avait troqué sans état d'âme son statut de préfet de l'Empire pour celui de préfet du roi, l'y accueillit effectivement avec bienveillance. « Il veilla, dira-t-elle, sur les dangers que les émissaires du parti royaliste multipliaient sous mes pas[4]. »

À Aix, Hortense loua une maison où elle fut bientôt rejointe par les membres de son proche entourage : Louise Cochelet, son écuyer Marmold et l'abbé Bertrand, expulsés à leur tour par les Genevois. Les nouvelles d'Europe ajoutaient au désarroi : Napoléon était en route pour Sainte-Hélène ; à Paris, Ney, Lavalette et La Bédoyère avaient été déclarés coupables de trahison et condamnés à mort ; le 2 août, reconnu en Avignon par une bande de royalistes, le maréchal Brune était tué d'un coup de carabine et son corps jeté dans le Rhône. En octobre, on apprit que Murat, parti de Corse avec une poignée d'hommes pour tenter de reconquérir son trône napolitain, avait été arrêté sur la côte de Calabre, jugé par une commission militaire et exécuté.

Le 13 août, la duchesse de Saint-Leu eut la surprise de voir arriver le comte de Flahaut. Devenu général de brigade et aide de camp de Napoléon durant les Cent-Jours, celui-ci avait fait partie du dernier carré des fidèles, prenant en juillet 1815 le commandement de l'armée de la Loire. Sans doute avait-il dû à la protection de son père naturel d'éviter le conseil de guerre et peut-être le sort de son cousin La Bédoyère. C'était à Aix que Flahaut et Hortense avaient vécu les premiers et les meilleurs moments de leur passion, quelque cinq ans plus tôt. Ce n'est donc pas un hasard qui avait conduit l'heureux rival de Louis Bonaparte sur les rives du lac du Bourget mais un projet matrimonial. Encore eût-il fallu qu'Hortense consentît à divorcer pour épouser le père de l'enfant qu'elle avait eu de lui en 1811, ce à quoi elle se refusait : par fierté, a-t-on dit, ou parce qu'elle redoutait la légèreté de cœur de son amant qui, au même moment, profitait des faveurs de la célèbre comédienne, Mlle Mars.

Le couple n'eut d'ailleurs guère le temps d'échafauder des projets d'avenir. Trois jours après son arrivée à Aix, le comte fut en effet prié de quitter les lieux, le baron Finot s'étant déclaré inquiet « de l'effet que cette réunion pouvait produire au moins sur l'opinion et les discours publics »[5]. Flahaut s'exécuta. « Il sentit toute la nécessité de ce sacrifice, écrit Hortense et alla se placer assez près de moi pour avoir de mes nouvelles[6]. » Refoulé lui aussi par les autorités helvétiques, il se rendit à Lyon sous la protection du commandant des troupes autrichiennes.

Les retrouvailles auxquelles l'un et l'autre aspiraient n'eurent jamais lieu. Quelque temps après le départ de Flahaut arriva un paquet de lettres en provenance de l'armée de la Loire et destinées au comte. Craignant qu'elles ne contiennent des informations susceptibles de nuire à son ami si elles tombaient entre les mains des alliés ou de la police, Hortense s'abstint de faire suivre ce courrier à son destinataire, mais non de les ouvrir. Elle découvrit, à sa stupeur, une correspondance enflammée de Mlle Mars. Flahaut eut beau jurer ses grands dieux qu'il était l'objet d'un chantage, elle ne lui pardonna pas sa trahison, et l'engagea « à rejoindre celle dont l'amour devait lui être bien précieux puisqu'il lui avait sacrifié une affection » comme la sienne[7]. Réfugié à Francfort, puis en Hollande et finalement en Angleterre, le comte de Flahaut épousa en 1817 une riche héritière britannique, Margaret Elphinstone. Il devra attendre la révolution de 1830 pour rentrer en France où, au titre d'ancien aide de camp de Napoléon,

il sera réintégré dans l'armée et nommé à la Chambre
des pairs. Ambassadeur à Vienne sous la Monarchie de
Juillet, sénateur sous le Second Empire, il finira sa carrière comme ambassadeur à Londres avec le rang de
grand chancelier de la Légion d'honneur.

Aussi douloureuse que fût pour Hortense la rupture
avec Flahaut, elle se trouva pour ainsi dire relativisée par
un autre drame. Le chargé d'affaires de son mari arriva à
Aix, accompagné du baron de Zuite, chambellan du roi
Louis. Ce dernier exigeait que, conformément à la décision des juges, son fils aîné fût conduit auprès de lui à
Rome. Isolée, privée des appuis qui lui avaient permis
jusqu'alors de résister aux exigences de son époux, tout
juste tolérée dans une province encore placée pour peu
de temps dans la mouvance administrative et judiciaire
de la France, la reine ne pouvait que s'exécuter. Non sans
déchirement, à la fois pour elle-même et pour son cadet,
Louis-Napoléon, qui chérissait ce frère aîné, son compagnon de jeux et d'infortune : « Je ne saurais exprimer,
écrit Louise Cochelet, la douleur que j'éprouvai en
voyant le prince Napoléon s'arracher des bras de sa mère
et de son jeune frère, qui fondaient en larmes. Je ne
savais comment calmer le chagrin de mon cher prince
Louis et le distraire de son isolement, qui était d'autant
plus pénible pour lui qu'il n'avait jamais quitté son frère
d'une seconde [8]. » Venant après le décès encore récent de
sa grand-mère, les adieux de l'empereur, les turbulences
de la guerre et de l'occupation de Paris par les alliés, les
mille dangers du voyage vers la Suisse, dans une France
livrée aux bandes armées et aux fureurs royalistes, le
départ de son frère pour l'Italie acheva de traumatiser le
prince Louis. Il contracta une jaunisse et ses frayeurs
nocturnes et ses cauchemars redoublèrent.

Pourtant, il fallut bientôt songer à repartir. Les
troupes autrichiennes quittaient la Savoie, aussitôt
occupée par les Piémontais et placée sous la surveillance de la police française. Aussi Hortense pria-t-elle le
baron Finot de demander au duc de Richelieu, Premier
ministre de Louis XVIII, un sort définitif. Metternich fit

accepter par les Quatre Cours, et par la France, Bregentz,
en Autriche, comme refuge pour la reine et pour son
fils. En réalité, il s'agissait d'un subterfuge destiné à
faire admettre par le gouvernement français la ville de
Constance, proche de Bregentz mais située dans le grand-
duché de Bade où régnait le prince Louis, beau-frère du
tsar et époux de Stéphanie de Beauharnais. La colère
d'Alexandre étant retombée, ce fut à lui et à Metternich
qu'Hortense dut de pouvoir s'y installer en dépit des réticences du grand-duc, peu enclin à recueillir cette encombrante cousine.

La Diète l'ayant autorisée à traverser la Suisse, la
duchesse de Saint-Leu et le prince Louis prirent la route
le 28 novembre, à la tête d'un cortège de huit voitures, dix-sept personnes et vingt-sept chevaux, sous la
conduite de M. de Marmold. Le convoi fit étape à
Genève, Lausanne, Payerne, Fribourg, Berne, Baden et
Winterthur, avant d'arriver le 7 décembre à Constance
où la reine loua une villa au bord du lac. La première
nouvelle qu'on lui donna des événements de France fut
celle de l'exécution du maréchal Ney.

Le grand-duché de Bade constituait pour Hortense et
pour le jeune prince un refuge éminemment précaire.
Le grand-duc Charles-Louis — qui devait à Metternich
d'avoir conservé les avantages obtenus de Napoléon, en
échange de son ralliement à la cause des alliés — était
à l'affut du moindre prétexte lui permettant de se débarrasser de ces hôtes gênants. Son épouse Stéphanie, une
Beauharnais dont le père, inscrit parmi les pairs lors de
la première Restauration, avait voté la mort du maréchal Ney, n'avait guère son mot à dire. Adoptée et richement dotée par Napoléon[9], elle était mal vue à la cour
de Bade et il s'en était fallu de peu que son époux ne
la répudiât après la chute de l'Empire. Lorsque la
duchesse de Saint-Leu manifesta le désir d'acquérir
une propriété dans le grand-duché, elle se heurta au
refus embarrassé de son cousin, objet à son tour des
pressions de la France et de la rancune tenace des
Bourbons.

Après un an passé à Constance dans ces conditions
incertaines, la reine demanda à son frère d'intercéder
auprès du roi de Bavière. Eugène avait épousé, en 1806,
la fille du souverain Wittelsbach, en dépit des turbulences européennes, il avait acquis en dix ans une
influence considérable dans le royaume — prince
d'Eischstaedt et duc de Leuchtenberg, il jouissait du
statut d'altesse royale — et une fortune tout aussi
importante. Il n'eut aucune difficulté à obtenir l'accord
de son beau-père, si bien qu'en mai 1817, Hortense
quittait le pays de Bade pour Augsbourg, où Eugène
avait négocié en son nom l'acquisition de l'hôtel
Babenhausen. Trois mois plus tôt, elle avait obtenu des
autorités du canton de Thurgovie l'autorisation d'acheter moyennant 31 000 florins la propriété d'Arenenberg,
sur la rive suisse du lac de Constance. Ni les réticences
de la Diète, ni les vigoureuses pressions exercées par
la France — Talleyrand intervint personnellement pour
faire annuler la vente — ne purent empêcher la transaction, ainsi que l'arrangement négocié avec le roi
de Bavière et approuvé par le tsar et Metternich : la
duchesse de Saint-Leu pourrait séjourner à Augsbourg
durant la mauvaise saison et vivre les six autres mois
dans sa résidence d'Arenenberg. Le gouvernement français et Decazes durent faire contre mauvaise fortune
bon cœur en déclarant que cette double résidence ren-
drait « plus facile l'exercice de la surveillance dont
Mme la duchesse de Saint-Leu ne manquera pas d'être
l'objet ».

Arenenberg

Pour le futur Napoléon III comme pour sa mère, la
demeure romantique bâtie en surplomb du bras inférieur du lac marque le retour au calme après deux
années d'errance et d'incertitude. Mais Arenenberg n'est
pas Saint-Leu. Hortense qualifie elle-même son refuge
de « bien petit et bien délabré » et entreprend, jusqu'en

1819, des travaux considérables. Du bâtiment initial, un édifice crénelé, flanqué d'une tour et d'un mur d'enceinte, la reine n'a conservé que le corps principal : un pavillon carré à deux étages, coiffé d'un toit d'ardoise à quatre pentes. Les locaux d'habitation comprennent au rez-de-chaussée plusieurs pièces destinées aux réceptions, au premier étage les appartements d'Hortense et au second les chambres et les cabinets de toilette réservés à ses dames. D'abord logé au château auprès de sa mère — dans une sorte de chalet à un seul étage, doté d'un escalier extérieur en bois —, Louis-Napoléon émigrera plus tard dans un autre bâtiment, construit à proximité du premier et qui abrite les cuisines, les communs, les écuries et plusieurs logements dont celui du précepteur du prince. Le tout posé sur un éperon rocheux dominant le lac de plusieurs centaines de mètres et offrant à ses occupants une vue superbe sur le lac de Constance, le Rhin et la campagne vallonnée où alternent vignobles, cultures en terrasse et zones boisées.

Autour du château et de son annexe, s'étend un domaine d'une soixantaine d'hectares plantés en futaie, avec en son centre un parc à l'anglaise parsemé de pelouses fleuries, de touffes de bouleaux et de saules pleureurs. Bref, un lieu dans l'air romantique du temps qui ravissait les hôtes réguliers comme Eugène et son épouse ou la grande-duchesse Stéphanie, et les épisodiques comme Mme Campan, l'ancienne institutrice d'Hortense qui effectuera à Arenenberg son ultime voyage. Plus tard, ceux qui ne seraient pas logés au château prendraient pension chez Louise Cochelet. Celle-ci, après avoir accompagné sa souveraine en exil, épousera un vétéran de la garde impériale, le chef d'escadron Parquin, avec qui elle achètera le château de Wolfsberg où Chateaubriand, Juliette Récamier et Alexandre Dumas devaient passer d'agréables moments.

On conçoit que Louis-Napoléon ait toute sa vie considéré le petit château d'Arenenberg comme sa maison de famille. Il en apprécie la proximité avec une nature

moins sophistiquée que celle qu'il a connue avec son
frère dans le parc de Saint-Leu ou de La Malmaison. Il
se plaît moins dans la belle demeure d'Augsbourg, peut-
être parce que sa mère est plus souvent absente — Hortense fréquente assidûment les stations thermales — ou
parce que les réceptions, plus nombreuses et plus fréquentées, l'éloignent trop souvent à son goût de l'épicentre de ses pensées. Car les crises domestiques et les
turbulences politiques ont fortement rapproché la mère
et le fils.

Hortense certes n'a pas renoncé du jour au lendemain
à son appétit de vivre. Il reste dans l'exil un peu de l'enfant gâtée que fut la « chère petite fille » de l'empereur
et de Joséphine : frivole, aimant le monde et ses plaisirs,
toujours en quête de nouvelles figures, de nouveaux
paysages. Mais les infortunes de la vie conjugale, les
maternités difficiles, les deuils, les persécutions l'ont
mûrie et elle a reporté sur Louis-Napoléon toute la
faculté d'aimer dont elle demeurait dépositaire à moins
de quarante ans. C'est elle qui fera du futur empereur
ce qu'il est devenu.

Pour mener le train de vie qu'exige son rang et
entretenir hôtel particulier, château et domesticité, la
duchesse de Saint-Leu doit pouvoir compter sur un
revenu substantiel. De la dotation de 400 000 francs
promise par Louis XVIII, Hortense ne verra jamais un
centime. Mais avec l'héritage de Joséphine, le million
donné par le roi Louis, son époux, à la demande d'Eugène, l'achat par le tsar d'une partie de ses tableaux, elle
se trouve à la tête d'un capital de plus de trois millions
lui assurant un revenu annuel de 120 000 francs. Elle a
donc largement de quoi subvenir à ses besoins, qui sont
grands, et à ceux du prince pour lequel a sonné l'heure
des études.

À l'école du citoyen Le Bas

Jusqu'alors, Hortense s'était médiocrement souciée de l'éducation de ses fils qu'elle avait confiée à l'abbé Bertrand, son directeur spirituel. L'abbé était un brave homme. Fidèle parmi les fidèles, il suivit la reine dans toutes les étapes de son exil. Mais ce n'était ni un puits de science, ni un pédagogue hors pair. Il était frivole, dilettante et ennemi des conflits, donc peu enclin à prendre ses élèves à rebrousse-poil et peu apte à leur consacrer beaucoup de temps. Sous sa houlette, « oui-oui », demeuré seul auprès de sa mère, ne risquait pas de subir un dressage à la prussienne.

Son frère aîné Napoléon-Louis avait dû se plier, lui, dès son arrivée à Rome, à une tout autre discipline. Jugeant son éducation « épouvantable », le roi Louis exigea que son épouse engage un précepteur, Narcisse Viellard, un « honnête homme » doublé d'un républicain fervent, aussitôt dépêché en Italie avec pour mission de rattraper le temps perdu. Il était assisté par une série d'abbés italiens chargés d'inculquer au garçon le respect de la religion et des gens d'Église. Le prince, aux dires de son père, avait coutume de « traiter les prêtres de canailles et de sots ». Le « règlement » que rédigea l'ancien roi de Hollande à l'intention du précepteur de son fils, en novembre 1817, marque clairement sa volonté de faire passer le jeune prince sous les fourches caudines de la discipline et de la religion :

> À 6 h 1/2, lever : plus tard, à 7 heures, prière, déjeuner. Travail à 7 h 1/2.
> De 7 h 1/2 à 10 h 1/2, travail, mathématiques, histoire, géographie.
> 10 h 1/2, déjeuner.
> 11 h 1/2 à 1 h, récréation. Promenade à cheval.
> 1 h à 2 h, écriture, français et allemand.
> 2 h à 4 h, latin dans ma bibliothèque.
> 4 h à 5 h, escrime ou musique.
> 5 h à 9 h, récréation.

9 h, coucher, au plus tard à 10 h.

Jeudi et dimanche, fête, mais pas d'autres fêtes. Le jeudi il devra écrire à sa mère. Il ne sortira de sa chambre que cette lettre écrite et bien écrite.

[...]

[...] L'usage de l'eau de Cologne ou de toute autre odeur lui est interdite : on ôtera les taches de cire de ses habits avec du feu.

Quand il ira au théâtre, il mettra toujours sa capote avant de sortir de sa loge.

On lui fera faire des souliers larges qui servent aux deux pieds.

Se nettoiera la tête avec une éponge sèche ; pas d'eau [...]

Devra obéir même à un ordre injuste.

Le chocolat sera tenu en un lieu fermé. Un quart de tablette par jour au plus[10].

Louis-Napoléon échappa à cette rigueur monastique jusqu'à son premier séjour en Italie, en 1818. Lorsqu'il retrouva son père à Livourne où il passait l'été, ce dernier se déclara « épouvanté » par l'ignorance de l'enfant. Appelé à la rescousse, Viellard confirmait : « Le prince est très retardé pour son âge. Il sait fort peu, et ce qu'il sait, il le sait fort mal. Il n'aime guère le travail ; l'attention le fatigue ; la réflexion l'obsède », ajoutant que « les lumières ne dirigeant pas, chez lui, les aspirations d'un cœur excellent, il n'a aucun principe de morale fixe et assurée »[11]. Aussi le roi menaça-t-il Hortense de lui faire retirer la garde de l'enfant si elle ne remédiait pas immédiatement à cette situation.

Effrayée, la reine se mit à la recherche d'un nouveau précepteur. Le général Drouot, le « sage de la Grande Armée » s'étant récusé, son choix se porta sur le jeune Philippe Le Bas, le fils du conventionnel qui s'était donné la mort plutôt que de survivre à la disparition de Robespierre, et petit-fils, par sa mère, du menuisier Duplay. Le Bas, après avoir servi dans l'armée napoléonienne durant les dernières campagnes de l'Empire, occupait un poste modeste et mal payé de fonctionnaire à la préfecture de la Seine. Il était jacobin de cœur, franc-maçon, austère et capable à la fois de bienveillance et de fermeté à l'égard de son élève. Il sut vite se faire respecter et aimer de « oui-oui » à qui il imposa d'entrée de jeu un régime comparable à celui subi par son frère à Rome. Lever à six heures (six heures et demie en hiver), journée réglée à la minute et consacrée au travail jusqu'à vingt et une heures, avec juste quelques brèves plages de repos, un peu de temps consenti aux repas, à la promenade et à la natation et, lorsqu'elle n'était pas en voyage, les « leçons d'agrément » (le dessin, la danse) que la reine avait plaisir à donner elle-même à son fils. Louise Cochelet, dont le témoignage il est vrai, toujours favorable à Hortense, doit être lu avec circonspection, insiste sur le soin que cette dernière apportait désormais à l'éducation du prince :

> Le soir, écrit-elle, jusqu'à l'heure où il se couchait, ses lectures étaient toujours subordonnées à ses études du moment ; tantôt c'était un voyage en rapport avec ce qu'il apprenait de géographie, tantôt des traits particuliers qui se rattachaient à l'histoire qu'il étudiait.
> Le samedi de chaque semaine, la journée entière de la reine lui appartenait : on lui faisait répéter devant elle tout ce qu'il avait appris les jours précédents, et quoique souvent ce fût du latin ou toute autre chose aussi étrangère aux occupations de la reine, elle voulait prouver à son fils, par l'attention qu'elle portait aux moindres détails, tout l'intérêt qu'elle attachait à lui voir faire des progrès [12].

Louis en fit de rapides. Moins de six mois après qu'il eut pris ses fonctions auprès du prince (en juin 1820), Le Bas se félicitait, dans la correspondance avec ses parents, des acquis de son élève. Sans doute regrettait-il de voir ce dernier passer une heure chaque jour dans le salon de la reine, jugeant que le « désœuvrement d'un pareil endroit » ne pouvait être que préjudiciable à l'enfant [13]. Mais, ajoutait-il, « le moyen de refuser à une

mère le plaisir de voir son fils une heure seulement ? ».
Il était surtout inquiet de la persistance des frayeurs et
des cauchemars qui troublaient le sommeil du prince.
Celui-ci approchait de sa treizième année et Le Bas estimait que le moment était venu d'abandonner les atti-
tudes protectrices qu'on avait jusqu'alors adoptées.
Lui-même ne devait-il pas faire souvent le « sacrifice »
de son sommeil « pour sermonner et rassurer » son
élève [14] ? Aussi, après avoir envisagé de « supprimer tous
les exercices trop violents, tels que le cheval, le patinage
et la danse » [15], jugés responsables du surmenage nerveux
dont Louis-Napoléon était supposé souffrir, décida-t-il
de faire éteindre la veilleuse et de ne plus se soucier des
larmes du jeune prince. Cela eut tôt fait de régler le problème.

La mort de Napoléon Ier, survenue à Sainte-Hélène le
5 mai 1821, ne fut connue des hôtes d'Arenenberg qu'en
juillet. Hortense se trouvait alors à Bade, où elle prenait les eaux. La lettre qu'elle adressa à cette date à son
frère Eugène nous renseigne sur la réaction de Louis-
Napoléon et sur ses propres sentiments à l'égard de
l'empereur défunt :

> Il est pénible, écrit-elle, de penser que celui à qui l'on
> doit tout, qui a été un père pour nous, est mort dans le
> malheur et loin de ses affections, sa femme et son fils. [...]
> Louis, à ce qu'on m'écrit, a beaucoup pleuré son oncle. Il
> avait frappé l'imagination de tous ces enfants et ce sont
> ceux-là qui ressentiront le plus vivement la perte qu'ils
> viennent de faire [16].

Chagrin relatif quand même. Sans doute Louis-
Napoléon a-t-il gardé une image héroïsée de celui
dont il ne fut proche que durant les Cent-Jours. Il
avait alors tout juste sept ans et il écrit à sa mère :
« À Paris, j'étais si jeune qu'il n'y a presque que mon
cœur seul qui m'en fasse souvenir [17]. » Ce qu'il pleure
c'est à bien des égards la figure de cet oncle et grand-
père auréolé de gloire et de tragique, dont l'immense

stature éclipse la pâle image d'un père continûment absent. Il faut préciser que « Loulou » — c'est son autre surnom — a grandi dans le souvenir napoléonien et que ses modèle masculins se situent davantage du côté de la Révolution et de l'Empire que de l'Ancien Régime. Ne fait guère exception que l'abbé Bertrand, qui se range lui-même parmi les « vieux ultras »[18]. Le Bas n'a rien d'un « enragé », mais il est resté républicain et a combattu dans l'armée impériale. Le brave Parquin, l'aubergiste d'Arenenberg, aurait pu servir de modèle au Flambeau d'Edmond Rostand. Valérie Masuyer, qui deviendra plus tard dame d'honneur de la reine et dont les Mémoires portent sur les dernières années de sa vie, rapporte qu'il était « impossible d'imaginer une figure plus martiale que la sienne, avec sa taille élevée, sa physionomie ouverte, sa grosse voix qui gronde et la balafre qui lui coupe la lèvre supérieure »[19]. Il ne se présentait jamais autrement que comme « soldat de l'empereur » et aurait exercé sur Louis-Napoléon une influence qui faisait redouter le pire à la prudente Mlle Masuyer. « En les voyant s'écarter tous deux — écrit encore cette dernière —, en entendant vociférer sous les arbres, comme s'il commandait encore à ses escadrons, j'ai compris que son influence sur son élève n'est pas celle de Mentor sur Télémaque et que les conseils qu'il donne ne peuvent être ceux de la sagesse, de la patience et de la modération[20]. »

En fait de Mentor, le modèle masculin qui a sans doute le plus fortement marqué le jeune prince, à un âge où, entre douze et quinze ans, se construit la personnalité, fut son oncle Eugène de Beauharnais. Bien qu'il fût devenu, on l'a vu, un haut dignitaire du royaume de Bavière et un fidèle sujet du roi Maximilien-Joseph, Eugène avait conservé l'aura du héros des guerres de la Révolution et de l'Empire. Officier d'ordonnance de Hoche à quinze ans, aide de camp de Bonaparte à dix-sept, colonel général des chasseurs à cheval à vingt-trois ans, puis vice-roi d'Italie, il s'était encore couvert

de gloire lors de la campagne de Russie à la tête du
IVᵉ corps de la Grande Armée, aussi bien dans la victoire (à la Moskowa), que dans la déroute. On conçoit
que pour le jeune Louis-Napoléon, pour qui son ralliement aux Bourbons en 1814 ne signifiait pas grand-
chose, le frère d'Hortense représentait l'archétype du
demi-dieu guerrier. Louis était d'autant plus attaché à
son oncle que celui-ci s'affirmait un homme généreux,
équilibré, très soucieux du bonheur de ses proches.
Hortense et son fils lui devaient d'avoir enfin trouvé un
refuge stable et Eugène ne perdait pas une occasion de
manifester l'affection qu'il leur portait. Le couple princier fréquentait régulièrement la résidence d'été de la
reine et finit par acquérir à proximité d'Arenenberg la
terre de Sandegg où il mit en chantier l'imposant château d'Eugensberg.

C'est au moment où commence l'adolescence du
prince que va disparaître ce père de substitution. Une
première alerte a eu lieu en avril 1823. Eugène n'a que
quarante-deux ans mais il a mené sur tous les champs
de bataille d'Europe, puis dans ses fonctions de vice-
roi, une vie épuisante. Terrassé par une attaque d'apoplexie, il reste pendant quelques jours entre la vie et la
mort et, s'il survit à cette première crise, c'est un
homme diminué qui assiste, dans la chapelle royale, au
mariage par procuration de sa fille avec le prince Olaf
de Suède (le fils de Bernadotte et de Désirée Clary).
Après avoir pris les eaux à Marienbad, Eugène se rend
une dernière fois au bord du lac de Constance pour
inaugurer sa demeure d'Eugensberg, avant de s'enfoncer lentement dans la nuit. Il meurt le 21 février 1824,
tandis qu'Hortense est à Rome en compagnie de ses
deux fils. « Oh ! mon oncle, écrit la reine à l'un de ses
parents Beauharnais, quelle perte pour tout le monde,
il était si bon, si parfait. Au moins emporte-t-il la réputation la plus belle, la plus honorable, celle de l'homme
de bien, mais que cette vie a été courte[21] ! »

À la mort de son oncle, Louis-Napoléon n'est pas
encore entré dans sa seizième année. Depuis trois ans,

il suit comme externe le cours du *Gymnasium* d'Augsbourg où Hortense a fini par le faire inscrire à la demande de son précepteur. Le Bas estimait que son élève ne pouvait que gagner à fréquenter des garçons de son âge et à échapper — au moins partiellement — à l'influence dominante des femmes qui caractérisait la petite cour d'Arenenberg. Ce gynécée sous domination maternelle a vraisemblablement conduit l'adolescent, puis l'homme, à rechercher la compagnie des femmes par une sorte de réflexe acquis plutôt que par une prétendue soumission à une « tyrannie des sens ».

Au gymnase d'Augsbourg, que fréquentaient les fils de la *gentry* locale, Louis-Napoléon ne se sent pas dépaysé. Déjà, à Constance, il avait côtoyé à l'école élémentaire où la reine l'avait fait inscrire des garçons dont la rudesse et la lourdeur ne l'avaient nullement rebuté. Peut-être parce qu'il était lui-même affligé d'une lenteur, souvent qualifiée de « germanique ». Il en va de même avec ses condisciples souabes dont il ne se distingue ni par la langue — il est vite devenu bilingue — ni par les résultats obtenus en classe. La première année, il passa à la grande satisfaction de Le Bas du cinquante-quatrième au vingt-quatrième rang (sur une classe de quatre-vingt-quatorze élèves). Après quoi, il se maintient dans une honnête moyenne, ses goûts l'inclinant plutôt du côté des lettres — avec une prédilection pour la poésie allemande, en particulier pour celle de Schiller — que des mathématiques. Mais déjà, il avait commencé à s'attacher à un autre horizon et à une autre culture.

La découverte de l'Italie

La disparition d'Eugène détermina Hortense à quitter Augsbourg pour s'établir à Rome. Elle conservait sa résidence d'été en Suisse mais elle passerait désormais la mauvaise saison dans la capitale des papes, accompagnée du prince et de son précepteur. Celui-ci avait

accueilli la nouvelle sans enthousiasme. L'année précédente, lorsque le roi Louis avait emmené ses deux fils à
Marienbad où il prenait les eaux, Le Bas n'avait pu que
constater les dégâts causés par plusieurs semaines de
laxisme et d'oisiveté. À Rome, où le risque de dissipa-
tion était infiniment plus grand, c'est un véritable cri
d'alarme que lança le successeur de l'abbé Bertrand :
« Il se couche tard et il se lève tard, il travaille très
peu [22]. » Sans grand succès.

La reine n'avait pas l'intention de se rapprocher de
son mari en changeant de résidence. Depuis 1816, celui-
ci se démenait en Cour de Rome pour obtenir l'annulation de son mariage, ce qui ne l'avait pas empêché
d'adresser à son épouse une lettre déchirante dans
laquelle il affirmait qu'il ne l'oublierait jamais. Hortense
ne voulait ni reprendre la vie conjugale avec Louis, ni
entendre parler d'annulation. La séparation de corps et
de biens comblait son souci de tranquillité, de même
que l'arrangement portant sur la garde de leurs deux
enfants. En revanche, elle souhaitait renouer des liens
avec les Bonaparte, non par affection pour une famille
qui ne lui avait jamais témoigné beaucoup d'estime,
mais parce qu'elle jugeait un tel rapprochement utile à
son fils cadet.

Voici donc Louis-Napoléon débarquant à Rome au
début de l'hiver 1823. Hortense et son fils s'installent
d'abord à la villa Paolina, propriété de Pauline Bor-
ghese, belle-sœur de la reine, puis au second étage du
palais Ruspoli, sur le Corso, où Hortense fait transporter ses tapisseries et ses tableaux. Le portrait de
l'empereur y voisine avec celui d'Alexandre de Beauharnais : rencontre emblématique de l'aristocratie d'Ancien
Régime avec la Révolution et l'Empire. Louis a l'immense bonheur de retrouver à Rome le frère dont il
était séparé depuis huit ans et qui allait bientôt épouser
l'une des filles de Joseph. Conformément au vœu de
l'empereur captif à Sainte-Hélène, les Napoléonides
avaient commencé à faire souche en Italie sous la hou-

lette vigilante de Madame Mère et à se marier entre
cousins.

La Rome baroque, que découvrit le jeune Louis-
Napoléon lors de son premier séjour, mêlait aux souvenirs de sa gloire passée les stigmates d'un déclin que
les réformes napoléoniennes n'avaient pu endiguer. À
l'intérieur des murs d'Aurélien, édifiés au IIIe siècle pour
protéger la population de l'*Urbs* des Barbares, alter-
naient encore les zones surpeuplées, traversées de
ruelles étroites et insalubres, où se pressait comme au
Trastevere le *popolino romano*, les quartiers résidentiels
abritant les somptueux palais de l'aristocratie romaine,
de vastes espaces occupés par les établissements religieux et des étendues tout aussi importantes abandon-
nées à la nature et aux occupations rustiques. Les
tableaux d'Hubert Robert, de Vanvitelli et de mille
autres voyageurs artistes ont immortalisé la poésie des
ruines et de leur environnement bucolique, comme Ger-
maine de Staël dans *Corinne ou l'Italie*.

> Le Palais des Césars, écrit celle-ci, appelé *le Palais d'or*,
> l'occupait tout entier. Ce mont n'offre à présent que les
> débris de ce palais. Auguste, Tibère, Caligula et Néron, en
> ont bâti les quatre côtés, et des pierres recouvertes par des
> plantes fécondes sont tout ce qu'il en reste aujourd'hui :
> la nature y a repris son empire sur les travaux des
> hommes, et la beauté des fleurs console de la ruine des
> palais [23].

On ne sait pas si l'élève de Le Bas, auquel ce dernier
avait communiqué un vif intérêt pour l'antique, passa
beaucoup de temps à méditer sur les ruines de la Rome
impériale. Ce qui est sûr, c'est que le précepteur du
prince ne cessait de se plaindre auprès de la mère de ce
dernier et du roi Louis du peu d'attention que le jeune
homme portait aux études au cours de ses séjours
romains. Il me tarde, écrivait-il, « d'arracher mon élève
à la vie dissipée que nous menons ici. Il perd son temps,
il prend l'habitude de l'oisiveté. [...] Ce n'est pas sur les

grandes routes que l'on peut faire l'éducation d'un enfant »[24].

L'heure pourtant n'est pas à la réjouissance collective dans la Rome de la Restauration. Pie VII, dont les États avaient été annexés par Napoléon en 1808 — Rome devenant « ville impériale et libre, la deuxième de l'Empire » —, a fait retour dans sa capitale en 1815, bien décidé à effacer toute trace de l'ère napoléonienne. Soutenu par les cardinaux ultras, les *zelanti*, il a rétabli la législation archaïque qui était en vigueur avant son départ en exil, poussant son obsession antimoderniste jusqu'à interdire la vaccination contre la variole et à supprimer l'éclairage public dans les rues. Mais ces mesures n'empêchent pas l'aristocratie romaine et les riches étrangers qui ont installé leurs pénates dans la cité des papes d'y mener grand train et joyeuse vie. L'hiver est la saison des fêtes, des réceptions, des bals, des soirées musicales et littéraires, et Hortense, qui a été un long temps privée de vie mondaine, s'y replonge avec délice. Elle a tout juste quarante ans en 1823 et elle a conservé beaucoup de fraîcheur, de charme et cette passion de séduire qu'elle a héritée de Joséphine et transmise au plus jeune de ses fils.

Les Bonaparte, ceux du moins de la première génération, boudent ces festivités bruyantes. Ils ont transporté avec eux les manières et l'atmosphère guindées de la Cour napoléonienne et ils s'indignent de voir la reine se mêler aux ennemis de l'empereur dans les salons de l'aristocratie romaine, comme dans celui du palais Ruspoli où Hortense finira par attirer les collaborateurs de Chateaubriand (en charge de l'ambassade de France) et ses collègues diplomates. De ces saisons hivernales dépensées en plaisirs mondains, le futur Napoléon III conservera le goût de la convivialité festive.

Autre entorse à l'austérité imposée aux Romains par le pape, le carnaval : défoulement collectif auquel était conviée chaque année, du 26 décembre au mercredi des Cendres, toute la population de la ville. Au balcon du palais Ruspoli, Louis-Napoléon se trouvait aux premières loges d'un spectacle qui, avec son homologue vénitien, attirait de riches curieux venus de toute l'Europe. Derrière les dignitaires de la municipalité, le premier cortège empruntait en effet, de la piazza del Popolo à la piazza Venezia, les 1 500 mètres du Corso. Il était composé de plusieurs dizaines de chars, certains occupés par des représentants des plus grandes familles patriciennes, qui figuraient soit diverses régions de la péninsule, soit des scènes mythologiques ou des « turqueries ». Une foule bigarrée, costumée et masquée (à l'exception des clercs, des prostituées et des juifs, à qui ce privilège était refusé)²⁵, se pressait autour des voitures, manifestant son appétit de vivre. Le clou du carnaval était la course des *barberi* qui avait lieu également sur le Corso. Il ne s'agissait pas comme à Sienne d'une compétition entre les jockeys représentant les différents quartiers de la ville, mais d'un lâcher de chevaux arabes, sans bride ni cavalier, que l'on avait dopés et équipés de pointes acérées. Ils s'élançaient au milieu de la foule, excités par des milliers de pétards, jusqu'à la place de Venise où le propriétaire du cheval vainqueur recevait un *palio* broché d'or.

Le reste du temps, Louis-Napoléon le passait à tester son pouvoir de séduction auprès des belles Romaines et à fréquenter la jeunesse dorée de la ville. On le peint sous les traits d'un dandy insouciant, parcourant les rues au grand galop au risque de renverser un passant, pratiquant avec habileté l'escrime et le tir au pistolet, et de moins en moins enclin à se plier aux contraintes exigées par Le Bas. Le jeune homme allait avoir dix-neuf ans en 1827 et ses fredaines étaient connues de tous, à l'exception de l'austère précepteur. Lorsque ce dernier apprit qu'au lieu d'étudier, ou d'accompagner sa mère dans ses déplacements et ses soirées mondaines, Louis-Napoléon s'adonnait aux plaisirs de la *dolce vita* romaine, il protesta vivement auprès de la reine, tandis qu'à Florence où il s'était installé pour éviter de devoir rencontrer sa femme, Louis menaçait de faire enfermer son fils. Hortense promit de rappeler le prince à ses

devoirs, mais elle ne fit rien qui pût entraver sa liberté.
Estimant au contraire son éducation terminée et les
méthodes de Le Bas inadaptées à l'âge de son élève,
elle le congédia sans ménagement. Louis-Napoléon
n'éprouva aucun regret de cette rupture. Il ne chercha
pas, lui qui était fidèle en amitié, à maintenir des rapports avec son ancien maître, alors qu'il entretiendra
des relations chaleureuses avec le précepteur de son
frère, l'avocat Viellard. Le Bas en conçut un certain chagrin, encore, dira-t-il, « que les procédés de sa mère
seraient faits pour diminuer mes regrets. Car enfin,
quand ou remercie même un domestique, on s'y prend
plus de trois semaines d'avance ; à plus forte raison
quand on doit remercier l'homme qui vous a remplacé
pendant huit ans ».

Un prince romantique

Louis-Napoléon a vingt ans en 1828, l'année où Hugo
publie ses *Orientales*. Quatre ans plus tôt, Byron est venu
mourir à Missolonghi, après avoir consacré à la cause de
l'indépendance grecque la fin de son existence tourmen-
tée. La bataille d'*Hernani* est proche et les « Trois Glorieuses », immortalisées par Delacroix, vont être suivies,
dans toute l'Europe, d'un nouvel assaut contre le vieux
monde. L'heure est au déferlement des passions, aux
grands sentiments, au culte de l'héroïsme et de la liberté.
Partout de nouvelles recrues, des jeunes principalement,
viennent grossir les rangs des ennemis de l'ordre instauré
par le Congrès de Vienne.

Le fils cadet d'Hortense et de Louis résume assez bien
les diverses facettes de cette génération romantique. Il
a le physique de l'emploi. « Les traits de la physionomie
du prince, écrit Louise Cochelet, en grandissant, ont
pris peut-être moins de régularité que d'expression,
mais on y retrouve encore ce charme de douceur, d'esprit et de sentiment qui en faisait le plus aimable enfant
qu'on pût voir. Cette expression qui vient de la sensibi-

lité de son cœur se joint aujourd'hui au calme énergique qui est le fond de son caractère [26]. » Le jeune Lord Malmesbury, qui le fréquenta à Rome, le décrit comme « un excellent cavalier et très bon athlète » dont le visage « était grave et mélancolique mais éclairé par un sourire singulièrement brillant » [27]. Bref, s'il n'a pas la fougue d'un Fabrice del Dongo, l'homme ne manque pas de séduction d'autant que, nous l'avons dit, il a appris à connaître les femmes, à les aimer et à les comprendre. À l'inverse de ce qu'affirment nombre de ses biographes — certains iront jusqu'à relier sa précoce « ardeur sensuelle » au « sang martiniquais » qui coule dans ses veines —, son donjuanisme est peut-être moins affaire de nature que de culture.

Si c'est à Rome que s'est faite l'éducation sentimentale du prince, c'est là également que s'est ouvert son horizon politique. Certes, avant de se lier aux jeunes libéraux italiens, Louis-Napoléon a été soumis à une double influence, celle de sa mère et celle de son précepteur. Hortense a nourri l'imaginaire du prince de références aux heures glorieuses de l'épopée impériale. Fière, comme le fut Joséphine de ses origines aristocratiques, et discrètement monarchiste, elle n'en a pas moins transmis à son fils l'admiration qu'elle portait à l'empereur, en même temps qu'elle lui a inculqué un certain nombre de principes à commencer par celui du respect de la souveraineté populaire, fondement à ses yeux de la puissance des gouvernants. De cette leçon de démocratie, et de celles prodiguées par Le Bas, Louis-Napoléon se souviendra lorsqu'il mettra noir sur blanc son propre programme politique.

Ces idées, restées jusqu'alors théoriques, prennent en Italie une allure plus concrète. À Rome, Louis-Napoléon et son frère fréquentent les milieux libéraux et se mêlent aux jeunes gens qui militent dans des sociétés secrètes. Depuis 1815, les peuples de la péninsule sont soumis à une double domination : celle des souverains restaurés qui ont rétabli dans leurs États les institutions d'Ancien Régime et celle de l'Autriche qui s'opère soit directement, comme dans le royaume lombard-vénitien, gouverné par un vice-roi apparenté aux Habsbourg de Vienne, soit indirectement par des archiducs autrichiens en Toscane, à Modène et à Parme, où règne l'ex-impératrice Marie-Louise. À Naples, les Bourbons ont retrouvé leur trône mais celui-ci est également placé sous la dépendance des Habsbourg. Seuls échappent à un contrôle rigoureux de l'Autriche les États de l'Église et le royaume de Piémont-Sardaigne.

Partout, le retour à l'Ancien Régime s'est accompagné d'une réaction sans faille. La police et la justice traquent et punissent les partisans déclarés du modèle français, même lorsque sont maintenues — il en est ainsi notamment dans le royaume de Naples et en Toscane — certaines des réformes introduites par le régime napoléonien. Avec pour résultat le réveil d'une opposition dès 1820-1821. Certes, on n'oublie pas les exactions commises sous le Directoire par les armées de la République (massacres de populations civiles, pillages, réquisitions diverses, vols d'objets d'art), puis par les fonctionnaires du Consulat et de l'Empire. Mais les Français ont apporté avec eux des idées que partage désormais une partie de la bourgeoisie et de l'aristocratie libérales. L'Empire a disparu, la République n'a été qu'une brève parenthèse, mais le souvenir mythifié de la Grande Nation libératrice subsiste, et avec lui la nostalgie d'une époque qui a vu les peuples de la péninsule partiellement rassemblés.

La liberté et la nation : tels sont les deux thèmes qui mobilisent après 1815 les libéraux italiens. Parmi eux, nombreux sont les anciens fonctionnaires évincés et les militaires chassés de l'armée qui, après avoir critiqué et parfois combattu l'Empire, lui découvrent désormais des vertus qui s'incarnent dans le mythe napoléonien. On trouve également dans leurs rangs des membres des professions libérales, des intellectuels, des étudiants, tous acquis aux idéaux des Lumières et à l'espérance de voir l'Italie libérée de la domination autrichienne. Pour ces déçus de la Restauration, il ne peut être question d'exprimer au grand jour leurs aspirations libérales et patriotiques. Fortement minoritaires, coupés des masses et soumis à une surveillance vigilante, ils n'ont guère d'autre choix que celui de l'action clandestine. La Charbonnerie, une société secrète constituée à l'époque du Directoire pour lutter à la fois contre les Autrichiens et contre les Français, leur offre à la fois l'occasion d'exercer cette action et de vivre une aventure héroïque.

C'est dans cette atmosphère imprégnée de romantisme politique que Louis-Napoléon est passé de l'adolescence à l'âge adulte. À Rome, il s'est lié d'amitié avec deux patriotes fervents : le comte Arese et le docteur Conneau, depuis 1820 secrétaire du roi Louis et qui restera toute sa vie son ami le plus fidèle et le plus dévoué. A-t-il dès cette période des relations étroites avec les *carbonari*, nombreux dans la Rome pontificale ? A-t-il lui-même prêté le serment qui liait chaque membre de la secte et l'engageait « sur l'honneur et sur le fer, vengeur du parjure, à garder tous les secrets de la Charbonnerie », à « associer ses efforts à ceux des amis de sa patrie pour lui rendre l'exercice de ses droits et la mettre en état de choisir un gouvernement fondé sur les principes de la souveraineté du peuple » ? Rien n'est moins sûr. Selon son ami Arese, il ne serait devenu *carbonaro* qu'en 1831, ajoutant qu'étaient *carbonari* « tous ceux dont le but tendait à chasser les Autrichiens de l'Italie », ce qui rend son témoignage peu fiable. Celui de Valérie Masuyer est plus explicite. Évoquant l'activité politique des fils d'Hortense et de Louis lors des événements de 1831, elle écrit ceci :

> Des deux frères, Napoléon est le seul qui soit lié par serment avec les révolutionnaires italiens. Dès l'âge de quinze ans, il était déjà carbonaro. Les affaires de Naples, en 1821, attirèrent l'attention sur lui. Les novateurs lui offrirent un rôle, le Sacré Collège laissa voir qu'il le redoutait. Le roi Louis jugea prudent alors de transporter sa résidence à Florence, mais il y a partout des *vente carbonare*, partout des patriotes, et le jeune prince n'a pas cessé

de faire depuis avec les Toscans ce qu'il avait commencé avec les Romains[28].

La question de l'affiliation de Louis-Napoléon à la Charbonnerie divise aujourd'hui encore les historiens. Françoise Wagener, à qui l'on doit une biographie magistrale de la reine Hortense, la tient pour acquise[29]. Louis Girard et William Smith concluent pour leur part au simple « compagnonnage de route »[30]. Qu'on nous permette de considérer que la question est relativement secondaire. Ce qui compte c'est ce qu'ont cru, ou feint de croire les autorités pontificales et les responsables du maintien de l'ordre international instauré par le Congrès de Vienne — à commencer par Metternich —, et surtout que Louis-Napoléon se soit senti de cœur et de pensée avec les adversaires les plus résolus de l'absolutisme et de la domination autrichienne.

La fréquentation des libéraux romains ne suffisait pas à satisfaire le besoin d'action, l'ambition et l'appétit de gloire que le prince Louis partageait avec les représentants de la jeune génération romantique. Le combat pour la liberté et pour l'indépendance des peuples ne leur offrait-il pas l'occasion de « vivre dangereusement » dans le monde pacifié et prosaïque dont avaient accouché les traités de 1815 et la mise en place de la Sainte-Alliance ? Parmi les opportunités d'agir au nom du droit des peuples à disposer d'eux-mêmes, figurait, depuis le début des années 1820, la question de l'indépendance grecque. Soulevés contre la domination ottomane, les insurgés grecs avaient en 1822 chassé les troupes du Sultan et proclamé à Épidaure l'indépendance du pays. Révolte aussitôt matée par la force et suivie d'une répression féroce dont l'épisode le plus sanglant eut pour théâtre l'île de Chio. Privés d'appuis extérieurs, les Grecs combattirent héroïquement pendant plusieurs années mais durent finalement capituler après la prise d'Athènes en juin 1827.

Les massacres de Chio et les atrocités commises par les janissaires eurent peu d'effet, au début, sur les res-

ponsables de la politique européenne. « Les Turcs sont
de fort bonnes gens, disait Metternich, ils égorgent les
Grecs, les Grecs leur coupent la tête. C'est une question
hors de la civilisation. » Peu à peu cependant, il s'est
constitué en faveur des Grecs une opinion européenne
réceptive aux thèmes du *philhellénisme* qui s'est développée dans les milieux libéraux et qui, de proche en
proche, va finir par peser sur les choix des décideurs
politiques. Des écrivains, des artistes, des diplomates,
des militaires vont ainsi se lancer dans la bataille, multipliant les témoignages et les appels en faveur des
Grecs. En France, Delacroix et Ary Scheffer peignent
Les Massacres de Chio et *Les Femmes souliotes*, Lamartine consacre à la geste de Byron en Grèce le *Dernier
chant du pèlerinage de Childe Harold*, Casimir Delavigne
célèbre *Les Messéniennes* et Hugo s'écrie dans *Les Orientales* : « En Grèce ! En Grèce ! Allons poète, il faut
partir. »

Après Byron, mort à Missolonghi en 1824, le colonel
français Fabvier, défenseur d'Athènes, et son compa-
triote Voutiers, le proscrit italien Santarosa, l'Écossais
Gordon, l'Anglais Cochrane qui, de retour d'Amérique
latine où il avait combattu pour l'indépendance du
Chili, commandera en 1827-1828 la flotte des
insurgés, prennent fait et cause pour les Grecs et viennent mettre leur épée au service de l'indépendance
hellénique.

Le tsar Nicolas Ier, devenu empereur de Russie à la
mort d'Alexandre, en 1825, est le premier à saisir l'occasion offerte aux puissances de chasser les Turcs des Balkans. En mars 1826, sans demander l'avis des autres
membres du « concert européen », il adresse un ultimatum au Sultan, exigeant de lui que soit proclamée l'indépendance des provinces roumaines et de la Serbie,
sans qu'il soit fait d'ailleurs mention de la Grèce. Le tsar
espère ainsi pousser l'Empire ottoman à la guerre et en
tirer profit pour étendre son influence dans les Balkans,
l'indépendance grecque étant obtenue par surcroît sans
que l'on puisse lui reprocher d'avoir pris les armes pour

aider un peuple rebelle. Mais il est pris de vitesse par Canning qui a bien saisi le danger de laisser les Russes agir seuls et qui réussit à enfermer ces derniers dans une Triple Alliance conclue en juillet 1827 entre le Royaume-Uni, la Russie et la France. Trois mois plus tard, un banal incident en rade de Navarin, où les trois puissances ont envoyé leurs escadres, transforme la médiation européenne en guerre ouverte contre l'Empire ottoman.

À Rome, Louis-Napoléon piaffe d'impatience. La cause est belle et nombreux sont les jeunes libéraux qui se rendent en Grèce pour combattre aux côtés des alliés. Peut-être le moment est-il venu pour le prince d'illustrer à nouveau le nom des Bonaparte. Mais dans quel uniforme et sous quel drapeau ? En Morée a débarqué un petit corps expéditionnaire français commandé par le général Maison. Louis l'aurait volontiers rejoint mais l'armée royale n'a que faire des services d'un neveu de Napoléon. Reste celle du tsar qui opère en Asie Mineure et en Thrace. Le jeune homme fait le siège du palais Ruspoli pour arracher à Hortense un consentement que la reine finit par lui donner. Le roi Louis en revanche refuse catégoriquement. « Dans aucun cas, écrit-il à son fils, ni pour quelque motif que ce puisse être, on ne doit servir un pays étranger. Ceux qui agissent autrement sont des aventuriers, des ambitieux ou des méchants, pour ne pas dire plus. »

C'est également l'avis de Madame Letizia. Quant aux autres Napoléonides réfugiés à Rome, ils ont trop le souci de leur tranquillité pour encourager les initiatives du prince. Louis-Napoléon renonce à son rêve de gloire. Comme il meurt néanmoins d'envie d'embrasser la carrière militaire, il décide de demander son admission au camp de Thoune, près de Berne, où sont formés les cadres du génie et de l'artillerie helvétiques. Le camp est dirigé par le colonel Dufour, un ancien polytechnicien qui a servi comme capitaine dans la Grande Armée. Il faudra plusieurs mois pour que les autorités fédérales l'autorisent à accueillir cet encombrant volontaire. C'est finalement en juin 1830 que le neveu de Napoléon est officiellement admis à Thoune : tout juste un mois avant que Paris s'embrase et chasse les Bourbons.

Premières conspirations
(1830-1835)

Metternich, que sa haine de la Révolution rendait bon prophète, avait annoncé, après la signature de la convention de février 1830 qui faisait de la Grèce un État indépendant, que cette entorse majeure aux traités de 1815 et à l'esprit de la Sainte-Alliance ne pouvait que donner le branle à un immense chambardement en Europe. Les « Trois Glorieuses », suivies un mois plus tard de l'insurrection bruxelloise, paraissent confirmer ce diagnostic. À Rome, comme dans le reste de l'Italie, comme partout où couve depuis quinze ans la fièvre révolutionnaire, libéraux et patriotes s'apprêtent à saisir l'occasion de faire triompher la cause de la liberté. Louis-Napoléon et sa mère séjournent alors en Suisse, où le prince participe aux manœuvres du camp de Thoune. À l'instar des autres membres de la famille, ils sont persuadés que la victoire des insurgés parisiens ouvre pour eux une ère nouvelle. « La France est enfin libre, l'exil est fini, la patrie est ouverte », s'écrie Louis, et il ajoute : « N'importe comment, nous la servirons » [1]. Il leur faudra vite déchanter.

Louis-Philippe en effet, le « roi des barricades », lui aussi émigré en Suisse pendant la Révolution, n'a pas attendu longtemps pour faire connaître le choix de son gouvernement. La bourgeoisie orléaniste qui l'a porté au pouvoir et qui domine les assemblées en a décidé ainsi, à la fois par crainte d'une offensive du parti bonapartiste — au demeurant fort discret lors des événements de juillet — et pour éviter une réaction des puissances européennes. La loi du 11 septembre 1830 stipule donc que les Bonaparte demeurent interdits de séjour dans le royaume. Ni les récriminations véhémentes des deux princes, ni les manœuvres engagées à Rome par les Napoléonides, et que réprouve la mère de l'empereur, ne changeront quoi que ce soit à cette décision. « Madame Mère, écrit Valérie Masuyer, s'indigne, paraît-il, de l'attitude que la plupart de ses enfants ont prise à l'égard du nouveau gouvernement français. Les réclamations qu'ils forment pour rentrer en France et pour obtenir des moyens d'existence sont, dit-elle, indignes du nom qu'ils portent [2]. »

Combattant de la liberté

C'est pour garantir ses enfants contre des « entraînements dangereux pour leur tranquillité » que la reine partit pour Rome à la mi-octobre. Louis-Napoléon l'accompagnait comme à l'ordinaire, bien décidé à prendre part avec son frère aux grands événements qui s'annonçaient dans la péninsule. À Florence, où ils arrivèrent le 1er novembre, ils passèrent deux semaines de grand bonheur en compagnie de Napoléon-Louis, le roi Louis s'étant éclipsé à Rome toujours afin d'éviter le tête-à-tête avec sa femme. Le 18 novembre, ils étaient de retour dans la capitale des papes où Hortense retrouva ses habitudes : promenades, lecture, visites, soirées festives au palais Ruspoli ou dans quelque villa de l'aristocratie romaine. Depuis quelques années, la reine s'était rapprochée de Madame Letizia. Elle passait deux heures chaque jour à converser avec elle et se rendait souvent le soir au palais Rinuccini où celle-ci habitait, pour « lui lire de petites pièces nouvelles » qu'elle recevait de Paris.

Pendant ce temps, Louis-Napoléon se faisait de moins en moins visible. Hortense et Valérie Masuyer, sa dame d'honneur, essayaient bien de se rassurer en l'imaginant dans les bras de quelque séduisante personne. Le prince, avons-nous dit, avait le goût des jolies femmes et celles-ci n'étaient pas insensibles à son charme, à son allure romantique, à ses talents de cavalier et d'escrimeur... et à son nom ! Il avait acquis une réputation de don Juan qui lui servait à égarer les soupçons de sa mère quant à son engagement politique et à ses relations avec les libéraux. La reine n'en était pas moins inquiète. Une certaine agitation avait commencé de se manifester à Rome, à la suite du décès du pape Pie VIII, et Louis-Napoléon entendait bien ne pas rester à l'écart d'une explosion révolutionnaire qui paraissait imminente. « Ce qui se passe dans Rome, écrit Valérie Masuyer, est bien fait pour exalter une tête aussi chaude. »

Louis en effet ne reste pas inactif. Quand la reine est absente, il reçoit au palais Rusconi, dans ses appartements privés, de jeunes conspirateurs comme le comte Camerata, gendre d'Élisa Bonaparte. L'épouse du comte vient de partir pour Vienne afin d'informer le duc de Reichstadt du complot bonapartiste qui se trame à Rome : leur brève rencontre sera un fiasco. Le prince participe également aux réunions secrètes qui se tiennent au domicile de Vitto Fedeli, fils d'un maître d'armes de Lucien Bonaparte. Les conjurés envisagent de profiter de la vacance du trône de Saint-Pierre pour exécuter leur coup de force et soulever les quartiers populaires. Mais la police pontificale n'est pas inactive. Mis au courant de ce qui se trame, le gouverneur de Rome, Mgr Capelletti, décide de faire expulser une vingtaine de suspects, dont Louis-Napoléon qui a commis l'imprudence de parcourir la ville à cheval, portant sur sa monture une pièce d'étoffe tricolore.

Le 11 décembre, tandis que la disette s'installe et que les faubourg s'agitent — n'abritent-ils pas, comme l'écrit Hortense, « les purs restes du sang romain » ?[3] — une troupe d'une cinquantaine de gendarmes pontificaux entoure le palais Ruspoli et se saisit du prince, aussitôt mis dans une voiture et conduit sous bonne escorte jusqu'à Florence. Louis a tout juste eu le temps de confier à la reine qu'il a enfermé dans un salon proche de son appartement deux réfugiés politiques poursuivis par la police. La police se rend également au domicile de Jérôme pour procéder à l'arrestation de son fils âgé de seize ans, mais l'ancien roi de Westphalie étant sur les lieux, on n'ose pas l'enlever sous ses yeux. L'ordre d'expulsion sera d'ailleurs rapporté quelques jours plus tard, suite à l'intervention de l'ambassadeur de Russie.

Commence alors pour les deux frères une aventure politico-romanesque. À Florence, ils se joignent aux conjurés qui préparent un soulèvement en Romagne. L'un des chefs du mouvement est le colonel Armandi, ancien précepteur de Napoléon-Louis : c'est lui qui met les jeunes gens en rapport avec Ciro Menotti, figure emblématique de la Charbonnerie italienne et principal dirigeant des libéraux de Modène. Menotti et les émissaires des *carbonari* parisiens s'appliquent à convaincre les deux frères que le prestige du nom qu'ils portent constituerait un atout majeur pour la révolution à venir. Ils hésitent, moins par peur d'avoir à affronter le courroux du roi Louis que par souci d'épargner à Hortense une angoisse que celle-ci ne cesse d'exprimer dans ses lettres. La soif d'action, l'ambition, la certitude d'épouser une cause sacrée les inclinent néanmoins à rejoindre les conspirateurs. Lequel des deux a entraîné l'autre ? Napoléon-Louis qui s'était engagé par serment à donner sa vie pour la cause de la liberté, ou Louis-Napoléon que Valérie Masuyer considère comme le « mauvais sujet » du couple fraternel[4] ? Dans une lettre adressée à sa mère à Florence, quelques semaines plus tard, ce dernier explique pourquoi lui et son frère ont pris les armes :

> Votre affection nous comprendra : nous avons pris des engagements, nous ne pouvons y manquer, et le nom que nous portons nous oblige à secourir les peuples malheureux qui nous appellent. Faites que je passe aux yeux de ma belle-sœur pour avoir entraîné son mari, qui souffre de lui avoir caché une action de sa vie[5].

Révolution et contre-révolution en Italie centrale

Tandis que Rome s'étourdit au rythme des réjouissances carnavalesques, l'insurrection éclate dans les territoires pontificaux (Marches, Émilie, Romagne) et dans les duchés. Modène est la première touchée par la vague révolutionnaire. Le duc François IV, qui règne dans ce petit État satellite de l'Autriche, n'a rien d'un libéral. Il n'en a pas moins promis son appui aux conjurés, tout en ménageant ses arrières du côté de Vienne, espérant tirer parti de la victoire de l'un ou l'autre camp pour asseoir son autorité sur toute la région. En fait, il n'attend pas que Ciro Menotti brandisse l'étendard de la révolte pour le faire arrêter avec une quarantaine de ses compagnons. Mais le branle est donné. Dès le 5 février 1831, la population de Bologne se soulève, obligeant le vice-légat pontifical à remettre le pouvoir à une commission provisoire. Le 9, une assemblée de citoyens proclame à Modène la déchéance du duc, en fuite vers la capitale des Habsbourg. À Parme, où l'agitation a gagné en janvier les milieux étudiants, d'importantes foules de manifestants défilent les 10, 11 et 12 février devant le palais ducal, exigeant de l'archiduchesse Marie-Louise l'octroi d'une constitution et le renvoi du secrétaire d'État, le baron autrichien Werklein, véritable maître du pouvoir depuis la mort du comte de Neipperg. L'ex-impératrice des Français refusant de faire la moindre concession doit à son tour quitter sa capitale dans la nuit du 14 au 15 février. Un gouvernement provisoire réunissant des personnalités appartenant à la noblesse et à la bourgeoisie libérales est mis sur pied, ainsi qu'une garde nationale destinée à maintenir l'ordre et à défendre le nouveau pouvoir contre une contre-offensive autrichienne. En moins de deux semaines la Romagne, les Marches, l'Émilie, l'Ombrie sont balayées par un mouvement qui ne tarde pas à gagner Florence et Lucques, respectivement gouvernées par Léopold II d'Autriche et Charles II de Bourbon-Parme. Les territoires contrôlés par le gouvernement pontifical se réduisent au Latium et à la ville de Rome où un début d'insurrection a été rapidement étouffé. Le 26 février, les délégués des villes libérées réunis à Bologne proclament la déchéance du pape, en tant que souverain temporel, et la constitution des Provinces unies italiennes.

Louis-Napoléon et son frère ont vécu avec jubilation cette première phase victorieuse. Ils n'ont pas eu beaucoup à combattre mais ils ont parcouru la campagne à la tête de petits groupes de cavaliers, tantôt accueillis avec froideur par les autochtones, tantôt acclamés, comme à Spolète et à Terni. L'armée des insurgés n'a pourtant pas de quoi impressionner les foules : forte d'un peu moins de 15 000 hommes, elle dispose d'un armement sommaire (fusils de chasse, piques, faux, etc.), manque de discipline et compte peu de chefs expérimentés. Qu'importe ! Louis-Napoléon est euphorique. Le 25 février, il écrit à son père :

> L'enthousiasme de ce pays-ci est très grand [...] L'armée des patriotes s'achemine vers Rome qui doit tomber inévitablement avant huit ou dix jours. Toutes les troupes du pape sont pour le parti libéral. [...] Mon cher papa, au nom du ciel, soyez tranquille, voyez dans l'avenir, voyez tous les peuples de l'Europe qui recouvrent leurs droits et qui sauront les conserver [6].

Ni le roi Louis ni Hortense ne sont rassurés par ces paroles exaltées. Le premier balance entre une affection tardive pour ce fils longtemps rejeté et le souci de sa propre tranquillité, sentiment qu'il partage avec les autres Napoléonides. À quoi s'ajoute pour le pieux comte de Saint-Leu l'horreur de voir ses fils en guerre contre le pape. La reine pense surtout à préserver les princes des conséquences d'une entreprise qui a toute chance de mal tourner. L'un et l'autre tentent de freiner leurs ardeurs belliqueuses et leur adressent des missives affolées, les suppliant d'abandonner une aventure qu'ils estiment vouée à l'échec. Les deux jeunes gens répondent qu'ils ne se mêlent de rien, ils ne sont que les spectateurs d'une pièce qui se joue sans eux, ou encore des « voyageurs de passage », etc.

À Rome comme à Florence, où Hortense a fini par se rendre à la demande de ses fils, afin de ne pas servir d'otage au gouvernement pontifical, personne n'est dupe de ces bonnes paroles. Serait-on disposé à les entendre que la grande politique est là pour rappeler chacun à la réalité. Dès le 19 février, le nouveau pape Grégoire XVI a demandé à l'Autriche d'intervenir militairement en Romagne et dans les Légations. Pour appuyer sa demande, le cabinet pontifical fait valoir auprès de Metternich que la présence de deux Bonaparte dans les rangs des insurgés constitue un danger dirigé non seulement contre son propre pouvoir, mais aussi et surtout contre la paix et l'ordre européens. L'Autriche n'a pas besoin de cet avertissement pour agir, mais le spectre d'une Europe napoléonienne va lui servir indirectement d'argument pour séparer les insurgés des Bonaparte et pour exercer une pression détournée sur la France.

Au lendemain des « Trois Glorieuses », certains avaient imaginé un peu naïvement qu'issu des barricades le nouveau régime aurait à cœur d'aider à la libération des peuples opprimés. C'était compter sans la prudence d'un Louis-Philippe qui songeait surtout à consolider son pouvoir et avait besoin d'une longue période de paix. Mais cela, les patriotes italiens ne le savaient pas, ou ne voulaient pas le savoir, peut-être parce qu'ils s'étaient bercés de l'illusion d'une France rendue à sa mission révolutionnaire et émancipatrice, selon l'image que les *carbonari* exilés à Paris leur avaient transmise. Une fois déclenchée l'insurrection en Romagne, les regards des adversaires de l'absolutisme se tournèrent néanmoins vers la France où le « parti du mouvement » poussait à l'intervention. Leurs espérances furent vite déçues, Louis-Philippe et les hommes du « parti de la résistance » refusant de se laisser entraîner dans l'aventure. « Nous ne concédons à aucun peuple, dira Casimir-Perier, le droit de nous forcer à combattre pour sa cause. Le sang des Français n'appartient qu'à la France. »

Sans menacer directement celle-ci, Metternich eut l'habileté de faire comprendre aux ministres de Louis-Philippe que la France ne pouvait prêter la main à une entreprise révolutionnaire susceptible de remettre en selle le parti bonapartiste. Ce raisonnement, les chefs de l'insurrection allaient également être amenés à le faire. Aussi mince que fût l'espoir de voir la Monarchie de Juillet voler au secours de la révolution italienne, il devait être préservé : ce qui impliquait que les deux neveux de Napoléon Ier fussent retirés du jeu. Aussi, lorsque le roi Louis et son frère Jérôme s'adressèrent à Armandi, devenu général et ministre de la Guerre du gouvernement rebelle, pour le prier de libérer les princes de leur engagement, l'ancien précepteur de Napoléon-Louis s'exécuta-t-il sans trop rechigner. Il ordonna aux deux jeunes gens de rejoindre Ancône, puis de se retirer à Bologne où on leur refusa de s'enrôler comme simples volontaires.

Louis-Napoléon et son frère étaient d'autant plus indignés d'être ainsi traités comme des « poltrons » qu'ils avaient véritablement commencé à faire la guerre : Louis en participant au siège et à la prise de Civita-Castellana, dans le Latium, Napoléon en livrant combat à des troupes papales très supérieures en nombre dans les montagnes de la Sabine. On peut imaginer leur déception et leur colère quand il leur fallut se soumettre aux ordres d'Armandi. Le 3 mars, ce dernier adressa une lettre à Hortense dans laquelle perçait son regret d'avoir dû se séparer des deux princes.

> Madame,
> Les jeunes princes sont ici et très bien portants. Ils ont fait un sacrifice pénible et qui demande un grand fond de raison et de sentiments : c'est pour ne pas nuire aux intérêts de cette malheureuse Italie, qu'il ne leur est même pas permis d'aider ouvertement ; c'est pour ne pas affliger ou compromettre ce qu'ils ont de plus cher au monde. [...]
> [...] Soyez encore plus fière que vous ne l'étiez, Madame, d'avoir de tels enfants ; toute leur conduite dans cette circonstance est un enchaînement de sentiments nobles, généreux, dignes de leur nom et l'histoire ne l'oubliera pas. Un jour, il faudra bien qu'on appelle vertu ce qui est vertu, et toutes les diplomaties du monde n'y changeront rien[7].

Au moment où Armandi écrit cette lettre — datée du 3 mars 1831 — le sort de la révolution italienne est déjà pratiquement scellé : Vienne a décidé d'envoyer vingt mille soldats aguerris pour mater la rébellion et rétablir les souverains légitimes dans leurs droits. Le 4 mars, le jour même où est promulguée la constitution des Provinces unies italiennes, l'armée impériale pénètre dans les duchés de Modène et de Parme où elle ne rencontre qu'une faible résistance. Pris en tenaille entre les impériaux et les troupes pontificales, les rebelles sont bientôt acculés à la reddition. Il aura fallu moins d'un mois au « gendarme de l'Europe » pour rétablir l'ordre dans les États de l'Église et dans les duchés : prélude à une répression menée avec une grande férocité à Rome, Bologne et Modène où le duc François IV fit exécuter un grand nombre de patriotes dont Ciro Menotti. Le seul gouvernement qui manifesta une certaine modération dans sa politique répressive fut celui de Marie-Louise à Parme.

Fugitifs

Repliés à Bologne sur ordre des chefs de la rébellion, Napoléon-Louis et Louis-Napoléon se trouvaient pris dans une souricière entre l'armée autrichienne qui avait commencé à investir l'Émilie et la Romagne et celle du gouvernement pontifical qui remontait vers le nord après avoir repoussé l'offensive des insurgés dans le Latium. Situation d'autant plus dangereuse pour les deux frères que ni les autorités romaines, qui reprochaient à Louis-Napoléon d'avoir fait libérer des prisonniers d'État, ni les Autrichiens ne paraissaient disposés à les épargner. Pris, ils risquaient soit d'être immédiatement passés par les armes, soit d'aller croupir dans une geôle romaine, ou dans quelque forteresse impériale.

C'est pour tenter de leur éviter ce sort que la reine décida, à la demande pressante de son époux — le roi Louis se sentait lui-même trop peu valide pour mener à bien une telle entreprise —, de partir pour Bologne afin d'y retrouver ses fils et de les conduire en lieu sûr. Hortense quitta Florence le 12 mars, munie de deux passeports : le sien propre et un autre document que lui avait procuré Lord Seymour, représentant du Royaume-Uni auprès du gouvernement toscan, et qui était établi au nom d'une dame Hamilton, en route pour Londres avec ses deux fils. À cette date, les chefs de l'armée insurrectionnelle, Armandi et Grabinski, avaient déjà quitté Bologne (celle-ci sera occupée le 21 par les Autrichiens) et entamé leur retraite vers l'Adriatique, emmenant avec eux les deux princes. Depuis le 9 mars, ces derniers se trouvaient à Forlí où Napoléon-Louis contracta une rougeole, le 11.

Le plan de sauvetage élaboré par la duchesse de Saint-Leu consistait à rejoindre ses fils à Ancône. Elle avait d'abord songé à s'embarquer pour Corfou et Smyrne, en territoire ottoman. Du moins, était-ce le bruit qu'elle s'était appliquée à répandre, usant de ce

leurre pour cacher sa véritable destination : Paris où,
écrit-elle, « un décret de mort est encore lancé contre
eux, mais n'importe ; le nom de liberté, de justice, d'humanité doit avoir là trop d'empire pour que j'aie rien à
redouter »[8]. Le 13 mars, la reine était à Pérouse, le 14
à Foligno où elle fit halte quelques jours, le temps de
voir dans quelle direction s'effectuait la retraite de l'armée rebelle. En traversant les territoires insurgés, elle
avait constaté avec surprise que l'approche des Autrichiens n'avait pas affaibli l'ardeur patriotique des
foules. « Tout, écrit-elle, respirait l'allégresse. La population entière, ornée de cocardes et de rubans tricolores,
semblait jouir pour la première fois du beau soleil
qui l'éclairait. [...] Le mot de liberté l'enivrait comme
l'opium[9]. »

Ayant su qu'une épidémie de rougeole sévissait à
Forlí et que Napoléon-Louis souffrait d'un « gros rhu-
me », la reine reprit la route le 19 mars, aux premières
lueurs du jour, « le cœur rempli de funestes présages ».
Rejointe à la première poste par un émissaire du roi
Louis, elle apprit bientôt que son fils aîné avait succombé le 17 à l'épidémie et que, cherchant à échapper
aux Autrichiens qui venaient d'occuper Ravenne, Louis-
Napoléon était parti pour Pesaro. Hortense était brisée
de douleur. Elle venait de perdre son deuxième enfant,
sans avoir pu être près de lui dans ses ultimes moments,
et elle ne pourrait assister à ses obsèques : il fallait
parer au plus pressé, c'est-à-dire tenter de sauver Louis-
Napoléon des griffes des impériaux.

La reine reprit donc aussitôt la route, l'angoisse de se
voir enlever son dernier fils décuplant ses forces et lui
faisant oublier fatigue et chagrin. Toujours accompagnée de Valérie Masuyer, elle franchit de nuit l'Apennin
au col du Furlo et arriva à Pesaro le 21 mars au matin.
Le prince Louis y était depuis la veille : il était déprimé
et fiévreux, subissant à son tour — quoique sous une
forme moins maligne — les effets de l'épidémie. Ils se
retrouvèrent au palais du jeune duc de Leuchtenberg,
le fils aîné d'Eugène, unis dans la même douleur, pétri-
fiés l'un et l'autre par la soudaineté du drame.

On s'est souvent demandé si le frère du futur Napoléon III était bel et bien mort de la rougeole. Le roi Louis, lui-même, en doutait. N'avait-il pas, au lendemain du décès de son fils, adressé au prince un questionnaire dans lequel il exigeait des précisions sur les derniers moments de Napoléon-Louis ? L'incertitude résulte d'un document unique, un « papillon » trouvé dans le manuscrit des *Mémoires* de Valérie Masuyer par son éditeur, Bourguignon. La dame d'honneur de la reine rapportait dans cette note datée du 19 avril 1831 qu'elle avait recueilli les confidences de Daniele Zappi, un jeune patriote ami du prince qui avait accompagné Hortense et Louis-Napoléon dans leur fuite, prenant en quelque sorte la place du prince défunt pour donner le change lors des contrôles du passeport (établi, on l'a vu, au nom d'une dame Hamilton et de ses deux fils). Selon Zappi, le prince avait été victime d'un assassinat ordonné par le Conseil des *carbonari*. Il aurait été dénoncé par le comte Orsini, suite à son refus de marcher sur Rome, jugé pour violation du serment prêté lors de son affiliation à la Charbonnerie, et frappé — Zappi ne pouvait dire si c'était par balle ou à l'arme blanche — par un membre de l'organisation. Le jeune homme ne serait d'ailleurs pas mort sur le coup : « La rougeole aurait achevé l'œuvre fatale en s'attaquant à un corps déjà moribond[10]. »

On imagine ce que les amateurs de feuilletons historiques ont pu tirer plus tard de cet « aveu », réel ou imaginaire. Zappi a-t-il confié son « secret » à d'autres que Valérie Masuyer ? À quelle source Hippolyte Larrey, le fils du célèbre chirurgien de la Grande Armée, auteur d'un ouvrage hagiographique sur Madame Letizia, a-t-il puisé la substance de la version qu'il donne de la mort du prince (tué selon lui à la tête des insurgés) ? Qui a intérêt, sous le Second Empire, à accréditer la thèse d'un meurtre commis à l'instigation du comte Orsini, père du militant mazzinien qui tentera en janvier 1858 d'attenter aux jours du couple impérial ? Toute sa vie,

Napoléon III ne cessera en tout cas de répéter ce qu'il écrivait en 1831, en réponse à son père : « Quant au soupçon que vous témoignez qu'on ait accéléré les jours de mon malheureux frère, croyez bien que, si un crime aussi atroce avait été commis, j'aurais bien su en trouver l'auteur et en tirer une vengeance éclatante. »

Le 23 mars, Louis-Napoléon et Hortense quittèrent Pesaro pour Ancône où ils trouvèrent refuge dans un autre palais du duc de Leuchtenberg, devenu le siège du gouvernement provisoire. Trois jours plus tard, le duc décida de déposer les armes et, le 29, les Autrichiens firent leur entrée dans la ville. Il fallait agir promptement. Les impériaux avaient promis une amnistie générale dont n'étaient exclus que le général Zucchi, un ancien officier de l'armée d'Eugène auquel les insurgés avaient un moment songé à confier la dictature, et le prince Louis. De plus, le palais Leuchtenberg étant le plus beau de la ville, c'est là que le lieutenant-général baron Geppert, qui commandait la garnison autrichienne, établit ses quartiers. Son appartement était contigu à celui de la reine : Louis-Napoléon s'y tenait caché, malade et anxieux du sort qui lui était réservé, pour peu qu'il tombât entre les mains des vainqueurs. Hortense avait diffusé la fausse nouvelle de son embarquement pour Corfou et elle avait même poussé la ruse jusqu'à faire adresser au roi Louis un courrier dans lequel le prince informait son père de son arrivée dans l'île et de son prochain départ pour l'Angleterre. En réalité, elle attendait que son état de santé lui permette de prendre secrètement la route en direction de la France.

L'attente dura huit jours et ce furent huit jours d'angoisse. L'avis du médecin restait réservé quant à l'issue de la maladie du prince. Le général Geppert, sans doute sensible au charme de la duchesse de Saint-Leu, voulut bien admettre que Louis était parvenu à tromper la surveillance des navires autrichiens — Zucchi n'eut pas cette chance[11] —, mais le palais Leuchtenberg n'était pas l'endroit le plus sûr pour qui cherchait à fuir les uniformes impériaux. « La moindre chose, écrit Hortense, pouvait nous trahir. S'il toussait, j'étais obligée de lui fermer la bouche. Je l'empêchais de parler, une voix d'homme était si facile à entendre par tout ce qui nous entourait [12]. »

Début avril, le médecin autorisa enfin le départ du proscrit. Hortense parvint une fois encore à tromper la vigilance de Geppert. Elle expliqua au général en chef qu'elle se proposait de rejoindre son fils à Malte, et se fit remettre un sauf-conduit pour Livourne, sur lequel elle inscrivit elle-même les noms de ceux qui l'accompagnaient. Quelques jours plus tôt, elle avait proposé à Zappi, que le gouvernement provisoire avait chargé de livrer à Paris des dépêches confidentielles, d'être du voyage. Le crâne rasé et déguisés en laquais, les deux jeunes gens prirent place dans la voiture de la reine et de sa dame d'honneur. Le 3 avril, à quatre heures du matin, l'équipage passait sans encombre les portes de la ville : prélude à une équipée de dix jours à travers une Italie en pleine ébullition.

Première étape : Loreto, où la reine voulut s'arrêter pour entendre la messe, puis Macerata, Tolentino et Foligno. Louis étant connu dans cette ville, on le fit monter dans la voiture des domestiques, un mouchoir sur le visage, comme s'il dormait. Durant la traversée des Marches, les fugitifs croisèrent des soldats débandés de l'armée du général Sercognani à qui Hortense distribua quelques piastres. Ils filèrent ensuite vers Pérouse que la reine avait connue « si gaie, si brillante ; maintenant morne, silencieuse, livrée encore à elle-même, mais sans espérance » [13]. Ils franchirent le 5 avril la frontière toscane et arrivèrent le lendemain à Sienne où Louis dut descendre de voiture et traverser la ville à pied pour échapper aux contrôles. À Pise, la reine redevint Mme Hamilton, accompagnée de ses « deux fils » qui troquèrent leurs livrées de laquais pour des « toilettes de fils de famille ». À Lucques, Zappi fut pris de fièvre. On craignit un moment que la rougeole n'obligeât les voyageurs à séjourner plusieurs jours dans cette ville, mais il s'agissait d'une attaque bénigne. On put donc repartir sans tarder, en faisant un crochet pour un bref et émouvant pèlerinage à Serra-Vezza, où Napoléon-Louis avait fait construire une papeterie et une petite maison de campagne.

Les fugitifs redoutaient beaucoup la traversée de Massa. On y attendait en effet le maître des lieux : le duc de Modène dont la férocité à l'égard des libéraux était devenue légendaire. Le passage se fit sans encombre, mais Louis ne put s'empêcher de penser au sort qui attendait le malheureux Ciro Menotti que Frédéric IV avait fait arrêter par traîtrise et qui était promis au gibet (il sera pendu le 26 mai 1831). Les dernières étapes italiennes — La Spezia, Gênes, Savone et Nice — furent sans problème. On arriva le 14 avril à la frontière française, établie à cette date sur le Var. Pour la première fois depuis 1815, Louis-Napoléon et sa mère foulaient le sol d'une patrie dont ils avaient été chassés seize ans plus tôt comme des criminels. Leur émotion était extrême. À quoi s'ajoutait pour Hortense le soulagement de ne plus avoir à craindre pour l'existence de son fils. « Ce ne fut enfin, écrit-elle, que lorsque j'eus mis le pied sur le sol français, que j'eus revu cette patrie qui nous exilait, et où une loi cruelle nous condamnait à la peine de mort si nous y paraissions ; ce ne fut que là pourtant que je commençai à respirer [14]. »

« La douleur de l'exil »

La « loi cruelle » évoquée par la reine devait bientôt être modifiée par des dispositions qui en diminueraient la rigueur [15]. Mais cela, Hortense l'ignorait. Si elle avait commencé à « respirer » en arrivant en France, c'était parce qu'elle était sûre de pouvoir, dans le pire des cas, faire appel à la reconnaissance du roi. La mère de Louis-Philippe et sa tante, la duchesse de Bourbon, n'avaient-elles pas, grâce à elle, été admises à demeurer en France pendant les Cent-Jours, et obtenu de Napoléon de substantielles pensions pour elles ? C'était même ce qui avait déterminé la reine à choisir Paris, plutôt que Londres, comme but du voyage entrepris à Ancône. Elle espérait obtenir du nouveau souverain l'autorisation de s'installer avec son fils sur le territoire du royaume.

On voyagea donc incognito, sans prendre toutefois des précautions excessives. Partout où l'on s'arrêtait, à Fréjus, Brignoles, Aix-en-Provence, Avignon, le prince allait se promener dans les rues avec son ami Zappi. À Montélimar, les deux jeunes gens entrèrent dans un café, lurent les journaux et conversèrent avec des officiers qui, sachant qu'ils venaient d'Italie, voulurent savoir comment était mort le prince Napoléon et se réjouirent d'apprendre que son frère, sain et sauf, s'était réfugié à Corfou ! C'était la première fois que le neveu de l'empereur pouvait librement s'entretenir avec des officiers en activité dans l'armée royale. Il revint transporté de cette rencontre et entreprit aussitôt d'adresser à Louis-Philippe une lettre lui demandant de l'autoriser à s'engager comme simple soldat dans l'armée française. En voici un extrait :

Sire,

J'ose m'adresser à Votre Majesté, comme représentant de la Grande Nation, pour lui demander une grâce qui est le seul but de mon ambition. Je viens vous prier de m'ouvrir les portes de la France et de me permettre de la servir comme simple soldat. [...]

[...] Puisque tous les États de l'Europe me sont fermés, la France est le seul où l'on ne me ferait pas un crime d'avoir embrassé la sainte cause de l'indépendance d'un peuple ; mais une loi cruelle m'en bannit. Séparé de ma famille, inconsolable de la perte de mon frère, mort en Romagne, après avoir donné tant de preuves de son amour de la liberté, la vie me serait insupportable si je n'osais espérer que Votre Majesté me permette de rentrer comme simple citoyen dans les rangs français, heureux si je puis mourir un jour en combattant pour ma patrie [16].

La lettre plut à Hortense mais elle déconseilla au prince de l'envoyer. Elle avait d'autres plans et surtout une vue plus réaliste du rapport que la Monarchie de Juillet entretenait avec la cause des peuples. Louis n'insista pas et l'on reprit le chemin de la capitale, à petites journées, en faisant étape dans des lieux qui évoquaient pour la reine mille souvenirs de l'épopée napoléonienne. À Fontainebleau, elle conduisit le prince dans le palais où elle avait jadis vécu avec le couple impérial, « au milieu des fêtes qui se succédaient et des hommages des princes étrangers qui accouraient pour implorer l'appui de leur vainqueur » [17]. En traversant la cour des Adieux, en s'arrêtant devant l'endroit où il avait été tenu sur les fonts baptismaux par l'empereur, en lisant sur la petite table de l'abdication que cet acte avait été écrit « dans le cabinet du roi », comme si les Bourbons avaient toujours été détenteurs des lieux, Louis-Napoléon était partagé entre l'émotion, le chagrin et le sentiment de devoir un jour régler ses comptes avec le passé.

Les voyageurs arrivèrent à Paris le 23 mars. Le jeune homme n'avait conservé qu'un très vague souvenir de la capitale. Soucieuse de ne pas gâcher ses premières impressions, Hortense ordonna au cocher d'emprunter les artères les plus larges qui conduisaient de la barrière d'Italie à la place de la Bastille et que prolongeait la ligne des grands boulevards. Ce n'est certainement pas « par hasard » — comme la reine l'écrit dans ses Mémoires — que la berline emprunta la rue de la Paix et s'arrêta devant l'hôtel de Hollande où un vaste et confortable appartement avait été retenu au nom de Mme Hamilton. De leurs fenêtres, le prince et sa mère pouvaient contempler à loisir la colonne de la place Vendôme, en attente de la remise en place de la statue de l'empereur.

Le soir même, tandis que Louis et son ami Zappi parcouraient les rues de la ville, Hortense se rendit au Palais-Royal pour tenter de joindre le général d'Houdetot, aide de camp de Louis-Philippe. Elle ne le connaissait pas per-

sonnellement, mais il lui avait été recommandé par une
« voisine » d'Arenenberg, Mme Lindsay. Elle ne le vit
pas, mais ayant appris sa visite il se rendit le lendemain
à l'hôtel de Hollande pour y rencontrer la duchesse de
Saint-Leu, puis transmettre au roi la demande d'audience qu'elle sollicitait. Louis-Philippe était hésitant. Il
commença par faire dire à Hortense qu'il était personnellement favorable à sa requête, mais qu'il ne pouvait
agir sans l'accord de ses ministres. Après deux visites
de Casimir-Perier à l'hôtel de Hollande, où le chef du
gouvernement, et ministre de l'Intérieur, apprit de la
bouche d'Hortense que le prince Louis était à Paris, le
roi accepta finalement de la recevoir secrètement.

L'entrevue eut lieu le 26 avril à huit heures du soir
au Palais-Royal, le « roi des barricades » n'ayant pas
encore troqué la résidence des Orléans pour le château
des Tuileries. Fiévreux, suite à une rechute du mal
contracté en Italie, Louis-Napoléon n'accompagnait pas
sa mère. Celle-ci fut accueillie par le général d'Houdetot
qui la conduisit jusqu'à sa propre chambre : une pièce
minuscule, meublée avec une rigueur toute militaire où
Hortense vit bientôt arriver le roi, suivi un peu plus tard
de son épouse Marie-Amélie et de sa sœur, Madame
Adélaïde. L'entretien fut cordial, Louis-Philippe « poli »,
et même « gracieux », au dire de la reine qui lui prête
ce propos : « Je connais toute la douleur de l'exil, et il
ne tient pas à moi que le vôtre n'ait déjà cessé [18]. » Mais
il ne voulut prendre aucun engagement ferme. Hortense
et son fils seraient tolérés à Paris, à condition que leur
séjour soit bref et qu'ils gardent l'incognito. Le roi voulait bien s'intéresser à la requête de la duchesse concernant la séquestration de ses biens et la confirmation de
son titre. Qu'elle lui adresse une note chiffrant ce qu'elle
estimait lui être dû, et il s'appliquerait à satisfaire sa
demande. Il lirait sans déplaisir la lettre rédigée à Montélimar par le prince Louis, mais son trône n'était pas
encore suffisamment affermi et la pression du parti
bonapartiste demeurait trop forte pour qu'il pût, dans
l'immédiat, autoriser les Bonaparte à rentrer en France.

Les jours suivants furent occupés à diverses manœuvres. Arguant de la maladie de son fils, Hortense prit son temps pour rédiger la note dans laquelle elle réclamait les 700 000 francs qui lui étaient dus sur ses revenus depuis 1815. Le prince, moins assommé par la fièvre que ne le prétendait sa mère, profitait du sursis qui leur était accordé pour respirer l'air de Paris et pour se mettre en rapport avec quelques-uns des chefs de l'opposition bonapartiste et républicaine. Il n'est pas impossible qu'il ait rencontré Armand Marrast, Odilon Barrot et La Fayette, avec lesquels il commença à correspondre au lendemain de ce bref séjour parisien. De son côté, Casimir-Perier pressait la duchesse de Saint-Leu de hâter son départ. Il eut avec elle plusieurs entretiens tout aussi chaleureux que celui qu'elle avait obtenu du roi, mais qui ne furent pas davantage suivis d'effets, s'agissant des points essentiels soulevés par Hortense.

On se contenta d'envisager un séjour à Vichy, pour que cette dernière pût y prendre les eaux. Madame Adélaïde proposa même de recevoir la duchesse et le prince dans son château de Randan-Jussat, proche de la station thermale. « On s'habituera petit à petit à vous voir en France, ainsi que votre fils », aurait précisé le Premier ministre. Quant à Louis-Napoléon, dont la lettre avait été transmise au roi, pourquoi ne pas lui permettre en effet de servir sous l'uniforme français ? Simplement, il faudrait qu'il accepte d'abandonner son nom pour celui de duc de Saint-Leu. Il va de soi que lorsqu'il eut pris connaissance de cette proposition — habilement concoctée par les conseillers de Louis-Philippe —, le prince la repoussa avec véhémence : « Quitter mon nom ! [...] J'aimerais mieux être couché dans le cercueil de mon frère ! Ne pensons plus à rien de cela, retournons dans notre retraite. Ah, vous aviez raison, ma mère ! »

On arriva ainsi au 5 mai, date du dixième anniversaire de la mort de l'empereur. Paris bougeait. On se pressait au *Néorama* de Daguerre représentant le tombeau de Napoléon à Sainte-Hélène. Louis-Napoléon n'avait pu s'y faire conduire car son état de santé s'était à nouveau dégradé, mais Hortense y fit une brève apparition : ce qui lui valut, semble-t-il, d'être reconnue et saluée. Des fenêtres de l'hôtel de Hollande, les proscrits purent assister à la manifestation silencieuse du 5 mai au pied de la colonne Vendôme. La statue de l'empereur avait été abattue et fondue sur ordre des Bourbons, mais le gouvernement avait publié une ordonnance qui annonçait son prochain remplacement. La foule défila devant le monument décapité, portant des fleurs et entourant les aigles de couronnes et de guirlandes. Il n'y eut aucun incident mais, le jour même, le général d'Houdetot se rendit auprès d'Hortense pour lui signifier d'avoir à quitter Paris sans délai. « À moins, déclara-t-il, qu'il n'y ait positivement risque pour la vie de votre fils, il faut partir. » Le médecin ayant donné son accord, les voyageurs prirent dès le lendemain le chemin de l'Angleterre où ils débarquèrent quatre jours plus tard.

Premier séjour londonien

À Londres, Louis-Napoléon et sa mère descendirent dans un hôtel peu confortable de James's Street, le Felton Hotel, où ils louèrent une suite de chambres meublées. La ville était en pleine effervescence, dans l'attente d'élections ayant pour enjeu le sort de la réforme électorale proposée par le gouvernement libéral de Lord Grey. Le prince était mal en point : la jaunisse s'était greffée sur les séquelles de sa rougeole et il se sentait profondément déprimé.

Pourtant, la manière expéditive dont le gouvernement de Louis-Philippe l'avait renvoyé en exil, par crainte de le voir se mêler aux foules bonapartistes — il y eut d'autres manifestations place Vendôme après le 5 mai, que la garde nationale dispersa à coups de jets de lances à incendie —, n'était pas seulement cause de frustra-

tion pour le jeune proscrit. En révélant l'inquiétude
dont il était l'objet de la part du nouveau régime, elle
lui conférait un poids politique dont il n'avait guère eu
conscience jusqu'alors. L'ambiance qui régnait dans la
capitale britannique ne pouvait que renforcer la dévotion du prince à l'égard du souvenir napoléonien, ainsi
que le sentiment obscur de devoir lui aussi jouer un rôle
en politique. N'est-ce pas à Londres, là où Napoléon
avait été combattu avec le plus d'ardeur, que l'image de
l'empereur mort en exil, persécuté par le sinistre Hud-
son Lowe, suscitait le plus de respect ? Valérie Masuyer
dont les souvenirs ont pris le relais de ceux de Louise
Cochelet pour relater les mille épisodes de la vie du
prince, le montre courant d'un théâtre à l'autre pour
assister aux représentations de pièces consacrées à
Napoléon et interdites en France par le gouvernement
de Casimir-Perier. À Covent Garden, il put ainsi applaudir une pièce d'Henri Franconi dont il revint « les yeux
tout rougis de larmes » et les traits « creusés par l'émotion »[19]. Il assista également à au moins trois autres
spectacles : *Le passage du mont Saint-Bernard* et *Bonaparte lieutenant d'artillerie*, donnés respectivement au
théâtre d'Astley et au théâtre de Surrey, ainsi qu'un
Napoléon Bonaparte en sept actes écrit par Rophino
Lacy et également monté à Covent Garden. Il y avait de
quoi nourrir une ferveur napoléonienne.

   Quittant leur hôtel, Hortense et Louis s'installèrent
dans une maison située George Street où afflua bientôt tout ce que Londres comptait de personnalités
connues pour leurs idées libérales ou pour leurs sympathies bonapartistes. Louis-Napoléon put ainsi faire la
connaissance de ses deux éventuels « demi-frères », le
comte Léon et le comte Walewski, fils naturels de l'empereur, et de ses cousins, Achille Murat, tout récemment rentré d'Amérique et Caroline Dudley son épouse,
qui était la petite-nièce de Washington. Hortense recevait les dames de la haute société londonienne :
Lady Grey, Lady Holland, qui s'était employée naguère
à adoucir le sort de l'empereur à Sainte-Hélène en lui

adressant des petits souvenirs et des livres (George IV ne le lui avait jamais pardonné), Lady Glengall ou la duchesse de Bedford « Si j'eusse voulu, écrit-elle, j'aurais eu tous les jours une fête à accepter [20]. »

Louis-Napoléon, quand il n'était pas en galante compagnie, consacrait une grande partie de son temps aux intrigues politiques. De Paris, où il avait commencé à nouer des rapports avec certains représentants de l'opposition, affluaient des intermédiaires plus ou moins sûrs qui cherchaient à l'entraîner dans de rocambolesques complots. Il fut notamment approché par un certain Mirandoli, un ancien compagnon d'armes de Napoléon-Louis, qui lui était envoyé par un personnage tout aussi douteux : le comte de Lennox. Ce hobereau écossais né aux États-Unis avait été garde d'honneur de Napoléon, puis chef d'escadron dans la Grande Armée. Remercié par les Bourbons, il était devenu journaliste et avait fini par fonder une feuille bonapartiste, *La Révolution de 1830*. À entendre Mirandoli, tout était prêt à Paris pour un coup de force qui devrait rendre le pouvoir aux Bonaparte. Les proclamations étaient déjà imprimées. Seul l'argent manquait. Et de réclamer au prince la bagatelle de vingt-cinq mille francs par mois pour financer l'opération.

Le prince commença par refuser avec hauteur : « Dans les circonstances malheureuses où je me trouve, les choses de ce monde ne m'intéressent plus. [...] Jamais je ne porterai le trouble ni la guerre civile dans ma patrie. » Il ne tarde pas toutefois à changer d'avis sur le principe. Valérie Masuyer, qui gère le budget de la reine et détient les cordons de la bourse, est la première à lui faire grief de ses prodigalités politiques : « Allons, mon prince, dit-elle à Louis, venu lui demander de quoi subvenir à ses dépenses ordinaires, avouez que vous conspirez encore, et que cet argent n'est pas pour vous, mais pour quelque factotum politique. [...] Vous vous ruinerez pour des gens qui vous trompent et ne songent qu'à vous gruger [21]. » À quoi Louis-Napoléon répond qu'il y a parmi eux « des cœurs désintéressés » et que « l'armée est bonapartiste, et le peuple aussi ». « Si je n'avais pas été malade, ajoute-t-il, le 5 mai, et si j'étais descendu sur la place Vendôme en criant "Vive Napoléon II !", tout le monde m'aurait suivi[22]. »

Aveuglement ou naïveté, Louis-Napoléon ne résiste pas longtemps au chant des sirènes conspiratrices. S'il refuse de financer l'entreprise de Lennox, il lui écrit, et Lennox étant arrêté et jeté en prison, la lettre tombe entre les mains de la police. Louis-Philippe sait désormais à quoi s'en tenir quant aux intentions réelles du fils de la reine Hortense. Un peu plus tard, la séduisante épouse du comte de Lennox débarque à Londres et fait à son tour le siège du prince. Celui-ci est bien près de succomber aux charmes de la belle intrigante, suscitant cette réflexion amusée de la dame d'honneur d'Hortense : les propos les plus risibles, venant d'un conspirateur en prison, ne sont-ils pas « parole d'Évangile », dès lors qu'ils « ont passé par la bouche d'une jolie femme »[23] ?

Il y aura d'autres manœuvres d'approche et tentatives pour entraîner le prince dans une aventure dont les inspirateurs pouvaient être aussi bien des agents provocateurs ou de vulgaires escrocs que d'authentiques représentants de l'opposition bonapartiste ou républicaine. Il suffisait qu'un minois un peu attirant fût du complot pour que Louis-Napoléon se jetât tête baissée dans l'entreprise. Dans les écarts de conduite dont son fils était coutumier, c'était le risque de le voir tomber dans un « piège politique » qui inquiétait le plus Hortense. Elle ne le jugeait en effet pas « assez séduisant pour que les femmes courent après lui ».

Retour à Arenenberg

Fin juillet, les exilés obtinrent enfin de l'ambassade de France — alors dirigée par le vieux Talleyrand — un passeport les autorisant à traverser le territoire français pour gagner la Suisse. Ils quittèrent l'Angleterre le

6 août, débarquèrent le même jour à Calais et entreprirent, comme lors du voyage depuis Cannes, une sorte de pèlerinage napoléonien effectué à petites journées. Il leur fallut près de trois semaines pour aller de Boulogne, où Hortense évoqua devant la Colonne de la Grande Armée la première cérémonie de distribution de croix de la Légion d'honneur aux soldats de l'Empire, jusqu'à Strasbourg. À Ermenonville, le prince salua la tombe de Rousseau. On s'arrêta ensuite à Mortefontaine et Saint-Denis, avant de faire étape à Rueil pour se recueillir sur le tombeau de Joséphine. Les voyageurs auraient souhaité passer quelques heures à La Malmaison, mais le nouveau propriétaire leur refusa l'accès du château. Partout, Louis se mêlait aux habitants, fréquentait boutiques et cafés avec le souci de humer l'air du temps et de tester l'opinion de ses compatriotes. Début août, ils étaient de retour à Arenenberg.

D'août 1831 à l'automne 1836, Louis-Napoléon a vécu en Suisse, sauf durant les six mois qu'il passa en Angleterre pour régler la question de la succession impériale. Des années de recueillement après les fortes turbulences consécutives aux événements d'Italie. Il devait d'abord rétablir sa santé, rudement mise à mal par la maladie qui avait emporté son frère et dont lui-même avait éprouvé les séquelles jusqu'à son retour sur les rives du lac de Constance. Le climat tonique de la Suisse, la robuste simplicité d'une cuisine qu'il préférait aux menus sophistiqués des cours princières, les longues randonnées en montagne, les chevauchées et les chasses en forêt, et surtout la quiétude d'une population dont la préoccupation majeure était de vivre libre et en paix finirent par le remettre sur pied. Le jeune châtelain d'Arenenberg différait peu des notables du canton de Thurgovie ; ceux-ci lui accordèrent le droit de bourgeoisie en avril 1832, faisant de lui un citoyen suisse. Les témoins le décrivent vêtu d'une longue redingote de drap, ou d'un « habit de fin drap marron, surmonté d'un col de velours, avec de larges revers et un pantalon gris plissé autour de la ceinture »[24]. À ces tenues, Louis-Napoléon préférait toutefois celle d'officier de l'armée helvétique, laquelle, au sortir du camp de Thoune, qu'il a continué à fréquenter de manière assidue après son retour d'Angleterre, a fait de lui un capitaine d'artillerie. Plusieurs tableaux et gravures de l'époque le montrent caracolant sur un cheval fougueux, le sabre à la main, sanglé dans une tunique ajustée et coiffé d'un shako surmonté d'un plumet de crins de cheval.

Les loisirs et les obligations sociales du prince étaient également ceux des hobereaux du cru. Il fréquentait les bals et les fêtes champêtres. Il tirait à l'arc et portait la bannière du canton de Thurgovie (brodée par Hortense et par ses dames) lors de la fête fédérale de Saint-Gall. Il avait également des distractions moins innocentes qui finirent par inquiéter sa mère. Louis s'était fait en peu de temps une réputation de libertin et de trousseur de jupons qui s'accordait mal avec le puritanisme ambiant. Il n'était rebuté ni par l'âge de ses conquêtes, ni par leur statut social, appréciant aussi bien les fraîches paysannes thurgoviennes que les dames de la bonne société, parmi lesquelles cette Mme Lindsay dont l'appui avait permis à sa mère de contacter à Paris le général d'Houdetot, et dont il entreprit, semble-t-il sans succès, de faire sa maîtresse. Ou cette jeune veuve d'un planteur de l'île Maurice, dont il s'éprit au point de songer au mariage ! Il fallut qu'Hortense fît preuve de beaucoup d'autorité et de persuasion pour qu'il renonçât à ce que la reine considérait comme une mésalliance.

La mort de l'Aiglon

Le duc de Reichstadt s'éteignit le 22 juillet 1832 à Schönbrunn. Dix jours plus tôt, Louis avait écrit à son cousin pour prendre de ses nouvelles :

> Si la présence d'un neveu de votre père, disait-il, si les soins d'un ami qui porte le même nom que vous, pou-

vaient soulager un peu vos souffrances, ce serait le comble
de mes vœux que de pouvoir être utile en quelque chose
à celui qui est l'objet de toute mon affection[25].

Message sincère ou de circonstance ? Il est clair que
le prince savait son cousin gravement malade et qu'il
se préparait de longue date à assumer le rôle d'héritier
potentiel du trône impérial. On lui prête d'avoir confié
au peintre Cottreau, un familier de la petite Cour d'Arenenberg, que l'Aiglon « n'avait pas une grande intelligence et qu'il s'amusait trop pour sa petite santé »[26].
Louis-Napoléon avait vingt-quatre ans. Les vicissitudes
de l'exil et de la guerre, la mort d'un frère qu'il chérissait, la peur de tomber entre les mains d'un ennemi qui
avait décidé sa mort, puis la déception d'être une nouvelle fois exclu de sa patrie : tout cela l'avait mûri. En
même temps, s'était affermie en lui la certitude que le
destin lui avait assigné un rôle majeur qui consistait à
poursuivre l'œuvre entreprise par Napoléon. Les signes
ne manquaient pas de l'intérêt croissant que portaient
au jeune exilé tous ceux qui, en France, mais aussi en
Italie et dans d'autres pays d'Europe, combattaient pour
jeter bas l'ordre instauré par le Congrès de Vienne.
N'avait-il pas été, avec son frère, le seul représentant
des Bonaparte à avoir pris les armes pour défendre la
liberté et l'indépendance des peuples ? En France, les
dirigeants de l'opposition « libérale » — républicains et
bonapartistes — ne s'y étaient pas trompés : en l'absence d'un Napoléon II, décidément annexé par
l'Autriche, c'était autour de son cousin que s'étaient
engagées, à Paris puis à Londres, les manœuvres d'approche. Et c'était également vers lui que s'étaient
tournés en août 1831 les membres de la députation
polonaise, désireux de voir « un jeune Bonaparte appa-
raissant sur nos plages, un drapeau tricolore à la main »
à l'heure où les armées du tsar s'apprêtaient à écraser
la Pologne insurgée.

Metternich non plus ne s'y trompa point. Dès 1831,
tenu au courant par son ambassadeur à Paris des

contacts que le prince avait établis avec l'opposition au
gouvernement de Louis-Philippe, il écrivait au représentant de Vienne dans la capitale française : « Le jeune
Louis Bonaparte est engagé dans la trame de sectes. [...]
le jour du décès du duc de Reichstadt, il se regardera
comme appelé à la tête de la République. » Il y avait
d'autant plus de raisons qu'il en fût ainsi que les candidats éventuels à la succession de l'empereur ne se préci-
pitaient pas pour recueillir l'héritage.

En vertu du sénatus-consulte du 28 floréal an XII,
antérieur à la naissance du roi de Rome, il était prévu
qu'à défaut d'héritier légitime ou adoptif de Napoléon
Bonaparte, la dignité impériale serait dévolue, dans
l'ordre, à Joseph Bonaparte, ou à son frère Louis « et à
ses descendants naturels et légitimes ». Or ni Joseph ni
Louis ne manifestèrent le désir d'apparaître comme les
héritiers du titre impérial. Joseph, rentré d'Amérique,
s'était installé à Londres et entendait bien y couler des
jours paisibles. Louis ne se sentait nulle vocation à
jouer les prétendants au trône. L'un et l'autre, comme
tous les membres du clan, songeaient à se faire oublier.
Sans doute était-ce pour rendre leur position officielle
au regard des cours européennes que Joseph convoqua
ses frères à une réunion à Londres. Louis-Napoléon
n'était pas invité mais il décida néanmoins de s'y rendre. Son père, trop mal en point pour faire lui-même le
voyage, l'avait averti qu'il serait mal reçu, et de fait l'accueil de ses oncles fut tout sauf chaleureux. Il fallut plusieurs semaines et beaucoup de diplomatie de la part
du prince — tous ceux qui l'ont approché à cette époque
évoquent son caractère secret et dissimulé [27] — pour
que Joseph se dégelât et marquât un peu d'affection
pour ce neveu aimable et apparemment docile à ses
avis [28]. Il lui fit même l'avance de six mois de loyer, le roi
Louis ayant omis de payer la pension du jeune homme.

Louis-Napoléon resta en Angleterre de novembre 1832 à mai 1833. Loin de se contenter de séjourner
à Londres, il entreprit, en compagnie de son ami Arese,
un périple de plusieurs semaines qui joua un rôle

important dans l'image que le prince put se faire d'un État moderne, en voie d'industrialisation rapide, ce que ni la France, ni l'Italie, ni la Suisse ne lui offraient. Il visita Manchester et ses fabriques de cotonnades, Liverpool et ses docks immenses, Birmingham et ses aciéries. Il trouva que la mine de charbon dans laquelle on le fit descendre, « à trois cents pieds sous terre », ressemblait aux Catacombes de Rome, et il s'extasia devant la *Fusée* de George Stephenson, une « voiture à vapeur » qui, depuis 1829, tractait un convoi de plusieurs wagons entre Liverpool et Manchester, à la vitesse de 24 kilomètres/heure. Plus tard, il saura se souvenir de ce bain de modernité.

Premiers écrits

Avant de rejoindre Arenenberg, Louis-Napoléon effectua un crochet en Belgique pour y rencontrer La Fayette. Joseph se plaignit auprès de ses frères de ce qu'il jugeait être une inconséquence grave. Décidément, que le prince fût désormais considéré par les opposants à la Monarchie de Juillet comme le chef du « parti bonapartiste » inquiétait les Napoléonides. C'est pourquoi, après son départ de Londres, toujours à l'initiative de l'ancien roi d'Espagne, les oncles du prince mirent au point un projet de constitution qui annulait le sénatus-consulte de l'an XII et proposait que les Français décident eux-mêmes, par le moyen du suffrage universel, aussi bien du type de régime qu'ils souhaitaient — directoire, monarchie ou Empire — que de la personnalité appelée à les gouverner. Le principe d'hérédité se trouvait écarté, et avec lui le seul prétendant déclaré à la succession de l'empereur.

Louis-Napoléon ignora superbement ce petit coup d'État familial. De retour en Suisse, il continua à correspondre avec les chefs de l'opposition, à s'entretenir secrètement avec leurs émissaires et à élaborer de grandioses projets de remodelage de l'Europe avec ses deux

fidèles compagnons : le comte Arese et le docteur Henri
Conneau. On y recevait aussi des membres de la *gentry*
locale et d'illustres hôtes de passage. En août 1832, Chateaubriand et Mme Récamier y furent conviés à dîner.
Ils avaient fui l'épidémie de choléra qui sévissait alors
à Paris. René s'était arrêté à Constance, où se trouvait
également Mme de Chateaubriand. Juliette avait pris
pension au château de Wolfsberg, chez les Parquin :
l'invitation de la reine leur fournit l'occasion de se
retrouver. Hortense nourrissait une vive admiration
pour l'auteur du *Génie du christianisme*. Quelques mois
plus tôt, elle lui avait adressé une lettre dans laquelle
elle assurait de sa sympathie l'homme qui montrait
« tant de patriotisme et tant d'amour pour la liberté ».

> Que les Bourbons sont heureux, écrivait-elle, d'avoir
> pour soutien un génie tel que le vôtre ! Vous relevez une
> cause avec les mêmes armes qui ont servi à l'abattre ; vous
> trouvez les paroles qui font vibrer tous les cœurs français.
> Tout ce qui est national trouve de l'écho dans votre âme ;
> ainsi quand vous parlez du grand homme qui illustra la
> France pendant vingt ans, la hauteur du sujet vous ins-
> pire, votre génie l'embrasse tout entier, et votre âme alors,
> s'épanchant naturellement, entoure la plus grande gloire
> des plus grandes pensées [29].

Chateaubriand s'étonna un peu de ce que la reine,
après avoir été « assise sur un trône », fût venue « se
percher sur un rocher ». Il apprécia en revanche l'accueil de ses hôtes, complimenta la reine sur sa voix et
Valérie Masuyer qui l'accompagnait au piano sur son
jeu. Il trouva que Louis-Napoléon était « un jeune
homme instruit, plein d'honneur et naturellement
grave » [30]. Le prince lui fit visiter le petit pavillon où il
avait installé ses pénates : « Je vis, écrit Chateaubriand,
des armes, des cartes topographiques et stratégiques :
petites industries qui faisaient, comme par hasard,
penser au sang du conquérant sans le nommer [31]. » Il
régnait à Arenenberg un climat de monde englouti qui
tenait moins à l'ameublement des lieux et au compor-

tement des hôtes qu'aux « souvenirs » qu'Hortense
avait pieusement recueillis. « Elle m'a montré, rapporte
l'écrivain, un cabinet rempli des dépouilles de Bonaparte. Je me suis demandé pourquoi ce vestiaire me
laissait froid ; pourquoi ce petit chapeau qui fait le bonheur des bourgeois de Paris, pourquoi cette ceinture,
cet uniforme porté à telle bataille me trouvaient si indifférent ; je n'étais pas plus ému qu'à l'aspect de ces habits
de généraux pendillant aux boutiques des revendeurs
dans la rue du Bac [32]. »

Après Chateaubriand, ce fut au tour d'Alexandre
Dumas de rendre visite aux proscrits d'Arenenberg. Le
père des *Trois Mousquetaires* n'avait ni l'âge (il était
né en 1802), ni la stature de l'ancien ministre de
Louis XVIII. Sans doute était-il déjà célèbre comme
auteur de théâtre — *Antony* avait remporté un triomphe
à la porte Saint-Martin en 1831 — mais il n'avait pas
encore entamé la série de romans historiques qui devait
faire de ce fils d'un général républicain disgracié par
Bonaparte l'une des gloires littéraires du XIXᵉ siècle.
Très ému au moment de rencontrer l'ancienne reine de
Hollande et son fils, Dumas n'eut pas moins l'audace
de tempérer l'optimisme d'Hortense, lorsque fut évoqué
dans leur entretien l'avenir politique du prince. « Prenez garde de vous égarer, Madame, aurait déclaré l'écrivain ; j'ai bien peur que vous ne viviez dans cette
atmosphère trompeuse et enivrante qu'emportent avec
eux les exilés. Le temps qui continue de marcher pour le
reste du monde semble s'arrêter pour les proscrits [33]. »

Les chevauchées, la chasse, les réceptions mondaines,
les obligations militaires, la séduction des femmes et les
manœuvres politiques ne suffisent pas à occuper toutes
les journées du prince. Louis-Napoléon se met sérieusement à l'étude et à l'écriture. Il a commencé, un peu
avant les événements d'Italie, à jeter sur le papier
quelques sentences où l'on distingue mal ce qui lui est
propre de ce qui est emprunté à de studieuses lectures.
En 1832, il fait paraître un premier ouvrage intitulé
Rêveries politiques, une brochure d'une quinzaine de

pages qu'il n'omettra pas de faire figurer dans le recueil
de ses œuvres complètes, établi en 1869 à l'occasion du
centenaire de Napoléon. Les *Rêveries* n'ont pas révolu-
tionné la pensée politique, mais elles constituent un
premier jalon dans ce que le prince appellera plus tard
Des idées napoléoniennes, titre de l'ouvrage qu'il rédi-
gera à Londres en 1839. Il comporte une critique acerbe
de la Monarchie de Juillet dont les dirigeants sont
« injustes envers les faibles et humbles envers les
forts », et il exalte au contraire le régime impérial, le
seul qui ait su à ses yeux concilier liberté et autorité :
« Ne lui reprochez pas, écrit-il, sa dictature, elle nous
menait à la liberté, comme le soc de fer qui creuse les
sillons prépare la fertilité des campagnes. » Le bon gouvernement est celui qui incarne la souveraineté du
peuple et s'applique à maintenir l'égalité entre les individus qui composent le corps de la nation. À quoi
s'ajoute le souci que doivent avoir les gouvernants de
maintenir la paix par le respect des droits de chaque
nationalité.

Lors du passage de Chateaubriand à Arenenberg,
Louis n'a pas résisté au plaisir de présenter son « livre »
au grand homme. Celui-ci s'est montré courtois, comme
il convient entre gens du monde, tout en formulant les
réserves qu'on peut imaginer. Deux mois plus tard, soucieux d'assurer la promotion de l'ouvrage, le prince lui
en a adressé un exemplaire dont l'écrivain a accusé
réception en ces termes :

Prince,
J'ai lu avec attention la petite brochure que vous avez
bien voulu me confier. J'ai mis par écrit, comme vous
l'avez désiré, quelques réflexions naturellement nées des
vôtres et que j'avais déjà soumises à votre jugement. Vous
savez, prince, que mon jeune roi est en Écosse, que tant
qu'il vivra il ne peut y avoir pour moi d'autre roi de France
que lui ; mais si Dieu, dans ses impénétrables conseils,
avait rejeté la race de saint Louis, si les mœurs de notre
patrie ne lui rendaient pas l'État républicain possible, il

n'y a pas de nom qui aille mieux à la gloire de la France
que le vôtre [34].

Coup sur coup, en 1833 et 1834, Louis-Napoléon
publia deux autres ouvrages, en principe consacrés au
pays qui lui avait donné asile. Le premier avait pour
titre *Considérations politiques et militaires sur la Suisse*.
Il y était un peu question des institutions helvétiques et
beaucoup de celles de la France, ainsi que du bien-
fondé du principe d'hérédité. Il n'eut pas l'heur de plaire
à Joseph, et moins encore à son père qui n'appréciait
pas que le prince portât un jugement sur la manière
dont l'empereur l'avait écarté du trône de Hollande. Le
roi Louis avait, avec le temps, appris à aimer, à sa
manière, ce fils dont il avait autrefois douté qu'il fût de
lui. Mais il manifestait son intérêt avec une maladresse
et une brusquerie qui allaient souvent à l'encontre de
ses sentiments. Qu'on en juge par cette pique adressée
à Louis en réponse à l'envoi des *Considérations* : « Je
suis fâché de te le dire, mon ami, mais ces lignes
contiennent autant de fausseté que de mots. »

Le second était un ouvrage beaucoup plus technique :
un *Manuel d'artillerie* destiné aux officiers de l'armée
suisse, mais sans doute rédigé avec l'arrière-pensée de
faire connaître à leurs homologues français la compétence acquise en ce domaine par le neveu du capitaine
d'artillerie de Toulon. L'ouvrage eut de fait un certain
retentissement dans le royaume, d'abord parce que
son auteur eut l'habileté d'en adresser un exemplaire,
accompagné d'une lettre, à tous les officiers français
avec lesquels il avait eu quelque contact ; ensuite parce
qu'il eut la chance de plaire à Armand Carrel, grand
journaliste et lui-même ancien officier. L'article que
celui-ci publia dans *Le National* sortait résolument du
cadre habituel à ce genre d'écrit :

Les ouvrages politiques et militaires de Louis-Napoléon
Bonaparte annoncent une forte tête et un noble caractère ;
le nom qu'il porte est le plus grand des temps modernes ;

c'est le seul qui puisse exercer fortement les sympathies du peuple français. Si ce jeune homme sait comprendre les nouveaux intérêts de la France, s'il sait oublier ses droits de légitimité impériale pour ne se rappeler que la souveraineté du peuple, il peut être appelé à jouer un grand rôle [35].

Louis-Napoléon n'était pas dupe des témoignages de sympathie qui lui étaient prodigués par les représentants de l'opposition. Il savait que l'audience qu'il avait commencé à rencontrer parmi les adversaires de la monarchie bourgeoise était due à son nom, bien plus qu'à l'activisme dont il avait fait preuve depuis le début des événements d'Italie. Il n'en était pas moins convaincu que la chance finirait par lui sourire, qu'il fallait par conséquent tenir le cap et attendre qu'advienne le moment propice à la réalisation de ses desseins. Tout cela, le prince le résume dans une lettre adressée à son ancien précepteur, Narcisse Viellard, autre familier de la petite cour d'Arenenberg : une sorte de bilan de parcours à la fois lucide et optimiste daté de février 1834.

Je sais, écrit le futur Napoléon III, que je suis beaucoup par mon nom, rien encore par moi-même ; aristocrate par naissance, démocrate par nature et par opinion ; devant tout à l'hérédité, et réellement tout à l'élection, fêté par les uns pour mon nom, par les autres pour mon titre ; taxé d'ambition personnelle, dès que je fais un pas hors de ma sphère accoutumée, taxé d'apathie et d'indifférence si je reste tranquille dans mon coin. Enfin, inspirant les mêmes craintes, à cause de l'influence de mon nom, aux libéraux et aux absolutistes, je n'ai d'amis politiques que parmi ceux qui, habitués aux jeux de la fortune, pensent que, parmi les chances possibles de l'avenir, je puis devenir un en-cas utile. C'est parce que je connais toutes les difficultés qui s'opposeraient à mes premiers pas dans une carrière quelconque que j'ai pris pour principe de ne suivre que les inspirations de mon cœur, de ma raison, de ma concience, de ne me laisser arrêter par aucune considération d'intérêt secondaire quand je crois agir utilement dans un but d'intérêt, enfin de marcher toujours dans une ligne droite, quelque difficulté que je rencontre en route, m'efforçant ainsi de m'élever assez haut pour qu'un des rayons mouvants de Sainte-Hélène puisse encore m'éclairer [36].

De Strasbourg à Boulogne
(1836-1840)

Dumas avait raison. Louis-Napoléon évoluait à Arenenberg dans « cette atmosphère trompeuse et enivrante qu'emportent avec eux les exilés ». Le territoire
français lui demeurant interdit, il ne percevait des événements du royaume que ce qu'en disaient les gazettes et
les hôtes de passage. L'illusion était d'autant plus grande
que le prince ne prêtait guère attention qu'aux propos qui
le confortaient dans la certitude de la désaffection des
Français à l'égard du régime instauré en 1830. Il faut dire
que les premières années de la Monarchie de Juillet
n'avaient pas été de tout repos pour le gouvernement de
Louis-Philippe. L'insurrection des canuts lyonnais en
novembre 1831, l'émeute républicaine de juin 1832 à
l'occasion des funérailles du général Lamarque, les turbulences sanglantes de Lyon et de Paris au printemps 1834, les nombreux attentats contre le roi et
notamment celui de Fieschi, en juillet 1835, qui fit
18 morts et de nombreux blessés dans le cortège royal :
tout cela paraissait condamner à court terme un régime
qui n'hésitait pas à faire tirer sur le peuple.

Louis-Napoléon était convaincu qu'il suffirait d'une
simple pichenette pour jeter bas le trône chancelant du
« roi bourgeois » : retourner une partie de l'armée, toujours prête, estimait-il, à rejouer la pièce des Cent-Jours

— pour peu qu'il y eût un Bonaparte à acclamer —, puis marcher sur Paris, porté par la ferveur populaire. Ce scénario rêvé, Louis-Napoléon va tenter à deux reprises de le réaliser : à Strasbourg en octobre 1836, puis à Boulogne en août 1840. Les deux équipées ont tourné mal, mais — la première surtout — elles n'ont pas été aussi dérisoires qu'on l'a dit.

Projets matrimoniaux

En attendant de marcher sur Paris, Louis-Napoléon songe à convoler. Ou plutôt, c'est Hortense qui, lasse d'entendre parler des frasques amoureuses de son fils, estime que le moment est venu de trouver « une bonne petite femme, jeune, bien élevée », que vous pourriez — lui écrit-elle à Londres — « façonner à votre caractère et qui soignerait vos petits enfants »[1]. La « bonne petite femme » devrait quand même être titrée et convenablement dotée. Il faut, confie la reine à l'incontournable abbé Bertrand, qu'elle « apporte de quoi augmenter le ménage ; car vous savez que j'ai fait beaucoup de pertes ». Elle songe d'abord à Marie de Bade, puis à la fille du général Arrighi de Casanova, que Napoléon a fait duc de Padoue. Celui-ci se déclare prêt à mettre six cent mille francs, dans la corbeille de mariage, là où les châtelains d'Arenenberg attendaient le million. Il exige d'autre part que le roi Louis donne son consentement officiel et surtout que le prétendant manifeste un tant soit peu d'intérêt envers sa fille. Ni l'une ni l'autre de ces conditions n'étant réalisée[2], l'affaire est vite enterrée, d'autant que le duc a finalement réduit sa dotation à une modeste rente de quinze mille francs.

On envisage également une union avec Doña Maria de Bragance, la jeune reine du Portugal, veuve du prince de Leuchtenberg, fils d'Eugène de Beauharnais. Mais le projet se heurte à l'opposition de Louis et aux protestations patriotiques du prince. « Je ne veux pas, écrit-il à sa mère, courir toute l'Europe en vendant ma vie au plus offrant. J'ai déjà servi l'Italie, la Suisse ; et pourtant je ne suis que Français. Je veux vivre et mourir tel. Si ma patrie me repousse, je resterai citoyen d'un pays libre, et je n'irai pas épouser une femme inconnue, pour posséder un trône au milieu d'une nation à laquelle je serais complètement étranger et pour laquelle je n'aurais rien fait ! »

Le temps passe et la réputation sulfureuse du prince ne fait que croître auprès des austères bourgeois du canton de Thurgovie. Hortense s'en inquiète, comme de voir son fils de plus en plus gagné par la fièvre conspiratrice. Aussi redouble-t-elle d'efforts pour lui trouver une fiancée digne de son rang : et pourquoi pas dans le clan des Napoléonides ? L'empereur n'avait-il pas invité jadis les Bonaparte à se marier entre eux ? Justement, le plus jeune frère de l'empereur, Jérôme, a une fille d'à peine seize ans, Mathilde, qui n'est pas à proprement parler une beauté, mais qui a du piquant, de l'esprit, et possède l'art de charmer. Invitée avec son père et son frère — le jeune Napoléon-Jérôme qu'on appelle déjà Plon-Plon — à Arenenberg, en avril 1836, la jeune fille ne tarde pas à faire la conquête du prince. Valérie Masuyer décrit Mathilde comme une « délicieuse créature », au demeurant passablement coquette. Un soir, raconte-t-elle, « lorsque je suis arrivée pour le dîner, j'ai trouvé son père la grondant de ce qu'elle était trop décolletée. Il avait raison, c'était trop de nu. Mais tout ce qu'elle montrait était si joli qu'il y avait plaisir à la regarder »[3]. Le prince, ajoute-t-elle, « en était tout émoustillé et la dévorait de ses yeux ». Voilà donc Louis-Napoléon séduit, poussant son traîneau sur le lac gelé, faisant caracoler son cheval sous les fenêtres de sa cousine, se jetant à ses pieds pour lui déclarer sa flamme ou pressant sa main dans les coins sombres : « toutes les singeries de l'homme amoureux », tranche Mlle de Perrigny, une autre dame de compagnie de la reine. Valérie Masuyer est plus indulgente : « Qu'y a-t-il au monde de plus heureux, écrit-elle, que deux jeunes gens qui se plaisent, qui s'aiment et qui vont s'épouser ? »

D'ailleurs le mariage paraît sur le point de se conclure. Jérôme vient d'acheter, à crédit, le petit château de Gottlieben, tout proche d'Arenenberg, pour le jeune couple et promet une dot de 150 000 francs, ainsi que les droits dans la succession de sa mère. Mais avec quel argent compte-t-il honorer ses engagements ? Il est surtout riche de dettes. Quant à l'héritage de Madame Letizia, qui vient de mourir, il y a longtemps qu'il s'est envolé en avances d'hoirie. La reine s'est engagée pour sa part à entretenir le couple et à lui verser une rente annuelle de 12 000 francs. Reste le roi Louis dont le consentement se fait attendre et qui, par principe hostile à tout ce qui vient d'Hortense, a mis son fils en garde contre l'aveuglement de la passion :

> Tu penses bien qu'à mon âge, lui écrit-il, et après tant de vicissitudes, je suis aussi éloigné des sentiments romanesques que des froids calculs de l'avarice. Je te répète que ta cousine est charmante mais ce n'est pas tout. Et l'on est bientôt revenu des illusions de la beauté et même des sentiments louables du parfait amour quand il faut combattre le besoin [4].

Il finira pourtant par donner son accord et par promettre de verser à son fils 250 000 francs, la veille du mariage. On fiance donc les deux jeunes gens et l'on fixe une date pour la cérémonie nuptiale, après quoi Mathilde et son père repartent le 22 mai pour Florence. Un mois plus tard, la jeune fille enverra à son futur époux, « avec la permission de papa », une mèche de ses cheveux. Valérie Masuyer évoque dans son journal le désespoir et les soupirs du prince, apparemment « incapable, écrit-elle, de supporter cette séparation » et « heureux comme un adolescent » quand le courrier lui apporte des nouvelles de Florence [5]. Ce qui ne l'empêche ni de renouer avec d'anciens flirts, ni de se consacrer corps et âme à la préparation du coup de force qui

devrait, pense-t-il, emporter comme fétu de paille le
trône chancelant du « roi bourgeois ». L'échec du *pronunciamiento* et le départ forcé du prince pour l'Amérique mettront fin au projet d'union entre les deux
cousins. Jérôme, qui négociait avec Louis-Philippe son
propre retour en France, décidera en effet de rompre les
fiançailles de sa fille avec un « aventurier » assez égoïste
pour mettre en péril la vie de sa future famille. Il semble
que ni l'un ni l'autre des deux fiancés n'ait été bouleversé par cet oukase.

L'équipée de Strasbourg

Louis-Napoléon avait fait la connaissance en 1835
d'un personnage qui allait jouer un rôle de premier plan
dans le déroulement de sa carrière politique : Gilbert
Fialin de Persigny. Fils d'un receveur des finances — le
nom de Persigny était celui d'une terre familiale —, né
comme le prince en 1808, celui-ci, après un bref passage dans l'armée[6], avait opté pour le journalisme militant, publiant en 1834 le premier et unique numéro de
la *Revue de l'Occident*. Il semble qu'il ait d'abord été
légitimiste, puis orléaniste et républicain, avant de se
convertir au bonapartisme, suite à la lecture du *Mémorial de Sainte-Hélène*. Aventurier et « conspirateur par
tempérament et par calcul », comme l'écrit La Guéronnière, il est convaincu que seule la restauration impériale est en mesure de réaliser en France la synthèse de
la démocratie et de la nation.

Encore faut-il que son projet de rétablissement de
l'Empire trouve à s'incarner dans une personnalité suffisamment motivée pour s'attaquer de front à la Monarchie de Juillet. Persigny a d'abord songé à Joseph, dont
il ignore le peu de cas que l'aîné des Bonaparte fait de
l'activité du « parti » impérial. L'ancien roi d'Espagne,
on l'a vu, s'est installé en Angleterre après son retour
des États-Unis et réside à Denham, près de Londres.
C'est là que Persigny le rencontre en avril 1835, sans

réussir à ébranler son souhait de rester en dehors des gesticulations partisanes. Poliment éconduit par Joseph, qui refuse de lui accorder les subsides dont il a besoin pour fonder une feuille bonapartiste, Persigny obtient au moins de l'un de ses familiers l'indication qu'à Arenenberg le jeune Louis-Napoléon, devenu après la mort de l'Aiglon le seul prétendant officiel au trône impérial, serait vraisemblablement disposé à l'écouter.

Le prince lui accorde, en effet, beaucoup d'attention, lors de leur première rencontre en juillet 1835, aussitôt conquis par l'ardeur de l'ancien hussard et par sa dévotion au souvenir de l'empereur. Désormais, les deux hommes ne se quitteront plus et c'est ensemble, tandis qu'Hortense s'affaire à trouver pour son fils une « bonne petite femme », qu'ils vont préparer la folle équipée de Strasbourg. L'idée d'un putsch militaire mené à partir d'une ville dont la garnison serait passée, avec armes et bagages, dans le camp bonapartiste, trottait depuis longtemps déjà dans la tête de Louis-Napoléon. Mais il s'agissait d'un projet nébuleux : un produit des rêveries héroïques du prince auquel Persigny s'attacha à donner une forme concrète. Strasbourg ne fut pas choisie au hasard. Ville-frontière, la capitale de l'Alsace abritait une garnison nombreuse : trois régiments d'infanterie, deux d'artillerie et un bataillon du génie, soit plus de 10 000 hommes. Cela devait suffire, en cas de succès initial, à constituer une force capable de marcher sur Paris et de rééditer la première séquence des Cent-Jours. La garnison avait d'autre part une forte réputation de radicalisme politique. En 1830, elle avait été parmi les plus promptes à rejeter le régime de Charles X et elle demeurait suspecte de sympathies républicaines ou bonapartistes.

Louis-Napoléon n'était pas un inconnu pour les officiers des régiments strasbourgeois. Ceux qui fréquentaient la station toute proche de Bade, pour y prendre les eaux, avaient eu l'occasion de le rencontrer et de lui parler. Disposant d'un pavillon prêté par Stéphanie de Bade, sa parente, le prince avait tout loisir de les rece-

voir, au prix il est vrai de ponctions importantes faites
aux finances de sa mère. Les séjours de juillet et
août 1836 coûtèrent à celles-ci plus de six mille francs.
Lorsqu'il avait publié son *Manuel d'artillerie*, Louis avait
personnellement veillé à ce que chaque officier en reçût
un exemplaire dédicacé et accompagné d'une lettre. Il y
eut bien quelques oublis mais Persigny se chargea de
les réparer lorsqu'il vint à Strasbourg en 1836 pour préparer le terrain.

La réussite de l'entreprise impliquait que les conjurés
eussent au moins un officier supérieur dans leur jeu.
On approcha donc le général Voirol, commandant la
place de Strasbourg, dont l'aide de camp, Franqueville,
était le beau-frère de Valérie Masuyer. Voirol était par
principe fidèle au pouvoir en place. Il se refusa donc
à entrer dans la conjuration et avertit discrètement le
maréchal Soult, alors en charge du portefeuille de la
Guerre, de ce qui se tramait. Mais il s'abstint de prévenir le préfet qui, par conséquent, ne prit aucune disposition pour prévenir le coup de force.

Le colonel Vaudrey, qui commandait l'un des deux
régiments d'artillerie — celui dans lequel Bonaparte
avait servi à Toulon —, fut plus facile à circonvenir. Ce
vieux militaire blanchi sous le harnois avait quelques
comptes à régler avec le pouvoir : on lui avait refusé
une bourse d'études pour l'un de ses fils et il savait qu'il
ne serait jamais général. C'était également un grand
amateur de femmes dont les assiduités étaient alors
tournées vers une cantatrice entendue à Bade, Éléonore
Gordon, amie de Persigny et du prince, à qui l'on prêtait
une ancienne liaison avec la chanteuse. Sous le charme
de cette dernière, Vaudrey voulut bien se joindre au
petit groupe des conspirateurs, lequel comprenait,
outre Louis-Napoléon et Persigny, Denis Parquin,
l'époux de Louise Cochelet, plus grognard que jamais,
le lieutenant Laity, le commandant de Bruc (que Persigny a acheté pour quatre mille francs) et quelques
autres officiers. Louis-Napoléon et ses amis avaient préparé des proclamations destinées à être affichées sur les

murs de la ville. On y dénonçait ceux qui, après avoir servi Napoléon, s'étaient commis avec ses adversaires et avaient soutenu un pouvoir illégitime, dès lors qu'établi sans aucune consultation populaire. « Fier de mon origine populaire, proclamait sans complexe le fils du roi de Hollande et de la duchesse de Saint-Leu, [...] je m'avance devant vous comme représentant de la souveraineté du peuple. »

Le 25 octobre 1836, Louis quitte Arenenberg pour l'Alsace. À Hortense qui s'inquiète et lui remet l'anneau de mariage de sa mère et de l'empereur[7] — talisman pour cette femme superstitieuse qui pressent que quelque chose de grave se prépare —, il déclare qu'il rejoint des amis politiques pour une partie de chasse. Le 26, il est à Fribourg, d'où il gagne Lahr, puis Colmar. En route, il est rejoint par Persigny et par Vaudrey, flanqué de la belle Éléonore Gordon qui entretient désormais une liaison amoureuse (sur ordre ?) avec le galant colonel. Le prince voyage sous le nom d'un officier alsacien en garnison à Fontainebleau. Le 28, il est à Strasbourg où Persigny a loué un appartement, et le 29 au soir a lieu la réunion décisive chez le lieutenant vicomte de Querelles. Il y a là une quinzaine de conjurés, pour la plupart officiers de la garnison, auxquels sont distribués les rôles et les ultimes consignes pour le lendemain.

Le coup de main qui devait emporter le régime commence le 30 à six heures du matin, sous un ciel bas et neigeux. Louis-Napoléon a revêtu un uniforme d'officier d'artillerie, qui sied mal à ses jambes courtes et à sa médiocre prestance. Il porte des épaulettes de colonel et un sabre de cavalerie. Ses compagnons se sont également donné du galon : Querelles est chef d'escadron, de Gricourt capitaine d'état-major, tout comme Persigny. Le vieux Parquin n'a pas lésiné sur la promotion : le voici général de brigade. Tout ce petit monde avance, rassemblé derrière un drapeau surmonté de l'aigle de Labédoyère, jusqu'à la caserne où Vaudrey a mis son régiment sur le pied de guerre. Il a fait distri-

buer quarante francs par batterie, deux cents francs aux
sous-officiers et chaque soldat a reçu dix cartouches.
Louis-Napoléon promet grades et décorations à tous
ceux qui le suivront, puis s'écrie, se saisissant de l'aigle :
« Soldats, voici le symbole de la gloire française destiné
à devenir aussi l'emblème de la Liberté ! Soldats !
Ralliez-vous à ce noble étendard, je le confie à votre
honneur, à votre courage. Marchons ensemble contre
les traîtres et les oppresseurs de la patrie aux cris de :
Vive la France ! Vive la liberté [8] ! » La troupe acclame
le neveu de l'empereur et prend aussitôt le chemin du
casernement de Finckmatt pour débaucher le 46e régiment d'infanterie.

Au passage, Persigny et plusieurs officiers arrêtent le
préfet, tandis que Louis-Napoléon surprend au saut du
lit Voirol qui refuse énergiquement de se joindre à la
rébellion. On le laisse sous la garde de Parquin, auquel
le commandant de la place parvient à fausser compagnie : première fausse note, et de taille, dans une entreprise qui va vite tourner au fiasco. Les officiers et les
soldats du 46e de ligne refusent de suivre leurs collègues
du 4e régiment d'artillerie, lesquels se laissent enfermer
dans une rue étroite où, attaqués par les fantassins, ils
doivent bientôt se rendre. Louis-Napoléon tente de
monter à cheval mais il est arrêté et conduit au corps
de garde du 46e, où il rejoint les autres conjurés. Seul
Persigny réussit à prendre la fuite. Les autres unités
n'ont pas bougé. À huit heures, tout est rentré dans
l'ordre.

Intermède américain

La presse orléaniste et plus tard l'historiographie
républicaine ont cherché à minimiser l'événement et à
souligner son caractère grotesque. Le *Journal des
Débats* parla de « folles illusions », de « présomption
insensée » de la part d'un jeune homme qui n'avait pas
su mesurer à quel point le trône était désormais enra-

ciné « dans l'affection et dans la confiance du peuple ». Les autres feuilles favorables au pouvoir suivirent les consignes des Tuileries, de même que la majorité de la presse étrangère, toujours inquiète de voir resurgir le nom de Napoléon.

En fait, l'alarme avait été vive à Paris où l'issue du coup de force ne fut connue que relativement tard, suite aux caprices de la météorologie et du télégraphe aérien. La famille royale et le gouvernement ne commencèrent à respirer que le lendemain de la tentative de putsch, lorsque le commandant de Franqueville, que Voirol avait choisi comme émissaire, vint apporter un message rassurant du commandant de la place. On n'en était pas moins inquiet de ce que révélait l'« échauffourée » de Strasbourg : une population qui avait accueilli les insurgés avec sympathie, une armée qui était restée globalement fidèle au régime mais qui n'en était pas moins gangrenée par la propagande bonapartiste. La stratégie adoptée par le pouvoir consista à traiter l'événement comme un *pronunciamiento* d'opérette, perpétré par une petite bande d'irresponsables coupés des forces vives de la nation. Et pour convaincre le peuple que les factieux ne disposaient d'aucune audience dans l'armée, on n'arrêta que les officiers les plus compromis.

À Arenenberg, où l'on crut pendant quelques heures que les conjurés étaient maîtres de Strasbourg, la nouvelle de l'arrestation du prince et de ses amis plongea la petite Cour dans la consternation. Le 2 novembre, Hortense reçut du prince une lettre qui ne pouvait qu'accroître son inquiétude :

> Je suis en prison, écrivait Louis-Napoléon, ainsi que d'autres officiers. C'est pour eux seuls que je suis en peine, car moi, en commençant une pareille entreprise, j'étais préparé à tout. Ne pleurez pas, ma mère, je suis victime d'une belle cause, d'une cause toute française ; plus tard, on me rendra justice et l'on me plaindra. [...] La vie est peu de chose ; l'honneur et la France sont tout pour moi[9].

La reine, qui souffrait déjà du cancer qui l'emporterait l'année suivante, ne perdit pas un instant, retrou-

vant l'énergie qu'elle avait déployée en 1831 pour tirer
son fils des griffes autrichiennes. Elle dépêcha Valérie
Masuyer auprès du général Voirol à Strasbourg. Puis
elle écrivit au roi, pour lui demander que le prince soit
« libre de quitter l'Europe », et enfin, sans attendre la
réponse de Louis-Philippe, elle partit pour Paris,
accompagnée de sa lectrice, Mme Salvage. Elle s'arrêta
au château de Viry, chez la duchesse de Raguse, à qui
elle confia la mission de se rendre chez le comte de
Molé et de soumettre sa requête au chef du gouvernement. La solution de l'exil hors d'Europe convenait parfaitement à Louis-Philippe et à son Premier ministre.
Elle leur permettait de faire passer Louis-Napoléon
pour un individu peu dangereux et passablement ridicule, qu'il était inutile de traduire devant un jury d'assises. En le condamnant à mort, ou à une longue peine
d'emprisonnement, on prenait le risque d'en faire un
héros et un martyr de la cause bonapartiste : on décida
donc de l'expédier aux États-Unis. Tel fut le message
que Molé fit transmettre à la reine qui, rassurée, reprit
une semaine plus tard le chemin de la Suisse.

Le 9 novembre, le préfet du Bas-Rhin et le général
Voirol vinrent chercher le prince qui fut conduit sous
bonne escorte jusqu'à Paris où le préfet de police Delessert lui signifia la décision des autorités. Louis-Napoléon n'apprécia guère le sort humiliant que lui valait
l'apparente mansuétude du gouvernement royal. Il
s'était séparé avec peine de ses compagnons et il écrivit
au roi pour lui demander d'accorder son pardon pour
des soldats qu'il avait « séduits par d'anciens souvenirs ». À Hortense, il adressa une lettre dans laquelle il
exprimait à la fois son affection pour cette mère qui
avait, une fois encore, employé toute son énergie à le
sauver, et sa douleur de ne pouvoir partager le sort de
ses amis. Il ne devait la revoir qu'au moment de sa
mort.

Le procès des conjurés de Strasbourg eut lieu en
janvier 1837. Sur les treize prévenus, sept seulement
comparurent devant la cour d'assises. Parquin fut

défendu par son frère et Vaudrey par Ferdinand Barrot, le frère du principal représentant de l'opposition parlementaire : deux vedettes du barreau. Mais la grande attraction du procès fut la belle Éléonore Gordon. Les avocats n'eurent aucune difficulté à convaincre le jury qu'en l'absence du principal accusé, mis hors-jeu par le gouvernement, on pouvait difficilement condamner de glorieux militaires qui n'avaient été que les instruments du complot. Le tribunal prononça donc un verdict d'acquittement qui fut accueilli par des applaudissements. À la suite de quoi les conjurés traversèrent la ville sous les acclamations de la foule pour se rendre à un banquet offert en leur honneur par la municipalité. L'affaire se terminait par une gifle infligée au régime... et à Voirot ! relevé de son commandement pour ne pas avoir su prévenir l'insurrection.

Dans l'intervalle, Louis-Napoléon avait été conduit à Lorient et embarqué le 21 novembre sur la frégate *Andromède*. Avant de prendre congé du prince, le sous-préfet lui remit seize mille francs de la part du roi. Louis-Philippe entendait ainsi montrer sa générosité envers un adversaire ramené au statut d'immigrant désargenté, sans d'ailleurs obtenir de lui le moindre engagement concernant l'avenir. La situation financière du prince lui interdisait toutefois de faire fi des largesses royales. Il s'était endetté, il avait abondamment puisé dans la cassette maternelle pour financer l'équipée strasbourgeoise et il ne pouvait guère compter sur un quelconque appui de la part des Bonaparte. Ses oncles avaient bruyamment désavoué l'entreprise et le roi Louis avait saisi l'occasion pour supprimer sa pension. Sa mère gravement malade, ses amis en prison ou en fuite, Louis-Napoléon se retrouvait seul en face d'un destin qui — en moins tragique certes — n'était pas sans rappeler celui de son oncle.

Le voyage dura quatre mois. L'*Andromède* essuya une tempête, puis mit le cap sur Rio de Janeiro où il séjourna plusieurs semaines sans que Louis-Napoléon fût autorisé à descendre à terre. Il fut traité avec de grands égards par le commandant de bord, qui lui avait cédé sa cabine, et ses relations avec les autres officiers furent excellentes. Mais cela n'empêchait pas le spleen. Il ruminait les rancunes que l'attitude des Napoléonides avait fait naître en lui, se souvenait qu'il n'avait rien fait pour retenir Mathilde, désormais convaincue par son père de l'inanité d'un mariage avec un individu aussi inconséquent et immature que le fils d'Hortense. Il avait, selon Joseph, « agi en Beauharnais », et Jérôme d'ajouter : « Serait-il même empereur, que je ne lui donnerais pas ma fille. » « Il y a deux mois, écrivit Louis-Napoléon à sa mère, je demandais à ne plus revenir en Suisse ; actuellement, si je me laissais aller à mes impressions, je n'aurais d'autre désir que de me retrouver dans ma petite chambre, dans ce beau pays où il me semble que je devrais être si heureux. »

Le 30 mars 1837, le prince débarqua enfin à Norfolk. De là, il partit pour New York où l'attendaient son valet de chambre et deux de ses amis : Gricourt et l'indéfectible Arese. Il s'installa dans un hôtel de Broadway où il reçut bientôt la visite de ses deux cousins Murat, Napoléon-Achille et Louis, tous deux installés aux États-Unis. Il retrouva également un autre cousin, Pierre Bonaparte, fils de Lucien : un personnage extravagant, qui avait participé lui aussi à l'insurrection des Romagnes et que ses parents avaient expédié en Amérique pour tenter de l'assagir. En vain : c'est le même Pierre Bonaparte qui, après de multiples aventures rocambolesques, assassinera en janvier 1870 le journaliste Victor Noir. Si sa réputation de tête brûlée avait interdit à cet encombrant cousin les salons de l'élite new-yorkaise, Louis-Napoléon fut en revanche accueilli à bras ouverts par les grandes familles de la ville : les Hamilton, les Levingstone, les Dewitt-Roosevelt, etc. Il fit la connaissance de l'écrivain Washington Irving et se lia d'amitié avec le révérend Stewart qui évoquera plus tard dans un livre de souvenirs le séjour new-yorkais du prince.

Outre qu'il piaffait d'impatience dans la perspective

d'un nouveau coup de force contre le régime, Louis-Napoléon apprécia peu l'Amérique et ses habitants. L'image qu'il en donne dans ses lettres à sa mère et à Viellard est peu éloignée du stéréotype qui a commencé à se mettre en place au début du siècle [10] : un pays doté d'une « immense force matérielle », mais totalement privé de force morale, une population dynamique mais inculte et entièrement habitée par la frénésie du gain. L'Européen qui débarque aux États-Unis, écrit-il à Hortense en mai 1837, ne peut que se sentir « choqué, froissé, vexé, mortifié, dépaysé, matérialisé, pétrifié, stalactisé, horrifié, argentifié, canalisé, vaporisé, et cela dix fois par jour » [11]. Aussi était-il bien décidé à rentrer en Europe dès qu'il en aurait l'occasion. Le sort voulut que ce soit pour assister sa mère dans ses derniers instants.

La mort d'Hortense

Parce que New York n'est pas l'Amérique, et parce qu'il souhaitait en savoir un peu plus sur le pays qui lui avait donné refuge, le prince s'apprêtait à entreprendre un long périple à travers les États-Unis, lorsqu'il reçut une lettre de sa mère l'informant de la gravité de son état. La reine n'avait pas donné de détails sur la nature du mal qui la rongeait depuis plusieurs mois, mais Valérie Masuyer avait pris sur elle d'ajouter au bas de la lettre : « Revenez ! Revenez ! » Message vite décrypté par Louis qui prit aussitôt la décision de partir.

Le prince était interdit de séjour en Europe. Avant de l'expédier à Lorient, le préfet Delessert lui avait signifié qu'il devrait non seulement se tenir éloigné de la France, mais que le gouvernement royal ne tolérerait pas sa présence sur le continent et exigerait des autres États — Suisse comprise — que lui soit refusé l'accès de leur territoire. En principe, le chemin d'Arenenberg était donc fermé. Peu importe ! S'il le fallait il voyagerait sans passeport, sans visa, à visage couvert. Ce n'était pas sa première expérience de la clandestinité. Il s'embarqua pour l'Angleterre le 12 juin à bord du *George Washington*. À cette date, la traversée de l'Atlantique dans le sens des vents dominants durait encore près d'un mois. Le 6 juillet il arrivait à Kaltestown, en Irlande, et le 11 il était à Londres, multipliant les démarches pour obtenir un passeport auprès des ambassades de France, d'Autriche et de Prusse qui le lui refusèrent. Joseph ne se montra guère plus coopératif. Il ne voulut pas recevoir son neveu et lui adressa une lettre sans appel : « Vous avez rompu les liens qui m'attachaient à vous, en permettant qu'on vous crût capable, de mon vivant et de celui de votre père, de vouloir prendre notre place. [...] Je désire que vous me laissiez en paix dans ma retraite. »

À Londres, Louis eut au moins la joie de retrouver Persigny. Après la déconfiture de Strasbourg, celui-ci avait réussi à échapper aux recherches et à gagner sous un déguisement le grand-duché de Bade, d'où il avait pu rejoindre Arenenberg. Il était donc porteur de nouvelles sur l'état de santé de la reine Hortense. Elles étaient suffisamment alarmantes pour que le prince ne s'attardât pas à implorer le bon vouloir des autorités consulaires. Aussi est-ce avec un passeport américain et sous le nom de Robinson qu'il s'embarqua pour Rotterdam le 31 juillet, après avoir semé la police anglaise. De là, il remonta le Rhin jusqu'à Mannheim, puis emprunta une chaise de poste qui le conduisit à Sigmaringen, où la princesse de Hohenzollern, nièce de Murat, le reçut à dîner : dernière étape avant de franchir la frontière de la Confédération.

À peine était-il arrivé en Angleterre que le comte Molé avait adressé à son ambassadeur à Londres une dépêche l'informant que le gouvernement royal était déterminé à s'opposer, « par tous les moyens en son pouvoir », au retour de Louis-Napoléon en Suisse. Mis au courant de l'état de santé de la reine, dont on savait les jours comptés, Louis-Philippe accepta toutefois de fermer les yeux sur la présence du prince à Arenenberg[12]. Celui-ci y arriva le 4 août, bientôt rejoint par Querelles, l'un des conjurés de Strasbourg et par Denis Parquin. Résignée et sereine, Hortense ressentit un immense bonheur de retrouver ce fils qu'elle avait sauvé à plusieurs reprises de la mort et qui serait auprès d'elle à l'ultime moment.

Les dernières semaines de la vie d'Hortense furent un supplice pour la reine et pour son entourage. Louis était au désespoir de voir sa mère agoniser, d'autant que l'opium administré par le docteur Conneau n'apportait que quelques répits à ses souffrances. Elle avait à peu près cessé de s'alimenter et offrait à ses proches le spectacle d'un corps décharné. Elle mourut le 5 octobre, au petit jour, après une longue agonie. Louis était auprès d'elle, ainsi que Valérie Masuyer, Mme Salvage, le peintre Cottreau, le docteur Conneau, auxquels s'étaient joints le colonel Tascher de la Pagerie, cousin de la reine et ancien aide de camp d'Eugène et l'abbé Kiesel. Ses dernières paroles furent pour son fils, comme si elle tentait une dernière fois de le préserver d'un destin tragique : « Les Français ont été bien méchants pour nous... Ce sont de petites gens, ces juste-milieu... Si vous faites un mouvement sur Paris, vous êtes perdus... Prends bien garde... Ils ont peur de nous..., ils te feront du mal. » Et un peu plus tard : « Adieu ! Adieu ! mes chers amis, ne m'abandonnez pas. Priez pour moi ! »

La fin de l'innocence

C'est peu dire que la mort de sa mère fut pour Louis-Napoléon une blessure qui ne cicatrisa jamais complètement. Toute sa vie, il conserva dans son portefeuille la lettre qu'Hortense lui avait envoyée à la veille de son opération, alors qu'il se trouvait encore à New York. « Si elle ne réussissait pas, écrivait la reine, je t'envoie, par cette lettre, ma bénédiction. Nous nous retrouverons, n'est-ce pas, dans un meilleur monde, où tu ne viendras me rejoindre que le plus tard possible ; et tu

penseras qu'en quittant celui-ci, je ne regrette que toi. »
Un père absent, qui l'aime mais de loin et avec beaucoup de maladresse, une famille paternelle à peu près
unanime à lui reprocher d'être au fond un Beauharnais
jouant les Bonaparte, et surtout de troubler sa tranquillité dorée, Louis n'avait guère eu d'autre modèle masculin que son oncle Eugène, hélas trop vite disparu.
Hortense avait donc été (beaucoup plus que les Le Bas,
Bertrand et autre Viellard, « employés de maison ») son
premier et son principal guide dans l'apprentissage de
la vie.

Les témoignages de ceux qui ont connu Louis-
Napoléon avant et après la mort de la reine sont à peu
près unanimes à souligner le changement qui s'est
opéré en lui à cette date, comme si la perte de la seule
personne qui lui avait jamais manifesté compréhension
et tendresse l'avait brusquement mûri. Jusqu'alors,
Louis avait été perçu par nombre de ceux qui l'avaient
approché — amis ou ennemis — comme le « petit jeune
homme » : un personnage immature, impulsif et passablement extravagant. Désormais, on le décrit comme
impassible, taciturne, apparemment indifférent aux
réactions de son entourage et en tout cas guéri des illusions romantiques de sa jeunesse.

C'est encore un jeune homme brisé par « l'irréparable
perte » qu'il vient de subir (c'est en ces termes qu'il a
annoncé la nouvelle à son père) qui assiste, le 8 octobre,
au service funèbre célébré dans la chapelle d'Ermatin-
gen en présence d'une assistance nombreuse et des
autorités du canton. Le corps fut ensuite ramené dans
la chapelle d'Arenenberg en attendant son transfert à
Rueil, où les funérailles de la reine eurent lieu le 11 janvier 1838. Étaient présents, outre quelques membres
des deux familles, comme Caroline de Naples et le vieux
marquis de Beauharnais, d'anciennes gloires de l'Empire (Oudinot, Exelmans) et, ironie du sort ! Charles de
Flahaut et le jeune Auguste de Morny : le fils qui était
né de la liaison du comte avec la reine Hortense. Interdit de séjour, Louis-Napoléon fut privé de cet ultime

hommage rendu à sa mère. Quant au roi Louis, toujours conforme à son image d'atrabilaire, il écrivit à la princesse de la Tour d'Auvergne un billet ainsi libellé : « Je devrais profiter de cette occasion pour vous faire part de la perte que mon fils a faite de sa mère, mais les papiers publics vous en auront instruite et je n'aime pas m'assujettir à des formalités inutiles [13]. »

Après avoir réglé les problèmes de succession — l'héritage de la reine s'élevant à plus de trois millions de francs lui assurait un confortable revenu annuel de 120 000 francs — le prince se retira pour quelque temps au château voisin de Gottlieben qu'Hortense avait racheté à Jérôme. C'est là qu'il procéda à la relecture et à la mise au point du manuscrit que l'un des conjurés de Strasbourg, le lieutenant Laity, devait publier en juin 1838 à Berne sous le titre *Relation historique des événements du 30 octobre 1836*. En poussant son ancien complice à rédiger ce brûlot, et en assurant financièrement son impression (à dix mille exemplaires), Louis-Napoléon ne songeait pas seulement à « rétablir la vérité », suite aux « mensonges » de la propagande gouvernementale. Il entendait bel et bien provoquer le régime et attirer sur lui des rigueurs qui ne pouvaient que redorer son image aux yeux de l'opposition. Pari gagné : Louis-Philippe et le cabinet Molé qui n'avaient pratiquement pas réagi après la publication, l'année précédente à Londres, d'une brochure à peu près semblable signée par Persigny, se montra cette fois résolu à punir l'auteur du libelle, aussi bien que son inspirateur.

En dehors d'un récit un peu enjolivé de l'événement, l'ouvrage de Laity comportait une apologie des principes sur lesquels s'appuyait la propagande bonapartiste. L'auteur opposait la démocratie, c'est-à-dire « le gouvernement d'un seul par la volonté de tous », qui était censé répondre au vœu de la nation, à la République, supposée être « le gouvernement de plusieurs obéissant à un système » [14]. La nation, le peuple, l'autorité : toute la thématique du populisme à la française se trouvait ainsi

résumée dans ce triptyque, et ceci près d'un demi-siècle
avant l'éclosion des ligues nationalistes.

Le gouvernement de Louis-Philippe réagit donc avec
une rigueur disproportionnée à l'événement. Il fit saisir
le livre et arrêter son auteur. Laity fut traduit devant la
Chambre des pairs sous l'inculpation d'attentat contre
la sûreté de l'État. L'acte d'accusation présentait le
libelle bonapartiste non seulement comme « un crime
prévu et réprimé par la loi », mais également comme
« un manifeste insolent, lancé par un parti qui ne dissi-
mulait ni ses espérances ni son but ». Et le procureur
du roi de préciser dans son réquisitoire que le manuscrit saisi portait des corrections et des notes émanant
de Louis-Napoléon. Laity fut condamné à une peine de
cinq ans de détention, assortie d'une amende de dix
mille francs : ce qui eut pour effet d'embraser l'opinion
libérale et de susciter la fureur des journaux d'opposition, *National* en tête. On reprochait au régime d'avoir
osé, en matière de répression des délits de presse, ce
que la Restauration s'était abstenue de faire dans des
circonstances plus graves. Quant à Louis-Napoléon, il
ne pouvait que se féliciter de la tournure prise par l'affaire. Hier considéré par le pouvoir comme une entreprise dérisoire, conduite par des conspirateurs d'opéra
bouffe, le *pronunciamiento* de Strasbourg se trouvait
rétrospectivement élevé au rang d'événement révolutionnaire dont les promoteurs faisaient figure de champions de la liberté.

Engagé dans cette voie, le pouvoir commit une
seconde maladresse : il exigea du gouvernement helvétique l'expulsion du prince, provoquant une vive réaction
de la part des autorités du canton de Thurgovie, qui avait
accordé on s'en souvient le droit de bourgeoisie au fils de
la reine Hortense, puis des autres cantons de Suisse alémanique et enfin de la Diète fédérale. Fin août 1838,
celle-ci, à l'unanimité de ses membres, opposa un refus
catégorique à l'« exigence inouïe » présentée par la
France. La menace de rappel de son ambassadeur
n'ayant pas suffi à faire plier le gouvernement de Berne,

le cabinet Molé fit un pas de plus dans la voie de l'intimidation. Il mobilisa un corps d'armée à la frontière de la Confédération menaçant — selon les termes employés par le baron Aymard, chef des troupes françaises — de faire regretter à « nos turbulents voisins » de ne pas avoir voulu « satisfaire aux justes demandes de la France ».

Allait-on entrer en guerre pour faire prévaloir le droit sur la force ? À Berne, certains envisageaient cette issue, si tel devait être le prix de la souveraineté helvétique. Le prince mit quelque temps avant de se prononcer, le bras de fer entre les deux gouvernements ne pouvant que lui être favorable. Lui-même ne constituait-il pas l'enjeu d'une épreuve de force entre un petit pays démocratique, fidèle à ses traditions d'accueil, et le pouvoir arrogant et liberticide du roi Louis-Philippe ? Il laissa donc monter la tension entre les chancelleries tandis qu'à Paris la presse d'opposition dénonçait l'agressivité de la politique française et l'amnésie d'un souverain qui, lui aussi, avait bénéficié dans le passé de l'hospitalité helvétique, pour finalement annoncer qu'il était prêt à quitter spontanément le pays. « En m'éloignant de ces lieux qui m'étaient devenus chers à tant de titres — écrit-il au président du conseil du canton de Thurgovie — j'espère prouver au peuple suisse que j'étais digne des marques d'estime et d'affection qu'il m'a prodiguées [15]. » Le 14 octobre 1838, muni d'un passeport britannique établi à son nom, il quittait Arenenberg pour Londres où il arriva une dizaine de jours plus tard.

Des idées napoléoniennes

Louis-Napoléon ne considéra pas ce nouvel exil comme une défaite. Bien au contraire : le 11 août, il avait écrit à sa belle-sœur Charlotte : « Le gouvernement français semble avoir pris à tâche de grandir mon importance. » En prêtant la main à Laity et en assurant le financement de sa brochure, il avait tendu un piège au gouvernement français dans lequel celui-ci s'était précipité tête baissée, avec pour conséquence de faire de lui — à l'échelle de l'Europe — un martyr de la liberté. À Constance, au moment du départ, la population l'avait acclamé et il en fut de même à Mannheim, où retentirent les cris de « Vive Napoléon ! », à Düsseldorf et dans d'autres villes rhénanes. Londres accueillit également avec sympathie le neveu de l'empereur. L'ambassade de France tenta bien de le faire assigner à résidence hors de la ville, mais ce fut en vain. Le gouvernement de la reine le laissa libre de ses mouvements et le Lord Maire l'entoura des plus grands égards. Il changea plusieurs fois de domicile avant de se fixer à Carlton House Terrace, dans l'un des quartiers les plus chic de la capitale, où il installa une sorte de musée du souvenir napoléonien abritant, entre autres reliques, un buste de l'empereur par Canova et un portrait de Joséphine par Isabey.

L'héritage maternel, quoique vite écorné par les subsides versés aux partisans de l'Empire, permet au proscrit de mener grand train. Il est entouré d'une camarilla de fidèles comprenant Persigny, Vaudrey, le docteur Conneau, le colonel Bouffet-Montauban et d'une domesticité qui comptera jusqu'à dix-sept personnes. Il roule dans un luxueux landau aux panneaux armoriés de l'aigle impérial et possède une dizaine de chevaux. Aussi ne faut-il pas s'étonner qu'il soit reçu dans la meilleure société, aussi bien que dans certains milieux moins conformistes, celui de Lady Blessington par exemple dont le salon est ouvert à tous les beaux esprits du temps : hommes politiques et hommes de lettres britanniques, comme Disraeli, Lytton, Thackeray, Dickens, etc., ou exilés politiques français tels Ledru-Rollin, Eugène Sue et Louis Blanc. C'est également chez Lady Blessington qu'il fait la connaissance du séduisant comte d'Orsay, l'amant en titre de la comtesse, et qui deviendra son ami.

Louis-Napoléon a tout juste trente ans. Il est riche et

porte un nom illustre. Pour les hommes de sa génération il incarne une forme d'aventurisme romantique qu'ont nourri les récits enjolivés des équipées romagnole et strasbourgeoise. S'y ajoute une réputation de don Juan qui fait de ce dandy ténébreux un « lion » admiré de ses pairs, et dont les faits et gestes font les délices du *Morning Post* et du *Times*. On le croise, entouré de sa garde rapprochée, au théâtre, à l'opéra italien, sur les champs de courses et dans les réceptions les plus huppées. Il fréquente assidument le Carlton Club, l'un des plus fermés de l'aristocratie anglaise. Disraeli a tracé dans *Endymion* un portrait du prince costumé en chevalier médiéval, participant aux joutes équestres et aux bals organisés par le jeune comte d'Eglinton dans son manoir écossais durant l'été 1839. Il y occupe une place d'honneur dans les banquets et recueille de vifs applaudissements pour ses succès dans les tournois. Guizot, l'ambassadeur de France à Londres, ne peut que constater la popularité du prince auprès de la *gentry* d'outre-Manche. Toujours en quête de succès féminins, Louis-Napoléon fréquente les célébrités théâtrales — la Taglioni, dont il fait la connaissance au théâtre Saint-James, la danseuse Carlotta Grisi, d'autres encore — et il entretient une brève relation amoureuse avec la jeune Emilie Rowles, la fille d'un entrepreneur de travaux publics du Middelsex, à laquelle il aurait, dit-on, promis le mariage et offert des fourrures ayant appartenu à l'impératrice Joséphine.

Le séjour de Louis-Napoléon en Angleterre ne fut pas seulement une longue suite de mondanités. Sans doute faut-il considérer avec circonspection ce que nous dit Persigny de la vie du prétendant dans ses *Lettres de Londres*, publiées en 1840. Selon lui, le prince aurait consacré la plus grande partie de son temps à l'étude, ce qui est vraisemblablement excessif. Il reste qu'il ne s'abandonne pas complètement aux délices de l'oisiveté. Ainsi, il voyage. Comme en 1833, il accomplit plusieurs séjours d'études dans les régions industrielles du royaume. Durant l'hiver 1838-1839, on le voit à Manchester et à Birmingham, toujours fasciné par les rapides progrès économiques de la Grande-Bretagne. Il rencontre des scientifiques, des patrons de manufactures, des journalistes. Il lit beaucoup : son ami Panizzi, conservateur du British Museum, a mis à sa disposition un bureau de la bibliothèque et il en use largement pour consulter tout ce qui paraît. Il épluche les journaux français et se constitue des dossiers sur les principales affaires.

Mais surtout, le neveu de Napoléon s'est appliqué à faire connaître ses idées. L'écriture avait souvent été pour lui, en même temps qu'un plaisir, un moyen de tromper le découragement et l'inaction. En août 1839, il fit paraître un ouvrage qui résumait sa pensée, largement inspirée de celle de son oncle — telle que Las Cases en avait collecté le suc dans le *Mémorial de Sainte-Hélène* — et dont le titre, *Des idées napoléoniennes*, permettait de relier les réflexions de l'empereur au projet politique de son neveu. Le livre connut dès sa parution un certain succès : trois rééditions en quelques mois et six traductions.

Tout est dit dans l'introduction à l'édition de 1840, véritable manifeste en faveur de la République consulaire, plébiscitaire et populiste, telle qu'elle a été conçue et mise en place par Bonaparte après Brumaire :

> L'idée napoléonienne, écrit Louis-Napoléon, consiste à reconstituer la société française bouleversée par cinquante années de révolution, à concilier l'ordre et la liberté, les droits du peuple et le principe d'autorité. Au milieu de deux partis acharnés, dont l'un ne voit que le passé et l'autre que l'avenir, elle prend les anciennes formes et les nouveaux principes. [...]
>
> Elle trouve un élément de force et de stabilité dans la démocratie, parce qu'elle la discipline.
>
> Elle trouve un élément de force dans la liberté, parce qu'elle en prépare sagement le règne en établissant des bases larges avant de bâtir l'édifice. Elle ne suit ni la marche incertaine d'un parti, ni les passions de la foule ; elle commande par la raison, elle conduit parce qu'elle marche la première.[...]

Elle ne procède pas par exclusion, mais par réconciliation ; elle réunit la nation au lieu de la diviser. Elle donne
à chacun l'emploi qui lui est dû, la place qu'il mérite selon
sa capacité et ses œuvres [16].

Les idées napoléoniennes et le régime qui en découle
s'inscrivent, explique le prince, dans le sens de l'histoire. Filles des Lumières, comme le fut la Révolution,
elles incarnent dans le champ politique le progrès qui
caractérise depuis toujours l'évolution des sociétés
humaines :

Depuis que le monde existe, le progrès a toujours eu
lieu. Pour le reconnaître, il suffit de mesurer la route suivie par la civilisation ; la trace en est marquée par les
grands hommes qui en sont comme les bornes milliaires ;
chacun à un degré supérieur qui nous rapproche du but ;
et l'on va d'Alexandre à César, de César à Constantin,
de Constantin à Charlemagne, de Charlemagne à Napoléon [17].

Toutefois, et c'est ici que le bonapartisme se sépare
des conceptions libérales, l'évolution naturelle des
sociétés ne peut s'accomplir de manière harmonieuse
que si elle est organisée et encadrée par une forme de
pouvoir qui en assure le plein épanouissement. Le bon
gouvernement est celui qui, accompagnant le mouvement de l'histoire, répond aux besoins de l'époque et
« emploie les moyens nécessaires pour frayer une route
à la civilisation ». Dans le monde, tel qu'il se présente
en 1840, Louis-Napoléon ne voit que deux systèmes
politiques, au demeurant parfaitement dissemblables,
susceptibles de remplir la « mission providentielle » qui
leur est ainsi assignée : celui des États-Unis d'Amérique
et celui de l'Empire russe :

Ce sont les deux colosses qui sont au bout du monde,
l'un à l'extrémité du nouveau, l'autre à l'extrémité de l'ancien. Tandis que notre vieux centre européen est comme
un volcan qui se consume dans son cratère, les deux

nations orientale et occidentale marchent sans hésiter vers le perfectionnement, l'une par la volonté d'un seul, l'autre par la liberté [18].

En Europe, c'est à Napoléon qu'a échu la mission d'être l'« exécuteur testamentaire » de l'immense pas en avant sur la voie du progrès humain que fut la Révolution française :

> Le feu destructeur des partis était éteint, et lorsque la révolution mourante, mais non vaincue, légua à Napoléon l'accomplissement de ses dernières volontés, elle dut lui dire : « Affermis sur des bases solides les principaux résultats de mes efforts, réunis les Français divisés, repousse l'Europe féodale liguée contre moi, cicatrise mes plaies, éclaire les nations, exécute en étendue ce que j'ai dû faire en profondeur, sois pour l'Europe ce que j'ai été pour la France ; et quand même tu devrais arroser de ton sang l'arbre de la civilisation, voir tes projets méconnus et les tiens sans patrie errer dans le monde, n'abandonne jamais la cause sacrée du peuple français, et fais-la triompher par tous les moyens que le génie enfante, que l'humanité approuve [19]. »

Vision messianique qui fait de la France le phare de l'humanité, et de l'empereur un « guide » dont le génie a consisté à se trouver en accord avec son temps, à répondre aux aspirations de son peuple et à assurer la propagation des idées nouvelles dans toute l'Europe. De cette conception quasi wébérienne du chef « charismatique », investi d'une mission et accomplissant l'union mystique du peuple et de son guide, Louis-Napoléon tire la conclusion que l'avènement d'un nouveau souverain, issu d'une « famille héréditaire conservatrice des intérêts généraux », ne peut se faire qu'avec l'assentiment de la nation.

L'auteur des *Idées napoléoniennes* avait bien conscience des contradictions existant entre les buts affichés de l'empereur, tels qu'ils ressortaient des pages du *Mémorial*, et la manière dont Napoléon avait exercé son pouvoir, en France et dans les territoires dominés par la *Grande Nation*. Si la liberté était, comme il l'affirmait, le but suprême de sa politique, pourquoi avoir établi et maintenu pendant quinze ans un régime dictatorial ? S'il avait eu à cœur de libérer les peuples de la tyrannie et de la domination étrangère, pourquoi avoir annexé une partie de l'Europe et soumis une autre partie au système familial, sans le moindre égard pour les aspirations nationales ? À ces deux questions, le prince répondait que le vaincu de Waterloo n'avait pas eu le temps de réaliser ses objectifs. Lorsqu'il est parvenu à la tête de l'État, tout était à faire. Il fallait enterrer le vieux monde avant de faire naître en Europe une nouvelle civilisation. Il fallait consolider les conquêtes de la Révolution face à la coalition des ennemis de la liberté, donner à la France des institutions solides, rendre effectifs les principes proclamés par les Constituants. Ce n'est pas « par impuissance que l'empereur a succombé, mais par épuisement », parce qu'il a voulu « en dix ans d'empire faire l'ouvrage de plusieurs siècles ».

En dressant le panégyrique de la pensée napoléonienne, le neveu de l'empereur fait aussi œuvre de propagande au profit du parti bonapartiste et bien sûr de lui-même. Waterloo avait jeté bas un monument grandiose mais inachevé, dont les fondations demeuraient intactes. Au successeur du grand homme, pour peu qu'il accède aux leviers de commande, de reconstruire l'édifice en tirant profit des leçons de l'histoire et des nouvelles aspirations des peuples. Louis-Napoléon sait que pour s'attirer l'adhésion des Français et des nationalités opprimées, il doit tenir le langage de la liberté et de l'indépendance des nations. Mais il sait également qu'il écrit dans un pays où la bienveillance qu'on lui témoigne n'exclut pas une certaine méfiance à l'égard de tout ce qui peut rappeler l'Empire et son comportement belliqueux.

Tout dans ce livre n'est cependant pas préoccupation tactique de rassurer les adversaires de l'aventurisme napoléonien. Dans son projet de conquête du pou-

voir, Louis-Napoléon doit compter avec les catégories
sociales qui soutiennent la Monarchie de Juillet, et principalement avec la bourgeoisie, le monde des affaires et
les grands commis de l'État auxquels l'orléanisme libéral convient parfaitement. Il doit également apaiser
les craintes des vainqueurs de 1815 en affichant une
volonté de paix et d'organisation internationale dont il
attribue un peu vite la paternité à Napoléon. De là le
propos irénique et imprégné de saint-simonisme qui
clôt le dernier chapitre de l'ouvrage.

> Répétons-le en terminant, l'idée napoléonienne n'est
> point une idée de guerre, mais une idée sociale, indus-
> trielle, commerciale, humanitaire. Si pour quelques
> hommes, elle apparaît toujours entourée de la foudre des
> combats, c'est qu'elle fut en effet trop longtemps envelop-
> pée par la fumée du canon et la poussière des batailles.
> Mais aujourd'hui, les nuages se sont dissipés, et on entre-
> voit à travers la gloire des armes une gloire civile plus
> grande et plus durable [20].

Nouveau complot, nouvel échec

Le succès des *Idées napoléoniennes* ne suffisait pas
à assurer une audience substantielle au candidat à la
succession de l'empereur. Pas plus que l'ouvrage apologétique et passablement laborieux que Persigny fit
paraître au début de 1840 sous le titre de *Lettres de
Londres*. Le prince y était présenté sous les traits d'un
Romain de la République, puis comparé à Octave
débarquant à Brindes pour reprendre le flambeau abandonné par César. Pour se doter d'un véritable « parti »,
il fallait que le prétendant puisse atteindre sinon le
« peuple » dans son ensemble, du moins des couches
sociales qui ne se reconnaissaient pas dans le régime du
roi Louis-Philippe. Cela impliquait qu'il disposât d'au
moins un organe de presse à sa dévotion.
Les tentatives faites en ce sens ne furent guère cou-

ronnées de succès. Louis-Napoléon subventionna deux journaux parisiens, créés l'un et l'autre en 1839 : *Le Commerce*, dirigé par Mocquard et Maugain, et *Le Capitole*, dont il choisit lui-même le titre et dont le fondateur, le marquis de Crouy-Chanel, cherchait davantage à extorquer des fonds au prince [21] qu'à fidéliser un électorat acquis aux idées bonapartistes. Il avait également des intérêts dans *Le Journal du Commerce* à Lyon, qui ne s'avéra pas beaucoup plus performant en matière de propagande et de mobilisation des mécontents du régime. Il en était de même des clubs que les amis du prince s'efforcèrent de mettre sur pied pour constituer à Paris une clientèle partisane : l'un masculin, les Culottes de peau, dont le principal animateur était le général de Montholon, ancien compagnon de l'empereur à Sainte-Hélène, l'autre féminin qui comptait parmi ses adhérentes les plus dévouées Mmes Salvage de Faverolles, de Querelles et Gordon. Ni l'un ni l'autre ne parvinrent à créer un véritable mouvement d'opinion en faveur du prétendant.

La notoriété que les écrits de Louis-Napoléon avaient acquise à leur auteur et la façon dont celui-ci était traité par l'*establishment* britannique eurent pour effet de rapprocher le prince de son père et de ses oncles. On avait commencé à parler en 1838 du retour à Paris des cendres de Napoléon et le roi Louis avait écrit à son fils que, dans cette éventualité, ce dernier serait le seul membre de la famille en posture d'accompagner la dépouille mortelle de l'empereur jusqu'aux frontières du royaume. Lui-même se sentait trop âgé et trop peu valide pour accomplir cette tâche, tandis que Joseph était rentré pour quelque temps en Amérique. Lorsqu'il fut de retour à Londres, en 1839, l'aîné des Bonaparte se montra également amical envers son neveu, de même que Jérôme, de passage dans la capitale anglaise. Seul Lucien lui restait résolument hostile.

À Paris, le ministre de l'Intérieur était informé par ses espions des projets et des manœuvres du prince. Ne disait-on pas que celui-ci avait négocié avec le tsar, par l'intermédiaire de Crouy-Chanel, une rectification de la frontière orientale de la France, en échange de l'appui du gouvernement russe et d'une promesse de mariage avec la princesse Olga, fille de Nicolas Ier ? Estimant que ses services n'étaient pas payés assez cher, Crouy-Chanel aurait tout dévoilé à la police. Parmi les provocations dont le prince aurait été victime de la part des agents français, il y eut la rocambolesque affaire du duel avec le comte Léon, fils naturel de Napoléon et d'Éléonore Denuelle de la Plaigne. Aventurier notoire, celui-ci venait de purger une peine de prison pour dettes et il est vraisemblable — c'est en tout cas ce qu'affirme Lord Malmesbury dans ses *Mémoires* — qu'il était chargé par le gouvernement français (il avait en poche une lettre de recommandation de Molé) de provoquer le prince de manière soit à le tuer en duel, soit à le faire expulser d'Angleterre où cette façon de régler les affaires d'honneur était rigoureusement proscrite. Léon adressa donc au prétendant une lettre insolente qui commençait par « Mon petit cousin » et qui eut sur le prince l'effet qu'en attendait son auteur. On prit donc rendez-vous à Wimbledon pour le 3 mars 1840, mais le duel n'eut pas lieu, la police de Sa Gracieuse Majesté ayant investi les lieux et désarmé les combattants.

À cette date, les préparatifs en vue d'un nouveau coup de force en France étaient déjà bien avancés. Le gouvernement de Louis-Philippe se trouvait confronté à des difficultés internationales dont le prince pensait pouvoir tirer profit. Depuis l'année précédente, la « question d'Orient » avait pris en effet une tournure critique. Le gouvernement ottoman avait échoué dans sa tentative de mise au pas du pacha d'Égypte, Méhémet Ali. Maître de la Syrie, ce dernier menaçait directement l'intégrité de l'Empire turc : ce que ne pouvaient accepter ni l'Angleterre ni la Russie, l'une et l'autre soucieuses de maintenir ouverte la route des Détroits. Aussi ces deux puissances sommèrent-elles Méhémet Ali d'évacuer certaines de ses conquêtes. S'il ne le faisait pas dans les vingt jours suivant l'ultimatum qui lui avait été adressé, elles procéderaient à son élimination. La Prusse et l'Autriche s'étant associées à ce *diktat*, la France resta seule à soutenir le pacha d'Égypte. Il en résulta une vive tension entre la Grande-Bretagne et la France, accompagnée d'une menace de guerre européenne. En charge du gouvernement, Thiers se déclara prêt à l'épreuve de force. Il fit fortifier Paris et procéda à une mobilisation partielle, tandis qu'en Allemagne les manifestations belliqueuses de la France provoquaient un réveil violent de l'esprit nationaliste.

La diplomatie britannique a-t-elle voulu jouer Louis-Napoléon contre Louis-Philippe ? Non pour voir le premier se saisir en France des rênes de l'État — on n'imaginait pas qu'il pût réussir — mais simplement pour créer de l'autre côté de la Manche des difficultés intérieures susceptibles de calmer les ardeurs des va-t-en-guerre. Toujours est-il que c'est le moment que choisit le ministre des Affaires étrangères Palmerston pour rencontrer secrètement le prétendant, tandis que celui-ci obtenait une audience de Lord Melbourne, Premier ministre de la reine Victoria. Quelles assurances ou quelles vagues promesses donnèrent-ils l'un et l'autre à Louis-Napoléon ? Sans doute souhaitaient-ils seulement susciter en France, à l'occasion de quelque nouvelle « folie » du prince, une agitation bonapartiste, favorisée par l'annonce du prochain retour des cendres de l'empereur. Notons que c'est au moment précis où la question était débattue à la Chambre que commencèrent les préparatifs du coup de main de Boulogne et en juillet, un mois avant le débarquement à Wimereux, que les frégates la *Belle Poule* et la *Favorite* quittèrent Toulon pour Sainte-Hélène sous le commandement du prince de Joinville, fils de Louis-Philippe.

Dans une perspective de ralliement consensuel, on avait embarqué sur la *Belle Poule* les généraux Bertrand et Gourgaud, ainsi que d'anciens serviteurs de l'empereur. Mais l'événement eut surtout pour effet de réveiller le souvenir napoléonien au moment où se manifestait la coalition des puissances. À Paris, républicains et

bonapartistes poussaient le gouvernement à ne pas
céder devant l'Angleterre et le 29 juillet, à l'occasion du
dixième anniversaire des « Trois Glorieuses » et du
transport des dépouilles des victimes de l'insurrection
de 1830 au pied de la colonne de la Bastille, une foule
de plusieurs milliers de personnes défila en chantant *La
Marseillaise* et en conspuant les ministres.

Ces mouvements d'opinion ne signifiaient pas que la
France était prête à se soulever pour porter au pouvoir le neveu de l'empereur. Cela, bien qu'il eût une
confiance illimitée en son étoile, Louis-Napoléon ne
l'ignorait pas. Si soulèvement il devait y avoir, il ne
pourrait être que militaire, au moins dans sa phase initiale. Aussi, comme on l'avait fait quatre ans plus tôt à
Strasbourg, est-ce du côté de l'armée que se tournèrent
les conspirateurs. Le prince aurait souhaité qu'un chef
prestigieux donnât son aval au complot. L'année précédente, il avait réussi à faire venir à Londres, par l'intermédiaire du baron Desportes, le maréchal Cluzel, afin
de le sonder : apparemment sans résultat. Il lui fallut
donc se rabattre sur des militaires de moindre importance.

En accord avec Persigny, Louis avait choisi Lille et
des places fortes du Nord comme cibles du coup de
force. Il y dépêcha ses lieutenants : le chirurgien Lombard, l'inusable Parquin et un nouveau venu dans le
cercle des fidèles, le commandant Le Duff de Mésonan,
un officier que le gouvernement avait mis prématurément à la retraite en 1838 et auquel fut confiée la mission de circonvenir le général Magnan qui commandait
la place de Lille et était connu pour son ambition et ses
besoins d'argent. Mésonan réussit à l'approcher et lui
montra une lettre de Louis-Napoléon lui offrant immédiatement cent mille francs assortis de la promesse de
devenir maréchal de France. « Vous lui demanderez,
avait écrit le prince, chez quel banquier ou quel notaire
il veut que je lui fasse compter trois cent mille francs
dans le cas où il perdrait son commandement »[22].
Magnan refusa de se compromettre mais promit de ne

rien révéler de l'affaire, ce qui ne l'empêcha pas d'avertir le préfet et le procureur du roi. Il fallut donc renoncer à soulever en premier la garnison de Lille et choisir un nouvel objectif : ce serait Boulogne, où les envoyés de Louis-Napoléon avaient réussi à gagner à sa cause le lieutenant Aladenize, officier au 42e de ligne, dont deux compagnies tenaient garnison dans cette ville.

Rassemblé à Londres et dans le comté de Kent, le noyau initial des conjurés comprenait une soixantaine de personnes. Aux compagnons des premiers jours, s'étaient jointes de nouvelles recrues : Laborde, un ancien de l'île d'Elbe, le général de Montholon, d'anciens demi-soldes, des domestiques en quête d'un emploi et quelques émigrés polonais. Conneau avait acheté des presses à main pour imprimer les proclamations qui seraient affichées en France. Certaines reproduisaient pratiquement celles de Strasbourg mais d'autres faisaient état des premières mesures envisagées par les insurgés : déposition de Louis-Philippe, dissolution de la Chambre, nomination de Thiers à la tête du gouvernement provisoire et du maréchal Cluzel au commandement suprême de l'armée. On loua pour six livres par semaine un vapeur en principe destiné à une croisière. On acheta des fusils à Birmingham et des uniformes à Paris. Tout était prêt début juillet pour une action programmée pour le mois suivant.

Tout cela avait coûté très cher et Louis-Napoléon manquait cruellement d'argent. L'héritage d'Hortense avait été largement entamé, de même que les six cent mille francs versés en juillet par le roi Louis sur le capital que le prince avait réclamé comme appartenant à sa mère. Il fallait d'autre part prévoir un trésor de guerre pour subvenir aux besoins de la petite expédition, acheter les consciences d'officiers hésitants et payer les troupiers rebelles autrement qu'avec des promesses. Pour réunir les sommes nécessaires à son entreprise, Louis-Napoléon fit appel au comte Orsi, un banquier florentin qui avait été mêlé à l'insurrection des Romagnes et vivait en France du maigre revenu que lui assuraient des leçons d'italien. Orsi était de mèche avec un fonctionnaire du Trésor et avec un courtier marron de la Bourse de Londres qui procurèrent au prince un prêt de vingt mille livres sterling, soit cinq cent mille francs. C'est pratiquement la somme qu'il emporta avec lui en s'embarquant pour la France.

L'*Edinburgh Castle* leva l'ancre le 4 août au petit matin, avec à son bord une partie de l'équipe, neuf chevaux, deux voitures, deux malles remplies d'uniformes et plusieurs caisses de fusils et de pistolets. Il descendit la Tamise et fit halte à plusieurs reprises pour embarquer d'autres passagers, de manière à tromper la vigilance de la police. À Gravesend, Parquin descendit à terre et acheta à un jeune garçon un aigle vivant, enchaîné et passablement déplumé, qu'il fit attacher au mât. Le 5 au soir, parvenu à Ramsgate, le vapeur prit la mer, naviguant une partie de la nuit en tirant des bordées pour ne pas arriver trop tôt sur la côte française. Le gouvernement de Louis-Philippe avait été averti par ses agents qu'un coup de force était imminent, mais il ne savait ni où, ni quand celui-ci devait avoir lieu.

Le 6 août, à trois heures du matin, l'*Edinburgh Castle* était au mouillage en face de Wimereux, village situé à une lieue de Boulogne. Revêtus de l'uniforme du 40e régiment d'infanterie, les conjurés débarquèrent en trois temps, accueillis sur la plage par Aladenize et deux de ses compagnons [23]. Au petit groupe de douaniers qui les avaient repérés et interrogés, ils expliquèrent que le paquebot qui les transportait de Dunkerque à Cherbourg avait eu une avarie et qu'ils devaient rejoindre leur corps par la route. Puis ils se dirigèrent vers Boulogne. Aladenize les y attendait et les conduisit à la caserne du 42e d'infanterie où le prince prononça devant les troupiers stupéfaits un discours vibrant mêlant à l'évocation de la gloire impériale des promesses d'argent et de promotion. La troupe était hésitante. Venant des civils qui s'étaient approchés des portes de la caserne, il y eut quelques cris de « Vive l'empereur ! », mais l'arrivée sur les lieux du capitaine Col-Pugelier eut tôt fait de retourner la situation. Il s'ensuivit une brève échauffourée au cours de laquelle le prince tira un coup de pistolet qui blessa un grenadier à la bouche. Il ne restait plus aux conjurés qu'à évacuer rapidement la caserne.

La première manche, celle dont dépendait l'effet de surprise et par conséquent la réussite de l'opération, avait donc échoué. L'initiative était désormais du côté des autorités qui firent aussitôt appel aux gendarmes, à la garde nationale et au corps des douaniers. La sagesse aurait dû conseiller au prince de prendre la fuite. Au lieu de cela, Louis-Napoléon ordonna à sa troupe de marcher vers la ville haute, distribuant au passage argent et manifestes à la population. Arrivés au pied du château, les conjurés tentèrent vainement de briser l'une des portes à coups de hache. Ils ne purent donc pénétrer dans la ville et durent se replier jusqu'à la colonne de la Grande Armée au sommet de laquelle ils accrochèrent le drapeau impérial. Cette colonne ne représentait pas seulement pour Louis-Napoléon le symbole de la grandeur napoléonienne, elle réveillait un souvenir douloureux. De retour de Londres, en août 1831, il avait longuement médité devant ce monument tandis qu'Hortense lui décrivait la cérémonie de l'inauguration et la distribution par l'empereur des premières croix de la Légion d'honneur. Aussi se déclarat-il décidé à se faire tuer au pied de la colonne.

Les compagnons du prince ayant réussi à entraîner celui-ci, la petite troupe se dirigea vers la plage où eut lieu le dernier épisode, sanglant, de la malheureuse équipée bonapartiste. Ignorant que la capitainerie du port s'était saisie de l'*Edinburgh Castle* et de son équipage, ceux qui parmi les conjurés n'avaient pas encore été arrêtés tentèrent de s'embarquer sur une chaloupe qui chavira sous une grêle de balles tirées par les gardes nationaux. *Le National* parlera quelques jours plus tard d'une scandaleuse « chasse aux canards ». Il y eut deux morts, l'un tué par balle, l'autre noyé, et plusieurs blessés. Touché lui-même par trois projectiles, le prince s'en tira avec quelques égratignures. On le repêcha mouillé jusqu'aux os et grelottant. On le fit monter dans une voiture dans laquelle avaient pris place le maire et le sous-préfet : direction le château de Boulogne où Louis-Napoléon passa sa première nuit de captivité.

5

Prisonnier au fort de Ham
(1840-1846)

Le 7 août, vingt-quatre heures après l'échec de la
folle équipée de Boulogne, le gouvernement de Louis-
Philippe peut laisser percer son contentement. Le général de Cubières, en charge du portefeuille de la Guerre,
rend publique une déclaration sans équivoque sur le
sort qui attend Louis-Napoléon et ses compagnons d'infortune :

> Le territoire français, écrit-il, a été violé par une bande
> d'aventuriers en armes échappés des ports d'Angleterre
> sous la conduite de Louis Bonaparte, devenu plus témé-
> raire depuis le grand acte de clémence dont il a été l'objet.
> [...] Une poignée de factieux ont osé déployer sur la place
> de Boulogne l'étendard de la révolte. Repoussés dans les
> flots qui venaient de les vomir, Bonaparte et tous ses
> adhérents ont été pris, tués ou noyés[1].

Cette fois en effet, il n'y a pas à forcer la note pour
dénoncer le ridicule de l'opération. Et puis le sang a
coulé : peu, il est vrai, et surtout dans les rangs des
insurgés, mais cela suffit à faire du prétendant la figure
emblématique du fauteur de guerre civile. La presse, plutôt indulgente après le fiasco de Strasbourg, n'a pas de
mots trop durs pour qualifier l'entreprise de Boulogne.
Le *Journal des Débats* considère que Louis-Napoléon

« déshonorerait le nom qu'il porte si un pareil nom pouvait être déshonoré ». « L'excès même du ridicule, poursuit-il, ne peut couvrir le crime. [...] Ceci passe la comédie. On ne tue pas les fous, soit, mais on les enferme. » *Le Constitutionnel* ne se montre pas moins sévère :

> À Strabourg, peut-on lire dans cet organe de la presse libérale, M. Louis avait espéré fasciner la garnison en endossant la capote ou l'uniforme de l'empereur et en se coiffant du petit chapeau ; à Boulogne, il apportait un aigle vivant. L'empereur avait dit à Cannes en débarquant : « l'aigle volera de clocher en clocher jusque sur les tours de Notre-Dame ». M. Louis a cru probablement mieux faire en apportant un aigle vivant pour matérialiser la sublime métaphore. Cela donne la mesure de l'intelligence de cet incroyable prétendant [2].

Ni la presse républicaine, ni les rares organes bonapartistes ne se hasardèrent à légitimer la tentative de coup de force contre le régime. Pas même *Le Capitole* qui ne survivait pourtant que grâce à l'argent du prince. Quant aux journaux d'outre-Manche, ils ne mâchèrent pas non plus leurs mots. Pour le *Times*, Louis-Napoléon n'était qu'un « imbécile malfaisant ». Pour le *Morning Post*, un « dangereux maniaque ». Le *Sun* conseilla au gouvernement de Louis-Philippe de le faire enfermer dans un asile d'aliénés.

Les Napoléonides se montrèrent une fois de plus incapables de réfréner leur fureur à l'annonce du *pronunciamiento* manqué. Le roi Louis ne fut pas le dernier à condamner « l'horrible action de Boulogne ». Dans une lettre adressée à la presse et publiée par les journaux du 26 août, en principe pour protester contre l'incarcération du prince dans la cellule qu'avait occupée Fieschi à la Conciergerie, il s'interrogeait de manière détournée sur l'état de santé mentale de son fils :

> Convaincu, écrivait-il, que mon fils, le seul qui me reste, est victime d'une infâme intrigue et séduit par de vils flat-

teurs, de faux amis et peut-être des conseils insidieux, je ne saurais garder le silence sans manquer à mes devoirs. Je déclare donc que mon fils Napoléon-Louis est tombé encore dans un piège épouvantable, dans un effroyable guet-apens, puisqu'il est impossible qu'un homme qui n'est pas dépourvu de moyens et de bon sens se soit jeté de gaieté de cœur dans un tel précipice. [...] Je recommande mon fils égaré et séduit à ses juges et à tous ceux qui portent un cœur français et de père [3].

Deux jours plus tôt, s'adressant à Joseph dans un message privé, il était moins magnanime à l'égard de ce rejeton « égaré » : « Après ce qu'il vient de faire, écrivait-il, je me regarde comme dégagé de toute obligation envers lui, et je me répète souvent : je n'ai plus de fils. »

Le procès

Après son arrestation, Louis-Napoléon passa ses deux premiers jours de captivité au château de Boulogne. Le 7 août à minuit, on vint le chercher pour le conduire sous bonne escorte au fort de Ham où il arriva le 9 à deux heures du matin. Ses gardiens avaient reçu l'ordre de l'éliminer physiquement au cas où il tenterait de prendre la fuite, avec ou sans la complicité de ses partisans. Ham avait accueilli en 1830 des ministres de Charles X et c'est dans l'appartement occupé à cette date par le prince de Polignac qu'on logea le prince. Selon le témoignage du chef des gardes, Louis, auquel on avait enlevé livres, plumes et crayons, aurait écrit sur l'un des murs de sa chambre, à l'aide d'un morceau de charbon : « La cause napoléonienne est la cause des intérêts du peuple, c'est la cause européenne. Tôt ou tard elle triomphera ».

Transféré trois jours plus tard à la Conciergerie, dans la cellule qu'avait occupée Fieschi, l'auteur de l'attentat du 28 juillet 1835 contre Louis-Philippe, le prince y attendit deux mois sa parution devant la Chambre des

pairs. Tel était en effet le choix qu'avait fait le gouvernement afin d'éviter que l'inculpé pût défendre sa cause
devant un jury populaire et bénéficier d'un éventuel
acquittement ou d'une condamnation symbolique. Il
s'agissait en somme de ne pas répéter l'erreur commise
après le coup de force de Strasbourg, tout en mettant
Louis-Napoléon et ses amis à l'abri d'un verdict de mort
qui aurait fait d'eux des martyrs de la cause bonapartiste. Les deux mois passés à la Conciergerie dans l'attente de son procès furent sans doute pour Louis les
plus sombres de sa vie de proscrit. Rejeté par sa famille,
vilipendé par la presse, abandonné de tous, enfermé
dans une prison que le préfet Delessert et le ministre
de l'Intérieur Rémusat avaient transformée en citadelle
gardée par plusieurs centaines de policiers et de gendarmes, il ne reçut que peu de visiteurs. Mme Récamier
se rendit au moins une fois, semble-t-il, à la Conciergerie, mais la visite qui lui procura le plus grand réconfort
fut celle de sa filleule et amie d'enfance : Hortense
Cornu, fille d'une femme de chambre de la reine Hortense, Mme Lacroix.

Le procès commença le 28 septembre au palais du
Luxembourg, devant une assistance peu nombreuse.
Parmi les membres de la haute assemblée qui avaient à
juger les vingt et un accusés de « crime d'attentat à la
sûreté de l'État », nombreuses étaient les personnalités
qui avaient exercé des fonctions importantes sous l'Empire. Le chancelier Pasquier, président de la Cour et
ancien préfet de police, les maréchaux Exelmans, Soult,
Gérard, Molitor, Reille, le duc Decazes, le comte Molé,
le comte Daru et beaucoup d'autres devaient leurs
titres, leur fortune et leurs décorations à Napoléon Ier.
Bien qu'ils n'en fussent point à leur première infidélité,
certains d'entre eux étaient gênés d'avoir à trancher du
sort du neveu de l'empereur et de ses compagnons
d'armes. Quelques-uns avaient d'ailleurs refusé de siéger, parmi lesquels de vieux compagnons de l'empereur
comme le maréchal Victor, duc de Bellune, et les héri-

tiers de noms illustres : Berthier, Bessières, Oudinot, Suchet, Lebrun, Macdonald, Davout et Lannes.

La plupart des membres de la Cour n'avaient jamais vu le prince, ou ne l'avaient connu que dans ses toutes premières années. Au lieu du portrait vivant de l'empereur que beaucoup avaient imaginé sur la foi de témoignages douteux, ils virent s'avancer un jeune homme sans prestance, pâle, « étriqué » diront certains, parlant d'une voix lente avec un fort accent germanique. Louis avait revêtu un habit noir avec gilet blanc et portait sur la poitrine la croix de la Légion d'honneur. Il se tira toutefois plutôt bien de l'épreuve qui lui était imposée en tant que principal accusé et premier parmi les conjurés à devoir répondre aux questions du président. Il ne laissa d'ailleurs pas au chancelier Pasquier le temps de l'interroger. À peine l'acte d'accusation eut-il été lu, qu'il se leva et prit la parole pour lire un texte soigneusement préparé et qui produisit une certaine impression sur l'assistance :

> Pour la première fois de ma vie, dit-il, il m'est enfin permis d'élever la voix en France et de parler librement à des Français. [...]
> Une occasion solennelle m'est offerte d'expliquer à mes concitoyens ma conduite, mes intentions, mes projets, ce que je pense, ce que je veux [...]
> Depuis cinquante ans que le principe de la souveraineté du peuple a été consacré en France par la plus puissante révolution qui se soit faite dans le monde, jamais la volonté nationale n'a été proclamée aussi solennellement, n'a été consacrée par des suffrages aussi nombreux et aussi libres que pour l'adoption des constitutions de l'Empire.
> La nation n'a jamais révoqué ce grand acte de sa souveraineté, et l'empereur l'a dit : *Tout ce qui a été fait sans elle est illégitime.*
> Aussi gardez-vous de croire que, me laissant aller aux mouvements d'une ambition personnelle, j'aie voulu tenter en France, malgré le pays, une restauration. J'ai été formé par de plus hautes leçons et j'ai vécu sous de plus nobles exemples.

Je suis né d'un père qui descendit du trône sans regret le jour où il ne jugea plus possible de concilier avec les intérêts de la France les intérêts du peuple qu'il avait été appelé à gouverner.

L'empereur, mon oncle, aima mieux abdiquer l'Empire que d'accepter par des traités les frontières restreintes qui devaient amener la France à subir les dédains et les menaces que l'étranger se permet aujourd'hui. Je n'ai pas respiré un jour dans l'oubli de tels enseignements. La proscription imméritée et cruelle qui, pendant vingt-cinq ans, a traîné ma vie des marches du trône sur lesquelles je suis né jusqu'à la prison d'où je sors en ce moment, a été impuissante à irriter comme à fatiguer mon cœur ; elle n'a pu me rendre étranger un seul jour à la dignité, à la gloire, aux droits, aux intérêts de la France. Ma conduite, mes convictions l'expliquent.

La péroraison s'achevait par un orgueilleux refus de solliciter la moindre indulgence :

Un dernier mot, messieurs. Je représente devant vous un principe, une cause, une défaite : un principe, c'est la souveraineté du peuple ; la cause, c'est celle de l'Empire ; la défaite, Waterloo. Le principe, vous l'avez reconnu ; la cause, vous l'avez servie ; la défaite, vous voulez la venger. Non, il n'y a pas de désaccord entre vous et moi, et je ne veux pas croire que je puisse être dévoué à porter la peine des défections d'autrui.

Représentant d'une cause politique, je ne puis accepter comme juge de mes volontés et de mes actes une juridiction politique. Vos formes n'abusent personne. Dans la lutte qui s'ouvre, il n'y a qu'un vainqueur et un vaincu. Si vous êtes les hommes du vainqueur, je n'ai pas de justice à attendre de vous, et je ne veux pas de votre générosité.

Louis avait fait appel, pour assurer sa défense, à deux grands ténors du barreau : le légitimiste Berryer et le républicain Marie. Répondant au procureur Frank-Carré qui jugeait « l'épée d'Austerlitz trop lourde » pour les mains « débiles » du prétendant, le premier dressa un réquisitoire sans concession dirigé à la fois contre la

Monarchie de Juillet et contre les renégats de 1815 et
de 1830 :

> On veut, déclara-t-il, vous faire prononcer une peine
> contre le neveu de l'empereur, mais qui êtes-vous donc ?
> Comtes, barons, vous qui fûtes ministres, généraux, séna-
> teurs, maréchaux, à qui devez-vous vos titres, vos hon-
> neurs ?

Après lui, Marie prit la parole pour enfoncer le clou,
suivi de Ferdinand Barrot et de Jules Favre, respectivement défenseurs de Parquin et d'Aladenize. Il y eut en
tout six audiences et c'est à l'issue de celle du 6 octobre
que la Cour rendit son arrêt. Sur les 312 membres que
comportait la Chambre des pairs, il y eut 160 abstentions, refus de vote ou refus de siéger. C'est donc une
minorité de 152 suffrages qui décida du sort des accusés.
Le prince était condamné à l'« emprisonnement perpé-
tuel dans une forteresse située sur le territoire continental du royaume ». Aladenize se voyait infliger une peine
particulièrement sévère : la déportation à vie, tandis que
Montholon — dont Adrien Dansette pense qu'il fut
depuis Londres l'informateur du ministre de l'Intérieur
Rémusat, donc le traître de l'entreprise [4] —, Persigny,
Parquin et Lombard écopaient de vingt ans de forteresse.
Les autres condamnés se voyaient infliger des peines
allant de deux à quinze ans d'emprisonnement. Il n'y eut
que quatre acquittements.

« J'ai tout ce qu'il me faut »

Dès le 7 octobre, Louis-Napoléon est de retour au fort
de Ham, dans le département de la Somme : une forteresse du xve siècle, édifiée au milieu des marais et flanquée de quatre tours monumentales. On y accède par
un bastion avancé, en forme de demi-lune, précédé d'un
pont-levis. De là, on entre dans le vaste quadrilatère fortifié en traversant un portail monumental qui enjambe

le fossé d'enceinte alimenté à l'époque par les eaux de
la Beyne. Sur trois côtés de la cour, accolés au rempart on a construit des bâtiments plus récents : deux
casernes pour loger la garde et le personnel de service,
et au fond l'édifice où sont installés les prisonniers.
L'appartement du prince, qui comprend une chambre,
un salon servant de cabinet de travail et, plus tard, un
petit laboratoire, se trouve au premier étage. Le docteur
Conneau qui, condamné à cinq ans de prison, a obtenu
de partager la captivité de Louis, occupe une chambre
voisine et Montholon loge au rez-de-chaussée. Le mobilier est sommaire, l'état des lieux sordide : plafonds
écaillés et troués, papiers muraux en lambeaux, carre-
lage brisé.

Des travaux de réhabilitation furent toutefois promptement entrepris à la demande du ministre. Louis-
Napoléon put bientôt écrire à Mme Salvage : « Je suis
maintenant installé. J'ai un bon lit, des rideaux blancs
aux fenêtres, une table ronde, une commode et six
chaises. Vous voyez que *j'ai tout ce qu'il me faut.* » En
fait, les condamnés étaient au secret[5]. Derrière ses
fenêtres équipées de solides barreaux, Louis pouvait
tout juste apercevoir d'un côté un étroit ruban de la
plaine picarde, de l'autre la cour de la forteresse avec
en son centre, — ironie de l'administration péniten-
cière ! — un arbre de la liberté planté en 1793. Quatre
fois par jour, le commandant du fort devait s'assurer de
la présence du prisonnier qui ne pouvait sortir de son
appartement qu'accompagné par ses gardiens. Seules
consolations en ce début de captivité : la présence du
dévoué Conneau, bientôt rejoint par le non moins fidèle
Thelin, valet de chambre du prince qui, quoique
acquitté par la Cour des pairs, avait sollicité la faveur
de rejoindre son maître en captivité, et les lettres
qu'adressait régulièrement à ce dernier la bonne Hortense Cornu.

Avec le temps, le sort des captifs s'améliora. Louis
noua des relations courtoises avec le chef de bataillon
Girardet, en charge du commandement du fort, puis

franchement cordiales avec son successeur Demarle et avec son épouse dont il partagea fréquemment la table. L'ordinaire de la cantine, tenue par une dame Quentin, était tout à fait acceptable : il en coûtait sept francs par jour à l'administration royale, douze lorsque le prisonnier dînait en compagnie d'un invité. On se souciait donc en haut lieu de la santé du prince, ne serait-ce que pour éviter que les adversaires du régime ne fissent l'amalgame entre le fort de Ham et Sainte-Hélène : sujet particulièrement sensible au moment où Louis-Philippe s'appliquait à tirer profit de la vague de ferveur napoléonienne qu'avait soulevée la cérémonie du retour des cendres, le 15 décembre 1840.

On autorisa également le prisonnier à prendre un peu d'exercice. Depuis l'enfance, Louis s'adonnait aux pratiques sportives les plus diverses. Excellent cavalier, escrimeur redouté, c'était également un bon nageur : à quinze ans, il lui arrivait de plonger tout habillé dans le Neckar pour le seul plaisir d'effrayer les jeunes princesses de Bade, ses cousines, vite rassurées, il est vrai, de le voir rejoindre tranquillement la rive à la nage[6]. L'inactivité lui était donc pesante ; il se plaignait auprès du roi Louis de « fortes douleurs rhumatismales » qu'il attribuait « à l'humidité du pays et au manque d'exercice ». Demarle, qui avait à charge de lire la correspondance des détenus, s'efforça de trouver des remèdes à cette sédentarité. Il permit à son hôte de se promener le long de la courtine, sous la surveillance de plusieurs gardes, puis de cultiver sur le rempart un petit jardin planté de fleurs, enfin de monter à cheval dans l'enceinte de la forteresse.

Louis-Napoléon pouvait d'autre part s'entretenir sans trop de contraintes avec ses codétenus, le docteur Conneau qui avait juré à Hortense sur son lit de mort de ne jamais abandonner son fils — et qui tint parole — et Montholon qui, après avoir été le confident de l'oncle à Longwood, devenait le compagnon de geôle du neveu. Les trois hommes passaient de longs moments à discuter ou à jouer au whist en compagnie de Demarle ou de Thelin.

Autant le prince s'était senti abandonné de tous et traité comme un paria lors de sa brève incarcération à la Conciergerie, autant il eut tôt fait de constater qu'on ne l'oubliait pas dans sa retraite forcée en terre picarde. L'aura du condamné à la prison perpétuelle pour crime politique avait fait passer au second plan le souvenir de la dérisoire entreprise de Boulogne. Louis faisait pour beaucoup figure de persécuté. L'usure du régime et l'écho de ses écrits aidant, il était devenu objet de sympathie pour les uns, de curiosité pour les autres. Il recevait une correspondance abondante et accueillait des visiteurs de plus en plus nombreux.

La liste est longue de ceux qui, durant ses six années de captivité, ont fait le voyage de Ham pour rencontrer le neveu de l'empereur. Certains ne viennent que pour régler des affaires patrimoniales ou financières. Il en est ainsi de Mme Salvage de Faverolles, exécutaire testamentaire de la reine Hortense, de Pierre Michel Bure intendant et frère de lait du prince, du banquier Orsi. D'autres sont des amis personnels de Louis-Napoléon comme Viellard, la baronne de Forget, le baron Larrey, Lord Malmesbury, le marquis Visconti, la princesse Belgiojoso, la baronne de Bossi, Mme Crawford. Les plus assidus sont Antoine Fouquier d'Hérouël, grand propriétaire et industriel sucrier, qui habite un château des environs et que l'on autorise à passer chaque mois un après-midi en compagnie du prince, et les époux Cornu qui font sept voyages à Ham. On relève également les noms de partisans déclarés et d'anciens compagnons d'armes du prétendant : Mme de Querelles (l'épouse du lieutenant de Strasbourg), Éléonore Gordon, Laity, qui s'est installé à Ham à sa sortie de prison en 1843 et se rend à la forteresse trois fois par semaine, Poggioli, Belmontet, ainsi que ceux de députés, d'hommes politiques de l'opposition et de journalistes sans grande notoriété, à l'exception de Louis Blanc. Parmi les personnalités qui se rendirent à Ham, il faut encore citer Chateaubriand, qui voulut bien se souvenir du jeune châtelain d'Arenenberg, l'avocat Berryer, son défenseur devant la Cour des pairs et Alexandre Dumas. La célèbre actrice Déjazet qui n'avait pu obtenir l'autorisation de rendre visite au prince dut se contenter de le saluer de loin, tandis qu'il effectuait sa promenade sur les remparts[7].

Dans son souci de préserver l'équilibre physique et mental du prisonnier de Ham et de le détourner d'éventuels projets d'évasion, le ministre de l'Intérieur consentit à satisfaire une requête du prince que Girardet avait réussi à traduire en termes « décents ». Il s'agissait de permettre à Louis-Napoléon de recevoir « de temps à autre une femme qui visiterait son linge à raccommoder ». L'exemple lui en avait été donné par Montholon. L'ancien compagnon de l'empereur à Sainte-Hélène n'était plus de la toute première jeunesse. Il souffrait de rhumatismes et de douleurs causées par des blessures anciennes, mais il avait gardé une certaine verdeur. Sous prétexte de devoir recourir aux soins assidus d'une infirmière, il fit venir d'Angleterre, avec la bénédiction des autorités royales — était-ce le prix de la délation ? —, une beauté irlandaise qui se présenta comme étant comtesse de Lee et dont le véritable nom était Jane O'Hara.

La belle comtesse s'installa au château, accompagnée de sa femme de chambre : Éléonore Vergeot-Camus, une fille du pays que l'on appelait familièrement Alexandrine, ou encore « la belle sabotière ». Louis-Napoléon, qui avait peut-être songé à séduire l'« infirmière » du général (comme son oncle Mme de Montholon à Longwood), ne tarda pas à jeter son dévolu sur la jeune femme et fit connaître son souhait au commandant du fort qui transmit la requête à Paris. C'est ainsi que le 25 mai 1841 la « belle sabotière » prit officiellement ses fonctions de lingère au fort de Ham. Des visites qu'Alexandrine rendait assidûment au neveu de l'empereur naquit, en décembre 1842, un garçon prénommé Eugène. Pour éviter un scandale qui l'aurait obligé à se séparer de sa maîtresse, le prince la convainquit d'aller à Paris pour ses couches. L'enfant fut placé à Noyon, chez une nourrice, mais Louis-Napoléon ayant appris qu'il était mal soigné fit appel à Hortense Cornu qui accepta de le prendre chez elle. C'est encore l'ancienne amie d'enfance du futur Napoléon III qui hérita trois ans plus tard du second fils d'Éléonore, Louis, né à Batignolles-Montceaux en mars 1845, en attendant qu'une nourrice payée et surveillée par Bure prenne les deux enfants en pension. Au vrai, Louis-Napoléon se soucia peu de ces deux fils naturels, attendant 1870 pour les titrer, Eugène en comte d'Orx et Louis en comte de Labenne.

L'« université de Ham »

Pas plus que les amours ancillaires, l'équitation, le jardinage ou les parties de whist avec les amis ne suffisaient à meubler les interminables journées de captivité du prince. La lecture était un passe-temps, elle devint une passion. Il avait fait aménager le salon en cabinet de travail : une pièce relativement vaste, éclairée par deux grandes fenêtres. Le mobilier comportait un bureau de petites dimensions, un pupitre destiné à l'écriture, un fauteuil Voltaire, deux ou trois chaises et une commode sur laquelle Louis avait installé les bustes de Napoléon et de Joséphine par Chaudet. Sur la tablette et sur la hotte surmontant la cheminée, étaient posées des statuettes de soldats de la Garde et accroché un portrait de la reine Hortense. Parmi les ouvrages qui, de part et d'autre de la cheminée, tapissaient jusqu'au plafond l'un des côtés de la pièce, figuraient une collection complète du *Moniteur* et cinquante volumes du *Journal des Débats*.

L'approvisionnement en livres était l'une des tâches que s'imposait Hortense Cornu[8]. Elle fut aussi, durant toute sa captivité, sa correspondante la plus fidèle et la plus réconfortante. Qu'Hortense ait nourri une passion secrète pour son parrain depuis l'époque où elle parta-

geait ses jeux à Arenenberg, cela ne fait guère de doute.
Dotée d'un physique ingrat, elle savait n'avoir aucune
chance de lui plaire. Entre eux était né toutefois un sentiment de fraternité tendre, une complicité qui subira
plus tard une longue éclipse. Républicaine ardente,
Hortense n'accepta pas en effet de voir son héros devenir le fossoyeur de la République et se brouilla avec le
prince-président devenu Napoléon III. Ils ne se réconci-
lieront qu'en 1862. En attendant, mariée à un peintre
académique sans génie, Mme Cornu s'applique à satisfaire les moindres désirs de son ami. Elle le fournit en
brochures diverses, effectue des recherches dans les
manuscrits de la Bibliothèque royale. Elle est à la fois
secrétaire, factotum, confidente, nourrice. Le prince lui
en sait gré et le lui dit, non parfois sans quelque maladresse :

> Je voudrais, lui écrit-il en août 1842, que vous fussiez
> un homme. Vous comprenez si bien les choses, et, sauf
> quelques détails, je pense comme vous. Cependant je
> trouve que vous êtes très bien telle que vous êtes, et ce
> serait dommage de changer ; nos relations y perdraient de
> leur charme, car *le sentiment que j'ai pour vous vaut mieux
> que l'amour* ; il est plus durable ; il vaut mieux que l'ami-
> tié, il est plus tendre [9].

À ceux qu'impressionneront l'étendue et la diversité
de ses connaissances, Louis-Napoléon expliquera que
c'est à l'« université de Ham » qu'il a acquis l'essentiel
de son savoir. Il lit, il dévore plutôt une masse considérable d'ouvrages de toute nature, avec une prédilection
pour les écrits historiques, les traités d'économie, les
publications traitant de questions techniques et de l'art
de la guerre. La lecture constitue moins pour lui un
délassement qu'un moyen d'acquérir les compétences
qui lui seront utiles pour accomplir, il n'en doute pas,
la mission que la Providence lui a assignée. Il en est de
même de l'écriture. Elle ne doit pas seulement être une
gymnastique de l'esprit ou une thérapie destinée à

empêcher le prisonnier de sombrer dans la dépression : elle vise à rappeler au public que le prétendant est toujours bien vivant, qu'il n'a pas renoncé à faire triompher son programme et qu'en faisant appel à lui le pays aurait à sa tête un homme d'État pourvu de capacités multiples.

C'est dans cette perspective que Louis-Napoléon a entamé en 1843 une collaboration régulière avec deux feuilles locales, l'une et l'autre de tendance républicaine modérée : *Le Guetteur de Saint-Quentin* et *Le Progrès du Pas-de-Calais*. Il aurait souhaité pouvoir disposer d'un journal parisien bien à lui ; il a même engagé des démarches en ce sens, mais il n'avait plus les moyens d'une telle entreprise et, après la déconfiture de Boulogne, les commanditaires ne se bousculaient pas pour soutenir un projet aussi périlleux. Le prince dut donc se contenter de faire paraître dans les deux journaux, respectivement dirigés par Degeorge et Souplet, des articles signés d'un sigle transparent. Rien de bien nouveau dans ces écrits repris pour la plupart des thèmes développées dans les *Idées napoléoniennes* : le pouvoir est l'émanation de la souveraineté populaire, la démocratie implique l'égalité en droit et la reconnaissance du mérite de chacun, les institutions doivent épouser l'évolution des sociétés humaines, le suffrage universel, pour peu qu'il soit associé à l'autorité, permettra de canaliser les masses et de stabiliser le corps social, etc.

Le prince s'est fait la main en publiant en 1841 les *Fragments historiques : 1688 et 1830*. Le message est clair : il s'agit de prendre le contre-pied de la comparaison faite par Guizot entre la révolution anglaise et l'insurrection parisienne des « Trois Glorieuses ». Là où le ministre de Louis-Philippe use de ce parallèle pour encenser la Monarchie de Juillet, Louis-Napoléon en fait une arme dirigée contre les Orléans. Avec Guillaume d'Orange, explique-t-il, c'est une ère de grandeur et de prospérité qui s'est ouverte pour l'Angleterre, tandis que l'avènement du « roi bourgeois » a été suivi d'une période de troubles et de répression sanglante.

Parlant des Stuart et du règne désastreux de Charles II, c'est en fait celui de Louis-Philippe dont il fait le procès : « Elle est triste, écrit le prisonnier de Ham, l'histoire d'un règne qui ne se signale que par les procès politiques et des traités honteux, et qui ne laisse après lui au peuple qu'un germe de révolution, et aux rois qu'un exemple déshonorant ! [...] On ne viole pas impunément la logique populaire [10]. »

Après l'histoire, appelée à la rescousse de la politique : l'économie. Louis-Napoléon s'était lié d'amitié avec un grand propriétaire betteravier de la région : Antoine Fouquier d'Herouël, fils d'un représentant du tiers état aux états généraux de 1789 et lui-même ancien officier de cavalerie sous la Restauration. Fouquier avait fondé dans le département de l'Aisne, dont il était conseiller général, une sucrerie prospère directement reliée aux cultures qui occupaient la plus grande partie de son domaine. Depuis l'Empire, conséquence du Blocus continental, la culture de la betterave avait pris en France un essor considérable, au point de concurrencer gravement les intérêts des producteurs coloniaux de sucre de canne et ceux des milieux d'affaires portuaires. Aussi le gouvernement de Louis-Philippe avait-il entrepris d'imposer de lourdes taxes à l'industrie sucrière métropolitaine. Cette mesure ne suffisant pas à rétablir l'équilibre entre les intérêts concernés, il envisageait maintenant de supprimer, contre indemnité, ce secteur industriel né de la politique extérieure napoléonienne.

Le prince avait plusieurs raisons d'intervenir dans le débat que la « question des sucres » n'avait pas manqué de susciter en France : faire de Fouquier d'Herouël, qui était riche et aspirait à la députation, son obligé et éventuellement son commanditaire, se ranger aux yeux de l'opinion du côté de la modernité économique et de la défense des intérêts métropolitains, dresser enfin un bilan positif de la politique impériale en matière de commerce extérieur et de stimulation de l'activité manufacturière. Il décida donc de s'engager dans la bataille en publiant en août 1842 une brochure intitulée

Analyse de la question des sucres. Les frais d'édition furent à la charge du comité de défense des intérêts betteraviers qui devait en outre fournir à l'auteur la documentation nécessaire à l'élaboration de son ouvrage et assurer la diffusion de celui-ci auprès des collectivités locales et des assemblées.

Les conclusions auxquelles est parvenu le prisonnier de Ham à la suite de son enquête peuvent surprendre si on les compare à ses écrits de 1833 en faveur de l'initiative privée et du libre-échange en Grande-Bretagne, ainsi qu'à la future politique douanière du Second Empire. Pour le moment le prétendant est protectionniste et partisan de l'intervention de l'État dans la vie économique et sociale de la nation. Aux émules de l'école manchestérienne, qui privilégient le faible coût de la marchandise, il oppose la nécessité de donner du travail aux plus démunis. « Protéger le consommateur, écrit-il, aux dépens du travail intérieur, c'est favoriser la classe aisée au détriment de la classe indigente, car la production c'est la vie du pauvre, le pain de l'ouvrier, la richesse du pays [11]. »

Il préconise donc de stimuler l'industrie sucrière métropolitaine, qui « fait vivre sept départements et cent mille personnes », non de la supprimer pour plaire à quelques milliers de planteurs et de négociants, en majorité britanniques. Pour cela on réduirait les charges fiscales imposées aux betteraviers, on compenserait le manque à gagner par une taxe à la consommation et l'on surtaxerait les sucres étrangers pour limiter la concurrence dont souffrent les deux branches de la production sucrière française. Enfin le prince suggère, pour favoriser l'exportation des sucres d'outre-mer, de supprimer purement et simplement le pacte colonial, c'est-à-dire le monopole exclusif exercé par une métropole sur le commerce de ses colonies.

À la suite de la publication des *Fragments historiques*, Louis-Napoléon avait songé à rédiger une étude sur Charlemagne et l'Europe carolingienne, préfiguration à ses yeux du grandiose projet napoléonien. Il dut y renoncer, plus semble-t-il par manque d'information que de souffle, et se replier sur un ouvrage qui se voulait à la fois historique, technique, prospectif et susceptible d'attester de ses aptitudes en matière militaire. Parce qu'il briguait le prestigieux héritage de son oncle, le futur Napoléon III ne pouvait négliger ce qui était au cœur de la légende napoléonienne : à savoir le génie du chef de guerre. Il avait certes peu de chances de l'égaler sur ce terrain, mais au moins pouvait-il donner l'illusion de la compétence et faire oublier les désastreuses tentatives de Strasbourg et de Boulogne. Son *Manuel d'artillerie*, publié en Suisse en 1834, ne lui avait-il pas apporté une certaine notoriété dans divers cercles de l'armée ?

C'est donc dans le droit fil de cette publication qu'il entreprit la rédaction d'un ouvrage de synthèse intitulé *Études sur le passé et l'avenir de l'artillerie*. Pour mener à bien ce projet qui lui tenait réellement à cœur, le prince mobilisa tous ceux qui pouvaient l'aider à rassembler la documentation nécessaire. Ses amis, Arese, le colonel Dufour, Veillard, acceptèrent sans rechigner d'effectuer pour lui des recherches dans les bibliothèques et les dépôts d'archives. Hortense Cornu, recopia pour lui des manuscrits entiers, expédia à Ham des caisses de livres et fit effectuer par son époux de nombreux dessins d'armes à feu. Les responsables de la Bibliothèque royale voulurent bien lui consentir des prêts d'imprimés. L'ouvrage — qui constitua longtemps un outil de référence apprécié des spécialistes — était loin d'être achevé lors de l'évasion du prince quatre ans plus tard. Les deux premiers volumes parurent en 1846 et 1851 chez l'éditeur parisien Dumaine. Les quatre suivants seront rédigés et publiés ultérieurement par le colonel Favé à l'aide des documents rassemblés par le prisonnier de Ham.

L'Extinction du paupérisme

L'éclectisme du futur Napoléon III s'appliquait encore à d'autres domaines. On avait autorisé ce passionné de science à installer un petit laboratoire à côté de sa chambre. Il s'y livrait à des expériences de chimie, de physique, de magnétisme électrique. Il crut même avoir découvert le vrai principe de la pile électrique et adressa en ce sens à Arago un mémoire qui figure dans les *Comptes rendus de l'Académie des sciences* [12].

On lui doit également, dans un tout autre domaine, une étude rédigée dans les derniers temps de sa captivité et publiée après son évasion sous le titre *Canal du Nicaragua ou projet de jonction des océans Atlantique et Pacifique au moyen d'un canal*. Cette brochure lui fut inspirée par un négociateur que les dirigeants du Guatemala, du Honduras et du Salvador avaient dépêché auprès du gouvernement de Louis-Philippe pour solliciter la protection de la France en échange de conditions commerciales avantageuses. Le général Castellan fut poliment éconduit par les autorités françaises et ne trouva audience qu'auprès de Louis-Napoléon. De leurs conversations naquit un audacieux projet de percement d'une voie d'eau entre les deux océans qui baignent l'Amérique centrale. Louis enthousiaste, et qui voyait dans l'entreprise projetée un moyen d'échapper peut-être à la captivité, remua ciel et terre depuis sa prison pour intéresser à l'affaire d'autres États, à commencer par l'Angleterre, et des financiers d'envergure internationale comme les Rothschild. Vainement : le gouvernement du Nicaragua eut beau multiplier les démarches auprès de Paris, les États d'Amérique centrale faire intervenir leur chargé d'affaires en Belgique et aux Pays-Bas, le prince multiplier les interventions épistolaires auprès d'éventuels commanditaires, l'affaire ne dépassa pas le stade des fantasmes.

De ce dessein avorté, mais plein d'avenir, Louis tira un petit ouvrage qui parut à Londres [13] et dans lequel il imaginait deux tracés possibles pour le futur canal : l'un partant de Panama, l'autre traversant le Nicaragua. Outre l'immense bénéfice commercial qui résulterait de l'ouverture d'un passage entre les deux plus grands espaces maritimes du monde, la plus-value foncière et les possibilités offertes à l'irrigation permettraient d'attirer des colonies agricoles peuplées de dizaines de milliers d'émigrants. Le projet de canal transocéanique, qui reviendra à la surface quelques décennies plus tard, se trouvait ainsi relié à une idée que le prince avait particulièrement à cœur et qu'il venait de développer dans le plus célèbre de ses écrits : *L'Extinction du paupérisme*.

Rédigé en 1844, cet opuscule d'une cinquantaine de pages parut d'abord sous forme d'articles dans le *Progrès du Pas-de-Calais* de Degeorge. L'influence des saint-simoniens, que Louis-Napoléon a découverts grâce à Narcisse Viellard, lui-même disciple fervent de l'auteur du *Système industriel*, est ici manifeste, de même que celles de Louis Blanc et de *L'Atelier*, l'« organe des intérêts moraux et matériels des ouvriers », auquel Hortense Cornu avait fait abonner le prince. Il n'est donc pas abusif de situer l'ouvrage dans la mouvance d'un socialisme « utopique » aux multiples facettes, inspiré aussi bien du productivisme de Saint-Simon et de son « Église », que de l'associationnisme de Fourier, ou du socialisme humaniste et chrétien de Buchez. Le livre débute sur un constat de grippage de l'économie française :

> La richesse d'un pays, écrit le prisonnier de Ham, dépend de la prospérité de l'agriculture et de l'industrie, du développement du commerce intérieur et extérieur, de la juste et équitable répartition des revenus publics.
> Il n'y a pas un seul de ces éléments divers de bien-être matériel qui ne soit miné en France par un vice organique [14].

L'agriculture ? Elle doit sa ruine à l'extrême division des propriétés. Mais il ne saurait être question, explique

l'auteur, de revenir au droit d'aînesse « qui maintenait
la grande propriété et la grande culture ». Ni l'équité qui
a triomphé avec la Révolution, ni l'intérêt politique de
la nation ne le permettent. Et il est bien qu'il en soit
ainsi.

> L'industrie, poursuit le prince, cette source de richesse,
> n'a aujourd'hui ni règle, ni organisation, ni but. C'est une
> machine qui fonctionne sans régulateur ; peu lui importe la
> force motrice qu'elle emploie. Broyant également dans ses
> rouages les hommes comme la matière, elle dépeuple les
> campagnes, agglomère les populations dans des espaces
> sans air, affaiblit l'esprit comme le corps, et jette ensuite
> sur le pavé, quand elle ne sait plus que faire, les hommes
> qui ont sacrifié pour l'enrichir leur force, leur jeunesse,
> leur existence. Véritable Saturne du travail, l'industrie
> dévore ses enfants et ne vit que de leur mort. [...]
>
> Le commerce intérieur souffre, parce que l'industrie,
> produisant trop en comparaison de la faible rétribution
> qu'elle donne au travail, et l'agriculture ne produisant pas
> assez, la nation se trouve composée de producteurs qui ne
> peuvent pas vendre et de consommateurs affamés qui ne
> peuvent pas acheter ; et le manque d'équilibre de la
> situation contraint le gouvernement, ici comme en Angle-
> terre, d'aller chercher jusqu'en Chine quelques *milliers* de
> consommateurs en présence de *millions* de Français ou
> d'Anglais qui sont dénués de tout, et qui, s'ils pouvaient
> acheter de quoi se nourrir et se vêtir convenablement,
> créeraient un mouvement commercial bien plus considé-
> rable que les traités les plus avantageux [15].

Le remède à cette situation, Louis-Napoléon le voit
dans l'association des travailleurs rassemblés dans des
« colonies agricoles » dont le financement initial serait
assuré par l'État. Il y a en France, constate-t-il, plus de
neuf millions d'hectares de terres incultes appartenant
au gouvernement, aux communes et aux particuliers.
« C'est un capital mort qui ne rapporte à personne. »
Que les Chambres décrètent que ces terres appartiennent de droit à l'association ouvrière, à charge pour
celle-ci de payer annuellement aux propriétaires ce

qu'ils en retirent aujourd'hui (soit environ 8 francs par hectare). Il en coûterait en tout et pour tout aux pouvoirs publics 300 millions payés en quatre ans. Est-ce trop si l'on songe que le pouvoir dépense 120 millions pour construire de nouvelles prisons, le double pour édifier des fortifications autour de Paris, sans parler des 2 milliards que l'on a donnés « sans murmurer aux étrangers qui ont envahi la France » (en 1815) et le milliard que le gouvernement de la Restauration a consenti aux représentants de l'émigration royaliste ?

Le but n'est pas seulement de remédier aux carences de la production agricole et de résorber le chômage en période de crise : ce qui prime, aux yeux du futur Napoléon III, c'est ce que nous appelons l'intégration des « masses », un mot qu'il emploie ici de préférence au mot « peuple », plus ambigu et plus fréquemment utilisé à l'époque :

> Aujourd'hui, écrit-il, le régime des castes est fini : on ne peut gouverner qu'avec les masses ; il faut donc les organiser pour qu'elles puissent formuler leurs volontés et les discipliner pour qu'elles puissent être dirigées et éclairées sur leurs propres intérêts [16].

Pour favoriser l'intégration de « vingt-cinq millions de prolétaires » devenus détenteurs du quart du domaine agricole français, Louis-Napoléon envisage de constituer une « classe intermédiaire entre les ouvriers et ceux qui les emploient ». Ce seraient les « prud'hommes », désignés par leurs pairs à raison d'un élu pour dix travailleurs : ils joueraient, explique le prince, un rôle identique à celui des sous-officiers dans l'armée et désigneraient eux-mêmes des directeurs, chargés d'enseigner les techniques de l'agriculture moderne et un gouverneur placé à la tête de la colonie.

Le système imaginé par Louis-Napoléon devrait permettre de réguler les flux de main-d'œuvre en fonction des besoins et des à-coups de l'économie. Durant les périodes de prospérité, l'industrie pourrait puiser dans

les colonies agricoles pour y recruter les bras man-
quants, tandis qu'en période de récession les chômeurs
seraient réorientés vers les campagnes. Le prince ne dit
pas comment on procéderait à cette redistribution des
rôles, mais il est clair, à le suivre dans l'apologie qu'il
fait de la discipline et du caractère militaire de l'entreprise, que ce ne serait pas la seule persuasion :

> Une discipline sévère régnera dans les colonies ; la vie y
> sera salutaire mais rude ; car leur but n'est pas de nour-
> rir des fainéants, mais d'ennoblir l'homme par un travail
> sain et rémunérateur et par une éducation morale. Les
> ouvriers et les familles occupés dans ces colonies y seront
> entretenus le plus simplement possible. Le logement, la
> solde, la nourriture, l'habillement seront réglés d'après le
> tarif de l'armée, car l'organisation militaire est la seule qui
> soit bonne à la fois sur le bien-être de tous ses membres
> et sur la plus stricte économie [17].

Le projet, on le voit, comporte une bonne dose de
paternalisme et d'autoritarisme. Il exclut de porter
atteinte à la propriété privée et vise au contraire à renforcer celle-ci dans le but de stimuler le progrès agronomique et de favoriser l'extension de la grande culture.
Il assigne à l'État un rôle moteur dans le financement
et dans la gestion de l'entreprise. Il comporte donc de
nombreux points communs avec celui des saint-simoniens. Mais il témoigne en même temps d'un réel souci
d'intégrer le monde ouvrier au corps social, de limiter
les effets pervers du « laisser faire » et de faire en sorte
qu'à l'égalité des droits, proclamée par la Révolution,
soit associé l'égal partage de la dignité et de la promotion par le mérite.

> La classe ouvrière, écrit encore Louis-Napoléon, ne pos-
> sède rien, il faut la rendre propriétaire. Elle n'a de richesse
> que ses bras, il faut donner à ces bras un emploi utile pour
> tous. Elle est comme un peuple d'Ilotes au milieu d'un
> peuple de Sybarites. Il faut lui donner une place dans la
> société, et attacher ses intérêts à ceux du sol. Elle est sans

organisation et sans liens, sans droits et sans avenir, il faut lui donner des droits et un avenir, et la relever à ses propres yeux par l'association, l'éducation et la discipline [18].

Tout cela n'est pas sans relation, certes, avec le socialisme, mais aussi, et davantage peut-être, avec certaines dictatures populistes du XXe siècle. Autorité, étatisme, méfiance à l'égard des classes dirigeantes libérales et de l'idéologie du « laisser faire », intérêt marqué (au moins au niveau des intentions) pour les classes populaires, militarisation du corps social, etc., autant de principe que l'on retrouvera, un siècle plus tard, dans le fascisme. Nous y reviendrons. En attendant, on ne peut que souligner le caractère universel de l'ouvrage, Louis-Napoléon n'hésitant pas à faire de ses colonies agricoles un modèle applicable à d'autres pays et à d'autres continents, véritable instrument de la pénétration française dans le monde :

Quand il n'y aura plus assez de terre à assez bon prix en France, écrit-il, l'association établira des succursales en Algérie, en Amérique même ; elle peut un jour envahir le monde ! Car partout où il y aura un hectare à défricher et un pauvre à nourrir, elle sera là avec ses capitaux, son armée de travailleurs, son incessante activité [19].

Sombres humeurs

« Je voudrais bien qu'il y en eût beaucoup d'achetés, car je crois que rien ne me fera autant de bien » : c'est en ces termes que le prince, dans une lettre adressée à Hortense Cornu, exprimait son appétit de reconnaissance en même temps qu'un discret désarroi en regard de l'écoulement du temps et de l'accumulation des mauvaises nouvelles. *L'Extinction du paupérisme* connut de fait un certain succès : trois éditions pour la seule année 1844, six en tout avant la publication en trois volumes des *Œuvres* de Louis-Napoléon par l'éditeur

Tremblaire, en 1848. Les journaux d'opposition rendirent compte du livre avec une certaine bienveillance. Louis reçut de George Sand une lettre enthousiaste : « Parlez-nous souvent, écrivait-elle, de délivrance et d'affranchissement, noble captif ! » Louis Blanc et d'autres représentants de la nébuleuse socialiste le saluèrent comme l'un des leurs. Le chansonnier Béranger, chantre de l'épopée napoléonienne, lui rendit également hommage. Il y eut certes des notes discordantes, mais dans l'ensemble le livre fut bien accueilli.

Ainsi relancé auprès d'une opinion qui avait eu un peu tendance à l'oublier, le neveu de l'empereur n'en traverse pas moins une passe difficile. Jusqu'alors il a assez bien résisté aux rigueurs de la détention. Mais le temps passe. Le régime ne se presse pas d'envisager l'amnistie des conjurés de Boulogne et l'état de santé du prince se détériore sous les effets conjugués du climat humide et de l'isolement : il conservera des rhumatismes contractés à Ham une légère claudication. Louis souffre également de l'abandon des siens, partagés entre l'indifférence et l'hostilité ouverte.

Mathilde, la petite fiancée d'Arenenberg, a été mariée en novembre 1840, peu de temps après le jugement de la Cour des pairs, à un riche aristocrate russe, Anatole Demidoff, et la nouvelle l'a quelque peu chagriné : le sentiment peut-être d'avoir raté quelque chose, le souvenir aussi de moments de vrai bonheur dans cette demeure du lac de Constance qu'Hortense avait si profondément marquée de sa présence. Le roi Louis n'a pas donné signe de vie depuis le début de sa captivité : il n'a pas même répondu aux souhaits de fête que lui a adressés le prisonnier de Ham en 1842. Quant aux oncles, ils n'ont pas désarmé. Ils font toujours grief au « fils de la Beauharnais » d'avoir à la fois usurpé leur place et tenté de faire ce qu'aucun d'entre eux n'avait eu le courage de faire. À l'exception de Jérôme, les trois frères de l'empereur disparaissent d'ailleurs durant les années de captivité du prince : Lucien en 1840, Joseph en 1844 et Louis deux ans plus tard.

Parmi ses cousins et cousines, seul Napoléon-Jérôme, fils cadet de l'ex-roi de Westphalie, entretient avec le prince des relations affectueuses. À la mort de sa mère, Catherine de Wurtemberg, « Plonplon » avait passé un an à Arenenberg. À treize ans, il avait découvert en Louis-Napoléon un grand frère dont la gentillesse et le soin qu'il avait mis à combler les lacunes de son instruction marquèrent durablement ce futur dignitaire du Second Empire. Il en résulta une amitié indéfectible que l'hostilité de Jérôme ne put entamer. Durant son séjour au fort de Ham, Louis-Napoléon tira quelque réconfort des lettres que lui adressait ce cousin germain devenu élève de l'école militaire de Ludwigsbourg, puis officier dans le régiment des Gardes du roi de Wurtemberg.

À ces soucis de santé et au sentiment d'abandon qui ressort des rapports que Louis entretient avec la famille Bonaparte, s'ajoutent d'inextricables embarras d'argent : il faut payer les pensions des anciens serviteurs de la reine, indemniser les complices des deux conjurations, entretenir le valet Thelin, le trésorier Bure, la « lingère » Éléonore Vergeot. Le prince écrit à Viellard en avril 1842 que c'est pour lui un devoir sacré de soutenir tous ceux qui se sont dévoués pour lui, mais que les pensions qu'il paie sont au-dessus de l'état de sa fortune. Il estime ses dépenses à 200 000 francs, soit un déficit annuel d'une centaine de milliers de francs.

Louis-Napoléon a vendu son cheval ; il n'en rachètera pas d'autre. Il a dû surtout mettre en vente le château d'Arenenberg, avec tout ce que cela suppose de déchirement. Il en attendait un pactole de 500 000 francs : il en obtiendra moins de 70 000, au début de 1853. La vente des souvenirs de famille et des objets d'art qu'il a pu soustraire à ses créanciers n'a pas été moins décevante. Le lavabo de Louis XIV, le talisman de Charlemagne, renfermant un morceau de la vraie croix [20], un camée d'Auguste trouvé par Bonaparte dans les ruines de Péluse, le portrait de l'impératrice par Prud'hon, un manchon offert à la reine Hortense par le tsar, etc., trouvent difficilement preneurs et rarement au prix demandé par le vendeur, bien que celui-ci se soit adressé en priorité aux membres les plus fortunés de la famille : les Hohenzollern-Sigmaringen, le prince Demidoff, la reine de Suède, la comtesse Camerata (fille d'Élisa Bonaparte).

Restent les emprunts, mais qui aurait assez d'audace pour avancer des sommes astronomiques à un prisonnier à vie, gardé par une véritable garnison de place forte et dont l'avenir politique est plus qu'incertain ? Il y a certes l'espérance de contraindre le gouvernement français à verser au prisonnier des dommages et intérêts en contrepartie de la confiscation des biens de la reine Hortense en 1814. Le prince réclame vingt millions à ce titre par l'intermédiaire du banquier Devey, mais celui-ci fait faillite en 1842 et l'affaire, un moment reprise par un autre financier, tombe à l'eau. Les banquiers de Londres font la sourde oreille et Fouquier d'Hérouël, sollicité à son tour, ne se montre guère plus empressé à venir au secours de son ami. Parmi les familiers de Louis-Napoléon, seul Plonplon, qui a hérité de sa mère, accepte de s'engager pour une somme importante.

En attendant la disparition et l'héritage du roi Louis, le ballon d'oxygène viendra d'un personnage aussi extravagant que fortuné : Charles d'Este, duc de Brunswick, qui avait été chassé de son duché en 1830 et était devenu depuis un républicain ardent, ami de Cavaignac, de Marrast, et principal actionnaire du *National*. Le duc vivait à Londres comme un pacha et fut contacté en 1845 par Orsi, tout juste sorti de prison. Le duc commença par rejeter avec hauteur la demande de prêt que lui présenta, au nom du prisonnier de Ham, l'ancien banquier italien du roi Louis. Orsi finit cependant par le convaincre des chances sérieuses qu'avait le prince de s'emparer un jour du pouvoir et dès lors d'être en posture de l'aider à récupérer le sien. Il se vit ainsi chargé de se rendre à Ham pour mettre au point avec l'intéressé un traité en bonne et due forme par lequel,

en échange des 150 000 francs réclamés par le prétendant, celui-ci s'engageait d'une part à rembourser cette
somme en signant trois billets de 50 000 francs payables
dans les cinq ans à 5 % et à employer 20 % du prêt en
achat d'actions du *National*. Pour le reste, les deux
compères s'engageaient à se prêter mutuellement assistance dans la réalisation de leurs desseins politiques[21].
Orsi eut quelque peine à obtenir du gouvernement français l'autorisation de se rendre, en compagnie du secrétaire de Brunswick, auprès de Louis-Napoléon. N'avait-
il pas été condamné pour avoir participé au coup de
main de Boulogne ? Après avoir fait, pendant deux
semaines, le siège du ministre de l'Intérieur, il obtint
gain de cause en faisant passer le secrétaire du duc pour
un acheteur de la tapisserie des Gobelins représentant
le Premier Consul à cheval (l'une des reliques du petit
musée d'Arenenberg que Louis-Napoléon avait mises en
vente). L'affaire fut promptement conclue et les
150 000 francs déposés sur le compte du prince à la
banque Baring de Londres. Ils seront scrupuleusement
remboursés au prêteur en 1848 et 1849.

L'évasion

Louis-Napoléon peut bien déclarer à qui veut l'entendre
qu'il préfère être prisonnier en France qu'exilé en terre
étrangère, il est clair qu'il songe de plus en plus à échapper
à ses geôliers. L'affaire n'est pas simple. La garnison est
forte de quatre cents hommes et d'une soixantaine de sentinelles réparties autour de la forteresse. En principe, les
militaires chargés de la garde rapprochée du prince ne
doivent ni lui parler, ni le saluer, ni se lever devant lui.
Mais la rigueur des consignes ne peut empêcher que se
multiplient à son égard les témoignages de sympathie.
Certains soldats auraient même offert au prisonnier de
favoriser son évasion. Chaque semaine, il faut dit-on laver
les guérites pour effacer les *Vive Napoléon !* ou les *Vive
l'empereur !* qu'une main anonyme a griffonnés durant la

nuit. Il faudra renouveler souvent l'effectif de la garnison pour éviter que se noue en son sein un complot bonapartiste.

En septembre 1845, le prince reçut de son père une lettre dans laquelle ce dernier manifestait enfin le désir de le revoir. Le roi Louis s'éteignait lentement à Florence.

> Tu te tromperais étrangement, écrivait-il à son fils, si tu croyais que je suis indifférent à ta position, à tes souffrances. Je ne puis pas oublier, sans doute que c'est de gaieté de cœur que tu t'es placé dans cette fâcheuse position, mais je souffre de tes souffrances, et cela est d'autant plus pénible pour moi que j'avais mis l'espoir de quelque soulagement dans ton bonheur [...]
>
> Les peines morales m'ont réduit au point de ne plus pouvoir me tenir debout et même me lever de ma chaise sans aide, et cependant, je n'ai personne qui puisse m'aider. Je ne puis même plus écrire et tu verras par ma signature comment je puis signer.
>
> Reçois pourtant mes vœux pour ton bonheur et ne crois jamais que je puis y être insensible. Je fais quelques démarches pour toi, mais il n'est que trop probable qu'elles seront inutiles, comme toutes celles qu'on a faites jusqu'ici. Cependant je le tente, en chargeant de cette lettre M. Sylvestre Poggioli, l'un de mes anciens amis. J'espère qu'il pourra parvenir jusqu'à toi et te remettre ma lettre en mains propres [22].

Les démarches dont faisait état l'ex-roi de Hollande consistaient à faire remettre par Poggioli, dépêché pour la circonstance à Paris, trois lettres destinées respectivement à Decazes, Molé et Montalivet. Leur auteur les priait d'intercéder auprès de Louis-Philippe et de son gouvernement pour que Louis-Napoléon soit autorisé à venir lui fermer les yeux. Mis au courant par Poggioli, de passage à Ham pour lui remettre la lettre de son père, Louis commença par répondre à l'appel au secours du vieux roi :

Mon cher père, j'ai éprouvé hier la première joie réelle que j'aie ressentie depuis vingt ans, en recevant la lettre amicale que vous avez bien voulu m'écrire. Ce qui m'a le plus touché, le plus remué, c'est le désir que vous manifestez de me revoir. Ce désir est pour moi un ordre, et dorénavant je ferai tout ce qui dépendra de moi pour rendre possible cette réunion que je vous remercie de désirer, car elle a toujours été le vœu le plus ardent de mon cœur[23].

Il adressa ensuite un message au ministre de l'Intérieur Duchâtel, sollicitant du gouvernement la permission de se rendre au chevet de son père :

Je viens donc, monsieur le Ministre, vous déclarer que, si le gouvernement français consent à me permettre d'aller à Florence remplir un devoir sacré, je m'engage sur l'honneur à revenir me constituer prisonnier dès que le gouvernement m'en témoignera le désir[24].

Les ministres se montrèrent inflexibles estimant qu'une fois Louis-Napoléon remis en liberté, il serait délicat au gouvernement de le renvoyer en prison. Sollicité à son tour, Louis-Philippe se serait peut-être laissé fléchir si son gouvernement unanime ne l'avait incité à repousser la supplique du prince. En dernier recours, Odilon Barrot, principal représentant de la « gauche dynastique » et futur organisateur de la campagne des banquets, conseilla au prisonnier d'adresser au roi une autre lettre dans laquelle figuraient les termes de « reconnaissance » et de « généreuses inspirations » de Sa Majesté. C'eût été, estima Louis-Napoléon, « une demande de pardon cachée à l'abri du devoir filial » : il refusa tout net cette atteinte à sa dignité[25].

Que le futur Napoléon III ait vu dans l'appel de son père mourant un moyen d'échapper à la captivité, cela ne fait guère de doute. N'avait-il pas, quelques années plus tôt, usé du même argument pour quitter l'Amérique et venir rejoindre Hortense à Arenenberg ? Doit-on pour autant considérer qu'il s'agissait d'un simple alibi ? S'agissant de la reine, la question ne se pose pas tant Louis chérissait sa mère. Vis-à-vis du roi Louis, les choses sont un peu plus complexes. Il n'éprouvait pas pour ce père lointain, passablement acariâtre et qui l'avait longtemps ignoré, les mêmes sentiments que pour Hortense. Néanmoins, toute sa jeunesse, on l'a vu, avait été marquée par la quête d'un modèle masculin qui pût combler ce manque de père. De sa prison, il lui avait régulièrement écrit sans obtenir de réponse et ce silence lui avait été pénible. Qu'au moment de mourir, le roi se soit souvenu qu'il avait un fils et ait formé le vœu de le revoir l'avait, comme il l'écrit, fortement « remué ». On peut lui faire crédit de la véracité de ce sentiment.

Quoi qu'il en soit, le refus catégorique opposé à sa requête eut pour effet de convaincre le futur Napoléon III qu'il n'avait aucune indulgence à attendre du gouvernement de Louis-Philippe. L'amnistie viendrait sans doute un jour, mais quand ? Et dans quelle condition physique et morale serait-il après cinq, dix ou quinze ans passés dans l'insalubre forteresse de Ham ? Jusqu'alors, il avait repoussé toute idée d'évasion. Il avait reçu, par l'intermédiaire de Thelin et de Conneau, qui étaient libres de leurs mouvements, diverses propositions en ce sens, mais il les avait repoussées, sans doute par crainte de tomber dans un traquenard.

C'est une circonstance fortuite qui le décida à tenter sa chance au printemps 1846. Des travaux venaient d'être entrepris à la demande du commandant de la place Demarle, en vue de la remise en état du pavillon réservé au prisonnier. De nombreux ouvriers vaquaient ainsi, du matin au soir, dans la cour et aux abords de la citadelle. Louis avait remarqué que les personnes qui entraient ou sortaient de la forteresse étaient soigneusement contrôlées matin et soir mais que, dans le courant de la journée, les sentinelles ne prêtaient guère attention au va-et-vient des ouvriers. Or, maçons et plâtriers arrivaient de bonne heure à la citadelle, bien avant que Demarle, alors aux prises avec une mauvaise grippe, ne fût en état de faire sa ronde. C'était cette opportunité qu'il fallait saisir.

Louis-Napoléon prépara son affaire avec ses fidèles lieutenants. Conneau fut chargé, une fois le prisonnier échappé, de retarder le moment où l'on s'apercevrait de l'évasion. Pour cela, on confectionna un mannequin coiffé d'un mouchoir destiné à faire croire aux gardiens que le prince était malade et dormait. Bure et Thelin furent chargés de se procurer le déguisement nécessaire, soit deux blouses, un pantalon, une chemise de grosse toile, un foulard, une cravate et une casquette de drap. A-t-il revêtu cette défroque, préalablement salie avec du plâtre, au moment de s'enfuir, ou emprunté au dernier moment la tenue de travail d'un ouvrier nommé Pinguet (patronyme déformé, on ne sait trop pourquoi, en « Badinguet » par les caricaturistes du Second Empire) ? La question reste ouverte et n'a d'intérêt que par rapport à la fortune postérieure de ce sobriquet [26].

Bure reçut, par ailleurs, une mission délicate. Le 20 mai, la « belle sabotière » avait été invitée à quitter le fort et à rejoindre ses enfants chez Hortense Cornu. Le trésorier du prince devrait s'occuper d'elle et pourvoir à ses besoins. Il le fit si bien qu'Éléonore accoucha quelques années plus tard d'un fils, Pierre Alexandre, dont Bure assumera la paternité avant d'épouser la mère.

Louis-Napoléon veilla personnellement aux ultimes préparatifs. Il adressa le 24 mai à l'abbé Tirmache, doyen de l'église de Ham, qui assurait le service religieux au fort, une lettre lui demandant de remettre la messe qui était prévue pour le lendemain, car, disait-il, il souffrait de vives douleurs et devait prendre un bain ce matin-là. À Conneau, qui avait la lourde responsabilité des manœuvres de retardement — et sera condamné pour complicité d'évasion à trois mois de prison —, il laissait un message l'autorisant à disposer de tout ce qui se trouvait dans son appartement. Enfin, il écrivit au général de Montholon, dont il se méfiait depuis l'affaire de Boulogne et qu'il avait sciemment tenu en dehors du projet, pour le rassurer quant à l'avenir de la pension qu'il lui versait. Le vieux compagnon de l'empereur à Sainte-Hélène n'en fut pas moins profondément blessé.

L'exécution s'effectua avec une facilité déconcertante. Le 25 mai au matin, Louis-Napoléon coupa sa moustache, rasa sa barbe et se coiffa d'une perruque noire. Il revêtit une tenue d'ouvrier par-dessus la livrée de domestique picard dont il s'était muni à tout hasard, quitta son logement, attrapa au passage une planche de sa bibliothèque qu'il mit sur son épaule afin de cacher son visage aux sentinelles, puis se dirigea sans hâter le pas vers la sortie de la citadelle. En passant devant le lieutenant de service, il laissa tomber la pipe qu'il avait allumée en quittant le pavillon des prisonniers, et en ramassa consciencieusement les morceaux. Enfin, arrivé devant le poste de garde, il demanda en contrefaisant sa voix qu'on lui ouvrît la porte et s'engagea sur le pont-levis, suivi à quelque distance par Thelin, accompagné de Ham, le chien du prince (un épagneul dont Louis-Napoléon n'avait pas voulu se séparer).

Une fois sorti, Louis-Napoléon marcha tranquillement jusqu'au cimetière, distant de deux kilomètres. Après s'être débarrassé de sa planche, il attendit patiemment Thelin qui avait loué en ville un cabriolet. À deux heures de l'après-midi, les deux hommes arrivèrent à Valenciennes où ils prirent le train pour Bruxelles.

La tâche la plus difficile avait été laissée à Conneau. Pour tromper la vigilance de Demarle, venu comme chaque jour contrôler la présence du prince dans ses appartements, il lui expliqua que son ami était malade, qu'il avait pris un médicament et ne pouvait le recevoir. De loin il désignait une forme allongée qui était censée être Louis-Napoléon. La scène se renouvela en début d'après-midi. Pour faire plus vrai, Conneau avait préparé un mélange de café, d'acide nitrique et de pain bouilli provenant du petit laboratoire du prince et dont l'odeur épouvantable devait convaincre les gardiens de l'état du malade. Finalement, c'est à l'heure du dîner, lors de la troisième visite de Demarle, que, constatant l'absence de Thelin et soudain saisi de soupçons, le commandant du fort découvrit la supercherie et donna l'alarme : douze heures après que le prisonnier eut quitté sa chambre. Cette bévue valut au malheureux officier d'être mis deux jours plus tard aux arrêts, puis traduit devant un tribunal militaire qui d'ailleurs devait l'acquitter mais le rayer des cadres.

De Bruxelles, Louis-Napoléon partit pour Londres où il arriva le 27 mai, toujours en compagnie de Thelin et de Ham. Il prit une chambre au Brunswick Hotel, Jermyn Street, sous le nom de comte d'Arenenberg, avant de sortir en ville pour goûter l'air de la liberté. Lorsqu'il croisa, à Bond Street, son ami Lord Malmesbury, celui-ci eut toutes les peines du monde à le reconnaître, sans barbe ni moustache. Le soir même, il dînait chez une autre vieille connaissance, Lady Blessington, en compagnie du comte d'Orsay et de quelques familiers ébahis auxquels il fit le récit de sa rocambolesque évasion.

6

Le chemin de l'Élysée
(1846-1848)

À Londres, l'un des premiers soins de Louis-Napoléon fut d'adresser à l'ambassadeur Sainte-Aulaire une lettre dans laquelle il s'efforçait de légitimer son évasion. En s'échappant du fort de Ham, il n'aurait « cédé à aucun projet de renouveler contre le gouvernement français » les tentatives qui lui avaient été désastreuses. « Ma seule idée, écrivait-il, avait été de revoir mon vieux père. » Et il priait l'homme qui avait été l'ami de sa mère de bien vouloir informer le gouvernement royal de ses intentions strictement familiales[1]. Il pensait ainsi bénéficier de la neutralité du gouvernement Guizot dans les démarches qu'il aurait à effectuer pour se rendre à Florence auprès du roi Louis. Il oubliait que l'Europe conservatrice demeurait farouchement hostile aux Napoléonides. Le chargé d'affaires de Toscane à Londres ayant refusé de lui délivrer un passeport, le prince s'adressa successivement au tsar, à Metternich et au grand-duc de Toscane ; sans résultat. De tous les États européens, l'Angleterre, qui pourtant avait été l'adversaire la plus déterminée de l'empereur, était la seule à tolérer la présence de son neveu. Louis-Napoléon en fut-il particulièrement affecté ? Maintenant qu'il était libre de ses mouvements, était-il aussi pressé qu'à Ham de revoir ce « vieux père », dont il ignorait les réactions à l'annonce de son évasion ?

Il n'eut guère le temps de se poser la question : le comte de Saint-Leu mourut d'une congestion cérébrale le 25 septembre 1846. Il laissait à son dernier fils vivant, désigné comme légataire universel, ses propriétés italiennes — soit un capital évalué selon les sources entre un million et demi et trois millions de francs —, ses décorations, divers souvenirs personnels et tous les objets ayant appartenu à l'empereur. Le prince était donc provisoirement renfloué, mais combien de temps pourrait-il tenir avec un tel train de vie ? Les pensions versées aux anciens serviteurs et aux complices, l'entretien d'Éléonore et de ses deux fils, les secours et les dons distribués aux fidèles — Conneau se vit offrir après sa libération une clientèle médicale qui coûta au prince la bagatelle de 900 livres —, creusaient chaque mois davantage le déficit des finances princières. Il fallut bientôt emprunter auprès de grandes banques comme Baring et Rothschild, hypothéquer le domaine de Civita Nuova, échafauder avec quelques financiers de la City un fumeux projet de Compagnie du Nicaragua, bref aller d'expédient en expédient en espérant que la roue de la fortune finirait par s'arrêter sur le bon numéro. En 1848, le capital du roi était plus qu'entamé.

Mondanités et divertissements londoniens

À Londres et à Bath où il prend les eaux en hiver pour soigner ses douleurs, Louis-Napoléon a renoué avec les représentants de la haute société britannique. Au début de 1847, il s'installe dans un hôtel particulier à King Street et fréquente les clubs les plus huppés, sauf un qui lui est fermé à la suite d'une démarche de l'ambassade de France. On le rencontre à nouveau sur les champs de course, dans les chasses à courre où son élégance et son intrépédité à cheval font de lui la coqueluche des jeunes *ladies*. Il a retrouvé le chemin des théâtres où s'illustrent d'anciennes connaissances : Virginie Déjazet, Carlotti Grisi et la Taglioni. Il fait des rencontres : Eugénie Doche, bientôt créatrice du rôle de Marguerite Gautier dans *La Dame aux camélias*, et Augustine Brohan, une comédienne adulée du public londonien. Il a surtout avec la grande Rachel, qui est Phèdre au théâtre Saint-James, une brève liaison partagée, à son insu, avec son jeune cousin Napoléon-Jérôme.

À une soirée chez Benjamin Lumley, le directeur du *Majesty-Theatre*, Louis fait la connaissance de Giuseppe Verdi. Le maestro se trouvait dans la capitale anglaise pour diriger les répétitions de son nouvel opéra, *I Masniaderi*, dont la création au *Her Majesty's Theatre* était pour le 22 juillet 1847. Bien que Verdi n'ignorât point l'engagement de Louis-Napoléon aux côtés des insurgés de 1831, on ne sait à peu près rien de cet événement ni ce que se dirent les deux hommes, ni même s'ils eurent l'occasion de se parler. Bref, après plus de cinq années de privation, le prince savoure les plaisirs de la vie[2].

Pris dans le tourbillon des mondanités londoniennes, le prince n'a pas oublié les vieux amis, ceux qui, aux pires moments de sa vie, lui ont manifesté affection et fidélité. Il a hérité de sa mère une simplicité, une familiarité avec des gens appartenant à un autre milieu que le sien qui ne relèvent pas du seul paternalisme aristocratique. Il organise avec soin la venue d'Hortense Cornu et de son mari à Londres, à l'automne 1846 : le voyage en bateau, le trajet en chemin de fer, la chambre retenue à l'hôtel Brunswick où Napoléon-Jérôme ira prendre le couple pour le conduire à Bath. Il retrouve avec émotion sa filleule, qui s'étonne d'un changement d'attitude chez le prince : « Je m'aperçus, écrit-elle, qu'il s'était habitué à tenir ses paupières mi-closes et à mettre dans ses regards une expression de vide et de rêve. »

À côté du Louis-Napoléon dandy, compagnon de route des jeunes « lions » de la *gentry* britannique, il y a un réfugié politique, susceptible à tout moment d'être l'objet d'une demande d'expulsion et soucieux, par conséquent, de s'attirer les sympathies de ses hôtes.

Sans doute est-ce la raison qui a incité le futur Napoléon III à se faire inscrire comme *constable*, c'est-à-dire comme officier de police volontaire pour la paroisse de Saint-James, et à prêter serment au bureau de Marlborough Street. Louis-Napoléon policier anglais surveillant les meetings chartistes, après avoir été officier de l'armée suisse et fuyard déguisé en maçon, voilà de quoi inspirer plus tard les caricaturistes du Second Empire ! En attendant, le prince se coule dans la société du pays d'accueil, sans projet de conspiration. Le souhaiterait-il que les moyens lui manqueraient pour financer partisans et organes de presse à sa dévotion. Il se contente d'adresser quelques articles au *Times* et de dicter à son secrétaire le récit de sa captivité et de son évasion[3].

Miss Howard

Il y a une autre raison au relatif détachement du prince pour la politique. Louis-Napoléon est éperdument amoureux. Jusqu'alors il a connu de brefs engouements, le plus souvent associés au plaisir des sens. Il a éprouvé de tendres sentiments pour sa cousine Mathilde, mais ils n'ont pas résisté bien longtemps à la séparation. Ce Napoléonide mêlé de Beauharnais collectionne les femmes comme d'autres les exploits militaires. Or, c'est une véritable passion — peut-être le seul véritable amour de sa vie — que va connaître le prétendant au trône impérial lors de son quatrième séjour londonien. L'objet en est une jeune femme de vingt-trois ans : Miss Howard. Elle s'appelle en réalité Elisabeth-Ann Harriet. Elle est la fille d'un cordonnier-bottier de Brighton et a fait ses débuts au théâtre à l'âge de seize ans. Sa beauté est unanimement reconnue — « une tête de camée, dit-on, sur un corps grec » — mais son talent de comédienne n'est pas à cette hauteur[4]. Peu importe ! Sa carrière sur les planches ayant tourné court, la belle Ann a choisi une autre voie pour grimper dans l'échelle sociale : la galanterie de haut vol. Elle est d'abord

« remarquée » par un marchand de chevaux, puis devient la maîtresse d'un riche officier de la Garde royale, Francis Mountjoy Martyn. De leur liaison est né un enfant que le major des *Life Guards*, marié, ne peut reconnaître. Au moins subvient-il aux besoins de la mère, qui sont immenses : Martyn est un *gentleman*, riche, généreux et il s'exécute sans rechigner. Bien placés, les fonds que Miss Howard prélève sur la pension versée par son amant se sont rapidement accrus. Quand elle fait la connaissance de Louis-Napoléon, elle dispose d'un confortable magot qu'elle va bientôt mettre au service de la « cause napoléonienne ».

On ne sait pas très bien où ni quand Ann et le prince se sont rencontrés : sans doute au début du séjour de Louis-Napoléon. La jeune femme lui aurait été présentée par Orsay, lors d'une réception au domicile de Lady Blessington. D'autres sources, à dire vrai peu fiables, parlent d'une romantique rencontre dans le *fog* londonien au sortir d'une représentation au Royal Theatre. En tout cas, l'ancienne comédienne est tombée follement amoureuse du futur Napoléon III. La beauté fortunée et somptueusement entretenue succombe au charme du proscrit. Celui-ci, on le sait, n'était pas ce qu'il est convenu d'appeler un bel homme, de plus, les années de captivité n'avaient pas arrangé son apparence physique. Mais il savait séduire, avait hérité de sa mère une distinction peu fréquente chez les Napoléonides. Et puis il portait un titre prestigieux, il incarnait une légende et il occupait une position sociale d'une autre envergure que celle du major Martyn.

Ayant rompu avec son protecteur, Elisabeth-Ann loua une maison dans Berkeley Street, à proximité de la demeure du prince. Celui-ci l'y rejoignait de plus en plus souvent et il fut bientôt de notoriété publique que la belle Anglaise était devenue la « favorite » du prétendant. Louis-Napoléon en effet partageait sa passion tout en se permettant quelques incartades. On rencontrait le couple au théâtre et sur les champs de course, aux régates et sur les promenades à la mode. Rien de très original en somme sinon que dans cette union entre une demi-mondaine et un prince, c'est la première qui tenait les cordons de la bourse. Les « prêts » consentis par sa maîtresse et les opérations immobilières douteuses auxquelles elle se prêta[5] permirent à Louis-Napoléon de survivre jusqu'à la fin de son exil londonien, en attendant de financer son retour sur la scène politique.

La révolution de février

La *dolce vita* londonienne et l'idylle avec Miss Howard ont un peu émoussé l'activisme de Louis-Napoléon. Certes, il reste persuadé que son étoile brille toujours : « J'attends mon heure », dit-il à sa cousine Marie de Bade. Mais après sa captivité, il sait qu'un nouvel échec serait fatal à sa cause, et surtout il manque d'argent et d'une équipe de rechange pour mener à bien une opération sur le continent. Enfin rien n'indique qu'en France la Monarchie de Juillet soit sur le point de s'effondrer.

Pourtant, le régime de Louis-Philippe se fissure. Depuis 1830, il n'a cessé d'évoluer dans un sens conservateur, ce qui tend à éloigner de lui la fraction la plus progressiste de la bourgeoisie. L'action personnelle du roi a été à cet égard déterminante. On aurait pu s'attendre à ce que ce dernier, qui avait une bonne connaissance de la vie politique d'outre-Manche, engage son régime dans la voie libérale et parlementaire inaugurée par la monarchie britannique. Or, sous des dehors bonhommes et des allures bourgeoises, Louis-Philippe est un autoritaire qui supporte mal l'influence exercée par ses ministres. Aussi s'efforce-t-il de la neutraliser en les opposant les uns aux autres. Thiers, qui exprime les idées de la bourgeoisie libérale en déclarant « le roi règne mais ne gouverne pas », se heurte ainsi à Guizot pour qui « le trône n'est pas un fauteuil vide ». En 1840, le roi a renvoyé le premier et fait appel au second. Convaincu que la prospérité croissante du pays suffirait à satisfaire la bourgeoisie en augmentant sa richesse,

Guizot a permis au roi, qui pendant dix ans avait difficilement réfréné sa volonté de diriger le gouvernement, de prendre les affaires en main. L'étroitesse du corps électoral, voulue par la classe dirigeante, lui a permis de peupler le Parlement de fonctionnaires qui, dépendant entièrement du souverain, se montraient durant leur mandat de dociles créatures du ministre. Ce faisant, il a contribué à couper la monarchie de la bourgeoisie, qui avait été jusqu'alors son plus ferme soutien.

Depuis le début de 1846, le mécontentement des ouvriers, frappés de plein fouet par la crise économique — une crise qui a commencé classiquement par de graves difficultés agricoles et par le renchérissement du prix du pain, mais qui, fait nouveau, affecte bientôt la métallurgie et les mines —, se conjugue avec le mécontentement politique des catégories aisées. Les représentants de la bourgeoisie axent leurs revendications sur le renvoi de Guizot et sur une double réforme électorale : l'abaissement du cens qui permettrait d'élargir les bases de l'électorat et de rendre celui-ci moins sensible aux incitations du pouvoir, et l'incompatibilité d'une fonction publique avec un mandat électif.

Il suffit d'une étincelle pour mettre le feu aux poudres. Un banquet de l'opposition, interdit à Paris, provoque le 22 février 1848 une manifestation de rues qui se prolonge le lendemain. Les premières barricades font leur apparition. Le roi mobilise aussitôt la Garde nationale, composée principalement de représentants des classes moyennes qui, solidaires des revendications politiques de la bourgeoisie, accueillent le monarque venu les passer en revue aux cris de « Vive la réforme ! ». Louis-Philippe doit céder devant le mécontentement de ses plus sûrs partisans. Il renvoie Guizot à ses chères études historiques, mettant fin à la tentative de restauration du pouvoir monarchique. La bourgeoisie parisienne a gagné la partie. Pour elle, la « révolution » est achevée.

Un événement fortuit va faire rebondir le mouvement et donner leur chance aux républicains. Au soir du

23 février, la foule parisienne manifeste pour crier sa joie. Sur les boulevards, des soldats à bout de nerfs, sans ordre, ouvrent le feu, tuant seize personnes. Toute la nuit, les manifestants promènent dans Paris les seize cadavres, appelant le peuple de la capitale à l'insurrection. Au matin, la ville est hérissée de barricades et, dans la journée du 24, tandis que le commandement des troupes est confié à Bugeaud et qu'une partie de l'armée bat en retraite ou fraternise avec les émeutiers, ces derniers s'emparent de l'Hôtel de Ville et marchent sur les Tuileries. Le roi hésite à ordonner la répression et finalement décide d'abdiquer en faveur de son petit-fils, le comte de Paris, avant de prendre à son tour le chemin de l'exil vers l'Angleterre. Mais les républicains prennent les devants. Conduits par Lamartine, ils font acclamer par la foule, qui vient de s'emparer des Tuileries et a fait irruption dans la salle des séances du Palais-Bourbon, un gouvernement provisoire républicain.

Le retour

Rares étaient ceux qui avaient imaginé une issue aussi soudaine à la Monarchie de Juillet : pas plus le prétendant au trône impérial que l'immense majorité de ses contemporains. « Aujourd'hui, écrivait le prince à Napoléon-Jérôme en 1845, il n'y a rien à faire. La nation dort et dormira encore longtemps. » Elle s'était réveillée, et avec elle la cohorte d'opposants au régime qui entendaient tirer les marrons du feu. Parmi eux, les représentants du courant bonapartiste, s'ils ne constituaient qu'une poignée de fidèles, eurent tôt fait de comprendre qu'ils ne devaient pas renouveler l'erreur de 1830 ; ils avaient alors été à peu près absents de la scène. Il fallait cette fois y figurer en bonne place, et ceci d'autant plus qu'ils détenaient désormais un atout important en la personne de Louis-Napoléon.

Ce dernier n'a guère attendu avant de prendre sa déci-

sion : « La République est proclamée, déclare-t-il à sa
cousine Marie de Bade. Je dois être son maître. » Le
27 février il quitte Londres pour la France. Le lendemain il est à Paris, s'installe chez un ami de Veillard et
adresse aussitôt une lettre au gouvernement provisoire,
l'informant de son arrivée :

> Messieurs, déclare-t-il, le peuple de Paris ayant détruit
> par son héroïsme les derniers vestiges de l'invasion étran-
> gère, j'accours de l'exil pour me ranger sous le drapeau de
> la République qu'on vient de proclamer.
>
> Sans autre ambition que celle de servir mon pays, je
> viens annoncer mon arrivée aux membres du gouverne-
> ment provisoire. Et les assurer de mon dévouement à la
> cause qu'ils représentent comme de ma sympathie pour
> leurs personnes.

Le gouvernement provisoire de la IIᵉ République est
le produit d'une véritable course de vitesse entre conservateurs et démocrates pour s'assurer le contrôle du nouveau régime. Une fois constitué, barricadés à l'Hôtel de
Ville et protégés par la Garde nationale, ses membres
s'efforcent de se concilier le peuple en armes tout en
interdisant l'accès de l'équipe dirigeante aux représentants des idées socialistes qu'ils redoutent plus qu'ils ne
craignent Louis-Philippe et Bugeaud. Il leur faut néanmoins accepter la présence de deux d'entre eux dans le
gouvernement : le théoricien de l'organisation du travail, Louis Blanc, et un ouvrier membre des sociétés
secrètes, Albert. C'est sous l'influence de ces deux
hommes, assurés du soutien de la rue, que les républicains modérés qui siègent au gouvernement provisoire
(Lamartine, Ledru-Rollin, Flocon) s'attachent à promouvoir des réformes sociales, sans ôter à la République naissante l'image rassurante qu'ils veulent offrir
à l'Europe stupéfaite.

Or Louis-Napoléon représente à leurs yeux un double
danger. Il risque de confisquer à son profit le suffrage
universel (masculin), dont on vient de décider l'instau-

ration, en jouant sur les idées socialisantes qu'il a développées dans ses écrits. Il a toute chance, d'autre part, dès lors qu'il incarne l'héritage napoléonien et se pose en défenseur des minorités opprimées, d'inquiéter les chancelleries européennes. Aussi, le gouvernement provisoire lui fait-il savoir, par la plume de Lamartine, que sa présence n'est pas souhaitable :

> Il n'est nullement dans les intentions du gouvernement de s'opposer au séjour du prince en France, mais dans la situation difficile où se trouve le gouvernement, avec le pouvoir provisoire qu'il a, il le prie de quitter Paris et de s'en retourner jusqu'à ce que le pays soit dans un état plus calme et jusqu'à la réunion de l'Assemblée.

Le message est clair, et Louis-Napoléon est ulcéré d'être mis sur le même plan que les partisans du régime déchu. Il accepte néanmoins de s'éloigner alors que Persigny, qui vient d'être libéré, prêche la résistance. « Vous verrez dans ce sacrifice, répond-il à Lamartine, la pureté de mes intentions et de mon patriotisme. » Il reprend donc le chemin de Londres, laissant à ses partisans le soin d'organiser le « parti » bonapartiste.

Sur qui peut-il compter en cette fin d'hiver 1848 ? On ne s'est pas bousculé pour crier « Vive Napoléon ! » durant les journées de février. Il y a bien eu, ici et là, quelques manifestations favorables, par exemple au pied de la colonne Vendôme, lieu emblématique de la ferveur impériale, mais l'enthousiasme a surtout été républicain. On est loin des démonstrations de masse qui ont accompagné le retour des cendres en 1840. Tout est donc à refaire et pour cela le prétendant, ou plutôt son premier lieutenant, Fialin de Persigny, ne dispose que d'une poignée de fidèles : les complices des coups de main de Strasbourg et de Boulogne — ces derniers récemment libérés de prison —, quelques vieux amis comme Viellard, des compagnons de route plus récents comme l'éditeur Tremblaire, le banquier Ferrère et le général Piat, ou encore Plonplon, lui aussi accouru à l'annonce de la chute de la monarchie. Pourtant, il ne faudra pas plus de quelques semaines à cette équipe réduite pour se constituer en un Comité bonapartiste ayant son siège rue d'Hauteville et pour s'engager dans la bataille électorale.

De retour en Angleterre, Louis décide pour sa part de ne pas se présenter aux élections du 23 avril. Odilon Barrot le lui aurait conseillé et lui-même juge préférable d'adopter un profil bas. « Si enfin je pouvais être utile à mon pays, écrit-il à Viellard, je n'hésiterais pas à passer sur toutes les considérations secondaires pour remplir mon devoir ; mais dans les circonstances actuelles, je ne puis être bon à rien ; je ne serais tout au plus qu'un embarras[6]. » Est-ce pour délivrer un message de modération en direction des milieux conservateurs qu'il choisit de reprendre du service comme *special constable* et de participer au maintien de l'ordre à l'occasion de la grande manifestation chartiste prévue pour le 10 avril ? Destinée à porter au Parlement une pétition réclamant l'instauration du suffrage universel, cette démonstration du mouvement dirigé par l'ébéniste Lovett et le journaliste irlandais O'Connor fut un fiasco. Le prince n'eut d'autre tâche policière à accomplir que l'interpellation d'une femme ivre sur la voie publique. Le geste toutefois était symbolique : connu en France, il contribua à corriger l'image de fauteur de trouble qui était associée au nom de Louis-Napoléon Bonaparte.

Les élections à la Constituante permirent à plusieurs candidats bonapartistes d'entrer au Palais-Bourbon. Persigny, Vaudrey et Laity furent battus mais on comptait trois membres de la famille impériale parmi les élus : Napoléon-Jérôme, Pierre Bonaparte, fils de Lucien, et Lucien Murat, second fils de l'ex-roi de Naples et de Caroline. Sur les 900 élus au scrutin universel, 500 étaient des républicains modérés, 300 des monarchistes partagés entre les partisans des Bourbons et ceux de la famille d'Orléans. Il n'y avait qu'une petite centaine de démocrates et de socialistes, ainsi qu'une poignée de bonapartistes déclarés dont Pierre-Marie Piétri, futur préfet de police de l'Empire, qui s'illustra à la tribune de la Chambre en demandant à ses collègues d'abroger l'article de la loi du 10 avril 1832 portant sur le bannissement de la famille Bonaparte.

Pour pourvoir aux sièges devenus vacants à la suite de démissions et d'élections du même candidat dans plusieurs départements — la loi avait autorisé les candidatures multiples — on fixa l'élection complémentaire au 4 juin. Louis restait prudent. Il ne décourageait pas l'action de ses partisans. Il s'efforçait même de réunir des fonds pour financer la propagande du « parti » bonapartiste — il emprunta plus de 600 000 francs dont une partie à Miss Howard[7] —, mais il s'abstint de présenter lui-même sa candidature, laissant ce soin à l'infatigable Persigny. Ce dernier, véritable « sergent de bataille » de la campagne, le fit inscrire dans quatre départements, dont celui de la Seine, utilisant les fonds réunis par le prince pour créer des journaux, publier des libelles et faire imprimer des images exaltant la geste napoléonienne.

La discrétion du prétendant et l'activisme de ses lieutenants ne manquèrent pas de porter leurs fruits. Le 4 juin, Louis-Napoléon fut élu dans la Seine avec plus de 84 000 voix, derrière Caussidière, Changarnier, Thiers et Victor Hugo. Le même jour, on apprenait qu'il avait été également choisi comme député par les électeurs de l'Yonne, de la Charente-Inférieure et de la Corse. Ce n'était pas encore un triomphe, mais il était clair que le vent tournait. La presse républicaine ne s'y trompa pas et se lança aussitôt dans une violente campagne contre le prétendant. Lamennais ne fut pas parmi les moins virulents ! « Le nom de Louis Bonaparte, écrivait-il dans *Le Peuple Constituant*, est le drapeau d'une conspiration », tandis que *L'Union* lançait un véritable cri d'alarme : « On ne sait pas de quoi est capable un peuple qui a peur de l'anarchie[8]. »

La peur du désordre n'était pourtant pas la seule raison qui avait poussé les électeurs à voter pour Louis-Napoléon. Le « parti » bonapartiste, comme tous les

surgeons ultérieurs du populisme césarien, s'est nourri
de deux courants apparemment inconciliables : celui
des défenseurs de l'ordre et de la propriété, inquiets de
voir leurs intérêts et leur sécurité menacés, et celui des-
laissés-pour-compte de la modernisation, principales
victimes de la crise économique et du chômage. En
juin 1848, nombreux furent parmi les électeurs de
Louis-Napoléon ceux qui appartenaient à cette seconde
catégorie. Vainqueurs de la Monarchie de Juillet, les
représentants de l'élite républicaine s'étaient peu souciés du sort des ouvriers. Par souci de libéralisme et
sous la pression de la rue, les membres du gouvernement provisoire avaient bien voulu accepter une
réforme électorale qui avait brusquement fait passer le
nombre des électeurs de 240 000 à plus de neuf millions. Ils avaient dû accepter encore, toujours sous la
menace des démocrates et des socialistes, de proclamer
le « droit au travail ». On avait même placé Louis Blanc
à la tête d'une commission du gouvernement pour les
travailleurs ; elle siégeait au Luxembourg et avait pour
tâche essentielle de recevoir les délégations ouvrières.

Les mesures qui suivirent — diminution de la durée
de la journée de travail et création des Ateliers nationaux destinés à fournir une occupation aux chômeurs
parisiens —, quoique peu révolutionnaires, eurent tôt
fait de jeter l'affolement dans les rangs des modérés.
Rompant avec les lois « naturelles » du libéralisme,
dogme sacré de la bourgeoisie, le gouvernement allait-
il intervenir en matière économique et sociale ? Contre
la « République rouge », les « ennemis de l'anarchie »
commencèrent à se regrouper, résolus à faire échec
aux clubs, aux socialistes, et à se débarrasser à la première occasion d'un gouvernement trop perméable,
estimaient-ils, aux revendications ouvrières. Sous la
pression de plus en plus forte du « parti de l'Ordre », l'organisation des Ateliers nationaux fut confiée à un adversaire du système, Marie, appliqué à prouver l'inanité des
idées de Louis Blanc, alors qu'ils ne constituaient qu'une
application déformée des « ateliers sociaux » imaginés

par ce théoricien du socialisme. Tandis que l'effectif des ouvriers qui y étaient employés ne cessait de croître, passant de 25 000 à 110 000, on fit en sorte de ne leur confier aucun travail susceptible de concurrencer les entreprises privées de travaux publics. On leur versait un franc par jour pour paver et dépaver les rues, ou ne rien faire, et surtout l'on s'inquiétait de voir ces « râteliers nationaux » devenir des centres de propagande socialiste ou bonapartiste.

Les élections du 23 avril, arbitrées par la province où régnaient les notables conservateurs, ayant donné la victoire aux modérés et aux monarchistes, il ne restait plus aux révolutionnaires parisiens que la rue pour faire aboutir leurs projets. Le 15 mai, une manifestation en faveur de la Pologne dégénéra en émeute. Le Palais-Bourbon fut envahi par les insurgés qui déclarèrent l'Assemblée dissoute et entreprirent de constituer un nouveau gouvernement provisoire. Mais Lamartine et Ledru-Rollin firent appel à la Garde nationale qui dispersa la foule. De nombreuses arrestations furent opérées, en particulier celles des principaux chefs des sociétés secrètes. Barbès, Blanqui, Albert, Raspail, beaucoup d'autres encore furent condamnés à la déportation.

Tel est le contexte dans lequel s'est développée la stratégie de Louis-Napoléon. D'un côté le prince se montre respectueux des institutions républicaines et déférent envers l'Assemblée. « En présence de la souveraineté nationale, écrit-il dans une lettre datée du 24 mai et adressée aux représentants du peuple, je ne puis et ne veux revendiquer que mes droits de citoyen français. » De l'autre il laisse l'état-major de la rue d'Hauteville organiser sa campagne et jouer sur le double registre du patriotisme blessé par les traités de 1815 et de la défense des humbles. Persigny, Laithy, Montholon et consorts ont beau jeu de rappeler dans leurs affiches et leurs tracts que le neveu de l'empereur est aussi l'auteur de *L'Extinction du paupérisme*. En portant Louis-Napoléon à la députation, peut-on lire dans l'un de ces documents, « les ouvriers témoigneront de leur reconnaissance d'avoir pensé à eux alors qu'il était dans le cachot de Ham, s'occupant de l'amélioration du sort de la classe ouvrière ».

Montée en force du courant bonapartiste

La quadruple élection du 4 juin fut suivie d'une vague de manifestations populaires en faveur du prétendant qui eut tôt fait d'inquiéter la commission exécutive en charge de la direction des affaires. Le 8 juin, la lecture des résultats fut accueillie par les cris de « Vive l'empereur ! À bas la République ! ». Le 10, la foule qui attendait l'arrivée du prince place de la Concorde, où il ne vint pas, acclama le nom de Napoléon. Tous les soirs, des cortèges déambulaient sur les boulevards en scandant *Poléon ! Poléon !* sur l'air des *Lampions*. Le succès allant au succès, le commerce s'est mis de la partie. On commence à vendre des objets à l'effigie du neveu de l'empereur : boîtes d'allumettes, médailles, petits drapeaux, estampes, etc. Une presse bonapartiste dont les principaux titres étaient *L'Unité nationale, Le Petit Caporal, Le Bonapartiste, Napoléon républicain, Le Napoléonien, L'Organisation du travail* trouve un lectorat. Il y en a pour tous les goûts et pour toutes les tendances. Les uns décrivent l'ancien prisonnier de Ham comme le sauveur, le seul homme qui soit en mesure d'épargner à la France les horreurs de la guerre civile et de l'anarchie. D'autres mettent l'accent sur ses idées sociales et sur sa volonté de « donner la parole au peuple ». On rappelle également qu'il a toujours été l'adversaire déclaré des « honteux traités » de 1815.

Les dirigeants républicains comprirent assez vite que s'ils n'arrêtaient pas immédiatement le flot, il y avait de fortes chances pour qu'ils fussent emportés avec lui. Aussi des mesures furent-elles adoptées par la commission exécutive pour barrer la route aux « factieux ». Le 12 juin, tandis que la foule se pressait devant le Palais-Bourbon et que le général Clément Thomas faisait char-

ger la « canaille » par la troupe, Lamartine prononça
devant l'Assemblée un discours dans lequel il proposait,
au nom de ses collègues du gouvernement, de rendre
la loi de 1832 — interdisant le territoire français aux
membres des familles ayant régné sur la France — exé-
cutoire dans le cas où Louis-Napoléon s'aviserait de
rentrer en France. Suite aux interventions de Napoléon-
Jérôme et de Pierre Bonaparte, la proposition fut
repoussée mais, dès le lendemain, le gouvernement fit
arrêter Persigny et Laity.

Le 13 juin, l'Assemblée eut à statuer sur la validation
de l'élection du prince. Le débat fut très vif. Entre ceux
qui se prononçaient pour son admission parmi les
députés de la Constituante et ceux qui souhaitaient l'in-
validation, le partage ne coïncidait pas toujours avec
le clivage droite/gauche. Le républicain Jules Favre,
député de la Loire et rapporteur de l'élection de la Charente-Inférieure, se prononça en faveur du candidat, de
même que le socialiste Louis Blanc et le très conservateur Lasteyrie, tandis que dans le camp du refus figuraient également, à côté du socialiste Buchez, des
modérés et des républicains affirmés comme Ledru-
Rollin et Duprat. Finalement, convaincue par l'éloquence de Jules Favre que le prince ne menaçait pas la
paix publique en brandissant « l'étendard dérisoire d'un
Empire possible », l'Assemblée accepta à une forte
majorité de valider son élection.

La partie paraissait donc gagnée lorsque, lors de la
séance du 15 juin, le président de l'Assemblée lut un
message daté de la veille dans lequel Louis-Napoléon
repoussait avec hauteur les accusations portées contre
lui. Une phrase surtout fit bondir les députés : « Si le
peuple m'impose des devoirs, écrivait-il, je saurai les
remplir. » Dans les rangs républicains, on parla de « déclaration de guerre » et d'« appel à la révolte » ce qui
était pour le moins excessif. S'agissait-il d'une bévue de
la part du futur Napoléon III ? Ou d'une provocation
tactique, destinée à justifier son retrait provisoire de
la scène tandis que se profilait le spectre de la guerre

civile ? Toujours est-il que, dès le 16, il adressait aux
députés une seconde lettre dans laquelle il déclarait
qu'il renonçait à remplir son mandat. « Je désire, disait-
il, l'ordre et le maintien d'une République sage, grande
et intelligente, et puisque, involontairement, je favorise
le désordre, je dépose, non sans de vifs regrets, ma
démission entre vos mains. »

Tandis que l'on votait pour les élections partielles, la
commission exécutive avait décidé, le 4 juin 1848, de
supprimer les Ateliers nationaux. « N'osant licencier
d'un seul coup cette milice redoutable, écrit Tocqueville, on avait essayé de la disperser en envoyant dans
les départements une partie des ouvriers qui la composaient [9]. » Les travailleurs âgés de plus de vingt-cinq ans
étaient expédiés en province, soit pour défricher la
Sologne, soit pour travailler à la construction des chemins de fer. Les plus jeunes avaient le choix entre s'engager dans l'armée ou mourir de faim. La plupart
optèrent pour une autre solution qui fut de prendre les
armes.

La crise ne fut une surprise pour personne et il est
vraisemblable que le prétendant avait, comme beaucoup d'autres, songé au parti qu'il pourrait en tirer.
Absent et démissionnaire, on ne pourrait lui reprocher
d'avoir prêté la main à la répression. Celle-ci, on le sait,
fut féroce, à la mesure du péril que courut, ou crut courir, la République bourgeoise. Le 23 juin en effet, une
formidable insurrection éclata au centre et à l'est de la
capitale. C'était un soulèvement de la misère, spontané,
sans chefs, sans organisation, qui se heurta à la volonté
méthodique et méditée du général Cavaignac, ministre
de la Guerre, auquel l'Assemblée conféra, le 24, des pouvoirs dictatoriaux. Disposant d'effectifs importants
— environ 30 000 hommes auxquels se joignirent une
quinzaine de milliers de jeunes gens des beaux quartiers
enrôlés dans la garde mobile — celui-ci laissa se développer l'insurrection pour mieux l'écraser ensuite, inaugurant une tactique dont Thiers s'inspirera en 1871.

Du 23 au 26 juin se livrèrent dans la capitale d'impi-

oyables combats de rues, la première véritable guerre de
classe « franco-française ». Dressant le bilan de sa victoire, Cavaignac pouvait affirmer au soir du 26 : « L'ordre
a triomphé de l'anarchie. Vive la République ! » Cela au
prix d'une terrible boucherie : 5 000 morts chez les
insurgés (tués ou fusillés sans jugement), environ 1 500
du côté des forces de l'ordre (dont 3 généraux), des milliers de blessés, suivie d'une impitoyable répression. Il
y eut 25 000 arrestations et 11 000 condamnations à la
prison ou à la déportation. Les journées de juin creusè-
rent ainsi entre les républicains et les ouvriers un fossé
que Louis-Napoléon n'allait pas tarder à exploiter.
A Londres il aurait assuré que Cavaignac lui avait
déblayé la route ».

Député et candidat à la présidence

Tandis que le général ministre, fils d'un conventionnel régicide et républicain sincère, déposait ses pouvoirs dictatoriaux entre les mains de ses collègues, pour
se voir aussitôt investi des fonctions de président du
Conseil, Louis-Napoléon décidait de profiter des élections complémentaires pour rentrer dans le jeu. Avec
l'intention cette fois de ne plus le quitter. Lorsqu'il présenta sa candidature dans les quatre départements qui
l'avaient élu en juin, et auxquels s'ajouta la Moselle, il y
eut bien des voix pour affirmer qu'il n'était pas étranger
au déclenchement de l'insurrection parisienne, mais ces
accusations n'eurent aucune incidence sur le résultat du
vote. La propagande bonapartiste déploya à son profit
toute la gamme des propos démagogiques, jouant tantôt sur la sagesse du prince, ennemi du désordre et
homme d'État pourvu de compétences multiples, tantôt
sur l'intérêt qu'il portait aux humbles, aux travailleurs,
à ceux que la République bourgeoise envoyait croupir
au bagne ou dans les marais mortifères de Sologne.
Louis ne participa pas lui-même à la campagne. Il laissa
le soin à Persigny, une fois encore avec pour consigne

de rester prudent et de prôner la réconciliation des classes. Avant de prendre sa décision, il s'était rendu à Ostende, pour chercher conseil auprès de Jérôme, son oncle avec lequel il s'était réconcilié, et à Londres il avait rencontré Pierre Cabet et Louis Blanc. Cette fois rien n'avait été laissé au hasard.

Les 17 et 18 septembre, Louis-Napoléon fut élu dans les cinq départements où il présentait sa candidature. Dans la Seine il obtint plus de 110 000 voix sur 247 000 votants : 300 000 au total [10] si l'on compte celles qui se portèrent sur son nom dans le Nord, dans l'Orne, dans la Gironde, c'est-à-dire dans des départements où il n'était pas candidat. Le 24, il arriva à Paris et s'installa à l'hôtel du Rhin, place Vendôme, tout près de l'établissement où il était descendu, dix-sept ans plus tôt, avec sa mère. Il n'était alors qu'un proscrit, un indésirable que le roi Louis-Philippe ne devait pas tarder à renvoyer en exil. C'est en vainqueur qu'il était de retour, fort de sa toute récente élection parisienne et bien décidé à conquérir le pouvoir.

Signe que le vent avait tourné : l'élection du prince fut validée à l'unanimité le 25 septembre. Pour éviter que son arrivée à l'Assemblée ne donnât lieu à de bruyantes démonstrations bonapartistes, on le fit entrer par une porte de service. Il prit place aussitôt sur les bancs de la gauche, auprès de Viellard et lut une brève déclaration dans laquelle il disait son profond attachement à la République, faisait serment de servir celle-ci avec dévouement et remerciait les « généreux patriotes » qui lui avaient apporté leurs suffrages. Prononcée sur un ton monocorde et avec un « fort accent étranger » (*dixit* la presse républicaine), elle ne souleva aucun enthousiasme parmi les députés. On attendait Louis-Napoléon aux actes, et pour l'heure on constatait, avec soulagement, l'apparente absence de charisme d'un homme que l'on disait aux portes du pouvoir.

Au moment où Louis-Napoléon faisait son entrée à l'Assemblée, celle-ci achevait de mettre au point le texte de la Constitution. En mai, elle avait désigné une commission de dix-huit membres, présidée par le juriste Louis de Cormenin et qui comprenait d'éminents esprits comme Tocqueville, son ami Gustave de Beaumont, Armand Marrast, les orléanistes Odilon Barrot et Dufaure ou le socialiste Victor Considérant. Dès le mois de juin, on s'était mis à peu près d'accord sur les grandes lignes du projet qui devait être soumis aux Constituants, mais l'insurrection parisienne incita la commission à revoir sa copie dans un sens plus conservateur, en éliminant notamment les éléments relevant de considérations sociales.

Le débat porta essentiellement sur la nature, les prérogatives et le mode de désignation de l'exécutif. Instruits par les précédents de la période révolutionnaire, les députés rejetaient dans leur très grande majorité l'idée d'un exécutif collectif qui pût soit déboucher sur la tyrannie, comme au temps du Comité de Salut public, soit se décomposer, à l'exemple du Directoire, pour ouvrir la voie à la dictature et à la monarchie impériale. Il fallait donc un président, comme aux États-Unis, et un président qui eût assez d'autorité pour mettre le régime à l'abri des aventures : ce qui impliquait qu'on lui concédât des pouvoirs étendus. Élu pour quatre ans, mais non immédiatement rééligible, non révocable par l'Assemblée sauf dans le cas de haute trahison, il se voyait reconnaître l'initiative des lois, la désignation des ministres et des hauts fonctionnaires, la direction de la diplomatie et le commandement de la force armée. Sur ces différents points, la commission et l'Assemblée se trouvaient à peu près d'accord. Ce qui posait davantage problème c'était le mode d'élection du chef de l'État. Serait-il désigné, comme l'Assemblée législative — composée de 750 membres âgés d'au moins 25 ans, renouvelables tous les trois ans au scrutin de liste départemental — par l'ensemble du corps électoral, ou élu par les députés ?

La minorité des Constituants estimait, avec Marrast, Leblond, Pyat, Audry de Puyraveau, etc., que l'élection du président au suffrage universel comportait un danger majeur, celui de créer deux pouvoirs rivaux, l'un et l'autre directement issus de la souveraineté nationale et investis par conséquent d'une égale légitimité. En cas de crise, le président ne pouvant dissoudre l'Assemblée législative ni celle-ci révoquer le chef de l'État, il ne pouvait y avoir d'autre solution que le coup de force. C'était pour parer à cette éventualité que le jeune républicain modéré Jules Grévy préconisait qu'on remplaçât le président de la République par un président du Conseil des ministres mandaté par l'Assemblée, toujours révocable et élu sans limite de temps, comme l'était le général Cavaignac. Le discours qu'il prononça devant ses collègues pour défendre sa position pointait du doigt les éventuels candidats au pouvoir personnel. En tout premier lieu le neveu du putschiste de Brumaire :

> Êtes-vous bien sûrs que parmi les personnages qui se succéderont tous les quatre ans au trône de la présidence, il ne se trouvera jamais un audacieux tenté de s'y perpétuer ? Et si cet ambitieux est un homme qui a su se rendre populaire ; si c'est un général victorieux entouré de ce prestige de la gloire militaire auquel les Français ne savent pas résister ; si c'est le rejeton d'une de ces familles qui ont régné sur la France et s'il n'a jamais renoncé expressément à ce qu'il appelle ses droits ; si le commerce languit ; si le peuple souffre, s'il est dans un de ces moments de crise où la misère et la déception le livrent à ceux qui cachent sous des promesses des projets contre sa liberté [...], répondez-vous que cet ambitieux ne parviendra pas à renverser la République [11] ?

Paroles prophétiques, mais qui ne parvinrent pas à convaincre la majorité des élus du risque qu'il y avait à faire s'affronter deux pouvoirs également issus du vote populaire. L'Assemblée rejeta l'amendement Grévy à une très forte majorité [12] le 6 octobre, après avoir écouté Lamartine — lui-même futur candidat à la magistrature suprême et mué peut-être par un calcul personnel — manifester sa foi dans la maturité du peuple éclairé par la Providence.

Je dis, déclara le poète au milieu d'un tonnerre d'applaudissements, que si ces groupes, ces factions, tentaient une usurpation, ils seraient trompés dans leurs espérances ; je dis que pour arriver à des 18 Brumaire dans le temps où nous sommes, il faut deux choses : il faut de longues années de terreur en arrière, et il faut des Marengo et des victoires en avant. [...] On empoisonne un verre d'eau, on n'empoisonne pas un fleuve. Une assemblée est suspecte ; une nation est incorruptible comme l'océan. [...]

J'ai foi dans la maturité d'un pays que cinquante-cinq ans de vie politique ont façonné à la liberté. [...] Oui, quand même le peuple choisirait celui que ma prévoyance, mal éclairée peut-être, redouterait de voir choisir [...] je dirais encore qu'il y a des époques où il faut dire comme les anciens : *Alea jacta est*. Que Dieu et le peuple se prononcent, il faut laisser quelque chose à la Providence [13].

Le 8 octobre, un autre amendement proposant de confier l'élection du président à l'Assemblée fut lui aussi rejeté à la suite d'une intervention décisive de Dufaure [14]. La voie paraissait donc dégagée lorsque, le lendemain même de cet ultime baroud d'honneur en faveur de la République parlementaire, un représentant de l'extrême gauche, Antony Thouret, proposa d'interdire la candidature aux membres de familles ayant régné sur la France. Le prince était évidemment visé et sommé en quelque sorte de venir s'expliquer à la tribune. Il le fit avec une telle gaucherie — « je désavoue, déclara-t-il, le nom de prétendant qu'on me jette toujours à la tête » — que Thouret, marquant ainsi son dédain d'un si piètre adversaire, retira son amendement. « Quel imbécile ! Il est coulé », s'exclama Ledru-Rollin en quittant la salle des séances. Pronostic hasardeux, repris le même jour par *Le National*, et que ne devait pas tarder à démentir le comportement de la majorité. Le 11 octobre, l'Assemblée adopta sans débat un texte abrogeant l'article 6 de la loi du 10 avril 1832, et le 12 Louis-Napoléon posait officiellement sa candidature à la présidence de la République.

Jusqu'alors, le futur Napoléon III s'était tenu dans une prudente réserve. Il fréquentait peu la classe politique. On le rencontrait plus souvent caracolant au bois sur son pur-sang Lyzzie, en compagnie de Miss Howard, que dans les couloirs de l'Assemblée. Lorsqu'il assistait aux séances, il se montrait extrêmement discret et distant, observant sans y prendre part un jeu dont il ne connaissait pas les règles. Charles de Rémusat, qui était ministre de l'Intérieur en 1840 et ne lui a jamais pardonné l'échauffourée de Boulogne, a laissé dans ses Mémoires un portrait sans indulgence du tout nouvel élu :

> L'impression, écrit-il, ne fut pas favorable. Sa façon de dire, sa figure ingrate, sa gaucherie maniérée donnent, dès le premier abord, une idée de lui très inférieure à ce qu'il vaut. Dans ces premières séances et tout le temps que dura sa candidature, il ne gagna rien de sa personne dans la Chambre. Il s'y produisait peu, ne causait guère et restait froid, poli et gourmé. Sa présence n'ajouta donc rien à l'importance qu'on pouvait attacher à son élection [15].

Campagne présidentielle

La Constitution n'était pas encore votée (elle ne le sera que le 3 novembre) lorsque l'Assemblée fixa au 10 décembre la date de l'élection présidentielle. Les candidats avaient environ six semaines pour peaufiner leur argumentaire et convaincre un électorat qui, dans son immense majorité, était appelé pour la première fois à prendre le chemin des bureaux de vote et dont une fraction importante était composée d'illettrés et d'individus étrangers à toute idée politique.

Cinq candidats étaient en lice. Les républicains de gauche, rassemblés dans une association dite de la « Solidarité républicaine », choisirent Ledru-Rollin, un ancien membre du gouvernement provisoire qui ne s'était pas compromis dans la répression des journées de juin. Les socialistes se rassemblèrent derrière Raspail, tandis que certains républicains modérés, appartenant pour une bonne part au monde intellectuel, optaient pour Lamartine. Très vite, il apparut que les deux personnalités qui avaient une chance sérieuse de l'emporter étaient Cavaignac et Louis-Napoléon Bonaparte. Le premier avait pour lui d'avoir dirigé l'exécutif provisoire et sauvé la République bourgeoise, le second d'être à la fois un homme nouveau et l'héritier d'un nom connu de tous les Français, ce qui n'était pas le cas des autres candidats. Il n'était associé ni aux vaincus de 1830 et de février 1848, ni aux incendiaires de juin, ni à ceux qui avaient noyé dans le sang la révolte des miséreux.

La grande inconnue du vote résidait dans l'attitude qu'allaient adopter les représentants du « parti de l'Ordre ». De quel côté feraient-ils basculer les voix des bourgeois terrifiés par l'insurrection parisienne et celles des masses paysannes soumises à l'influence des hobereaux et autres notables de province ? Cavaignac n'avait pas démérité aux yeux des conservateurs. On pouvait lui faire confiance pour empêcher que la République ne glissât du côté des « rouges ». Il avait la confiance des militaires et celle de certains milieux d'affaires. Il avait rallié au régime un certain nombre d'anciens serviteurs de la Monarchie de Juillet devenus des « républicains du lendemain ». De grandes figures du monde parlementaire comme Rémusat et Tocqueville estimaient qu'il pouvait acclimater en France une République modérée et libérale. Mais la droite conservatrice n'était pas prête à lui apporter ses suffrages sans de sérieuses garanties concernant notamment la liberté de l'enseignement et le rétablissement du pouvoir temporel du pape. Renversé en novembre 1848 par un mouvement révolutionnaire dirigé par Mazzini, Pie IX venait en effet de lancer un appel à toutes les puissances catholiques pour leur demander de le rétablir sur son trône.

Le comité de la rue de Poitiers, qui rassemblait les personnalités représentant les divers courants du

« parti de l'Ordre » — orléanistes, légitimistes et catholiques intransigeants — aurait certes préféré un candidat issu de ses rangs : un Thiers, un Molé, un Berryer,
voire un militaire de haut rang comme Bugeaud ou
Changarnier. Mais aucun de ces hommes n'avait, à
l'échelle nationale, une notoriété suffisante pour s'imposer, à une époque où seule une petite minorité était
accessible à la propagande écrite. De plus — et cela était
encore plus vrai de Guizot — ils avaient contre eux de
représenter les deux régimes censitaires déchus. On
préféra donc s'orienter vers un candidat n'appartenant
pas à ces tendances cependant que susceptible de rassembler sur son nom une masse d'électeurs attirés par
sa notoriété nationale et habile à exploiter tous les
mécontentements.

Louis-Napoléon répondait à ces critères. Il offrait en
outre l'avantage d'apparaître aux yeux de ces professionnels de la politique, pour lesquels le talent oratoire
tenait lieu d'aptitude à gouverner, comme un médiocre.
Son physique, son manque apparent de dynamisme,
ses interventions hésitantes à l'Assemblée, tout ce que
Rémusat résumait en déclarant : « ce qui domine en lui
c'est l'insignifiance »[16], faisait que l'on imaginait, à
droite, pouvoir manœuvrer aisément l'ancien prisonnier de Ham. C'est, disait Thiers, « un crétin que l'on
mènera », « une sorte d'idiot » renchérissait Lamennais,
« une fichue bête » pour le docteur Véron, ancien directeur de l'Opéra et député orléaniste, qui finit d'ailleurs
par se rallier à la candidature du prince. Au lieu de le
desservir, cette présomption d'incapacité lui permit de
gagner l'appui de ténors de la vie politique, convaincus
comme Thiers, que le futur président ne serait qu'un
jouet entre leurs mains.

Quelques signes indiquaient pourtant que derrière le
pâle candidat à la magistrature suprême sommeillait un
personnage d'un tout autre métal. Le 26 octobre, lorsqu'il était monté à la tribune pour annoncer à ses
collègues sa décision de prendre part à la bataille présidentielle, le ton n'était plus celui de la défensive timide

Eh bien ! oui, je l'accepte cette candidature, parce que trois élections successives et le décret unanime de l'Assemblée nationale m'autorisent à croire que la France regarde mon nom comme pouvant servir à la consolidation de la société. [...] Il n'est permis qu'à peu de personnes d'apporter ici une parole éloquente au service d'idées saines et justes. N'y a-t-il donc qu'un moyen de servir son pays ? Ce qu'il faut, c'est un gouvernement ferme, indulgent et sage, qui pense plus à guérir les maux de la société qu'à les venger. [...] Je vois qu'on veut semer mon chemin d'écueils et d'embûches. Je n'y tomberai pas. Je suivrai la voie que je me suis tracée sans m'irriter des attaques et montrant toujours le même calme. [...] Dorénavant, je ne répondrai à aucune interpellation [17].

Déjà, parmi les représentants de la classe politique, les plus clairvoyants avaient compris qu'ils n'avaient affaire ni à un incapable, ni à un sot, moins encore à un aboulique qui ne songerait qu'à savourer pendant quatre ans les délices du pouvoir élyséen. « Je ne vois pas, disait Montalembert, d'où lui vient sa réputation d'incapacité », tandis que Tocqueville, suivant sa « première impression », estimait que le prince était « très supérieur à ce que sa vie antérieure et ses folles entreprises avaient pu faire penser à bon droit de lui » [18].

C'est en tout cas un homme bien décidé à l'emporter qui se lance avec ses amis, fin octobre, dans la bataille présidentielle. Il installe son QG de campagne à l'hôtel du Rhin. Mocquard, ancien homme de confiance d'Hortense, dirige son secrétariat, tandis que Persigny, une fois de plus, conjugue les fonctions de stratège, d'organisateur et de sergent recruteur des phalanges bonapartistes. Car la « bande à Poléon » a pris de l'ampleur. Ce n'est pas encore un parti, au sens moderne du terme, mais le cercle des fidèles s'est élargi et encadre de petits groupes de sympathisants actifs (colleurs d'affiches, distributeurs de prospectus, assistants attitrés des réunions publiques bonapartistes, etc.) recrutés parmi les anciens militaires, les chômeurs et les boutiquiers en difficulté. Un nouveau venu dans le clan, le chef d'esca-

dron Fleury, qui a servi en Algérie et a su plaire au
prince, est en charge du secrétariat militaire et de la
protection rapprochée de Louis-Napoléon qu'il accompagne dans ses déplacements, armé d'un revolver et
d'une canne-épée.

La presse est au cœur de la bataille entre les deux
principaux candidats. Bien que Miss Howard ait largement ouvert sa cassette, les fonds manquent une fois de
plus à Louis-Napoléon pour entretenir une presse à sa
dévotion. En dehors des quelques titres déjà men-
tionnés — ceux-là d'inspiration clairement bonapartiste
mais dont beaucoup n'eurent qu'une existence éphémère —, le prince ne peut guère compter, parmi les
feuilles parisiennes de quelque importance, que sur *Le
Constitutionnel* de Véron, *L'Événement* de Victor Hugo
et *La Presse* d'Émile de Girardin. Ce n'est pas rien, mais
les gros bataillons du journalisme d'opinion sont du
côté de ses adversaires. *L'Union* et *Le Bien public* soutiennent Lamartine, *Le Peuple* de Proudhon, le *Journal
des Débats* et *La Révolution démocratique et sociale* de
Delescluze font campagne pour Ledru-Rollin. Cavaignac, qui a pour lui de représenter le pouvoir en place,
est soutenu par la majorité des journaux et dispose avec
Le National d'une ample audience. L'arme journalis-
tique est ainsi mise à contribution par le candidat républicain pour faire connaître ses thèmes de campagne,
informer le public de ses déplacements, diffuser ses discours et faire le procès de son principal adversaire.

Aucun des camps en présence n'était à l'abri des violences verbales et des coups bas, mais ce fut incontestablement Louis-Napoléon qui eut le plus à pâtir de ce
déferlement d'injures et de propos diffamatoires. Aucun
trait de sa personnalité, aucun événement de sa vie
publique ou privée qui ne fût disséqué, étalé sur la
place publique et offert à la vindicte populaire : depuis
« les obscurités entourant sa naissance » jusqu'aux
débauches de l'âge mûr, en passant par les récits visant
à ridiculiser l'« officier suisse », le conspirateur d'opérette, l'évadé de Ham ou le « sergent de ville » londo-

nien. Proudhon, qui avait pourtant manifesté de prime abord de l'intérêt pour le programme social du futur Napoléon III, se montra particulièrement virulent, dénonçant dans *Le Peuple* « l'écervelé de Strasbourg », pris dans un cul-de-sac, « comme un blaireau dans son terrier », « le dandy anglais », « le candidat des nobles, des usuriers et des ambitieux », « l'assassin d'un soldat français »[19].

Les feuilles satiriques comme *Le Charivari*, le *Journal pour rire* ou la *Revue comique* s'en donnaient à cœur joie pour ridiculiser le prince, à grand renfort de caricatures, de saynètes parodiques ou d'épigrammes assassins. On raillait sa « bêtise » (Caligula fit son cheval consul, en France on veut nommer un âne président), son accent germanique (*Le Charivari* représente Viellard donnant des leçons de prononciation au prétendant), sa gaucherie de « Suisse alémanique » ou d'« officier badois ». Dans l'autre camp, on rendait coup pour coup, et si les moyens manquaient pour contrebalancer l'influence de la presse républicaine, chansonniers et chanteurs de rues sont appelés à la rescousse :

> Voulez-vous du micmac ?
> Choisissez Cavaignac.
> Voulez-vous d'la canaille ?
> Choisissez M'sieu Raspaille.
> Voulez-vous un coquin ?
> Choisissez L'Dru-Rollin.
> Mais voulez-vous du bon ?
> Choisissez Poléon.

L'élection

Dès la mi-novembre, il apparut aux plus clairvoyants des observateurs politiques que l'élection de Louis-Napoléon à la présidence de la République était sinon acquise, au moins fort probable. Il ne faisait de doute, pour personne, qu'il viendrait en tête : mais avec quel score ? Lors de l'élaboration du texte constitutionnel, les députés avaient mis un garde-fou au vote populaire. Pour que l'élection fût valable, il fallait que le candidat le mieux placé obtînt au moins deux millions de suffrages et la majorité absolue. S'il en était autrement, le vote reviendrait à l'Assemblée qui aurait vraisemblablement à trancher entre Cavaignac et Louis-Napoléon, et, dans ce cas, le « parti de l'Ordre » emporterait la décision.

S'il ne fut pas absolument décisif — la classe politique n'ayant qu'un impact médiocre sur la masse des électeurs — le ralliement de la rue de Poitiers au candidat bonapartiste constitua pour ce dernier un atout important. Pour l'obtenir, le prince n'hésita pas à s'engager sur un terrain où Cavaignac, pressenti dans un premier temps par les royalistes, avait refusé de s'aventurer. Il manifesta tout d'abord une grande déférence à l'égard des ténors de la majorité conservatrice : les Thiers, Molé, de Broglie, et Montalembert. Puis, après avoir repoussé un texte rédigé par Thiers, il publia le 30 novembre un manifeste dans lequel étaient prises en compte la plupart des exigences formulées par le parti de l'Ordre. Il promettait de défendre la famille et la propriété contre le « pillage des partageux », d'assurer la liberté des cultes et celle de l'enseignement, de diminuer « les impôts les plus onéreux » ainsi que le nombre des fonctionnaires, de réduire l'ingérence de l'État dans la vie économique et la centralisation administrative. Autant de mesures qui, s'ajoutant à d'autres promesses concernant par exemple le rétablissement du pouvoir temporel du pape, s'accordaient mal avec les écrits antérieurs du prince et avec d'autres articles de sa profession de foi. Ne se disait-il pas en effet l'ami des travailleurs auxquels étaient promis la fin des proscriptions consécutives aux journées de juin, la création d'institutions de prévoyance pour la vieillesse et l'adoption de « lois industrielles » appelées à « fonder le bien-être de chacun sur la prospérité de tous » ?

Ce bric-à-brac d'engagements contradictoires constituait moins un programme de gouvernement qu'un miroir aux alouettes destiné à rassembler sur le nom du candidat bonapartiste une clientèle hétéroclite dont les intérêts et les inclinations politiques étaient loin de converger. Première mouture d'une stratégie électorale à laquelle auront recours par la suite tous les postulants à l'établissement d'un pouvoir fort d'inspiration nationale-populiste, en passant par les divers avatars de la contestation ligueuse, la Révolution nationale et les brèves apparitions d'un fascisme à la française. La majeure partie des électeurs du 10 décembre qui ont choisi de voter pour Louis-Napoléon Bonaparte ne l'ont pas fait pour des raisons idéologiques ; pas plus que les électeurs du général Boulanger en 1889 ou ceux de Jean-Marie Le Pen en avril 2002.

Ils ont voté contre la République bourgeoise — à droite parce qu'elle était censée faire le lit des « partageux » et de l'anarchie ; à gauche parce que ses représentants avaient fait tirer sur le peuple en juin 1848 —, et ils ont opté pour un candidat qui promettait d'associer l'autorité, la grandeur de la nation, le respect de la souveraineté populaire et le souci du sort des plus démunis. Tout cela exprimé avec suffisamment de flou pour que chacun pût croire y trouver son compte et assurer son avenir : orléanistes, légitimistes, catholiques, démocrates et socialistes déçus, militaires de haut rang comme Bugeaud, Oudinot ou Changarnier, écrivains sensibles à la cause du peuple comme Victor Hugo auquel le prince rendit visite, dans sa demeure de la place des Vosges, au plus fort de la campagne, et qui lui apporta son soutien.

On avait beau s'attendre à une victoire de Louis-Napoléon, l'ampleur du raz-de-marée surprit tout le monde, à commencer par le principal intéressé. Le 10 décembre, le prince obtenait en effet 5 434 000 voix. Cavaignac ne rassemblait sur son nom que 1 448 000 suffrages, Ledru-Rollin 370 000, Raspail 36 000, Lamartine 17 000 et Changarnier moins encore. Le triomphe était dû au vote massif des ruraux, lesquels représentaient alors les trois quarts de la population française. En votant pour Louis-Napoléon, nombre d'entre eux avaient simplement suivi les consignes des notables et des prêtres, eux-mêmes influencés par le ralliement du parti de l'Ordre à la candidature bonapartiste. Mais surtout, on avait voté pour le seul candidat dont on connaissait le nom, synonyme de gloire militaire et de prospérité des campagnes. Les années 1846-1848 avaient été désastreuses pour l'économie rurale, et dans ce contexte la période impériale apparaissait, de manière sans doute illusoire, comme un âge d'or.

Avec 74,2 % des suffrages exprimés (55,6 % des électeurs inscrits), Louis-Napoléon a donc réalisé une percée triomphale à laquelle, avec des degrés dans l'adhésion, la France entière a pris part [20]. Quatre départements ne lui ont pas donné la majorité relative : deux en Bretagne (Finistère et Morbihan), deux dans le Sud-Est (Var et Bouches-du-Rhône). Une vingtaine seulement ne lui ont pas accordé la majorité absolue, la plupart groupés dans l'Ouest et le Sud-Est. Enfin, dans trente-quatre départements, le score du vote bonapartiste a atteint ou dépassé 80 % des suffrages.

Les vaincus auront tôt fait de donner du vote du 10 décembre une interprétation conforme à leur propre vision de l'histoire. Le suffrage universel, trop tôt appliqué sans doute à une population rurale et composée pour moitié d'illettrés, ne pouvait qu'accorder la victoire au candidat de la réaction. Le bon usage du vote populaire implique un minimum d'instruction et d'autonomie des masses par rapport aux tenants des magistères traditionnels. La thèse n'est pas entièrement fausse, mais elle n'explique qu'en partie l'ampleur de la victoire bonapartiste. En fait, pour une large fraction de l'électorat qui s'est prononcé en faveur du neveu de l'empereur, le vote a une signification protestataire, ou si l'on veut tribunitienne. Il est allé à un homme, non à un parti — Louis-Napoléon a su drainer les suffrages des mécontents — de droite et de gauche —, peu sou-

cieux ·de suivre les consignes des organisations partisanes et des oligarchies concurrentes. Majoritairement
paysan, pour des causes sociologiques évidentes, son
électorat mêle des clientèles diverses qui lui ont fait
confiance pour des raisons dissemblables voire opposées : la bourgeoisie par peur des « partageux » et des
« incendiaires », le petit peuple citadin, les ouvriers
parisiens notamment — Louis-Napoléon a recueilli à
Paris autant de voix dans les arrondissements populaires que dans les « beaux quartiers » — par désir de
faire payer aux élites républicaines le prix de leur indifférence à la misère, comme celui du sang versé autour
des barricades de juin.

Le 20 décembre 1848, Louis-Napoléon se rendit à
l'Assemblée. Après que Cavaignac, acclamé par ses collègues, eut remis sa démission et celle de ses ministres,
il monta à la tribune pour prêter le serment dont Marrast, président de la Chambre, donna lecture :

> En présence de Dieu et devant le peuple français, repré-
> senté par l'Assemblée nationale, je jure de rester fidèle à la
> République démocratique, une et indivisible et de remplir
> tous les devoirs que m'impose la Constitution.

Très grave, la main tendue, le prince prononça d'une
voix forte : « Je le jure. » Marrast enchaîna aussitôt :
« Je prends Dieu et les hommes à témoin du serment
qui vient d'être prêté. L'Assemblée en donne acte. »
Après quoi, l'élu du suffrage universel lut un bref message qui, à en juger par le peu de chaleur des applaudissements, laissa l'assistance sceptique :

> Mon devoir est tracé, déclara-t-il, je le remplirai en
> homme d'honneur. Je verrai des ennemis de la Patrie dans
> tous ceux qui tenteraient de changer par des voies illégales
> ce que la France a établi. [...]
> Soyons les hommes du pays, non les hommes d'un parti
> et, Dieu aidant, nous ferons du moins le bien si nous ne
> pouvons faire de grandes choses.

Entre les représentants des deux pouvoirs issus du suffrage universel, se manifestait ainsi d'entrée de jeu un marquage discret, prélude aux affrontements qui aboutiraient, trois ans plus tard, à l'établissement d'une République consulaire et bientôt à l'Empire.

Le prince-président
(1848-1851)

Au lendemain de la cérémonie qui fait de lui le premier président de la République française, Louis-Napoléon s'installe à l'Élysée. Curieuse destinée que celle de ce palais construit au début du XVIIIᵉ siècle par l'architecte Claude Mollet pour Henri de La Tour d'Auvergne, comte d'Évreux, et successivement propriété de Mme de Pompadour, puis des rois Louis XV et Louis XVI, avant d'être érigé en siège provisoire de l'Imprimerie nationale. Suite à de nombreux changements d'affectation[1], l'Élysée était devenu sous la Monarchie de Juillet la résidence des hôtes étrangers du roi Louis-Philippe, ainsi la reine Marie-Christine d'Espagne et le khédive d'Égypte, Méhémet Ali.

Le choix effectué par l'exécutif était clair : le président ne serait logé ni au Palais-Royal ni aux Tuileries, lieux emblématiques de la monarchie. On avait oublié que pour le prince-président — c'est ainsi qu'on allait désormais désigner le neveu de Napoléon — l'Élysée était chargé de symboles et de souvenirs de l'ère impériale, infiniment plus suggestifs, pour qui songerait à établir son pouvoir personnel, que les palais des Bourbons et des Orléans. Napoléon l'avait offert à sa sœur Caroline Murat, qui le lui avait restitué lorsqu'elle était devenue reine de Naples. Joséphine l'avait habité en 1809 et l'empereur lui-même y avait signé son abdication le 22 juin 1815. Le lieu ne se prêtait donc guère à l'oubli de l'épopée impériale. L'un des premiers soucis du prince fut d'ailleurs de faire suspendre un portrait de la reine Hortense dans le boudoir d'argent et celui de Napoléon en costume de sacre dans le grand salon.

Installation

À l'Élysée, Louis-Napoléon s'entoure de ses fidèles. Avec le titre de Premier aide de camp, le colonel Vaudrey est placé à la tête de sa maison militaire. Parmi les huit officiers d'ordonnance qui forment sa garde rapprochée, Persigny et Bacciochi, l'un et l'autre colonels de la Garde nationale, se voient confier le premier les relations avec l'Assemblée, le second l'organisation des fêtes. Laity et Fleury font également partie de ce groupe, tandis que Mocquard prend la direction du cabinet présidentiel.

Thiers avait recommandé au prince d'adopter une « simplicité démocratique ». Celui-ci se garde bien d'appliquer ce sage conseil. Les valets de pied portent une livrée vert et argent, les valets de chambre une tenue noire à l'ancienne, des suisses à hallebarde montent la garde dans l'antichambre. En ville, le président circule dans un coupé aux armes impériales. Il a choisi comme tenue officielle l'uniforme de général en chef de la Garde nationale : tunique et pantalon bleu foncé, épaulettes dorées, chapeau à cornes orné de plumes blanches, grand cordon et plaque de la Légion d'honneur. C'est dans cette mise, aussitôt brocardée par la presse républicaine[2], qu'il passe, le 24 décembre place de la Concorde, sa première revue de chef d'État.

Autorisés à rentrer en France, les membres du clan Bonaparte ne se sont pas précipités pour offrir leurs services au prince-président. Il est vrai que, de la première génération, ne survit que le roi Jérôme, avec lequel le prince a fini par se réconcilier. Louis le nomme

gouverneur des Invalides, en attendant de le faire
— sous le Second Empire — maréchal de France et président du Sénat. Avec Napoléon-Jérôme, les relations ne
sont plus aussi sereines qu'au temps de l'exil londonien,
lorsque les deux cousins partageaient les faveurs de
Rachel. Après la révolution de 1848, Plon-plon a été élu
à la Constituante. À vingt-six ans, député de la Corse, il
est le plus jeune représentant du peuple et siège alors à
l'extrême gauche. C'est également parmi les députés de
la « Montagne » qu'il vient prendre place après les élections de mai 1849, cette fois comme élu du département
de la Sarthe. Ses prises de position et son talent d'orateur vont vite faire du fils cadet de Jérôme un débatteur
redouté — le « prince de la Montagne » — dont Louis-
Napoléon tentera de se débarrasser en lui confiant l'ambassade de Madrid.

Les rapports avec la princesse Mathilde ont connu
des fluctuations après que la « petite fiancée » d'Arenenberg s'est séparée, en 1846, de son époux, Anatole Demidoff. Le tsar a fini par donner son consentement[3],
assorti de l'obligation faite au mari volage de verser à
son épouse une pension annuelle de 200 000 francs
(dont 20 % portés en dédommagement au compte du
roi Jérôme). C'est plus qu'il n'en faut à Mathilde dans
l'hôtel particulier qu'elle a loué, au 10 rue de Courcelles,
près de Saint-Philippe du Roule, non loin de la maison
que son amant, le comte de Nieuwerkerke, s'est fait
construire dans le nouveau quartier Beaujon. Elle y
réside désormais, en concubinage quasi officiel avec
celui qu'on surnomme le « beau Batave » et y tient
salon, recevant les personnalités des lettres et des arts
en vue.

En quittant son époux, Mathilde est redevenue une
Bonaparte[4], mais elle a été autorisée par le roi Louis-
Philippe à rentrer en France. En 1847, elle a accueilli
Jérôme à Paris, et verse à l'ex-roi de Westphalie la part
de la pension payée par Demidoff, mais les rapports
entre le père et la fille demeurent distants. À la veille
des journées de février, l'un et l'autre n'en paraissent

pas moins en voie d'intégration rapide dans le milieu dirigeant orléaniste. Mathilde entretient des relations amicales avec Thiers. Jérôme a été reçu en octobre 1847 par Louis-Philippe et est ressorti de l'audience royale avec l'espoir d'être nommé pair de France. Plonplon attend son heure, comme son cousin Louis-Napoléon. Rien ne paraît devoir à court terme assombrir l'horizon de ce rameau de la tribu.

La révolution de 1848 ne pouvait que bouleverser les plans de Mathilde qui tient un salon politique hétéroclite. Le marquis de La Rochejaquelein, fils du général vendéen, est légitimiste, tout comme Nieuwerkerke. Thiers est l'une des principales figures du parti de l'Ordre. Le général-comte de Castellane a poursuivi sous la Restauration et la Monarchie de Juillet une brillante carrière commencée dans la Grande Armée, et il a conservé de fortes sympathies bonapartistes. Mathilde est une femme d'ordre. Elle inclinerait plutôt du côté de l'orléanisme, mais elle a conscience qu'une page est tournée et que la France — surtout après les journées de juin, dont elle a suivi le déroulement depuis la province — a besoin à la fois d'autorité et d'un minimum de considération pour les représentants des couches populaires : un panachage que le programme de Louis-Napoléon est seul à offrir aux électeurs.

Entre les deux cousins et ex-fiancés, la paix n'a pas tardé à se faire. Mathilde a rendu visite à Louis-Napoléon dans son quartier général de campagne de l'hôtel du Rhin. On a évoqué les heures insouciantes d'Arenenberg, la tendresse et l'appétit de vivre de la reine Hortense. On s'est pardonné le silence et l'oubli qui ont suivi la malheureuse équipée de Strasbourg, ainsi que les rudes propos tenus par le prince dans une lettre à Plonplon : « Que je préfère la sympathie du peuple aux hommages que ta sœur va chercher à Neuilly[5] ! » Il n'y a pas eu de retour de flamme, mais Mathilde a clairement choisi son camp. Elle s'affiche désormais aux côtés du prince candidat à la magistrature suprême, n'hésitant pas à engager ses bijoux pour contribuer au financement de la campagne. Élu alors qu'il vient tout juste d'avoir quarante ans, Louis-Napoléon est toujours célibataire. Sa compagne anglaise fréquente certes le palais présidentiel, mais elle ne peut tenir le rôle d'une « première dame de la République » sans que le sentiment public n'en soit fortement choqué. Or le prince a besoin d'une maîtresse de maison qui soit en mesure de le conseiller dans les questions de protocole, de préséances, de réceptions et d'organisation des festivités élyséennes. Mathilde exerce cette fonction d'hôtesse avec tact et efficacité jusqu'au mariage de son cousin avec Eugénie de Montijo en 1853.

Dernier venu dans le proche entourage du président : Morny, l'enfant adultérin d'Hortense et de Flahaut. Louis a appris la « faute » de sa mère après le décès de celle-ci. C'est Mme Salvage de Faverolles, exécutrice testamentaire de la reine, qui lui a révélé l'existence de ce demi-frère, et le prince a fortement accusé le coup. L'enfant a été déclaré sous le nom de Charles-Auguste Demorny et élevé par sa grand-mère maternelle, Adélaïde. Ses parents ne l'ont pas abandonné : Hortense a financé son éducation par l'intermédiaire de son tuteur, le banquier Gabriel Delessert. Son père, qui a épousé la fille d'un richissime Lord écossais, l'amiral Keith, et a été élevé à la pairie en 1830, lui a fait profiter de sa propre ascension sociale et de ses relations dans le milieu dirigeant de la Monarchie de Juillet. Introduit dans les salons et familier des princes d'Orléans, il a entamé une brillante carrière dans l'armée, changé son nom en celui de « comte de Morny » et obtenu en 1837 la Légion d'honneur pour ses exploits militaires en Algérie.

L'année suivante, Morny a abandonné la carrière d'officier pour se consacrer aux affaires. Il a fondé à Bourdon, près de Clermont-Ferrand, une sucrerie financée par sa maîtresse, Fanny Le Hon, fille du banquier Mosselmann et épouse de l'ambassadeur de Belgique. Président de l'association des betteraviers, propriétaire d'une usine de produits colorants et administrateur des mines

de la Vieille-Montagne[6], élu député en 1842, Morny est
devenu à cette date une personnalité, proche du gouvernement Guizot. Dans son hôtel particulier des Champs-
Élysées, il mène grand train, règne sur les salons,
collectionne les objets d'art et multiplie les conquêtes
féminines.

Si elles n'ont pas été une surprise pour ce viveur, les
journées de février ont également perturbé le parcours
sans faute du fils illégitime d'Hortense et de Flahaut.
L'exil des Orléans l'a privé de ses appuis politiques les
plus sûrs. Il a perdu son siège de député. Il est donc à
la recherche d'un « patron » dont le soutien lui permettrait de rebondir et a d'abord songé au comte de Chambord. Mais l'héritier des Bourbons ne lui paraît pas de
taille à reprendre la main, alors que son demi-frère est
déjà dans l'antichambre du pouvoir. Sceptique quant
aux qualités d'homme d'État du candidat à la présidence, il est en revanche persuadé de l'issue du scrutin.
Aussi n'hésite-t-il pas à faire le premier pas en direction
de Louis, par l'intermédiaire du prince Bacciochi dont
il a fait la connaissance au Jockey-Club. « S'il vous
interroge à mon propos, dit-il au neveu d'Élisa Bonaparte, assurez-le de ma sympathie. » Cela n'implique
aucun engagement de sa part. Lui aussi attend son
heure : il le confie à Fanny Le Hon qui s'étonne, après
l'élection, de ne pas le voir, comme tant d'autres, courir
à l'Élysée : « Lorsqu'il sentira le moment venu, c'est lui
qui m'appellera. »

Le calcul était juste. Peut-être les deux hommes se
sont-ils croisés une première fois chez la comtesse Le
Hon ou chez le roi Jérôme[7]. Les sources sont impré-
cises sur ce point. On sait en revanche qu'ils eurent un
entretien de trois heures à l'Élysée, le 23 ou le 24 janvier
1849, et que c'est Louis-Napoléon qui eut l'initiative de
la rencontre. Convoqué à dix heures du soir, Morny fut
introduit dans le bureau du prince qui vint au-devant
de son hôte, lui prit les deux mains et resta un long
moment à le contempler sans prononcer une parole. Le
futur Napoléon III n'était pas homme à laisser entrevoir

ses émotions intimes, de même que Morny, et ce n'était pas pour lui parler d'Hortense que le prince avait convoqué son demi-frère, mais pour le tester et lui demander d'apporter son concours au clan élyséen. Quand Morny quitta le palais présidentiel, il était bien décidé à répondre à l'appel de son demi-frère. Par intérêt, parce qu'il voyait dans la collaboration qui lui était proposée un moyen de se renflouer après les ravages que la crise avait produits dans ses affaires. N'avait-il pas été obligé l'année précédente de mettre aux enchères à Londres les plus belles toiles de sa collection [8] ? Il n'avait guère apprécié, en effet, son premier contact avec le prince-président :

> Si je n'avais suivi que mon goût, écrira-t-il dans ses Mémoires, je n'y serais jamais retourné. Je le trouvais imbu de préjugés, de faux systèmes, de défiance. Il avait les idées qu'on prend naturellement dans un exil prolongé, une espèce de libéralisme sentimental naturel aux proscrits, mais avec lequel on ne conduit pas longtemps un gouvernement. Son entourage se composait d'une collection de niais ayant passé leur vie dans l'opposition ou en prison, et incapables de conseiller au prince une bonne marche [9].

Ce jugement à l'emporte-pièce, au demeurant assez clairvoyant s'agissant des proches collaborateurs de Louis-Napoléon, n'empêche pas Morny de se proclamer « bonapartiste depuis toujours » et de s'intégrer sans états d'âme à l'équipe des conseillers du prince. Il lui faudra peu de temps pour en devenir le principal acteur : « Il est impossible de m'éloigner — écrit-il à la comtesse de Flahaut, l'épouse de son père, à la veille des législatives de mai 1849 —, surtout après la position que j'ai prise et la confiance que j'inspire au prince. Je le vois tous les jours, plutôt deux fois qu'une. Il cause avec moi de tout. Puis-je décemment le planter là dans un moment critique [10] ? » Il n'est pas étonnant que Louis-Napoléon ait trouvé son demi-frère « envahissant », du moins jusqu'à ce que Fleury ait fait comprendre à ce dernier qu'il devait se montrer moins péremptoire dans ses interventions auprès du prince. Morny avait suffisamment d'intelligence et d'ambition pour le comprendre. Il sut vite s'adapter et devint bientôt, avec Persigny, le conseiller le plus écouté du chef de l'État.

Premières escarmouches

Le prince aurait souhaité que Thiers, principale figure du parti de l'Ordre, prît la direction du nouveau gouvernement. Invité chez lui, place Saint-Georges, le soir même de son élection, en compagnie de Napoléon-Jérôme et de Mathilde, il lui rendit la politesse dès le lendemain, espérant ainsi convaincre l'ancien président du Conseil de la Monarchie de Juillet de l'importance qu'il attachait à son retour au pouvoir. Thiers ne voulut rien savoir : il avait fait voter pour un « crétin » qu'il entendait « mener » en lui procurant de l'argent et des femmes, mais il n'entendait pas lui servir de faire-valoir. « Je dois, déclara-t-il, appuyer le prince Louis dans une juste mesure comme le drapeau choisi par nous pour représenter l'ordre, vivant bien avec lui, avec sa famille, ses flatteurs, mais sans familiarité. » Ni Molé, ni les autres dirigeants orléanistes, ni les amis du comte de Chambord ne souhaitaient diriger un cabinet dont on pressentait qu'il aurait du mal à éviter les heurts avec l'Assemblée aussi bien qu'avec le prince-président. Pour sa part, Louis-Napoléon aurait souhaité gouverner avec les républicains, mais ces derniers ne lui pardonnaient pas son score présidentiel, obtenu aux dépens de leurs propres candidats. Persigny résumait la situation en soulignant que le prince « ne connaissait pas un homme important qui pût le servir et n'avait pas un ami dont il pût convenablement faire un ministre ».

À défaut d'un homme important, le choix du président se porta sur Odilon Barrot, ancien chef de l'opposition constitutionnelle et titulaire dans le cabinet du portefeuille de la Justice. Louis-Philippe avait fait appel

à lui, lors des journées de février 1848, trop tard toutefois pour sauver son trône. Barrot était un excellent orateur, modéré, libéral mais peu ouvert aux problèmes
sociaux. Les autres ministres étaient des seconds cou-
teaux qui relevaient pour la plupart de la mouvance
orléaniste. Léon Faucher était aux Travaux publics,
Drouin de Lhuys aux Affaires étrangères, Léon de Malleville à l'Intérieur. L'équipe ne comptait qu'un seul
républicain, le très modéré Bixio, qui devait d'ailleurs
se retirer quelques semaines plus tard, et un représentant du « parti catholique », le comte de Falloux, qui,
pressé par ses amis ecclésiastiques, n'avait accepté le
portefeuille de l'Instruction publique et des Cultes que
pour défendre la « liberté » de l'enseignement secondaire.

Le prince-président se trouvait donc flanqué d'un
gouvernement dont aucun membre n'appartenait à son
propre camp. Tel était le prix à payer en contrepartie
du soutien que les hommes de la rue de Poitiers avaient
apporté à sa candidature. Il ne s'agissait en somme ni
d'un ministère parlementaire, dont le sort eût été lié à
la confiance de l'Assemblée, ni d'un cabinet présidentiel
élaborant sa politique en accord avec le chef de l'État,
mais de ce qu'Émile Ollivier appellera le « ministère de
la captivité ». Le captif était Louis-Napoléon dont l'en-
cerclement fut complet après la désignation de Changarnier à la tête de la Garde nationale et de la division
de Paris.

Il n'était pas dans le projet du prince-président de se
laisser ainsi enfermer dans la fonction de représentation qu'on avait l'intention de lui imposer, en attendant
qu'à l'issue de son mandat — non reconductible, on le
sait —, les hommes d'ordre puissent mettre fin à la fic-
tion républicaine. Falloux ne proclamait-il pas que le
moment était venu de « jeter le masque » ? Les électeurs, disait-il, « n'ont pas dissimulé leurs sentiments.
Pourquoi dissimulerions-nous les nôtres » ? Le prince
avait attendu trop longtemps l'heure de son triomphe,
pour ne pas tirer avantage d'un vote qui l'assurait du

soutien de l'immense majorité du corps électoral. Il entreprit donc, une semaine seulement après la désignation du gouvernement, d'engager avec celui-ci une épreuve de force destinée à marquer son propre territoire et à faire comprendre à la classe politique qu'il ne saurait se contenter d'un rôle de potiche.

Le 27 décembre, il adressa au ministre de l'Intérieur de Malleville une lettre dans laquelle il s'étonnait que des dépêches concernant les affaires d'Italie ne lui aient pas été communiquées directement par le préfet de police. Il exigeait d'autre part que lui fussent adressés en urgence les seize cartons qu'il avait réclamés dès son arrivée à l'Élysée et qui concernaient les affaires de Strasbourg et de Boulogne. Le ton de la lettre était comminatoire et Malleville la jugea suffisamment « insolente » pour faire appel à Barrot. « Je le crois fou, écrit-il au chef du gouvernement, et aucune puissance humaine ne me contraindra à le servir, après l'impertinence qu'il s'est permise envers moi. » Les autres ministres s'étant déclarés solidaires de leur collègue, Louis-Napoléon s'empressa de faire machine arrière : il adressa à Barrot une lettre dans laquelle il déclarait regretter le « mouvement d'humeur » qui l'avait conduit à « offenser M. de Malleville et le cabinet tout entier »[11]. Apparemment battu, il avait en fait expérimenté une tactique dont il allait désormais user dans ses rapports avec le gouvernement et avec la majorité parlementaire. De l'initiative que ses ministres l'avaient obligé à désavouer, il tirait en effet un bénéfice substantiel avec la démission de Malleville, aussitôt remplacé par Léon Faucher. Il lui avait suffi pour cela de faire patte de velours après avoir montré ses griffes, justifiant ce commentaire de Falloux :

> Nous savions désormais que le chef de l'État pouvait passer soudainement d'une somnolence apparente à un acte violent et qu'on pouvait, presque sans transition, sortir du calme par une brusque secousse[12].

Au printemps 1849, la question romaine permit au prince-président d'effectuer une nouvelle sortie, cette fois sur le terrain de la politique extérieure. Chassé de ses États et réfugié à Gaète, Pie IX avait appelé à l'aide les puissances catholiques, tandis qu'à Rome les patriotes rassemblés autour de Mazzini et de Garibaldi proclamaient la République et faisaient voter par une assemblée constituante la réunion des ex-possessions pontificales et du grand-duché de Toscane : première étape d'une unité de la péninsule à laquelle Mazzini et ses amis souhaitaient donner une forme républicaine et démocratique.

Confrontée à cette situation, l'opinion et la classe politique françaises se trouvaient partagées entre deux options radicalement opposées. La gauche républicaine et son principal dirigeant, Ledru-Rollin, estimaient que le régime issu de la révolution de 1848 ne pouvait que porter secours à la République romaine, tandis que la majorité conservatrice plaidait pour la restauration du pape dans son pouvoir temporel. La Constitution de 1848 ne proclamait-elle pas que la République française n'emploierait jamais ses forces contre la liberté d'aucun peuple ? En attendant de prendre ouvertement parti, le gouvernement Barrot décida d'envoyer à Civita-vecchia un corps expéditionnaire de 14 000 hommes, sous le commandement du général Oudinot, avec mission de s'interposer entre l'armée autrichienne — venue au secours du pape après avoir écrasé les Piémontais et les insurgés du royaume lombard-vénitien — et les volontaires garibaldiens, retranchés dans la Ville éternelle. L'argument développé par Odilon Barrot pour emporter l'adhésion de l'Assemblée était que la France ne pouvait laisser à l'Autriche le privilège d'avoir rétabli le pontife romain dans ses prérogatives de chef d'État. Appuyé par Falloux, il n'avait eu aucune difficulté à obtenir des députés un crédit de 1 200 000 francs pour permettre à Oudinot et à ses hommes de s'embarquer pour l'Italie.

N'ayant pas reçu d'instructions précises et ignorant

s'il venait en ami ou en ennemi, Oudinot fit avancer ses troupes en direction de Rome où les Français furent accueillis à coups de canon et durent se replier, offrant à l'Europe l'image d'une puissance à la fois hésitante dans sa politique et incapable d'imposer son autorité par les armes. Louis-Napoléon, qui avait promis lors de la campagne présidentielle de rétablir, s'il était élu, le pouvoir temporel du pape, ne laissa pas au cabinet Barrot le temps de réagir. Sans consulter ses ministres, il adressa au commandant du corps expéditionnaire une dépêche dans laquelle il ordonnait en quelque sorte à celui-ci de rétablir par la force l'autorité du souverain pontife :

> La nouvelle télégraphique qui annonce la résistance imprévue que vous avez rencontrée sous les murs de Rome m'a vivement peiné. J'espérais, vous le savez, que les habitants de Rome, ouvrant les yeux à l'évidence, recevraient avec empressement une armée qui venait accomplir chez eux une mission bienveillante et désintéressée. Il en a été autrement, nos soldats ont été reçus en ennemis. Notre honneur militaire est engagé ; je ne souffrirai pas qu'il reçoive aucune atteinte. Les renforts ne vous manqueront pas [13].

C'est le même homme qui, ayant combattu dix-huit ans plus tôt en Romagne les soldats pontificaux, se trouvait désormais du côté de la répression dirigée contre les patriotes italiens. Avait-il oublié son frère *carbonaro* mort dans l'entreprise, sa propre condamnation à mort par les Autrichiens, sa fuite en livrée de laquais ? Avait-il renié ses idéaux de libération des peuples et d'abolition des traités de 1815 ? Ou bien s'agissait-il seulement de payer la dette contractée auprès des représentants de la France réactionnaire et cléricale, tout en se faisant le champion de l'honneur national ? En attendant, un déluge de protestations s'éleva des bancs de la gauche républicaine, condamnant à la fois l'intervention contre la République romaine et la politique personnelle du prince-président : « Êtes-vous des hommes ?

s'écriait Ledru-Rollin à l'intention des ministres. La main sur le cœur, avez-vous le sentiment de votre dignité ? Si vous l'avez, répondez à cet insolent défi par un actre d'accusation ou disparaissez car vous avez l'opprobre au front. » Cinquante-neuf députés exigèrent la mise en accusation du président, tandis que *La Révolution démocratique et sociale* demandait qu'on envoyât « M. Bonaparte et ses ministres » à Vincennes. C'est dans ce contexte fiévreux que se déroula la campagne pour l'élection de l'Assemblée législative.

L'élection de l'Assemblée législative

Depuis plusieurs mois, le président de la République et le gouvernement Barrot étaient au moins d'accord sur un point : l'Assemblée républicaine ayant achevé sa tâche devait se séparer pour qu'on pût procéder à de nouvelles élections. Or, les élus d'avril 1848 n'étaient pas pressés de céder la place. Ils redoutaient qu'un raz-de-marée conservateur n'aboutît au rétablissement de la monarchie : il fallait donc gagner du temps, retarder l'échéance du scrutin pour tenter de soustraire une partie de l'électorat à l'influence des notables. C'est dans cette perspective qu'à l'initiative de Grévy, la Constituante avait refusé de se dissoudre avant d'avoir voté des lois organiques.

Dans le bras de fer entre l'Assemblée et le gouvernement, ce dernier prit les devants. Le 24 janvier, il décida en effet de licencier treize bataillons de la Garde nationale et supprima l'élection de la majorité des officiers. À cette provocation de l'exécutif — les unités concernées étaient majoritairement composées d'artisans et de boutiquiers —, les députés répliquèrent trois jours plus tard en repoussant un projet de loi supprimant les clubs. Mis en minorité, Odilon Barrot et son équipe se gardèrent bien de démissionner comme l'usage parlementaire l'aurait exigé. Il est vrai qu'au moment où Ledru-Rollin demandait la mise en accusation des

ministres, le prince-président s'était engagé à son tour
dans la bataille en assurant les membres du cabinet
qu'ils pouvaient « compter sur son appui ferme et persé-
vérant ».

L'épreuve de force fut évitée de justesse. Dans la nuit
du 28 au 29 janvier, des troupes prirent position autour
de l'Assemblée sous prétexte de défendre celle-ci contre
un mouvement populaire. L'initiative de cette démonstration militaire revenait à Changarnier qui, en charge
du commandement de la Garde nationale et des unités
régulières affectées à la division de Paris, faisait figure
d'arbitre de la situation. Allait-on assister à un coup
d'État et au profit de qui ? Changarnier y était favorable, ainsi que Morny qui songeait déjà à une réédition
du 18 Brumaire. Lors de la réunion qui se tint à l'Élysée
autour de Louis-Napoléon et à laquelle assistèrent
Thiers, Molé et de Broglie, on évoqua très sérieusement
cette éventualité. Finalement, craignant que Changarnier ne soit le principal bénéficiaire du coup de force,
le prince refusa de s'engager dans l'aventure. On préféra
négocier avec les députés qui, ayant clairement perçu la
menace, décidèrent à une faible majorité de se séparer.

Il ne restait plus au président qu'à tirer profit de l'affaire en se faisant acclamer par la troupe. À cheval et
en grand uniforme, il descendit les Champs-Élysées et
les Boulevards, salué par les vivats de la foule et des
soldats. Lorsqu'il arriva au Carrousel, les gendarmes
mobiles qui stationnaient dans la cour des Tuileries se
précipitèrent vers les grilles pour l'ovationner, levant
leurs bonnets à poil au bout de leur fusil. Des scènes
semblables eurent lieu au cours des semaines suivantes,
sans que le prince-président se laissât aller — en dépit
des encouragements de ses proches — à accomplir un
geste qu'il estimait prématuré.

L'élection de l'Assemblée législative avait été fixée aux
13 et 14 mai 1849. L'enjeu était de taille : il s'agissait
pour les électeurs d'arbitrer entre le président et les
républicains, majoritaires dans la Constituante mais
qui devaient désormais compter avec la montée en puis-

sance du parti de l'Ordre. Celui-ci rassemblait dans une coalition hétéroclite baptisée Union libérale d'anciens orléanistes, des légitimistes, des catholiques intransigeants, un petit nombre de républicains modérés et des représentants du courant bonapartiste. Les personnalités influentes étaient les anciens dirigeants du Comité de la rue de Poitiers, les Thiers, Molé, Rémusat, Montalembert, auxquels s'étaient joints deux familiers du prince : Persigny et le général Piat. Ce dernier, bien qu'il n'y eût pas à proprement parler de « parti bonapartiste », parvint à constituer des listes se réclamant directement de l'hôte de l'Élysée : il entendait mobiliser contre les notables de l'Union libérale les partisans de la démocratie rurale[14]. Représentants si l'on veut d'un bonapartisme de gauche, les hommes qui composaient ces listes « indépendantes » se distinguaient des candidats de l'Union libérale dont le programme se résumait en quelques mots clés : l'ordre, la propriété, la famille, la religion. Du régime politique qui sortirait à plus ou moins long terme du verdict des urnes, il n'était guère question, sinon parmi les familiers du prince. Une circulaire datée du 19 février et adressée aux électeurs évoquait ainsi la perspective d'un « Empire électif et décennal ».

Le ciment qui maintenait soudées les diverses pièces de cette mosaïque électorale était — conformément à ce qui deviendra une tradition fortement ancrée dans notre vie politique — la peur des « rouges ». Sous ce label étaient collectivement dénoncés comme fauteurs de troubles et « incendiaires » les démocrates radicaux comme Ledru-Rollin, les socialistes comme Pierre Leroux ou Louis Blanc et les « communistes » comme Raspail, au demeurant rassemblés dans des listes communes sous la dénomination globale de démocrates-socialistes et organisés au sein de la Solidarité républicaine. Le manifeste de cette formation, rédigé par Félix Pyat, reprenait les thèmes chers aux hommes de la gauche radicale : résistance à l'oppression, droit au travail, instruction obligatoire et gratuite, subordination du pouvoir exécutif à l'Assemblée, élection ou recrutement au concours des fonctionnaires, impôt progressif...

Le scrutin des 13 et 14 mai 1849 fut marqué par un fort taux d'abstention : 31,9 % contre 16,4 % enregistrés en avril 1848 pour les élections à la Constituante, soit un doublement en un an. Lassitude ? Déception dans les campagnes à la suite de la forte élévation des impôts ? Neutralisation d'une partie de l'électorat républicain, pris entre la crainte du péril révolutionnaire et le désappointement causé par l'orientation conservatrice du gouvernement ? Un peu de tout cela sans doute en proportions variables selon les régions, les classes d'âge et les catégories sociales. Le vote s'est traduit d'autre part par l'éviction de la majorité des sortants. Sur les 900 membres de la Constituante, 300 à peine furent réélus. Lamartine, Marrast, Garnier-Pagès, presque tous les membres du gouvernement provisoire, de la Commission exécutive et des cabinets de 1848 figuraient parmi les battus. Entre les deux pôles qui se partageaient l'essentiel de l'électorat, les républicains modérés ne formaient plus qu'un groupe restreint de 75 ou 80 députés. Avec plus de 200 élus, les démocrates-socialistes obtinrent au contraire un score plus qu'honorable, ce qui ne manqua pas d'inquiéter les partisans de l'ordre : en 1848, la « Montagne » avait bénéficié de l'euphorie ambiante et de l'effet de surprise, un an plus tard le vote d'extrême gauche avait une signification plus idéologique et traduisait le début d'un enracinement qui allait se confirmer, d'un scrutin à l'autre, pendant plus d'un siècle. On avait voté « rouge » dans les quartiers ouvriers de Paris et de Lyon, sur le pourtour septentrional et occidental du Massif central, dans la vallée de la Saône et du Rhône (68 % des suffrages exprimés en Saône-et-Loire) et dans les départements du Sud-Est. Ledru-Rollin fut élu dans cinq départements et concentra sur son nom 700 000 voix.

Le grand vainqueur de la consultation était le parti de l'Ordre avec 53 % des suffrages et près de 500 élus, dont 200 légitimistes, un noyau de bonapartistes présentés sur les listes communes, tous les chefs de la droite modérée orléaniste ainsi qu'un groupe catholique rassemblé autour de Montalembert et de Falloux. Les principaux bastions conservateurs se situaient dans l'Ouest — de la basse vallée de la Seine à la Gironde —, le Nord, la partie occidentale des Pyrénées, le sud du Massif central et le Languedoc : autant de régions où l'influence des notables et celle du clergé avaient poussé à l'élection des hommes d'ordre.

La droite aurait dû se réjouir pleinement d'une victoire qui lui permettait d'obtenir la majorité absolue à l'Assemblée et d'isoler encore un peu plus l'hôte de l'Élysée. Or l'ambiance était loin d'être au beau fixe dans le camp des vainqueurs. On redoutait en effet que le bon résultat obtenu par les « montagnards » ne fût le prélude d'une nouvelle flambée révolutionnaire d'où pouvaient sortir aussi bien l'avènement d'une République des « partageux » qu'un 18 Brumaire du prince-président. Tocqueville évoque en ces termes l'état d'esprit qui régnait au lendemain du scrutin dans les rangs du parti de l'Ordre :

> Le parti qui tenait le pouvoir lors de mon départ l'avait encore et le résultat matériel des élections devait, ce me semble, l'affermir dans ses mains [...] cependant je le retrouvai en proie à une terreur si profonde, que je ne saurais la comparer qu'à celle qui suivit Février, tant il est vrai qu'en politique il faut raisonner comme à la guerre et ne jamais oublier que l'effet des événements doit se mesurer moins à ce qu'ils sont en eux-mêmes, qu'aux impressions qu'ils donnent.
>
> Les conservateurs, qui avaient vu depuis six mois toutes les élections partielles tourner invariablement à leur avantage, qui remplissaient et dominaient presque tous les conseils locaux, avaient mis dans le système du vote universel une confiance presque sans limite, après avoir professé contre lui une défiance sans bornes. Dans l'élection générale qui venait d'avoir lieu, ils s'étaient attendus non seulement à vaincre, mais à anéantir, pour ainsi dire, leurs adversaires, et ils se montraient aussi abattus pour

être restés au-dessous du triomphe qu'ils avaient rêvé que si réellement ils avaient été vaincus[15].

Les conservateurs n'avaient pas tout à fait tort de redouter qu'une nouvelle offensive de l'extrême gauche ne vînt remettre en cause le verdict des urnes. Celle-ci serait toutefois beaucoup moins puissante qu'ils ne l'avaient imaginé. Rapidement contrée, elle n'en constituerait pas moins l'alibi qui allait permettre au parti de l'Ordre de faire adopter par l'Assemblée toute une série de mesures réactionnaires.

L'écrasement de la République romaine et la journée du 13 juin

Au lendemain du scrutin législatif, le premier souci du prince-président fut de remanier son gouvernement, ne serait-ce que pour donner l'illusion qu'il se conformait aux règles élémentaires du régime parlementaire. En réalité, il n'avait nullement l'intention de calquer la composition du ministère sur celle de l'Assemblée. Il entendait garder la main et signifier à ses alliés qu'il n'était pas disposé à être l'exécutant docile des décisions de la rue de Poitiers. Odilon Barrot étant à ses yeux trop indépendant de l'Élysée, il aurait souhaité le remplacer par Bugeaud, mais l'ancien gouverneur de l'Algérie était malade — il mourra un peu plus tard du choléra — et craignait de ne pas être suivi, en cas de troubles, par les éléments républicains de l'armée. Il refusa donc d'assumer la charge de principal ministre et c'est Barrot qui, une fois encore, se vit confier cette mission avec un mandat impératif : « Je crois, lui écrivit le prince, que la première nécessité est d'imprimer aux affaires une direction précise et énergique. [...] Il faut choisir des hommes dévoués à ma personne même, depuis les préfets jusqu'aux commissaires de police. Il faut surveiller les actions de chacun. [...] Il faut enfin réveiller partout le souvenir, non de l'Empire, mais de l'Empereur. »

À défaut d'un cabinet de potiches, conforme aux desiderata du président, c'est un gouvernement de transition que constitua Barrot le 3 juin avec des personnalités relativement indépendantes : à l'exception de Falloux dont Louis-Napoléon accepta le maintien à l'Instruction publique. Odilon Barrot conservait le cumul de la Justice et de la direction du ministère, Dufaure était à l'Intérieur, Passy aux Finances, Ruthière à la Guerre, Lacrosse aux Travaux publics, Lanjuinais à l'Agriculture et au Commerce, Tocqueville aux Affaires étrangères. « Ainsi constitué, de l'avis même de ce dernier, le cabinet avait une grande faiblesse : il allait gouverner avec le concours d'une majorité coalisée, sans être lui-même un ministère de coalition [16]. »

Les événements d'Italie allaient hâter le déclenchement de l'épreuve de force entre les conservateurs et les « montagnards ». À Rome, on l'a vu, Oudinot avait dû reculer devant la résistance des troupes républicaines. À la suite de quoi, le comportement du président laissait penser qu'il renonçait aux principes que Louis-Napoléon avait continûment développés dans ses écrits, concernant la liberté des peuples. En fait, en même temps qu'il ordonnait à Oudinot de marcher sur Rome pour barrer la route aux Autrichiens, le prince s'associait à la démarche voulue par l'Assemblée, laquelle consistait à envoyer auprès de Mazzini, en la personne de Ferdinand de Lesseps, un diplomate chargé de négocier un compromis avec le triumvirat romain. Recevant à l'Élysée avant son départ le futur concepteur du canal de Suez, Louis-Napoléon lui recommanda de rappeler à ses interlocuteurs italiens qu'il avait été de ceux qui, en 1831, avaient pris les armes contre le pouvoir tyrannique du pape. Lesseps s'acquitta avec bonheur de la tâche qui lui était confiée. Il signa avec Mazzini un traité stipulant que le peuple romain déciderait de son sort par un vote populaire, sous la protection de l'armée française. Mais lorsque le moment vint de ratifier ce

texte, la Constituante avait cédé la place à une assemblée dans laquelle les défenseurs du pouvoir temporel
faisaient la loi. Lesseps fut rappelé en toute hâte et
blâmé, tandis qu'Oudinot engageait une nouvelle offensive contre les soldats de Garibaldi.

Le 3 juin, le corps expéditionnaire français se trouve
aux portes de Rome (la ville tombera un mois plus tard).
Le 11, Ledru-Rollin interpelle à la Chambre le gouvernement Barrot qu'il accuse d'avoir violé l'article 5 de la
Constitution. « Vous avez au front, s'exclame-t-il, une
tache de sang. » Et d'ajouter que la loi fondamentale
de la République sera défendue « par tous les moyens
possibles, même par les armes » [17]. Après quoi, la mise
en accusation du président de la République et des
ministres étant rejetée, les dirigeants de la Montagne
appellent le peuple de Paris à descendre dans la rue.
Quelques barricades sont élevées le 13 juin mais Changarnier n'a aucun mal à les détruire et à enlever le
Conservatoire des Arts et Métiers où Ledru-Rollin et
d'autres chefs montagnards ont proclamé la déchéance
de Louis-Napoléon et appelé à l'insurrection. Écrasée
avant d'avoir commencé, l'émeute se solde par la mise
sur la touche des « démoc-soc », et ceci pour de longs
mois. Si Ledru-Rollin a réussi à s'enfuir et à gagner
l'Angleterre, Victor Considérant à se réfugier en Belgique, d'autres dirigeants de la Montagne sont arrêtés.
Paris est déclaré en état de siège. Les clubs républicains
sont fermés, la presse provisoirement muselée, de
même que la liberté de réunion.

Durant cette journée du 13 juin, Louis-Napoléon a
impressionné son entourage et ses alliés par son sang-
froid et son impassibilité. Le calme revenu, il s'efforce
de tirer le plus grand profit possible de la victoire des
partisans de l'ordre.

> Le système d'agitation, déclare-t-il dans sa proclama-
> tion au peuple français, entretient dans le pays le malaise
> et la défiance. Il faut qu'il cesse. [...] Il est temps que les
> méchants tremblent et que les bons se rassurent. Élu de

la nation, la cause que je défends est la vôtre et celle de vos familles, comme celle de vos propriétés, celle du pauvre comme celle du riche, celle de la civilisation tout entière. Je ne reculerai pas [18].

Quelques semaines plus tard à Ham, où il effectue une sorte de pèlerinage, répondant aux discours du maire et du curé, il se livre à une surprenante autocritique, opposant à la « témérité » de sa jeunesse le sage respect de l'homme mûr pour les institutions de sa patrie.

Aujourd'hui qu'élu par la France entière, je suis devenu le chef légitime de cette grande nation, je ne saurais me glorifier d'une captivité qui avait pour cause l'attaque contre un gouvernement régulier. [...]

Je ne me plains donc pas d'avoir expié ici par un emprisonnement de six années ma témérité contre les lois de ma patrie, et c'est avec bonheur que, dans les lieux mêmes où j'ai souffert, je vous propose un toast en l'honneur des hommes qui sont déterminés malgré leurs convictions à respecter les institutions de leur pays [19].

Soucieux de soigner sa popularité, le prince met à profit la période estivale pour parcourir l'hexagone et se faire acclamer par la foule et par les soldats. Avant de se rendre à Ham, il est allé à Chartres et à Amiens. Fin juillet, il est à Angers et à Tours, d'où il gagne Nantes, puis Rennes, Saumur et Blois. En août il sera à Rouen et au Havre, où toutes les fenêtres sont pavoisées. À Elbeuf, des religieuses s'agenouillent sur le passage du cortège présidentiel. Partout où il prend la parole, c'est pour prêcher la concorde et l'union de tous les citoyens. Ses interventions sont brèves. Elles visent à frapper l'assistance. Le prince lit le plus souvent un texte rédigé mais les termes en ont été choisis avec soin pour mobiliser l'assistance. En s'adressant de manière directe à son auditoire, en usant de formules que tous peuvent comprendre et aisément retenir, en caressant « les obscurs et les sans-grade » dans le sens du poil, comme s'il était l'un des leurs, le futur Napoléon III inaugure une technique langagière qui tranche avec les harangues rhétoriques des autres représentants de la classe politique. Tous les leaders populistes qui lui succéderont, de Boulanger à Drumont, du marquis de Morès à Doriot, de Poujade à Le Pen, sauront s'inspirer de ce modèle. Citons à titre d'exemple ce propos, tenu en juin 1850 à Saint-Quentin devant un public d'artisans :

> Mes amis les plus sincères, les plus dévoués ne sont pas dans les palais, ils sont sous le chaume ; ils ne sont pas sous les lambris dorés, ils sont dans les ateliers, dans les campagnes. Je sens, comme disait l'Empereur, que ma fibre répond à la vôtre, que nous avons les mêmes intérêts, les mêmes instincts [20].

Ces contacts avec la France profonde ne tardent pas à porter leurs fruits. La popularité du prince croît au rythme de ses déplacements en province et de ses sorties parisiennes. La presse bonapartiste en profite pour réclamer la prolongation des pouvoirs du président. Comment, s'interrogent les rédacteurs du *Dix Décembre* et du *Pays*, la France pourrait-elle envoyer à la retraite dans trois ans l'« homme providentiel » à qui elle devait d'avoir échappé à l'anarchie et au communisme ? Dès l'été 1849, l'idée d'une nécessaire révision de la Constitution germe ainsi dans une partie de l'opinion.

Le président s'affirme

Louis-Napoléon ne consacre pas tout son temps aux affaires et aux voyages de propagande. Il a conservé des longues années d'exil, en Suisse ou en Angleterre, des habitudes d'oisiveté — Lanjuinais le trouve « déplorablement paresseux » — et un appétit de plaisir que les années de captivité n'ont fait qu'amplifier. Quand il n'est pas en déplacement, il se lève tard. Il traîne à sa toilette et à son petit déjeuner, parcourt le courrier et la presse du jour, puis se rend au Conseil des ministres, qu'il préside avant de quitter l'Élysée vers quatorze ou quinze heures pour se rendre en calèche découverte au bois de Boulogne où il rejoint Miss Howard.

Hugo rapporte dans *Choses vues* le rituel quasi quotidien qui préside aux retrouvailles des deux amants. Elisabeth Ann, dont la liaison avec le prince est connue du monde et du demi-monde parisiens, arrive à son tour en calèche, suivie comme l'équipage présidentiel d'une voiture de service et de deux valets à cheval. On descend de voiture. Le président baise la main de sa compagne, puis le couple monte à cheval pour une promenade d'une heure ou deux. Il s'arrête un moment au pavillon du Bois pour y déguster le meilleur grog de Paris. Vers cinq ou six heures, selon la saison, les calèches viennent reprendre Louis et la belle Anglaise : direction l'Élysée où ils se séparent. Elisabeth Ann fréquente peu le palais présidentiel. Elle n'est pas non plus reçue chez la princesse Mathilde et rares sont les salons qui lui sont ouverts. Mais le couple a ses commodités. Miss Howard a acheté à deux pas de l'Élysée, rue du Cirque, un hôtel particulier où Louis la rejoint fréquemment, le soir, lorsqu'il n'y a pas réception au palais. Elle y reçoit également des familiers du prince : Mocquard, Bacciochi, Vaudrey, Fleury, Laity et autres compagnons d'armes et d'infortune, auxquels viennent se joindre parfois de vieux amis anglais, le marquis de Hartford, Lord Malmesbury ou Lady Blessington, flanquée du comte d'Orsay avec lequel elle vit à Paris, l'un et l'autre ruinés et croulant sous les dettes. On passe là de longues soirées, à commenter les nouvelles du jour, à écouter le président, son chien Ham à ses pieds ou sur ses genoux, parler de sa vie en exil, de sa captivité, de l'empereur. Les invités partis, Louis reste chez sa maîtresse et ne rejoint l'Élysée qu'au petit matin.

Miss Howard accompagne parfois le président dans ses déplacements en province. Durant l'été 1849, elle est du voyage en Bretagne et dans les pays de Loire. À

Tours, après les festivités qui font suite à la cérémonie officielle, Louis se retire dans ses appartements de la préfecture tandis qu'Elisabeth Ann s'installe pour la nuit dans la demeure du receveur général des Finances, un certain M. André, parti prendre les eaux dans les Pyrénées. Lorsqu'il apprendra que sa maison a été « souillée » par la présence de la concubine du prince, le prude fonctionnaire protestera avec véhémence auprès d'Odilon Barrot. L'incident est mineur et n'a donné lieu à aucun scandale public, mais il est révélateur à la fois de la manière dont la bourgeoisie de province juge, quand elle en a connaissance, le comportement du président, et de la nature qu'a prise sa liaison avec Miss Howard.

> M. André, écrit-il à Barrot, qu'on me dit puritain, n'a pas assez médité sur ce passage de l'Évangile où Jésus-Christ, s'adressant à des âmes aussi peu charitables que celle de M. André, dit au sujet d'une femme qu'on voulait lapider : *Que celui qui*, etc. Quant à moi, je n'accuse personne et je m'avoue coupable de chercher, dans des liens illégitimes, une affection dont mon cœur a besoin. [...]
>
> Comme, jusqu'à présent, ma position m'a empêché de me marier ; comme au milieu des soucis du gouvernement, je n'ai, hélas ! dans mon pays, ni amis intimes, ni liaison d'enfance, ni parents qui me donnent la douceur de la famille, on peut bien me pardonner, je crois, une affection qui ne fait de mal à personne et que je ne cherche pas à afficher[21].

Cette affection, aussi sincère et intense qu'elle soit, n'empêche pas le prince d'entretenir des relations intimes avec d'autres femmes : Rachel, Augustine Brohan — qu'il a connues l'une et l'autre durant son ultime séjour londonien —, Alice Ozy, qui fut le modèle et la maîtresse du peintre Théodore Chassériau, d'autres encore venues le plus souvent de la bohème dorée qui gravite autour du monde du spectacle et des arts. Ces passades n'inquiètent pas à l'excès Elisabeth Ann qui conjugue encore à cette date les rôles de favorite et de commanditaire du prince. L'élection à la présidence de la République n'a pas réglé en effet les problèmes financiers dans lesquels Louis-Napoléon se débat depuis longtemps, bien au contraire. Le traitement de 600 000 francs qui lui a été consenti par l'Assemblée ne suffit pas à assumer le train de vie du chef de l'État et celui de la petite Cour élyséenne : à quoi s'ajoute l'arriéré des dettes, évalué à cette date à plus de deux millions. Les 600 000 francs supplémentaires alloués en 1849 pour frais de représentation ne suffiront pas à combler le gouffre et il faudra l'année suivante porter les émoluments présidentiels à 2 160 000 francs (au lieu des 2 400 000 francs demandés par le prince). Sans l'appui inespéré de Changarnier, l'Assemblée aurait vraisemblablement repoussé la requête du chef de l'exécutif. Celui-ci dut se contenter néanmoins d'une augmentation votée à l'arraché, avec une majorité humiliante de 21 voix.

La journée du 13 juin et les démonstrations d'adhésion populaire qui accompagnent les apparitions en public du chef de l'État achèvent de convaincre celui-ci que le moment est venu d'affirmer son autorité et de préparer l'opinion à un changement de régime. Sans doute demeure-t-il prudent. Le 16 juillet, lors du passage à Amiens de l'équipe présidentielle, Changarnier fait comprendre à Persigny qu'il est prêt à appuyer un éventuel coup d'État : « Que le prince en finisse. S'il veut se faire proclamer empereur, il peut compter sur moi[22]. » Mais Louis-Napoléon n'a pas l'intention pour le moment de prendre d'assaut le pouvoir. Il se sent encore trop isolé. Il se méfie de Changarnier comme de tous ceux qui, à l'exception des hommes de son entourage proche, le poussent à l'épreuve de force. À l'attaque brutale, il préfère la patiente conquête des bastions institutionnels détenus par la majorité conservatrice, quitte à reculer quand la résistance sera trop forte, en attendant un nouveau pas en avant.

Encore une fois, c'est la question romaine qui va lui permettre de se démarquer du parti de l'Ordre et de faire avancer ses pions dans la partie qui l'oppose à l'Assemblée législative. Le 3 juillet, les troupes françaises ont occupé Rome évacuée par les mazziniens et par les soldats de Garibaldi. De Gaète où il s'est réfugié, Pie IX a aussitôt envoyé dans sa capitale — où il ne fera retour que le 12 avril 1850 — trois cardinaux (le « triumvirat rouge ») qui, après avoir remercié les « armées catholiques » en omettant de mentionner la France, ont aussitôt adopté des mesures résolument réactionnaires et répressives. Échaudé par la révolution, le pape dans lequel nombre d'Italiens avaient cru voir l'éventuel champion de la liberté laisse à son secrétaire d'État Antonelli le soin d'abolir les réformes adoptées ou promises : pas de constitution, pas d'amnistie pour les députés ou les membres du gouvernement révolutionnaire, pas de sécularisation de l'administration, mais le rétablissement de l'Inquisition et du très impopulaire impôt sur la mouture. Tout ceci imposé aux Romains sous la protection des baïonnettes françaises. Les Autrichiens n'auraient pas fait mieux. Or, si Louis-Napoléon a approuvé l'intervention d'Oudinot, c'est précisément pour empêcher que l'Autriche n'impose sa conception de l'ordre — à savoir le retour pur et simple à l'absolutisme — à Rome, comme elle l'a fait à Milan, à Venise et dans le reste de l'Italie du Nord. En ce sens, il se sépare de la majorité conservatrice pour laquelle seul compte le rétablissement du pontife romain dans ses prérogatives de souverain temporel.

C'est dans cette perspective que le prince-président adresse le 18 août à son officier d'ordonnance, le lieutenant-colonel Edgar Ney, membre du corps expéditionnaire, une lettre publiée dans *Le Moniteur* du 7 septembre et aussitôt reproduite par la presse française et étrangère.

> La République française, écrit le prince, n'a pas envoyé une armée à Rome pour y étouffer la liberté italienne. [...] J'apprends avec peine que l'intention bienveillante du Saint-Père comme notre action restent stériles en pré-

sence de passions et d'influences hostiles qui voudraient donner pour base à la rentrée du pape la présomption et la tyrannie. [...]

Je résume ainsi le pouvoir temporel du pape : amnistie générale, sécularisation de l'administration, et gouvernement libéral. [...] Lorsque nos armées firent le tour de l'Europe, elles laissèrent partout comme trace de leur passage la destruction des abus de la féodalité et les germes de la liberté. Il ne sera pas dit qu'en 1849 une armée française ait pu agir dans un autre sens et avec d'autres résultats [23].

Lue en Conseil des ministres, cette lettre devait en principe rester confidentielle. Sa divulgation par la presse provoqua un tollé parmi les représentants de la majorité et rares furent les journaux conservateurs qui ne blâmèrent pas son auteur. À leurs yeux, Louis-Napoléon avait tout simplement violé la Constitution en adoptant une démarche personnelle et en rendant public son désaccord avec l'Assemblée. Il avait de surcroît bafoué l'autorité pontificale et trahi, aux yeux des catholiques, ses engagements de campagne : ce qui provoqua la démission du comte de Falloux. Entre les deux pouvoirs, la guerre n'était pas encore déclarée, mais la position du gouvernement Barrot, pris entre l'activisme du président, le désaveu de la droite et l'approbation discrète de la gauche, s'avéra vite intenable.

Le prince n'était pas mécontent d'avoir perturbé le jeu politique en obligeant Barrot à adopter une attitude défensive en regard des « Burgraves » (on appelait ainsi, par référence aux personnages mis en scène par Hugo dans le drame éponyme, l'état-major, du parti de l'Ordre), et en suscitant une violente attaque des républicains contre Thiers, rapporteur devant l'Assemblée du dossier romain. Dans les rangs du gouvernement, on suspecta d'ailleurs Louis-Napoléon d'avoir divulgué la lettre à Edgar Ney dans le seul but de déconsidérer l'équipe ministérielle aux yeux de l'opinion et de montrer aux hommes de l'Union libérale qu'il pouvait se passer d'eux. Le 31 octobre, après avoir reçu deux jours

plus tôt le général d'Hautpoul, un vétéran des guerres
napoléoniennes devenu légitimiste et lieutenant général
sous la Monarchie de Juillet[24], le prince fit publier par
Le Moniteur la liste des nouveaux ministres. La veille, il
avait fait porter au domicile d'Odilon Barrot une lettre
dans laquelle il demandait à celui-ci sa démission,
assortie du grand cordon de la Légion d'honneur que
l'intéressé refusa avec hauteur.

« Dans les circonstances actuelles, écrivait le prince-
président, je crois qu'il faut absolument que je domine
les partis. » Le message était clair. Au ministère de « transition » succédait un cabinet de comparses, tous étroitement liés au prince et à Morny qui avait lui-même dressé
la liste des ministres. Aux côtés du général-comte d'Hautpoul, auquel revenaient la direction de l'équipe et le portefeuille de la Guerre, on trouvait Ferdinand Barrot, le
frère du président du Conseil démissionnaire, à l'Intérieur, un diplomate de carrière, Alphonse de Rayneval,
aux Affaires étrangères, Achille Fould, le financier de
confiance du prince, aux Finances, deux avocats du barreau de Riom, Eugène Rouher et Esquirou de Parieu,
en charge respectivement de la Justice et de l'Instruction publique, Dumas à l'Agriculture et au Commerce,
Bineau aux Travaux publics et le contre-amiral Des-
fossés à la Marine. On avait oublié Hugo.

L'ancien chantre du royalisme ultra, passé à l'orléanisme sous la Monarchie de Juillet — Louis-Philipe l'a
fait pair de France —, a pourtant donné des signes de
ralliement au prince-président. En décembre 1848, il a
été de ceux qui, parmi les républicains modérés, ont
opté pour le candidat du parti de l'Ordre. *L'Événement*,
le journal auquel collaborent les deux fils du poète et sa
maîtresse du moment, Léonie d'Aunet, a clairement
pris position pour le neveu de l'empereur : il a même
publié le manifeste électoral du prince[25]. Après l'élection de ce dernier, Hugo a accepté sans état d'âme l'invitation au premier dîner offert à l'Élysée par le président
de la République. Élu député à l'Assemblée législative
avec le soutien de la rue de Poitiers, il s'est peu à peu

éloigné des « Burgraves » dont il condamne les options ouvertement réactionnaires. Sans adhérer aux idées des « démocs-socs », ni surtout se joindre à leur appel aux armes, l'écrivain a incontestablement viré à gauche en 1849. Il n'est certes pas bonapartiste, mais dans le bras de fer qui s'engage entre la majorité conservatrice et le président, il se sent plus proche de celui-ci que de ses anciens amis.

Les débats parlementaires vont donner l'occasion à deux reprises à Victor Hugo de mesurer ce qui le sépare désormais de la droite. Le 9 juillet, lors de la discussion d'une proposition déposée par la commission chargée d'examiner les « lois relatives à la prévoyance et à l'assistance publique », il tonne, sous les protestations et les huées de ses collègues : « Je ne suis pas, messieurs, de ceux qui croient qu'on peut supprimer la souffrance en ce monde, la souffrance est une loi divine, mais je suis de ceux qui pensent et affirment qu'on peut détruire la misère. » Un propos qui, au moment où il accomplit sa tournée de propagande dans diverses parties de l'hexagone, n'est pas fait pour déplaire à l'auteur de *L'Extinction du paupérisme*.

Mais c'est surtout lors du débat du 19 octobre sur la question romaine que se confirme la rupture entre Hugo et les « Burgraves ».

> Ce qui n'est pas possible, déclare le poète, c'est que cette France ait engagé une des choses les plus grandes et les plus sacrées qu'il y ait dans le monde, son drapeau : c'est qu'elle ait engagé ce qui n'est pas moins grand ni moins sacré, sa responsabilité morale devant les nations ; c'est qu'elle ait prodigué son argent, l'argent du peuple qui souffre ; c'est qu'elle ait versé, je le répète, le glorieux sang de ses soldats ; c'est qu'elle ait fait tout cela pour rien[26].

Ce sont également des paroles que le prince-président ne saurait complètement désavouer. Après tout, sont-elles si différentes de celles que lui-même a employées dans sa lettre à Edgar Ney ? N'a-t-il pas parlé lui aussi

d'insulte faite « à notre drapeau et à notre uniforme » ?
N'a-t-il pas évoqué les « souffrances de nos braves soldats » ? Ne s'est-il pas indigné à l'idée que la République
française aurait pu envoyer une armée à Rome « pour
y étouffer la liberté italienne » ? Simplement, il a
mis quelques bémols à son propos en reconnaissant
l'« intention bienveillante du Saint-Père », là où l'écrivain parle de l'« esprit clérical » et invite le pape à
comprendre « l'aspiration à l'unité italienne ».

Quoi qu'en pense Louis-Napoléon, il ne peut, dans la
position précaire qui est la sienne, souscrire à l'idée
d'une unification de la péninsule qui se ferait aux
dépens du pouvoir temporel du pape. Venant une
dizaine de jours seulement après le tumulte provoqué à
l'Assemblée par son discours, la désignation de Victor
Hugo à un poste ministériel aurait sans doute été jugée
provocatrice par la majorité conservatrice, d'autant que
la gauche n'avait pas ménagé ses applaudissements au
poète. Quoi qu'il en soit, ce qui n'était qu'accessoire
pour le futur Napoléon III au moment où il constitua
son gouvernement personnel, s'avéra lourd de conséquence pour l'avenir. Hugo en tira les implications politiques.

Le tournant réactionnaire de 1850

Depuis le 13 juin, l'Assemblée et l'exécutif étaient au
moins d'accord sur un point : la nécessité de conjurer le
« péril rouge ». Aussi, des mesures sévères furent-elles
prises à l'encontre de l'extrême gauche. Trente-quatre
députés furent déférés en Haute Cour, la plupart en
fuite, dont Ledru-Rollin, Victor Considérant et Félix
Pyat. Après la suppression de six journaux démocrates,
la fermeture des clubs et la dissolution de légions peu
sûres de la Garde nationale, l'Assemblée vota plusieurs
lois qui restreignaient la liberté de la presse et le droit
de réunion. Les attaques contre le président de la République, la provocation des militaires à la désobéissance,

la publication de fausses nouvelles destinées à alarmer l'esprit public exposaient à des peines sévères. Enfin l'état de siège pouvait être décrété par l'Assemblée (ou par le gouvernement dans l'intervalle des sessions) en cas de péril imminent.

Cette offensive ne permit pas à la droite d'éradiquer, autant qu'elle l'aurait voulu, l'opposition démocrate. Les élections de remplacement du 10 mars 1850, destinées à pourvoir les sièges des députés condamnés par la Haute Cour, ne répondirent pas en effet aux attentes de la majorité. En dépit des entraves apportées à leur campagne, les montagnards ne perdirent que dix sièges sur trente et un. À Paris, les électeurs désignèrent le socialiste Vidal, collaborateur de Louis Blanc, un ancien insurgé des journées de juin, de Flotte et Carnot. Vidal ayant été élu deux fois, il fallut procéder le 28 avril à un nouveau scrutin. Eugène Sue, le romancier des bas-fonds, l'auteur consacré des *Mystères de Paris* et du *Juif errant*, fut élu avec 127 000 voix contre 119 000 à Leclerc, un obscur commerçant aux sympathies monarchistes. Son élection provoqua une véritable panique parmi les conservateurs. La rente perdit sept points en six semaines. Les caisses d'épargne furent prises d'assaut. Les étrangers commencèrent à quitter la capitale tandis que Jules Baroche — ancien procureur général près la cour d'appel de Paris —, qui venait de remplacer Ferdinand Barrot à l'Intérieur, déposait deux projets de loi répressifs.

Pour les dirigeants de la droite conservatrice, il apparaissait de plus en plus clairement que le pays n'échapperait à l'anarchie et au règne des « partageux » qu'en rétablissant la monarchie constitutionnelle. Ce qui impliquait soit que l'on eût recours à un coup d'État — mais au profit de qui ? La rue de Poitiers n'entendait pas faire le lit du bonapartisme ! —, soit qu'une restriction drastique du droit de vote permît de marginaliser la Montagne et de préparer la restauration de la royauté. En attendant de s'en prendre au suffrage universel, la droite voulut profiter de sa position dominante à l'Assemblée pour satisfaire l'une des principales revendications des catholiques : la liberté de l'enseignement. La loi Falloux, du nom du ministre qui en avait eu l'initiative lorsqu'il était en charge de l'Instruction publique et des Cultes dans le gouvernement Barrot, fut adoptée le 15 mars 1850 par 399 voix contre 237. Si elle maintenait le monopole universitaire institué par l'Empire — tout en procédant à une fragmentation par académies départementales dans les conseils desquelles l'évêque siégeait ès qualités —, elle le supprimait pour l'enseignement secondaire, le sort du primaire ayant été réglé dans le même sens par la « petite loi » (ou loi Parieu), votée le 11 janvier. Tout le monde pouvait désormais librement ouvrir un établissement d'enseignement, à condition que le directeur eût le baccalauréat (pour une école secondaire) ou le brevet (pour une école primaire).

« Libérale dans son principe », explique René Rémond, la loi Falloux était « réactionnaire dans son environnement »[27], en ce sens qu'elle favorisait considérablement l'influence du clergé : « une loi d'oppression, lâche Hugo, sous le masque de la liberté ». Les titres universitaires pouvaient en effet être remplacés pour les ecclésiastiques par la présentation du supérieur de la congrégation, ou par la lettre d'obédience délivrée par l'évêque. À quoi s'ajoutait le contrôle des autorités ecclésiastiques sur l'enseignement : le curé surveillait l'école communale et les instituteurs, ces « affreux petits rhéteurs » selon Montalembert, jugés responsables du vote des « paysans rouges », étaient placés sous la tutelle de l'Église. Les maîtres des écoles publiques étaient nommés non par les autorités universitaires, mais par les préfets de façon à permettre un contrôle administratif contre la nomination d'instituteurs socialistes. Bien qu'elle constituât un recul du « despotisme » napoléonien en matière d'enseignement, le prince-président ne songea pas à désavouer les promoteurs des lois Parieu et Falloux. L'appui de l'Église étant nécessaire à la réalisation de ses projets, il avait tout intérêt à ne pas heurter de front l'opinion catholique, d'autant qu'il s'était engagé lors de la campagne présidentielle à promouvoir la liberté de l'enseignement.

La loi électorale du 31 mai 1850 posait davantage problème à l'hôte de l'Élysée. Motivée par les résultats des élections partielles de mars et avril, et en particulier par celle d'Eugène Sue à Paris, elle visait à réduire l'influence des démocrates-socialistes tout en maintenant pour la forme le principe du suffrage universel. La loi multipliait en effet les cas de radiation des listes électorales (vagabondage, condamnation pour rébellion, pour atteinte à l'ordre public, etc.), et surtout elle exigeait de l'électeur trois ans de résidence dans le canton, attestée par le paiement de la contribution personnelle. Se trouvaient ainsi exclus du droit de vote les ouvriers logés en garni, les travailleurs itinérants qui allaient de ville en ville, de chantier en chantier, au gré des possibilités d'emplois fournis par l'industrie et par l'équipement ferroviaire, les saisonniers agricoles et tous les pauvres qui ne payaient pas la contribution personnelle. Pour Thiers, il s'agissait d'écarter du scrutin la « vile multitude » : ces « classes dangereuses » qui constituaient la principale clientèle de l'extrême gauche. La saignée était de taille : 2 900 000 électeurs éliminés, soit 30 % du corps électoral. Tous n'étaient pas des partisans de la République sociale : parmi eux, il y avait des représentants des couches populaires favorables à la démocratie plébiscitaire qu'incarnait le prince-président. Sachant qu'il n'aurait pas de toute façon à affronter le verdict des urnes en 1852, Louis-Napoléon laissa néanmoins passer la loi, mais il ne tarda pas à s'en désolidariser. En s'attaquant indirectement au suffrage universel, l'Assemblée remporta donc une victoire à la Pyrrhus. Le prince n'aura en effet aucun mal par la suite à dénoncer l'atteinte que le parti de l'Ordre avait infligée à l'exercice de la souveraineté populaire, article essentiel de la doctrine napoléonienne. Lorsque viendra l'heure du coup d'État, il saura user de cet argument contre les défenseurs de la République bourgeoise.

Pour faire bon poids, dans la lutte préventive qu'elle entendait mener contre la subversion, l'Assemblée vota les deux autres textes présentés par Baroche après l'élection d'Eugène Sue. La loi du 6 juin 1850 prorogea d'une nouvelle année la suspension de la liberté des clubs et l'étendit même aux réunions électorales. Celle du 16 juillet sur la presse rétablissait définitivement le cautionnement — celui-ci était fixé à 24 000 francs à Paris, soit une somme que pouvaient difficilement réunir les journaux de gauche, moins capitalisés que les autres —, ressuscitait le droit de timbre sur les écrits périodiques et faisait obligation aux auteurs de signer tous les articles philosophiques, politiques ou religieux.

Durant les délibérations de l'Assemblée, qui furent parfois houleuses et s'accompagnèrent d'un pétitionnement massif — 500 000 signatures réunies en quelques jours par les journaux et les cercles républicains —, l'Élysée resta muet. Les malheurs et les échecs avaient depuis l'enfance accoutumé Louis-Napoléon à dissimuler sa pensée, à ne pas dévoiler ses plans, à faire machine arrière lorsqu'il rencontrait une résistance trop forte, bien décidé à reprendre l'initiative une fois le danger écarté. Le vote de la loi électorale, qui touchait un point sensible de son programme, ne le fit pas changer de tactique, comme le montre cette réplique attribuée au prince au cours d'une conversation avec Hortense Cornu. Au reproche que lui adressait cette dernière de défendre le suffrage restreint, lui le « fils du suffrage universel », prenant ainsi le risque de périr avec l'Assemblée, il répondit : « Pas du tout. Quand l'Assemblée sera au-dessus du précipice, je coupe la corde. »

L'affrontement

Au début de l'automne 1850, le conflit larvé opposant les deux pouvoirs s'est transformé en guerre ouverte. Durant l'été, Louis-Napoléon a multiplié ses déplacements en province afin de tester sa popularité. L'entreprise ne fut pas toujours facile. À Lyon, à Besançon, à Colmar, à Strasbourg, l'accueil des populations fut plutôt réservé, voire hostile. Les foules manifestèrent parfois bruyamment leurs sentiments républicains. Il y eut même ici ou là des bousculades entre le « service d'ordre » présidentiel — composé de militants des brigades du Dix-Décembre — et les soutiens locaux de la Montagne. Néanmoins, le prince se tira plutôt bien de ces épreuves, se posant dans ses discours en défenseur de la République et glanant dans les bourgs ruraux les acclamations qui lui étaient chichement dispensées par les habitants des grandes villes.

L'Ouest lui fut en revanche très majoritairement favorable. Aussi est-ce dans cette région où dominait l'opinion conservatrice qu'il se risqua à aborder la question de son maintien au pouvoir. « Si des jours orageux devaient reparaître, déclara-t-il à Caen, et que le peuple veuille imposer un nouveau fardeau au chef du gouvernement, ce chef, à son tour, serait bien coupable de déserter cette haute mission. » À Cherbourg, il évoqua le concours du peuple « à fortifier le pouvoir et à écarter le danger de l'avenir » [28]. L'invite était sans équivoque : au « peuple » d'exiger de ses représentants qu'une révision constitutionnelle permît au président de solliciter le renouvellement de son mandat.

À son retour à Paris, en septembre, plusieurs milliers de manifestants accueillirent le prince à sa descente du train aux cris de « À bas les rouges ! À bas les blancs ! Vive Napoléon ! Vive l'Empereur ! » La plupart appartenaient à la Société du Dix-Décembre et à la Société du Quinze-Août, deux organisations bonapartistes constituées selon la presse républicaine de « recrues de cabarets » stipendiées par l'Élysée. Daumier a immortalisé dans ses caricatures l'image de ces « décembraillards » sous les traits de Ratapoil : vieux soldat de l'Empire portant redingote usée jusqu'à la corde, chapeau sur l'oreille, moustache et barbe agressive. Le gourdin fait partie de la panoplie associée à cette « armée d'assommeurs » qui aurait, selon la *Gazette de France* compté près de 100 000 adhérents : chiffre considérablement gonflé mais qui révèle la crainte éprouvée par les adversaires du prince-président devant l'essor d'un « parti » bonapartiste jusqu'alors fantomatique.

Dans son souci de se constituer une clientèle susceptible de faire pression sur l'Assemblée pour que celle-ci accepte la révision constitutionnelle — ou pour approuver le coup d'État si telle devait être l'issue inévitable de la crise — Louis-Napoléon s'attache en même temps à mettre l'armée de son côté. Il n'hésite pas pour cela à user de procédés démagogiques qui ont fait leurs preuves en d'autres temps, faisant distribuer victuailles, vin et argent aux soldats les soirs de manœuvres et de revue, champagne, cigares et médailles aux gradés, ne craignant pas d'inviter à l'Élysée de petits groupes de militaires, officiers et sous-officiers mêlés pour des banquets bien arrosés dans les jardins du palais présidentiel [29], multipliant les promesses d'avancement et les augmentations de solde. Tandis que la presse républicaine dénonce des pratiques dignes du Bas-Empire romain, Changarnier déclare qu'elles relèvent du « socialisme le plus dangereux ».

C'est d'ailleurs à la suite d'un incident qui met en scène l'institution militaire et le général Changarnier, toujours maître de la force armée à Paris, que va éclater au grand jour le conflit opposant l'Élysée à l'Assemblée législative. Le 10 octobre, à la revue de Satory, tandis que l'infanterie défile en silence devant le prince-président, obéissant aux ordres donnés par ses chefs, la cavalerie salue le chef de l'État en poussant le cri de « Vive Napoléon ! », auquel certains ajouteront celui de « Vive l'Empereur ! ». Il est clair que les soldats n'ont pas obéi aux mêmes consignes. Les cavaliers ont suivi celles du général d'Hautpoul, ministre de la Guerre, les fantassins celles de Changarnier. Celui-ci, après avoir encouragé les acclamations des soldats sous les armes au début de la présidence — une manière de manifester le loyalisme de la troupe à l'égard du régime —, s'est par la suite déclaré hostile à cette pratique. Il est vrai que, dans l'intervalle, le chef de la Garde nationale et de la division de Paris est passé dans le camp de la majorité. Après avoir poussé Louis-Napoléon à l'épreuve de force, il rêve désormais d'être l'équivalent français de Monk (le général anglais qui, en 1660, fut l'artisan de la restauration des Stuarts) : il s'est donc rapproché des partisans du retour à la monarchie au moment où orléanistes et légitimistes songent eux-mêmes à réaliser la « fusion ». Des pourparlers se sont en effet engagés entre les représentants de ces deux familles politiques. On envisage, une fois la réconciliation des Orléans et des Bourbons devenue effective, de faire élire à la présidence un candidat qui préparerait le terrain, par exemple le prince de Joinville, un libéral qui peut passer pour acquis aux institutions de la République, mais qui pourrait ensuite céder la place au comte de Chambord, petit-fils de Charles X, lequel, n'ayant pas de postérité, serait remplacé après sa mort par le comte de Paris, fils du duc d'Orléans et petit-fils de Louis-Philippe, de dix-huit ans son cadet.

Dans ce scénario, Changarnier représente le bras armé de la restauration monarchique. Du moins est-ce ainsi qu'il se figure son rôle dans le projet que caressent en secret certains représentants — et non des moindres — du Comité de la rue de Poitiers. Aussi s'applique-t-il désormais à marquer ses distances à l'égard du prince, au prix d'imprudences qui ne tardent pas à dresser contre lui le chef de l'exécutif. Il n'hésite pas à le traiter en privé de « perroquet mélancolique », de « Thomas Diafoirus », et se vante de le « coffrer » et de l'« envoyer à Vincennes » à la première incartade. Rapportés au prince, ces propos ne peuvent qu'inciter celui-

ci à se débarrasser de l'encombrant général. Persigny et
Rouher demandent sa tête depuis longtemps : l'incident
de Satory lui offre l'occasion de la faire tomber.

C'est en fait Changarnier qui prend l'initiative de la
rupture. Il contacte le préfet de police Carlier. « Êtes-
vous homme à m'aider, lui demande-t-il, à mettre ce
con-là à Vincennes ? » Le général réunit à son domicile
plusieurs membres de la commission de permanence de
l'Assemblée. On songe sérieusement à faire arrêter le
président. Thiers propose une dictature de six mois.
Coup d'État contre coup d'État : qui aura le dernier mot
dans cette partie de bras de fer entre le solitaire de l'Élysée et la meute de ceux qui n'évoquent la défense de la
République que pour mieux étrangler celle-ci ?

Pour une fois, Louis-Napoléon se déclare prêt à engager l'épreuve de force, mais les hommes de sa garde
rapprochée, Rouher, Baroche, Morny, etc., lui conseillent de temporiser jusqu'à la fin des vacances parlementaires. À défaut de frapper la tête, on frappera
l'exécutant des consignes données aux troupes par
Changarnier, en la personne de son principal subor-
donné, le général Neumayer qui est muté à Rennes,
avec avancement. Promotion refusée par l'intéressé qui
est aussitôt mis à la retraite. Le 2 novembre, Changarnier reprend l'initiative en publiant un ordre du jour
provocateur que les journaux s'empressent de rendre
public : « Aux termes de la loi, l'armée ne délibère
point ; aux termes des règlements militaires, elle doit
s'abstenir de toute démonstration et ne proférer aucun
cri sous les armes. » La bataille est engagée : elle tour-
nera vite à l'avantage du président qui, après avoir
donné quelques gages à l'Assemblée — il fait notamment dissoudre la Société du Dix-Décembre, accusée
d'avoir voulu attenter à la vie de Changarnier et du président de la Chambre —, décide de mettre un terme aux
fonctions du général.

Celui-ci ayant déclaré le 2 janvier 1851 devant ses collègues (il est lui-même député de la Seine) que l'Assemblée avait le droit de requérir la force militaire, Louis-

Napoléon passe aussitôt à l'offensive. Le 3 janvier, il annonce son intention de destituer Changarnier, ce qui provoque la démission de plusieurs ministres dont celui de la Guerre. Pendant plusieurs jours, l'issue du conflit demeure incertaine, les « Burgraves » refusant de négocier avec le prince. Pour que la révocation devienne effective, il faut qu'elle soit contresignée par un militaire de haut rang. On finit par en trouver un en la personne du général Regnault de Saint-Jean d'Angély, tandis que le président menace de constituer « un ministère d'hommes dévoués » et que, dans les couloirs de la Chambre, Persigny agite devant les hommes du parti de l'Ordre le spectre de la guerre civile. Finalement, le décret destituant Changarnier de son double commandement [30] est signé le 9 janvier et transmis à l'intéressé le 10 au matin par Fleury. Le général se trouve encore au lit lorsque l'envoyé du président vient lui porter la lettre lui annonçant qu'il était démis de ses fonctions. Aux paroles embarrassées de Fleury, il se contente de répliquer sur un ton glacial : « Votre prince reconnaît singulièrement mes services. » Puis il congédie son visiteur, se réservant pour la bataille parlementaire à venir.

Celle-ci s'engagea le jour même. En même temps que l'annonce de la destitution de Changarnier, *Le Moniteur* du 10 janvier avait publié la liste des nouveaux ministres. Rejoints par d'autres proches du président, Baroche, Fould, Rouher, Parieu conservaient leurs portefeuille, tandis que le général Regnault de Saint-Jean d'Angély devenait ministre de la Guerre. À peine nommé, le nouveau cabinet dut affronter une violente offensive de la majorité, menée par Rémusat et Thiers. Le premier demanda la constitution d'une commission chargée de préparer « les mesures que les circonstances commandent » : il fut approuvé à une majorité de 57 voix. Le second prononça un discours resté célèbre, dans lequel il dénonçait la politique présidentielle. Les cris de « Vive l'Empereur ! déclara-t-il, voilà ce que j'appelle le fait des prétoriens. [...] Il n'y a que deux pouvoirs aujourd'hui dans l'État, le pouvoir exécutif et le pouvoir législatif. Si l'Assemblée cède aujourd'hui, il n'y en a plus qu'un. Le mot viendra quand on voudra... L'Empire est fait. »

Chacune des deux parties jugeant incertaine l'issue de la crise, l'épreuve de force fut évitée de justesse. L'Assemblée se contenta de marquer sa défiance au gouvernement par 415 voix contre 286. Louis-Napoléon eut la sagesse de ne pas passer outre, comme la Constitution l'autorisait à le faire. Ses problèmes financiers n'ayant cessé de s'aggraver, il avait besoin des députés pour obtenir de nouveaux subsides. Depuis la destitution de Changarnier — qui constituait assurément un succès pour le « parti de l'Élysée » —, le rapport des forces penchait désormais nettement de son côté. Il n'en estimait pas moins prématurée l'éventualité d'un coup d'État dont la réussite exigeait une préparation minutieuse. Louis-Napoléon résista donc une fois de plus aux pressantes sollicitations de Persigny. Il accepta la démission du ministère, d'ailleurs aussitôt remplacé par un cabinet de « transition », composé d'« hommes spéciaux » : il faut comprendre de fonctionnaires et de comparses, dont l'histoire se souviendra comme du « ministère sans nom ». En échange de quoi, l'Assemblée entérina tacitement l'éviction du général Changarnier.

La désignation, le 24 janvier, de ce cabinet de « techniciens » marque la fin de la première passe d'armes sérieuse opposant Louis-Napoléon aux détenteurs du pouvoir législatif. Victorieux d'une majorité affaiblie par la perte de son bras armé, le prince pense désormais pouvoir obtenir de l'Assemblée une modification des règles constitutionnelles qui lui permettrait de briguer un second mandat. Que cette procédure échoue, et il serait temps d'envisager une solution plus musclée au problème de son maintien à la tête de l'État.

8

Le 2 décembre

Ce qui m'avait toujours frappé lorsque je songeais à la situation de cet homme extraordinaire (non par son génie, mais par les circonstances qui avaient pu élever sa médiocrité si haut), ce qui m'avait frappé, dis-je, c'était la nécessité qu'il y avait de nourrir son esprit d'une espérance quelconque, si l'on voulait tenir celui-ci en repos. Qu'un tel homme, après avoir gouverné la France pendant quatre ans, pût être replacé dans la vie privée, cela me paraissait très douteux ; qu'il consentît à y rentrer, fort chimérique ; qu'on parvînt même à l'empêcher, pendant la durée de son mandat, de se jeter dans quelque entreprise dangereuse, semblait bien difficile, à moins qu'on ne découvrît à son ambition un point de vue qui pût, sinon la charmer, du moins la contenir [1].

Tocqueville, dans ses *Souvenirs*, exprime en ces termes un sentiment que partagent au début de 1851 — une fois retombée l'agitation parlementaire qui a suivi la révocation de Changarnier — les plus clairvoyants des observateurs politiques. Louis-Napoléon ne quittera l'Élysée que forcé, et comme la force est de son côté, il est plus que vraisemblable qu'il y restera. Tout aussi perspicace, Maxime Du Camp, au retour d'un long périple en Égypte et en Méditerranée orientale, fait le constat de l'impuissance des partis face à un monolithe politique dont le but est connu et la tactique éprouvée :

Nul parti n'est assez puissant, écrit-il, pour tenir en
échec cet homme taciturne, d'apparence apathique, qui
est soutenu par une idée fixe et qui en poursuit la réalisation avec une obstination de maniaque. Il laisse les
orateurs parler, les journalistes écrire, les députés se quereller, les généraux destitués l'injurier, les meneurs de
groupes parlementaires le vitupérer, il reste seul, muet,
impénétrable. Ses adversaires le traitent d'idiot et se ras-
surent. Enfermé à l'Élysée, tortillant sa longue moustache,
fumant ses cigarettes et marchant le front baissé à l'ombre
des grands arbres, il écoute toutes ces rumeurs et mûrit
ses projets[2].

L'échec de la révision constitutionnelle

Fixé à quatre ans, le mandat présidentiel devait
prendre fin en décembre 1852. Mais comme celui de
l'Assemblée, élue en mars 1849, s'achevait trois ans plus
tard, on avait décidé de procéder aux deux élections au
printemps 1852, donc d'avancer de sept mois le scrutin
présidentiel. S'il voulait rester en place au-delà de cette
date, Louis-Napoléon n'avait d'autres choix que ceux de
la révision constitutionnelle ou du coup d'État : or personne n'imaginait qu'il pût se laisser déposséder de son
pouvoir sans résistance.

Confrontée à cette situation, la classe politique s'est
majoritairement convertie, au début de 1851, au principe de la révision. Seuls les républicains sont à peu
près unanimes à rejeter une solution qui ruinerait leurs
espoirs de revanche. La politique de réaction inaugurée
l'année précédente a en effet radicalisé l'opposition de
gauche. Nombreux sont les représentants de la démocratie socialiste qui ont opté pour l'action clandestine
et développent dans des publications interdites par le
pouvoir le thème du rejeu révolutionnaire. On évoque
les grandes heures de la Convention montagnarde. On
agite le spectre de la Terreur et le règne de la guillotine :
non pour effrayer le peuple, mais pour stimuler au
contraire son ardeur contestataire. Pas question par

conséquent, pour les représentants de ce courant, de prolonger d'un jour le mandat du neveu de l'empereur.

De l'inquiétude que suscite, dans de larges secteurs de l'opinion, le retour annoncé des « rouges » — favorisé par la persistance du marasme économique —, Louis-Napoléon ne peut évidemment que tirer profit. Déjà, les votes qui ont suivi la révocation de Changarnier ont montré que la majorité conservatrice était désormais divisée. La fusion entre légitimistes et orléanistes ayant échoué, les représentants de ces deux familles politiques s'opposent sur le principe de la révision. Les premiers lui sont plutôt favorables dans la mesure où elle laisse intactes les chances ultérieures d'une restauration monarchique. Les amis de Thiers, majoritaires à droite, sont partagés entre ceux qui répugnent à offrir au prince un tremplin pour le rétablissement de l'Empire et ceux qui, devant la menace d'une agitation révolutionnaire, estiment que le maintien de Louis-Napoléon à l'Élysée constitue un moindre mal. Même dans les rangs des groupes les moins enclins à voir le président confirmé dans ses fonctions, des voix s'élèvent pour déclarer que le seul moyen d'éviter une épreuve de force entre les deux pouvoirs, avec pour issue à peu près certaine la victoire du camp bonapartiste, est de modifier la Constitution et de supprimer la clause de non-rééligibilité du président de la République.

Qui pourrait en effet empêcher l'hôte de l'Élysée de présenter illégalement sa candidature en 1852 ? À supposer qu'il s'en abstienne, qui pouvait affirmer que les électeurs ne plébisciteraient pas l'exclu du scrutin présidentiel ? Et si celui-ci obtenait un score comparable à celui du 10 décembre, qui oserait s'opposer à son maintien à la tête de l'exécutif ? Nombreux étaient ceux qui, parmi les députés, estimaient avec Montalembert et Odilon Barrot que l'Assemblée ne pourrait que ratifier cette élection illégale. Ne valait-il pas mieux dans ces conditions légaliser le vœu majoritaire de la Nation en procédant à la révision de la Constitution ? Certains proposaient même que l'on conférât au président réélu un mandat de dix ans, pour peu que fussent préservées les institutions de la République. Tocqueville lui-même, peu suspect d'encourager une évolution dictatoriale du régime, assurait le prince de son soutien conditionnel : « Je ne vous servirai jamais, écrit-il, à renverser la République ; mais je travaillerai volontiers à vous y assurer une grande place, et je crois que tous mes amis finiront par entrer dans le même dessein. » Le duc de Broglie, ancien président du Conseil de la Monarchie de Juillet, partageait ce point de vue. Contre Thiers, qui restait partisan d'un affrontement direct avec le président et qui poussait à la candidature du prince de Joinville — prélude à une éventuelle restauration des Orléans —, il se prononça pour la révision.

La manière dont l'Assemblée a réagi à la demande gouvernementale d'augmentation des frais de représentation du président — Louis-Napoléon, à nouveau à court d'argent, réclamait 1 800 000 francs de crédits supplémentaires — marque bien le changement qui s'est opéré dans le rapport de force entre les deux pouvoirs au lendemain de la révocation de Changarnier. Ni la presse républicaine, ni les journaux, aussi bien que les députés de droite hostiles à la réélection du prince, ne lui ont ménagé leurs critiques, souvent en des termes virulents. On lui a fait grief des effectifs pléthoriques de sa Maison (171 personnes), de ses 45 chevaux, des sommes considérables dépensées pour les dîners, les fêtes, les bals élyséens, des largesses effectuées au profit de ses fidèles, sans parler de ses « dépenses occasionnelles » et des subsides accordés aux journaux et aux sociétés bonapartistes. Le vicomte de la Guéronnière, futur « journaliste de la Cour impériale », mais alors proche de Lamartine, a dénoncé dans *La Presse* une « royauté de Monaco dégradant le suffrage universel par une ridicule parodie du luxe et des habitude des cours »[3], tandis qu'à la Chambre Montalembert s'efforçait au nom du « parti de l'Élysée » de désamorcer les critiques de la majorité :

Les habitants des campagnes, déclarait-il, m'ont toujours paru plus préoccupés des vingt-cinq francs par jour que nous touchons que des trois millions demandés pour le président. [...] Je viens entreprendre cette défense sans confiance illimitée en qui que ce soit. Je ne suis ni le garant, ni l'ami, ni le conseiller, ni l'avocat du président [...] et je viens lui rendre ce témoignage devant la justice du pays qu'il n'a démérité en rien de cette grande cause de l'ordre[4].

L'Assemblée législative repoussa la proposition gouvernementale par 396 voix contre 294. Apparemment, elle infligeait ainsi un camouflet au prince qui dut se résigner à réduire son train de vie (il vendit une vingtaine de chevaux et supprima les grandes soirées à l'Élysée) et à contracter de nouvelles dettes[5]. En fait, avec près de 300 voix favorables à la requête du président, sur une question qui autorisait toutes les dérives, s'agissant de son comportement privé — on n'avait pas manqué de rappeler qu'il était le petits-fils de Joséphine! —, le parti élyséen montrait qu'il constituait désormais une force avec laquelle les adversaires du président, républicains ou orléanistes, devaient compter. Le rejet de sa demande permit en outre à Louis-Napoléon de faire bonne figure devant l'opinion, en refusant l'idée d'une souscription nationale émise par ses partisans[6].

La révision constitutionnelle n'était pas le seul enjeu de la partie de bras de fer opposant la majorité de l'Assemblée au prince-président. Soucieux de se poser en défenseur de la souveraineté populaire et de rallier à sa cause les exclus du droit de vote, Louis-Napoléon souhaitait également l'abrogation de la loi électorale du 31 mai 1850. Or sur ce point il se heurta à de fortes résistances qui ne venaient pas toutes des amis de Thiers. À l'intérieur même du « parti de l'Élysée », les éléments conservateurs voyaient d'un très mauvais œil l'abandon d'un texte qui constituait un garde-fou contre une éventuelle poussée de la gauche radicale. Pour

tenter de faire prévaloir ses vues, le prince remplaça, le
11 avril, le « ministère sans nom » par une nouvelle
équipe comprenant aux côtés de Rouher, de Baroche et
de Fould, ses fidèles lieutenants, des hommes du parti
de l'Ordre et notamment Léon Faucher : le but étant de
rallier à sa politique une partie de la droite conservatrice. C'était compter sans l'attachement de Faucher à
la loi dont il avait été le rapporteur l'année précédente
et qu'il était prêt à défendre bec et ongles contre les
partisans de l'abrogation. Louis-Napoléon, toujours
appliqué à contourner l'obstacle, n'insista pas. Après
tout, l'essentiel était pour l'instant de réviser la Constitution afin de permettre à l'hôte de l'Élysée de briguer
un second mandat. Il serait toujours temps plus tard,
dans la perspective des élections du printemps 1852, de
relancer la question de la loi électorale.

Le 31 mai, le duc de Broglie déposa sur le bureau
de l'Assemblée une proposition signée par 233 députés
ralliés à l'idée de la révision constitutionnelle. Cette
démarche faisait suite à une vaste campagne de pétitionnement orchestrée par les hommes de l'Élysée et
qui recueillit 1 456 577 signatures, soit un peu moins
de 15 % des électeurs inscrits en décembre 1851 après
le rétablissement du suffrage universel[7]. La répartition
régionale reproduisait grossièrement celle du vote présidentiel du 10 décembre 1848 avec la prépondérance
des campagnes du Bassin parisien, de l'Aquitaine et de
la région du Nord. Mesuré à l'aune de ce « sondage
grandeur nature », le bonapartisme perdait du terrain
dans l'Ouest — du fait des défections monarchistes —
et dans le Centre, mais il en gagnait dans l'Isère, dans
la région lyonnaise et dans la vallée de la Saône[8].

Tandis que les pétitions affluaient au Palais-Bourbon,
demandant les unes la prolongation du mandat présidentiel, les autres l'abrogation de la loi électorale, ou
conjuguant ces deux requêtes, la commission chargée
de préparer la révision constitutionnelle entreprenait
ses travaux sous la conduite de Tocqueville, rapporteur
du projet. De son côté, Louis-Napoléon ne restait pas

inactif. À Dijon, où il s'était rendu pour inaugurer une section du chemin de fer Paris-Lyon, il prononça le 1er juin un discours en forme de manifeste qui provoqua un tollé dans les rangs des conservateurs :

> Depuis trois ans, déclara-t-il, on a pu remarquer que j'ai toujours été secondé quand il s'est agi de combattre le désordre par des mesures de compression ; mais lorsque j'ai voulu faire le bien, fonder le Crédit foncier, prendre des mesures pour améliorer le sort des populations, je n'ai rencontré que l'inertie. [...]

Et d'ajouter, en populiste bon teint, après avoir expliqué qu'il attendait « les manifestations du pays et les décisions de l'Assemblée » à propos de la révision :

> Si la France reconnaît qu'on n'a pas le droit de disposer d'elle sans elle, la France n'a qu'à le dire : mon courage et mon énergie ne lui manqueront pas [9].

Affolé, le ministre de l'Intérieur Léon Faucher, qui accompagnait le président, décida de rentrer toutes affaires cessantes à Paris pour empêcher la publication dans *Le Moniteur* de ce véritable appel au peuple. Il réussit, non sans mal, à faire paraître dans ce journal officieux [10] une version édulcorée du discours, mais le mal était fait. Rapportés par la presse locale, les propos du prince ne tardèrent pas à être connus des députés, offrant aux amis de Thiers l'occasion de mettre en garde leurs collègues contre l'éventualité d'un coup d'État présidentiel. Trois jours après la sortie provocatrice de Dijon, Changarnier, qui croyait déjà tenir sa revanche, monta à la tribune pour une péroraison ponctuée de « vives et nombreuses marques d'approbation » (*dixit* le compte rendu des débats) :

> À en croire certains hommes, déclara-t-il, l'armée serait prête dans un moment d'enthousiasme à porter la main sur les lois du pays. [...] L'armée ne désire pas plus que vous infliger à la France les misères et les hontes du gou-

vernement des Césars alternativement imposé et renversé
par des prétoriens en débauche. [...] Dans cette voie fatale,
on n'entraînerait pas un bataillon, pas une compagnie, et
on trouverait devant soi des chefs que nos soldats sont
accoutumés à suivre sur le chemin du devoir et de l'honneur. Mandataires de la France, délibérez en paix [11] !

Effet de manches ou baroud d'honneur, le discours
de l'ancien commandant de la Garde nationale n'eut
guère d'effet sur le cours des événements. La commission en charge de l'examen du projet de révision constitutionnelle commença ses travaux le 8 juin. Elle
comprenait quinze membres, dont neuf étaient favorables au principe de la réélection du chef de l'exécutif,
parmi lesquels Montalembert, Berryer, Odilon Barrot,
de Broglie et Tocqueville, rapporteur du projet. Celui-ci
déposa son rapport le 8 juillet. Le débat dura jusqu'au 21
et permit aux ténors de l'Assemblée (Berryer, Duprat,
Falloux, etc.) de faire entendre leur voix. À la fin de la
sixième séance, on passa au vote : 446 députés se prononcèrent pour, 278 contre la révision. Le compte n'y
était pas. En effet, si la majorité simple était de loin
dépassée — ce qui témoignait déjà des progrès enregistrés par le parti de l'entente avec le président —, il
manquait une centaine de voix pour que, conformément aux règles constitutionnelles, la révision fût
adoptée par les trois quarts des votants. Les voix des
orléanistes intransigeants, dont Rémusat et Thiers,
s'étaient mêlées à celles des républicains.

La préparation du coup d'État

Depuis le début de 1851, tout le monde parlait de
coup d'État. Mais on en parlait sans trop savoir qui por-
terait le premier coup, à quel moment et au profit de
quel parti. Après le rejet de la révision, la certitude
qu'une épreuve de force était imminente et que l'initiative viendrait de l'Élysée s'imposa dans le public. On

s'étonna même qu'elle n'eût pas lieu dans le courant de l'été, à la faveur des vacances parlementaires. Suite au vote négatif de l'Assemblée, mais sensible au fait que celui-ci n'était dû qu'à une minorité de blocage, l'entourage présidentiel redoubla d'efforts pour convaincre le prince que le moment était venu de franchir le pas. Jusqu'alors, Louis-Napoléon avait toujours repoussé les projets activistes de ses lieutenants. Même si les situations étaient radicalement différentes, les échecs de Strasbourg et de Boulogne avaient laissé en lui des traces profondes. Aussi, aux risques encourus à l'occasion d'un putsch militaire, avait-il préféré la voie de la conquête légale du pouvoir. La possibilité de proroger son mandat lui étant refusée, le coup d'État lui parut inévitable. C'est ce qu'il déclara à Morny lorsque, revenant une nouvelle fois à la charge après le vote du 21 juillet, son demi-frère lui exposa qu'il n'y avait pas d'autre issue à la crise : « Je suis de votre avis, lui dit-il. J'y songe sérieusement [12]. »

La réussite du coup impliquait que le président pût disposer d'une force militaire acquise à ses vues et d'un chef prêt à endosser la responsabilité de l'ordre décisif. Peu de généraux étaient suffisamment attachés à la République pour ne pas se rallier à un régime consulaire, une fois celui-ci établi. Mais de là à se faire les instruments de la prise du pouvoir, il y avait un pas que même de hautes figures de la Grande Armée, comme Boniface de Castellane ou César Randon, n'étaient pas disposées à franchir. Il fallait un homme qui eût le goût du risque et un passé suffisamment chargé pour avoir envie de faire peau neuve. On le trouva en la personne d'Achille Le Roy de Saint-Arnaud : un baroudeur, fils d'un membre du Tribunat devenu préfet du Consulat et qui s'était lui-même engagé à seize ans dans la garde à cheval parisienne. Après un début de carrière sans éclat dans l'armée royale, il avait dû démissionner en 1827 suite à diverses incartades. Pendant quatre ans, privé de ressources fixes (sa famille lui avait coupé les vivres), il avait vécu d'expédients et d'emplois précaires ; il aurait même purgé une peine de prison pour dettes à Sainte-Pélagie. Réintégré dans l'armée en 1831, Saint-Arnaud avait effectué une partie importante de sa carrière en Algérie. Protégé par Bugeaud, il y avait gagné ses galons de capitaine, de chef de bataillon, de colonel, participant à de nombreuses expéditions et payant de sa personne dans de sanglants affrontements avec les autochtones. Général de brigade en 1848, il revint en France et participa aux journées de février, avec pour mission de garder la Préfecture de police de Paris. Jeté à bas de son cheval sur la place de Grève et malmené par la foule, il garda de sa défaite devant l'émeute une rancune tenace à l'égard de la République.

Tel était l'homme auquel Louis-Napoléon fit appel en juillet 1851 pour prendre le commandement d'une division dans la capitale, en attendant de lui confier le ministère de la Guerre. Il avait été distingué par Fleury lors d'un séjour effectué en Algérie par cet intime du président. C'est à lui qu'il dut d'être nommé à la tête d'une expédition en Petite Kabylie au début de 1851, le but étant de justifier son élévation au grade de divisionnaire. Saint-Arnaud avait de l'autorité tout en sachant garder le contact avec ses subordonnés et avec la troupe. Il était dévoré d'ambition et ne s'embarrassait pas de scrupules. Menant grand train et continûment à court d'argent, cet aventurier de haut vol eut vite compris ce qu'on attendait de lui et le prix qu'il pouvait tirer de ses services. Il avait enfin une revanche à prendre sur la « canaille », sur les « bavards » et sur la haute hiérarchie militaire. Le 2 décembre allait lui donner l'occasion de régler ses comptes.

La décision du coup d'État fut vraisemblablement prise aux environs du 20 août. Les initiés étaient très peu nombreux : Morny, Persigny, Rouher, Fleury et les deux personnalités sur lesquelles reposait la réussite de l'opération : Saint-Arnaud et Carlier, ce dernier en charge de la Préfecture de police. On avait même fixé une date : le 22 septembre, mais il fallut bientôt faire machine arrière à la suite des exigences formulées par les deux principaux exécutants. Carlier ne voulait pas entendre parler du rétablissement du suffrage universel et souhaitait que le coup d'État eût lieu en accord avec la majorité. Saint-Arnaud faisait monter les enchères. Le 6 septembre, il adressa au prince une lettre dans laquelle il lui faisait part de son désir de se retirer de l'affaire. Louis-Napoléon entra dans une violente colère, traitant le conjuré défaillant de « traître » et de « sauteur ». Mais que pouvait-il faire en l'absence d'un sabre de remplacement ? Nommé à la tête de l'armée de Paris, Magnan déclara qu'il ne ferait rien sans l'accord de Saint-Arnaud. D'autres chefs militaires pressentis, comme Castellane, se récusèrent.

Retour donc à la case départ : Fleury fut chargé de recoller les morceaux. Il se rendit auprès de l'ancien protégé de Bugeaud qui aurait fait état d'un simple « malentendu » (*dixit* Fleury) entre lui et le prince. Saint-Arnaud estimait que l'action ne devait pas être engagée pendant les vacances parlementaires. Il craignait que les députés, alors dispersés dans les provinces, ne constituassent autant de pôles de résistance au coup de force. La guerre civile risquerait ainsi de s'étendre alors que l'on pouvait aisément se saisir des chefs de l'opposition, une fois l'Assemblée réunie.

Le président voulut bien se rendre aux arguments du général. Il accepta d'autant plus aisément de surseoir à l'opération que des indiscrétions ayant été commises (l'auteur en était Carlier), le bruit d'un putsch imminent s'était répandu pendant l'été dans la population. Et il mit à profit ce contretemps pour peaufiner son projet et parfaire les modalités de son exécution. Il commença par changer d'équipe ministérielle. Faucher refusant de s'associer au projet de rétablissement du suffrage universel, annoncé par le président, démissionna le 12 octobre, son départ entraînant celui des autres ministres. Le 27 un nouveau cabinet fut formé. Il comprenait peu de personnalités connues et seulement trois représentants de l'Assemblée, mais Saint-Arnaud se voyait confier le portefeuille de la Guerre. En même temps, Maupas, préfet de la Haute-Garonne et docile exécutant de la politique gouvernementale, succédait à Carlier à la Préfecture de police. Morny ne faisait pas partie de la nouvelle équipe gouvernementale, mais, dans l'ombre du pouvoir élyséen, c'est lui qui tirait les ficelles et dirigeait les réseaux des partisans de l'Empire.

Louis-Napoléon s'appliqua ensuite à briser le front déjà passablement lézardé des antirévisionnistes et à se concilier les exclus du droit de vote. Pour cela, il reprit le projet d'abrogation de la loi électorale, abandonné en avril et réintroduit à sa demande dans l'agenda de l'Assemblée lors de la réouverture des travaux parlementaires, le 4 novembre. Le coup était habile. Dans le message lu par le ministre de l'Intérieur Thorigny, le prince-président se voulait aussi rassurant que possible à l'égard de la droite. Mais l'appel du pied du côté de la Montagne n'en était pas moins flagrant : la loi du 31 mai avait supprimé trois millions d'électeurs dont les deux tiers, précisait le chef de l'État, étaient « des habitants paisibles des campagnes ». Applaudi par la gauche, le projet fut finalement repoussé le 12 novembre, mais avec seulement sept voix de majorité, ce qui à la fois relativisait la légitimité du texte en vigueur et soulignait l'éloignement des deux fractions de la Chambre hostiles à l'établissement d'un pouvoir consulaire. Une fois encore, les voix républicaines s'étaient mêlées à celles des députés conservateurs soutenant l'Élysée.

À cette date, il était clair pour tous les observateurs de la vie politique que le conflit entre le prince et l'Assemblée s'achèverait par un coup de force dont l'issue toutefois demeurait incertaine. Tout dépendrait en fin de compte de l'attitude du « peuple » — une entité mythique dont on savait mieux exalter la force que définir les contours — et de celle de l'armée. En plaçant Saint-Arnaud au ministère de la Guerre et Magnan à la tête de l'armée de Paris, le président avait certes accompli un pas décisif dans la conquête de l'institution militaire. Le prince avait su également, on s'en souvient, se concilier la troupe. On ne pouvait toutefois être assuré du succès de l'opération que si nul contrordre ne venait s'opposer aux directives élyséennes. Cela impliquait que l'usage de la force armée fût entièrement entre les mains du président.

C'est donc sur ce terrain que se livra à la mi-novembre l'ultime bataille parlementaire opposant les partisans et les adversaires du futur Napoléon III. Un décret de la Constituante, en date du 11 mai 1848, donnait au président de l'Assemblée le droit de requérir directement la troupe sans avoir à en référer au ministre de la Guerre. Sous la pression des hauts dignitaires de l'armée — dont Cavaignac et Changarnier — qui jugeaient cette disposition néfaste au bon fonctionnement de l'institution militaire, celle-ci était tombée en désuétude et avait même été supprimée du règlement de la Chambre. Conscients de l'imminence du péril, les amis de Thiers songèrent à rendre vie à ce texte oublié et à le transformer en loi. Le 6 novembre, les trois questeurs déposèrent à cette fin une proposition visant à autoriser le président de l'Assemblée à requérir « la force armée et toutes les autorités dont il juge le concours nécessaire ».

Pour Louis-Napoléon, il s'agissait d'une véritable déclaration de guerre. Aussi décida-t-on à l'Élysée de prendre les devants dans le cas où le texte serait adopté par les députés. Le 42e de ligne, qui avait mission de garder l'Assemblée, était commandé par un officier acquis à la cause bonapartiste, le colonel Espinasse. Aussitôt le vote connu, la troupe encerclerait le Palais-Bourbon, tandis que d'autres unités occuperaient les principaux points stratégiques de la capitale et que des proclamations seraient affichées, annonçant la dissolution et l'appel au peuple. Le président n'eut pas à mettre à exécution cette stratégie de guerre civile. La proposition des questeurs fut mise en discussion le 17 novembre dans une atmosphère lourde. Tandis qu'à la tribune Saint-Arnaud défendait avec beaucoup de sang-froid le principe de la séparation des pouvoirs et celui de l'unité du commandement, fondement de « toute discipline militaire », Maupas et Magnan guettaient le moindre signe donné par le ministre pour engager l'épreuve de force.

> La discussion, écrit Rémusat, fut triste, embarrassée ; les conservateurs et la Montagne désiraient également l'abréger. Nous ne nous y portions pas avec beaucoup d'entrain. [...] Le Flô seul parla nettement et fortement. Crémieux ne sut que récriminer contre notre ancienne indulgence pour le président et se moquer de nos variations et de nos mécomptes. Charras lui répondit vainement. Et qui répondit à Charras ? Michel [de Bourges] Il parla en rhéteur. Il eut le front de dire : « L'armée est à nous », ce dont il ne pensait pas un mot, mais il ajouta ce qu'il pensait davantage : « Il y a aussi une sentinelle invisible qui veille sur nous, c'est le peuple », et il finit par cette phrase qui enthousiasma ses amis et lui aussi. La sentinelle était tellement invisible qu'on ne l'a plus vue.
> La Chambre était si pressée de clore la discussion qu'elle étouffa presque par ses cris la parole de Thiers qui ne put dire que des mots confus, et Jules Favre vint encore niaisement nous dire que nous jouions la comédie de la peur. Alors Bedeau demanda d'un ton très ferme au ministre de la Guerre s'il était vrai qu'on eût fait enlever le décret de l'Assemblée Constituante des murs des casernes où il était encore affiché. Le ministre déclara qu'il l'avait fait ; une violente agitation suivit cet aveu, et il sortit avec un air de grande hâte. Cette sortie parut significative. Il était tard ; la séance prit un aspect sinistre[13].

Tandis que Charras demande la mise en accusation du prince et que les députés royalistes envahissent les bancs républicains pour supplier leurs collègues de voter la proposition des questeurs, Saint-Arnaud, Maupas et Magnan rejoignent en toute hâte l'Élysée où ils attendent l'annonce du scrutin pour déclencher l'action. Au Palais-Bourbon le ministre de l'Intérieur a clairement annoncé la couleur : « Faites ce que vous voudrez, messieurs, nous sommes prêts à tout. » La menace n'est pas vaine. Par 400 voix contre 338, le projet est repoussé. Ont voté contre la majorité des députés républicains, par hostilité à la droite, mais aussi de nombreux royalistes : les uns parce qu'ils ont pris au sérieux la menace de Thorigny et craignent pour leur propre sécurité, les autres parce qu'une République consulaire, débouchant ou non sur la proclamation de l'Empire, leur apparaît finalement comme le moindre mal dans l'état de déliquescence d'un régime qui pouvait tout aussi bien sombrer dans l'anarchie ou la terreur. En prenant connaissance du résultat du vote, Louis-Napoléon déclare simplement : « Cela vaut peut-être mieux ainsi. » Tant qu'à devoir renverser la République, n'est-il pas préférable en effet d'opérer à froid ?

Le Rubicon

La décision de mettre fin à l'existence de l'Assemblée législative avait été prise par Louis-Napoléon en septembre. La date de l'opération fut d'abord fixée au 20 novembre, puis au 25 et finalement au 2 décembre, jour anniversaire du couronnement de Napoléon Ier et de la victoire d'Austerlitz. Ne furent surpris que ceux qui n'avaient pas voulu voir les nombreux signes annonciateurs de l'événement. Dans le monde politique, l'imminence du putsch était même devenue objet de plaisanterie. On raconte que Persigny s'était vu répondre par un représentant de la droite auprès duquel il faisait état de la proximité du coup de force : « Dites-nous quand nous serons mis à la porte, pour que nous puissions retenir nos places à la diligence qui nous ramènera dans nos départements[14]. »

En choisissant de renverser le régime instauré par la Constitution de 1848 et de résoudre à son profit le conflit opposant les deux pouvoirs, Louis-Napoléon a pris la responsabilité d'être le fossoyeur de la Répu-

blique. L'Histoire lui en tiendra durablement et légitimement rigueur, en oubliant un peu vite peut-être que
la majorité royaliste de l'Assemblée avait elle-même
songé à plusieurs reprises à utiliser l'armée pour se
débarrasser du prince et pour lui donner un successeur
en la personne de Changarnier, ou de quelque autre
militaire prestigieux susceptible de hâter la restauration
des Orléans ou des Bourbons. Karl Marx, qui n'était pas
l'observateur le moins perspicace de la politique française, écrira le 9 décembre à son ami Engels : « La dictature de l'Assemblée nationale était imminente. »

Entre les partisans de l'Empire et ceux de la monarchie constitutionnelle, une course de vitesse s'était
engagée dès 1850 pour imposer l'une ou l'autre de ces
formules de gouvernement au régime instauré trois ans
plus tôt par les constituants. Et dans cette course, ce fut
l'ancien conjuré de Strasbourg et de Boulogne qui se
montra le plus rapide et le plus habile à exploiter le
mécontentement des masses. Il est vrai qu'il avait des
raisons personnelles de faire vite et de prendre des
risques que nul autre, parmi les ténors politiques du
moment, n'était enclin à assumer. Outre son immense
ambition et la « mission historique » qu'il prétendait
incarner, ont vraisemblablement pesé sur le choix de
l'heure les besoins d'argent du prince-président. En
dépit des mesures drastiques visant à réduire le train
de vie de l'Élysée, celui-ci avait vu en effet sa situation
financière s'aggraver dans des proportions alarmantes.
Le coup d'État pouvait permettre certes de budgéter
certaines avances, mais il fallait d'abord qu'il eût lieu et
qu'il fût réussi : ce qui impliquait d'importantes mises
de fonds. Les travaux d'Alain Plessis ont montré que,
contrairement à une légende tenace, la Banque de
France n'a pas contribué au financement du putsch[15],
pas plus que les banques anglaises. Il y eut bien en 1852
un règlement de plus de 800 000 francs à la banque
Baring, mais il semble qu'il fut lié à d'anciens découverts[16]. Une fois encore, le prince dut faire appel à l'iné-

puisable générosité de ses intimes : Miss Howard prêta 200 000 francs, la marquise Campana 33 000 francs et la princesse Mathilde 4 000 francs.

Morny, principal instigateur et exécutant du coup d'État, se trouvait lui aussi financièrement aux abois : il avait dû contracter en 1849 un emprunt de 3,5 millions de francs garantis par le père de sa maîtresse, le banquier Mosselmann. Fanny Le Hon participe d'ailleurs elle aussi au financement du coup d'État en avançant un million au demi-frère du prince-président [17]. Faut-il souscrire pour autant au jugement sans appel de Charles de Rémusat ? « Ce qui le soutenait, écrira celui-ci, c'était un sentiment plus sérieux, la passion de l'argent. Il était ruiné, il voulait refaire sa fortune. » L'explication est un peu courte. Morny aime l'argent, sans aucun doute : parce qu'il aime la grande vie, les beaux équipages et les jolies femmes. Mais il est avant tout un aventurier de haut vol. Il a un compte à régler avec la société bourgeoise et puritaine qui, « malgré sa réussite », ne peut s'empêcher de voir en lui un « bâtard ». Il courtise le risque et considère la conquête du pouvoir comme un sport. Le soir qui précède le coup d'État, avant de se rendre au Jockey Club, où il jouera jusqu'à quatre heures du matin, il se munit d'un revolver et d'un flacon d'acide prussique, bien décidé, semble-t-il, à ne pas survivre à un échec [18].

Quoi qu'il en soit, c'est lui qui, pour l'essentiel, a mis au point le scénario du coup d'État, qui aurait été inspiré par un plan de défense du régime établi, à titre préventif, par le gouvernement de Louis-Philippe, et trouvé dans les dossiers laissés par Carlier à la Préfecture de police. L'affaire a été minutieusement préparée. Saint-Arnaud et Magnan ont veillé avec un soin particulier au conditionnement psychologique de l'armée de Paris. Le président lui-même a donné le ton le 9 novembre en haranguant les généraux récemment arrivés dans la capitale : « Si la gravité des circonstances, a-t-il déclaré, m'obligeait de faire appel à votre dévouement, il ne me faillirait pas, j'en suis sûr, parce que, vous le savez, je ne vous demanderai rien qui ne soit d'accord avec mon droit, avec l'honneur militaire. » Le 26, s'adressant à son tour aux principaux chefs de l'armée de Paris, Magnan a été encore plus clair : « Vous obéirez passivement à mes ordres. Toute votre vie vous avez pratiqué le devoir militaire de cette façon-là. [...] Vous comprenez ce dont il s'agit. Nous devons sauver la France, elle compte sur nous. » Et de promettre à ses subordonnés de les couvrir en cas d'insuccès par des ordres signés de sa main.

Les éléments les moins sûrs étaient écartés, tant dans l'armée que dans l'administration préfectorale et dans les bureaux. La Garde nationale était neutralisée fin novembre par la nomination de Vieyra et de La Woestine — qui avait combattu à Iéna, Friedland et Waterloo — à la tête de cette milice bourgeoise dont le prince se méfiait. On comptait surtout sur les deux bataillons de la gendarmerie mobile : n'avaient-ils pas défilé devant le prince-président le 14 mars aux cris de « Vive l'Empereur » ? Quant à la police, placée sous les ordres de Maupas, elle paraissait acquise au projet élyséen. Morny lui avait assigné comme tâche d'arrêter les généraux d'Afrique et les questeurs de l'Assemblée.

L'action commence le 1er décembre au soir, à la suite d'une réception de routine à l'Élysée. C'est le prince en personne qui, durant cette soirée, informe Vieyra, le chef d'état-major de la Garde nationale, de l'imminence du putsch : « Colonel, êtes-vous assez fort pour ne rien laisser voir d'une émotion sur votre visage ? [...] Eh bien ! C'est pour cette nuit. » Il réunit ensuite dans son cabinet la petite équipe décisionnelle comprenant Saint-Arnaud, Maupas, et Mocquard, que rejoindront un peu plus tard Persigny, Fleury et Morny. Il ouvre le dossier portant sur sa couverture la mention « Rubicon », en référence au fleuve qui séparait la Cisalpine de l'Italie péninsulaire et que César franchit sans ordre du Sénat, avant de marcher sur Rome avec son armée. Il en extrait le décret de dissolution de l'Assemblée, ainsi que les proclamations destinées au peuple et à l'armée. On passe en revue les mesures à prendre et l'on se répartit les rôles, puis le chef de l'État tire d'une cassette ses ultimes ressources : 50 000 ou 60 000 francs (les témoignages divergent) qu'il remet à Saint-Arnaud et à Fleury à destination de la troupe.

Avant de se rendre à l'Élysée, Morny s'est appliqué à donner le change en s'affichant à l'Opéra-Comique où a lieu la première du *Château de Barbe-Bleue*. Il salue Cavaignac et Lamoricière, qu'il fera arrêter le lendemain. On le retrouve au milieu de la nuit, installé à une table de jeu du Jockey Club d'où il partira à quatre heures du matin pour son domicile, au rond-point des Champs-Élysées, où il se change avant d'aller prendre son père, le général de Flahaut, domicilié rue de la Charte, et le fils de sa maîtresse, Léopold Le Hon, dont il compte faire son chef de cabinet. Destination finale : le ministère de l'Intérieur, rue de Grenelle, où le demi-frère du prince arrive vers sept heures. Tiré de son lit, Thorigny se voit remettre la lettre présidentielle lui annonçant sa destitution et son remplacement par Morny.

À cette heure matinale, les choses sérieuses ont déjà commencé. Dans la nuit, le lieutenant-colonel de Béville, officier d'ordonnance du président, a porté à l'Imprimerie nationale, bouclée par une compagnie de gendarmes, le texte des proclamations qui, aussitôt imprimées, sont envoyées à la Préfecture de police d'où les afficheurs, escortés d'agents, se dispersent dans la capitale pour informer la population des décisions du chef de l'État. Le décret portant dissolution de l'Assemblée nationale et du Conseil d'État proclame, en même temps que l'état de siège dans l'étendue de la 1re région militaire, le rétablissement du suffrage universel et la convocation du peuple français « dans ses comices » à partir du 14 décembre et jusqu'au 21 décembre suivant. Dans son « appel au peuple », le futur Napoléon III explique qu'il a dû dissoudre l'Assemblée parce qu'elle était devenue un « foyer de complots ». Il rejette sur la majorité conservatrice la responsabilité d'une action qui ne vise à rien d'autre qu'au maintien de la République, et il fait « appel à la nation tout entière » afin qu'elle lui donne les moyens de la grande mission qu'il tient de la souveraineté populaire, à savoir « fermer l'ère des révolutions en satisfaisant les besoins légitimes du peuple et en le protégeant contre les passions subversives ».

La proclamation à l'armée salue cette « élite de la nation » que les régimes ayant succédé à l'Empire ont traitée en vaincue. « Nous sommes, déclare le prince-président, unis par des liens indissolubles. Votre histoire est la mienne. Il y a entre nous dans le passé communauté de gloires et de malheurs ; il y aura dans l'avenir communauté de sentiments et de résolutions pour le repos et la grandeur de la France. »

Pour décapiter à l'avance toute tentative de résistance, Maupas a rassemblé à la Préfecture, entre deux et trois heures, les commissaires de police, avec mission d'arrêter tous ceux dont on présume qu'ils pourraient faire obstacle à l'action engagée. Soixante-dix-huit personnalités, dont seize parlementaires, sont ainsi interpellées au petit matin sous la prévention de complot contre la sûreté de l'État. Thiers, chef de file de la droite orléaniste est du lot, de même que plusieurs députés de la Montagne et les principaux chefs militaires dont l'hostilité au président est patente. Changarnier attend en chemise les policiers chargés de son arrestation, un pistolet dans chaque main, mais se rend sans difficulté. Cavaignac refuse d'ouvrir la porte de sa demeure : les hommes de Maupas doivent enfoncer celle-ci avant de se saisir de l'ancien chef de l'exécutif. Bedeau oppose une résistance physique aux représentants de l'« ordre ». Les autres prévenus sont pour la plupart des militants et des journalistes de gauche, parmi lesquels un certain nombre de membres des sociétés secrètes. À sept heures, tout est terminé : deux « suspects » seulement ont pu échapper au coup de filet.

Tandis que la police procédait à ces arrestations, les soldats du 42e de ligne investissaient le Palais-Bourbon

entre cinq et six heures du matin, empruntant une porte
de service de la rue de l'Université. Le colonel Espinasse, en charge du commandement de cette unité, était
en effet du complot. Son premier souci est de s'assurer
qu'aucune directive pouvant légitimer une éventuelle
résistance au coup de force ne sorte de l'enceinte parlementaire. Aussi fait-il immédiatement arrêter deux
des trois questeurs, Le Flô et Baze, réputés hostiles
au prince, laissant le président Dupin, méprisé des
putschistes pour son manque d'énergie, achever paisiblement sa nuit.

À six heures du matin, lorsque Fleury entre dans le
cabinet du prince, il trouve celui-ci « tout pantalonné et
éperonné » mais en robe de chambre, « prenant son café
avec un calme imperturbable ». Louis-Napoléon s'inquiète du bon déroulement des opérations. On le rassure : tout s'est passé selon les plans prévus. Aucune
résistance ne s'est manifestée jusqu'à présent. L'armée
occupe les points stratégiques, du quai d'Orsay à l'Hôtel
de Ville, des Champs-Élysées aux Grands Boulevards. Le
prince-président peut, s'il le souhaite, monter à cheval.
Auparavant, le neveu de l'empereur doit songer à peaufiner l'image qu'il a choisi de se donner : celle d'un chef
d'État soucieux de défendre la légitimité républicaine
contre les « comploteurs ». À huit heures, il accueille une
première vague de journalistes, de députés et de militaires venus lui témoigner leur soutien et entendre
ses explications. Au premier rang de cette assistance,
composée pour une bonne part d'« amis du lendemain »,
parade le roi Jérôme. Devenu maréchal de France et gouverneur des Invalides, l'ancien souverain de Westphalie
a tout lieu de se féliciter de son ralliement à la cause de
son neveu.

À l'issue de cette première manifestation d'allégeance,
Louis-Napoléon décide d'aller effectivement respirer
l'air de Paris. À dix heures, il quitte le palais à cheval,
flanqué d'une escorte de militaires de haut rang où
figurent Jérôme Bonaparte, le maréchal Exelmans,
Saint-Arnaud et Magnan. La chevauchée est brève : de

l'Élysée, on gagne le quai d'Orsay, puis retour sur la rive droite, jusqu'aux Tuileries et au Carrousel où la troupe acclame le prince-président. De quelques groupes de civils éparpillés le long de l'itinéraire emprunté par ce dernier s'élèvent de rares cris de « Vive la République ! » Paris ne bouge pas ; pas encore. Il n'en sera pas tout à fait de même le soir du 2 décembre, lorsque Fleury, envoyé en estafette par le prince pour voir s'il n'y avait pas péril à effectuer une nouvelle reconnaissance, croit déceler une certaine agitation dans la foule qui s'est massée sur les boulevards. Dans l'intervalle, l'opposition au coup d'État a commencé à se manifester dans la classe politique et dans les cercles républicains.

La résistance

Les premières initiatives viennent des parlementaires. Elles sont loin de former un ensemble homogène, tant sont grandes les divergences entre les républicains, qui prônent l'insurrection, et les monarchistes qui redoutent davantage le peuple en armes que la dictature napoléonienne. Caractéristique est à cet égard cette réflexion d'Albert de Broglie : « Mes instincts conservateurs, écrira-t-il, et mes principes libéraux, que j'avais tenu à honneur de concilier, livraient en moi un combat désespéré. Je gardais mon horreur pour le mal révolutionnaire, mais le remède ne m'inspirait pas moins de dégoût que le mal lui-même [19]. »

Classique réaction d'un représentant de la classe dirigeante libérale que motivent aussi bien le souvenir horrifié de la Terreur que la crainte de voir les « partageux » s'emparer des rênes du pouvoir. Entre la guillotine et le sabre, entre l'« anarchie » et la dictature, la bourgeoisie a choisi, fût-ce au prix de sa liberté et de son hégémonie politique, la solution à ses yeux la moins coûteuse, aussi bien matériellement que moralement. Elle a accepté Brumaire par peur d'une dérive révolutionnaire. Elle a, en 1830, préféré Louis-Philippe à la

République. C'est un réflexe semblable qui inclinera plus tard la droite libérale européenne, confrontée à de nouvelles menaces, à de nouvelles peurs, à soutenir dans certains pays les dictateurs fascistes ou fascisants, tout en considérant comme de Broglie que le remède est aussi peu ragoûtant que le mal qu'il est censé combattre.

Dans le courant de la matinée du 2 décembre, une cinquantaine de députés, appartenant pour la plupart à la droite, ont réussi à pénétrer dans le Palais-Bourbon en passant par une porte non gardée de la rue de Bourgogne. Ils ont été aussitôt expulsés, *manu militari*, de la salle des séances. Le président Dupin, incapable du moindre geste de résistance, n'a su que conseiller à ses collègues de se retirer. On les retrouve un peu plus tard chez Daru, rue de Lille, où ils sont rejoints par d'autres représentants réunis au préalable chez Berryer, chez Odilon Barrot ou chez le vice-président Benoît d'Azy. De nouveau expulsés, ils se réfugient à la mairie du Xe arrondissement, à l'époque située près du carrefour de la Croix-Rouge (donc dans l'actuel VIIe arrondissement). Il y a là, siégeant sous la protection d'un bataillon de la Garde nationale, environ 220 députés, presque tous représentants de la droite modérée. En l'absence de Dupin, Benoît d'Azy préside la séance qui se tient dans la salle des mariages. On élit un bureau et l'on vote, coup sur coup, toute une série de décrets destinés à mettre les putschistes hors la loi : destitution du président de la République, mise en accusation de Louis-Napoléon et de ses ministres, appel à la Garde nationale et à l'armée, nomination du général Oudinot à la tête de l'armée de Paris. Toutes ces décisions sont aussitôt imprimées et diffusées par voie d'affiches.

Les députés réfractaires n'auront guère le temps de mesurer l'impact de leur action. À peine ont-ils voté un décret ordonnant la convocation de la Haute Cour de justice, que la troupe fait irruption dans la mairie, sur les pas des commissaires de police venus signifier aux rebelles leur arrestation. En colonne par deux, encadrés par les soldats, ils sont conduits en milieu d'après-midi à la caserne du quai d'Orsay, d'où nombre d'entre eux partiront le soir même en voiture cellulaire pour la prison. À l'exception des représentants de l'extrême gauche, expédiés à Mazas, et de quelques libéraux, ils seront libérés un ou deux jours plus tard.

Du côté des montagnards, l'heure est à l'appel au peuple et à la résistance armée. Dès les premières heures du matin, plusieurs représentants de la gauche se sont rassemblés chez le baron Coppens, rue Blanche, autour de Michel de Bourges et de Victor Hugo. Le poète, auquel on doit le récit le plus circonstancié — sinon toujours le plus exact — du coup d'État (*Histoire d'un crime*), n'a cessé, depuis sa rupture avec la droite libérale, puis avec le prince-président, de se rapprocher de la Montagne. On a vu parfois, non sans quelque malignité, dans cette évolution rapide vers la gauche, le résultat de la déception qu'aurait éprouvée l'écrivain de ne point obtenir le portefeuille de l'Instruction publique dans le cabinet d'Hautpoul. « Oublié » par le prince, il en aurait conservé une rancune tenace qui devait s'afficher par la suite dans de violentes interventions parlementaires, notamment lors du débat de juillet 1851 sur la révision de la Constitution. Hugo avait prononcé à cette occasion une phrase que l'hôte de l'Élysée reçut comme une gifle et qu'il ne devait pas oublier : « Quoi ! Après Auguste, Augustule ! Quoi, parce que nous avons eu Napoléon-le-Grand, il faut que nous ayons Napoléon-le-Petit ! »

L'interprétation est un peu courte. Que Victor Hugo ait souhaité devenir ministre après avoir proclamé qu'il ne nourrissait aucune ambition politique : soit. Qu'il ait ressenti quelque amertume à être écarté du gouvernement, lui qui avait clairement marqué ses distances avec ses anciens amis de la rue de Poitiers et soutenu dans son journal la candidature du prince-président, cela ne fait guère de doute mais ne suffit pas à expliquer un éloignement qui était inscrit dans le parcours politique des deux hommes. Hugo, comme d'autres, a pu être séduit pendant quelque temps par le discours populiste du neveu de l'empereur, par ses préoccupations sociales, par son souci affiché de libérer les peuples soumis à la domination des vainqueurs de « Napoléon-le-Grand ». L'écrasement de la République romaine, l'aval donné par le prince aux lois réactionnaires de 1850 et surtout son obstination à vouloir enraciner durablement son pouvoir l'ont vite convaincu de ce que son programme comportait de tactique mensongère et de démagogie. Le discours du 17 juillet ne se réduit pas à la célèbre apostrophe mentionnée ci-dessus : il constitue — rhétorique ou non — un véritable hymne à la République sociale :

Que signifie, déclare Hugo, ce pétitionnement ridicule et mendié pour la prolongation du pouvoir ? Qu'est-ce que la prolongation, s'il vous plaît ? C'est le consulat à vie. Où mène le consulat à vie ? À l'Empire. [...]

Monarchie légitime, monarchie impériale ? Qu'est-ce que vous nous voulez ? Nous sommes les hommes d'un autre âge. Pour nous, il n'y a de fleurs de lys qu'à Fontenoy, et il n'y a d'aigles qu'à Eylau et à Wagram. Je vous l'ai déjà dit, vous êtes le passé. De quel droit mettez-vous le présent en question ? Qu'y a-t-il de commun entre vous et lui ? [...]

Et puis, qu'espérez-vous ? Détruire la République ? Vous entreprenez là une besogne rude. Y avez-vous bien songé ? Quand un ouvrier a travaillé dix-huit heures, quand un peuple a travaillé dix-huit siècles, et qu'ils ont enfin l'un et l'autre reçu leur paiement, allez donc essayer d'arracher à cet ouvrier son salaire et à ce peuple sa République ! Savez-vous ce qui fait la République forte ? Savez-vous ce qui la fait invincible ? Savez-vous ce qui la fait indestructible ? Je vous l'ai dit en commençant, et en terminant je vous le répète, c'est qu'elle est le produit accumulé des efforts antérieurs, c'est qu'elle est un résultat historique autant qu'un fait politique, c'est qu'elle fait pour ainsi dire partie du climat actuel de la civilisation, c'est qu'elle est la forme absolue, suprême, nécessaire, du temps où nous vivons, c'est qu'elle est l'air que nous respirons, et qu'une fois que les nations ont respiré cet air-là, prenez-en votre parti, elles ne peuvent plus en respirer d'autre[20].

Illusion que partagent la plupart des représentants de la gauche, mais à laquelle Proudhon refuse de souscrire. Libéré le 2 décembre de sa prison de Sainte-Pélagie[21], il déclare à Hugo, venu comme lui rendre visite à Émile de Girardin : « La République a fait le peuple et Napoléon veut refaire la populace. Il réussira et vous échouerez. Il a sur vous cet avantage, qu'il est un coquin. » À l'heure de cette rencontre fortuite entre l'ancien pair de France et le doctrinaire socialiste, le peuple en effet n'a pas encore bougé. « Paris, écrira Proudhon, avait l'aspect d'une femme violée par quatre brigands et qui, ne pouvant faire un mouvement, ferme les yeux et s'abandonne. » La soixantaine de républicains réunis dans l'après-midi rue Blanche peuvent bien multiplier les proclamations et les appels à l'insurrection : les affiches qui ne sont pas aussitôt saisies par les hommes de Maupas laissent de marbre la masse des petites gens appelées à prendre les armes. Hugo et ses amis, Hippolyte Carnot, Victor Schoelcher, Jules Favre, peuvent bien haranguer la troupe et parcourir le faubourg Saint-Antoine, ceints de leurs écharpes tricolores : artisans et ouvriers ont en mémoire la féroce répression de juin 1848, menée au nom de la République. Faudrait-il maintenant se faire tuer pour libérer Cavaignac et Changarnier ? Les témoignages pullulent qui font état de l'indifférence manifestée par le peuple parisien, en ce premier jour de *pronunciamiento* bonapartiste.

À l'Élysée où l'on ne s'est pas bousculé pour faire acte d'allégeance auprès du président putschiste, Louis-Napoléon a suivi heure par heure le déroulement des événements. Pour tromper l'anxiété et tester l'atmosphère de la capitale, il désirait effectuer une nouvelle sortie mais Fleury l'en a dissuadé en raison d'un début d'agitation sur les boulevards. Désormais, il ne bougera plus du palais, laissant agir ses principaux lieutenants.

Or, les hommes du président ne sont pas d'accord sur la tactique à suivre. Maupas entend prévenir l'insurrection en positionnant la troupe et en surveillant de près les faubourgs. Morny conseille au contraire, comme Cavaignac en juin 1848, de laisser l'émeute se développer et de ne faire sortir des casernes le gros de l'armée qu'une fois la bataille engagée, de manière à frapper vite et fort, là où se seraient massées les forces adverses.

La journée du 3 décembre voit un début de résistance s'organiser. Tandis que le prince s'efforce, non sans mal, de constituer un ministère composé principalement de ses fidèles — Morny, Fould, Saint-Arnaud, Magne et Rouher — et une « commission exécutive » de 80 membres nommés par le président, parfois sans consultation des intéressés, une vingtaine de représentants de la Montagne, rassemblés au café Roysin, faubourg Saint-Antoine, tente de soulever les quartiers populaires : avec le même insuccès que la veille. Les ouvriers ne veulent pas bouger. Ils n'ont pas d'armes et surtout ils ne veulent pas mourir pour une République qui a massacré, emprisonné et déporté des milliers des leurs. Après tout « Poléon » se dit l'ami du peuple. Pourquoi lui ferait-on moins confiance qu'aux « bavards » du Palais-Bourbon ? N'a-t-il pas, avant les « messieurs » en redingote et écharpe tricolore, promis de rendre la parole au peuple et rétabli le suffrage universel ?

Bon an mal an, quelques barricades commencent toutefois à s'édifier au faubourg Saint-Antoine et dans les quartiers du centre. Sur l'une d'elles, tombe l'une des toutes premières victimes du 2 décembre : le député Baudin. À un ouvrier qui s'exclamait : « Nous n'avons pas envie de nous sacrifier pour les vingt-cinq francs ! » — faisant référence au montant de l'indemnité parlementaire — l'élu aurait répondu : « Vous allez voir comment on meurt pour vingt-cinq francs par jour ! » La réplique est vraisemblablement apocryphe et l'événement lui-même n'a guère enflammé les esprits, au-delà du très groupusculaire comité de résistance qui, entre deux proclamations tonitruantes, vote le transfert des restes du défunt au Panthéon. Pourtant la mort de Baudin et les paroles prêtées à ce représentant du peuple, tué sur une barricade, ne tarderont pas à nourrir le légendaire républicain.

Face à ce qui n'est encore qu'un embryon de soulèvement, Saint-Arnaud décide d'appliquer sans mollesse le décret d'état de siège. Il fait placarder un avertissement indiquant que « tout individu pris construisant ou défendant une barricade, ou les armes à la main sera fusillé ». Le soir du 3 décembre, rien ne permet encore d'affirmer que le coup est gagné : le nombre des insurgés ne dépasse guère 1 000 ou 1 500, pour la plupart des « quasi-professionnels des barricades » (Louis Girard)[22]. À l'Élysée, on s'interroge sur la tactique à adopter le lendemain. La discussion est vive entre les partisans de la solution Morny et ceux qui pensent, avec Maupas, qu'il faut répondre au harcèlement par le harcèlement et éliminer toute tentative de résistance avant que le mouvement ne fasse tache d'huile. C'est finalement le point de vue de Morny qui l'emporte et avec lui le risque d'une répression sanglante.

La journée du 4 sera décisive. Durant la nuit une trentaine de milliers de soldats prennent position autour des zones tenues par les insurgés. On ne compte toujours que quelques dizaines de barricades, édifiées principalement dans l'espace compris entre les Grands Boulevards et la Seine (rue Rambuteau, rue Greneta, rues Saint-Martin et Saint-Denis, etc.), ainsi que sur la rive gauche (Luxembourg, montagne Sainte-Geneviève). L'armée progresse rapidement et paraît devoir l'emporter sans trop de dégâts pour l'un et l'autre camp lorsque l'action bascule brusquement dans le drame.

Entre deux et trois heures de l'après-midi sur les boulevards Montmartre et Poissonnière, pressés par une foule où se mêlent manifestants et paisibles promeneurs, les soldats de la division Canrobert ouvrent le feu sans en avoir reçu l'ordre au prétexte de tirs isolés provenant de maisons voisines. Après dix minutes d'une fusillade nourrie, on relève au moins cent morts, dont plusieurs femmes et des enfants, ainsi que des centaines de blessés. Le souvenir des événements qui ont suivi, en février 1848, la fusillade du boulevard des Capucines, était encore très vif dans les esprits. Au soir du 4 décembre, on a donc envisagé dans l'entourage du prince de devoir affronter un soulèvement général. Dans ce cas, Louis avait prévu de se réfugier aux Tuileries, transformées en camp retranché, et de résister avec toutes les troupes disponibles. Or, il n'y eut pas à recourir à ce scénario-catastrophe. Le déploiement spectaculaire des unités mises en place par Saint-Arnaud, leur efficacité dans l'élimination des barricades dans les quartiers du centre, la crainte résultant de la violence déployée par la division Canrobert sur les Grands Boulevards, les exécutions sommaires firent que l'insurrection se résorba aussi vite qu'elle avait commencé.

Parmi les morts de décembre — entre 300 et 400 personnes, contre une trentaine de tués et moins de 200 blessés du côté de l'armée — les deux tiers étaient des ouvriers. Rien de comparable toutefois avec les 5 000 morts de juin 48, d'autant que les victimes du coup d'État étaient pour une bonne part d'innocents curieux dont le seul tort avait été de se trouver sur les boulevards lors du passage des soldats. Dans son ensemble, le monde du travail ne s'était pas mêlé aux combats. Nombre de ses représentants — ouvriers, mais aussi artisans, boutiquiers, domestiques, gens des petits métiers parisiens — avaient accueilli favorablement l'annonce par le prince du rétablissement du suffrage universel et parfois applaudi au passage des « vingt-cinq francs » et des « bouchers » de juin, conduits en prison par les hommes de Maupas. C'est à bien des égards cette abstention des classes populaires dans le règlement de comptes entre le président et l'Assemblée qui explique le succès du premier. Une véritable alliance tactique s'est ainsi nouée aux dépens des républicains entre l'hôte de l'Élysée, parfaitement à l'aise dans cette manipulation des masses, et les gros bataillons de ceux qui avaient pris l'habitude de verser leur sang pour la liberté. Ajoutons à cela la molle réaction des modérés, prompts certes à vouloir dresser devant les putschistes le rempart de la loi, mais se refusant à appeler le peuple à l'insurrection par crainte des « anarchistes » et des « partageux ».

Mais Louis-Napoléon n'a pas seulement remporté une victoire par défaut. Si les humbles ne se sont pas levés en masse pour défendre la République, c'est aussi parce qu'ils ont pris pour bon argent les promesses démagogiques du neveu de l'empereur. Depuis 1848 en effet, la propagande bonapartiste a su exploiter l'image d'un Napoléon « socialiste » : telle que le reflète ce couplet véhiculé par quelque chanteur de rue lors de la campagne pour l'élection à la présidence de la République :

> Comment douter de son libéralisme
> Quand pour charmer l'ennui de sa prison
> Il composait son fameux paupérisme
> Du prolétaire il connaît la souffrance
> Lui seul en peut alléger le tourment [23].

Les réactions en province

Au soir du 4 décembre, la résistance parisienne est brisée. Il y aura bien quelques mouvements sporadiques au cours des deux jours suivants, en particulier une tentative d'attaque en direction de la prison Saint-Lazare, où quelques meneurs ont été enfermés, mais l'armée aura tôt fait de les neutraliser. La plupart des dirigeants républicains ont été arrêtés ou sont en partance pour l'exil, à l'instar de Victor Hugo. Muni d'un passeport au nom de Lanvin, celui-ci prend le 11 décembre le train pour Bruxelles : première étape d'une expatriation de près de vingt ans.

En juillet 1830, comme en février et en juin 1848, l'insurrection s'était limitée à la capitale. En décembre 1851 le soulèvement antibonapartiste s'est au contraire étendu à la province. Là où il ne s'est pas réduit à des manifestations symboliques, c'est-à-dire dans une trentaine de départements du Midi et du Centre, il est venu en effet se greffer sur l'exaspération de populations ayant subi depuis plusieurs mois les effets conjugués de la crise (misère, bas salaires, chômage) et de la répression exercée par les préfets. Maurice Agulhon a parlé de « coups d'État locaux » pour qualifier les mesures appliquées par l'administration : poursuites de militants « démoc-soc », fermetures de cercles républicains et socialistes, interdiction de journaux et dissolution de conseils municipaux jugés « séditieux », etc [24]. En prévision d'un coup de force dont l'initiative pouvait tout aussi bien venir de la majorité conservatrice que du prince-président, on s'était appliqué à décapiter la gauche républicaine.

À l'annonce du coup d'État, et bien que Morny eût multiplié les consignes et les avertissements sévères auprès des préfets (suppression des journaux hostiles et arrestation de tous les individus « qui troubleraient la tranquillité »), un puissant mouvement de résistance s'est développé dans les petites villes et dans les campagnes. Les grandes agglomérations, à l'instar de Paris, ont faiblement réagi. Lyon n'a pratiquement pas bougé, tandis qu'à Marseille, Lille, Bordeaux, Toulouse, Strasbourg, Dijon et Rennes, la troupe n'eut aucune peine à disperser les manifestants. Elle a beaucoup plus difficilement maîtrisé les actions de bandes armées — fortes parfois de plusieurs milliers d'individus, pour la plupart des paysans — opérant dans les campagnes « rouges » du Midi (Var, Basses-Alpes, Drôme, Gard, Hérault, Gers, Lot-et-Garonne) et du Centre (Nièvre, Allier, Saône-et-Loire). Contrairement à ce qu'affirmeront les journaux parisiens, il y eut au total peu de sang versé et peu de destructions. Les émeutiers s'en prirent essentiellement aux gendarmes et à la troupe. La seule véritable action d'envergure eut lieu à Digne, la préfecture des Basses-Alpes, qui resta plusieurs jours aux mains des insurgés : plus de 8 000 personnes armées de faux, de fourches, de fusils de chasse, encadrées par les sociétés secrètes, et qui résistèrent aux forces de l'ordre jusqu'au 10 décembre.

La répression

À cette date, l'opposition armée était matée dans les trente-deux départements soumis à l'état de siège. Elle fut suivie d'une répression féroce dont les tenants du pouvoir expliquèrent qu'elle répondait au soulèvement anarchique et meurtrier des « rouges », fomenté par les sociétés secrètes, dans le but non avoué de déposséder et de massacrer les « honnêtes gens ». C'est Morny qui donna le ton en adressant le 10 décembre une circulaire aux préfets. Il y présentait le coup d'État de Louis-Napoléon comme une opération salutaire destinée à préserver la République d'une « jacquerie » orchestrée par les « démoc-soc ». L'image de la jacquerie avait d'autant plus de chances de mobiliser les nantis et de refaire l'unité des conservateurs qu'elle réveillait des peurs ancestrales que la presse parisienne s'appliqua sans la moindre pudeur à amplifier, en colportant, relayée par la *vox populi*, les épisodes les plus invraisemblables. Qu'on en juge par cet extrait du « journal » du comte de Viel-Castel, un représentant de la jeunesse dorée aristocratique passé au service du Second Empire et futur bras droit de Neuwerkerke à la Direction générale des musées :

> Le socialisme, écrit-il, est un crime qui doit être poursuivi comme le serait le parricide. En huit jours, il a étalé au soleil, dans trois ou quatre départements où il a pu se croire un moment triomphant, les forfaits les plus monstrueux.
>
> Des femmes et des jeunes filles ont été violées publiquement, avec tous les raffinements de la plus sale luxure ; quelques-unes ont été égorgées après avoir servi à la

débauche des insurgés, transformés en autant de *de Sade*.
À Clamecy, une femme a été violée devant son mari ; puis
ses deux filles ont subi le même sort et tous ont fini par
être égorgés : père, mère et enfants. À Poligny, mêmes
scènes, à Digne et autres localités !... Des commissaires,
envoyés par la propagande de Londres, étaient à Paris dès
les premiers jours des barricades. Louis Blanc lui-même,
habillé en femme, s'était hasardé au milieu de l'émeute.
Les maisons des *aristos* devaient être pillées, les musées,
les bibliothèques livrés aux flammes, car suivant la doctrine des Barbares du XIXᵉ siècle, les arts corrompent le
peuple.

Le socialisme est une plaie qu'il faut cautériser à tout
prix. En France, la liberté n'est que le droit acquis aux
pervers de détruire l'état social. Nous avons besoin de
désapprendre la fausse liberté.

Louis-Napoléon a accompli courageusement et habilement le plus grand acte politique des temps modernes, il
est important qu'il conserve le calme et la fermeté nécessaires au rôle de sauveur de l'Europe que l'histoire lui
décernera[25].

La dénonciation des sévices sexuels auxquels se
seraient livrés les émeutiers constitue, notons-le, une
véritable obsession de la propagande bonapartiste et de
la production éditoriale immédiatement postérieure à
l'événement. Nombre d'auteurs bien-pensants, comme
P. Mayer, auteur en 1852 d'une apologétique *Histoire
du Deux Décembre*, évoquent ainsi avec une certaine
complaisance les images refoulées des « orgies » popu-
lacières :

À Poligny (Jura), écrit ce dernier, le vol fut compliqué de
l'outrage aux femmes. La plume ne doit pas répéter ce qu'a
dû taire la justice elle-même. Les brigands qui pendant
dix-huit heures occupèrent cette malheureuse petite ville,
où ils avaient fabriqué et installé un sous-préfet, un directeur des postes, un maire et un *commandant des forces
républicaines*, épuisèrent tout ce que la lâcheté de l'athée,
unie au rut de la bête féroce et compliquée de l'avidité du
voleur, réalisera jamais d'orgies infâmes et de pillages sanglants[26].

Louis-Napoléon tira le plus grand profit de· l'ambiguïté du mouvement. Le combat au nom de la liberté et de la légalité républicaine n'avait-il pas revêtu en effet, dans de nombreux départements, le visage de la révolte anarchique contre les riches, offrant à l'équipe présidentielle l'occasion de légitimer *a posteriori* son coup de force ? On mettait l'accent sur le fait que l'agitation des campagnes avait commencé bien avant que le prince décidât de saisir les rênes du pouvoir, dans la perspective de l'échéance de 1852. Louis-Napoléon se trouvant empêché par la Constitution de briguer un second mandat, les montagnards entendaient bien profiter du vide politique qui résulterait de cette situation pour faire sinon élire l'un des leurs à la magistrature suprême, du moins faire basculer en leur faveur la majorité parlementaire. Aussi s'employèrent-ils à mobiliser la province en exploitant le mécontentement de nombreux secteurs du corps social. Il n'est pas absurde, explique Adrien Dansette, d'imaginer pour 1852 un véritable « raz-de-marée démoc-soc ». Et de citer, à l'appui de sa thèse, cette réflexion du président du tribunal de Toulon : « Ce que les socialistes de la province, déconcertés et surpris en 1851, viennent de tenter, montre bien ce qu'ils auraient fait en 1852, prêts et organisés. [...] Nous avons vu les premières lueurs de l'incendie qui nous eût dévorés[27]. »

En jouant ainsi sur la peur des rouges et sur l'instrumentalisation des « instincts incendiaires et meurtriers de la canaille » par la gauche — une thématique que l'on retrouvera à chaque nouvel accès de fièvre révolutionnaire — l'équipe d'aventuriers qui a préparé et exécuté le putsch du 2 décembre a réussi à faire passer celui-ci pour une opération préventive de sauvetage de la société, et à rassembler autour de l'image du « sauveur » des courants d'opinion jusqu'alors divergents. Louis-Napoléon n'est pas le dernier à exploiter le sentiment, partagé par nombre de Français — qui tous n'appartiennent pas au monde des notables et des nantis —, d'avoir échappé au pire. Dans sa « proclamation au

peuple français » datée du 8 décembre, il déclare : « Les
troubles sont apaisés. Quelle que soit la décision du
peuple, la société est sauvée. La première partie de ma
tâche est accomplie ; l'appel à la nation, pour terminer
les luttes des partis, ne faisait, je le savais, courir aucun
risque à la tranquillité publique[28]. »

Aussi entend-on de toutes parts se multiplier les voix
appelant au ralliement : celle de Flahaut qui écrit à son
épouse que le coup d'État a sauvé le pays ; celle du légitimiste Falloux, pour qui « le coup d'État a tranché dans
le vif » et « remplacé les menaces de la jacquerie par
un gouvernement maître absolu de la France » ; celles
encore de Montalembert et du cardinal Gousset : « Voter pour Louis-Napoléon, écrira le premier, c'est choisir
entre lui et la ruine totale de la France. [...] Je ne vois
(hors de lui) que le gouffre béant du socialisme. » « Le
doigt de Dieu est ici, écrit le second, il veut nous
sauver. »

Tant de louanges ne pouvaient que faciliter l'ampleur
de la répression. La dispersion des colonnes d'émeutiers
fut suivie, durant une quinzaine de jours, d'une chasse à
l'homme, ponctuée d'exécutions sommaires. On procéda
ensuite sur l'ensemble du territoire — et pas seulement
dans les départements soulevés — à des arrestations
massives dirigées contre les milieux républicains : environ 4 000 personnes à Paris, 26 000 dans toute la
France, dont une majorité d'artisans et de paysans. Des
commissions mixtes, comprenant dans chaque département le préfet, un général et un magistrat effectuèrent
le tri des détenus. Les 250 chefs présumés de l'insurrection furent traduits devant des conseils de guerre. On
expédia un nombre équivalent de récidivistes au bagne
de Cayenne, tandis que 9 530 « meneurs » étaient
déportés en Algérie (dont 4 550 furent emprisonnés
dans un fort ou dans un camp), et un peu moins de
5 000 placés en liberté surveillée.

La brutalité et l'arbitraire des décisions prises par les
commissions mixtes surprirent, semble-t-il, le principal
acteur du coup d'État, et en tout cas son premier bénéfi-

ciaire. Louis-Napoléon n'était ni un cynique comme Morny, ni un sabreur sans remords comme Saint-Arnaud. Vingt-ans après la révolte des Romagnes, il n'avait pas complètement oublié qu'il avait combattu avec son frère aux côtés des soldats de la liberté. Certes, le banissement, les tentatives avortées de coups de force, les années passées en forteresse à Ham l'avaient endurci et accoutumé à l'idée que le cheminement de l'histoire ne se fait pas sans heurt. Il n'en avait pas moins été choqué par le zèle excessif de ses lieutenants dans la répression de la résistance parisienne. De l'image manichéenne que donnera du 2 décembre l'auteur de l'*Histoire d'un crime*, on retiendra surtout que l'outrance et la mauvaise foi ne furent pas seulement du côté des vainqueurs. Tout est affabulation et volonté de diabolisation dans le récit que fait Hugo de la fusillade des Grands Boulevards :

> Le coup d'État était perdu ; il fallait un coup de terreur pour le relever. On le fit. Louis-Napoléon ordonna de massacrer tous les passants qui encombraient les boulevards de la rue de Richelieu à la rue Saint-Denis. On fusilla, on massacra surtout les femmes et les enfants ; une rivière de sang coula sur le boulevard. [...] Chaque général avait reçu un million et chaque soldat deux pièces d'or. On avait pourvu aux dépenses de cette corruption et de cette orgie en dévalisant la Banque de France de vingt-cinq millions [29].

Non seulement Louis-Napoléon n'a pas « ordonné » le massacre, mais il a incontestablement été dépassé par l'événement et affecté par le bilan humain d'un succès payé au prix fort. À Paris, la répression armée avait été disproportionnée aux risques encourus par les putschistes. En province, ce fut principalement sur le plan judiciaire que s'exerça, sous la pression du « parti de la peur », l'élimination plus ou moins prolongée des défenseurs de la République. Dans les deux cas, le prince-président subit plus qu'il ne dirigea l'action de ses partisans, complices sans scrupules et sans pitié, ou notables effrayés par la menace d'une révolution sociale. Pour reprendre les termes du général du Barail, « Louis-Napoléon n'a pas fait tout ce qu'il voulait et n'a pas voulu tout ce qu'il a fait »[30]. Il s'en excusera auprès de George Sand lorsque celle-ci, venue solliciter en janvier 1853 la clémence de l'empereur pour quelques-uns de ses amis, se verra répondre : « Ah ! C'est vrai, mais ce n'est pas moi. [...] Demandez tout ce que vous voudrez, pour qui vous voudrez. »

On ne pouvait pas ressusciter les morts de décembre. On pouvait en revanche tenter d'atténuer les effets de la répression judiciaire. C'est dans ce but que le prince-président décida de créer une commission destinée à « donner son avis sur les mesures de clémence qui seraient sollicitées en faveur des insurgés », puis de dépêcher en province trois conseillers d'État avec mission d'assouplir les peines et de préparer des mesures de grâce. Deux de ces trois *missi dominici*, les généraux Canrobert et Espinasse, ne manifesteront dans cette tâche qu'un zèle modéré[31]. En revanche, le conseiller Quentin Bauchart, en charge du Sud-Est, réclamera plus de 3 400 grâces et commutations de peine. « Vous seul, lui écrira le prince, avez compris ma pensée. »

L'intervention de George Sand, celles également de Napoléon-Jérôme — que le coup d'État n'a pas éloigné de ses inclinations montagnardes, bien au contraire — ou de ses amis saint-simoniens ont incité Louis-Napoléon à se montrer accommodant, sinon à l'égard de la piétaille, au moins des leaders républicains. Miot, Greppo, Dufraisse, Démosthène Ollivier virent ainsi leur condamnation au bagne commuée en peine d'emprisonnement ou de déportation en Algérie. Furent condamnées à l'exil environ 70 personnalités appartenant à la gauche républicaine, parmi lesquelles Hugo, Schoelcher, Raspail, Pierre Leroux, Edgar Quinet, Madier de Montjau, Perdiguier et Nadaud. Ces proscrits de la première heure furent bientôt rejoints par de nombreux intellectuels, notamment des membres de l'enseignement qui refusèrent le serment de fidélité au chef de l'État exigé de ses

fonctionnaires par le nouveau régime. Les orléanistes
eurent moins à souffrir des rigueurs de la répression
judiciaire. La plupart des représentants de l'opposition
de droite, qui avaient été arrêtés dès le premier soir du
coup d'État et incarcérés à Mazas ou à Vincennes,
furent très vite relâchés. Cinq d'entre eux seulement,
dont Rémusat et Duvergier de Hauranne, furent invités
à rejoindre en Suisse leurs amis Thiers et Baze.

Le plébiscite

Un peu plus de cinq ans après l'évasion rocambolesque de Ham, Louis s'est donc rendu maître d'un pouvoir que personne n'est en mesure de lui contester. Le
parti républicain est anéanti. Ses chefs sont en prison
ou en exil. L'opposition de droite est réduite au silence.
La peur sociale a vite rallié à la cause bonapartiste
notables de province, hauts fonctionnaires, militaires
de haut rang et hommes d'affaires. « Les grands financiers », réunis le 2 décembre chez James de Rothschild,
n'ont-ils pas — *dixit* Émile Pereire — « écouté avec plaisir » les « nouvelles rassurantes rapportées » par leurs
émissaires. Louis-Napoléon, comme son oncle un demi-
siècle plus tôt, a toutes les cartes en main pour établir le
régime qui répondrait à son ambition et aux principes
qu'il a énoncés dès 1839 dans ses *Idées napoléoniennes*.
Or figure, au premier rang de ces principes, celui de la
souveraineté du peuple. Comme le Consulat, comme le
Premier Empire, le régime qu'il s'apprête à fonder serait
autoritaire, mais il reposerait sur l'adhésion d'une population appelée à approuver les grandes lignes de la nouvelle Constitution. L'appel au peuple, explicitement
formulé dans la proclamation du 2 décembre, prendrait
ainsi la forme d'un plébiscite organisé sur la base du
suffrage universel masculin.

Il fallait néanmoins faire vite : profiter du courant de
sympathie pour les uns, d'indifférence pour les autres
qui avait suivi la victoire des putschistes. Et exploiter

au maximum la hantise du « spectre rouge » et le thème du « sauveur de la nation ». La propagande bonaparististe ne se priva pas de le faire, appuyée par l'administration — les préfets menacèrent de révocation les fonctionnaires qui ne feraient pas campagne pour le prince-président — et par le clergé catholique. Le vote eut lieu sous haute surveillance les 20 et 21 décembre, dix jours seulement après l'élimination des derniers nids de résistance. Dans de nombreuses communes, les maires menacèrent de procéder le 22 à un contre-appel et de rendre publics les noms des abstentionnistes. Le résultat fut à la mesure des pressions exercées par le pouvoir : 7 439 216 électeurs se prononcèrent en faveur du oui, contre 641 737 non, 36 000 bulletins nuls et 1,7 million d'abstentions. Les trois quarts des inscrits avaient manifesté leur assentiment au régime issu du coup d'État. Louis pouvait se déclarer satisfait. « Plus de sept millions de suffrages », déclara-t-il dans son discours du 31 décembre, venaient de l'« absoudre en justifiant un acte qui n'avait d'autre but que d'épargner à [la] patrie et à l'Europe peut-être des années de troubles et de malheur ».

L'*absolution* a été d'autant plus facile à obtenir que la « majorité » des Français n'a pas fondamentalement désapprouvé le coup d'État de Louis-Napoléon Bonaparte. À défaut d'initiative élyséenne, n'y avait-il pas un risque sérieux de coup de force impulsé par la majorité conservatrice de l'Assemblée et débouchant sur une restauration monarchique ? Et que se serait-il passé en 1852, au terme du mandat du prince-président, si les deux pouvoirs n'avaient pas d'ici là réussi à résoudre leur conflit, ce qui était bien improbable ? Guizot, dans une lettre adressée à sa fille en février 1852, résume assez bien l'état du sentiment public au lendemain du plébiscite instaurant la République consulaire :

Le pays, écrit-il, il serait puéril de se le dissimuler, le gros pays s'est félicité du coup d'État du 2 décembre. Il s'est senti délivré dans le présent de l'impuissance à laquelle l'Assemblée et le Président se réduisaient mutuellement. Il s'est cru délivré, pour 1852, de tous les périls et de tous les maux qu'il attendait à jour fixe. Il a baissé la tête, un peu honteux du coup ; mais en baissant la tête, il a respiré, content au fond, quoique humilié. Il a espéré du repos et un gouvernement. Il ne les a pas [32].

9

Installation et consolidation du régime impérial (1852-1857)

> J'ai pris comme modèles les institutions politiques qui déjà, au commencement de ce siècle, dans des circonstances analogues, ont raffermi la société ébranlée et élevé la France à un haut degré de prospérité et de grandeur. J'ai pris comme modèles les institutions qui, au lieu de disparaître au premier souffle des agitations populaires, n'ont été renversées que par l'Europe coalisée contre nous. En un mot, je me suis dit : puisque la France ne marche depuis cinquante ans qu'en vertu de l'organisation administrative, militaire, judiciaire, religieuse, financière du Consulat et de l'Empire, pourquoi n'adopterions-nous pas aussi les institutions politiques de cette époque ? Créées par la même pensée, elles doivent porter en elles le même caractère de nationalité et d'utilité pratique [1].

Véritable préambule de la Constitution, la déclaration présidentielle du 14 janvier 1852 ne laisse planer aucun doute quant à la nature du régime que le prince entend instaurer à la suite du *pronunciamiento* de décembre. Il avait promis le « retour à la légalité républicaine » sans préciser ce qu'il entendait exactement par République. Celle qu'il vient de renverser n'a fait, estime-t-il, qu'en usurper le nom. Telle qu'il la conçoit, telle qu'il prétend en restaurer l'esprit, la République a pour but d'œuvrer au bien commun. Cela implique qu'elle soit dirigée d'une main ferme par un chef capable de trancher entre les intérêts divergents des individus et des groupes, et d'imposer l'autorité de l'État aux coteries de tous bords. Le parlementarisme a failli dans cette tâche que Napoléon Ier a su au contraire mener à bien, exemple dont s'inspire le neveu.

La République consulaire

En principe, une commission de 80 membres avait été chargée de préparer le texte constitutionnel. En fait, le gros du travail fut accompli par un comité de fidèles comprenant Persigny, Flahaut et trois juristes : Mesnard, Rouher et Troplong. On avait décidé de faire vite pour profiter du très relatif « état de grâce » dont témoignaient les résultats du plébiscite du 20 décembre, mais le 11 janvier rien d'essentiel n'était encore fixé. Lorsque Louis-Napoléon manifesta son agacement devant la « lenteur » des travaux, Rouher et Troplong prirent les choses en main et achevèrent en quarante-huit heures la rédaction du texte, signé le 14 par le chef de l'État et qui instituait une République consulaire.

Fondé, au terme de l'article premier, sur « les grands principes proclamés en 1789, et qui sont la base du droit public des Français », le régime conservait officiellement — personne ne se faisait d'illusion sur la suite — la forme républicaine. Il était toutefois précisé que le gouvernement « était confié pour dix ans au prince Louis-Napoléon Bonaparte » (art. 2), et rien n'indiquait que celui-ci fût empêché d'être réélu au terme de ce mandat. En attendant, la Constitution proclamait que le président était responsable devant le peuple français auquel il avait « toujours le droit de faire appel » (art. 5), afin que celui-ci puisse, dans les « circonstances solennelles », lui confirmer sa confiance. Le régime serait donc plébiscitaire, théoriquement respectueux de la souveraineté du peuple et de la sanction du suffrage universel masculin. En pratique, le président de la

République nomme à tous les emplois, civils ou militaires. La justice se rend en son nom. Il déclare seul la guerre, signe les traités de paix, d'alliance ou de commerce, décrète l'état de siège dans un ou plusieurs départements, « sauf à en référer au Sénat dans les plus brefs délais » (art. 12). Il a seul l'initiative des lois, les sanctionne et les promulgue. Les ministres ne dépendent que de lui et ne sont responsables que chacun en ce qui le concerne des actes du gouvernement. On lui prête serment de fidélité ainsi qu'à la Constitution. Le chef de l'État peut enfin, « par un acte secret et déposé aux archives du Sénat [...], désigner le nom du citoyen qu'il recommande, dans l'intérêt de la France, à la confiance du peuple et à ses suffrages ».

C'est donc en disciple fidèle de son oncle que Louis-Napoléon a institué une monarchie républicaine dont il contrôle les rouages. À un exécutif écrasant, le suffrage universel confère une légitimité dont le titulaire du pouvoir ne manquera pas de se prévaloir à l'occasion des plébiscites organisés par ses soins, ou des élections pour le renouvellement du Corps législatif. Pour Persigny et Morny, il ne s'agit que d'une étape sur la voie qui doit aboutir à la proclamation de l'Empire. Les puissances ne s'y trompent pas. Elles ont accueilli plutôt favorablement le coup d'État : Pie IX, l'Autrichien Schwarzenberg, le roi de Prusse ont félicité Louis-Napoléon. Le tsar le considère comme le « sauveur de l'ordre » et l'Anglais Palmerston se félicite de voir éclaircie une situation qui pouvait devenir dangereuse pour l'Europe. En revanche, plus se multiplient les signes annonciateurs d'un rétablissement du régime impérial, plus les chancelleries s'inquiètent de ce qui pourrait arriver si le neveu de Napoléon s'avisait de chausser les bottes de l'« ogre de Corse » et de renouer avec sa politique conquérante. L'ambassadeur d'Autriche Hübner est le premier à tirer le signal d'alarme : « L'Empire se fait, écrit-il début février, l'Empire se fera, l'Empire est fait. » Deux mois plus tard se profile une sorte de coalition antifrançaise qui obligera le prince à rassurer l'Europe. « Certaines personnes, déclare-t-il en octobre à Bordeaux, disent : l'Empire, c'est la guerre. Moi je dis : l'Empire, c'est la paix. Des conquêtes, oui : les conquêtes de la conciliation, de la religion et de la morale[2]. »

Les observateurs étrangers ont d'autant plus de raisons d'envisager une restauration de l'Empire que le prince-président se comporte en monarque : il signe Louis-Napoléon et ne corrige pas ceux qui lui donnent de l'altesse impériale. Ses embarras d'argent ont disparu au lendemain du coup d'État. Conformément à l'article 15 de la Constitution, un sénatus-consulte a fixé le montant de sa liste civile annuelle à douze millions : somme qui, arrondie de diverses indemnités, permet au chef de l'État de solder ses dettes les plus criantes. Une Cour s'organise, d'abord à l'Élysée, puis aux Tuileries où le prince donne réceptions et bals avant de prendre définitivement possession des lieux. Les amis de toujours, les vieux compagnons d'infortune se voient confirmer, pour prix de leur fidélité, dans leurs hautes fonctions domestiques. Vaudrey est gouverneur du palais, Fleury premier écuyer, Ney capitaine des chasses, Bacciochi introducteur des diplomates étrangers, Thelin gardien de la cassette princière. Bure, frère de lait de Louis-Napoléon, devient intendant général et continue de gérer les finances du chef de l'État. Dix officiers, dont sept généraux, sont en charge de sa Maison militaire.

Louis-Napoléon ne s'entoure pas seulement d'une pompe monarchique, il s'applique à marquer le lien existant entre le fondateur de l'Empire et son successeur naturel, autrement dit à familiariser les Français avec le principe dynastique. Le 5 mai 1852, un service funèbre est célébré à Notre-Dame pour commémorer la mort de l'empereur. Les aigles sont rétablies sur les drapeaux. Le Code civil est rebaptisé Code Napoléon et une commission *ad hoc* est chargée de publier les œuvres complètes du prisonnier de Sainte-Hélène. Le 15 août, on célèbre à Paris la Saint-Napoléon dans un grand déploiement de drapeaux et d'aigles dessinées par la lumière du gaz. Quant à l'effigie du prince-président, elle fait son apparition sur les pièces de monnaie et sur les timbres-poste, tandis que disparaît du fronton de nombreux monuments la devise de la République : « Liberté, Égalité, Fraternité. »

Et pourtant le prétendant hésite. Le souvenir du coup d'État est encore très présent et avec lui le remords d'avoir versé le sang : « Tu portes le 2 décembre comme une tunique de Nessus », lui dira un jour l'impératrice. Certains membres de son entourage lui font valoir que la restauration de l'Empire pourrait réveiller ce qu'il subsiste d'opposition républicaine et déclencher de nouveaux troubles. Aussi le prince-président, qui aspire au contraire à une réconciliation avec la gauche modérée, se montre-t-il peu empressé de franchir une seconde fois le Rubicon. Ses fidèles s'impatientent, tel Persigny qui déclare à Falloux : « Vous ne savez pas ce qui retarde l'Empire : c'est l'empereur et l'empereur seul. Un vertige de timidité l'a saisi après le 2 décembre. » Cela n'empêche pas le chef de l'État de multiplier les décrets dictatoriaux. Il commence par régler ses comptes avec les Orléans, auxquels il n'a pardonné ni son exil prolongé, ni sa condamnation à la prison perpétuelle. Deux décrets, datés du 23 janvier 1852, interdisent aux princes d'Orléans d'avoir des biens en France et annulent la dotation faite à ses enfants par le roi Louis-Philippe avant son accession au trône. L'effet sur l'opinion est désastreux, sinon dans les milieux populaires que cette spoliation laisse de marbre, du moins du côté des nantis, dans cette bourgeoisie modérée pour laquelle la Monarchie de Juillet a constitué un âge d'or et qui a fourni à l'orléanisme l'essentiel de ses troupes. André Dupin parle du « premier vol de l'aigle ». D'autres n'hésitent pas à mettre en parallèle la spoliation des princes et l'extinction des dettes présidentielles, ou critiquent le caractère démagogique de l'opération : le produit du séquestre est en effet réparti entre les sociétés de secours mutuel, les logements ouvriers, la

Caisse des desservants ecclésiastiques infirmes et la
Légion d'honneur.

Dans cette affaire, Louis-Napoléon se trouve désavoué par une partie des siens. Mathilde a vainement sollicité de son cousin la « grâce » des princes d'Orléans :
« Vous êtes, lui écrit-elle, grand, généreux, le plus fort
entre les forts. N'accablez pas des proscrits ! Si nous
n'avions pas été proscrits et pauvres nous-mêmes, je
n'oserais pas vous parler ce langage. [...] Au nom de
notre vieille amitié, cher Louis, je vous en conjure, n'as-
sumez pas sur vous une aussi formidable responsabilité. Si vous ne pouvez oublier, sachez du moins
pardonner[3]. » Venue plaider cette cause à l'Élysée, elle
est ravalée au rang « d'intrigante » par le président. Plus
grave est la réaction des membres du gouvernement.
Quatre d'entre eux, et non des moindres — Rouher,
Fould, Magne et Morny — donnent leur démission.
Celle de l'organisateur du coup d'État, très lié comme
ses trois collègues au monde orléaniste, frappe les
contemporains. En fait, elle concrétise un conflit latent
entre le président et son demi-frère, auquel Louis-Napoléon reproche de se montrer envahissant. Démissionnaire de son poste de ministre de l'Intérieur — aussitôt
confié à Persigny —, écarté de la présidence du Corps
législatif et ayant successivement refusé un siège de
sénateur et une ambassade, Morny ne retrouvera les
faveurs du prince qu'à la veille de la proclamation de
l'Empire.

D'autres décrets achèvent de museler l'opposition et
de renforcer l'emprise du pouvoir sur l'administration.
La Garde nationale est « réorganisée » et réduite à
l'état d'armée de parade. La plupart des coopératives
ouvrières sont dissoutes, à la différence des sociétés de
secours mutuel que le régime tolère et même favorise
tant qu'elles se cantonnent dans des activités de bienfai-
sance. Les fonctionnaires sont astreints au serment
constitutionnel et au port d'un uniforme lors des cérémonies officielles. L'Université est mise en tutelle.
Désormais, le ministre de l'Instruction publique pour-

voit de sa propre autorité à tous les emplois dépendant de son administration, depuis les professeurs de faculté jusqu'aux instituteurs. Il a également licence de les révoquer sans qu'ils puissent se faire entendre. Seront ainsi exclus de leur chaire des maîtres prestigieux dont le ministre Fortoul juge l'enseignement ou le comportement subversifs, tels Victor Cousin, Michelet, Edgar Quinet, Jules Simon, Émile Deschanel. Pour comble, les universitaires doivent faire connaître à l'avance le plan de leurs cours et le port de la barbe, considéré comme un signe d'adhésion aux idées républicaines, est interdit...

Le plus important peut-être de ces décrets est celui du 17 février 1852, relatif au régime de la presse. On se souvient que la République avait tardivement multiplié les entraves à la liberté d'expression ; les nouvelles dispositions aggravèrent les précédentes. Pour faire bonne mesure, on ajouta à ces restrictions celle de l'autorisation préalable, délivrée par l'autorité compétente pour toute création d'un nouveau journal, ou à l'occasion d'une simple modification de la rédaction ou de l'administration. Et surtout, à l'instigation de Persigny et de Rouher, on mit en place un système d'avertissements donnés par le préfet : trois avertissements entraînaient la suppression de la feuille incriminée pour deux mois, et, en cas de récidive, sa suppression définitive. Les directeurs de journaux se trouvaient ainsi amenés à être leurs propres censeurs.

Avant de s'engager dans la voie que Persigny voudrait lui voir prendre — « Je le ferai empereur malgré lui », proclame celui-ci — le prince a deux possibilités de tâter le pouls du pays : le verdict des urnes et la tournée en province. Le premier test a lieu le 29 février, lors des élections du Corps législatif. Rien n'a été laissé au hasard. Les décrets répressifs ont achevé de désorganiser l'opposition et les préfets ont reçu des consignes strictes pour mettre l'administration au service des candidats officiels. Il faut, a précisé Morny, que « le peuple soit en mesure de discerner quels sont les amis et quels sont les ennemis du Gouvernement qu'il vient de fonder ». Les pouvoirs publics se trouvent ainsi mobilisés au profit des partisans du prince, depuis les juges de paix, les directeurs départementaux et les maires jusqu'aux gendarmes, aux gardes-champêtres et aux cantonniers. Tout est bon pour faire triompher le candidat du pouvoir : subventions, faveurs, décorations, affiches blanches généralement réservées à l'administration, menaces contre les candidats adverses, distribution de « bons bulletins », bourrage des urnes et truquage des résultats, sans parler des pressions diverses exercées par les notables sur leurs dépendants. Nombre de ces pratiques avaient déjà cours sous la monarchie constitutionnelle, mais dans un cadre différent, celui du suffrage censitaire. La nouveauté vient de leur généralisation et de leur systématisation.

Le résultat est à la mesure des moyens employés pour fausser le jeu du suffrage universel. Sur plus de 8 millions d'inscrits, on compte environ un tiers d'abstentionnistes, 5 200 000 suffrages pour les candidats officiels et 800 000 voix en faveur des opposants. Les élus sont pour la plupart hauts fonctionnaires, membres des professions libérales, hommes de loi, industriels et autres représentants du monde des affaires, ou grands propriétaires fonciers. Tous ne sont pas des inconditionnels du président et moins encore des partisans avérés du rétablissement de l'Empire. Les authentiques bonapartistes ne représentent qu'un petit tiers de la nouvelle assemblée, dont une bonne moitié issue des rangs de l'orléanisme. Ce sont les descendants des dignitaires de l'Empire (Caulaincourt, Cambacérès, MacDonald, Suchet, etc.), les proches de ministres en exercice, quelques familiers du prince, tels les docteurs Conneau et Véron, ou de simples admirateurs de l'empereur comme le journaliste Granier de Cassagnac. On dénombre 35 légitimistes (dont 3 seulement ont été élus contre les candidats officiels ; ils démissionneront lors de la proclamation de l'Empire), 17 orléanistes, 18 conservateurs sans étiquette marquée et 2 catholiques libéraux dont Montalembert, soit au total 72 députés un peu plus indépendants que leurs collègues. Trois républicains ont été élus. Mais deux d'entre eux — Carnot à Paris et Hénon à Lyon —, désignés par les électeurs sans avoir fait acte de candidature, refuseront de prêter serment et seront considérés comme démissionnaires.

Emblématique du rapport qu'il entend entretenir avec les « élus du peuple », le prince-président ne se rend pas au Palais-Bourbon, comme le faisait Louis-Philippe à l'occasion du discours du trône. Il accueille en grand apparat les nouveaux députés aux Tuileries, dans la salle des Maréchaux, et il annonce la couleur : « Depuis longtemps, déclare-t-il, la société ressemblait à une pyramide qu'on aurait renversée et voulu faire reposer sur son sommet : je l'ai replacée sur sa base [4]. » La place réservée à la *vox populi* dans la démocratie plébiscitaire d'inspiration napoléonienne se trouve ainsi nettement circonscrite. La proclamation de l'Empire n'y ajoutera rien.

Assuré de ne pas avoir à batailler sur le front parlementaire, le prince-président doit encore tester son opinion publique. L'appel au peuple est une pièce de l'idéologie bonapartiste dont le neveu de l'empereur saurait d'autant moins se démarquer qu'il l'a régulièrement mise en pratique depuis son élection. Elle implique que le chef de l'État se rende dans diverses régions de l'hexagone, et prioritairement peut-être dans celles qui lui sont le moins favorables. Au moment où il entame son périple provincial, Louis-Napoléon n'a pas encore nettement tranché sur l'opportunité d'une restauration de l'Empire. Le 29 mars, en ouvrant la session du Corps législatif, il s'est défendu de vouloir mettre fin au régime républicain [5], à moins que les désordres politiques ne le poussent à demander un « nouveau titre ». Quelques mois plus tard, alors que sont déjà programmées les étapes de sa tournée en province, il juge encore bon de préciser — et sans doute est-il sincère — que son voyage sera une « interrogation ». « Je ne veux pas, déclare-t-il, qu'on prépare la réponse. Je désire l'avoir dans toute sa spontanéité. Je réglerai sur elle ma conduite dans l'avenir. »

Persigny n'a pas les mêmes scrupules, ni surtout la même prudence. Comme il a « organisé » les élections de février, il ordonne aux préfets d'orienter dans le bon sens la « spontanéité » du public. On va donc, dans les départements peu sûrs du Centre et du Midi — dans l'Allier par exemple où les paysans ont conspué Saint-Arnaud —, procéder à des arrestations préventives de militants républicains et s'employer à promener par trains spéciaux une « claque » composée de vieux soldats de l'Empire et de salariés de la propagande d'État.

Le rétablissement de l'Empire

Le voyage est un triomphe. Parti le 1er septembre de la gare d'Austerlitz, le président se rend d'abord à Orléans où l'accueil est mitigé, puis à Bourges, Nevers et Clamecy, dans une région qui avait opposé une forte résistance au coup d'État. Louis-Napoléon y est reçu aux cris de « Vive l'empereur ! », lancés par les soldats et repris par la foule. Il en est de même à Roanne et à Lyon, puis à Valence et à Avignon. Partout où il passe, le chef de l'État distribue de l'argent, des cadeaux, des bijoux pour les femmes et les filles des hauts fonctionnaires de la République. À Marseille, où il pose la première pierre de la nouvelle cathédrale, puis celle de la nouvelle bourse et de la chambre de commerce, l'accueil est enthousiaste. Dans la ville pavoisée, on a dressé sur le passage du prince des arcs triomphaux, certains portant l'inscription *Ave Caesar ! À Napoléon empereur !* De là, le convoi présidentiel gagne Toulon, puis Montpellier — le prince y évoque l'amnistie des condamnés politiques —, Carcassonne, Toulouse et Bordeaux.

C'est dans ce chef-lieu du département dont Haussmann est le préfet que Louis-Napoléon prononce, le 9 octobre, le discours qui — publié le surlendemain dans *Le Moniteur* — apparaît aux yeux de la France entière et de l'Europe comme l'annonce du changement de régime. On a surtout retenu de sa péroraison l'affirmation : « l'Empire, c'est la paix », principalement destinée aux représentants des puissances, mais la conclusion mérite qu'on s'y arrête :

> Nous avons, déclare le prince, d'immenses territoires incultes à défricher, des routes à ouvrir, des ports à creuser, des rivières à rendre navigables, des canaux à terminer, notre réseau de chemin de fer à compléter. Nous avons, en face de Marseille, un vaste royaume à assimiler à la France. Nous avons tous nos grands ports de l'ouest à rapprocher du continent américain par la rapidité de ces communications qui nous manquent encore. Nous avons partout enfin des ruines à relever, de faux dieux à abattre, des vérités à faire triompher.
>
> Voilà comment je comprends l'Empire, si l'Empire doit se rétablir. Telles sont les conquêtes que je médite, et vous tous qui m'entourez, qui voulez, comme moi, le bien de notre patrie, vous êtes mes soldats [6].

La décision est prise et elle ne peut qu'être confortée par les acclamations qui accueillent le président durant les dernières étapes du voyage, à Angoulême, Rochefort, La Rochelle, Tours, Amboise où celui que tous considèrent déjà comme l'empereur des Français rend sa liberté à l'émir algérien Abd el-Kader, prisonnier depuis 1847. Le 16 octobre, Louis-Napoléon est de retour à Paris, solennellement reçu par les corps constitués et par une foule en liesse qui mêle ses vivats au bruit des cloches et au tonnerre des canons. Pour rejoindre les Tuileries, devenues sa résidence habituelle, le président parcourt les boulevards où ont été dressés des arcs de triomphe gigantesques couronnés de banderoles sur lesquelles on lit : « *À Napoléon III empereur !* » « Jamais plus belle réception n'aura été faite à un souverain », écrit dans ses *Mémoires* le comte de Viel-Castel [7].

Il reste à proclamer officiellement le rétablissement

de l'Empire. Seul reste à régler l'épineux problème de la succession. Si l'empereur, qui n'est pas marié, mourait sans héritier légitime, et suivant l'ordre fixé par Napoléon Ier, le prince Napoléon, fils de Jérôme, aurait les meilleures chances, compte tenu de son âge et de celui de l'ex-roi de Westphalie, d'hériter du trône. On le sait, Louis-Napoléon reproche à Plonplon ses sympathies républicaines et ses « liaisons compromettantes avec des personnes tarées » et des « démagogues connus » : « Tant que votre fils ne se sera pas rendu digne de gouverner, écrit-il à Jérôme, il ne sera pas compris dans l'hérédité. » Il n'en finit pas moins par accepter cette solution, à défaut d'héritier direct, légitime ou adoptif. Mais les sénateurs ne l'entendent pas de cette manière. Très conservateurs pour la plupart et résolument hostiles au prince Napoléon, ils substituent le droit de désignation par l'empereur à l'hérédité hors la ligne directe : ce qui provoque la colère de Jérôme et sa démission de la présidence du Sénat. Il est remplacé par Troplong, rapporteur du projet.

Le sénatus-consulte rétablissant la dignité impériale fut voté le 7 novembre 1852 par 86 voix contre une, celle de Viellard, l'ancien précepteur de Louis, resté fidèle à ses idées républicaines. Il fut approuvé deux semaines plus tard par plébiscite : 7 824 129 oui (400 000 voix de plus qu'en décembre 1851), 253 149 non (200 000 de moins) et un peu plus de deux millions d'abstentions qui témoignaient de la méfiance et de la résignation aussi bien des légitimistes et des orléanistes — on en dénombre plus de 40 % en Vendée, Maine-et-Loire, Morbihan et Bouches-du-Rhône — que des sympathisants de la gauche à l'intention desquels Victor Hugo a, de son exil anglo-normand, lancé cet appel à la patience : « Tout citoyen digne de ce nom n'a qu'une chose à faire, charger son fusil et attendre. »

On attendit le 2 décembre pour proclamer solennellement la restauration de l'Empire. La date avait été choisie en vertu d'une triple commémoration : le sacre de Napoléon Ier en 1804, celle de la victoire d'Austerlitz en 1805, celle enfin — mais ce n'était pas l'anniversaire dont le prince était le plus fier — du coup d'État de 1851. Dans la nuit du 1er au 2 décembre, à huit heures du soir, deux cents voitures escortées par des cavaliers transportèrent jusqu'au château de Saint-Cloud les membres du Corps législatif conduits par Billault. L'empereur avait souhaité que la proclamation du Second Empire fût confiée au président de cette assemblée, issue comme lui du suffrage universel. Billault s'acquitta consciemment de cette tâche : « Sire, déclara-t-il — il était le premier à user de ce titre —, prenez des mains de la France cette glorieuse couronne qu'elle vous offre. Jamais aucun front royal n'en aura porté de plus légitime et de plus populaire. » À quoi Napoléon III — le roi de Rome ayant été proclamé empereur par son père en juin 1815 sous le nom de Napoléon II, il avait choisi de respecter la continuité dynastique — répondit : « Non seulement je reconnais les gouvernements qui m'ont précédé, mais j'hérite de ce qu'ils ont fait de bien ou de mal. [...] Aidez-moi, messieurs, à asseoir un gouvernement stable qui ait pour base la religion, la probité, la justice, l'amour des classes souffrantes. »

Les « classes souffrantes » patienteraient ; pas les principaux acteurs du changement de régime. Saint-Arnaud, Castellane et Magnan reçurent leur bâton de maréchal. L'indemnité sénatoriale, jusqu'alors fixée selon les cas à quinze, vingt ou trente mille francs, fut uniformément portée à ce dernier chiffre. Une pluie de décorations, d'avancements de grade et de dotations diverses s'abattit sur les plus zélés des partisans du prince. Enfin, un sénatus-consulte en date du 12 décembre porta à 25 millions de francs le montant de la liste civile de l'empereur. Napoléon se serait contenté de moins : il percevait jusqu'alors un peu moins de la moitié de cette somme et le ministre d'État Fould avait proposé de maintenir le chiffre de 12 millions. C'était, s'indigna Persigny, 6 millions de moins que Louis-Philippe et 13 de moins que Louis XVI ! Et il fit savoir au président du Sénat que l'empereur

« accepterait volontiers » le chiffre de 25 millions. Les membres du Corps législatif furent moins bien servis. On leur attribua une indemnité de 2 500 francs par mois pendant les sessions. En échange de quoi, ils se virent retirer quelques-unes de leurs modestes prérogatives. Un sénatus-consulte du 25 décembre conféra à Napoléon III le droit d'engager de grands travaux et de modifier par décret les tarifs douaniers. Le budget serait désormais voté par ministère et non plus par chapitre. Enfin le gouvernement pourrait procéder à des virements d'un chapitre à un autre.

Le mariage de l'empereur

Reste pendante la question de l'hérédité dynastique. Dans l'entourage présidentiel, on n'avait pas attendu la restauration de l'Empire pour envisager le mariage du chef de l'État. Le rapporteur du sénatus-consulte du 7 novembre n'avait-il pas clairement exprimé le souhait de voir, « dans un temps non éloigné », une épouse « s'asseoir sur le trône qui va s'élever et donner à l'empereur des rejetons dignes de son grand nom et de ce grand pays » ? Encore fallait-il trouver une famille régnante qui acceptât, conformément aux usages traditionnels, d'offrir l'une de ses filles à un héritier des Bonaparte, par surcroît de moralité douteuse. On songea d'abord à une princesse suédoise : Caroline Wasa, petite-fille du roi détrôné Gustave IV, et l'on dépêcha Fleury en Suède pour négocier l'affaire : sans résultat. Des pourparlers furent ensuite entamés avec la famille de la jeune Adélaïde de Hohenlohe-Langenburg, nièce de la reine Victoria. Approché par l'ambassadeur Walewski, Lord Malmesbury, alors en charge du Foreign Office, fit part à la souveraine du désir qu'avait Napoléon III de contracter une union qui « resserrerait directement les liens d'amitié entre l'Angleterre et la France ». La reine, tout en manifestant son propre souhait d'un rapprochement entre les deux pays, refusa tout net de se mêler d'une question que « seule la princesse et ses parents étaient capables de résoudre » [8]. Or le père d'Adélaïde se montra résolument hostile au projet, expliquant dans une lettre à Victoria et au prince Albert qu'il ne pouvait accepter ni la différence de religion ni les mœurs du prétendant. On en resta là. Napoléon III n'avait d'ailleurs pas attendu la réponse du prince de Hohenlohe-Langenburg pour demander la main de la belle Eugénie de Montijo.

Louis avait fait la connaissance de la jeune comtesse de Teba en 1849, lors d'une réception à l'Élysée. Eugénie avait vingt-trois ans. Elle était la fille de don Cipriano de Guzmán y Palafox y Portocarrero, comte de Teba, de haut lignage espagnol (sa famille avait donné un roi à la Castille, un autre au Portugal et un saint à l'Église : Dominique de Guzmán, fondateur de l'ordre des frères prêcheurs) et de Maria Manuela Kirkpatrick dont le père, d'origine écossaise, était négociant en vins à Malaga. Le nom de Montijo — sous lequel les Français désigneront plus tard Eugénie — était l'un des titres du frère de don Cipriano, Eugenio, et le nom du palais madrilène dont hérita le comte de Teba à la mort de ce dernier.

Avant d'épouser Maria Manuela, Cipriano avait servi dans les armées napoléoniennes. Il a quasiment perdu l'usage d'un bras à Trafalgar, un œil durant la guerre d'Espagne, et il s'est illustré lors des combats de mars 1814 à Paris, en faisant le coup de feu sur la montagne Sainte-Geneviève pour défendre la jeune École polytechnique [9]. La chute de l'Empire et le triomphe de la réaction en Europe ont laissé cet *afrancesado* promu colonel de la Grande Armée sans emploi, sans fortune et en délicatesse avec le roi Ferdinand VII qui, rétabli sur son trône, n'a d'autre préoccupation que celle de la vengeance. Il traîne avec lui une réputation de « traître » et de libéral que conforte son soutien au régime constitutionnel établi à la suite du soulèvement du colonel Riego en 1820.

L'exil forcé du comte de Teba a pris fin en 1830 lors-

que, pour faire obstacle aux visées de son frère — don
Carlos —, sur la succession au trône, Ferdinand VII
avait dû rechercher l'appui des libéraux. Don Cipriano
fut ainsi autorisé à faire retour à Madrid. Quatre ans plus
tard, il héritait du palais de Montijo. Suivirent quelques
années de bonheur pour Eugénie et sa sœur aînée Fran-
cesca (surnommé Paca), interrompues en 1835 par les
atrocités de la guerre civile et les ravages du choléra.
Pour fuir ces deux fléaux, Maria Manuela et ses filles
quittèrent précipitamment l'Espagne et vinrent s'installer à Paris où Eugénie et sa sœur furent admises dans
le très austère couvent du Sacré-Cœur, rue de Varenne,
l'un des hauts lieux d'éducation des jeunes filles de
l'aristocratique faubourg Saint-Germain.

À Paris, les deux sœurs font l'apprentissage d'un
monde au double visage : côté cour, l'atmosphère
dévote et répressive des religieuses du Sacré-Cœur, côté
jardin le salon que tient la comtesse de Teba dans l'appartement qu'elle a loué rue de la Ville-l'Évêque, dans
le quartier des Champs-Élysées encore rustique à
l'époque. Elle y reçoit quelques célébrités littéraires,
Mérimée et Stendhal, qui impressionne la jeune Eugénie : « Monsieur Beyle, dira-t-elle un jour au comte Primoli [...], c'est le premier homme qui a fait battre mon
cœur et avec quelle violence [10]. » Car Eugénie est une
passionnée. Elle souffre de l'absence de son père. Resté
à Madrid pour gérer sa fortune et tenir son rang à la
Cour, don Cipriano veille de loin sur l'éducation de ses
filles. Sa disparition, en mars 1839, prend des allures
de drame pour l'adolescente, d'autant qu'elle doit à nouveau partir dans ce qu'elle apparente à un exil, à
Madrid. Devenue comtesse de Montijo, Maria Manuela
a repris possession de son palais, y reçoit, devient dame
d'honneur de la reine Isabelle, puis pendant quelques
mois *camarera mayor*.

Les deux jeunes filles grandissent dans le sillage de
cette mère dépensière et couverte de dettes. L'aînée s'en
accommode mieux que sa sœur, moins attirée par la
vie mondaine que par les longues chevauchées dans les

environs de Carabanchel — la résidence d'été des Montijo —, la natation et l'escrime. À dix-sept ans, Eugénie est une belle jeune fille aux cheveux d'un blond roux et aux yeux clairs que tout prédispose à faire un « beau mariage ». Parmi les prétendants éventuels qui fréquentent le palais Montijo, figure le duc d'Albe, un cousin éloigné âgé d'une vingtaine d'années. La cadette a tôt fait de s'éprendre de ce garçon cultivé, courtois, un peu renfermé sans doute mais dont la gravité souriante lui plaît. Sa mère a d'autres projets et, soucieuse de couper court à toute espérance de sa cadette, elle annonce publiquement et sans ménagement les fiançailles de son aînée avec le jeune duc. Meurtrie, Eugenia gardera longtemps un souvenir amer de cette trahison familiale et songe alors à entrer au couvent [11]. Après avoir éconduit plusieurs prétendants [12], Eugénie aurait connu en 1848 une nouvelle déception amoureuse et songé cette fois au suicide. Aucune source sérieuse ne permet d'étayer cette version des faits [13] ; ces rumeurs sont intéressantes en ce qu'elles dessinent, pour les contemporains, une image sentimentale d'Eugénie : celle d'une jeune femme passionnée, romantique, éprise d'absolu, bien éloignée des caricatures malveillantes qui fleuriront en France au lendemain du mariage impérial.

À partir de l'automne 1848, Eugénie suivit sa mère dans ses fréquents déplacements à travers l'Europe, à Paris, Bruxelles, Séville, Spa, Wiesbaden ou Londres. Paris constituait leur destination favorite depuis que le neveu de l'empereur avait pris possession de l'Élysée. Manuela y avait conservé des relations qui, estimait-elle, pourraient favoriser l'établissement de sa fille. Veuve d'un Grand d'Espagne passé au service de l'Empire, la comtesse de Teba entendait bien faire jouer le passé bonapartiste de son époux pour glaner quelque faveur du prince-président. Ce fut Bacciochi qui présenta Eugénie, d'abord à la princesse Mathilde, puis à Louis-Napoléon. Lors de leur première rencontre à l'Élysée, celui-ci eut la surprise d'entendre la jeune fille lui parler de Mme Gordon : « Le Prince me regarda d'un air singulier. Il savait ce que je ne savais pas : quel métier avait fait Mme Gordon avant de se faire accepter comme artiste dans les sociétés les plus collet monté [14]. » La gaffe involontaire eut pour effet d'attirer l'attention du président sur cette belle Andalouse qui, n'ayant plus tout à fait l'âge d'une débutante, constituait peut-être une proie facile. Rien de plus ce soir-là, sinon qu'après s'être brièvement entretenu avec la jeune fille, c'est avec Maria Manuela que le prince poursuivit la conversation.

Quelques semaines plus tard, elles reçurent une invitation à dîner au palais de Saint-Cloud où le président, fuyant la canicule et les risques de choléra, s'était installé pour l'été. Surprise : à leur arrivée, au lieu de la nombreuse compagnie qu'elles s'attendent à trouver, il n'y a que deux voitures où elles sont invitées à prendre place. Eugénie raconte cette soirée :

> Nous arrivons au palais et nous trouvons des voitures prêtes à nous conduire à Combleval, cette petite maison qui est située dans le parc à mi-chemin de Saint-Cloud et de Villeneuve. Nous étions en toilette de gala et nous [nous] attendions à voir nombreuse compagnie. Nous fûmes extrêmement étonnées de ne trouver que le Prince-Président et Bacciochi. Le dîner se passe. C'était dans les longs jours de l'été. En se levant de table, le Prince m'offre son bras « pour faire un tour dans le parc ». Bacciochi s'approche de ma mère pour lui servir de cavalier. Mais je le préviens en disant : « Monseigneur, ma mère est là », et je m'efface pour lui faire comprendre que c'est à elle que revient l'honneur de lui donner le bras. Le Prince, sans mot dire, offre le bras à ma mère et je prends celui de Bacciochi [15].

D'entrée de jeu, en corrigeant avec le sourire une faute de protocole, la jeune comtesse de Teba a signifié au prince qu'elle n'était pas — selon ses propres paroles — « née pour l'emploi des La Vallière ». Piqué au vif et renforcé dans son désir d'ajouter la jeune comtesse à la longue liste de ses conquêtes, le futur Napoléon III se résigna à remplacer l'assaut par un siège prolongé qui dura deux ans et s'acheva par une demande en mariage en bonne et due forme. En attendant, Eugénie et sa mère reprirent leur vie itinérante, coupée de brefs séjours dans la capitale française, où à chaque passage s'affirmaient la probabilité du coup d'État en même temps que le désir croissant qu'avait le prince de vaincre la résistance d'Eugénie.

Bientôt les invitations se multiplièrent, accompagnées de fleurs et de cadeaux. La mère et la fille étaient conviées à Saint-Cloud, à Compiègne, à Fontainebleau où, suivant un jour une chasse présidentielle sur un alezan des écuries du palais, Eugénie — excellente cavalière — arriva la première à l'hallali. Le lendemain, Louis-Napoléon la félicita et lui offrit le cheval qu'elle avait monté. Mathilde, qui avait flairé le vent, commençait à se demander si son rôle de majordome féminin n'était pas davantage menacé par la jeune Espagnole que par Miss Howard :

> De retour d'Espagne, écrit-elle, Mademoiselle Eugénie prit une attitude plus calme, se rapprocha de l'Élysée ; elle abandonnait les amis qui n'étaient pas ceux du Prince. [...] Elle me recherchait fort et me soignait beaucoup. Je recevais tous les soirs, je donnais des bals et des concerts auxquels le Prince se montrait fort assidu. Rien ne m'échappa des petits manèges de part et d'autre. Je vis les brouilles, les raccommodements, les petits billets passés et repassés [16].

Louis était amoureux. Il le dira un peu plus tard à Walewski : « Mon cher, je suis pris. » Celle qu'on appelait déjà « l'Espagnole » — comme « l'Autrichienne » méprisant pour Marie-Antoinette — s'était un peu apprivoisée. Elle ne se dérobait plus aux promenades en compagnie du prince dans les allées de Fontainebleau ou de Saint-Cloud, mais elle opposait toujours le plus ferme refus à ses pressantes sollicitations. Si bien que ce dernier finit par se convaincre qu'il n'y avait pas d'autre voie pour la conquérir que celle du mariage.

Les événements se précipitent après la proclamation
de l'Empire. Pressentant l'issue d'une idylle que Napoléon III ne cherche pas à cacher, les familiers de la Cour
se partagent entre adversaires et partisans de la comtesse
de Teba. Napoléon-Jérôme est le plus tranché : « On
n'épouse pas, dira-t-il, mademoiselle de Montijo. » Dans
le même camp figurent son père le roi Jérôme, la
princesse Mathilde, Saint-Arnaud, Drouyn de Lhuys,
Abbatucci, ou encore Persigny, plus tard un fidèle de
l'impératrice mais pour l'heure sans concession : « Ce
n'est pas la peine d'avoir fait le coup d'État pour finir
d'une telle façon ! » Fleury, Walewski, Fould se rangent
au contraire du côté d'Eugénie, de même que Morny.
Rentré en grâce à la veille de la proclamation de l'Empire il organise parmi les premiers un dîner à son domicile en l'honneur de la future souveraine.

Le dénouement est précipité par une soirée aux Tuileries, le 12 janvier 1853, que le comte de Hübner, ambassadeur d'Autriche, relate en ces termes :

> Bal aux Tuileries. L'Empereur est en culotte. Ce vête-
> ment, qu'on n'a plus vu depuis la Restauration, est une
> révélation pour la génération actuelle ; un souvenir pour
> les vieux, et un sujet de commentaires, pas tous bienveil-
> lants, pour les uns et pour les autres. À cette fête, un inci-
> dent a fait sensation parmi les privilégiés admis dans la
> salle des maréchaux. Mlle de Montijo parut au bras de
> James de Rothschild, toujours sous le charme de la jeune
> Andalouse, mais maintenant plus que jamais, car il est
> de ceux qui croient au mariage. Un de ses fils conduisait
> Madame de Montijo. Ces messieurs comptaient placer
> leurs dames sur la banquette occupée par les femmes des
> ministres. L'une d'elles (Mme Drouyn de Lhuys), passion-
> nément opposée au mariage et ne voulant pas l'admettre
> comme possible, dit sèchement à Mlle de Montijo que ces
> places étaient réservées aux femmes des ministres. L'Em-
> pereur s'en aperçut, se précipita vers les deux dames espa-
> gnoles en détresse et leur assigna des tabourets près des
> membres de sa famille [17].

Hübner se trompe. Il ne s'agit pas de l'épouse de
Drouyn de Lhuys, mais de celle du ministre de l'Instruc-

tion publique et des Cultes, Fortoul. Peu importe : la rebuffade a bel et bien eu lieu, ponctuée d'une gifle verbale, Eugénie se voyant traitée d'« aventurière ». « Dès demain, déclare-t-elle à l'empereur qui s'inquiète à la fin du souper de sa pâleur, ma mère et moi quitterons Paris et vous n'entendrez plus jamais parler de nous. » L'incident précipite la décision de Napoléon III. Deux jours plus tard, ce dernier charge son chef de cabinet Mocquard de porter à la comtesse de Montijo une demande en mariage en bonne et due forme : « Je veux, écrivit aussitôt Eugénie à sa sœur, être la première à t'annoncer mon mariage avec l'Empereur. Il a été si noble, si généreux avec moi, il m'a montré tant d'affection que je suis encore tout émue. Il a lutté et vaincu [18]. »

L'empereur n'avait pas attendu de demander la main de la comtesse de Teba pour éliminer un obstacle qui, de toute manière, risquait de contrecarrer ses projets de mariage. Depuis le 2 décembre, Miss Howard faisait figure en effet de favorite officielle et se comportait comme s'il ne lui était pas interdit d'envisager une fin heureuse à la liaison qu'elle entretenait depuis plusieurs années avec le prince. Elle accompagnait celui-ci au théâtre, à l'Opéra, ainsi que dans ses déplacements en province. Tant que le président se contenta de venir la rejoindre dans sa demeure de la rue du Cirque on fermait les yeux sur ce qui n'était après tout qu'une pratique ordinaire des grands de ce monde, mais son apparition à un grand bal des Tuileries fit scandale. L'entourage présidentiel s'indignait de ce que cette ancienne courtisane exigeât d'avoir un rang, avec un appartement au palais de Saint-Cloud et une place dans les cérémonies officielles. Le prince restait, il est vrai, attaché à Elisabeth Ann. Guère plus âgée qu'Eugénie, celle-ci avait conservé sa beauté et son charme. Elle avait été à Londres sa compagne des mauvais jours, puis l'avait aidé de ses deniers à conquérir le pouvoir. Ce genre de liens ne se coupe pas avec désinvolture. Miss Howard fut donc traitée avec beaucoup d'égards. La cassette présidentielle fut mise à contribution : elle

récupéra — avec intérêts et quelques millions de plus —
les sommes qu'elle avait prêtées à son amant. Après
quoi, dotée d'une terre et d'un titre de comtesse, elle fut
invitée à disparaître de l'entourage du chef de l'État.

Le 22 janvier 1853, l'empereur convoqua aux Tuileries les corps constitués pour leur annoncer son
mariage. Répondant à ceux qui, tant en France qu'à
l'étranger, considéraient cette union comme l'aboutissement d'une intrigue menée par « l'Espagnole » et par sa
mère, ce n'est pas sans panache qu'il revendiqua le titre
de « parvenu » que les Cours européennes et les nostal-
giques de l'Ancien Régime avaient généreusement
accolé à son nom :

> Quand en face de la vieille Europe, déclara-t-il, on est
> porté par la force d'un nouveau principe à la hauteur des
> anciennes dynasties, ce n'est pas en vieillissant son blason
> et en cherchant à s'introduire à tout prix dans la famille
> des rois qu'on se fait accepter. C'est bien plutôt en se sou-
> venant de son origine, en conservant son caractère propre
> et en prenant franchement vis-à-vis de l'Europe la position
> de parvenu, titre glorieux lorsqu'on parvient par les suf-
> frages d'un grand peuple.
> Ainsi obligé de s'écarter des précédents suivis jusqu'à ce
> jour, mon mariage n'était plus qu'une affaire privée. Il res-
> tait seulement le choix de la personne. Celle qui est deve-
> nue l'objet de mes préférences est d'une naissance élevée.
> Française par le cœur, par l'éducation, par le souvenir du
> sang que versa son père pour la cause de l'Empire, elle a
> comme Espagnole l'avantage de ne pas avoir en France
> de famille à laquelle il faille donner honneurs et dignités.
> Douée de toutes les qualités de l'âme, elle sera l'ornement
> du trône, comme, au jour du danger, elle deviendrait un
> de ses courageux appuis. Catholique et pieuse, elle adres-
> sera au ciel les mêmes prières que moi pour le bonheur
> de la France ; gracieuse et bonne, elle fera revivre, dans
> la même position, j'en ai le ferme espoir, les vertus de
> l'impératrice Joséphine [19].

Le mot « vertu » associé au souvenir de la première
épouse de Napoléon n'était peut-être pas le plus heu-

reux. Il en fit sourire plus d'un et ne manqua pas d'être relevé dans plusieurs feuilles satiriques ; d'autant que l'on ne se privait pas, dans certains milieux, de brocarder la « vertu » d'Eugénie. Nous y reviendrons. En conclusion de son discours, l'empereur reconnaissait sans complexe la raison profonde de son choix :

> Messieurs, en apprenant à la connaître, vous serez convaincu que, cette fois encore, j'ai été inspiré par la Providence. Je tiens donc, Messieurs, à dire à la France : j'ai préféré une femme que j'aime et que je respecte à une femme inconnue dont l'alliance eût eu des avantages mêlés de sacrifices.

Le mariage civil fut célébré le 29 janvier aux Tuileries. C'est à Achille Fould, ministre d'État, que revint l'honneur de recueillir l'assentiment des époux. Les officiels et les membres de la famille défilèrent ensuite devant le couple impérial. Napoléon-Jérôme, qui voyait s'éloigner ses chances d'accéder un jour au trône, salua son cousin mais refusa ostensiblement de s'incliner devant l'impératrice, aussitôt imité par Pierre, fils de Lucien. Mathilde, qui avait compté parmi les plus farouches adversaires de « l'Espagnole », mais à qui Napoléon III avait demandé, « comme preuve d'amitié et de dévouement », de traiter Eugénie « avec distinction aujourd'hui et de la défendre contre la médisance du monde », se sentit obligée de faire bonne figure.

La cérémonie religieuse eut lieu le lendemain à Notre-Dame. Paris était pavoisé. Une foule nombreuse se pressait, malgré le froid, sur le passage du cortège qui emprunta à l'aller la toute récente rue de Rivoli. Selon divers témoins, dont Hübner — mais son hostilité de principe à ce qu'il considère comme un « caprice » de l'empereur rend son témoignage suspect —, le public manifesta plus de curiosité que d'enthousiasme. Les deux époux s'étaient pourtant appliqués à mettre les Parisiens de leur côté : Napoléon III en signant 3 000 grâces et en faisant savoir que les dépenses du mariage seraient portées au budget de sa liste civile, Eugénie en refusant la parure de diamants de 600 000 francs que lui offrait la ville de Paris et en demandant que cette somme fût consacrée à la construction d'un orphelinat de jeunes filles. Le 30 janvier au soir, le couple quitta les Tuileries pour Saint-Cloud où ils eurent quelque peine à se défaire de leurs accompagnateurs — visiblement satisfaits de dîner en compagnie des souverains — et où ils passèrent leur première nuit de couple marié, puis leur « voyage de noces ». La comtesse de Montijo, qu'on avait « oubliée » aux Tuileries le soir de la cérémonie religieuse, séjourna encore deux mois en France, après quoi, ses dettes dûment apurées sur intervention de l'empereur, on la pria courtoisement de regagner son palais madrilène.

Il suffisait maintenant pour apaiser les bonnes âmes que le mariage du souverain fût promptement suivi d'un « heureux événement ». Quelques semaines seulement après leur « lune de miel » passée dans la discrète retraite de Villeneuve-l'Étang, au cœur du parc de Saint-Cloud, l'impératrice se trouva enceinte. On ne pouvait espérer issue plus satisfaisante et surtout plus rapide au problème de la succession dynastique, surtout si l'héritier attendu était un garçon. Malheureusement, Eugénie qui n'avait pas renoncé à son sport favori fit une chute de cheval et perdit l'enfant. Elle en conçut un vif chagrin et resta pendant plusieurs semaines dans un état de dépression qui inquiéta son entourage. De son côté, Napoléon III prit les choses avec philosophie, déclarant à Lord Cowley que l'accident était « facile à réparer ». Il fallut néanmoins attendre deux ans pour que la rumeur d'une nouvelle grossesse impériale se répande, au début de l'été 1855. Le prince impérial verra le jour, le 16 mars, à l'issue d'un difficile accouchement aux forceps. L'événement a un retentissement immense. Tandis que l'empereur annonce une amnistie pour les proscrits du 2 décembre et que les théâtres de la capitale jouent gratuitement, aux frais de la Couronne, devant des salles combles, 600 000 souscripteurs

— soit un Parisien sur deux — apportent leur obole pour offrir un cadeau à l'impératrice. Rares sont ceux qui, à l'instar du prince Napoléon, privé du jour au lendemain de son statut d'héritier du trône, boudent l'heureuse consécration du mariage impérial. Les festivités se prolongeront jusqu'au baptême du prince (le 14 juin 1856).

Napoléon III et l'exercice du pouvoir

Dans *Des idées napoléoniennes*, publiées en 1839, Louis-Napoléon avait clairement exposé sa conception de la démocratie césarienne : « Dans un gouvernement dont la base est démocratique, écrivait-il, le chef seul a la puissance gouvernementale ; la force morale ne dérive que de lui, tout aussi remonte directement jusqu'à lui, soit haine, soit amour. Dans une telle société, la centralisation doit être plus forte que dans toute autre [20]. » Une « base démocratique », un « seul chef », un État fortement centralisé : tels sont les éléments constituant le bonapartisme : modèle politique original alliant la foi dans l'autorité — associée au rationalisme administratif — et le culte de la souveraineté du peuple. On parle généralement de *césarisme* pour qualifier ce type de régime plébiscitaire et autoritaire, appelé à une importante diffusion au xxᵉ siècle, ou encore — à l'instar de Pierre Rosanvallon — de *démocratie illibérale* [21]. Dictatorial, le régime l'est assurément, et ceci jusqu'à une date qui dépasse très largement le terme que les historiens ont fixé à ce qu'il est convenu d'appeler l'« Empire autoritaire », soit aux alentours de 1860. Il l'est par la toute-puissance dont dispose le chef de l'État, par les restrictions qu'il apporte aux libertés publiques et par le contrôle très strict qu'il exerce sur la vie politique du pays. Il l'est également par le déséquilibre qui existe entre les différents pouvoirs. Seul maître de l'exécutif, l'empereur gouverne, sans avoir à en référer à qui que ce soit, avec l'aide de deux organes dont les attributions diffèrent : le cabinet particulier et le gouvernement.

Le premier constitue une sorte de secrétariat général du chef de l'État. Déjà en fonction lorsque ce dernier n'était encore que le prince-président, il devait prendre sous l'Empire une place considérable dans l'organigramme gouvernemental. Placé jusqu'en 1864 sous la direction de Jean-François Mocquard, il avait à charge de rassembler les informations venues de l'administration, de la police, ou directement du public (adresses, suppliques, demandes de subsides ou de décorations, dénonciations, etc.). Il préparait les réponses de l'empereur aux écrits qui lui étaient adressés et l'aidait à rédiger ses discours, ses lettres programmes, ses avant-projets de décrets. Napoléon III avait personnellement veillé au recrutement de son cabinet, composé de personnes réputées autant pour leur fidélité au régime que pour leur compétence. Il se faisait communiquer chaque jour les dossiers à régler, lisait attentivement les rapports qu'on lui présentait, aussi bien ceux des ministres que ceux des membres de son cabinet et les annotait d'abondance. Ses archives ayant à peu près complètement disparu, on possède fort peu de documents émanant de cet organisme, mais ceux qui, passés par les mains de Napoléon III, ont pour origine les principaux départements ministériels, témoignent de l'étendue de son activité gouvernementale.

En tant que tel, le ministère n'existe pas. Il n'y a que des ministres, c'est-à-dire des commis nommés par l'empereur, individuellement responsables devant lui et révocables par sa seule volonté. Choisis parmi les hommes de confiance, plus rarement au sein de la famille élargie de l'empereur (le prince Napoléon, Morny, Walewski), les ministres sont peu nombreux : une dizaine tout au plus et pas plus d'une vingtaine pour toute la durée du règne, ayant pour obligation de se conduire en exécutants dociles de la politique fixée par l'empereur. Il n'y a pas non plus de « Conseil des ministres » au sens où nous l'entendons aujourd'hui.

Deux fois par semaine, Napoléon III réunit ses collaborateurs pour leur faire part de ses décisions, recueillir leurs avis sur telle ou telle question inscrite à l'ordre du jour que lui-même a fixé : simples réunions d'information sans la moindre base constitutionnelle, complétées une fois par semaine par un dîner organisé chez l'un ou l'autre des membres de l'équipe ministérielle, plus rarement par des colloques privés, en principe connus de l'empereur et tacitement autorisés par lui.

L'essentiel du travail gouvernemental s'effectue par écrit ou au cours des entrevues que Napoléon III a avec chaque titulaire d'un portefeuille ministériel. Il reçoit ses ministres au rez-de-chaussée des Tuileries, où se trouve son cabinet de travail, dans l'ordre d'arrivée, sans trop se préoccuper de l'attente qui résulte de la durée des entretiens. Il écoute, intervient brièvement pour donner ses consignes ou discuter les points qui lui paraissent contraires à sa propre vision des choses, puis tranche, de manière ferme mais toujours courtoise, voire amicale. Émile Ollivier le dit poli, réservé, modeste et bienveillant, mettant très vite à l'aise ses collaborateurs et « en sympathie affectueuse » avec eux [22]. La façon dont Napoléon III traite ses ministres n'est pas sans incidence sur le comportement de ces derniers. Ils acceptent d'autant mieux d'être considérés comme de grands commis, « des débrouilleurs de dossiers, experts et laborieux, voués, écrit Louis Girard, au travail de bureau et à la défense du gouvernement » [23], que leur maître ne lésine pas sur le coût de leur fidélité. Honneurs, décorations, titres et traitements élevés récompensent les services rendus. Un ministre perçoit 40 000 francs par an, auxquels peuvent s'ajouter les 30 000 francs de son indemnité de sénateur et des dotations diverses : ainsi Billault et Magne se voient-ils offrir en 1860 un hôtel particulier ayant chacun une valeur, mobilier compris, de 700 000 francs.

Pour pallier les inconvénients qui découlent de l'absence d'un véritable ministère, responsable et solidaire, et pour donner un minimum de coordination à l'action

gouvernementale, Napoléon III a souhaité que l'un des
membres du cabinet soit chargé — avec le titre de
ministre d'État — d'assurer la liaison entre l'empereur
et les autres titulaires d'un portefeuille ministériel, et
surtout entre le gouvernement et chacune des assemblées. Le détenteur de cette fonction — ce sera jusqu'en
1860 Achille Fould, également en charge de la Maison
de l'empereur — est ainsi amené à examiner toutes les
questions importantes traitées par les ministres, et
notamment celles qui passent devant le Conseil d'État.
C'est dire que son rôle est considérable. Achille Fould
fut, au même titre que Morny et Persigny, le seul civil
auquel Napoléon III offrit un titre de duc.

Si les ministres n'ont guère l'occasion de s'opposer à
un projet du souverain, il n'en est pas tout à fait de
même des conseillers d'État. En principe ces hauts
magistrats, nommés par l'empereur et révocables par
lui, ne sont là qu'à titre consultant, non pour contrarier
les projets du gouvernement. En fait, issus pour la plupart du personnel orléaniste et peu enclins à partager
les préoccupations sociales de l'empereur, ils n'hésitent
pas à discuter le travail des ministres et même à amender en profondeur des textes jugés inopportuns. « Au
Conseil d'État, écrit l'ancien républicain Darimon,
devenu député de la Seine, Napoléon III passe pour un
grand utopiste. Toutes les fois qu'arrive au grand rôle
un projet portant l'estampille du cabinet de l'empereur,
on le rogne, on le taille, on le châtre, on l'arrange de
telle sorte qu'il est voué à un avortement certain [24]. »
Propos auquel font écho ceux mêmes du souverain :
« Le Conseil d'État, dira-t-il, renferme certainement une
foule d'esprits éclairés, mais les réformes l'effraient. Il
a toujours quelque texte à m'opposer. J'aurais fait beaucoup plus pour les classes ouvrières que je ne l'ai fait
si j'avais rencontré dans le Conseil un puissant auxiliaire [25]. » Plusieurs projets présentés par le gouvernement — suppression du livret ouvrier, adoption d'un
système d'assurances pour les travailleurs agricoles,
fixation autoritaire du prix du pain — se heurteront

ainsi à l'opposition du Conseil d'État, sans que l'empereur, qui ne procédera durant tout son règne à aucune révocation de conseiller, ne se risque à engager contre cette institution, indispensable au bon fonctionnement du régime, une attaque frontale. Il se contente le plus souvent d'exercer des pressions indirectes sur certains de ses membres, ou laisse au vice-président du Conseil d'État, l'ancien avocat Baroche (le président étant l'empereur en personne), le soin de convaincre ses collègues.

Le rôle du Sénat paraît, en comparaison, anecdotique. Composé pour partie de membres de droit — militaires et ecclésiastiques de haut rang et représentants de la famille impériale appelés à la succession — et, pour le plus grand nombre, de personnalités nommées par l'empereur, sans que l'effectif total puisse dépasser 150, il constitue ce que Dansette a appelé « une maison de retraite pour dignitaires à récompenser ou à écarter »[26]. Gardiens de la Constitution, les sénateurs sont nommés à vie : ils n'ont donc pas d'électeurs à qui complaire et n'ont guère d'autre souci que celui de manifester leur reconnaissance envers l'empereur. Ils n'interviennent en principe dans le processus législatif que pour se prononcer sur la constitutionnalité des textes votés, proposer des modifications à la Charte fondamentale de l'État et « régler par un sénatus-consulte [...] tout ce qui n'a pas été prévu par la Constitution et qui est nécessaire à sa marche ». Ils peuvent également « poser les bases de projets de loi d'un grand intérêt national », une prérogative dont ils n'useront que deux fois en dix-huit ans. Ils se risquent parfois, surtout au début du règne, à discuter certains textes législatifs, ce qui leur vaut d'être rappelés à l'ordre par le vice-président du Conseil d'État ou par le gouvernement. Pour autant, la Haute Assemblée a une fonction principalement décorative et ne constitue en rien un contrepoids à l'autorité de l'empereur.

Ce contrepoids n'existe pas davantage du côté du Corps législatif. Celui-ci n'est-il pas cependant, comme

l'empereur lui-même, l'émanation du suffrage universel ? Sans doute : mais pour Napoléon III, comme pour
les autres doctrinaires du bonapartisme, il ne peut y
avoir deux expressions concurrentes de la volonté du
peuple : celle qui empruntant la voie du plébiscite fait
du chef de l'État le représentant exclusif de la souveraineté nationale, et celle qui, par le relais des scrutins
législatifs, reconnaîtrait aux députés une part égale de
légitimité. « Je veux bien être baptisé avec l'eau du suffrage universel, dira le prince-président au temps de la
République consulaire, mais je n'entends pas vivre les
pieds dans l'eau. » Plus qu'une boutade, dont l'authenticité n'est pas avérée, il y a là, de la part du futur Napoléon III, volonté affirmée de canaliser le vote populaire
et d'en réserver la fonction essentielle au mode plébiscitaire, seul capable de donner une forme matérielle au
principe d'unanimité qui — illusoire ou non — est au
cœur de l'édifice bonapartiste.

Cette conception césarienne de la démocratie, fondée
sur le principe d'un consensus de masse, ne pouvait
s'accommoder du vote populaire exprimé lors des élections au Corps législatif qu'à deux conditions : la relative rareté de ces consultations qui devaient le moins
possible entrer en concurrence avec le verdict plébiscitaire (la Chambre était élue pour six ans) et l'usage
massif qui était fait de la candidature officielle. Pas seulement parce que celle-ci favorisait l'élection d'une
assemblée docile, mais parce qu'elle permettait de rassembler l'électorat autour de ce qui pouvait faire son
unité[27]. « Le système de la candidature officielle, écrit
Pierre Rosanvallon, prolongeait par ailleurs pour ses
promoteurs la formule du plébiscite, en polarisant les
élections législatives de telle sorte qu'elles prennent la
forme d'une appréciation du régime plutôt que du choix
d'une addition de députés[28]. »

La place réservée aux élus du peuple dans le système
institutionnel était de plus secondaire et subordonnée.
Alain Plessis fait remarquer que même les mots choisis
pour désigner les membres du Corps législatif étaient

révélateurs d'un souci de les rabaisser. Ils forment non plus une « assemblée nationale » de « représentants » de la volonté du pays, mais un « corps » de « députés envoyés en assez petit nombre (270 environ) pour aider le chef de l'État » [29]. Ils n'ont ni l'initiative des lois, ni le droit d'adresse, ni celui d'interpeller le gouvernement ou de poser des questions aux ministres. L'unique session annuelle se réduit à trois mois. Le président et les vice-présidents sont nommés par l'empereur. Le seul pouvoir dont disposent les députés est donc de rejeter les propositions de loi et les prévisions budgétaires. « L'histoire dira — écrit Montalembert dans une lettre adressée à Daru —, si elle prend la peine de s'en occuper, quelle fut l'infatigable complaisance, l'incommensurable abaissement de cette première assemblée du Second Empire. [...] Nul ne saura jamais ce que j'ai souffert dans cette cave sans air et sans jour où j'ai passé six ans à lutter contre des reptiles. » Jugement expéditif et injuste au plan technique. Le Corps législatif en effet, s'il s'abstient d'intervenir dans le champ politique, du moins durant la première législature, présente des amendements aux projets proposés par le Conseil d'État et soumet à une discussion serrée les propositions budgétaires présentées par Baroche et par ses collègues du Conseil. En mélangeant flatterie et constat, celui-ci rend justice au travail des députés : « Il faut, déclare-t-il en 1854, avoir eu l'honneur d'assister aux travaux de vos commissions pour savoir avec quelle maturité les lois sont élaborées [30]. »

Une société sous surveillance

Comme celui de son oncle, le pouvoir de Napoléon III ne repose pas seulement sur les prérogatives que lui confère le texte constitutionnel même si cette constitution autoritaire traduit le sentiment de la majorité de la nation. On peut sans anachronisme parler de *consensus*, comme on le fait pour qualifier l'adhésion des

masses aux régimes totalitaires de l'entre-deux-guerres.
Il ne signifie pas que l'opposition soit inexistante, ni que
les moyens d'intimidation et de répression dont dispose
le pouvoir soient provisoirement désactivés. Simplement ces derniers jouent un rôle moins déterminants
dans le maintien de l'ordre, politique et social, que le
formidable capital de confiance dont bénéficie le chef
de l'État. Mesuré à l'aune du vote plébiscitaire, celui-ci
ne s'érodera que lentement à partir des années 1857-
1858. Jusqu'à cette date, Napoléon III fait figure
d'homme providentiel.

S'il y a cependant une chose que l'empereur a vite
comprise — l'exemple de son oncle y a fortement contribué —, c'est que la popularité associée au pouvoir est
fugace et que le principe d'unanimité dont se réclame
son régime exige que la « société civile » soit étroitement encadrée, surveillée et endoctrinée. Et c'est à l'administration que Napoléon III va, pour l'essentiel,
confier cette mission de formatage du corps social :
« Gouverner c'est bien, disait-il, mais il faut administrer. » Dans son esprit, cela ne signifie pas seulement
occuper dans l'organigramme de l'État une fonction
spécifique, majeure comme celle des « empereurs au
petit pied » que sont les préfets, ou des plus modestes.
Tous les fonctionnaires sont conviés à exercer une triple
mission de propagande, de maintien de l'ordre et de
surveillance de la vie sociale. C'est un peu, toutes proportions gardées et toutes différences mises à part, le
rôle que les régimes totalitaires assigneront aux représentants du parti unique. Aussi voit-on croître rapidement le nombre des agents de l'État. On en dénombrait
477 000 en 1851 ; il y en aura plus de 700 000 à la fin
du règne, dont la moitié sont des militaires et 10 % des
membres de l'enseignement public.

Les préfets occupent le sommet de l'édifice administratif. Déjà considérables sous les régimes précédents
leurs attributions ont été accrues par un décret de
mars 1852. Ils sont les représentants de l'empereur dans
chaque département, en charge du maintien de l'ordre et

de l'exécution des lois et règlements. Ils ont la haute main sur la police et peuvent décider la fermeture des cafés et des cabarets. De plus, considéré jusqu'alors comme le simple agent d'exécution des directives ministérielles, le préfet devient sous l'Empire « le représentant dans son département de l'unité gouvernementale », ce qui confère à ce haut fonctionnaire un pouvoir nouveau de décision dans de nombreux domaines : travaux publics, approvisionnement, assistance publique, voirie, etc. Les autres représentants de l'administration départementale ne sont que les collaborateurs immédiats ou les délégués du préfet. Les sous-préfets sont placés sous son autorité directe et savent que leur avancement dépend de lui. Les maires des communes de moins de 3 000 habitants sont choisis par le préfet, parfois en dehors de leur conseil municipal. Il en sera bientôt de même de leurs adjoints, des commissaires de police dans les petites agglomérations, et plus tard des instituteurs.

En contrepartie de cet immense pouvoir, les préfets doivent rendre compte auprès du gouvernement de tous leurs actes et adresser au ministre de l'Intérieur des rapports détaillés sur les fonctionnaires de leur circonscription. La diffusion du télégraphe électrique et le développement du réseau ferroviaire facilitent leurs relations avec Paris et leurs déplacements à l'intérieur du département dont ils ont la charge : ce qui ne manque pas d'alourdir leur tâche. Le régime leur en sait gré et ne manque pas de récompenser leur zèle et leur compétence. Ils perçoivent les plus gros traitements de la fonction publique — de 20 à 40 000 francs — et bénéficient de hautes distinctions (notamment des promotions dans l'ordre de la Légion d'honneur). Les carrières les plus brillantes peuvent enfin être couronnées par un siège de conseiller d'État ou de sénateur.

Napoléon III attachait la plus grande importance à la stabilité du corps préfectoral. « Un préfet médiocre, expliquait-il en 1862 à Persigny, mais connaissant depuis longtemps le pays, vaut mieux qu'un préfet dis-

tingué et de passage. » Aussi évita-t-il de procéder à des
épurations massives, y compris au lendemain du coup
d'État. Sur les 87 préfets en place avant le 2 décembre
1851, 14 seulement furent relevés de leur fonction et
l'on dénombre seulement 67 révocations pour l'ensemble du règne. Sur les 220 préfets qui se succédèrent
durant le Second Empire, seule une minorité pouvait
être considérée comme de conviction clairement « bonapartiste ». Les autres, issus de familles de notables
légitimistes ou orléanistes, avaient souvent commencé
leur carrière sous la Monarchie de Juillet et gardaient
de cette période une image favorable. Quelques-uns
étaient d'anciens républicains qui avaient accepté le
changement de régime à défaut de l'avoir appelé de
leurs vœux.

Les préfets de l'Empire furent-ils ces tyrans locaux
usant sans restriction de leur pouvoir discrétionnaire
pour soumettre leurs administrés à la loi d'airain imposée par le régime ? Forgée par les républicains de 1871,
cette légende n'a guère résisté aux travaux historiques
fondés sur l'examen des archives, à ceux notamment de
Bernard Le Clère et de Vincent Wright[31], sauf pour les
toutes premières années du régime. Avec le temps, les
préfets se sont « bureaucratisés », conséquence à la fois
de leur implantation croissante dans le monde des
notables et de la relative libéralisation du régime. Pour
un Janvier de la Motte, qui se comporte dans son département de l'Eure en « préfet à poigne », plus soucieux
de rallier les masses à l'Empire que de ménager les féo-
dalités locales, combien de fonctionnaires prudents
ayant renoncé à régner en maîtres sur la vie politique
de leur circonscription !

Le contrôle de la société et la surveillance des adversaires déclarés du régime impliquaient que celui-ci pût
disposer d'une police efficace et de magistrats zélés. Les
forces de l'ordre virent leur effectif global croître sensiblement au cours du Second Empire, quoique à un
rythme inégal. En effet, tandis que le nombre de policiers
chargés de la sécurité urbaine passait de 5 000 à 12 150,

celui des gendarmes régressait à 23 000 hommes en 1860 contre 24 500 au début du règne. Loin d'être due à un « État policier », l'augmentation des effectifs de la police est à mettre en relation avec la formidable croissance urbaine qui caractérise la période et qui, dans certaines régions, a pour corollaire une baisse sensible de la population rurale, phénomène à la fois de longue durée et de nature européenne sans rapport avec le régime. La gendarmerie ne joue qu'un rôle politique secondaire. Sans doute, les éléments qui la composent ont-ils gardé un très mauvais souvenir des « jacqueries » qui, dans les régions républicaines, ont suivi le coup d'État. Certains ont payé au prix fort d'avoir obéi aux ordres de leur hiérarchie et ne s'en montrent que plus zélés à poursuivre les « rouges » quand l'occasion leur en est donnée, ce qui est rare. Saint-Arnaud et Vaillant, son successeur au ministère de la Guerre, ne souhaitent pas que la gendarmerie soit utilisée à d'autres tâches que celle du maintien de l'ordre et l'empereur partage leur sentiment. Après l'attentat d'Orsini, il confiera toutefois à la maréchaussée le soin de dresser dans chaque département la liste des ennemis du régime.

Dans les villes au contraire, outre sa fonction ordinaire de répression des délits de droit commun, la police est appelée à jouer un rôle politique de tout premier plan : conséquence des mesures adoptées par le régime pour restreindre le champ des libertés publiques. Sont de son ressort non seulement la répression des délits de presse, de réunion et de colportage, la poursuite et l'arrestation des condamnés pour faits d'opinion, mais également la chasse aux manifestations les plus anodines d'opposition à l'Empire et à son maître. On peut citer, parmi les nombreux cas d'interpellation pour « menées subversives », l'exemple — au temps de la guerre de Crimée — de l'acteur Grassot, arrêté pour s'être écrié à la terrasse d'un café où l'on tardait à le servir : « Alors ! On ne prend rien ici, c'est comme à Sébastopol [32] ! »

Au lendemain même du 2 décembre, Louis-Napoléon a nommé Maupas à la tête du tout nouveau ministère de la Police générale. « Le président de la République, lui explique-t-il, ne peut à l'aide des moyens officiels connaître que très imparfaitement l'état du pays, le fonctionnement des services, les réactions de l'opinion. » Le message est clair : le ministre aura à charge de renseigner le chef de l'État sur l'évolution du sentiment public en usant de moyens non officiels et s'il le faut illégaux. Le modèle choisi est l'organe créé en l'an XII par Napoléon Ier. Maupas dispose de la Garde nationale, la Garde républicaine de Paris, la gendarmerie et des agents de police et si le ministère de la Police générale ne survit pas à la disgrâce de Maupas, les missions restent. L'ancien préfet de police — qui a été remplacé dans cette fonction par Pierre-Marie Pietri, ex-député républicain de la Corse — a eu tôt fait de se brouiller avec ses deux collègues de la Guerre et de l'Intérieur, Saint-Arnaud et Persigny, l'un et l'autre agacés par les conflits de compétence qui résultent de la boulimie de pouvoir du nouveau ministre[33]. L'empereur est lui-même d'autant plus enclin à se séparer de ce dernier que Maupas n'hésite pas à faire surveiller les autres membres du gouvernement et souffre d'une véritable obsession du complot. Après avoir lancé ses limiers sur la piste de conspirateurs plus ou moins imaginaires, il finira par charger un certain Dupuis d'organiser une émeute, dans le seul but d'étouffer celle-ci dans l'œuf et de se mettre personnellement en valeur. Révélée par Rouher, l'affaire entraîne le renvoi de Maupas en 1853 et la suppression de son ministère, l'essentiel de ses attributions revenant au ministère de l'Intérieur et à la Préfecture de police de Paris.

Ceux-ci se soucient d'abord de la surveillance des « ennemis » réels ou supposés du régime et de l'observation de l'opinion publique. Avec ses 6 000 fonctionnaires, en majorité des policiers en tenue, la Préfecture de police occupait le centre du dispositif, relayée en province par les équipes, parfois squelettiques, mises au service des préfets et des maires, et par une « police spéciale », créée par un décret du 15 janvier 1855, chargée de surveiller les chemins de fer. Elle comprenait 30 commissaires et 70 inspecteurs de police « spéciaux », répartis dans une vingtaine de villes situées sur les principaux axes ferroviaires. Les cafés, restaurants, guinguettes et autres lieux publics où la police pouvait soit glaner des informations sur les activités d'individus ou de groupes politiques hostiles au régime, soit se tenir au courant de l'état d'esprit des populations voyaient foisonner « mouchards », policiers en civil ou indicateurs recrutés pour la plupart dans les bas-fonds. Le régime fait un large usage de la délation, spontanée ou sollicitée auprès des concierges d'immeubles et des domestiques. Le « cabinet noir » a pour tâche de rassembler les lettres suspectes, de les décacheter, de prendre copie de celles qui méritent d'être communiquées à l'autorité supérieure : après quoi elles sont estampillées avec la mention « ouvert par autorité de justice », puis acheminées vers leurs destinataires. Dans chaque département, le préfet est autorisé à user de moyens identiques.

Toutes ces informations aboutissent soit au responsable de l'autorité préfectorale, soit le plus souvent au préfet de police à qui revient la charge d'adresser des rapports détaillés au ministre de l'Intérieur et, selon les cas, à l'empereur. Il n'y a là rien de très spécifique : les autres États européens ont recours à des pratiques de même nature, les régimes qui se sont succédé en France depuis la Révolution ont agi dans le même sens, et il en sera de même de la IIIe République, au moins jusqu'aux premières années du XXe siècle. La différence avec ce qui suit réside moins dans le principe de surveillance du corps social que dans la rigueur de son application.

Le contrôle des écrits et la mise sous tutelle de la presse ne sont pas davantage des inventions de l'Empire, mais celui-ci y a eu largement recours. Avant même le coup d'État plusieurs journaux d'opposition avaient été supprimés, tel *L'Événement*, le journal des fils Hugo. Émile de Girardin, fondateur et patron de *La Presse* — ancêtre des quotidiens à bon marché — qui avait pourtant soutenu Louis-Napoléon contre Cavaignac lors des présidentielles de 1848, fut arrêté au moment du coup d'État et éloigné jusqu'en mars 1852. On se souvient également des décrets de février-mars 1852 dont les dispositions financières précipitèrent la fermeture en six mois de 100 journaux républicains, 30 légitimistes et 7 orléanistes, soit une chute des deux tiers. Ne réussirent à survivre que des publications disposant soit d'une certaine surface financière, comme *La Presse*, que soutenaient les patrons protestants du textile alsacien, soit d'un lectorat depuis longtemps fidélisé, tels le *Journal des Débats* et la *Revue des Deux-Mondes*, ou encore des feuilles solidement implantées à l'échelon local comme *Le Sémaphore de Marseille*, *L'Écho du Nord* ou *Le Courrier de Nantes*.

L'action de la censure, sur laquelle règne Latour-Dumoulin, et le conformisme des organes soutenus par le pouvoir sous la forme de subventions et de monopole des annonces légales, ne peuvent que concourir à l'atonie et à l'affadissement de la presse : « La conformité des journaux est si grande, écrit Prévost-Paradol, l'ordre de leurs idées si logique, le choix de leurs expressions si juste que leurs lecteurs, s'ils traversaient la France entière en un jour, pourraient achever souvent à leur point d'arrivée la phrase commencée à leur point de départ. » Aussi les lecteurs tendent-ils à se détourner des organes d'opinion au profit de publications répondant à une demande spécifique émanant du public féminin (*La Mode illustrée*), des jeunes (*Le Journal des enfants*), des amateurs de voyages et d'explorations (*Le Tour du monde* diffusé par Hachette) ou encore des passionnés d'art et de littérature. Surtout, les progrès de la technologie (la rotative Marinoni) et la concentration du capital permettent au banquier Millaud de lancer avec *Le Petit Journal* un type entièrement nouveau de produit à bon marché, répondant au goût du public pour les faits divers et au souci qu'a l'Empereur de détourner les classes populaires des préoccupations politiques et sociales.

Propagande bonapartiste et soutien du clergé

Il est tentant de comparer l'Empire autoritaire et le régime mussolinien : surtout pour qui — il en est ainsi de l'auteur de ces lignes — a longuement étudié le second et s'intéresse aux antécédents du fascisme. L'historien ayant le souci de se garder des anachronismes, la comparaison ne peut être que prudente. Il faut néanmoins admettre que sur certains points les convergences sont fortes. Il en est ainsi par exemple du rapport que, dans les deux cas, le dictateur appliqué à forger son image d'homme d'exception entretient avec l'Église catholique. Comme plus tard le « chef de l'Italie nouvelle », Napoléon III fait figure au début du règne d'« homme de la Providence ». Il est regardé comme tel par tous ceux qui ont eu à craindre des débordements de la foule : petits bourgeois et propriétaires modestes aussi bien que notables conservateurs et représentants d'un clergé que la Révolution a durablement associé aux nantis. Pour des raisons fondamentalement différentes, la masse des sans-grade a majoritairement suivi, bercée par les promesses d'un homme qui se dit proche du peuple et soucieux de son bonheur. Encore faut-il que soit entretenu le mythe que Louis-Napoléon a lui-même créé en se posant en véritable guide de la nation. Ne déclarait-il pas, en novembre 1851, devant un parterre d'officiers invités à l'Élysée : « Je ne ferai pas comme les gouvernements qui m'ont précédé, et je ne dirai pas : Marchez, je vous suis ; mais je vous dirai : Je marche, suivez-moi. »

Sans atteindre le caractère obsessionnel et totalitaire de son homologue fasciste, la propagande bonapartiste occupe une place importante dans le dispositif visant à rallier les masses au régime impérial et à son refondateur. Sans doute ne souffre-t-elle guère la comparaison

avec celle du Premier Empire : non parce que les
moyens diffèrent radicalement, mais parce que le
contenu n'est pas le même. Avec le premier des Napoléonides, c'est le chef de guerre qui était exalté, aussi
bien par l'image que par l'écrit. Sans être exclusive
d'autres représentations, la figure de l'empereur en
général victorieux a occupé une place majeure dans
l'iconographie officielle. Il ne peut en être de même
sous le Second Empire. Napoléon III ne peut se prévaloir ni d'un glorieux passé militaire — ses états de service dans l'armée helvétique ne sont pas ceux du
vainqueur de Marengo — ni de parcourir l'Europe à la
tête d'une armée conquérante. Sans doute jouit-il par
procuration d'une partie du charisme napoléonien,
mais il faut beaucoup d'imagination aux thuriféraires
du régime pour donner à celui-ci une forme concrète.
Pas de Napoléon III en *imperator* combattant, mais
toute une gamme de portraits du souverain en uniforme
de général de division, tantôt en pied, seul ou accompagné de l'impératrice et du prince impérial, tantôt à
cheval, caracolant à la tête de son état-major.

Un moyen habile de faire bénéficier le neveu du prestige de l'oncle est de réunir les deux héros dans une saga
dynastique : l'*Histoire des trois Napoléon* est vendue par
les colporteurs pour quelques sous dans les campagnes,
en même temps que les almanachs — on en dénombre
entre trois et quatre cents, dont l'*Almanach de Napoléon*
qui tire chaque année à plus de 20 000 exemplaires —
et que les produits de l'imagerie d'Épinal. Celle-ci ali-
mente un légendaire stéréotypé exaltant les glorieux
épisodes des guerres impériales et coloniales, les hautes
figures de l'armée et les réalisations du régime en
matière d'urbanisme et de technologie moderne. L'imagerie est ravivée par les nombreuses fêtes, cérémonies
officielles, expositions universelles, ou réceptions de
souverains étrangers auxquelles le peuple est invité à
se joindre. En juin 1856, le baptême du prince impérial
attire à Paris plus de 300 000 visiteurs. Ces festivités
sont ponctuées de revues militaires, de feux d'artifice,

de bals populaires, de distributions charitables et ont pour fonction de renforcer ou de restaurer un consensus qui, avec le temps, s'érode.

L'Église catholique n'a pas été la dernière à voir en Louis-Napoléon un homme providentiel. Il suffit pour s'en convaincre d'examiner les lettres pastorales publiées après le plébiscite de décembre 1851 par les évêques français. On y exalte le sauveur de la religion et de la civilisation, « l'homme de la droite de Dieu », le « prince étonnant qui a osé prendre la charge surnaturelle de sauver la France » (Mgr Parisis, évêque d'Arras). Les publicistes catholiques ne sont pas en reste, tel Louis Veuillot, directeur de *L'Univers*, qui écrit au lendemain même du coup d'État : « Il n'y a ni à choisir ni à délibérer. Il faut soutenir le gouvernement. Sa cause est celle de l'ordre social. » Montalembert, avant de passer dans le camp des opposants, a lancé un vibrant appel au ralliement en faveur du prince. En dehors de celui-ci, écrit-il, « je ne vois que le gouffre béant du socialisme vainqueur. Mon choix est fait. Je suis pour l'autorité contre la révolte, pour la conservation contre la destruction, pour la société contre le socialisme, pour la liberté possible du bien contre la liberté certaine du mal ». Le pape lui-même, qui lui doit il est vrai de l'avoir débarrassé de Mazzini et consorts, a accueilli avec satisfaction le résultat du plébiscite : « Le Ciel, aurait-il déclaré, vient d'acquitter la dette de l'Église envers la France[34]. » Cela ne l'empêchera pas, dès lors que Napoléon III repousse l'idée de rendre le mariage religieux obligatoire, de refuser à l'empereur de venir le sacrer à Paris. Simple nuage dans un ciel ordinairement serein, du moins jusqu'aux événements de 1859-1860 dans la péninsule.

Avant d'accéder au pouvoir, Louis-Napoléon s'est peu intéressé aux questions religieuses. Sa correspondance avec l'impératrice révèle chez cet épicurien ayant grandi dans un climat de grande tolérance une foi un peu naïve et vaguement teintée de superstition. La théologie n'est pas son fort et il n'est guère familier des

problèmes qui agitent les instances ecclésiastiques,
s'agissant notamment des rapports entre le Saint-Siège,
l'Église de France et l'État. Tout au plus ses proches
savent-ils qu'il ne nourrit pas une sympathie excessive
pour les « hommes noirs ». Ni clérical, ni fondamentalement anticlérical, il a au moins compris, comme son
oncle, que dans un pays catholique tel que la France
— où la foi a fait un spectaculaire retour après la tourmente révolutionnaire — le pouvoir ne pouvait se passer de l'appui de la religion.

Aussi l'empereur va-t-il se montrer prodigue de gestes
respectueux en direction de l'Église de France. Lors de
ses déplacements en province, il ne manque pas d'honorer le clergé. Il associe la hiérarchie ecclésiastique aux
solennités impériales et délègue ses fonctionnaires aux
grandes cérémonies religieuses. Les gendarmes sont
invités à suivre les processions. Le budget du culte
passe en sept ans de 39 à 46 millions, le traitement des
évêques de 10 000 à 15 000 francs. Les prêtres du rang
sont moins bien traités, mais l'Église n'a pas à se soucier à cette date d'une crise des vocations : les ordina-
tions sont plus nombreuses que les décès et l'empereur
ne souhaite pas que prolifère un bas clergé rural à demi
oisif et contestataire. Le nombre des réguliers passe
néanmoins de 4 500 à 17 500 en dix ans, celui des religieuses de 34 000 à 89 000. Les communes se voient
attribuer des aides pour l'entretien, la réparation ou la
construction d'églises et de presbytères. Le gouvernement favorise également l'essor des écoles congréga-
tionnistes : celles-ci voient l'effectif de leurs élèves
doubler au cours des dix premières années de l'Empire,
tandis que prospèrent les collèges catholiques.

Si Napoléon III s'applique par devoir à donner
l'exemple — il accompagne l'impératrice au pèlerinage
de Sainte-Anne d'Auray en 1858 — il lui est moins facile
de jouer les parangons de vertu. Prêché par l'Église, le
retour à l'ordre moral n'en devient pas moins l'une des
grandes préoccupations du régime. La presse bonapartiste est appelée en renfort pour dénoncer la « lascivité

des danses modernes », valse et polka, et la censure se montre intraitable à l'égard des écrits et des spectacles « licencieux ». Les procureurs de l'Empire traînent en correctionnelle quelques-uns des plus grands écrivains de l'époque. Ernest Pinard, substitut au Parquet de la Seine, requiert ainsi contre Flaubert, Baudelaire et Eugène Sue. Le premier pour avoir publié dans la *Revue de Paris* les premiers chapitres de *Madame Bovary*, un roman qui, selon le représentant du ministère public « fait offense à la morale publique et à la religion »[35]. Le second pour avoir donné libre cours avec *Les Fleurs du mal* « à cette fièvre malsaine qui porte à tout peindre, à tout décrire comme si le délit d'offense à la morale publique était abrogé et comme si cette morale n'existait pas »[36]. Baudelaire se verra ainsi condamné à une amende de 300 francs, ramenée un peu plus tard à 50 francs (peut-être grâce à l'intervention de l'impératrice[37]) et à la suppression de six des poèmes incriminés[38], jusqu'en mai 1849, date de l'arrêt d'annulation rendu par la Chambre criminelle de la Cour de Cassation[39]. Depuis Hauteville-House, Hugo ne rate pas l'occasion, en manifestant son soutien à Baudelaire : « Une des rares décorations que le régime actuel peut accorder, vous venez de la recevoir. Ce qu'il appelle sa justice vous a condamné au nom de ce qu'il appelle sa morale ; c'est là une couronne de plus. Je vous serre la main, poète[40]. »

Quant à Eugène Sue, auteur exilé d'une monumentale « Histoire d'une famille de prolétaires à travers les âges », intitulée *Les Mystères du peuple*, c'est à titre posthume qu'il est jugé en septembre 1857 par la chambre des vacations du tribunal correctionnel de la Seine. Cette fois encore, c'est l'incontournable Pinard qui requiert contre le « dandy socialiste ». Le réquisitoire est sans indulgence et le jugement sévère. Considérant en effet que l'on trouve « dans chaque volume, à chaque page, la négation ou le renversement de tous les principes sur lesquels reposent la religion, la morale et la société », et qu'il y a « danger pour la société à laisser plus longtemps en circulation » cet ouvrage, le tribunal ordonne l'entière suppression des *Mystères du peuple* (60 000 exemplaires avaient déjà été saisis chez l'éditeur). À défaut de pouvoir punir l'auteur du livre, des peines de prison et de lourdes amendes sont prononcées à l'encontre de l'éditeur et de l'imprimeur.

L'alliance du trône et de l'autel n'est pas exclusive du strict maintien de la tutelle exercée par l'État sur l'Église de France. Napoléon III inscrit ainsi sa politique religieuse dans le droit fil des traditions gallicanes et en conformité avec les « articles organiques » ajoutés par son oncle au Concordat de 1801. Peu au fait des raisons profondes qui opposent depuis des lustres le clergé « gallican » — favorable à l'indépendance à l'égard du Saint-Siège — aux « ultramontains », l'empereur a d'abord paru favoriser les seconds par son abstention et son souci de ne pas mécontenter le pape. Il a maintenu auprès de l'État pontifical un ambassadeur ultramontain, Rayneval. Son gouvernement n'a pas réagi à la mise à l'*Index* de la théologie gallicane de Bailly, en usage dans la plupart des séminaires. Une encyclique datée de mars 1853 engageant les évêques à introduire dans ces établissements les livres approuvés par le Saint-Siège et à rétablir la liturgie romaine n'a pas non plus soulevé d'objection.

Dès l'année suivante, pourtant, Napoléon III s'inquiète des progrès de l'ultramontanisme. Aussi décide-t-il à la mort de Fortoul, en 1856, de confier le ministère de l'Instruction publique à un catholique gallican, Gustave Rouland, avec mission de défendre les prérogatives de l'État en matière religieuse et universitaire. Rouland s'y emploie, d'abord avec modération puis avec une autorité croissante jusqu'à son départ en 1863. Il applique avec rigueur la législation sur les congrégations et celle qui réglemente les dons et legs afin de limiter la création de nouveaux établissements. Il rappelle l'interdiction faite aux établissements privés de prendre le titre de collège et tente de s'opposer aux communes qui voudraient remplacer leur instituteur laïc par un clerc. Enfin il augmente substantiellement les crédits destinés à l'enseignement public.

Faiblesse et divisions de l'opposition

La multiplication des attentats contre Napoléon III, ceux notamment qui ont pour instigateurs des membres des sociétés secrètes républicaines, témoigne de la fragilité des oppositions. En juin 1853 puis en septembre 1854, ils préparent un coup près de l'hippodrome de Longchamp et lors du passage du train impérial près de Pérenchies, sur la voie ferrée joignant Calais à Tournai. Le « parti » républicain a subi de plein fouet les effets de la répression. En janvier 1853, on compte encore un peu plus de 6 000 condamnés, parmi lesquels plusieurs milliers de « transportés » à Cayenne ou en Algérie. Les autres sont assignés à résidence en France ou purgent des peines de prison, même si, à chaque événement marquant du règne (mariage impérial, naissance de l'héritier du trône), Napoléon III accorde des remises de peine, avant l'amnistie générale de 1859. À cela s'ajoutent les proscrits par le régime ou exilés volontaires qui ont trouvé refuge en Belgique, en Suisse et en Angleterre. On en dénombre en 1854 cinq ou six cents à Bruxelles, un millier à Genève et autant à Londres, pratiquant les métiers les plus divers, parfois les plus pénibles. Certains connaissent la misère ; tous souffrent de l'éloignement, de la séparation familiale, des mille tracasseries de la vie d'exilé, tout en entretenant l'illusion d'un proche effondrement du régime. Les rumeurs les plus folles circulent à propos de la santé de l'empereur, des attentats dirigés contre sa personne ou de l'imminence d'une insurrection générale. La division règne dans les rangs de cette émigration politique qu'unit seulement une haine commune de l'homme du 2 décembre : « ce Mandrin mal lavé déguisé en César » qu'Hugo poursuit de sa vindicte depuis son exil anglo-

normand dans l'*Histoire d'un crime, Napoléon le Petit* et
Les Châtiments, publiés à Bruxelles en 1853. Diffusés
clandestinement en France, ces ouvrages y auront à
cette date moins de succès que les calembours et les
« histoires drôles » que colporte l'homme de la rue.

Ce qu'il subsiste dans l'hexagone d'opinion républicaine modérée s'est réfugié dans les salons parisiens de
Garnier-Pagès, d'Hippolyte Carnot, de Mme d'Agout ou
de Laurent Pichat. On y prépare les élections de 1857.
Les plus radicaux se retrouvent dans les sociétés
secrètes. Celles-ci avaient eu leur heure de gloire sous
la monarchie constitutionnelle. La Révolution de février
les a rendues sans objet, mais elles font leur réapparition avec les lois répressives de la IIe République et
connaissent un nouvel essor sous l'Empire. Les préfets
signalent leur activité dans les agglomérations du Val
de Loire, d'Orléans à Nantes, ainsi qu'à Lille, Lyon et
bien sûr Paris. Leurs rapports citent la Jeune Montagne,
la Solidarité révolutionnaire, la Fraternité révolutionnaire et surtout la Marianne dont les dirigeants ont des
relations étroites avec les exilés de Londres. La révolte
des ardoisiers de Trélazé, qui mobilisa en août 1855
plusieurs centaines d'ouvriers dans une marche sur
Angers, fut sans doute fomentée par cette organisation.
Après avoir dispersé les émeutiers (armés de fusils, de
haches et de gourdins), la troupe procéda à une centaine d'arrestations, dont celle des deux meneurs, Alli-
bert et Secrétain. Convaincus d'être affiliés à une
société secrète, ces deux hommes furent condamnés à
la déportation, tandis que de lourdes peines de prison
étaient infligées aux autres prévenus.

Il arrive qu'extrémistes et modérés se rencontrent à
l'occasion de ces manifestations de foi républicaine que
constituent les funérailles des adversaires du régime.
L'enterrement de l'épouse de Raspail en 1853, celui de
Lamennais en mars 1854, ceux d'Arago, de Marrast, de
David d'Angers rassemblent ainsi des milliers de personnes auxquelles la police tente d'interdire l'accès du

cimetière, quand elle n'a pas préventivement fait enlever le cercueil au petit jour comme en 1853 pour les obsèques de la mère de Ledru-Rollin.

L'opposition ne se limite pas aux cercles républicains. La monarchie conserve en effet ses partisans : légitimistes, surtout nombreux et actifs dans l'Ouest et le Midi, et orléanistes, inconsolables — quand ils n'ont pas rallié l'Empire — d'avoir perdu leur influence et leur arène parlementaire. Les premiers ont pour chef de file le comte de Chambord. Exilé depuis 1830, le petit-fils de Charles X partage son temps entre son palais vénitien et le château de Frohsdorf, près de Vienne. Inflexible sur les principes, il maintient dans toute sa rigueur les consignes d'abstention données lors des plébiscites et du scrutin pour l'élection du Corps législatif. Son entêtement à refuser le drapeau tricolore, symbole estime-t-il d'un libéralisme qu'il condamne, rend impossibles les tentatives de fusion avec les partisans du comte de Paris.

Les éléments les plus intelligents du camp légitimiste, les Berryer, Falloux, Dupanloup et consorts souhaitent au contraire réconcilier la monarchie traditionnelle avec le libéralisme. C'est dire qu'ils ne sont pas très éloignés des « doctrinaires » qui forment l'élite de l'opposition orléaniste, les Guizot, de Broglie, Molé, Cousin, Rémusat et autres Prévost-Paradol, encore que, plus proches du peuple que ces derniers, ils s'en distinguent par un moindre conservatisme social. Il tend ainsi à se constituer une sorte de coalition libérale dont les places fortes sont l'Académie française et l'Académie des sciences morales et politiques. Si la première s'abstient par prudence de suivre Sainte-Aulaire qui lui demande en 1852 de manifester son soutien à trois de ses membres exilés, Hugo, Thiers et Rémusat, elle accueille dans ses rangs Berryer, Silvestre de Sacy, le duc Victor de Broglie et Mgr Dupanloup, tous adversaires déclarés de l'Empire. Quant à la seconde, elle est l'objet en avril 1855 d'un véritable « coup d'État académique ». Sur instruction de l'empereur, le ministre de l'Instruction publique Fortoul lui adjoint par décret une nouvelle section dite de politique, d'administration et de finances dont les dix membres sont nommés par Napoléon III. La rébellion des esprits ne doit trouver aucun asile.

Les élections législatives de 1857

Les élections pour le renouvellement du Corps législatif, qui ont lieu en juin 1857, soit un an avant la date prévue, reflètent l'hégémonie exercée par le pouvoir sur la vie politique de la nation. Face aux candidats officiels dont le ministre de l'Intérieur a soigneusement préparé la campagne, l'opposition paraît plus divisée que jamais. Le comte de Chambord persiste dans son opposition à toute participation de candidats légitimistes ; la plupart des orléanistes se désintéressent d'un scrutin « administratif », tandis que les représentants de la gauche se partagent entre « vieux républicains » de 1848 hostiles au serment que les élus devront prêter à l'empereur et jeunes militants qui, à l'instar d'un Darimon, d'un Havin, directeur du *Siècle*, ou d'un Émile Ollivier, acceptent de le faire si tel doit être le prix de leur participation à la vie publique.

Dans ces conditions, la victoire des candidats gouvernementaux ne fait de doute pour personne. Ils recueillent en effet le 22 juin près de 5 500 000 voix (85 % des votants) contre 665 000 pour l'opposition. Pourtant Napoléon III n'est pas satisfait. Dans une lettre à l'impératrice Eugénie, il se déclare « ennuyé » : il y a eu 2 millions d'abstentionnistes et surtout l'opposition républicaine a gagné des voix dans les grandes agglomérations, à Paris (15 000 suffrages de plus qu'en 1852), Lyon, Bordeaux ou Toulouse. Parmi les républicains élus, Carnot, Goudchaux, Cavaignac (qui meurt peu de temps après le vote) refusent le serment. Suite aux élections partielles qui auront lieu en avril 1858 pour les remplacer, cinq républicains obtiennent finalement un mandat parlementaire : Favre, Hénon et trois nouveaux venus, Ollivier, Darimon et Ernest Picard. L'empereur ne s'y trompe pas : aussi modeste que soit sa représentation, c'est bel et bien une opposition républicaine qui fait son entrée au Corps législatif.

10

Napoléon III,
l'homme et son entourage

Laissons à la plume acérée des Goncourt le soin de planter le décor :

> On parle de la cour et je l'entrevois à travers les confidences et les demi-mots échappés. Une cour qui n'est plus de grosse bourgeoisie comme sous Louis-Philippe. [...] mais une cour de hasard et d'aventure, à beaux noms tout neufs, à titres frais volés, une cour de parade et de cohue traversée, déchirée de sabres et de prétoriens dorés qui arrachent les dentelles en passant avec, dans la salle des Maréchaux, un peuple de femmes d'officiers rangées sur des gradins qui montent jusqu'en haut, haletantes, affamées de voir l'Impératrice, le quadrille impérial, effarées devant le couple impérial et se disputant sa vue comme des « titis » au cintre. Une cour sans hiérarchie, mêlée, où il suffit d'entrer pour avoir sa place et souvent une grande. Des parvenus, des millions sans passé, des gens dont un jour on a jeté le nom en l'air devant l'Impératrice et qui sont tombés dans son intimité on ne sait d'où. Point d'ordre, rien qui démarque, qui désigne, qui place. La femme d'un conseiller d'État est éclipsée par la femme d'un auditeur. [...] Une cour où les tabourets, les sièges hauts et de séparation de la cour semblent remplacés par les banquettes banales des bals publics ; il suffit de monter là-dessus pour être vu [1].

Une cour de « parvenus » ? Se l'appliquant à lui-même l'empereur, on l'a vu, ne répudie pas ce qualificatif. Dans le discours qu'il a prononcé devant les corps constitués pour annoncer son mariage, on l'a vu, il s'en est fait un drapeau et un titre : « titre glorieux, a-t-il précisé lorsqu'on parvient par les suffrages d'un grand peuple », porté « par la force d'un nouveau principe à la hauteur des anciennes dynasties ». Le principe s'étend à l'entourage du prince et d'abord aux Napoléonides, partis de rien mais guidés par une « étoile » que d'autres appellent « Providence ». Morny, le « bâtard » d'Hortense et de Flahaut, Persigny l'inconditionnel, né d'un modeste receveur des finances, Rouher l'ambitieux rejeton d'un avoué auvergnat, Baroche issu d'une famille de petits boutiquiers parisiens, Magne dont le père est teinturier à Périgueux : autant d'hommes nouveaux qui côtoient à la Cour — autres fils et filles de « parvenus » — les rescapés de la noblesse impériale et leurs descendants, ou encore ces « sabreurs » et ces « prétoriens dorés » évoqués par les Goncourt et dont l'archétype est Saint-Arnaud. Qui sont-ils ? Quelle influence ont-ils eue sur le souverain et sur le couple impérial car Eugénie ne fut pas une potiche ? De quels affrontements entre clans rivaux la Cour de Napoléon III fut-elle le théâtre ? Telles sont les questions auxquelles nous voudrions répondre dans ce chapitre, en commençant bien sûr par l'épicentre du pouvoir.

L'empereur

Napoléon III a quarante-huit ans au moment de la naissance de son fils. Le docteur Barthez, qui prend à cette date ses fonctions de médecin du prince impérial, a fait de lui un portrait d'une précision clinique, le plus complet que nous ayons du restaurateur de l'Empire à un âge où la maladie — il souffre de la goutte — et les séquelles de la captivité ont commencé à fortement affecter son apparence physique :

L'Empereur, écrit-il, a la figure forte et longue, les épaules larges et assez tombantes, le tronc fort, les membres inférieurs très courts. Cette disproportion sensible, surtout quand Sa Majesté est debout, est augmentée par cette longue barbiche que tout le monde connaît et qui allonge encore le visage. En général, l'Empereur marche lentement, les pieds en dehors, le corps incliné sur le côté gauche, plus rarement sur le côté droit. Lorsqu'il veut marcher vite ou courir, il fait de grands mouvements de bras ou d'épaules comme pour venir en aide à ses petites jambes.

Son front est haut, large, découvert aux tempes, bien développé. Ses yeux petits, d'un bleu clair, un peu voilés ont une expression habituelle de sourire ou de bonté. D'autres fois, mais plus rarement, ils ont quelque chose de terne, d'atone, assez singulier. Son nez fort et saillant a des narines épaisses, larges, sensuelles et facilement mobiles. Les attaches supérieures du cou sont grosses et fortes en arrière de la mâchoire. Il en résulte un effet peu gracieux qui n'est pas reproduit sur nos pièces de monnaie. Cet effet consiste en ceci : que la partie postérieure de sa tête est beaucoup plus grosse par en bas que par en haut et, comme sur cette dernière partie les cheveux sont peu fournis, le haut de la tête paraît aplati et le crâne peu développé en ce point. Tout cela ne fait pas, je l'avoue, un portrait bien flatteur. [...] Cependant il faut bien admettre que par lui-même il plaît et attire[2].

La comtesse Stéphanie Tascher de la Pagerie, une parente de l'impératrice Joséphine, confirme : « L'empereur, dira-t-elle, est de petite taille mais rempli de dignité. Il n'est pas positivement beau, mais il plaît et il plaira quand il voudra[3]. » On évoque, pour expliquer le charme qui se dégage de cet homme précocement vieilli, tantôt la bienveillance, la bonté, la douceur que révèle son sourire (Barthez), tantôt son regard rêveur, parfois lointain : « Ce regard, écrit Arthur Meyer, directeur du *Gaulois*, ne fixait pas. Il enveloppait et chacun cependant se sentait réchauffé par son rayonnement[4]. » On cite encore son attitude « calme, réfléchie, pensive », son port qui « inspire tout naturellement le respect »

(Stéphanie Tascher). On fait état de ses exceptionnelles qualités de cavalier, et plus généralement de son adresse dans les exercices du corps. La reine Victoria, peu suspecte de flagornerie, parle de la « puissance de fascination incroyable que subissent tous ceux qui l'approchent et le connaissent ».

Bien sûr ses ennemis ne portent pas sur lui le même regard. Ce sont souvent les mêmes traits qui retiennent leur attention, mais inversés : les yeux sont « vides », le sourire « figé », le souci de ne pas brusquer l'interlocuteur devient signe de gêne et d'apathie, notamment chez les Goncourt :

> Il marche, il avance lentement, tout d'une pièce, à petits pas posés qui glissent. Il a du reptile dans l'approche et du caméléon dans le mouvement, un air endormi et glacial, l'œil petit, éteint, et la peau, tout autour, ridée et plissée comme des paupières de lézard. Il ne va pas aux gens, il flaire la haie qui se forme sur son passage, s'arrête avec hésitation devant une personne et restant de côté sans lui faire face, regardant devant lui, il lui adresse, après un moment, une parole enrhumée qui a un accent allemand. Puis à la seconde parole toujours fixe et les yeux vagues, il cherche. La personne attend : rien ne vient. Il se fige dans sa gêne. [...]
>
> Sinistre ! C'est l'épithète qui vient à la pensée en le voyant. Gautier dit qu'il ressemble à un écuyer du cirque renvoyé pour ivrognerie. Il y a de cela. Sinistre, gauche, fourbu, implacable. [...] Et je me disais en le regardant : « Ça, c'est cela la tête de la France, l'homme sur qui tout pose ? C'est cela Napoléon III, César sur le théâtre du monde par la même ironie que Clarence est Marc-Aurèle à la porte Saint-Martin [5] ? »

Nul mieux que Zola n'a su montrer comment le même homme pouvait être regardé différemment, selon qu'on avait choisi d'être ou non de son camp, au gré des métamorphoses de l'âge et des revirements idéologiques :

> À vingt ans, écrit l'auteur des *Rougon-Macquart*, je tenais le neveu du grand Napoléon pour le bandit, le ruf-

fian, le « voleur de nuit » qui, selon l'expression célèbre, avait allumé sa lanterne au soleil d'Austerlitz. Dame, j'avais grandi au roulement des foudres de Victor Hugo. [...] Je le voyais « l'œil terne, furtif, les traits pâlis » à travers cette rhétorique hennissante, écumante, géniale.

Mais j'en suis revenu depuis. Car, au fait, le Napoléon III des *Châtiments*, c'est un croquemitaine sorti tout botté et tout éperonné de l'imagination de Victor Hugo. Rien n'est moins ressemblant que ce portrait, sorte de statue de bronze et de boue élevée par le poète pour servir de cible à ses traits acérés, disons le mot, à ses crachats[6].

Ce qui est sûr, c'est que le fils d'Hortense et du roi Louis partageait peu de traits communs, au physique comme au moral, avec le fondateur de la dynastie. Il fallait que le jeune Fialin de Persigny fût animé d'une grande ferveur bonapartiste pour écrire, à l'époque d'Arenenberg :

On ne reconnaît rien de son oncle, ni l'ovale, ni les joues pleines, ni le teint bilieux. De plus, les moustaches, avec une légère impériale sur la lèvre inférieure, nuisent à cette ressemblance. Mais il a de l'empereur le nez aux belles proportions, le front élevé, les mêmes contours et la même inclinaison de la tête à tel point que, quand il se retourne, c'est à faire frémir un soldat de la vieille garde[7].

On sait que cette dissemblance fut largement exploitée par les ennemis de Louis-Napoléon, avant et surtout après son avènement au trône, pour étayer leurs soupçons d'illégitimité. Il n'est pas nécessaire de revenir sur ce qui relève largement, on l'a vu, des commérages de Cour : sinon pour préciser que les traits physiques de Napoléon III, comme de nombreux aspects de son caractère, sont ceux des Tascher et des Beauharnais. Sa douceur, son côté taciturne, son flegme, sa bienveillance naturelle, son amour de la vie et du plaisir font partie de l'héritage maternel : encore que la part respective de l'inné et de l'acquis soit aussi difficile à peser pour le fils d'Hortense que pour tout autre individu.

Louis-Napoléon n'a en tout cas rien qui rappelle l'impétuosité des Bonaparte.

Les traits de la personnalité de l'empereur qui revien-
nent le plus souvent dans les témoignages des contemporains sont l'impassibilité — acquise au cours des
années de conspiration et de captivité —, la patience,
l'indulgence, la fidélité en amitié, une réelle générosité
en particulier à l'égard des plus modestes. « Rien ne
l'émeut », écrit Mathilde, que son flegme irrite passablement. « C'est, dit-elle, un homme qui ne se met jamais
en colère et sa plus grande parole d'énervement est :
"C'est absurde !" Et de raconter qu'un domestique
l'ayant par maladresse aspergé d'eau de Seltz, « il s'est
contenté de passer son verre de l'autre côté, sans rien
dire ». « Si je l'avais épousé, ajoute-t-elle, je lui aurais
cassé la tête pour voir ce qu'il y a dedans. »

L'homme est timide. Il ne parle d'abondance qu'avec
ses proches. En présence d'interlocuteurs moins familiers, il s'exprime avec lenteur et paraît chercher ses
mots. Il laisse s'établir de longs silences qui mettent son
auditoire mal à l'aise, ou fait dévier la conversation sur
des propos insignifiants. Au début de la présidence,
alors qu'il était encore à peu près inconnu de ses partenaires et de ses adversaires politiques, cette retenue
verbale a été interprétée comme le signe d'un « crétinis-
me » sur lequel Thiers et ses amis de la rue de Poitiers
crurent pouvoir fonder leur stratégie. Rémusat parle de
la « stérilité de son expression », mais pour ajouter aussitôt : « Il trompe de mine [..] Ce n'est pas un homme
ordinaire[8]. » On s'aperçut en effet assez vite que les
silences du prince, loin de constituer toujours un aveu
d'embarras, devaient être portés au compte de son
talent de dissimulateur. Rémusat reconnaît que « plus
d'un habile en a été dupe ».

Il reste que Napoléon III a pu nourrir, à l'égard des
professionnels de la rhétorique parlementaire qui formaient l'élite du personnel orléaniste, une sorte de
complexe d'infériorité dû aux lacunes de sa formation
intellectuelle. « Il lui manque, dit encore Rémusat, tant

des qualités d'un homme de mérite ordinaire, jugement, instruction, conversation, expérience, tout cela chez lui est sujet à tant de lacunes qu'on est prompt à le classer au-dessous du médiocre [9]. » Et Tocqueville d'ajouter qu'il lui trouve « l'intelligence incohérente, confuse, remplie de grandes pensées mal appareillées qu'il empruntait tantôt aux exemples de Napoléon, tantôt aux théories socialistes, quelquefois aux souvenirs d'Angleterre où il avait vécu, sources très différentes et souvent contraires » [10].

Il y a du vrai dans ce qu'écrivent ces deux ténors du libéralisme. Comparé à nombre de ses contemporains passés par l'enseignement des Pères et par les bancs de l'université, Louis-Napoléon eut à bien des égards une formation d'autodidacte. Pas plus que les préceptorats à éclipses de l'abbé Bertrand et de Philippe Le Bas, les leçons dispensées au jeune exilé par les rudes et laborieux maîtres du gymnase d'Augbourg ne peuvent être comparées au cursus des jeunes gens de la bonne société parisienne. Celui du prince prit fin avec la révolution des Romagnes. Si bien que l'essentiel de son bagage culturel, Louis-Napoléon le doit aux lectures qu'il s'est imposées à lui-même durant ses séjours à Arenenberg, et plus encore aux années passées à l'« université de Ham ». Ceci explique aussi bien la difficulté qu'il a à « faire la synthèse de ses aspirations hétérogènes » (A. Dansette) que la circonspection avec laquelle il aborde ses interlocuteurs mieux armés que lui dans le maniement du verbe. À quoi s'ajoute, chez cet homme qui a grandi en pays alémanique, le handicap d'un accent dont les bonimenteurs de Cour et les pamphlétaires font leurs choux gras.

Autre trait universellement souligné par les témoins de l'irrésistible ascension du prince, son obstination à poursuivre un projet dont l'accomplissement lui paraît aller de soi. Tout enfant, Hortense le disait son « doux obstiné ». Rémusat qui n'est pas tendre à son égard lui reconnaît « je ne sais quel don de hardiesse et de force qui le tire de la foule et le met au rang des personnages historiques » [11]. Louis croit à son étoile. Aucun obstacle, aucun échec ne l'a découragé dans sa quête de l'héritage impérial, ni les fiascos de Strasbourg et de Boulogne ni les années passées derrière les tristes murs du fort de Ham, ni les menaces de coup de force agitées par ses adversaires pour contrer ses propres projets de putsch. Devenu seul maître du pouvoir, il peut être hésitant dans le choix d'une politique mais il n'est pas d'accroc, une fois la résolution prise, qui puisse l'empêcher de rendre celle-ci effective. Sans doute lui arrive-t-il de devoir contourner un obstacle, ou d'attendre des circonstances meilleures, mais, comme le souligne Falloux, un ajournement n'est « jamais pour lui une renonciation définitive ».

Notons d'autre part que si sa formation intellectuelle n'est pas sans lacunes, Louis-Napoléon a acquis durant sa vie itinérante, et du fait de ses curiosités multiples, une somme d'expériences que nombre d'hommes d'État de son temps peuvent lui envier. Il parle aisément plusieurs langues. Il conjugue des compétences que l'on rencontre rarement chez le même individu : techniques, économiques, agronomiques, militaires, etc. Il a fréquenté au cours de ses séjours à l'étranger — en Italie, Suisse, Bavière, pays de Bade, Angleterre, États-Unis — des milieux politiques et intellectuels dont il a appris à déchiffrer les codes. Tout cela lui sera d'un appui précieux dans son métier de chef d'État.

Le sérieux avec lequel Napoléon III exerce cette fonction — on a vu qu'il passait de longues heures à prendre connaissance des dossiers, à annoter des rapports, à recevoir hauts responsables de l'État et diplomates étrangers — a pour contrepartie un appétit de plaisir qui donnera le ton au régime et qui s'exprime notamment dans le rapport que le souverain entretient avec le beau sexe. On ne compte pas ses liaisons et ses passades. Son ardeur amoureuse a commencé tôt et a souvent été l'objet de scandale, comme en témoignent — pour les années d'exil à Arenenberg — les souvenirs de Valérie Masuyer. Elle a donné lieu à des interpréta-

tions diverses dont la plus fréquente attribue — bien
évidemment ! — à l'ascendance maternelle du prince
l'origine de ce que nombre de ses contemporains n'hésitent pas à considérer comme un « dérèglement des
sens ».

On peut s'étonner que des historiens réputés sérieux
aient pu donner foi — et ceci jusqu'à une date récente —
à la thèse de la transmission par les femmes du « vice »
princier. Ce n'est pas seulement la lascivité que l'on
prête à la reine Hortense et sa mère qui est en cause,
mais bel et bien l'« ardeur des îles » dont auraient hérité
les Tascher de la Pagerie. N'est-ce pas à un universitaire
distingué, professeur à la Sorbonne et auteur, au début
des années 1950, d'un ouvrage publié dans une collection destinée aux étudiants, que l'on doit cette notation
pour le moins surprenante ?

> Pour remplacer le père absent, celui-ci d'ailleurs désé-
> quilibré et névropathe, pour contrebalancer un climat de
> féminité, aucune influence virile, mais de successives
> directions sans lien ni vigueur réelle ; et rien surtout de
> cette stricte et directe discipline qui seule eût valu pour
> resserrer un esprit superficiel et distrait, tremper un
> caractère avant tout de ténacité passive, surtout pour
> contenir un tempérament où, même tenue pour authen-
> tique la filiation corse, l'emportait irrésistiblement l'impé-
> tueuse et trouble hérédité du sang créole [12].

Et pour que le lecteur comprenne bien de quoi il
retourne, cette note de bas de page qui mérite le détour :

> Trait partagé avec un autre fils d'Hortense, Morny, tout
> pareillement et presque autant que Napoléon III, obsédé
> sexuel : peut-être conviendrait-il de faire intervenir l'hypo-
> thèse, dans la commune ascendance maternelle, de
> quelque lointain ancêtre de sang mêlé [13].

Cette référence à « l'obsession », d'autres parleront de
« frénésie » du sexe, implicitement assimilée à une
maladie — on suggère qu'elle serait responsable du

vieillissement précoce de l'empereur et qu'elle aurait abrégé ses jours — se retrouve sous d'autres plumes. Ce sont parfois les mêmes qui, évoquant les frasques du vieil Hugo, célèbrent la vigueur infatigable du poète. Passons sur ce que ces jugements ont de subjectif et de stéréotypé. On se recopie en effet volontiers d'une décennie à l'autre et les « mœurs dissolues » de l'empereur font partie des lieux communs qui, depuis cent cinquante ans, nourrissent la légende noire du restaurateur de l'Empire.

Reconnaissons au contraire la pertinence de ce que dit Marcel Blanchard du « climat de féminité » dans lequel a grandi le neveu de Napoléon Ier. Car c'est là, sans doute, qu'il faut rechercher l'origine de l'intérêt que celui-ci porte à l'autre sexe. Pas seulement pour satisfaire des désirs que nul ne songe à nier : mais parce que, élevé dans un monde de femmes, confronté à des modèles qui sont essentiellement féminins, le jeune Louis-Napoléon s'est imprégné d'une atmosphère — oserais-je dire d'une culture ? — qui est celle de la féminité. Devenu adulte et passé par d'autres expériences, il gardera toute sa vie un goût marqué pour la compagnie des femmes. Celles-ci le lui rendent bien. Pas seulement parce qu'il est l'empereur, mais parce que son donjuanisme s'accompagne d'une certaine gentillesse dans ses relations, fussent-elles de passage. Car, s'il est capable de tomber amoureux du premier jupon qui passe, ses emportements ne durent pas. Eugénie ne devait pas tarder à en faire l'expérience.

L'impératrice

Au lendemain de son mariage avec Napoléon III, la fille de la comtesse de Montijo a vu son image s'inverser dans l'esprit de ceux — et ils sont nombreux — qui désapprouvent l'union du souverain avec « l'Espagnole ». Non que leur animosité à l'égard d'Eugénie ait brusquement cédé la place à des sentiments plus amènes. Simplement, les critiques, les calomnies, par-

fois les injures dont bruissaient la Cour et les salons
parisiens ont changé de nature ou plutôt de sens. On
jugeait Eugénie intrigante, aguicheuse, hystérique. Les
familiers de l'empereur n'étaient pas les moins agressifs
ni les moins grossiers. Le prince Napoléon, dit-on,
aimait à fredonner un couplet qui circulait sous ses
fenêtres du Palais-Royal :

> Montijo, plus belle que sage
> De l'empereur comble les vœux,
> Ce soir, s'il trouve un pucelage,
> C'est que la belle en avait deux [14].

On croit découvrir dans la nouvelle impératrice une
épouse froide, aussi peu concernée par les plaisirs de
la chair que l'empereur est lui-même insatiable en ce
domaine. Quelques vagues allusions du souverain à cet
aspect de sa vie privée suffiront à libérer les langues et à
multiplier les plaisanteries d'auberge appliquées à la
supposée frigidité d'Eugénie. L'image de la courtisane
ambitieuse a fait place à celle de la « bigote » couronnée.
La princesse Mathilde n'est pas la dernière à colporter
ces rumeurs d'alcôve qui, lorsqu'elles parviennent jusqu'aux oreilles de l'impératrice, ne peuvent que blesser
sa fierté.

Le camp des partisans de la souveraine s'est toutefois
élargi depuis la cérémonie de Notre-Dame. À sa tête se
trouve Morny, le premier des hauts dignitaires du
régime à avoir approuvé le mariage de son demi-frère,
estimant que l'empereur « a trouvé dans Mlle de Montijo
tant d'esprit, de bon sens, d'élévation de sentiments et de
caractère que l'admiration pour sa beauté s'est changée
en un sentiment profond et respectueux ». On ne saurait
être plus habile dans l'art de faire oublier la disgrâce
qu'avait coûtée à Morny la défense des Orléans.
Alexandre Dumas fils, qui n'a pas les mêmes raisons
d'encenser l'impératrice, estime lui aussi — mais la
confidence est tardive — que celle-ci joint à la beauté
des vertus que ne possèdent pas nécessairement les
héritières des grandes dynasties européennes.

La jeune et belle comtesse de Montijo, confiera-t-il au comte Primoli, un intime de Mathilde, gracieuse, souriante, libre, choisie à cause de sa beauté par le chef de la plus grande nation du monde, pour occuper avec lui le premier trône de l'univers, rejetait dans l'ombre tout à coup les importances héréditaires et convenues de toutes les autres princesses de l'Europe. C'était le triomphe de l'amour sur les préjugés, de la beauté sur la tradition, du sentiment sur la politique. C'était l'avènement de la liberté, de la fantaisie même, dans les dogmes rigides et sacrés de la monarchie [15].

Néanmoins, c'est surtout la beauté de la souveraine qui a retenu l'attention des contemporains, amis ou ennemis. Mme Carette, qui occupa successivement les fonctions de lectrice et de dame du palais de l'impératrice, la décrit sous les traits d'une « femme plutôt grande », possédant « de la noblesse avec beaucoup de grâce dans le maintien, une distinction native, une démarche aisée et souple », « un charme tout personnel, un peu étrange même, qui faisait qu'on ne pouvait la comparer à aucune autre femme » [16]. On loue principalement la pureté du visage, les cheveux dorés, le « front haut et délicatement bombé », les yeux d'un bleu profond, la gorge avantageuse qu'elle aime décolleter. Rares sont les esprits chagrins qui, à l'instar d'Émile Ollivier, se déclarent déçus par le premier regard porté sur une femme universellement présentée sous les traits d'une « merveille devant laquelle il faudrait rester désarmé ». « J'ai vu, écrira le futur ministre de l'Empire libéral, une femme jolie, mais comme tant d'autres ! Il y a dans cette physionomie quelque chose de plat et de terne. Nulle clarté. On ne sent le reflet d'aucune lampe intérieure [17]. » Mathilde, qui pourtant ne l'aime pas, admet qu'elle a « embelli considérablement » durant les mois qui ont précédé son mariage, tandis que les Goncourt se laissent aller, entre deux grincements de plume, à avouer que « la femme est charmante après tout ». Elle a, disent-ils, « des yeux qui ne sont que sourire et de la grâce et de jolis gestes et je ne sais quoi d'aimable quand elle passe devant vous ».

Le portrait psychologique est plus contrasté. Pour les adversaires de l'impératrice, parce que celle-ci est dotée d'un physique particulièrement avantageux, elle ne peut être que sotte et sans personnalité. Tel est le *topos* qui circule, au début du règne, dans les salons huppés de la capitale ou dans l'entourage de Mathilde et de Plonplon. Or Eugénie ne manque ni d'intelligence, ni d'énergie. Toute jeune, la fille de don Cipriano se passionne pour les exercices du gymnase et du manège. Elle monte à cru des chevaux réputés difficiles. Elle descend dans l'arène où s'entraînent les matadors. Elle manie le fleuret et l'épée avec la même fougue que les jeunes gens de son âge. Ses talents de nageuse et son goût des bains de mer feront plus tard la fortune de Biarritz. Surtout, elle fait preuve d'indépendance et s'accommode mal des contraintes qui caractérisent à l'époque l'éducation d'une jeune fille destinée à un mariage aristocratique. Ajoutons que son impulsivité, sa franchise, son peu de goût pour la pure représentation ne la prédisposent guère à se contenter, une fois installée aux Tuileries, de n'être qu'un élément du décor.

On conçoit que sa vitalité ait souffert, au début du règne, des obligations que lui vaut son statut de souveraine. À son amie Cécile Delessert, venue lui rendre visite au palais, elle se plaint d'être « enfermée dans une cage, dorée certes, mais hermétiquement close ». « Elle n'est, dit-elle, maîtresse de rien. » On ne l'a « même pas consultée pour la composition de sa Maison », et l'on refuse de la laisser sortir à pied, avec une seule dame de compagnie pour escorte. L'étiquette imposée par l'empereur, le renvoi avec les honneurs de la comtesse de Montijo, l'éloignement de sa sœur Paca, l'issue malheureuse de sa première grossesse et pour couronner le tout les premières incartades conjugales de son impérial époux : tout cela ne peut que faire naître chez la jeune femme un sentiment de solitude et de vide. Durant ces premières années, Eugénie sort peu. Elle lit quelques romans mais elle n'a pas encore contracté cette boulimie de lecture qui fera d'elle, quelques années plus tard, une consommatrice assidue de tout ce qui se publie d'important. Elle ne laisse percer son appétit de vivre qu'à la fin de certaines soirées commencées dans l'ennui, lorsque — l'empereur s'étant retiré pour cause de migraine — la conversation prend l'allure d'une *tertulia* espagnole, « où chacun dit ce qui lui passe par la tête et où chaque chose se nomme par son nom », commente l'ambassadeur Hübner, témoin vaguement agacé de l'une de ces séances. « Chassez le naturel, écrit-il, il revient au galop [18]. »

Heureusement, l'apprentissage du métier d'impératrice va permettre à Eugénie d'employer son énergie à autre chose qu'aux révérences de Cour — dans lesquelles, elle se montre insurpassable — et au choix de ses parures. La tâche n'est pas facile. La fille de Maria Manuela a été formatée, comme les jeunes filles de son rang, aux fins d'épouser un noble espagnol, pas pour devenir impératrice des Français. Aussi nourrit-elle à l'égard de la haute société parisienne un sentiment d'infériorité, tant sur le plan social que culturel. Si Mathilde est jalouse de l'attraction qu'Eugénie exerce sur les hommes, et en premier lieu sur l'empereur, celle-ci envie l'agilité d'esprit de la fille du roi Jérôme et le pôle intellectuel et artistique que celle-ci a constitué autour de son salon de la rue de Courcelles. Elle s'en défend, pas toujours adroitement, en affirmant en public qu'elle descend de saint Dominique — ce qui a pour effet de faire sourire l'empereur — ou en attirant à Saint-Cloud ou à Compiègne la fine fleur des arts et des lettres. Les femmes des vieilles monarchies européennes mettront beaucoup de temps à la considérer comme faisant partie de leur monde. Dans les premiers temps du règne, elles ne la trouvent « ni impératrice, ni princesse, mais juste une femme charmante et comme il faut ».

Eugénie fit appel à Rachel pour prendre des leçons de « maintien ». Elle avait fait la connaissance de celle-ci une quinzaine d'années plus tôt à Paris, où elle séjournait avec sa mère et sa sœur. C'est Mérimée, l'ami de la famille, qui avait introduit la tragédienne — encore quasi adolescente mais déjà célèbre pour son interprétation du rôle de Camille dans *Horace* à la Comédie-Française — chez la comtesse de Teba. Eugénie, qui rêvait alors d'une carrière d'actrice [19], avait été fascinée par elle et avait conservé des soirées passées en sa compagnie un souvenir ébloui. Sollicitée par l'impératrice, Rachel accepta avec plaisir de lui donner quelques conseils sur la manière dont la première dame de France devrait se comporter en public. Elle la fit venir à son domicile, puis se rendit elle-même aux Tuileries, jusqu'au moment où Napoléon III décida de mettre fin à ces visites. Les rumeurs et les quolibets n'avaient pas tardé en effet à circuler à la Cour où l'on se souvenait que la tragédienne avait partagé ses faveurs entre l'empereur et son cousin le prince Napoléon.

La fréquentation d'une haute figure de la scène connue pour ses liaisons agitées révèle un non-conformisme que l'on ne s'attend pas à trouver chez cette femme réputée pour sa piété, son intransigeance en matière religieuse et le peu d'intérêt que, de son propre aveu, elle porte au plaisir charnel. Ici réside l'ambiguïté du personnage. Eugénie a reçu une stricte éducation religieuse, son catholicisme est sans concession et son respect des prérogatives temporelles du pape sans réserve. Pourtant, cette cléricale n'est pas à proprement parler une « bigote », comme la propagande républicaine s'appliquera à en répandre le bruit. On ne rencontre guère de clerc dans son entourage que son aumônier et confesseur, l'abbé (puis Mgr) Bauer, un juif hongrois, ancien révolutionnaire de 1848, converti au catholicisme, et Mérimée, son plus fidèle ami, est athée et anticlérical.

Que ce catholicisme militant s'accompagne chez l'impératrice d'une réelle sensibilité aux questions sociales n'a pas de quoi surprendre. D'extraction aristocratique et au fond « légitimiste » (c'est Napoléon III lui-même

qui le dit), Eugénie se sent plus proche du peuple que
de la bourgeoisie orléaniste qui, après avoir triomphé
sous la Monarchie de Juillet, tient encore le haut du
pavé. Encore fortement tributaire des pratiques charitables de l'Église, ce « catholicisme social » avant la
lettre s'accommode des velléités socialisantes du bonapartisme. Aussi l'empereur associe-t-il volontiers ses
propres initiatives à celles de son épouse, s'agissant par
exemple des mesures prises pour humaniser un tant
soit peu le régime pénitentiaire. C'est à la suite d'une
visite à la prison de la Petite-Roquette que la souveraine
obtiendra la suppression de l'enfermement cellulaire
— de jour comme de nuit — des jeunes détenus et la
création des colonies agricoles pénitentiaires. Cela n'ira
pas toujours sans protestation de la part des thuriféraires impénitents de la sécurité et de la vengeance
sociale : « À Saint-Lazare, écrit le polygraphe Arsène
Houssaye, l'impératrice s'intéressa avec trop d'abondance de cœur à toutes ces malheureuses filles qui ne
se consolent guère dans les mélancolies du repentir. »

Plus surprenant est l'intérêt que la souveraine porte à
la condition des femmes. N'ira-t-elle pas jusqu'à former
le vœu de voir George Sand — dont l'anticléricalisme et
les sympathies républicaines sont connus de tous — siéger à l'Académie française ? Eugénie aurait voulu que
l'on crée une distinction qui aurait été pour les femmes
l'équivalent de la Légion d'honneur. Elle dut y renoncer
mais, en 1865, elle profita de sa régence pour faire
attribuer cette décoration au peintre Rosa Bonheur,
elle-même féministe convaincue, dont elle appréciait le
réalisme animalier. Et pour donner à son geste — on
s'en doute fort discuté — l'éclat d'une reconnaissance
officielle, elle se rendit au château de By, où se trouvait
l'atelier forestier de l'artiste, pour lui remettre personnellement les insignes de chevalier de la Légion
d'honneur.

L'éducation des jeunes filles est l'une des principales
préoccupations de l'impératrice. Elle n'hésite pas à soutenir l'action menée en ce sens par Victor Duruy, que

Napoléon III a nommé en 1863 ministre de l'Instruction publique et dont la réputation de libre-penseur inquiète au plus haut point les conservateurs et les catholiques intransigeants. C'est d'ailleurs un véritable tollé que soulève la création en Sorbonne d'un enseignement de haut niveau destiné aux jeunes filles. Le pape en personne, dans une lettre adressée à Mgr Dupanloup, accuse le ministre de diffuser des « idées impies, en encourageant des mesures nouvelles et inouïes, prêtant sa main à l'œuvre de destruction de l'ordre social » [20]. Refusant de se plier à cet oukase pontifical, Eugénie, qui élève alors ses deux nièces, décide de les envoyer en compagnie de leur gouvernante suivre à la faculté ce cours scandaleux.

Telle est la femme dont l'historiographie républicaine n'a voulu souvent retenir que l'apparence : la frivolité, l'élégance futile, le badinage de Cour, à l'image du célèbre tableau de Winterhalter, *L'impératrice entourée de ses dames d'honneur*. Ou au contraire le penchant à se mêler des affaires de l'État et à prendre une part croissante dans la conduite des affaires. Ni l'un ni l'autre de ces stéréotypes ne correspond tout à fait à la réalité. Eugénie a été successivement ces deux personnages, moins futile qu'on ne l'a dit dans la première partie du règne, moins intrigante et dominatrice que ne l'ont prétendu ses ennemis dans la seconde. Elle s'est de bonne heure intéressée à la politique, lisant beaucoup, conversant utilement avec l'empereur sur des questions touchant à la politique intérieure et extérieure de la France, lui fournissant des idées ou l'aidant à mettre en forme ses propres projets. Dès la naissance du prince impérial, et surtout dès les premiers signes de la maladie qui devait emporter Napoléon III, elle a compris qu'elle pourrait avoir à assurer l'intérim du pouvoir. Elle sut s'y préparer avec intelligence et application. Lorsqu'en 1859 elle devint régente tandis que l'empereur se trouvait en Italie, elle s'acquitta de cette tâche avec une autorité et une compétence qui forcèrent l'admiration des ministres.

Si elle donne son avis, parfois avec véhémence, toujours dans le sens de l'autorité et du catholicisme, Eugénie sait que Napoléon III n'est pas homme à se laisser influencer. « L'empereur, affirme Émile Ollivier, n'avait pas à redouter qu'on ignorât qu'il régnait, il tenait plus encore à ce qu'on sût qu'il gouvernait ». Et elle-même, dans une lettre au prince Napoléon, met clairement les points sur les i : « Je n'ai jamais été et ne serai probablement *(sic)* une femme politique, c'est un être amphibie pour lequel je n'ai aucune sympathie. Les influences (que l'empereur ne souffre pas d'ailleurs) n'existent pas [21]. » Ce n'est guère qu'au cours des toutes dernières années du règne qu'on pourrait parler, non sans en exagérer le poids, d'un « parti de l'impératrice ».

Jusqu'au déclenchement de la guerre avec la Prusse, c'est néanmoins Napoléon III, et lui seul, qui détient les leviers de commande du pouvoir. Le couple fonctionne cahin-caha, au gré des orages et des raccommodements que suscite le libertinage du souverain. Après la naissance du prince impérial, il semble que les époux aient cessé toute relation conjugale. Eugénie ayant décidé une fois pour toutes que l'amour physique était une « saleté » (c'est ce qu'elle aurait confié, peu de temps après son mariage, à son amie d'enfance, Cécile Delessert), c'est par fierté plus que par jalousie qu'elle fait à l'empereur des scènes qui nourrissent les commérages de Cour. On peut imaginer le choc des cultures qui caractérise ces débordements du verbe. L'impératrice a conservé un fort accent espagnol auquel fait écho le parler vaguement germanisant de Louis-Napoléon. Ces fureurs retombent vite, mais les blessures demeurent. Il faudra le désastre de Sedan, la captivité de l'empereur et les souffrances conjuguées de la maladie et de l'exil, pour rapprocher les deux époux.

La famille

On prête à Napoléon III cette boutade. À son cousin
Napoléon-Jérôme qui lui avait lancé au cours d'une de
leurs conversations orageuses : « L'empereur, mais vous
n'avez rien de lui », il aurait répliqué : « Pardon ! J'ai sa
famille. » Le propos est peut-être trop beau pour être
vrai, mais il est bien dans le style pince-sans-rire de
Louis-Napoléon. Il hérite de fait d'un clan qui, en
d'autres temps, a passablement embarrassé le fondateur de la dynastie, même s'il s'est réduit. Après la chute
de l'Empire les Bonaparte et leurs collatéraux se sont
dispersés aux quatre coins de l'Europe. Peu nombreux
sont ceux qui depuis ont fait retour en France à l'instar
du roi Jérôme et de ses deux enfants : Napoléon-Jérôme
et Mathilde.

Dernier frère vivant de Napoléon Ier, l'ancien roi de
Westphalie n'a pas attendu la Révolution de février
pour rentrer d'exil. En 1847, le roi Louis-Philippe l'avait
autorisé à s'installer à Paris et lui avait promis un siège
à la Chambre des pairs, transmissible à son fils. Longtemps hostile à Louis-Napoléon dont les initiatives
aventureuses ne pouvaient que nuire à son propre sort,
il n'en avait pas moins rallié le camp bonapartiste bien
avant le 2 décembre : ce qui lui avait valu d'être nommé
gouverneur des Invalides et maréchal de France, le
tout assorti d'une confortable pension. Jérôme avait
soixante-huit ans au moment de la proclamation de
l'Empire. Seul parmi les Napoléonides à bénéficier avec
ses enfants de la qualité de prince français, il fut au tout
début du règne le premier président du Sénat. Il ne
tarda pas toutefois à se démettre de cette charge pour
protester contre l'attitude de la majorité de ses collègues, hostiles au prince Napoléon. Il se contenta de
jouir de ses prébendes et d'un rôle de figurant dans le
conseil de famille et le Conseil de régence. Richement
doté, il reçut le Palais-Royal en résidence, menant entre
Paris et son château de Villegenis, près de Palaiseau,

une existence oisive et dispendieuse de vieux libertin auréolé des souvenirs de la grande époque.

Napoléon III multiplie les marques de respect à l'égard de son oncle, mais ne le prend guère au sérieux, conscient de l'incapacité du vieux roi à tenir le moindre rôle politique. Il n'en est pas tout à fait de même de ses rapports avec son fils, Napoléon-Jérôme. Devenu, jusqu'à la naissance du prince impérial, premier sur la liste des héritiers du trône, celui qu'on appelle désormais le prince Napoléon est en effet un personnage embarrassant, fantasque, toujours mécontent de son sort, incapable de jouir pleinement de l'immense chance qu'a value à sa famille l'acharnement de son cousin à poursuivre le rêve d'une restauration de l'Empire. À trente ans (il est né en 1822), Plonplon ne ressemble plus au jeune garçon auquel Louis-Napoléon servait de mentor durant ses vacances à Arenenberg. Il est de bonne taille, mais le corps et les traits se sont épaissis. Le masque césarien, le regard perçant, les lèvres minces sont ceux de Napoléon et il joue d'autant plus de cette ressemblance qu'elle sert son dessein d'apparaître aux yeux de tous comme l'héritier naturel de l'empereur.

L'homme est intelligent, doté d'une forte autorité naturelle et d'un talent d'orateur qui font de lui un débatteur redouté, tant à la Constituante et à l'Assemblée législative de la République — où il représente successivement la Corse et la Sarthe — que plus tard au Sénat. Mais son manque de bon sens et son impulsivité l'empêchent de tirer parti de ces atouts. Devenu « altesse impériale » comme son père et comme sa sœur et bénéficiant de revenus considérables — l'État lui verse une pension de 500 000 francs auxquels s'ajoutent son traitement de général et en 1858 celui de ministre de l'Algérie et des Colonies — le prince vit en homme de la Renaissance, dépense sans compter, fréquente les salons à la mode dont celui de Mathilde et entretient plusieurs maîtresses sans se soucier du scandale qu'inspire sa conduite.

Que pouvait faire Napoléon III de ce cousin encombrant et revendicatif ? Le prince poursuit son rêve de voir s'instaurer une démocratie jacobine, autoritaire, anticléricale, libératrice des nationalités opprimées dont il serait le chef. Ce « bonapartisme de gauche » a pu séduire d'étroites franges de l'opinion qui retrouvaient dans le discours du prince Napoléon des thèmes développés par son cousin à l'occasion du plébiscite de décembre 1851. Mais pour que leur déception donnât naissance à un véritable « parti », il aurait fallu que le fils du roi Jérôme se comportât en authentique chef de l'opposition. Or s'il critique le régime, poursuit l'impératrice de sa vindicte — Eugénie le lui rend bien — et se pose en champion de la démocratie, le prince a tôt fait de lasser ses partisans par ses coups de tête et son comportement d'enfant gâté, pour ne plus guère rassembler autour de lui qu'une petite cohorte de bonapartistes de gauche, de libéraux, de journalistes connus comme Émile de Girardin et Adolphe Guéroult ou de réfugiés étrangers.

Entre deux querelles avec son cousin, Napoléon III, qui manifeste beaucoup d'indulgence envers celui-ci mais n'a qu'une confiance limitée dans ses compétences politiques, s'efforce de le reléguer dans des emplois subalternes. Plonplon sera ainsi chargé de négociations diplomatiques de second rang et occupera en 1855 les fonctions de président de l'Exposition universelle. L'empereur n'est d'ailleurs pas seul à douter des qualités d'homme d'État du prince Napoléon. Même ses familiers s'inquiètent de le voir un jour en situation de gouverner la France. À en croire les Goncourt, Émile de Girardin — qui pourtant est de ses amis — lui aurait dit au cours d'un dîner : « Ah ! Monseigneur, quel suprême gâchis si vous arriviez au pouvoir[22]. »

Reste l'armée. On trouve dans les *Mémoires* de l'acide Viel-Castel cette phrase assassine : « S'il était brave, on prierait les boulets de nous l'enlever, mais on n'a pas encore cette ressource[23]. » Le coup est d'autant plus méprisable que le prince ne manque pas de bravoure et qu'il va le montrer lors de la campagne de Crimée. Chargé à sa demande du commandement d'une division, il se comporte avec vaillance à la tête de son unité lors de la bataille de l'Alma, obtenant pour ce fait d'arme une médaille militaire que Napoléon III lui fait porter par l'un de ses aides de camp. Pourtant, une fois encore, le caractère du prince va gâcher le petit capital de popularité que sa conduite sur le champ de bataille aurait dû lui rapporter. En désaccord avec Canrobert, qui a remplacé Saint-Arnaud à la tête du corps expéditionnaire français, il décide brusquement de rentrer en France : une désertion en quelque sorte, qui aurait immanquablement conduit un officier du rang devant un conseil de guerre, mais que l'empereur lui pardonne, comme il lui pardonnera d'abandonner son poste d'ambassadeur à Madrid et de ministre à Alger.

La seule « mission » que le cousin de l'empereur accepta de mener jusqu'à son terme fut d'épouser la fille du roi de Piémont Victor-Emmanuel II. La pieuse Marie-Clotilde de Savoie avait vingt ans de moins que Plonplon. Célébré à Turin le 30 janvier 1859, ce mariage de convenance — dont naquirent néanmoins trois enfants — concrétisait l'alliance entre la France et le Piémont dans la lutte devant aboutir à l'unité italienne. Il constituait d'autre part pour Napoléon III un signe fort de l'intégration de sa famille dans le club très fermé des dynasties européennes. Cela étant, l'union d'un Bonaparte avec une représentante de la très vénérable Maison de Savoie ne mit fin ni aux escapades extraconjugales du prince ni à son opposition de principe à la politique conservatrice du gouvernement. Jusqu'à la chute de l'Empire, ce « César déclassé » se cantonna, comme l'a très bien dit Dansette, « dans l'attitude de fronde stérile réservée aux branches cadettes. Une force perdue »[24].

La princesse Mathilde, sa sœur, n'a pas les mêmes raisons de s'enfermer dans une opposition boudeuse. Elle n'est pas en concurrence avec l'héritier légitime du trône et elle entend jouir des honneurs et du confort que lui assure le régime. Sa liste civile s'élève annuellement à 200 000, puis à 500 000 francs à partir de 1860, auxquels s'ajoute la rente viagère de 200 000 francs imposée à son ex-mari, le prince Demidoff. De quoi vivre largement à l'aise entre l'hôtel particulier de la rue de Courcelles et le château de Saint-Gratien, près d'Enghien. Mathilde a bien gardé quelque ressentiment d'avoir dû céder à l'impératrice la place qu'elle-même avait occupée à l'Élysée, puis aux Tuileries, après le coup d'État. Elle ne cache pas en privé qu'elle n'a aucune sympathie pour « l'Espagnole ». Mais elle est suffisamment diplomate et consciente de ses intérêts pour ne pas faire de vagues. Lorsque l'empereur lui a écrit pour lui faire part de son désir d'épouser Eugénie, elle lui a aussitôt adressé un billet exprimant sa tendre résignation : « Sire, Votre lettre m'a émue jusqu'aux larmes. Comptez toujours et dans toutes les occasions sur mon affection : je saurai vous la prouver et accomplir vos désirs dans tout ce qui dépendra de moi [25]. »

Le temps qu'elle ne consacre pas à son amant officiel, le très volage comte de Nieuwerkerke, Mathilde l'emploie à ses bonnes œuvres — elle est vice-présidente d'une société d'entraide placée sous le patronage d'Eugénie — et à l'accueil, dans son salon, du Tout-Paris des arts et des lettres. Les frères Goncourt, Théophile Gautier, Sainte-Beuve, Flaubert, qu'une véritable amitié amoureuse lie à la princesse, Alexandre Dumas fils, Eugène Giraud, Carpeaux, Hébert, fréquentent ces hauts lieux de brassage des idées et de commérage mondain. C'est donc en marge de la Cour et en concurrence avec celle-ci que la fille du roi Jérôme développe jusqu'à la fin du règne (et au-delà) une activité culturelle qui n'est pas sans susciter quelque ombrage chez l'impératrice.

Les autres représentants de la famille impériale ne jouissent pas des mêmes privilèges. Les mieux traités furent les Murat : Joachim, colonel des guides après la campagne d'Italie, puis général (on le retrouve en 1870, chargeant à Gravelotte à la tête de sa brigade), Lucien, sénateur et grand maître du Grand-Orient, ainsi que sa fille Anna, future épouse du duc de Mouchy. Tous bénéficièrent des largesses de l'empereur, sous forme de dotations et de résidences luxueuses. Lucien reçut ainsi le château de Buzenval près de Versailles et un hôtel particulier à Paris sur le Cours la Reine. Les Bacciochi, descendants d'Élisa Bonaparte et de son époux, le général Bacciochi, furent également honorés et abondamment pensionnés. Élisa, leur fille, qui avait épousé un comte vénitien et avait longtemps vécu à Trieste, s'installa à Paris dès l'avènement de Napoléon III qui la fit princesse française avec le titre d'altesse. Un autre Bacciochi, le comte Félix Marnès, devint premier chambellan et surintendant des spectacles de la Cour, puis en 1863 surintendant général des théâtres de l'Empire. L'empereur le nomma sénateur en 1866, peu de temps avant sa mort.

Les moins bien acceptés furent les descendants de Lucien Bonaparte. Son fils, Charles Lucien, prince de Canino, avait été en 1848-1849 président de l'Assemblée de la République romaine et entretenait des relations amicales avec Mazzini et Garibaldi. Il avait donc eu pour adversaire le corps expéditionnaire du général Oudinot auquel le prince-président avait ordonné de restaurer le pouvoir temporel du pape. Réfugié aux États-Unis pour échapper à la répression pontificale, Charles-Lucien choisit de se fixer en France où il mourut en 1857. Parmi ses neuf enfants, figurent le futur cardinal Lucien Bonaparte — Pie IX lui accordera cette dignité à la suite de l'intervention de l'armée française dans ses États en 1867 — que l'empereur avait fait aumônier de la Cour impériale, et plusieurs filles mariées en Italie mais en relation avec la haute société parisienne, dont Julie, marquise de Roccagiovine, et Charlotte, épouse d'un comte Primoli.

Tout ce petit monde est reçu à la Cour et jouit de dotations plus ou moins importantes. D'autres devront se contenter de moindres largesses, encore que les 100 000 francs que la cassette impériale verse annuellement à Pierre Bonaparte, septième des dix enfants de Lucien, représentent trois fois le traitement d'un sénateur. Véritable tête brûlée que ce Pierre Bonaparte, ancien compagnon de Louis-Napoléon et de son frère durant l'insurrection des Romagnes, plusieurs fois condamné à mort, plusieurs fois évadé, puis exilé en Colombie et aux États-Unis où il sera poursuivi pour meurtre. Élu député à la Constituante en 1848, puis engagé dans la Légion étrangère comme chef de bataillon, il combat courageusement en Algérie mais quitte son corps sans autorisation pour rentrer en métropole où sa parenté avec le prince-président lui évite d'être traduit en cour martiale. On le retrouve sous l'Empire vivant à Paris avec sa concubine, interdit de séjour à la Cour, néanmoins fait prince français par l'empereur en 1856. En janvier 1870, le meurtre par Pierre Bonaparte du journaliste Victor Noir et la manifestation antibonapartiste qui suivra les funérailles de la victime donneront au polémiste Rochefort l'occasion d'écrire qu'il regrettait d'« avoir eu la faiblesse de croire qu'un Bonaparte pouvait être autre chose qu'un assassin ».

Les descendants des Napoléonides ne furent pas les seuls bénéficiaires des privilèges accordés par l'empereur aux membres de la famille impériale. Les Tascher de la Pagerie, le lignage dont était issue la première épouse de Napoléon Ier, ne furent pas oubliés. Louis se souvenait que l'oncle et les cousins de Joséphine, qui s'étaient réfugiés en Bavière auprès d'Eugène après la chute de l'Empire, avaient compté parmi les hôtes préférés de la reine Hortense à Arenenberg. Tous rentrèrent en France lorsque Louis-Napoléon devint président. Pierre Claude, le père, qui avait combattu à Iéna et à Friedland, et avait été nommé comte par Napoléon Ier, devint sénateur et grand maître des cérémonies de l'impératrice en 1853. Son fils, Charles Joseph, hérita la même année de la charge de premier chambellan de l'impératrice. L'empereur le fit duc en 1859 et sénateur deux ans plus tard.

Relèvent également du cercle familial, quoique

marqués du sceau de l'illégitimité, deux personnages d'envergure dissemblable, l'un, Morny, véritable cofondateur du régime du fait du rôle majeur qui fut le sien lors du coup d'État, le second, Walewski, diplomate consciencieux mais sans génie qui n'en devra pas moins à son ascendance d'accomplir une carrière immense pour une figure de second rang.

L'élection de son demi-frère à la présidence de la République est pour Morny une aubaine. Son instinct de joueur et son flair politique lui dictent, en dépit des réserves que lui inspire l'entourage de Louis, de tout miser sur la cause du prince. Il sera donc le principal organisateur du coup d'État et son exécutant le plus résolu. Ministre de l'Intérieur après le 2 décembre, c'est lui qui met en place le système de candidature officielle permettant de canaliser le suffrage universel. Un moment en disgrâce pour s'être déclaré hostile à la confiscation des biens des Orléans, il préfère au poste de sénateur qu'on lui propose après la proclamation de l'Empire siéger comme élu du Puy-de-Dôme au Corps législatif, qu'il présidera de novembre 1854 jusqu'à sa mort.

Ce politique avisé, doublé d'un habile diplomate — il joue un rôle important dans la reconnaissance du gouvernement impérial par les gouvernements russe, britannique et belge — est également un homme d'affaires de haut vol. Si l'appui de l'empereur et les deniers de Fanny Le Hon l'ont aidé à se renflouer, il n'a ensuite besoin de personne pour amasser en quelques années une fortune considérable et pour se hisser au tout premier rang des capitaines d'industrie et de finance. Vice-président de la Compagnie des chemins de fer d'Orléans, président du Grand Central des frères Pereire, cofondateur avec ces derniers du Crédit mobilier, président de la société des houillères et forges d'Aubin, administrateur du Crédit industriel et commercial, des mines de Carmaux, de la Société des chemins de fer russes, etc., il n'est pas un secteur clé de la vie économique où il ne soit présent, comme il est présent pour

tirer d'énormes profits de la spéculation immobilière
résultant des travaux d'Haussmann.

Homme d'État peu sourcilleux sur le choix des
moyens dès lors qu'il s'agit de conquérir ou de garder
le pouvoir — ce n'est pas lui que hante le souvenir des
morts du 2 décembre —, Morny est de ceux qui souhaitent une libéralisation du régime, d'ailleurs conforme à
ses convictions orléanistes et qu'il contribuera à mettre
en branle. Président actif et respecté du Corps législatif,
deuxième personnage de l'État, il fait en même temps
figure de dandy de la politique, tel que le décrit
Alphonse Daudet dans *Le Nabab*, sous le nom de duc
de Mora :

> Nul mieux que lui, écrit l'auteur des *Lettres de mon
> moulin*, ne savait se présenter dans le monde, traverser un
> salon gravement, monter en souriant à la tribune. [...] Aisé
> dans ses moindres gestes, fort rares d'ailleurs, laissant
> tomber négligemment des phrases inachevées, éclairant
> d'un demi-sourire la gravité de son visage, cachant sous
> une politesse imperturbable le grand mépris qu'il avait des
> hommes et des femmes [26].

Plus féroce, Hugo dira de lui qu'il a « les manières du
monde et les mœurs de la roulette ». Et il est vrai que
ce grand seigneur amateur d'art — on peut aujourd'hui
encore contempler sa collection de tableaux dans la
galerie de l'hôtel de Lassay, résidence du président de
l'Assemblée — est un cynique et un roué, familier des
tables de jeu et des champs de courses (il a fondé celui
de Longchamp), libertin incorrigible et auteur de
médiocres vaudevilles. Ni sa liaison prolongée avec
Fanny Le Hon, qui réclamera le remboursement des
sommes avancées au duc lors de leur rupture — l'empereur en paiera une partie —, ni son mariage en 1857
avec la jeune princesse Sophie Troubetzkoï (qui lui donnera quatre enfants) ne freinent les ardeurs de cet insatiable consommateur de femmes du monde, actrices et
demi-mondaines. Il reste que cet affairiste peu scrupu-

leux — on lui fera notamment grief d'avoir poussé à l'expédition du Mexique pour ménager ses propres intérêts — fut également un homme d'État de haute stature dont l'action, à la présidence du Corps législatif, représenta pour Napoléon III un atout majeur dans sa politique de libéralisation du régime et d'intégration du monde ouvrier.

Toute autre est la personnalité d'Alexandre Walewski. Fruit des amours de Napoléon Ier et de Marie Walewska, celui-ci est né à Walewice, en Pologne, le 4 mai 1810. Après une carrière diplomatique sans éclat particulier, il vient tout juste d'être nommé ministre de France à Copenhague lorsque survient la révolution de février 1848, suivie à la fin de l'année de l'élection de Louis-Napoléon à la présidence de la République. Bien qu'orléaniste et proche de Thiers, Walewski choisit comme beaucoup d'autres d'associer son destin à celui du prince-président. Aussi voit-il après le 2 décembre sa carrière prendre un tout autre tour. Aux yeux de Napoléon III, sa naissance constitue un brevet de fidélité qui vaut au fils adultérin de l'empereur de se voir confier des missions importantes à Florence et à Naples. Nommé ambassadeur à Madrid au début de 1851, il n'a pas le temps de rejoindre son poste, celui de Londres vient de devenir vacant et le prince-président le choisit pour mener à bien un projet qui lui tient à cœur : le rapprochement avec l'Angleterre victorienne.

S'étant acquitté de cette tâche avec brio, Walewski devient sénateur en avril 1855 et ministre des Affaires étrangères quelques jours plus tard, en remplacement de Drouyn de Lhuys. Il conserve cette fonction jusqu'en janvier 1860 pour devenir membre du conseil privé, puis ministre d'État chargé entre autres des beaux-arts. Carrière très éclectique donc que celle d'Alexandre Walewski, véritable homme à tout faire du régime à qui Napoléon III a fait don, pour le remercier de ses bons et loyaux services, d'une vaste propriété à Orx, dans les Landes. Il reste toutefois une dernière mission à accomplir : en 1865, l'ancien diplomate renonce à son poste de sénateur pour un siège au Corps législatif. Morny vient de mourir et l'empereur a songé à lui pour exercer la fonction de président de cette assemblée. Walewski ne reste que deux ans à ce poste où il ne parvient pas à faire oublier son habile prédécesseur. En 1867, il est de retour au Sénat, dans l'attente peut-être d'un nouveau projet impérial à mettre en œuvre. Il n'en aura pas le temps. Frappé d'apoplexie, il meurt le 27 septembre 1868. Avec lui, Napoléon III perd un collaborateur sans génie mais d'une fidélité à toute épreuve, de surcroît mari complaisant au regard de la liaison que l'empereur a entretenue avec son épouse.

Grands commis et premiers couteaux

On prête ce trait à Napoléon III : « L'impératrice est légitimiste ; le prince Napoléon est républicain ; Morny est orléaniste ; moi-même, je suis socialiste ; il n'y a que Persigny qui soit bonapartiste, et il est fou ». Boutade sans doute, mais qui n'en souligne pas moins un trait significatif du régime : l'absence d'une véritable élite bonapartiste. La plupart des personnalités qui émergent au début du règne et vont occuper, souvent jusqu'aux toutes dernières années de l'Empire, les positions dominantes au sein de la classe politique, viennent d'horizons politiques divers. Elles n'en présentent pas moins des caractères communs. Formant avec les membres de la famille impériale le premier cercle du pouvoir, ce sont pour la plupart des bourgeois, parfois de grands bourgeois, nés au début du siècle et venus à la vie politique sous la Monarchie de Juillet. Guizotins de stricte obédience ou représentants de l'opposition dynastique, comme Baroche et Billot, ils sont nombreux à avoir subi l'empreinte de l'orléanisme. Hommes d'ordre, ils sont conservateurs, ennemis des « rouges » et des « partageux », parfois anticléricaux mais toujours respectueux d'une religion qui est à leurs yeux l'un des principaux piliers de l'ordre social. Ce sont des hommes de dossiers plus que des doctrinaires et s'ils sont attachés à l'empereur c'est parce que celui-ci incarne la stabilité du système.

De ce groupe dont Dansette nous dit qu'il se caractérise par sa « grisaille »[27], émergent quelques fortes personnalités dont Napoléon III saura exploiter les compétences et les âpres rivalités. Le plus brillant et sans doute le plus important est Eugène Rouher. Né en 1814, ce fils d'un avoué auvergnat a fait son droit à Paris avant de débuter comme avocat à Riom, sa ville natale, puis de s'engager en politique. Battu en 1846 en tant que candidat favorable à Guizot, il a été élu à la Constituante en 1848, sous l'étiquette « indépendant ». En fait, ce « républicain du lendemain » comme on dit alors des conservateurs plus ou moins ralliés au régime, est un ennemi déclaré des « rouges » qui s'est distingué en préparant la loi sur la déportation des insurgés de juin. Favorable à la candidature de Cavaignac, il eut tôt fait après les présidentielles de rejoindre le parti de l'Ordre dont il est devenu en 1849 l'un des représentants les plus actifs, élu en deuxième position derrière Morny sur la liste présentée par la rue de Poitiers. Son ralliement au prince-président, qui a fait de lui un ministre de la Justice, n'impliquait pas pour cet orléaniste bon teint adhésion au projet de coup d'État mitonné par Morny et consorts. Il ne prit donc aucune part au 2 décembre, mais accepta dès le lendemain d'assumer à nouveau les fonctions de garde des Sceaux, et par conséquent de participer à la répression qui suivit. Il joua un rôle déterminant dans l'élaboration de la Constitution de janvier 1852.

Démissionnaire pour protester contre la confiscation des biens des Orléans, il n'eut pas à subir comme Morny une disgrâce et obtint en décembre 1852 le titre de vice-président du Conseil d'État. Ministre de l'Agriculture, du Commerce et des Travaux publics de 1855 à 1863, Rouher a joué un rôle de premier plan dans le développement économique de la France et notamment dans la mise en place du réseau ferroviaire. Partisan résolu du

libre-échange, il a également eu une part majeure dans
la négociation du traité de commerce avec l'Angleterre.
En 1856, Napoléon III l'avait fait entrer au Sénat et trois
ans plus tard au Conseil privé. En 1863, il le nomma
président du Conseil d'État, puis ministre d'État en
remplacement de Billault, poste clé qui faisait de l'ancien avocat le représentant officiel de l'empereur auprès
des deux assemblées. À cette date Rouher est une sorte
de vice-empereur. Il est en même temps proche de
l'impératrice dont il partage les vues antilibérales. À
l'opposé du prince Napoléon, il incarne en effet le bonapartisme conservateur et anti-autoritaire, ce qui n'est
pas sans poser problème au moment où il doit se faire,
devant un Corps législatif de plus en plus remuant,
l'avocat des mesures de libéralisation voulues par l'empereur. Napoléon III finira par le démettre de ses fonctions en juillet 1869. Disgrâce toute relative : Rouher
est en effet aussitôt nommé à la présidence du Sénat,
charge qu'il remplira avec une souple autorité jusqu'à
la chute de l'Empire.

Avant de confier à Rouher la charge délicate de
ministre d'État, l'empereur avait fait appel à Billault qui
ne devait survivre que de quelques mois à cette presti-
gieuse nomination. Fils d'un receveur des douanes et
petit-fils par sa mère d'un armateur breton ruiné,
Adolphe Billault est né à Vannes en 1805. À vingt ans,
muni d'une licence en droit, il ouvre un cabinet d'avocat : première étape d'une carrière au barreau à Nantes,
dont il devient bâtonnier en 1838. Mariage bourgeois,
avec la fille d'un riche armateur nantais, succès professionnels grandissants, fortune rondelette également en
rapide croissance, il ne manque pour compléter le
tableau de cette ascension balzacienne que l'entrée en
politique. C'est chose faite dès 1837 : Billault est élu
député d'Ancenis, mandat qu'il troquera quelques
années plus tard pour un siège dans le département de
l'Ariège.

En 1840, lorsqu'il devient sous-secrétaire d'État dans
le gouvernement de Thiers, il paraît déjà promis, à

trente-cinq ans, à un grand avenir politique. Très conservateur mais humaniste, ouvert aux idées saint-simoniennes, plutôt anticlérical, peu favorable aux Orléans, il trouve tout naturellement sa place, après le renvoi de Thiers, dans le groupe de l'opposition dynastique dont il est le principal orateur avec Odilon Barrot. Après la révolution de 1848, il est élu à la Constituante : « républicain du lendemain » d'abord favorable à Cavaignac, son ralliement de raison au prince-président et son « parcours subtil dans le demi-monde napoléonien »[28] lui valent d'être désigné en mars 1852 comme président du Corps législatif. Deux ans plus tard, Billault devient ministre de l'Intérieur — en remplacement de Persigny — poste dont il doit démissionner quatre ans plus tard à la suite de l'attentat d'Orsini, mais qu'il retrouvera en 1859. Également sénateur depuis 1854, ce courtisan peu soucieux de ménager sa propre dignité lorsqu'il s'agit de rentrer en grâce (il a multiplié les démarches humiliantes auprès de l'empereur après son renvoi du ministère de l'Intérieur), mais qu'Émile Ollivier décrit comme « un homme fin, éclairé, souple, riche de ressources et d'expérience, d'une urbanité souriante », terminera sa carrière au faîte des honneurs et des responsabilités. Nommé en 1860, avec Magne et Baroche, à l'un des trois postes de ministre sans portefeuille — en charge des questions liées aux Affaires étrangères, à l'Instruction publique et aux Cultes — il devient en juin 1863, quelques mois avant sa mort, ministre d'État. Cet homme fort du régime, très écouté de Napoléon III et partisan d'un Empire autoritaire, disparaît ainsi au moment où il allait inaugurer cette fonction de « vice-empereur » taillée à ses dimensions.

De trois ans son aîné, Jules Baroche est lui aussi d'extraction modeste. Issu d'une famille de petits boutiquiers parisiens, il a d'abord été clerc d'avoué avant d'achever ses études de droit et de devenir avocat, spécialisé dans les procès commerciaux et financiers. Son entrée en politique fut beaucoup plus tardive : après trois échecs aux législatives, il dut en effet attendre 1847 pour devenir député de la Charente-Inférieure avec l'appui de la gauche dynastique. Son ralliement à la République, plus sincère semble-t-il que celui de Billault, lui permit d'être élu à la Constituante, puis à l'Assemblée législative où il intervint fréquemment pour soutenir les projets visant à restreindre les libertés de presse, de réunion et d'association, ainsi que la loi électorale du 31 mai 1850.

Rallié lui aussi au prince-président, sans grande conviction mais parce qu'il voyait en lui un rempart contre les « rouges », Baroche ne prit pas part au coup d'État mais sut aussitôt se placer dans le camp des vainqueurs. Il put ainsi accéder à la vice-présidence, puis à la présidence du Conseil d'État, charge qu'il conserva pendant une dizaine d'années. En 1860, il devint ministre sans portefeuille, chargé plus spécialement de l'Intérieur, de la Justice et des questions commerciales. Également membre du Conseil privé, il terminera sa carrière comme garde des Sceaux de 1863 à 1869. Comme Rouher, avec lequel il entretenait des relations amicales et dont il partageait les vues autoritaires, il fut écarté du gouvernement en janvier 1870.

Autre pilier du régime et autre partisan d'un Empire autoritaire auquel Napoléon III fit appel en 1860 pour occuper l'un des trois postes de ministre sans portefeuille, Pierre Magne est né en 1806 à Périgueux. Encore un homme de modeste extraction, dont le père était teinturier et qui dut, pour financer ses études juridiques, travailler comme clerc de notaire puis comme employé à la préfecture. Devenu avocat, il entra en 1843 à la Chambre où ses compétences juridiques, son talent d'orateur et ses sympathies pour Guizot le firent remarquer par ce dernier qui fit de Magne un sous-secrétaire d'État à la Guerre, en charge de l'Algérie.

De retour à Périgueux et à son cabinet d'avocat après la Révolution de février, Pierre Magne fut appelé au gouvernement, auprès de Fould, en novembre 1849, comme sous-secrétaire d'État aux Finances. Début 1851, ayant retrouvé son siège de député de la Dordogne, il devint ministre des Travaux publics, poste qu'il conserva — avec de brèves éclipses — après le 2 décembre et jusqu'en 1855, date de sa désignation comme ministre des Finances. Ministre sans portefeuille en 1860, membre du Conseil privé trois ans plus tard, il revint aux Finances après la mort de Fould en 1867 et jusqu'à l'avènement d'Émile Ollivier en janvier 1870. Bel exemple donc de longévité ministérielle pour ce grand commis de l'État dont Persigny disait qu'il était « impossible d'être plus clair, plus précis, plus noble de modération et de politesse ».

Né en 1800, Achille Fould appartient à la même génération, mais à la différence de Magne et Baroche, sa famille plonge dans le monde de la haute banque. Intime des princes d'Orléans, grand amateur de chevaux et membre fondateur du Jockey Club, ce dandy doublé d'un financier avisé est entré en politique en 1842, comme député des Hautes-Pyrénées et soutien du gouvernement Guizot. En septembre 1848, les électeurs du département de la Seine l'ont élu à la Constituante, en seconde position derrière Louis-Napoléon. Proche de Thiers et des hommes de la rue de Poitiers, Fould ne tarde pas toutefois à rallier le « parti de l'Élysée », obtenant en 1849 le portefeuille des Finances dans le « ministère du 31 octobre ». C'est le début d'un *cursus honorum* qui le portera jusqu'au faîte du pouvoir.

Très proche de l'empereur — à son retour d'Italie, en 1859, Napoléon III a séjourné à plusieurs reprises à la « Villa Fould », à Tarbes, en compagnie de l'impératrice — Achille Fould fut successivement ou conjointement sénateur, ministre des Finances, ministre d'État et de la Maison de l'Empereur, en charge de l'administration générale des revenus de la Couronne. Si la banque Fould participe activement aux grands projets du régime, et notamment à la création du Crédit mobilier et du Crédit foncier, on ne peut reprocher à ses dirigeants d'avoir abusivement profité de la position ministérielle de l'un des siens. Fould est un grand commis de l'État : il n'hésite pas, lorsqu'il juge la politique de l'empereur contraire à la stricte orthodoxie financière dont il est un partisan déclaré, de faire connaître son désaccord. Tantôt avec succès, comme lorsqu'il adresse en septembre 1861 à Napoléon III son mémoire *Sur l'état des finances*, dans lequel il réclame le retour aux grands équilibres ; tantôt sans parvenir à convaincre son impérial interlocuteur. C'est parce qu'il est en désaccord avec le souverain sur la question des dépenses publiques, qu'il juge excessives, qu'Achille Fould se voit signifier son départ, en janvier 1867. Il meurt peu de temps après et ses funérailles sont l'occasion d'une cérémonie grandiose.

Ces quelques personnalités majeures sont, on le constate, toutes issues du personnel politique de la Monarchie de Juillet. Il en est de même d'Édouard Drouyn de Lhuys, député de la Seine-et-Marne, membre de l'opposition dynastique et haut fonctionnaire du ministère des Affaires étrangères dont il prendra la direction en 1849 ; de Jacques Pierre Abbatucci, petit-fils d'un général corse partisan de Bonaparte contre Paoli, membre de l'opposition de gauche sous Louis-Philippe et député d'Orléans : il sera nommé ministre de la Justice en remplacement de Rouher en 1852 et conservera son poste jusqu'à sa mort cinq ans plus tard ; de Théodore Ducos, issu d'une famille d'armateurs bordelais, lui aussi membre de l'opposition dynastique jusqu'en 1848 et ministre de la Marine et des Colonies jusqu'à sa mort en 1855. Sans avoir détenu des fonctions importantes sous Louis-Philippe, des hommes comme Chasseloup-Laubat, Forcade-Laroquette ou Béhic, ce dernier en charge du portefeuille de l'Agriculture, du Commerce et des Travaux publics de 1863 à 1867, ne sont pas davantage de purs produits du régime impérial.

Aucun de ces personnages ne coïncide avec l'image mythique que les détracteurs inconditionnels de l'Empire ont façonnée, considérant que le personnel appelé par Napoléon III à la direction des affaires était composé de gens tarés, d'aventuriers marchant « nu-

pieds dans des bottes vernies » (d'Haussonville), sans
autre souci que de faire rapidement fortune et de jouir
des prébendes qui leur étaient généreusement allouées
en récompense de leurs bons et loyaux services.

Les « petites distractions »

Le tableau de l'entourage impérial ne serait pas
complet si l'on omettait de parler de celles que l'on désignait à la Cour sous le nom de « petites impératrices ».
Napoléon III parlait plus volontiers de ses « petites distractions » : celle qui fit couler le plus d'encre et de salive
eut pour objet la jeune et belle comtesse de Castiglione.
Née en 1837 à Florence, Virginia Oldoini était la fille
d'un marquis originaire de La Spezia, diplomate de son
état et apparenté à la famille de Cavour. À dix-sept ans,
elle épousa Francesco Verasis, comte de Castiglione,
attaché à la maison royale de Victor-Emmanuel II. Virginia s'ennuya vite auprès d'un époux jaloux et querelleur, qu'elle n'aimait pas et dont elle supportait d'autant
moins le caractère chagrin que, dotée d'une rare beauté,
elle avait à ses pieds toute la haute société masculine de
Turin. Le couple s'était en effet installé dans la capitale
du Piémont où Francesco avait ses obligations et où Virginia ne tarda pas à prendre un amant et à donner naissance à un fils, son unique enfant.

Telle était la jeune femme à laquelle Cavour avait
songé pour remplir auprès de l'empereur Napoléon III
la mission qui devait faciliter l'alliance de la France et
du Piémont : indispensable condition, estimait le Premier ministre, à la réalisation de l'unité italienne. Le
choix de Cavour ne se porta pas seulement sur sa lointaine parente parce que sa beauté était de nature à
séduire l'empereur, mais parce que Virginia, loin d'être
la dinde dont on se gaussera parfois à la Cour de
France, avait de réelles qualités d'esprit, parlait couramment plusieurs langues et ne souffrait pas, malgré
son jeune âge et une éducation très stricte, d'une mora-

lité encombrante. Victor-Emmanuel approuva avec
d'autant plus d'enthousiasme la proposition de son
ministre que la jeune femme lui plaisait et qu'il eut tôt
fait de le lui prouver.

Voilà donc la rebelle Florentine expédiée à Paris où
elle arriva, semble-t-il, dans les derniers jours de 1855.
Elle s'installa avec son époux au n° 10 de la rue de
Castiglione (le choix d'une voie homonyme n'était certainement pas dû au hasard) et ses premières visites
furent pour la princesse Mathilde qu'elle avait connue,
tout enfant, à Florence. C'est à l'occasion d'une réception rue de Courcelles que Virginia rencontra pour la
première fois l'empereur. La jeune femme était arrivée
dans la capitale française précédée d'une réputation de
beauté facile, disait-on, à émouvoir. « Il est impossible,
écrit Viel-Castel, toujours à l'affût d'un potin venimeux,
de voir une plus séduisante créature, plus parfaitement
belle ! Sa conversation est leste et graveleuse ; elle ne
fait point la prude [29]. » Un autre témoin raconte : « Elle
avait des plumes roses dans ses cheveux bouffants sur
les tempes. Le reste de sa chevelure était rejeté en
arrière avec deux boucles pendantes. Elle semblait une
marquise d'autrefois coiffée à l'oiseau royal [30]. » Napoléon III échangea quelques mots avec la jeune femme,
mais ne parut point subjugué par son charme. « Elle est
belle, déclara-t-il en prenant congé de sa cousine, mais
elle paraît être sans esprit. »

Virginia n'est pas créature à perdre ses moyens
devant un homme, fût-il couronné, mais elle a été
impressionnée par l'empereur. Leurs rencontres suivantes, chez le prince Napoléon au Palais-Royal, puis
aux Tuileries le 29 janvier, pour le plus grand bal de la
saison, l'aident à tisser sa toile. Peu de temps auparavant elle a reçu de Cavour une lettre contenant une
consigne formelle : « Réussissez, ma cousine, par les
moyens qu'il vous plaira, mais réussissez. » Comme le
précisera un peu plus tard le chef du gouvernement piémontais dans un message adressé à son ministre des
Affaires étrangères, il s'agit d'obtenir de l'empereur qu'il

s'engage aux côtés de Victor-Emmanuel pour libérer l'Italie de la domination autrichienne. « J'ai stimulé, écrit-il, le patriotisme de la bellissime Castiglione afin qu'elle séduise l'empereur. » Message reçu : aux Tuileries où se pressent six mille personnes, Virginia fait une entrée fracassante. Elle a passé l'après-midi à se parer et à se coiffer. « Elle est, écrit la princesse de Metternich, Vénus descendue de l'Olympe ! Jamais je n'ai vu une beauté pareille, jamais je n'en verrai plus comme celle-là ! » L'empereur cette fois se laisse prendre au jeu de la belle Italienne, d'autant que l'impératrice, à cette date enceinte de huit mois, n'est pas là pour retenir son volage époux. Ils se parlent. Virginia est radieuse et Louis euphorique. Quinze jours plus tôt, le tsar a dû accepter les conditions des Alliés, vainqueurs en Crimée. L'empereur fait figure d'arbitre de l'Europe. Devrait-il se priver d'une escapade amoureuse avec la « plus belle femme du monde » ?

Plusieurs mois s'écoulent toutefois avant que le flirt se transforme en liaison. Dans l'intervalle, le prince impérial est né et l'empereur, tout entier à son bonheur et à ses devoirs de père, s'abstient de pousser plus avant sa relation avec la Castiglione. Le 14 juin on baptise Loulou à Notre-Dame dans un grand déploiement de pompes et, quelques jours plus tard, Virginia reçoit une dame d'honneur d'Eugénie un billet rédigé en ces termes :

> Chère Madame, je suis chargée de la part de l'Impératrice de vous dire que vous recevrez une invitation pour vendredi soir à Villeneuve-l'Étang, et que vous êtes priée d'y aller en robe montante et en chapeau, parce qu'on se promènera sur le lac et dans le parc [31].

Le 27 juin, Napoléon et Eugénie offrent en effet une fête de nuit à Villeneuve-l'Étang, près de Saint-Cloud, en l'honneur de la grande-duchesse Stéphanie de Bade, cousine de l'empereur. Ne sont présents que quelques intimes, parmi lesquels la comtesse de Castiglione, avec

qui l'empereur — ce dernier étant bien sûr à l'origine
de l'invitation — s'embarque pour une promenade sur
le lac et une « visite » de l'île qui en occupe le centre. Ils
n'en reviendront que tard dans la soirée, pour rejoindre
des convives d'autant plus choqués qu'aux dires de
Viel-Castel la mise de la comtesse paraît passablement « chiffonnée ». Dans une dépêche à son ministre,
Lord Clarendon, l'ambassadeur d'Angleterre Lord Cowley rapporte l'incident en ces termes :

> Les libertés que Sa Majesté a prises récemment avec la
> Castiglione font scandale dans tout Paris. À la Cour
> même, on parle d'une fête champêtre donnée, l'autre nuit,
> à Villeneuve-l'Étang, à laquelle uniquement de rares privi-
> légiés étaient invités. Dans un petit bateau à rames, l'Em-
> pereur s'est embarqué seul avec ladite dame, pour des
> régions obscures où ils ont ensemble passé toute la soirée.
> La pauvre Impératrice, qui faisait peine à voir, s'est mise
> à danser pour apaiser ses nerfs surexcités. Comme elle est
> encore très faible, elle a fait une chute et s'est évanouie.
> [...] Tout cela est bien triste. Politiquement parlant, de
> telles choses font à l'Empereur un mal infini [32].

À la suite de cette scène d'autant plus blessante pour
l'impératrice qu'elle eut lieu devant un public peu avare
de ragots, et sur le site même où s'était déroulée la lune
de miel du couple impérial, Napoléon III dut affronter
une Eugénie écumant de rage et le menaçant de devoir
choisir entre elle et la peu farouche comtesse de Castiglione. Il jura qu'il ne s'était rien passé. Il confirma ce
qu'il avait expliqué à Eugénie pour justifier l'invitation
de la comtesse à Saint-Cloud : à savoir que Mme de
Castiglione avait des liens étroits avec le milieu dirigeant piémontais. Il promit d'être à l'avenir plus attentif
au regard de ses hôtes. Rien ne l'empêcha toutefois de
poursuivre une liaison qui tint la Cour en haleine pendant plus d'un an mais qui ne paraît pas avoir eu d'incidence directe sur la politique italienne du souverain.
Après le scandale de Villeneuve-l'Étang, l'empereur se
montra plus discret et Eugénie assez subtile pour

NAPOLÉON III, L'HOMME ET SON ENTOURAGE   361

comprendre qu'en éliminant sa principale rivale des mondanités de Cour, elle ne pourrait que faire enfler la rumeur de son infortune conjugale. Aussi Virginia fut-elle invitée à Compiègne, au début de l'automne, pour l'une de ces « séries » imaginées par Napoléon III. Il s'agissait de rassembler pendant une semaine autour du couple impérial plusieurs centaines d'invités apparte-nant au gratin politique et culturel de l'Europe. Il y avait ainsi des séries « sérieuses », des « séries élé-gantes », des séries « diplomatiques », « militaires », « artistiques »... La Castiglione était conviée à une série élégante qui se déroula du 27 octobre au 2 novembre et au cours de laquelle l'empereur eut beaucoup de peine à dissimuler la passion que lui inspirait la nouvelle « favorite ». Lorsqu'un soir où l'on donnait au théâtre du château une représentation des artistes de la Comédie-Française, celle-ci quitta précipitamment sa loge, décla-rant qu'elle était souffrante, il ne put s'empêcher de manifester son impatience, puis de sortir à son tour, pressé de prendre des nouvelles de la belle, sous les regards stupéfaits des quelques centaines de personnes présentes dans la salle.

Eugénie ne tarda pas à savourer sa revanche. Quelques jours plus tard en effet, tandis que, sous la conduite de l'impératrice, les dames s'étaient aventu-rées jusqu'aux ruines du château de Pierrefonds — dont Viollet-le-Duc n'avait pas encore entrepris la restaura-tion — Virginia, qui était de la promenade, s'élança au milieu des rochers, « plus légère qu'une biche », dira Mme Baroche, tomba et se fractura les os du poignet. On la pansa, on la fit monter dans un char à bancs et on la ramena au château où, à l'exception de l'empereur et de Fleury, personne ne se préoccupa pendant deux jours de son état.

Durant tout l'hiver 1856-1857, les amours de l'empe-reur et de la Castiglione nourrirent les bavardages du Tout-Paris mondain. Les plus avertis savaient que Napoléon III se rendait régulièrement chez la comtesse. Celle-ci habitait désormais avec son époux un hôtel particulier de l'avenue Montaigne mais disposait également d'un logis retiré rue de la Pompe, dans l'ancien village de Passy où Napoléon III venait la retrouver parfois, à la nuit tombée, conduit par un cocher de confiance et suivi à distance par un policier en civil. Une nuit d'avril 1857, au moment où il sortait de l'hôtel de sa maîtresse, avenue Montaigne, l'empereur fut assailli par trois hommes — un agent de Mazzini, Tibaldi, et deux sbires qu'on avait payés pour assassiner Napoléon III — que le cocher mit en fuite en lançant ses chevaux sur les assaillants. La presse reçut pour consigne de se taire, mais l'affaire n'en fut pas moins ébruitée et fit bientôt le tour des salons.

Virginia n'était vraisemblablement pour rien dans cet attentat auquel avaient prêté la main des socialistes français exilés à Londres. Cela n'empêcha pas les bruits les plus fous de courir sur les relations que la comtesse aurait pu entretenir avec les patriotes italiens. Craignant d'être mise en cause lors du procès qui eut lieu en août, elle n'opposa guère de résistance aux pressions qu'exercèrent sur elle le ministère de l'Intérieur et celui des Affaires étrangères pour qu'elle quitte la France et se rende à Londres. L'empereur laissa faire, déjà las, semble-t-il, de cette maîtresse narcissique dont Morny disait qu'elle avait « pour elle-même un culte qui frisait l'idolâtrie ». Il y eut un bref retour de flamme à l'automne. Virginia fut à nouveau invitée à Compiègne où l'empereur l'accueillit avec empressement : ne demandera-t-elle pas dans son testament d'être ensevelie « dans la chemise de nuit de Compiègne, 1857 » ? Mais la disgrâce était proche. Napoléon III faisait grief à la Castiglione de lourdement insister sur ce qu'on attendait de lui à Turin et d'afficher sans la moindre retenue sa liaison avec l'empereur. Et puis avait commencé une idylle avec une autre intrigante de haut vol : la comtesse Walewska, seconde épouse du fils naturel de Napoléon Ier et de sa compagne polonaise.

Sa « mission » achevée, Virginia se trouva écartée sans ménagement de son rôle de favorite. Elle rentra en Italie, s'installa dans les environs de Turin, à la Villa Giulia, refusant de reprendre la vie commune avec son mari. En 1861, elle voulut ranimer la flamme d'une passion qui, pour l'empereur, appartenait au passé. Son retour en France passa à peu près inaperçu. Devenue la maîtresse du prince Poniatowski, elle tenta de reprendre pied dans la haute société parisienne. Elle fit encore sensation à un bal des Tuileries, en février 1863, où l'empereur l'avait fait inviter, costumée en reine d'Étrurie. Mais son règne était passé. L'heure était désormais à d'autres beautés, comme cette jeune Mme Rimski-Korsakov qu'on avait pu admirer lors d'un autre bal, travestie en Salammbô.

Napoléon III n'avait pas attendu de rompre avec la Castiglione pour se choisir une nouvelle favorite en la personne de la comtesse Walewska, l'épouse de son ministre des Affaires étrangères. Maria Anna Ricci, future comtesse Walewska, était née à Florence en 1823 du mariage d'Isabelle Poniatowska — fille naturelle du roi de Pologne — et du marquis Zanobbi Ricci. Elle appartenait donc, comme la comtesse de Castiglione, dont elle était l'amie, à la haute société florentine. En 1846, Marie-Anne épousa le comte Walewski qu'elle suivit dans ses diverses affectations diplomatiques jusqu'au moment où, en avril 1855, l'empereur l'appela à la tête de la diplomatie française. L'épouse du ministre devint ainsi une familière de la Cour, bientôt remarquée par le souverain qui en fit sa maîtresse, en concurrence avec la Castiglione et sans doute avec d'autres dames du palais, dont l'épouse du comte de La Bédoyère, chambellan de Napoléon III.

Le comte Primoli la décrit comme « une belle Italienne douée d'un charme et d'une séduction irrésistibles », tandis que Viel-Castel voit en elle « une véritable petite rouée qui a su, tout en couchant avec l'Empereur, se faire l'amie de l'Impératrice »[33]. Sa liaison avec Napoléon III dura jusqu'au début des années 1860. Après quoi, elle passera — toujours selon Viel-Castel — « au rang des sultanes réformées ». Bien que la favorite eût coûté fort cher à la cassette impériale, son époux

dont la complaisance était connue de la Cour la laissa
si démunie à sa mort que l'empereur dut pour la tirer
d'affaires la nommer dame d'honneur de l'impératrice,
avec une pension de 20 000 francs. Il racheta d'autre
part à la veuve de Walewski le domaine d'Orx, dont il
avait fait don dix ans plus tôt à son ministre, pour l'offrir aux deux fils qu'il avait eus d'Éléonore Vergeot.

La dernière personne à figurer au chapitre des liaisons durables de Napoléon III fut une jeune provinciale
d'extraction modeste, Julie Lebœuf, devenue Marguerite Bellenger sur la scène après avoir débuté comme
couturière. Elle fut pendant deux ans la maîtresse de
l'empereur qui lui savait gré de ne pas s'intéresser à la
politique et qui eut d'elle un garçon, Charles, né en
février 1864. Napoléon l'installa d'abord rue Pierre-
Charron, puis dans un hôtel particulier avenue de
Friedland, où il venait régulièrement la voir. Quand il
en était empêché, Marguerite se rendait discrètement
aux Tuileries ou à Saint-Cloud pour y retrouver son
amant. C'est à la suite d'une de ces visites nocturnes que
l'empereur, rentré au palais, eut un accident cardiaque.
Accompagné de Mocquard, Eugénie se rendit aussitôt
chez la dame pour lui faire des représentations et exiger
son départ. Vaudeville ou tragédie ? Marguerite promit,
mais l'empereur refusa de la laisser partir et c'est finalement l'impératrice qui s'éloigna pendant quelque temps
de la Cour.

Si les frasques de Napoléon III et les turbulences de
sa vie sentimentale nourrirent, pendant toute la durée
de l'Empire, les commérages de la Cour et des salons
parisiens, il ne semble pas que l'écho de ces incartades
ait atteint la masse des Français, principalement
composée à cette époque de ruraux. Pour les électeurs
des campagnes, dont les principales sources d'« information » étaient l'almanach, l'imagerie d'Épinal, parfois
le journal lors des déplacements en ville, la famille
impériale faisait figure de modèle. Il y avait bien à Paris
les cafés-concerts — l'Eldorado, l'Alcazar, le Ba-Ta-
Clan — où certains chansonniers ont pu se hasarder à

des allusions concernant la vie privée du souverain, ainsi que les caricatures du *Charivari*, signées Cham ou Daumier. Sans parler des opérettes d'Offenbach qui sont remplies de clins d'œil adressés à un public averti. Mais la police et la censure veillaient à ce qu'une stricte retenue fût observée dans les questions touchant à la politique intérieure, à la vie de la Cour et à la famille impériale. Et si certains dessins de Cham ont eu pour objet de ridiculiser un empereur, c'est celui de Chine que sa plume décapante a pris pour cible lors de l'expédition d'Extrême-Orient.

11

Premiers succès de la politique extérieure

« L'Empire, c'est la paix », avait proclamé le prince-président dans son discours du 9 octobre 1852 à Bordeaux. Dix-huit mois plus tard, la France s'engageait aux côtés de l'Angleterre dans une guerre contre l'Empire des tsars, que Napoléon III n'avait pas souhaitée et dont l'issue avait failli tourner à la catastrophe. Les Alliés n'en avaient pas moins vaincu sur son propre terrain, à des milliers de kilomètres de leurs bases, l'une des puissances victorieuses de Napoléon Iᵉʳ. L'Alma n'était pas Austerlitz, mais les Français savouraient à nouveau l'ivresse de la victoire, tandis que conforté dans ses projets de remodelage de l'Europe l'empereur allait pouvoir s'appliquer à les mettre en œuvre.

Les principes

Pour arriver au pouvoir, Napoléon III n'a pas hésité à faire capituler ses idées devant les contraintes de la *Realpolitik*. Manifeste dans le domaine de la politique intérieure, ce réalisme s'est également traduit à l'extérieur par de spectaculaires revirements, tel celui qu'il dut opérer en 1849, sous la pression du parti catholique, en donnant l'ordre à Oudinot de rétablir le pape dans ses prérogatives de chef d'État. Pourtant, l'empereur n'a oublié ni les préceptes énoncés par son oncle dans le *Mémorial de Sainte-Hélène*, ni ses propres engagements. Ceux-ci répondent aux vœux de tous ceux qui en France — ce sont principalement les représentants de la gauche — conjuguent le messianisme révolutionnaire, le souvenir de l'épopée impériale et la volonté de détruire le système diplomatique imposé à la France vaincue par la coalition des dynastes d'Ancien Régime.

Tout concourait chez Napoléon III au désir de remanier la carte de l'Europe : le culte de la grandeur française au temps glorieux du Premier Empire, le ressentiment à l'égard des puissances coalisées, le rôle central occupé dans son système de pensée par le principe de la souveraineté du peuple et le droit reconnu aux nationalités de disposer de leur propre sort. Sa vision de l'Europe différait donc radicalement de celle des vainqueurs de 1815. Ces derniers avaient entrepris en effet de reconstruire le continent sur la base de l'équilibre entre les puissances et du respect de la légitimité dynastique, en ignorant superbement les aspirations que la Révolution française avait fait naître parmi les peuples. Cela impliquait une étroite collaboration entre les puissances réunies au sein de la « Sainte Alliance », gardiennes vigilantes d'un ordre international promis à l'immuabilité.

Depuis 1815, l'Europe avait vécu dans cette configuration idéologique et géostratégique. La France de la Restauration avait elle-même participé au maintien de l'ordre en 1823, en dépêchant en Espagne une armée de 100 000 hommes, avec pour mission de rétablir le pouvoir absolu du roi Ferdinand VII. Les mouvements révolutionnaires de 1830 et 1848 ébranlèrent certes l'édifice mis en place par les coalisés. Pas assez toutefois pour que la contre-révolution triomphante ne parvienne à maintenir l'hégémonie des puissances conservatrices et la cohésion apparente des Empires multinationaux.

Le système international que Napoléon III souhaite voir s'établir passe par l'émancipation des nationalités.

Pas d'équilibre véritable entre les puissances et pas de paix tant que celles-ci constitueront un ferment d'instabilité et de révolte. L'empereur sera donc le champion des nationalités. De leur libération naîtra une Europe nouvelle, rééquilibrée et pacifiée. Aux jeunes États nés des mouvements des années 1820 et 1830, Grèce et Belgique, viendront s'ajouter une Pologne ressuscitée de ses cendres, une Italie du Nord libérée du joug autrichien, une Allemagne réorganisée, un Empire d'Autriche délesté de ses sujets les plus turbulents. On maintiendra et l'on renforcera la pratique des grands congrès européens, mais dans un but de conciliation et de paix, conformément au précepte énoncé à Sainte-Hélène par le vaincu de Waterloo : « Tant qu'on se battra en Europe, ce sera une guerre civile. »

On peut évidemment se demander si Napoléon III perçoit bien la distance qui sépare la politique réelle de son illustre prédécesseur de la justification donnée *a posteriori* par celui-ci dans ses « Mémoires » destinés aux générations futures.

> Une de mes plus grandes pensées, lui fait dire le *Mémorial*, avait été l'agglomération, la concentration des mêmes peuples géographiques qu'ont dissous, morcelés les révolutions et la politique. On compte en Europe trente millions de Français, quinze millions d'Espagnols, quinze d'Italiens, trente d'Allemands et vingt de Polonais. J'eusse voulu faire de chacun de ces peuples un seule et même corps de nation. [...] Quoi qu'il en soit cette agglomération arrivera tôt ou tard par la force des choses : l'impulsion est donnée. Et je ne pense pas qu'après ma chute et la disparition de mon système, il n'y ait en Europe d'autre grand équilibre possible que l'agglomération et la confédération des grands peuples. Le premier souverain qui, au milieu de la première grande mêlée, embrassera de bonne foi la cause des peuples se trouvera à la tête de l'Europe et pourra tenter ce qu'il voudra [1].

C'est ce souverain « libérateur » et rassembleur que veut être l'héritier du fondateur de l'Empire. Son propre passé ne le prédispose-t-il pas à la réalisation de cette politique des nationalités dont l'objectif non avoué est de jeter bas l'édifice de 1815 ? Proscrit, comme tous les membres de la famille impériale, puis condamné à la prison à vie, il a de bonne heure identifié sa cause personnelle avec celle des peuples opprimés par les vainqueurs de Napoléon. La destruction des traités de 1815 est le but constant de sa politique extérieure.

Mais la pensée politique de Napoléon III va au-delà de cet aspect « révisionniste ». Sa sympathie pour les peuples opprimés est réelle. Au cours de son exil, il a vécu en Suisse alémanique, à proximité des petits États du sud de la Confédération germanique et il a suivi de près les mouvements révolutionnaires des années 1820. En Italie, il a participé avec son frère à l'insurrection des Romagnes en 1830-1831. Aussi cet « Européen », qui parle couramment quatre langues et connaît mieux le vieux continent que la plupart des hommes politiques de son temps, se fait-il un drapeau de l'indépendance des peuples. S'agit-il d'un pur alibi idéologique ? Ne songe-t-il pas en réalité à prendre la tête d'une croisade de la liberté, prélude ou prétexte à la reconquête de l'Empire napoléonien ? Certainement pas. À la différence de son oncle, Napoléon III n'est pas un conquérant. Il n'a ni le désir, ni le goût, ni l'étoffe militaire de jouer les Tamerlan.

> L'Europe, déclare-t-il, en mai 1854, dans le message qui ouvre la session du Corps législatif, sait que la France n'a aucune idée d'agrandissement. Le temps des conquêtes est passé sans retour, car ce n'est pas en reculant les limites de son territoire qu'une nation peut désormais être honorée et puissante, c'est en se mettant à la tête des idées généreuses, en faisant prévaloir partout l'Empire du droit et de la justice[2].

Pourtant sa volonté de bouleverser l'ordre de la Sainte-Alliance, la nécessité de donner aux Français des compensations à l'inexistence de la vie politique durant

les premières années du règne, le souci aussi peut-être
de rendre à la France ses « frontières naturelles » vont
l'entraîner à multiplier les interventions militaires. Du
moins espère-t-il, une fois les peuples libérés, fonder
l'Europe sur la libre adhésion de ses habitants. De là
son rêve de voir l'équilibre européen assuré par un système de congrès qui permettrait de résoudre pacifiquement les problèmes pouvant surgir entre les peuples. Il
n'espère en retirer d'autre avantage personnel que la
gloire d'avoir établi la paix européenne et le dit dans
une déclaration lue au Sénat en 1863 :

> De tout mon cœur, je souhaite qu'un jour vienne où les
> grandes questions qui divisent les gouvernements et les
> peuples pourront être réglées dans la paix par un tribunal
> européen. [...] Cette grande pensée, qui fut jadis une uto-
> pie, ne peut-elle devenir demain une réalité[3] ?

Tout au plus l'application intégrale du principe des
nationalités le conduira à demander pour la France
quelques territoires limitrophes de ses frontières et perdus en 1815, comme Nice, la Savoie, dont les populations seront d'ailleurs appelées par plébiscite à se
prononcer sur leur rattachement à l'Empire. En fait,
son éducation cosmopolite a fait de l'héritier de l'Aigle
le premier homme d'État à penser en Européen, le
premier à avoir compris que l'Europe ne pouvait se fonder que sur le dépassement de politiques étroitement
nationales et que son organisation était inséparable
d'un certain désintéressement des grands acteurs internationaux.
    Ces vues généreuses n'excluent pas une certaine pru-
dence dans la réalisation des buts recherchés. Napoléon III n'est nullement en politique extérieure le naïf
qu'on a bien voulu décrire. Sur la nature même du phénomène national, il porte un regard lucide : « Je suis
comme vous, écrit-il en 1869 à Émile Ollivier, partisan
des nationalités, mais les nationalités ne se reconnais-
sent pas seulement par l'identité des idiomes et la

conformité des races ; elles dépendent surtout de la configuration géographique et de la conformité d'idées qui naît d'intérêts et de souvenirs communs. » Le propos est singulièrement moderne et annonce la question posée par Renan dans sa célèbre conférence de 1882 : *Qu'est-ce qu'une nation ?* D'autre part, son souci de contribuer à l'émancipation des peuples connaît une limite qui est la crainte de voir les forces révolutionnaires profiter de la déstabilisation des puissances pour menacer l'ordre social. Il le dit au prince de Metternich au lendemain de l'intervention en Italie : « On a beau avoir de la sympathie pour les aspirations nationales de tel ou tel peuple, c'est la Révolution qui, en s'interposant, gâte tout. C'est parce que je ne veux et ne puis transiger avec la Révolution que j'ai tant d'embarras aujourd'hui. C'est la Révolution qui perd les meilleures causes. »

Les moyens

Pour mener à bien sa politique extérieure Napoléon III dispose d'un outil diplomatique expérimenté et homogène. Rares sont en effet les diplomates de carrière qui, à l'instar de Claude de Corcelle ou du marquis de Vogüé, ont refusé de servir le nouveau régime. Originaires du même milieu social et politique, des hommes comme François de Bourqueney, nommé à Vienne dès le début du Second Empire, ou comme Antoine de Gramont, issu d'une des plus anciennes familles de France, choisirent au contraire de poursuivre leur activité diplomatique ou de se joindre au personnel en place après le 2 décembre.

Pas de changement majeur donc dans un milieu qui conserve, durant toute la durée du règne, son caractère aristocratique. Sur vingt-sept personnalités ayant rang d'ambassadeur, dix-huit sont des nobles et sur les cent ministres plénipotentiaires qui ont servi Napoléon III, soixante-dix appartiennent à des familles

titrées. Noblesse d'Ancien Régime et noblesse d'Empire,
l'une et l'autre illustrées par quelques grands noms — La
Tour d'Auvergne, Turgot, Gramont pour la première,
Montebello, Bassano, de Méneval, pour la seconde —,
fournissent un personnel cultivé, disposant d'une assise
financière lui permettant de pourvoir à l'exercice d'une
charge dispendieuse et parfaitement rompu aux pratiques sociales de l'exercice diplomatique [4].

Tocqueville, généralement plus mesuré dans ses jugements, a fait grief à Napoléon III d'avoir « placé dans
les grandes ambassades ce qu'il appelait des *gens à lui*,
c'est-à-dire le plus souvent des intrigants et des fri-
pons » [5]. Or, s'il est exact que l'empereur a fait appel à
des personnalités extérieures à la « Carrière » pour
occuper temporairement des postes de première importance, le fait est rarissime. Il est vrai que parmi les
« intrus » — c'est ainsi que Walewski désigne ces diplomates improvisés, nommés pour une mission bien
déterminée — figurent trois des personnages les plus
impliqués dans l'exécution du coup d'État : Persigny,
nommé à deux reprises à Londres, Morny et Fleury, l'un
et l'autre dépêchés par Napoléon III auprès du tsar.

La place prépondérante occupée dans la conduite des
affaires extérieures par les diplomates de profession,
issus pour la plupart de l'aristocratie et de la haute
bourgeoisie, a-t-elle eu une incidence sur la politique de
Napoléon III ? Émile Ollivier parle de « conflit sourd »
opposant l'empereur aux grands commis auxquels
incombait la gestion au jour le jour des relations avec
les puissances. Le propos est excessif, sauf peut-être
pour les toutes dernières années du règne. Sans doute
parce qu'ils appartiennent aux couches économique-
ment dominantes et politiquement conservatrices, les
représentants du personnel diplomatique s'inquiètent-
ils des effets que pourrait avoir sur la stabilité de l'Europe, donc de la France, l'application du principe des
nationalités cher à Napoléon III. Mais en même temps,
parce qu'ils sont des hommes d'ordre, ils savent gré à
celui-ci d'avoir restauré la paix intérieure et mis en

place un pouvoir fort, seul capable à leurs yeux de barrer la route à tous les « révolutionnaires ». Ils lui sont également reconnaissants du prestige que sa politique interventionniste a rendu à la France, et par ricochet de la considération dont ils jouissent eux-mêmes à l'étranger.

De tout cela résulte un consensus qui ne commencera guère à s'éroder qu'avec la guerre contre l'Autriche et la réalisation de l'unité italienne, le petit monde des chancelleries se partageant alors en deux camps, d'un côté celui des diplomates favorables à l'alliance piémontaise, avec Benedetti, Flahaut, La Valette et leur chef de file Thouvenel, en charge du portefeuille des Affaires étrangères, de l'autre celui des défenseurs du pouvoir temporel du pape, avec Walewski, Bourqueney, La Tour d'Auvergne et Gramont. Napoléon III devra, au gré des turbulences internes et des aléas de la conjoncture internationale, jouer alternativement sur l'un ou l'autre de ces groupes. À aucun moment toutefois, il n'y aura de rupture entre l'Empire et ses ambassadeurs, et ceci, comme l'explique Yves Bruley, « parce qu'ils étaient les porte-parole d'une France qui avait su, avec eux, reconquérir sa place de grande puissance »[6].

L'excellence de l'outil diplomatique n'a pas son équivalent dans le domaine militaire. « L'armée française, écrit Philippe Séguin, est alors une très belle armée ; ce n'est pas une très bonne armée »[7]. Autant dire qu'elle est faite pour le temps de paix, pour les scintillantes revues du Carrousel ou du Champ-de-Mars, ou pour briser les tentatives insurrectionnelles, comme elle l'a fait en juin 1848 et en décembre 1851. Une exception cependant : les troupes coloniales que la multiplicité et l'âpreté des campagnes, en Algérie, au Sénégal et en Extrême-Orient ont aguerries, mais qui sont adaptées à une guerre de coups de main, non aux grandes opérations en rase campagne. Depuis 1815, l'armée n'a été engagée dans aucune entreprise d'envergure — sauf en Espagne en 1823, mais il s'agissait plus d'une promenade militaire que d'une véritable guerre — et son efficacité se ressent de cette inactivité.

Le soldat français est un excellent combattant, courageux, résistant, dur au mal, prompt à vouloir rivaliser avec le passé glorieux de ses aînés. L'oublierait-il que ses chefs sont là pour le lui rappeler, sans brutalité excessive mais sans mollesse. Ses chefs ne manquent ni d'autorité ni de bravoure, comme en témoignent les pertes de l'encadrement durant les campagnes coloniales. Ce qui manque à l'armée impériale, c'est son peu d'aptitude à concevoir et à exécuter des manœuvres de grande ampleur et à intégrer dans ses conceptions stratégiques les données nouvelles qu'impliquent l'évolution des armements, la rapidité des transmissions et l'importance de la logistique. Bref, l'armée française est en retard d'une guerre et va devoir payer ses victoires au prix fort.

On se bat toujours comme au temps des guerres napoléoniennes. Au moins jusqu'en 1860 les armes sont fabriquées de manière artisanale. Les canons sont en bronze et se chargent par la bouche. Les fusils se chargent à la baguette et exigent du fantassin qu'il se tienne debout sous le feu de l'ennemi. Dans le combat approché, c'est le corps à corps à l'arme blanche qui fait souvent la décision, tandis que la cavalerie s'élance en rangs serrés à l'assaut des canons ennemis. De là l'ampleur des pertes humaines et l'éveil d'une sensibilité pacifiste qui se manifeste jusque dans l'entourage de l'empereur. Napoléon III ne sera pas le dernier à réagir devant l'horreur des carnages produits par la modernisation de la guerre. À la différence de son oncle, l'empereur n'est pas un soldat. Ses séjours au camp de Thounes, durant son exil en Suisse, son bref passage comme capitaine dans un régiment d'artillerie bernois et ses écrits militaires ne font pas de lui un guerrier. Il répugne à faire couler le sang. Celui des civils tués lors du coup d'État ne finit pas de le hanter, puis les 40 000 morts et les 40 000 blessés français, piémontais et autrichiens de Solferino.

Cette armée compense-t-elle au moins ses carences stratégiques et la médiocrité de son matériel par le nombre ? Au temps des guerres révolutionnaires et napoléoniennes, la France a dû une bonne partie de ses succès à l'importance de ses effectifs. Pays le plus peuplé d'Europe, elle a largement puisé dans la réserve de chair à canon que constituait le peuple des campagnes, avant de lever en pays conquis des masses de « volontaires » ou de mercenaires. Un demi-siècle plus tard, elle ne peut évidemment plus compter sur cet apport extérieur. Il y aura bien des régiments étrangers et même une Légion étrangère, mais ils ne représentent qu'une force d'appoint. Reste le recrutement national. Au milieu du XIXᵉ siècle, il continue à fournir aux armées les hommes dont elles ont besoin en temps de paix, ou à l'occasion des opérations outre-mer.

Le contingent annuel ne représente qu'une partie de la classe d'âge en état de porter les armes : environ 80 000 jeunes recrutés par tirage au sort, avec possibilité, pour qui a tiré un « mauvais numéro », de se faire remplacer contre versement d'une somme d'argent à celui qui acceptait de prendre sa place. La loi de 1855 substitua au système du remplacement celui de l'exonération. Le conscrit malchanceux pouvait se dégager de l'obligation militaire moyennant le versement d'une somme forfaitaire à la Caisse de dotation de l'armée, les pouvoirs publics assurant eux-mêmes son remplacement par le biais de primes d'engagement et de réengagement[8]. Lors d'un conflit armé contre une puissance de même envergure, les contingents annuels ne suffisent pas à assurer un effectif adéquat. Aux 400 000 soldats dont dispose l'armée en temps de paix, viennent s'ajouter les engagés volontaires, les réservistes et les conscrits de l'année dans une proportion nettement plus importante. En prévision de la guerre contre la Russie, on a ainsi rappelé les réservistes des classes 49, 50, 51 et 52, soit 160 000 hommes, et augmenté de 80 000 à 140 000 le contingent de 1854 : ce qui a porté à 650 000 le nombre de combattants potentiels.

La marine impériale a joui au contraire d'une situation exceptionnelle, la meilleure qu'elle eût connue depuis le règne de Louis XVI et la guerre d'Amérique. Napoléon III était en effet passionné par les questions maritimes et manifesta durant tout son règne un intérêt constant pour la marine. Les objectifs de la politique coloniale et de la politique méditerranéenne de la France poussaient en ce sens. Le saint-simonien Michel Chevalier, professeur d'économie politique au Collège de France et proche de l'empereur, n'esquissait-il pas dans ses cours un grandiose projet de « système méditerranéen », englobant les pays du « Levant » et placé sous le contrôle économique de la France[9] ?

Encore fallait-il que l'Empire disposât d'un outil maritime — flotte de commerce, lignes régulières de navigation, équipements portuaires, etc. — et d'une puissance navale dignes de ce nom. Or le régime précédent avait été particulièrement timoré et imprévoyant en matière d'armement naval. Il avait fallu attendre 1846 pour que, sous la pression de son fils, le prince de Joinville[10], le roi Louis-Philippe acceptât de faire préparer un programme naval qui aurait pu servir de base à la reconstruction de la puissance navale française si la révolution de 1848 n'avait pas tout remis en question. Napoléon III adopta au contraire d'entrée de jeu une politique budgétaire visant à faire de la marine impériale la deuxième du monde après celle de l'Angleterre. Il ne s'agissait pas de vouloir à tout prix surpasser, ni même égaler la flotte de guerre britannique. L'empereur avait assez de réalisme pour savoir qu'une course aux armements navals avec les Anglais ne pouvait que tourner à l'avantage de ces derniers. Comme de surcroît il faisait de l'amitié avec Londres l'un des piliers de sa politique extérieure, il ne voyait aucun avantage à provoquer inutilement le gouvernement de Sa Très Gracieuse Majesté. Il lui suffisait que la flotte de guerre française se tînt dans un rapport de deux à trois avec sa concurrente d'outre-Manche.

Pour mener à bien son projet de rétablissement de la

puissance navale française, Napoléon III disposa de deux atouts importants. Le premier était d'ordre technique : le triomphe de la vapeur, la généralisation et le perfectionnement de la propulsion à hélice et l'efficacité croissante de l'artillerie condamnaient à la réforme les lourds vaisseaux à voiles et murailles de bois. La guerre de Crimée fut à cet égard révélatrice. Le 27 novembre 1853, dans la baie de Sinope en mer Noire, l'escadre d'Hussein Pacha fut anéantie par les obus de l'amiral Nakhimof, et un an plus tard neuf navires de la flotte franco-anglaise furent gravement endommagés par les canons russes sous les murs de Sébastopol : on dénombra plus de 500 morts parmi les marins alliés. La reconstitution d'une marine de guerre puissante passait donc par sa complète modernisation.

Le deuxième atout fut la présence à la Direction des constructions navales, dès 1857, d'un ingénieur du génie maritime de haut vol : Dupuy de Lôme. Ce polytechnicien s'était prononcé dès le début des années 1840 pour le choix de la vapeur, de l'hélice et des coques métalliques. Dix ans plus tard — Louis-Napoléon n'avait pas encore exécuté son coup d'État — était lancé à Toulon le *Napoléon*, un bâtiment de plus de 5 000 tonnes, propulsé par une machine de 900 chevaux et armé de 90 canons. Le 25 septembre 1852, le prince-président embarqua à son bord, en compagnie du ministre Ducos, pour se rendre de Marseille à Toulon à une vitesse de presque 14 nœuds : un record pour un navire de cette catégorie. Cinq navires de ce type furent aussitôt commandés et mis en chantier, suivis de trois autres en 1854, puis de la construction des premières frégates cuirassées.

En 1857, l'amiral Hamelin, devenu ministre de la Marine à la suite de la guerre de Crimée, fit adopter par Napoléon III un programme naval prévoyant la construction de 40 navires rapides de 90 et 70 canons, 20 grosses frégates cuirassées de 40, 30 corvettes, 60 bâtiments légers et 75 bateaux de transport capables de transporter 40 000 hommes et 12 000 chevaux. À la

veille de la guerre contre la Prusse, la marine de guerre
française comprendrait plus de 300 bâtiments dont
18 cuirassés et 83 croiseurs. Dans l'intervalle, à l'occasion des campagnes de Crimée et d'Italie, des lointaines
expéditions coloniales et des nombreuses interventions
nécessitées par la défense des intérêts français dans le
monde, elle avait prouvé son efficacité[11].

L'affaire des Lieux saints

La Question d'Orient est à l'origine du premier conflit
extérieur dans lequel la France de Napoléon III s'est
trouvée engagée. Le problème se trouve posé depuis le
début du siècle par la décadence, devenue manifeste, de
l'Empire turc et par l'opposition radicale de la Grande-
Bretagne et de la Russie quant à l'avenir des territoires
ottomans. Depuis l'indépendance grecque, le tsar Nicolas Ier ne cesse de penser au démantèlement de l'empire
devenu à ses yeux « l'homme malade de l'Europe ». Son
but est de s'assurer le protectorat sur les peuples slaves
et orthodoxes des Balkans, ce qui permettrait à la Russie de dominer la plus grande partie de la péninsule. Il
est aussi et surtout de s'emparer des Détroits pour obtenir le débouché sur la Méditerranée que cherchent les
Russes depuis Pierre le Grand. À cette vision impérialiste, mêlant religion et volonté de puissance, s'oppose
celle du gouvernement de Londres. Pour les Britanniques, il s'agit de protéger la « route des Indes » par le
Proche-Orient, en interdisant au tsar de prendre pied
dans les Détroits et à sa flotte de faire irruption en
Méditerranée orientale.

La France n'intervient que fortuitement dans ce
conflit entre deux anciennes puissances victorieuses de
Napoléon Ier. En vertu des Capitulations, c'est-à-dire des
conventions conclues en 1535 entre François Ier et Soli-
man le Magnifique — au grand scandale des souverains
européens —, elle a obtenu que la garde des Lieux
saints — l'église du Saint-Sépulcre et le tombeau de la

Vierge à Jérusalem, l'église de la Nativité à Bethléem —
soit assurée par des moines latins. Or, depuis la fin du
XVIIIe siècle, les pèlerins et les moines orthodoxes sont
de plus en plus nombreux à venir en Terre sainte et à
s'y fixer, avec pour but affiché d'en chasser les pères
franciscains. Il en résulte une véritable guérilla entre les
représentants des deux communautés, chacun luttant à
la fois pour le triomphe de sa cause et pour sa survie,
car les moines des deux bords tirent profit des presta-
tions offertes aux pèlerins : hébergement, nourriture,
images pieuses, médailles, breloques, ainsi que des
dons, offrandes et aumônes qui leur sont traditionnellement accordés. Tous les coups sont permis dans cette
guerre de religion en miniature. Les protagonistes en
viennent même aux mains dans l'église du Saint-
Sépulcre.

Napoléon III, à l'image de la grande majorité des
Français, ne nourrissait qu'un intérêt médiocre pour la
question des Lieux saints. N'avouait-il pas en mars 1853
à Thouvenel, à cette date directeur des Affaires politiques du Quai d'Orsay, qu'il « n'en connaissait pas les
détails [12] ? » Mais le « parti catholique » se montrait
pressant. Persigny assurait que c'était « une coterie
cléricale dans les réduits secrets du ministère des
Affaires étrangères » qui entretenait la tension au
Levant pour provoquer l'intervention de la France. Quoi
qu'il en soit, l'empereur ne pouvait se désintéresser
complètement de l'affaire. Déjà en 1850, alors qu'il
n'était encore que le prince-président, il avait dû, pour
satisfaire sa majorité, réagir aux empiètements des
orthodoxes, lesquels s'étaient peu à peu emparés d'une
partie des établissements contrôlés depuis plusieurs
siècles par les moines latins. À plusieurs reprises le tsar
avait obtenu du Sultan des firmans accordant aux
« Grecs » (c'est ainsi que l'on désignait en pays ottoman
les pèlerins orthodoxes) la garde du Saint-Sépulcre, restauré par eux en 1808 et les clés de l'église de la Nativité.
Nommé à Constantinople, l'ambassadeur La Valette
parvint en février 1852 à faire restituer aux Latins les

clés de certains sanctuaires, ainsi que le droit d'officier près du tombeau de la Vierge. La décision fut aussitôt contestée par le tsar et annulée un mois plus tard par un firman du Sultan dont les Russes exigèrent la publication mais que le Sultan se contenta de faire lire dans le palais du gouverneur de Jérusalem. En fin de compte, les moines catholiques reçurent le 22 décembre 1852 les clés qui leur avaient été promises.

À cette date, les relations entre Nicolas Ier et Napoléon III étaient courtoises, malgré un échange de coups d'épingle à la suite de la proclamation de l'Empire. Dans un message de félicitations adressé à l'empereur des Français, le tsar avait, au lieu de la formule habituelle : « Monsieur et bon frère », commencé sa lettre par « Monsieur et bon ami », ce dont Napoléon l'avait remercié en précisant que « si l'on subit ses frères, l'on choisit ses amis ». Ni l'un ni l'autre n'avaient pris l'échange de piques très au sérieux et ne songeaient d'autre part à déclencher une crise pour une simple « querelle de moines ».

La question des Lieux saints fut donc aisément réglée. En février 1853, Nicolas Ier dépêcha à Constantinople une ambassade extraordinaire dirigée par le prince Menchikov. Celui-ci se montra courtois avec les représentants de la France, eux-mêmes d'autant plus enclins à régler pacifiquement le contentieux qu'à Paris Drouyn de Lhuys avait clairement annoncé la couleur : « Nous ne voulons pas, avait-il déclaré à l'ambassadeur russe, aller jusqu'au bout de nos droits. » L'accord conclu fin avril et rendu officiel le 5 mai 1853 par un énième firman du Sultan, établissait une nouvelle répartition des sanctuaires, plutôt favorable aux pèlerins de rite grec. Napoléon III voulut bien s'en contenter, estimant que la France avait obtenu une victoire morale. L'affaire paraissait donc close grâce aux concessions françaises. Et pourtant, c'est de cette querelle bénigne qu'allait sortir le premier conflit armé entre puissances de première grandeur qu'ait connu l'Europe depuis 1815.

La guerre de Crimée

Nicolas Ier n'a vu dans la question des Lieux saints qu'un prétexte pour intimider le gouvernement de Constantinople et imposer à celui-ci son *diktat* dans une question d'une tout autre importance et qui touchait à l'existence même de l'Empire ottoman. Se fondant sur les dispositions assez vagues d'un traité conclu en 1774, le tsar exigeait pour la Russie les droits qui étaient reconnus à la France depuis 1740 pour la protection des catholiques latins dans l'Empire turc. La demande était exorbitante : la population serbe, roumaine et bulgare comptait en effet environ douze millions de personnes en Turquie d'Europe contre seulement une centaine de milliers de catholiques vivant dans la partie asiatique de l'Empire. En fait de « protectorat religieux », c'est d'une véritable mise en tutelle de l'Empire turc dont il était question, la Russie pouvant à tout moment tirer prétexte du moindre incident opposant la population chrétienne à l'administration ottomane pour intervenir dans les affaires intérieures de ce pays.

Avant de s'aventurer dans un affrontement direct avec le gouvernement ottoman, le tsar avait tenté d'entraîner l'Angleterre dans un projet plus audacieux de dépeçage de l'Empire. « Nous avons sur les bras un homme malade, très malade, avait-il déclaré en janvier 1853 à l'ambassadeur Hamilton Seymour. Ce serait un grand malheur s'il devait nous échapper avant que les dispositions nécessaires fussent prises. » Suivit une proposition de partage de l'Empire dans lequel la Russie se réservait la part du lion — rien de moins que le protectorat sur l'ensemble des provinces balkaniques et le contrôle de Constantinople et des Détroits —, tandis que l'Angleterre recevrait l'Égypte et la Crète. On prévoyait également que l'Autriche pourrait occuper la côte dalmate, mais la France devrait se contenrer de quelques miettes.

Lorsque Menchikov débarqua à Constantinople en

février 1853, le gouvernement britannique, présidé par le comte d'Aberdeen, avait clairement fait comprendre à son homologue russe que Londres n'avait nulle intention de souscrire au projet concocté par Nicolas Ier. De là, l'ultimatum adressé à la Porte par l'ambassadeur extraordinaire du tsar et le comportement méprisant à l'égard des autorités ottomanes dont fit preuve ce dernier durant son séjour sur le Bosphore. Pressé par Menchikov, le Sultan Abd ul-Medjid voulut bien accepter de renvoyer son ministre des Affaires étrangères, mais, à l'instigation de l'ambassadeur d'Angleterre Lord Stratford de Redcliffe, qui jouissait d'une forte influence au palais (on l'avait baptisé le « sultan anglais »), il repoussa l'ultimatum du tsar. Il aurait à la rigueur accepté de laisser aux Russes des privilèges d'ordre spirituel, mais non administratif. Furieux, Menchikov quitta bruyamment Constantinople le 23 mai, provoquant la rupture des relations diplomatiques avec la Porte. La crise était ouverte.

Jusqu'à cette date, l'Angleterre et la France avaient maintenu dans leurs relations avec la Russie une attitude conciliante. Ce n'est qu'après le fracassant départ de Menchikov, suivi le 31 mai d'un ultimatum du tsar menaçant d'envahir les principautés roumaines à titre de gage, que Londres et Paris décidèrent de concert le 2 juin d'envoyer leurs escadres dans les Dardanelles. Le Sultan ayant rejeté l'ultimatum russe, le tsar mit sa menace à exécution début juillet et fit occuper par ses troupes la Moldavie et la Valachie, toujours placées sous la souveraineté de la Porte. Avant d'aller plus loin, Nicolas Ier tenta d'obtenir la médiation de la France et de l'Autriche, moins engagées que l'Angleterre dans une affaire dont l'enjeu était le contrôle de la Méditerranée orientale. Napoléon III voulut bien accepter de jouer les bons offices. Il estimait cependant que l'importance de la question imposait aux représentants des puissances de se retrouver autour d'une table et proposa que l'affaire fût réglée dans le cadre d'une conférence internationale.

Le tsar aurait peut-être accepté cette solution si son ministre des Affaires étrangères, le comte de Nesselrode, très hostile aux Turcs, ne l'en avait dissuadé. La médiation autrichienne, sur laquelle Nicolas croyait d'autant plus pouvoir compter qu'il avait, quatre ans plus tôt, aidé l'Empire des Habsbourg à réduire la sécession hongroise, fit également long feu. Encouragé à la résistance par l'arrivée de la flotte franco-anglaise à l'entrée des Détroits, le Sultan refusa le compromis élaboré par le ministre des Affaires étrangères autrichien. La chancellerie russe se montrant tout aussi intraitable, le gouvernement de Constantinople prit finalement l'initiative de déclencher les hostilités. Le 25 septembre, le Grand Conseil réunissant les personnalités les plus éminentes de l'Empire ottoman se prononça quasi unanimement pour la guerre : décision aussitôt entérinée par le souverain et transmise le 8 octobre au gouvernement du tsar par le généralissime turc Omer-Pacha. Sommation était faite aux Russes d'évacuer les principautés dans les quinze jours sous peine d'ouverture des hostilités. L'ultimatum étant resté sans réponse, celles-ci commencèrent sur le Danube le 23 octobre.

Toute une historiographie hostile par principe au fondateur du Second Empire a reproché à Napoléon III de s'être laissé « entraîner » dans la guerre par la « perfide Albion »[13]. Obéissant à la « gouvernante anglaise », selon la formule heureuse appliquée par François Bédarida à une période plus proche de nous, l'empereur aurait emboîté le pas aux dirigeants britanniques par souci, dans le meilleur des cas, de glaner au moindre coût une gloire nécessaire à la consolidation de son régime, dans le pire par pur et simple suivisme. Dans le tome cinquième de sa monumentale *Histoire des relations internationales*, Pierre Renouvin avait déjà fortement ébranlé cette thèse simpliste[14] à laquelle le livre récent d'Alain Gouttman a fait un sort[15]. Il en ressort que Napoléon III n'a ni voulu cette guerre, à laquelle la plupart de ses ministres étaient hostiles, ni suivi les yeux fermés un gouvernement britannique qui, lui-même, n'a décidé de prendre les armes que sous la pression d'une opinion publique que seul Palmerston au gouvernement semblait appuyer.

Jusqu'au dernier moment en effet, l'empereur s'est efforcé d'obtenir de Nicolas Ier et du Sultan qu'ils acceptent de régler leur différend par la voie diplomatique, et c'est seulement lorsque toutes les tentatives en ce sens eurent échoué qu'il décida de faire cause commune avec l'Angleterre. L'alliance anglaise était, depuis son arrivée au pouvoir, l'un des buts majeurs de la politique extérieure de Napoléon III. Celui-ci savait que son projet de remodelage de la carte européenne au profit des nationalités ne pouvait se réaliser sans frictions, voire sans conflits avec les vainqueurs de la France napoléonienne. Au sein de l'ancienne coalition, l'Angleterre, parce qu'elle n'avait à redouter ni un mouvement révolutionnaire d'essence libérale, tel qu'en avait connu les États conservateurs unis par la « Sainte Alliance », ni d'agitation minoritaire susceptible de mettre en péril la cohésion de l'ethnie dominante, était la seule puissance sur laquelle l'empereur pût compter sinon pour s'associer à ses desseins révisionnistes, au moins pour ne pas entraver leur réalisation.

Cette recherche de la complicité anglaise, l'empereur y était incliné autant par des raisons affectives que par nécessité réalpoliticienne. L'Angleterre était le pays où il avait trouvé refuge à plusieurs reprises et où on l'avait accueilli avec sympathie bien qu'il n'eût jamais caché son désir de rétablir en France un régime qui avait naguère fait trembler la monarchie britannique. Il est vrai qu'il avait également proclamé dans ses écrits son admiration pour les institutions anglaises, et qu'on eut tôt fait à Londres, après le 2 décembre et la proclamation de l'Empire, de comprendre que l'établissement en France d'un pouvoir fort était plutôt une bonne chose. Cela dit, il convient de ne pas inverser l'ordre des facteurs : Napoléon III ne décide pas de faire la guerre à la Russie sous la pression du gouvernement anglais. Il s'engage dans une entreprise dont il a mesuré les enjeux et les risques pour un faisceau de raisons parmi lesquelles figure en tout premier lieu l'amitié avec Londres. Il le dit à son ambassadeur en mai 1853 : « Je veux la paix, si elle est possible, mais en faisant cause commune avec l'Angleterre [16]. » Et il répète, en septembre, qu'il fera honneur à ses promesses, parce qu'il veut « garder l'alliance anglaise » [17].

Napoléon III n'a d'ailleurs pas attendu que le cabinet britannique se décide à contrer les visées impérialistes de Nicolas Ier. Avant même que Menchikov ne présente son ultimatum au Sultan, on a compris en France à la manière dont l'envoyé du tsar traite ses interlocuteurs ottomans dans quelle direction s'engage la diplomatie russe. Le 19 mars 1853, devant la gravité des faits rapportés par l'ambassadeur La Valette, l'empereur a convoqué un conseil extraordinaire à l'issue duquel, en dépit des réserves soulevées par la plupart de ses ministres — seul Persigny, alors en charge de l'Intérieur, formula un avis contraire à celui de ses collègues —, il fut décidé d'ordonner à la flotte française d'appareiller de Toulon pour Salamine. À Drouyn de Lhuys, qui conseillait à l'empereur d'« au moins consulter l'Angleterre », Persigny aurait, si l'on se fie ce qu'il en dit dans ses *Mémoires*, répliqué ceci :

> Mais vous n'avez pas les moyens de consulter l'Angleterre ! Vous ne pouvez consulter que Lord Aberdeen qui, d'après ce que vous supposez vous-même, vous répondra non. C'est l'envoi de la flotte annoncé par *Le Moniteur* qui consultera l'Angleterre, et soyez sûr que l'Angleterre répondra oui, et qu'elle forcera la main à son gouvernement [18].

On peut en fait se demander, compte tenu de la situation que l'initiative du tsar a créée en Méditerranée orientale, si l'alliance franco-anglaise n'était pas tout simplement dans la nature des choses. Non à cause de la question des Lieux saints qui n'a jamais constitué qu'un prétexte pour le tsar — il a fallu beaucoup de mauvaise foi pour affirmer que l'empereur s'était engagé dans un conflit meurtrier « pour trois clés de l'église de la Nativité » — mais parce qu'il n'était pas pensable que les deux principales puissances maritimes et coloniales du moment restent sans réaction devant l'installation des Russes à Constantinople. Si pour les Anglais la mainmise russe sur les Détroits constituait une menace majeure, la France avait également des intérêts à défendre en Méditerranée orientale et au Proche-Orient. Il y avait donc entre Londres et Paris une communauté d'objectifs qui rendait à peu près inévitable le rapprochement entre ces deux puissances.

Il reste qu'en prenant la responsabilité de déclencher une guerre pour satisfaire ses ambitions balkaniques et méditerranéennes, Nicolas Ier a indirectement servi le projet napoléonien de remodelage de l'Europe. C'est Napoléon III qui songeait depuis toujours à jeter bas l'édifice de 1815, et c'est le tsar Nicolas Ier, l'un des champions de l'ordre restauré par les vainqueurs de Napoléon qui, le premier, s'engageait dans une épreuve de force dont le but avoué était de détruire un Empire plurisèculaire et de « libérer » des nationalités soumises au joug de l'étranger. Pour l'empereur des Français, le bénéfice était double. Il pouvait en effet se targuer d'être dans le camp des défenseurs d'un ordre international bafoué par les initiatives belliqueuses du tsar, et profiter par la suite de la déstabilisation qui en résulterait pour réaliser son propre programme de politique extérieure.

Bien que les hostilités fussent engagées sur le Danube entre l'armée ottomane et celle du tsar, un arrangement semblait encore possible lorsque, le 30 octobre 1853, la flotte turque fut anéantie en rade de Sinope. Le sauvetage de Constantinople ne pouvait plus venir que de puissants alliés maritimes : en l'occurrence la Grande-Bretagne et la France dont les flottes se trouvaient désormais en mer Noire. Pendant six mois, les pourparlers se poursuivirent entre Londres, Paris et Saint-Pétersbourg, mais l'intransigeance du gouvernement russe fit capoter toutes les tentatives de compromis. Fin janvier 1854, Napoléon III adressa au tsar une lettre personnelle dans laquelle il faisait appel à ses sentiments pacifiques et proposait l'évacuation des principautés danubiennes en échange du retrait des flottes occidentales. La réponse de Nicolas Ier fut sans appel : « La Russie, déclara-t-il, saura se montrer en 1854 ce qu'elle a été en 1812. » Une semaine plus tard, les ambassadeurs russes quittaient Londres et Paris. Le 12 mars les puissances occidentales s'alliaient à la Turquie. Le 14 elles sommaient la Russie d'avoir à évacuer les principautés roumaines et, le 27, leur ultimatum étant resté sans réponse, elles lui déclaraient la guerre.

Persuadés qu'il leur suffirait de quelques opérations ponctuelles pour convaincre le tsar de leur détermination commune, Français et Britanniques ne s'étaient pas préparés à une longue et dure campagne menée à des milliers de kilomètres de leurs bases. C'est la raison pour laquelle l'empereur ne prit pas personnellement le commandement de son armée, confiant celle-ci à Saint-Arnaud, envoyé en Orient, écrit malicieusement Louis Girard, pour « gagner le bâton de maréchal qu'il avait déjà reçu » [19]. Deux puis trois divisions furent envoyées à Gallipoli, sur la rive nord des Dardanelles, où elles attendirent dans l'inaction un matériel insuffisant et arrivé tardivement. Le corps expéditionnaire britannique, placé sous les ordres de Lord Raglan, s'établit à Malte, lui aussi en attente de moyens logistiques chichement comptés par le cabinet de Londres. On se montrait d'autant moins pressé que l'Autriche, à son tour, avait donné des signes d'impatience et qu'à Vienne on songeait sérieusement à entrer en guerre aux côtés des alliés occidentaux.

La menace autrichienne, conjuguée avec le débarquement à Varna de troupes franco-anglaises, amena les Russes, qui avaient mis le siège devant Silistrie, à évacuer sans combattre les provinces roumaines. Les six premiers mois de la guerre s'avéraient d'autant plus décevants pour le tsar que les flottes alliées avaient dès le début des hostilités détruit le port d'Odessa, tandis qu'en mer Baltique une escadre britannique avait attaqué les îles Aland, à l'entrée du golfe de Finlande, battu une flotte russe et bloqué ce qu'il en subsistait à Cronstadt.

En attendant que l'Autriche se joignît à la coalition, les alliés adoptèrent durant l'été 1854 une attitude temporisatrice. À l'automne, il fallut pourtant se décider à prendre l'offensive, mais dans quelle direction ? Avec respectivement 30 000 et 20 000 soldats équipés de manière sommaire et appuyés par 7 000 Turcs, Saint-Arnaud et Raglan pouvaient difficilement s'enfoncer en Ukraine, d'autant que la division Canrobert, qu'on avait envoyée en reconnaissance dans la Dobroudja, avait été décimée par le choléra. On décida finalement d'adopter le plan proposé dès le mois d'avril par Napoléon III et qui consistait soit à s'avancer à la rencontre des Russes, si ceux-ci descendaient vers la capitale ottomane, soit à attaquer la Crimée et à s'emparer de Sébastopol où avait été établie une puissante base navale.

L'armée de 50 000 hommes que commandait le prince Menchikov s'étant tenue sur la défensive, les alliés débarquèrent le 14 septembre dans la baie d'Eupatoria en Crimée. Six jours plus tard, ils forcèrent le passage sur les hauteurs de l'Alma, dans une bataille de douze heures que Saint-Arnaud moribond dirigea à cheval. Lorsqu'ils arrivèrent devant Sébastopol, ils auraient pu sans trop de peine s'emparer de la ville, mal défendue du côté de la terre par des fortifications inachevées. Mais Saint-Arnaud, déjà affaibli par une grave maladie cardiaque, avait comme nombre de ses hommes contracté le choléra ; il dut céder le commandement à Canrobert. Il mourut le 26 septembre sur le navire qui le ramenait en France, tandis que Canrobert et Raglan — ce dernier refusant de placer ses soldats sous un commandement unique français — perdaient un temps précieux en querelles de préséance.

De cette occasion perdue, les Russes surent tirer profit en établissant avec des gabions et des sacs de sable une fortification de fortune, certes fragile mais qui pouvait être facilement remise en état après un bombardement. Ils coulèrent d'autre part sept gros navires de guerre dans la rade pour en interdire l'accès, obligeant les alliés à s'enterrer à leur tour pendant une année entière, tantôt assaillants repoussés par une défense intraitable, tantôt assaillis eux-mêmes par les unités envoyées en renfort par Menchikov. Le 25 octobre, celui-ci essaya de surprendre les Anglais à Balaklava, au sud de la ville, contraignant Raglan à sacrifier sa cavalerie légère dans une charge héroïque et meurtrière. Le 5 novembre, les Russes lancèrent une nouvelle offensive sur le plateau d'Inkermann, tandis que les assiégés tentaient une sortie. L'armée des coalisés ne put se dégager que grâce au sacrifice des zouaves.

L'arrivée massive de renforts — il y aura jusqu'à 140 000 combattants du côté allié — n'a pas suffi à renverser la situation avant l'entrée de l'hiver. Aux rigueurs du climat — pluie, neige précoce, tornades, celle du 14 novembre coula plusieurs navires et emporta tentes et équipements — s'ajoutaient les ravages des épidémies : le choléra, qui fit plusieurs dizaines de milliers de victimes, suivi du typhus et de la dysenterie. Attaques et contre-attaques, tirs d'artillerie et corps à corps sauvages firent également d'innombrables victimes. En 332 jours de siège, les Français perdirent ainsi 95 000 soldats dont 75 000 de maladie, les Anglais environ 25 000 hommes, les Sardes — entrés plus tard dans le conflit — plus de 2 000 combattants.

À Londres comme à Paris, le siège de Sébastopol fut vécu comme une douloureuse épreuve par une population qui, tout particulièrement en France, était soumise à un intense bourrage de crâne. La presse gouvernementale avait ordre de ne communiquer que les bonnes nouvelles — elles étaient rares —, tandis que les journaux d'opposition se voyaient censurés et poursuivis à la moindre allusion concernant le drame qui se jouait en Chersonèse. *Le Moniteur* jugeait l'état sanitaire de l'armée « excellent » et comparait le climat de la Crimée à celui de l'Italie. Ces écrits lénifiants ne pouvaient qu'être démentis par les lettres envoyées par les combattants, les récits que blessés et mutilés de retour d'Orient faisaient de leur expérience de la guerre, ou le spectacle des cercueils de soldats tués arrivant à Marseille. Les informateurs de la police rapportaient des propos qui témoignaient d'une certaine nervosité de l'opinion.

Grandes et petites manœuvres diplomatiques

L'enlisement de l'armée française devant Sébastopol et la diffusion qui se faisait sous le manteau des nouvelles alarmantes concernant les souffrances des combattants n'eurent pas que des conséquences négatives sur l'évolution du sentiment public. La guerre de Crimée a également stimulé l'orgueil national et le patriotisme populaire. Pour la première fois depuis les guerres napoléoniennes, la France faisait corps avec son armée, pleurait ses soldats morts et attendait de ses dirigeants non pas qu'ils renoncent à l'intervention en Russie mais qu'ils mettent tout en œuvre pour obtenir une victoire rapide. Au même moment l'Angleterre traversait une grave crise de conscience, attisée par une presse qui n'était pas affligée des mêmes entraves qu'en France et qui eut pour effet de contraindre le cabinet Aberdeen à la démission.

Napoléon III était néanmoins trop soucieux de maintenir le consensus autour de son régime pour prendre à la légère les signes annonciateurs d'un éventuel revirement du sentiment public. Aussi décida-t-il de prendre les choses en main. Après avoir littéralement bombardé Canrobert d'ordres et de conseils qui ne firent qu'accroître l'irrésolution du commandant en chef, il dépêcha en Crimée le général Niel avec pour mission de rendre compte à l'empereur de la situation sur le terrain et de défendre auprès des autres chefs militaires — « ces généraux d'Afrique qui n'ont aucun sens de la grande guerre » — les options stratégiques concoctées par le souverain dans son bureau des Tuileries. En mai, il remplaça Canrobert par Pélissier : un vieux chef de guerre qui avait acquis en Algérie une réputation de soudard têtu et grossier, mais bon meneur d'hommes et habile tacticien. À plusieurs reprises il songea à se rendre lui-même en Crimée en compagnie de l'impératrice, dans le but sinon de diriger en personne l'offensive décisive, au moins de soutenir par sa présence le moral des troupes. Pendant deux mois la rumeur du départ prochain de Napoléon III et de son épouse, aussitôt démentie pour resurgir quelques jours plus tard, a nourri les espoirs des uns et les craintes des autres.

Dans l'entourage de l'empereur, on s'inquiétait d'autant plus de voir celui-ci affronter les périls conjugués de la guerre et des épidémies que Napoléon était toujours sans héritier direct et que, dans le cas où il ne reviendrait pas du voyage, le titre impérial irait au roi Jérôme, et pour finir à son fils. En attendant le retour du souverain, il faudrait bien assurer la continuité de l'État, tâche qui serait dévolue à un conseil de régence présidé par le même Plonplon. Or rares étaient les membres du gouvernement et les proches de l'empereur qui souhaitaient voir le « prince de la Montagne » en charge des pleins pouvoirs, condition que ce dernier avait mise à sa désignation comme régent. Depuis son retour inopiné de Crimée, celui qu'on avait baptisé « Craint-plomb » n'avait pas très bonne presse auprès de ses compatriotes. Aussi ministres et hauts dignitaires s'efforçaient-ils de représenter à l'empereur les dangers que son absence prolongée ferait courir au régime. Le départ de Napoléon pour la Russie en 1812 n'avait-il pas favorisé la conspiration du général Malet ?

Remis de semaine en semaine, le voyage en Crimée fut finalement abandonné à la suite de la visite en Angleterre du couple impérial. L'idée d'inviter à Buckingham l'homme du 2 décembre a, semble-t-il, été soufflée à Victoria par le vieux Palmerston que terrifiait la perspective de voir le neveu du « petit caporal »

conduire des troupes britanniques à la victoire. Napoléon ne pouvait pour sa part que jouir pleinement de la
reconnaissance qui était faite de sa légitimité par les
souverains anglais. Cette visite d'État que l'empereur
avait longtemps attendue ne constituait-elle pas une
revanche sur les sombres années de l'exil, en même
temps que la consécration de sa vision européenne ?
Débarqué à Douvres le 16 avril, le couple impérial y fut
accueilli par le prince consort Albert, qu'il avait lui-
même rencontré à Boulogne l'année précédente et qui
avait pu apprécier à cette occasion l'excellente connaissance de l'anglais de son interlocuteur. Napoléon III et
Eugénie furent reçus à Windsor, où les attendait la
reine, puis à Buckingham. Les Londoniens, venus massivement assister à leur traversée à pied de la capitale,
leur réservèrent un accueil enthousiaste. Victoria relate
dans son Journal sa fascination devant Napoléon III
qu'elle décrit « si plein de tact, de bon goût, de fine éducation ». « Il est l'empereur, dit-elle, sans y tendre le
moins du monde. » Quant à l'impératrice, la reine la
trouve d'une « beauté peu banale » et se réjouit de l'intérêt que lui porte le prince consort. « Albert, précise-
t-elle, a été ravi de sa toilette et je suis tout à fait
enchantée de voir à quel point il l'aime et l'admire, car
je le vois rarement réagir devant aucune femme. »

Le couple impérial a donc subi avec succès son premier examen de passage devant les représentants d'une
ancienne et vénérable dynastie européenne. Mais tel
n'était pas le seul but du voyage. Il s'agissait également,
au moment où l'affaire de Crimée risquait de tourner
au désavantage des deux puissances maritimes, de resserrer l'Entente cordiale et d'envisager les mesures à
prendre pour redresser la situation militaire en Russie.
De ce point de vue, la visite aux souverains anglais ne
fut pas non plus inutile. Le 18 avril, lors d'une réunion
au sommet, réunissant les souverains et leurs principaux ministres, on évoqua les événements d'Orient pendant quatre heures, Victoria et Albert s'employèrent, en
connivence avec Fleury et Vaillant, à convaincre l'empe-

reur de ne pas se rendre en Crimée, ce que Napoléon III finit par accepter au soulagement général. L'attentat de Pianori, qui eut lieu quelques jours après son retour, acheva de le convaincre des dangers que son absence prolongée ou, pire, sa disparition, ne manqueraient pas de causer au régime.

Il y eut en retour, en août, une visite des souverains anglais, accompagnés de leur fils, qui se déroula également dans un climat de cordialité et de liesse populaire. L'empereur accueillit le couple royal à Boulogne et l'accompagna jusqu'à Paris où alternèrent durant une dizaine de jours cérémonies officielles et divertissements offerts à Victoria et à son époux : soirée à l'Opéra, fête somptueuse à Versailles dans la galerie des glaces, réception et banquet à l'Hôtel de Ville. À peine eurent-ils le temps de se promener incognito dans la capitale, accompagnés de l'empereur. Hautement symbolique fut la visite de la reine aux Invalides où elle s'inclina devant le tombeau du vaincu de Waterloo. « Étrange, écrit le prince Albert, nous allâmes en uniforme, à la lueur des torches, avec l'empereur et le prince Napoléon, au tombeau du premier Napoléon, tandis que l'orgue des Invalides jouait le *God save the Queen !* »

Paris — qui n'avait pas accueilli de monarque anglais depuis Henri VI, l'année du supplice de Jeanne d'Arc ! — fit un triomphe à Victoria et à son époux. Lors de leur arrivée dans la capitale et tout au long du trajet qui les conduisait aux Tuileries, ils furent acclamés par une foule évaluée à 800 000 personnes. On savait gré à la reine de sa simplicité, d'effectuer les déplacements entre Paris et Saint-Cloud, où l'on avait logé les souverains, non dans le carrosse fermé qu'on avait mis à sa disposition mais en landau découvert. De cette visite d'État effectuée en plein remue-ménage haussmannien, devait rester une trace dans la nomenclature des voies parisiennes : l'avenue Victoria, tracée par le préfet urbaniste entre l'Hôtel de Ville et le Châtelet et dédiée à la reine pour commémorer son passage.

Au moment où se déroulait la visite des souverains

anglais en France, le contexte international et la situation sur le terrain des opérations avaient commencé à changer. En janvier, Cavour, qui venait d'être nommé Premier ministre du royaume de Piémont-Sardaigne, avait conclu une alliance avec les Franco-Britanniques. Il entendait ainsi se ménager le soutien des deux puissances occidentales dans la guerre qu'il s'apprêtait à mener contre l'Autriche. En attendant, c'est un renfort de 15 000 hommes que reçurent les alliés au début du printemps. Appoint d'autant moins négligeable que les Piémontais étaient de rudes combattants.

En janvier également, Nicolas Ier a accepté le principe de négociations à Vienne sur la base des « quatre points » proposés par le gouvernement autrichien, mais sa mort, survenue le 2 mars, retarda l'ouverture des pourparlers. Napoléon III aurait voulu que l'Autriche s'engageât dans la coalition : c'est même la raison pour laquelle il avait fait traîner les négociations avec Cavour. François-Joseph et son ministre Buol étaient eux-mêmes acquis au principe d'une alliance destinée à faire barrage aux ambitions russes dans les Balkans. Mais, à l'instigation de Bismarck, délégué de la Prusse, la Diète de Francfort refusa de lever les contingents fédéraux dont l'Autriche demandait la mobilisation avant de s'engager elle-même dans la guerre.

En Crimée, la venue du printemps et l'arrivée de renforts firent renaître chez les coalisés l'espoir d'un dénouement rapide. Le 7 juin, les alliés s'emparèrent du mamelon vert, un ouvrage fortifié qui couvrait Malakoff à l'est. Le 18, Pélissier ordonna un assaut général contre cette position clé, mais la tentative échoua et se solda par de lourdes pertes. Le choléra fit sa réapparition au début de l'été, et en août les Russes firent un dernier effort pour dégager la ville mais ils furent repoussés au pont de Traktir. L'ultime phase de la campagne se déroula début septembre. Le 8, après trois jours d'un « bombardement infernal », l'assaut fut donné par 50 000 hommes. L'opération paraissait compromise lorsque le général Mac-Mahon — commandant la 1re division de l'armée d'Orient — réussit à s'emparer avec ses zouaves de la tour de Malakoff. Le soir même, les Russes évacuèrent Sébastopol après l'avoir aux trois quarts incendiée.

Arbitre de l'Europe

La chute de Sébastopol décida le successeur de Nicolas Ier, Alexandre II, à rechercher une solution politique au conflit. Le nouveau tsar et ses conseillers avaient vite pris conscience du retard de leur pays dans la course à la modernisation qui s'était engagée entre les puissances. Pour mobiliser ses soldats et acheminer vers la lointaine Crimée hommes, équipements et armement, la Russie avait cruellement manqué d'un réseau ferroviaire digne de ce nom. Pour mener à bien son industrialisation il fallait qu'à la fois elle pût disposer d'une main-d'œuvre dont le système généralisé du servage empêchait la mobilité, et réunir des capitaux que seuls pouvaient lui fournir des prêteurs étrangers. L'immense révolution que constituaient la libération des serfs et l'appel massif aux places financières européennes impliquait de sa part une période de recueillement sur la scène internationale.

Le rôle de l'Autriche dans la conclusion du conflit fut décisif. Oublieux de l'appui que la Russie lui avait apporté lors de la révolution hongroise et craignant toujours une mainmise du tsar sur les populations slaves des Balkans, le gouvernement de François-Joseph adressa le 16 décembre à celui d'Alexandre II un ultimatum reprenant les « quatre points » de Vienne et y ajoutant quelques revendications supplémentaires. Dans le même temps, tout en se prononçant pour une paix « prompte et durable », Napoléon III annonçait qu'il était prêt à élargir le conflit, à restaurer la Pologne et à lancer au besoin un appel à l'insurrection des nationalités. Ces menaces, celles de l'Angleterre qui envisageait de poursuivre les hostilités dans le Caucase, l'alliance conclue en novembre 1855 avec la Suède et les bons offices offerts aux belligérants par la Bavière et la Saxe, achevèrent de convaincre Alexandre II de la nécessité de mettre fin au conflit. Il fit connaître sa décision le 16 janvier et l'on signa le 4 février des préliminaires de paix.

Appliquant ses idées sur l'organisation de l'Europe, Napoléon III convoqua les belligérants et les autres puissances continentales (l'Autriche et la Prusse) au Congrès de Paris qui se tint du 25 février au 8 avril 1856 dans le palais tout neuf des Affaires étrangères au Quai d'Orsay. Présidé par Walewski, en charge de ce département depuis avril 1855, il apparut aux yeux de l'Europe comme la revanche du Congrès de Vienne et le début de la destruction concertée et légitimée de l'œuvre accomplie par les vainqueurs de Napoléon Ier. L'Angleterre obtenait ce qu'elle voulait en faisant garantir par les puissances l'intégrité de l'Empire ottoman, la fermeture des Détroits, la neutralisation de la mer Noire, tandis que l'Autriche tirait de son habile jeu diplomatique un avantage de taille : la liberté de navigation sur les bouches du Danube, dont la police était assurée par deux commissions internationales.

En principe, la France ne retirait de son intervention, financièrement et humainement coûteuse, que des avantages symboliques, en particulier la reconnaissance implicite d'un droit de protection sur les chrétiens de l'Empire turc. En fait, Napoléon III s'est acquis deux avantages essentiels dans la conduite de sa politique européenne. Il a tout d'abord provoqué la rupture du front des puissances absolutistes. Abandonnée par l'Autriche durant la guerre contre les Anglo-Français, la Russie va se rapprocher désormais de la France. Elle ne bougera pas lorsque, entré en conflit avec cette puissance, l'Empire des Habsbourg perdra une partie importante de ses positions italiennes. La Russie inaugure avec Alexandre II une politique à la fois francophile et libérale, jusqu'à ce que l'insurrection polonaise de 1863 et les sympathies montrées par l'empereur pour la cause des patriotes polonais ne la lui fassent abandonner. D'autre part, le Congrès de Paris a vu pour la première fois la question des nationalités posée à l'Europe. Certes, Cavour n'a pas obtenu comme il l'espérait la discussion du problème italien, mais, dans la séance « supplémentaire » du 8 avril, Walewski en termes enveloppés, Clarendon de manière plus incisive et lui-même dénoncent, au grand scandale des délégués autrichiens, l'oppression des peuples de la péninsule, en même temps qu'ils soulignent l'urgence des réformes.

Le traité signé à l'issue de la rencontre prévoyait l'autonomie des deux principautés roumaines de Moldavie et de Valachie qui devraient chacune élire un *hospodar*, c'est-à-dire un gouverneur. En fait, appuyées par Napoléon III, elles choisirent le même gouverneur en la personne d'Alexandre Couza, un noble roumain qui avait passé sa jeunesse en France. Malgré l'hostilité de l'Autriche et de l'Angleterre, la nationalité roumaine a donc triomphé grâce à la protection de l'empereur des Français. Celle-ci ne se démentira pas, appuyant Couza dans ses tentatives d'unification politique et sauvant l'unité roumaine après la mort de ce dernier en 1866, en recommandant la désignation comme prince de Roumanie de Charles de Hohenzollern, membre de la famille royale de Prusse.

Le Congrès de Paris a donc marqué le début de la mise en œuvre, à l'échelle européenne, de la politique des nationalités. Désormais l'élan est donné. Les vaincus de 1848 se reprennent à espérer la disparition de l'ordre d'Ancien Régime restauré. En posant devant les délégués des puissances la question italienne, Cavour vient de prouver que le Congrès n'est que l'étape première du démantèlement des traités de 1815, tandis que l'empereur des Français, annonçant à cette occasion la naissance de son fils, déclare : « Je l'élèverai dans l'idée que les nations ne doivent pas être égoïstes et que la paix en Europe dépend de la prospérité de chacune. »

L'intervention en Russie a constitué pour Napoléon III un formidable coup de poker dont son image et son influence sur la scène internationale sont sorties

grandies. Principale protagoniste des opérations sur
terre, l'armée française a payé cher une victoire remportée, à des milliers de kilomètres de chez elle, sur celle
du tsar Nicolas. Elle a porté le fer sur le territoire même
de l'Empire des Romanov, là où avait échoué le premier
des Napoléonides. L'armée de Napoléon III n'est pas
celle qui a fait trembler l'Europe un demi-siècle plus
tôt. Mais elle s'est comportée avec vaillance. Ses chefs
ne sont pas des stratèges de première grandeur, mais
ils ont appris dans les campagnes africaines à entraîner
leurs hommes et à soutenir leur moral dans les dures
épreuves d'une guerre menée contre un ennemi intraitable, mais aussi contre le froid, la faim, la boue et la
maladie.

Les Français savent gré de leurs sacrifices aux rescapés du carnage. Lorsque le 29 décembre 1855, plusieurs corps de retour de Crimée défilent de la Bastille
à la place Vendôme, Canrobert à leur tête, Paris leur
adresse un vibrant hommage dont Mérimée rend
compte en ces termes :

> Ils sont entrés en tenue de campagne, avec leurs vieilles
> capotes déchirées, leurs drapeaux en loques et leurs
> blessés marchant en avant avec les vivandières. Il y a eu
> une nuée de larmes. Le général Canrobert pouvait à peine
> se tenir à cheval d'émotion [20].

Canrobert eut sa récompense. L'empereur voulut
bien oublier ses approximations tactiques et son peu
d'empressement à obtempérer aux consignes des Tuileries : il le fit maréchal de France en même temps que
Bosquet et Randon. Pélissier devint duc de Malakoff et
vice-président du Sénat, avec une dotation annuelle de
100 000 francs. L'Alma, Sébastopol, Malakoff... donnè-
rent leurs noms à divers sites du Paris haussmannien
et de sa périphérie. Après dix-huit mois d'incertitude,
l'heure était à la récolte des lauriers.

Au lendemain du Congrès de Paris, il restait à tirer
profit de la conjoncture internationale. Napoléon III

multiplia les initiatives en vue de la constitution d'un nouvel équilibre européen. La France devait y occuper une place prépondérante en s'appuyant sur l'Entente cordiale et sur l'amitié de la Russie. Pour s'attirer les sympathies du nouveau tsar, il envoya Morny au couronnement d'Alexandre II avec rang d'ambassadeur extraordinaire. Le demi-frère de l'empereur, dont la russophilie était connue — il s'était prononcé contre la guerre de Crimée — déploya à Saint-Pétersbourg un faste de potentat oriental et fut accueilli avec une grande cordialité par Alexandre et par ses conseillers. À son retour en France l'année suivante, accompagné de sa jeune épouse, Sophie Troubetzkoï, qu'on disait être la fille naturelle de Nicolas Ier et dont il s'était épris durant son séjour sur la Baltique, il s'employa à transformer en alliance le rapprochement entre les deux Empires.

Le projet achoppa du fait des réticences britanniques à coexister avec la Russie dans un système d'alliances explicitement dirigé contre l'Autriche. De Londres, où son ambassade avait fortement contribué au resserrement des liens avec l'Angleterre, Persigny se prononçait pour sa part avec insistance pour le renforcement de l'Entente cordiale. Napoléon III fut ainsi amené à louvoyer entre l'ennemi de la veille et un allié incertain que ses propres intérêts faisaient plutôt pencher du côté de Vienne que de Saint-Pétersbourg. S'allier à l'Autriche pour faire plaisir aux Anglais aurait signifié qu'il renonçait à ses vues révisionnistes, autant dire au fondement même de sa politique extérieure.

Il tenta d'en convaincre le prince Albert lors de l'entrevue discrète qu'il eut avec les souverains britanniques à Osborne, dans l'île de Wight en août 1857. Entre deux promenades en mer on évoqua la question d'une éventuelle révision des frontières de 1815. Albert y était résolument hostile : il le dit sans ambages à l'empereur et mit celui-ci en garde contre les ambitions du tsar. Napoléon resta sur ses positions, esquissant à grands traits un plan de partage de la Méditerranée qui laissa son interlocuteur songeur. Après quoi, on se quitta avec des protestations d'indéfectible amitié. Un mois plus tard, l'empereur rencontra à Stuttgart son homologue russe. L'entrevue fut tout aussi chaleureuse mais ne déboucha pas davantage sur un projet concret d'alliance à trois avec les Britanniques. Au moins Napoléon III put-il en tirer l'assurance qu'en cas de conflit avec l'Autriche — perspective qui paraissait de plus en plus plausible — il n'aurait pas à se préoccuper d'en découdre avec l'armée du tsar Alexandre.

12

Napoléon III et l'Italie

Lors de la séance de clôture du Congrès de Paris, parlant après Clarendon et Walewski, Cavour avait expliqué aux représentants des puissances que si l'Autriche persistait à maintenir sa domination sur le nord et le centre de la péninsule italienne, tandis que les Bourbons de Naples se refusaient à adopter des réformes significatives, personne ne pourrait empêcher que se développe une nouvelle flambée révolutionnaire mettant en péril l'ordre européen et la paix entre les nations. Pour conclure, il demandait l'arbitrage d'un État qui pût imposer au « concert européen » le droit de chaque peuple à faire prévaloir ses aspirations nationales et libérales. « Le Congrès est fini, déclara-t-il le 6 mai à la Chambre des députés à Turin. La cause est maintenant portée devant le tribunal de l'opinion publique à laquelle, selon la parole mémorable de l'empereur des Français "appartiennent le jugement suprême, la victoire définitive" ».

Le Congrès de Paris a sans aucun doute constitué une étape essentielle du processus d'unification de l'Italie [1], en ce sens qu'il a démontré aux diplomates européens — notamment aux représentants de l'Angleterre et de la France — que la cause italienne était passée des mains des révolutionnaires à la Mazzini à celles des modérés, tout aussi désireux d'évincer les Autrichiens de leurs positions dans la péninsule, mais pas au prix d'un bouleversement de l'ordre politique et social pouvant ébranler les bases mêmes de la dynastie de Savoie.

Il fallut néanmoins plus de deux ans encore à Cavour pour réaliser son objectif qui était moins, notons-le, de faire l'unité de toute l'Italie, que de chasser les Autrichiens du royaume lombard-vénitien — sur lequel ils exerçaient directement leur contrôle depuis 1815 — et d'accroître les limites territoriales et la puissance de l'État piémontais. Ce programme minimum était, pour l'essentiel, celui de la majorité des représentants de la classe dirigeante piémontaise pour qui la menace d'embrasement révolutionnaire constituait un frein puissant aux aspirations unitaires. Elle n'en vit qu'avec d'autant plus de satisfaction le ralliement d'une fraction importante de la gauche patriotique à l'idée que, si tel devait être le prix à payer pour « faire l'Italie », il fallait renoncer à la République et accepter une solution monarchique dont le promoteur et le bénéficiaire serait Victor-Emmanuel II.

Premières approches

Le Piémont ne pouvant espérer triompher seul de l'énorme puissance militaire autrichienne, il restait à trouver un allié. Le gouvernement britannique était favorable à la cause italienne — les propos très vifs de Lord Clarendon lors du Congrès de Paris l'avaient clairement montré —, tant que celle-ci ne l'obligeait pas à s'engager dans les affaires du continent. Seule la France, devenue la championne de la révision du *statu quo* européen, était de taille à faire reculer l'Autriche. L'empereur lui-même était favorable à une intervention en faveur des Italiens. Les événements de 1849 ne lui avaient pas fait oublier qu'il avait combattu aux côtés des patriotes romagnols lors de l'insurrection de 1831. En débarquant plus tard à Gênes à la tête de l'armée française, il évoquera avec une certaine émotion cet épisode de sa jeunesse : « Il y a un quart de siècle, dira-t-il, que mon frère est mort pour la noble cause de l'Italie et que ma mère m'a arraché des griffes autrichiennes. » Dans une action armée contre les Habsbourg, Louis-Napoléon voyait d'autre part un moyen d'accroître le prestige de la dynastie en faisant du détenteur du trône le champion de la cause libérale et nationale en Europe et en offrant à la France la reconnaissance d'un peuple « satellite ».

L'entourage de l'empereur et la classe politique étaient divisés entre partisans et adversaires d'une intervention française dans la péninsule. Parmi les représentants du « parti piémontais » figuraient le prince Napoléon, que l'idée de « libérer l'Italie » renvoyait aux souvenirs glorieux d'Arcole et de Marengo, la princesse Mathilde, le marquis italien Pepoli, petit-fils de Murat et cousin de l'empereur, le directeur des affaires politiques du ministère des Affaires étrangères Benedetti, « Corse de naissance, mais Italien de cœur », ou encore le vieux docteur Conneau, « le chat de la maison, toujours blotti dans le cabinet de son impérial client ».

Le camp adverse réunissait tous ceux pour qui, dans l'aventure italienne, Napoléon III avait toute chance d'ouvrir une « boîte de Pandore ». L'empereur devait ainsi compter avec l'opposition du monde des affaires, favorable au maintien de la paix, et avec celle des conservateurs et des catholiques, amis de l'Autriche et inquiets de voir la France s'embarquer dans une entreprise pouvant aboutir à l'élimination du pouvoir temporel des papes. Telle était la position de l'impératrice, catholique fervente, qui reçut du pape en 1856 la rose d'or bénite, celle également du ministre des Affaires étrangères Walewski et de nombreux diplomates en poste dans les capitales européennes. Le comte de Rayneval, qui avait été sous-secrétaire d'État aux Affaires étrangères sous Louis XVIII et qui, rallié au coup d'État, avait été confirmé par l'Empire dans son poste d'ambassadeur à Rome, était de ceux qui non seulement soutenaient la position du Saint-Siège mais jugeaient inutile toute

réforme visant à modifier les rapports entre l'État pontifical et ses sujets : « L'Italien, écrit-il dans un rapport de
décembre 1856, sera toujours l'Italien, la bureaucratie
toujours plus préoccupée de ses intérêts que de ses
devoirs, et le soldat toujours prêt à se ranger du côté où
la victoire paraîtra la plus assurée. »

Le choix qu'ont fait Victor-Emmanuel et Cavour de
s'engager aux côtés des alliés occidentaux dans la
guerre de Crimée n'avait d'autre but que d'obtenir l'appui de la France et de la Grande-Bretagne, et si possible
une alliance en bonne et due forme dirigée contre
l'Autriche avec l'une ou l'autre de ces puissances. En
novembre 1855, peu de temps avant la clôture de l'Exposition universelle, le souverain piémontais et son
ministre se rendirent en France, à la fois pour concrétiser par une rencontre au sommet la solidarité des
armes entre les deux États et pour poser les jalons d'un
rapprochement plus intime entre Paris et Turin. Lorsqu'il débarqua à Marseille le 22 novembre, avant de
rejoindre Cavour à Lyon, le roi put constater que le gouvernement français avait préparé son opinion publique :

> Cet auguste souverain, pouvait-on lire à cette date dans
> *Le Moniteur universel*, organe officiel du pouvoir, n'est pas
> seulement le descendant d'une des plus glorieuses familles
> régnantes, le chef d'une nation dont les destinées sont
> liées, de temps immémorial, à celles de la nation fran-
> çaise ; par ses éminentes qualités personnelles, sa loyauté
> et son courage éprouvé, par l'empressement avec lequel il
> a envoyé ses braves troupes combattre à côté des nôtres
> pour la même cause, le roi Victor-Emmanuel a des titres
> tout particuliers aux sympathies de la France [2].

Le roi de Piémont-Sardaigne séjourna pendant près
d'une semaine dans la capitale française, un peu froissé
au début de ce que Napoléon III avait envoyé son cousin et le maréchal Magnan l'accueillir à la gare de Lyon
— il aurait voulu des égards comparables à ceux dont
avait bénéficié la reine Victoria —, mais il fut vite
conquis par les manières chaleureuses de l'empereur. Il

eut droit aux mêmes festivités que le couple royal britannique : dîner de gala aux Tuileries, bal à l'Hôtel de Ville, visite de l'Exposition, revue au Champ-de-Mars, soirées à l'Opéra et au Gymnase, grandes eaux à Versailles, chasse à Saint-Germain.

L'impératrice qui était enceinte de cinq mois, ne parut qu'aux réceptions des Tuileries. Ce fut assez pour que le *Re galantuomo*, dont la réputation de séducteur et de soudard avait franchi les Alpes, se permît quelques compliments un peu lestes qui déplurent. Viel-Castel brosse dans son Journal un portrait peu flatteur du souverain piémontais :

> C'est un véritable sous-officier, écrit-il, il en a le ton et les manières ; il fréquente beaucoup les filles et paraît fort disposé à traiter fort cavalièrement toutes les femmes. Sa conversation est plus que légère ; la légèreté du fond n'est même pas gazée par la pudeur de l'expression, il aime le terme grossier. Il parle sans retenue de ses bonnes fortunes et il nomme les femmes les plus considérables de Turin en disant simplement : « Celle-là a couché avec moi [3]. »

On raconte que lors de la soirée à l'Opéra, dont Eugénie avait été dispensée, le roi ne cessa durant le ballet de fixer avec sa lorgnette une jeune danseuse dont il finit par demander le « prix » à son hôte. Napoléon étant peu habitué à payer pour satisfaire ses désirs se tourna vers Bacciochi qui fit état d'une somme rondelette que l'empereur se serait engagé à payer sur sa cassette.

Entre deux festivités, Victor-Emmanuel, dont la forte personnalité ne se réduisait pas aux traits évoqués par Viel-Castel, aurait souhaité pouvoir s'entretenir sérieusement de l'avenir des relations franco-piémontaises avec l'empereur. Mais l'heure était encore à l'incertitude. Les négociations avec l'Autriche allaient bon train et Napoléon III voyait surtout dans la carte piémontaise un moyen de faire pression sur le gouvernement de

Vienne. Le roi dut se contenter lors des entretiens au
Quai d'Orsay avec les responsables de la diplomatrie
française d'une « cordialité un peu distraite »[4]. C'est
seulement au retour de Londres, où le roi et son Premier ministre se rendirent à la suite de leur séjour parisien, que l'empereur voulut bien faire un pas vers son
hôte.

Napoléon III avait vivement insisté, en effet, pour
revoir Victor-Emmanuel à son passage en France. Cette
fois, il se rendit personnellement à Compiègne pour
l'accueillir. Au cours des deux journées passées en
compagnie du couple impérial, on évoqua un peu plus
sérieusement qu'à Paris la question italienne et les relations avec le Saint-Siège. Le 7 décembre, à l'issue d'un
grand dîner donné au château, Napoléon s'isola un
court moment avec Cavour. Durant la conversation,
l'empereur déclara « à brûle-pourpoint » au ministre
sarde : « Écrivez confidentiellement à Walewski ce que
vous croyez que je puisse faire pour le Piémont et l'Italie. » On évoqua ensuite diverses « hypothèses » parmi
lesquelles la cession des principautés danubiennes à
l'Autriche contre la Lombardie et les Duchés. Avant de
quitter Compiègne le lendemain, Cavour pria d'Azeglio,
qui restait en France, de préparer un projet de lettre :
« un plan, lui dit-il, pour ressusciter notre pauvre
botte »[5].

L'attentat d'Orsini

À Compiègne, Napoléon III avait donc incité le Premier ministre de Victor-Emmanuel à le tenir informé
des souhaits du gouvernement piémontais. Il demeurait
lui-même très hésitant, désireux sans aucun doute de
faire « quelque chose pour l'Italie » mais soucieux en
même temps de ne pas mettre en branle un processus
déstabilisateur aboutissant à la disparition de l'État
pontifical et à de sérieuses difficultés avec les catholiques. Quant à Walewski, il n'était certainement pas le

diplomate le mieux disposé à œuvrer pour un rapprochement plus intime avec le Piémont. Très favorable au pape, il redoutait que la fin de la domination autrichienne en Italie du Nord ne favorise la contagion des idées révolutionnaires et repoussait toute idée d'une alliance offensive avec les Savoie, qui serait dirigée contre l'Empire des Habsbourg. Aussi crayonnait-il d'abondance les dépêches de son représentant à Turin. En juillet 1857, il télégraphiait à celui-ci :

> Le gouvernement sarde doit savoir que Mazzini est à Gênes. Il est l'instigateur de tous les complots qui se trament contre la vie de l'empereur. Si le gouvernement sarde ne trouve pas le moyen de l'arrêter, on l'accusera de connivence ou d'incapacité. Dites-le à celui-ci [6].

Cavour protestait de sa bonne foi : « Le gouvernement sarde, assurait-il à ses interlocuteurs français, faisait tous ses efforts pour s'emparer de Mazzini et le livrer à la justice du pays ». Qu'on le prenne et il serait pendu. Napoléon III s'efforçait de temporiser, négociant secrètement avec les envoyés de Victor-Emmanuel et de Cavour : le ministre résident Nigra, homme de confiance du roi, le comte Vimercati, attaché militaire à Paris, voire la comtesse de Castiglione qui put à certains moments servir d'intermédiaire entre les deux souverains. Cavour multipliait les signes d'amitié en direction de Paris et semonçait la presse turinoise, toujours prompte à vilipender l'empereur et les ambiguïtés de sa politique. Napoléon répondait par des gestes symboliques : par exemple en envoyant Plonplon en Savoie, en août 1857, inaugurer les travaux du Mont-Cenis.

Au fond, rien n'avait vraiment bougé dans les relations franco-piémontaises depuis le Congrès de Paris. Paradoxalement, c'est un nouvel attentat contre Napoléon III qui allait débloquer la situation au tout début de 1858. Le soir du 14 janvier, l'empereur et Eugénie se rendent à l'Opéra, alors situé rue Le Peletier. Soirée de gala au profit d'un vieux chanteur : avec le baryton Massol, un acte de *Guillaume Tell*, suivi de *Marie Stuart*, et la Ristori dans le rôle-titre. Le temps est doux et les boulevards grouillent d'une foule nombreuse. Partie des Tuileries aux environs de dix-neuf heures et précédée d'un peloton de lanciers, la voiture où a pris place le couple impérial arrive devant le péristyle de l'Opéra. Précédée du général Roguet, l'impératrice s'apprête à descendre du carrosse lorsque retentit une première et très forte explosion. La verrière vole en éclats. Le cocher tente de lancer les chevaux, mais l'un d'eux se cabre et s'effondre, précipitant la voiture, timon brisé, contre le mur. Une deuxième et une troisième explosions suivent à quelques secondes d'intervalle. Tandis qu'une grêle de morceaux de métal et de verre s'abat sur l'entrée du théâtre, le souffle des explosions a éteint les réverbères au gaz, plongeant la rue dans l'obscurité et aggravant la panique qui s'est emparée des badauds et passants. Cris, gémissements, hennissements des chevaux, cliquetis des sabres et des lances de l'escorte, ordres hurlés par les gradés en charge de la protection des lieux (le préfet de police Pietri est présent), corps ensanglantés et mutilés.

On relèvera huit morts et cent cinquante-six blessés, parmi lesquels le général Roguet — dont le sang a taché la robe de l'impératrice —, le cocher et les deux laquais placés derrière la voiture. Le chapeau de Napoléon III est criblé d'éclats métalliques mais lui-même est indemne, de même que son épouse. L'empereur voudrait se rendre au chevet des victimes mais son entourage insiste pour qu'il assiste au spectacle et rassure par sa présence un public qui a cru à une explosion de gaz. C'est donc un Napoléon impassible et une Eugénie souriante qui font leur entrée dans le théâtre, tandis que l'orchestre entonne *Partant pour la Syrie*, cette romance de la reine Hortense dont le régime a fait une sorte d'hymne officieux. Lorsque Billault et Pietri arrivent dans la loge impériale, ils sont fraîchement reçus, le second notamment que Napoléon accueille par un glacial : « Votre police se fait joliment bien. »

À la sortie du théâtre et sur le chemin du retour, la foule qui a envahi les boulevards et les riverains qui ont illuminé leurs demeures acclament le couple impérial. La nouvelle de l'attentat a vite gagné les quartiers du centre. On sait que les terroristes ont manqué de peu leur cible et qu'il y a un grand nombre de victimes. La rumeur d'un coup de force se répand comme traînée de poudre. Toute la nuit, policiers, gendarmes et militaires en armes parcourent les voies proches de l'Opéra. Au petit matin, le calme est revenu, mais on s'interroge sur l'identité et les mobiles des poseurs de bombes.

La police, pour sa part, détient déjà l'un des coupables en la personne d'un jeune Toscan nommé Pierri, interpellé la veille sur le lieu du carnage, peu de temps avant l'arrivée du couple impérial. Par lui, elle remonte la filière et arrête trois autres Italiens : deux comparses et le chef de la bande, le Romagnol Felice Orsini, fils d'un *carbonaro* et membre lui-même de la société secrète mazzinienne Giovane Italia. Orsini a déjà derrière lui un long passé de conspirateur. Il a combattu les Autrichiens en 1848 et siégé à l'Assemblée constituante de la République romaine. Il a, sur ordre de Mazzini, tenté deux expéditions dans le duché de Modène. Arrêté en Transylvanie par la police autrichienne, il a été enfermé à la prison de Mantoue et s'en est évadé pour se réfugier à Londres. C'est là que, Brouillé avec Mazzini, il a décidé de préparer un attentat contre l'empereur des Français.

À Londres, Orsini a fait la connaissance d'un Français, un ancien chirurgien de la marine devenu journaliste, Simon Bernard. Ce dernier n'a eu aucun mal à convaincre le jeune Romagnol que la mort de Napoléon III serait inéluctablement suivie d'une révolution et que la gauche républicaine qui se saisirait du pouvoir aurait à cœur d'embrasser la cause italienne. C'est également par l'intermédiaire de Bernard qu'Orsini a pu se procurer les bombes et l'argent nécessaires à l'opération.

Nous évoquerons dans le prochain chapitre les conséquences que l'attentat a eues sur l'évolution intérieure du Second Empire. Contentons-nous pour l'instant d'examiner les retombées de cette affaire sur la politique extérieure de Napoléon III. Au lendemain de l'attentat, le gouvernement impérial a multiplié les démarches auprès des États voisins pour obtenir des mesures contre les réfugiés politiques. La Suisse, la Belgique, le Piémont même, où Cavour a dû faire preuve de beaucoup d'habileté pour vaincre les réticences du Parlement de Turin, ont bien voulu accéder à sa requête. En revanche, conformément aux traditions libérales du royaume, le cabinet britannique s'est fermement opposé à toute modification du statut des exilés. Palmerston laissera dans l'affaire son poste de Premier ministre, tandis que Bernard sera acquitté par un jury.

À Paris, le procès de Felice Orsini est fixé aux 25 et 26 février. Dans sa prison, le révolutionnaire romagnol reçoit une visite surprenante : celle du préfet de police Pietri, connu pour ses sentiments italophiles et qui a tenu à rencontrer l'auteur de l'attentat. Il lui explique qu'il s'est radicalement trompé sur les intentions et les projets de l'empereur, que ce dernier n'a pas oublié son propre passé de défenseur de la liberté italienne et surtout que sa mort n'aurait eu pour effet que de produire une réaction brutale. Il le convainc si bien qu'Orsini va de sa cellule écrire le 11 février à Napoléon III une lettre que l'empereur autorisera son avocat, le républicain Jules Favre, à lire devant le tribunal. En voici un extrait :

> Près de la fin de ma carrière, je veux néanmoins tenter un dernier effort pour venir en aide à l'Italie, dont l'indépendance m'a fait jusqu'à ce jour braver tous les périls, aller au-devant de tous les sacrifices. Elle fait l'objet de toutes mes affections et c'est cette dernière pensée que je veux déposer dans les paroles que j'adresse à Votre Majesté.
>
> Pour maintenir l'équilibre actuel de l'Europe, il faut

rendre l'Italie indépendante, ou resserrer les chaînes sous
lesquelles l'Autriche la tient en esclavage. Est-ce que je
demande pour sa délivrance que le sang des Français soit
répandu par les Italiens ? Non, je ne vais pas jusque-là.
L'Italie demande que la France n'intervienne pas contre
elle : elle demande que la France ne permette pas à l'Allemagne d'appuyer l'Autriche dans les luttes qui vont peut-
être s'engager. Or, c'est précisément ce que Votre Majesté
peut faire si elle le veut. De cette volonté dépendent le
bien-être où les malheurs de ma patrie, la vie ou la mort
d'une nation à laquelle l'Europe est en grande partie rede-
vable de sa civilisation.

Telle est la prière que de mon cachot j'ose adresser à
Votre Majesté, ne désespérant pas que ma faible voix ne
soit entendue. J'adjure Votre Majesté de rendre à ma
patrie l'indépendance que ses enfants ont perdue, en 1849,
par la faute même des Français. Que Votre Majesté se rappelle que les Italiens, au milieu desquels était mon père,
versèrent avec joie leur sang pour Napoléon le Grand, partout où il lui plut de les conduire ; qu'elle se rappelle qu'ils
lui furent fidèles jusqu'à sa chute ; qu'elle se rappelle que
tant que l'Italie ne sera pas indépendante, la tranquillité
de l'Europe et celle de Votre Majesté ne seront qu'une
chimère.

Que Votre Majesté ne repousse pas la voix suprême d'un
patriote sur les marches de l'échafaud ; qu'elle délivre
ma patrie et les bénédictions de vingt-cinq millions de
citoyens la suivront dans la postérité[7].

La vibrante plaidoirie de Jules Favre ne suffit pas à
fléchir les juges. Orsini et deux de ses complices sont
condamnés à mort, le quatrième aux travaux forcés à
perpétuité. Napoléon III, que la lettre de l'ancien mazzinien a fortement ébranlé, souhaiterait lui accorder
grâce, de même que l'impératrice auquel Viel-Castel
prête ce propos : « Ce qui a poussé Orsini à l'assassinat
c'est l'exaltation d'un sentiment généreux. Il aime la
liberté avec passion. [...] Je me souviens très bien de la
haine que nous avions en Espagne contre les Français,
après les guerres du Premier Empire[8]. » Mais la mansuétude impériale se heurte à l'avis unanime du Conseil

privé, réuni le 12 mars à l'initiative du souverain. Même l'archevêque de Paris, Mgr Morlot se prononce pour l'exécution de la peine. Il y a eu trop de victimes. Le danger a été trop grand. Seul le préfet de police Pietri soutient l'empereur dans son désir d'épargner Orsini et ses complices. Ceux-ci sont exécutés le 13 mars sur le parvis de la prison de la Roquette devant une foule silencieuse et recueillie. Selon Maxime Du Camp, qui fut témoin de l'événement, Orsini conserva jusqu'au dernier instant « ses allures de fierté élégante », criant « d'une voix forte et vibrante : Vive l'Italie ! » avant de placer sa tête dans la lunette. Deux jours plus tôt, il avait adressé à l'empereur une autre lettre dans laquelle il désavouait les actions terroristes prônées par Mazzini : « Que mes compatriotes, au lieu de compter sur ce moyen de l'assassinat, apprennent de la bouche d'un patriote prêt à mourir que leur abnégation, leur dévouement, leur union, leur vertu peuvent seuls assurer la délivrance de l'Italie, la rendre libre, indépendante et digne de la gloire de ses aïeux. »

L'entrevue de Plombières

L'attentat du 14 janvier et la lettre dans laquelle Orsini faisait de Napoléon III l'arbitre du sort de l'Italie eurent pour effet de réveiller chez ce dernier le désir d'aider le Piémont à libérer lès territoires italiens soumis à la domination autrichienne, prélude à la révision générale des frontières de 1815. Dès le 20 février, recevant en audience privée le général Della Rocca, que Victor-Emmanuel avait envoyé à Paris en mission extraordinaire, il autorisa ce dernier à « dire au roi, d'une manière confidentielle mais positive, qu'en cas de guerre du Piémont contre l'Autriche, il viendrait combattre, avec sa puissante armée, aux côtés de son fidèle allié Victor-Emmanuel ». Et d'ajouter à l'intention du chef du gouvernement sarde : « Dites aussi à

M. de Cavour qu'il se mette en correspondance directe avec moi, et que nous nous entendrons certainement. »

Suivirent pendant plusieurs mois des négociations secrètes entre Turin et Paris où Cavour avait dépêché son homme de confiance, le comte Nigra. À l'issue de quoi l'empereur, sans en informer son gouvernement, invita le Premier ministre piémontais à le rencontrer discrètement à Plombières, dans les Vosges, où il avait coutume de prendre les eaux. Une fois encore, le bon docteur Conneau servit d'intermédiaire. L'entrevue eut lieu les 21 et 22 juillet 1858. Quant à Cavour, il était passé par la Suisse et voyageait incognito. Le secret avait été si bien gardé que l'on remit à l'empereur une dépêche émanant du Quai d'Orsay, lui signalant que le Premier ministre piémontais avait été « vu » en France. Où ? On ne savait pas. La saison thermale battait son plein. Les hôtels étaient bondés de curistes. Si bien que Cavour dut loger chez un pharmacien.

Le contenu de l'entretien, qui dura plus de quatre heures le 21 juillet, ne nous est connu que par le récit qu'en a fait, à destination du roi Victor-Emmanuel, le chef du gouvernement de Turin. Les deux hommes jetèrent les bases d'une alliance militaire dirigée contre l'Autriche et discutèrent de l'avenir politique et territorial de l'Italie, une fois celle-ci débarrassée de la domination des Habsbourg. Napoléon III acceptait que fût créé un royaume de Haute-Italie comprenant, outre le Piémont et la Sardaigne, la Lombardie et la Vénétie arrachées à l'Autriche, les duchés de Parme et de Modène, éventuellement la Romagne pontificale, tandis que le reste de la péninsule serait partagé entre un royaume d'Italie centrale formé de la Toscane, des Marches et de l'Ombrie, les États de l'Église, réduits à Rome et au Latium, enfin le Royaume de Naples, laissé aux Bourbons ou « restitué » aux descendants de Murat. Ces États formeraient une confédération présidée par le pape. En échange de quoi, la France recevrait la Savoie et le comté de Nice, après consultation des habitants. « Nice, protesta Cavour lorsque l'empereur avança cette revendication, est une terre italienne ; si on la cède, que devient le principe des nationalités ? » À quoi Napoléon répondit : « Ce sont là des questions secondaires dont il sera temps de s'occuper plus tard. »

Il est clair que Napoléon III n'avait pas l'intention de faire l'unité de la péninsule. Il souhaitait aider les populations de l'Italie du Nord à s'affranchir du joug autrichien et pensait que l'influence française pourrait s'exercer pleinement sur la nouvelle confédération. Mais il écartait l'idée du rassemblement de tous les territoires italiens sous la houlette du Piémont, et surtout il entendait maintenir la souveraineté pontificale sur Rome. Il y allait de son crédit auprès des catholiques français, lesquels avaient compté jusqu'alors parmi les plus fidèles soutiens du régime. Le projet évoqué à Plombières n'enthousiasmait donc que modérément les dirigeants piémontais. Cavour s'accommoda néanmoins d'une entente qui assurait à son pays l'aide militaire de la France, bien décidé à profiter par la suite des opportunités qui pourraient s'offrir au nouveau royaume.

Avant que Cavour ne reprît la route de Turin, via Strasbourg, le pays de Bade et la Suisse, une question restait à traiter. Au cours d'une promenade en voiture découverte dans la forêt vosgienne, le 21 en fin d'après-midi, les deux hommes évoquèrent l'éventualité d'un mariage destiné à sceller l'union des Napoléonides et de la Maison de Savoie. L'empereur souhaitait que son cousin, le prince Napoléon, épousât la fille du roi de Piémont-Sardaigne : la princesse Marie-Clotilde, âgée de quinze ans. Plonplon en avait vingt de plus et traînait derrière lui une réputation de débauché qui ne plaisait guère au *re galantuomo*, lequel n'avait pourtant rien à envier sur ce point à son futur gendre. Avant que Cavour ne quitte Turin, le roi lui avait ordonné de n'accepter le mariage que si l'empereur en faisait « une condition *sine qua non* de l'alliance »[9]. Napoléon III était trop habile diplomate pour poser abruptement une telle condition, mais il n'en manifesta pas moins son vif désir de voir le projet prendre forme. « Il m'a souvent causé des embarras et souvent m'a irrité, déclara-t-il à Cavour, parlant de son cousin. Il aime la contradiction, il est frondeur. Mais il a beaucoup d'esprit, plus de jugement qu'on ne croit et un très bon cœur. » Le ministre italien, qui disait de Napoléon III : « il n'oublie jamais un service, comme il ne pardonne jamais une injure », comprit qu'un refus de la part de Victor-Emmanuel serait interprété aux Tuileries comme un affront. L'alliance risquerait de s'en trouver compromise. Il déclara donc au roi qu'il pouvait, « comme père, consentir au mariage que l'intérêt suprême de l'État, l'avenir de sa famille, du Piémont, de l'Italie tout entière lui conseillaient de contracter ».

On se sépara bons amis. Avant de quitter Plombières, Cavour écrivit à son ami La Marmora qu'il était *soddisfatissimo*. Il n'avait plus de raison de dissimuler son voyage. L'aurait-il voulu que la nouvelle en avait déjà filtré et que toutes les agences télégraphiques l'avaient abondamment diffusée. Nul ne s'y méprit : l'heure de la révision des traités de 1815 était proche.

Ultimes préparatifs

Avant de s'engager dans une guerre contre l'Autriche, Napoléon III voulut assurer ses arrières. L'entreprise exigeait de mobiliser un effectif nombreux et la France n'avait pas les moyens d'affronter à la fois les Autrichiens en Italie du Nord et les représentants de la Confédération germanique rassemblés autour de la Prusse sur le Rhin. Le premier souci de l'empereur fut de s'assurer que l'alliance anglaise tenait bon. Elle s'était quelque peu distendue depuis le Congrès de Paris : poussé à la démission pour avoir voulu faire voter une loi réprimant les attentats préparés sur le sol britannique, Palmerston avait été remplacé par lord Derby, un *tory* beaucoup moins favorable à Napoléon III et à la cause italienne. Craignant que le rapprochement entre Londres et Vienne ne compromette gravement ses projets, l'empereur invita Victoria et Albert à Cherbourg le 5 août 1858, pour l'inauguration d'un nouveau port militaire. Bien que Napoléon eût tenu à ce qu'Eugénie fût présente, comptant sur la sympathie entre les deux femmes pour atténuer le climat de méfiance qui s'était installé dans les relations franco-anglaises, la rencontre fut peu chaleureuse. Albert n'appréciait guère d'être invité pour visiter des fortifications qui ne pouvaient être que dirigées contre l'Angleterre et Victoria refusa d'embrasser la comtesse Walewska, dont on lui avait révélé qu'elle était la maîtresse de l'empereur. On s'efforça toutefois d'éviter les frictions. Dans le conflit qui s'annonçait, l'Angleterre s'abstiendrait d'aider Napoléon III à libérer les Italiens : au moins pouvait-il compter sur sa neutralité.

Il en était de même de la Russie dont la France s'était au contraire rapprochée depuis la fin des hostilités en Crimée. Pour tenter de la mettre dans son jeu, l'empereur dépêcha son cousin auprès du tsar en septembre. Le prince Napoléon rencontra Alexandre II à Varsovie, mais il ne put obtenir de celui-ci qu'il promît de mobiliser des troupes en Galicie pour fixer une partie de l'armée autrichienne, ni qu'il fît pression sur la Prusse pour qu'elle ne joigne pas ses forces à celles de François-Joseph. En échange de quoi les Russes auraient pu compter sur l'appui de l'empereur pour remilitariser la mer Noire et se saisir de la Galicie. Par le traité du 3 mars 1859, le tsar accepta seulement de promettre une « neutralité bienveillante ».

L'attitude que prendraient la Prusse et les autres États allemands dans le conflit à venir risquait donc d'être déterminante. Napoléon et Cavour savaient qu'il n'y avait pas grand-chose à attendre de la Bavière et de la Saxe, trop proches des Habsbourg pour ne pas au moins rester neutres dans le conflit. Mais la Prusse pouvait être gagnée à leur cause pour peu qu'elle y trouvât quelque intérêt. Or à Olmütz, en novembre 1850, le roi de Prusse avait dû reculer devant un ultimatum autrichien et renoncer à ses desseins unitaires. Le moment n'était-il pas venu de prendre une revanche sur Vienne ? C'est ce que pensait Bismarck, à cette date représentant de la Prusse à la Diète fédérale et partisan d'un rapprochement avec Napoléon III qu'il avait rencontré à deux reprises à Paris, en 1855 et 1857, et dont il jugeait la politique utile à son pays. « Je me sens libre de tout préjugé, avait-il écrit à Ernst von Gerlach en mai 1856. La France ne m'intéresse que par son incidence sur la situation de ma patrie. »

L'espoir de voir la Prusse se ranger aux côtés des Franco-Piémontais ne devait pas résister au brusque changement d'orientation diplomatique qui — conséquence de l'aggravation de l'état de santé du roi Frédéric-Guillaume IV — suivit la désignation comme régent du prince Guillaume, son frère, en octobre 1858. Celui-ci renvoya le Premier ministre Manteuffel, son ambassadeur auprès de la Diète de Francfort Bismarck, et fit savoir à son tour que son pays resterait neutre dans l'éventualité d'un conflit « tant que le territoire allemand ne serait pas envahi ». On redoutait en effet à Berlin qu'après avoir libéré l'Italie des Autrichiens l'empereur des Français ne soulevât la question de la rive gauche du Rhin. Pour le futur Guillaume Ier, il s'agissait donc prioritairement d'éviter la guerre et pour cela de s'abstenir d'offrir à Napoléon III autre chose que la médiation prussienne.

Le 1er janvier, lors de la réception du corps diplomatique dans le salon d'honneur des Tuileries, l'empereur s'adressant successivement aux diplomates présents lâcha, à l'intention du comte de Hübner, une « petite phrase » qu'il avait, semble-t-il, longuement mûrie. Sans élever la voix, « d'un ton de bonhomie » (c'est Hübner qui le dit dans le rapport envoyé le soir même au comte Buol), il déclara : « Je regrette que nos rapports ne soient pas aussi bons que je désirerais qu'ils fussent, mais je vous prie d'écrire à Vienne que mes sentiments pour l'empereur sont toujours les mêmes [10]. »

En un jour où les congratulations étaient de rigueur,

les paroles de l'empereur, même prononcées sur un ton
amical, ne pouvaient passer inaperçues. Aussitôt rapporté par l'un des diplomates présents, « le propos courut la ville le soir même et l'Europe le lendemain » [11]. À
Paris, comme à Londres et à Vienne, on crut la guerre
imminente. À la Bourse, la rente baissa d'un point, suivie des autres titres. Hübner se plaignit auprès de
Walewski de la publicité donnée par l'empereur au
refroidissement des rapports entre les deux puissances.
À Berlin, la presse évoquait déjà l'éventualité d'une
guerre sur le Rhin, tandis que le gouvernement de
Vienne demandait officiellement des « explications ».
Même Cavour s'inquiétait de cette « algarade » de l'empereur, qui lui rappelait « la manière de son oncle à la
veille de déclarer la guerre » [12].

Napoléon III avait manifestement voulu tester l'opinion des chancelleries européennes. Le vent de panique
qui résulta d'un propos apparemment anodin ne pouvait que l'inciter à la prudence. Aussi déploya-t-il de
grands efforts pour calmer le jeu, protestant auprès
de l'ambassadeur d'Autriche de son « amitié à l'égard de
son auguste maître » et adressant des dépêches rassurantes aux Cours étrangères. Il fit même paraître dans
Le Moniteur universel une note s'élevant contre des
« bruits alarmants ». Il n'en poursuivit pas moins son
projet. Le 16 janvier, le prince Napoléon débarquait à
Gênes, flanqué du général Niel, aide de camp de l'empereur. À Turin, Plonplon reçut un accueil des plus chaleureux. L'aristocratie piémontaise boudait ce qu'elle
considérait comme une mésalliance, mais le peuple
approuvait un mariage dont il avait compris qu'il
concrétisait le rapprochement avec un allié puissant
dont il attendait beaucoup. Dans son discours du trône,
prononcé le 10 janvier devant le Parlement de Turin,
Victor-Emmanuel avait déclaré que, s'il était respectueux des traités, il ne pouvait rester « insensible au cri
de douleur » qui s'élevait « de tant de parties de l'Italie ». Sa péroraison fut saluée par un « rugissement
d'acclamations ». C'était signifier clairement aux popu-

lations de la péninsule que l'heure du règlement de comptes avec l'Autriche avait sonné. Le gouvernement de Vienne eut tôt fait d'ailleurs d'interpréter le message. Il décida dès le 13 janvier de faire appareiller sa flotte et d'envoyer un renfort de 30 000 hommes en Lombardie.

Le cousin de l'empereur et son aide de camp s'étaient rendus à Turin pour mettre la dernière main au texte du traité franco-sarde. Celui-ci fut signé le 26 janvier. Il comportait un premier article disposant qu'une « alliance offensive et défensive » serait conclue « entre S.M. l'empereur des Français et S.M. le roi de Sardaigne », dans le cas où « par suite d'un acte agressif de l'Autriche, la guerre viendrait à éclater ». Il était précisé que le but de l'alliance était d'affranchir l'Italie de l'occupation autrichienne et de créer, « pour satisfaire aux vœux des populations », un royaume de Haute-Italie de onze millions d'habitants *(art. 2)*. En échange de quoi, la France recevrait le comté de Nice et la Savoie *(art. 3)*. La souveraineté du pape serait maintenue « dans l'intérêt de la religion catholique » *(art. 4)*. Enfin une convention militaire prévoyait que la France engagerait une force de 200 000 hommes aux côtés des 100 000 soldats piémontais. Quatre jours plus tard, l'évêque de Verceil célébra le mariage du prince Napoléon et de la princesse Marie-Clotilde dans la chapelle du Palais à Turin. Le 3 février, le couple fut accueilli à Paris par une foule curieuse de découvrir la jeune princesse, mais froide. On n'avait pas pardonné à Plonplon sa « désertion » en Crimée.

Autre signe fort, donné cette fois par Napoléon III, la publication le 9 février, sous la signature du vicomte de la Guéronnière, directeur de la Librairie et de la Presse, d'une brochure tirée à plus de dix mille exemplaires vendus en quelques heures et intitulée *Napoléon III et l'Italie*. Directement inspiré par l'empereur, qui l'avait relu et corrigé, cet opuscule exposait les desseins italiens du souverain. Opposant le principe des nationalités, qu'il estimait légitime, à la révolution jugée « détestable », Napoléon se prononçait en faveur d'une

Fédération des États italiens, présidée par le pape et
intégrant un Piémont agrandi. On laissait entendre que
l'Autriche pourrait se satisfaire d'une solution qui res-
pecterait le « bon droit de l'Italie » en même temps que
celui du Saint-Siège. Aussi flou et irénique que fût la
brochure de La Guéronnière, elle fut accueillie par une
clameur de protestations émanant des milieux catholiques. Même un modéré comme Tocqueville estimait
que le projet était « inacceptable pour le pape et l'Autriche autant que la République romaine » [13].

Les sénateurs et les membres du Corps législatif n'ont
pas attendu la publication de la brochure de La Guéronnière pour manifester discrètement leur opposition à
une guerre contre l'Autriche. Le 7 février, le discours prononcé par l'empereur à l'occasion de la rentrée parlementaire est, quoique très mesuré, froidement accueilli
par l'assistance. Le lendemain, Morny en prend nettement le contre-pied devant le Corps législatif, proclamant sous les applaudissements nourris de l'Assemblée
que « la paix ne peut être troublée que pour la défense
des grands intérêts nationaux » [14]. La Bourse n'a pas
tardé à suivre le mouvement d'humeur qui s'est emparé
du monde catholique et des milieux industriels et financiers, ces derniers peu enclins à voir la France s'engager
dans un conflit qui ne peut que porter préjudice à leurs
affaires. La reine Victoria fait savoir à l'empereur
qu'elle ne pourra le suivre sur la voie où il s'est impru-
demment engagé. À Paris même, la quasi-totalité des
ministres et une partie des chefs militaires se déclarent
hostiles à la guerre.

C'est donc un Napoléon isolé qui va devoir, début
mars, faire machine arrière face à cette levée de boucliers. Tandis qu'à Turin on multiplie les démarches
provocatrices — un monument à la gloire de l'armée
piémontaise est élevé grâce à une souscription des habitants de Milan, sujets de l'Empire des Habsbourg — et
que l'Autriche accélère ses préparatifs militaires, il tente
de freiner le processus belligène, inspirant au *Moniteur*
un long article visant à rassurer les esprits [15], avec pour

principal résultat de provoquer la démission du prince Napoléon de son poste de ministre d'Algérie et des Colonies.

La guerre

À Turin, il est trop tard pour que le gouvernement fasse machine arrière. Le Parlement a voté un budget extraordinaire et un plan d'emprunts militaires destinés à financer la guerre. Cavour autorise Garibaldi, mandaté par la Società nazionale, à organiser un corps de volontaires ayant pour mission d'appuyer l'armée régulière. Il s'agit de canaliser le flux du volontariat populaire et d'empêcher que ne se constituent des bandes armées qui pourraient ensuite être utilisées à des fins insurrectionnelles. Début avril, toutes les conditions paraissent réunies pour le déclenchement d'un conflit que chacun considère comme décisif.

Toutefois, effrayé par la mise en route du mécanisme qu'il a déclenché, Napoléon III voudrait désormais éviter la guerre et régler la question italienne par la négociation. Il propose donc au tsar de s'entremettre pour obtenir des puissances la réunion d'un congrès international, comparable à celui qui a mis fin à la guerre de Crimée. Le 18 mars, Alexandre II accepte, « pour être utile à la France et au Piémont », de jouer les bons offices auprès des gouvernements des principaux États européens. L'Angleterre de mauvais gré, la Prusse avec un peu plus d'empressement se déclarent favorables au projet, de même que l'Autriche, à deux conditions : qu'aucun remaniement territorial ne soit envisagé et que le Piémont soit préalablement invité à désarmer. C'est dire l'impression détestable que produisit à Turin ce projet humiliant, dès lors qu'il écartait des futurs débats le petit État piémontais. « Nous sommes les plus intéressés aux questions qui vont se débattre, déclara Cavour au ministre de France. Votre honneur est engagé vis-à-vis de l'Italie, et vous ne nous reconnaissez pas le droit de faire entendre notre voix ; quelle force morale me restera-t-il pour faire accepter à l'Italie la solution qui sortira de votre Congrès, quand elle saura que toutes les questions y ont été discutées et tranchées en dehors d'elle [16] ? »

Le 26 mars, Cavour était à Paris. « Restez avant tout ministre, lui avait écrit le prince Napoléon. Quitter serait déserter. » L'entrevue avec Walewski ne fit qu'accroître sa colère et son découragement. Il songea même à rentrer à Turin sans voir Napoléon III. Finalement, après avoir rencontré l'empereur à trois reprises, tour à tour supplié, menacé, expliqué à quel point l'abandon de la cause italienne serait désastreuse pour la France, il reprit le 30 mars le chemin de Turin, triste mais toujours disposé à se battre. Napoléon ne lui avait pas laissé beaucoup d'espoir, mais il n'avait pas non plus fermé la porte.

Ce furent les Autrichiens qui, en fin de compte, prirent la responsabilité de déclencher la guerre. Les difficultés intérieures de l'Empire ne permettaient pas au gouvernement de Vienne de maintenir très longtemps sur le pied de guerre une armée nombreuse. Pressé par son état-major et persuadé qu'il entraînerait derrière lui tous les princes allemands, François-Joseph décida de rééditer contre le Piémont l'opération réussie de 1849. Le 23 avril, il adressa au gouvernement de Turin un ultimatum donnant trois jours aux Piémontais pour cesser leurs préparatifs militaires et pour démobiliser leur armée.

Le *casus belli* évoqué par l'accord de Plombières et par le traité franco-sarde s'étant produit, Napoléon III décida d'accepter l'épreuve de force. Jusqu'alors, les raisons de faire la guerre étaient essentiellement idéologiques. Il s'était promis de faire un sort à l'Europe de 1815 et de libérer les peuples asservis, mais aucun engagement ne l'obligeait à attaquer l'Autriche pour hâter l'émancipation des peuples de la péninsule. L'initiative autrichienne lui permettait d'opposer au parti de la paix l'argument de la parole donnée et du déshonneur qu'il y aurait pour la France à ne pas respecter sa signature. Ce que la menace d'une coalition dirigée contre la France et la mauvaise humeur d'une partie de ses soutiens intérieurs l'avaient empêché de faire devenait tout à coup possible du seul fait de la décision intempestive de François-Joseph.

Du jour au lendemain le vent avait tourné, en Europe comme en France. En Allemagne, malgré la solidarité entre les peuples de la Confédération germanique, on admettait qu'en prenant l'initiative des hostilités, l'Autriche s'était privée du droit de réclamer le secours des États membres de cette organisation. À Londres, les partisans les plus résolus du rapprochement avec Vienne protestaient avec véhémence contre une action que Lord Derby qualifiait de « criminelle ». Quant à l'opinion française, elle s'était brusquement retournée. « L'instinct gaulois s'étant réveillé » (*dixit* Mérimée), on acclama à la gare de Lyon les régiments en partance pour l'Italie. Walewski lui-même, pressé il est vrai par un Napoléon III qui brûlait désormais d'en découdre, engagea, dès qu'il eut connaissance de l'ultimatum autrichien, le gouvernement de Turin à lui adresser une note demandant l'envoi d'un premier corps d'armée de 50 000 hommes. Les dés étaient jetés. Le 26 avril Cavour remit aux envoyés autrichiens la note faisant état du rejet des exigences de François-Joseph [17].

Le 27 avril, l'armée autrichienne franchissait le Tessin. Il semblait que les quelque 150 000 hommes de Giulay auraient dû ne faire qu'une bouchée des Piémontais, trois fois moins nombreux et concentrés autour de Turin. Mais le général en chef autrichien n'avait pas la trempe de Radetzky. Au lieu d'attaquer tout de suite l'armée piémontaise, il laissa aux Français le temps de rejoindre leurs alliés.

« Une guerre pour chasser les Autrichiens, écrit la fidèle Mme Cornu et où il aurait le commandement, a été son rêve depuis sa jeunesse. [...] Une entrée à Milan au milieu des acclamations et sous une pluie de fleurs, telle était la vision dans laquelle son imagination

ardente se complaisait. » De fait, Napoléon III prit le
commandement de l'armée. Il devait bien cela à la
mémoire de son oncle. Mais il n'y avait vraiment que
Giulay pour craindre que le neveu fût à la hauteur du
vainqueur de Marengo.

L'armée française fut divisée en deux groupes. Les
négociations étant demeurées secrètes le plus longtemps possible, c'est dans le plus grand désordre que
les corps d'armée commandés par Niel et Canrobert
passèrent les cols du Mont-Cenis et du Mont Genèvre.
Dépourvu d'expérience en matière de conduite des opérations, l'empereur avait demandé au vieux général
Jomini, un rescapé des guerres de l'Empire passé au
service du tsar et auteur, en 1836, d'un *Précis de l'art de
la guerre*, un plan de campagne qui n'était plus tout à
fait adapté aux conditions de la guerre nouvelle. Les
vivres et l'équipement manquaient. Bourbaki se plaignait de n'avoir « ni tentes, ni bidons, ni cartouches ».
Les moyens de transport étaient insuffisants et l'artillerie, comme toujours, difficile à acheminer par les mauvaises routes de montagne. On parvint néanmoins à
rassembler les hommes dans le Val de Suse.

L'autre groupe, comprenant lui aussi deux corps d'armée placés sous les commandements respectifs de Mac-
Mahon et de Baraguay d'Hilliers, débarqua à Gênes
avec l'empereur. Un cinquième corps, composé de
12 000 hommes et commandé par le prince Napoléon
prit également la voie maritime et débarqua à Livourne,
avec pour mission d'opérer en Toscane et dans les
duchés où grondait la révolte. La concentration des
quatre corps principaux s'effectua autour d'Alexandrie
et fut achevée le 18 mai, donc trois semaines après le
début des hostilités. C'est plus qu'il n'en aurait fallu à
un chef moins timoré que Giulay pour écraser l'armée
piémontaise et s'emparer de Turin.

Malgré ce début de campagne opéré dans l'improvisa-
tion la plus complète, la guerre s'engageait dans des
conditions relativement favorables aux alliés. Désormais moins nombreux que leurs adversaires, les Autri-

chiens étaient en effet moins bien préparés encore que ces derniers. Ils disposaient de troupes composées pour une bonne part de Slaves qui montraient peu d'ardeur à combattre un ennemi dont ils partageaient les revendications d'indépendance. Giulay s'attendait à une attaque par le sud, les alliés franchissant le Pô dans la région de Plaisance, comme l'avait fait Bonaparte. Une première bataille, à Montebello le 20 mai, remportée par ses adversaires, le confirma dans cette hypothèse, alors que Napoléon III, après avoir hésité entre plusieurs options stratégiques, choisit de rassembler son armée plus au nord, près de Novare.

Le 30 mai, les Franco-Piémontais remportèrent une difficile victoire à Palestro où Victor-Emmanuel fut nommé caporal par les zouaves du 3ᵉ régiment, admiratifs de la bravoure au feu du *re galantuomo*. Après avoir occupé Novare, où elle fut accueillie avec enthousiasme, l'armée impériale franchit le Tessin. Le 4 juin, elle livra à Magenta la première grande bataille de la campagne. L'issue en fut longtemps indécise. Mac-Mahon, dont le corps d'armée avait entrepris d'envelopper l'armée de Giulay par le nord, tarda en effet à rejoindre la Garde engagée durant plusieurs heures sur les rives du Naviglio Grande (un canal parallèle au Tessin). Son arrivée sur le flanc autrichien au moment où les Français épuisés allaient lâcher prise sauva *in extremis* la situation et épargna à l'empereur une retraite précipitée. Les Autrichiens laissaient sur le terrain 7 000 tués et plus de 5 000 prisonniers. Parmi les 4 000 morts français on comptait le général Espinasse, commandant la 2ᵉ division, l'unité qui, en tête du corps d'armée de Mac-Mahon, avait permis de dégager la Garde et de remporter la victoire.

Victoire à la Pyrrhus, que Napoléon et ses généraux ne surent pas exploiter. L'armée de Giulay eut tout le temps de se retirer en bon ordre, tandis que les Franco-Piémontais marchaient sur Milan où Napoléon III et Victor-Emmanuel firent le 8 juin une entrée triom-

NAPOLÉON III

phale. L'envoyé du *Constitutionnel* dans la capitale lombarde rapporte ainsi l'événement :

> Les façades des maisons sont couvertes jusqu'au dernier étage de drapeaux, de tentures, de rideaux d'étoffe de toutes couleurs et de toutes sortes, rouges, vertes, bleues, écarlates ou violettes. Le Corso, vu du Dôme, ressemble à un arc-en-ciel. [...] La foule se précipite sous les chevaux, les hommes se jettent à genoux. Les femmes offrent des bouquets, on cherche à prendre les mains de l'empereur, des vieillards montrent leurs médailles de Sainte-Hélène, des enfants se juchent pour mieux voir sur les épaules de leur père. [...] C'est à peine si S.M. peut conduire son cheval. La figure de S.M. est souriante de bonheur. De nombreux enfants sont habillés en zouaves français [18].

Moment d'intense jubilation pour l'ancien banni qui voit se réaliser son rêve d'adolescence. Non seulement il a ceint la couronne impériale, mais le voilà en situation de réaliser son projet d'émancipation des peuples soumis aux vainqueurs de Napoléon Ier, et cela sur le terrain même où ce dernier a accompli ses premiers exploits. Ses généraux également sont à l'honneur. Sur le champ de bataille l'empereur a fait Mac-Mahon duc de Magenta et maréchal de France. L'état-major n'a pas apprécié : on estimait — flagornerie ou sentiment sincère ? — que le mérite de la victoire revenait en premier lieu au souverain, en charge du commandement de l'armée et ensuite à Regnaud de Saint-Jean d'Angély qui commandait la Garde impériale. Fleury invita l'empereur à se souvenir qu'à Austerlitz, première grande bataille de l'Empire, son oncle n'avait créé ni prince ni duc de ce nom. Et il plaida si chaleureusement la cause de Regnaud que Napoléon III décida de faire celui-ci maréchal de France.

Après le défilé triomphal à Milan, l'empereur assiste le lendemain à un *Te Deum* au Duomo et à une soirée de gala à la Scala le 10 juin. À chacune de ses sorties, des dizaines de milliers de Milanais se pressent le long du parcours emprunté par les deux monarques pour acclamer leurs libérateurs. L'empereur n'a-t-il pas tenu, dès son arrivée à Milan, à assurer les Italiens de la pureté de ses intentions ? « Je ne viens pas ici, a-t-il déclaré, avec un système préconçu pour déposséder les souverains, ni pour vous imposer ma volonté ; mon armée ne s'occupera que de deux choses : combattre vos ennemis et maintenir l'ordre intérieur. Elle ne mettra aucun obstacle à la libre manifestation de vos vœux légitimes. Profitez donc de la fortune qui s'offre à vous ! [...] Volez sous les drapeaux du roi Victor-Emmanuel. Ne soyez aujourd'hui que soldats, demain vous serez citoyens libres d'un grand pays. »

Rien cependant n'est encore joué. La Lombardie est libre. L'Italie centrale se soulève, mais il reste à chasser les Autrichiens de la Vénétie. Giulay a payé de son commandement ses hésitations et son manque de clairvoyance, cédant la place à François-Joseph en personne. Son armée ayant reçu des renforts, celui-ci dispose désormais de près de 250 000 combattants soit un peu plus que les Franco-Piémontais. Le 24 juin, une seconde grande bataille s'engage au sud du lac de Garde, opposant sur un front de vingt kilomètres, autour de la colline de Solferino, les armées des trois puissances belligérantes. Ce sera une effroyable tuerie. Pendant des heures, les charges à la baïonnette se succèdent pour la possession d'une colline couronnée d'une tour, la *Spia d'Italia* : l'« espionne d'Italie », ainsi baptisée par les habitants de la région parce qu'elle symbolise l'œil de l'occupant autrichien. Elle ne sera enlevée qu'en fin de journée par les zouaves, les voltigeurs et les chasseurs à pied de l'armée impériale, au prix de pertes considérables. On compte 40 000 morts au total, dont 17 500 dans les rangs français. Parcourant le champ de bataille après la retraite de l'armée ennemie, Napoléon III cache sous un masque impassible l'horreur que lui inspirent les corps déchiquetés, les flots de sang répandus et les râles des mourants : un spectacle de désolation qui va inciter le Suisse Henri Dunant, un jeune courtier de banque devenu journaliste, à faire campagne en faveur de la création d'un service de secours aux blessés — sans distinction de nationalité — qui verra le jour en 1864. En attendant, la boucherie de Solferino incline l'empereur à proposer à François-Joseph un armistice qui, signé le 8 juillet à Villafranca, se transformera aussitôt en préliminaires de paix.

Magenta et Solferino ont révélé à Napoléon III qu'il n'est pas fait pour mener une armée au combat. Il n'a aucune des qualités militaires de son oncle, et moins que toutes l'indifférence à la souffrance des hommes. On a vu que les morts du 2 décembre n'ont cessé de le hanter. Dès la première bataille à Palestro, Bourbaki a dit : « Je regrette d'avoir montré le champ de bataille à l'empereur, parce que cela lui a fait une telle impression qu'il va s'arrêter [19]. » Il n'est donc pas infondé de considérer que la vision du champ de bataille de Solferino a constitué un mobile majeur dans sa décision de cesser la guerre. Mais bien sûr il y en a d'autres.

Sur le plan strictement militaire tout d'abord : les Autrichiens sont battus mais non vaincus. Retranchés derrière les places fortes du « quadrilatère » (Peschiera/Vérone/Mantoue/Legnano), ils peuvent attendre et parer un nouvel assaut. L'armée impériale a perdu beaucoup d'hommes et l'arrière commence d'autant plus à s'émouvoir qu'aux victimes des combats s'ajoutent celles des épidémies.

D'autre part, l'entrée des Français en Italie du Nord a déclenché une série de soulèvements dans le centre de la péninsule, attisés par les agents du Piémont et par les membres de la Società nazionale. Le refus du grand-duc de Toscane, Léopold II, de se joindre à la coalition autrichienne provoqua un mouvement insurrectionnel, suivi de la mise en place d'un gouvernement provisoire et la fuite du souverain, bientôt imité par l'archiduchesse de Parme et par le duc François V de Modène. Les États pontificaux ne furent pas épargnés. À la mi-juin, à Bologne, le cardinal-légat dut lui aussi s'enfuir pour Rome, laissant le champ libre aux démocrates et aux modérés.

Cette flambée révolutionnaire et la menace qu'elle faisait peser sur le pouvoir temporel du pape ont en France réveillé l'opposition conservatrice à la guerre contre l'Autriche. Eugénie, toujours prompte à pencher du côté du « parti de l'Ordre », avertit l'empereur que « l'opinion publique devient excécrable ». Les ministres, la hiérarchie catholique et le monde des affaires ne cachent pas leur mécontentement. Walewski, Gramont et la plupart des hommes du Quai d'Orsay critiquent une politique qui risque de dresser contre l'Empire les principaux acteurs du jeu européen. Nombreuses sont les voix qui demandent à Napoléon III de mettre fin à l'aventure et de rétablir en Italie l'ordre qu'il a lui-même troublé. Même un fidèle comme Fleury note au lendemain de Solferino : « Le moment me semble venu de préparer des armes diplomatiques si l'on ne veut pas voir l'orage fondre sur la France. » Pour l'empereur, « l'enjeu est trop grand pour le résultat qu'il poursuit ».

Cet orage redouté par Fleury, c'est du côté du Rhin qu'il risque d'éclater en premier. La Prusse en effet paraît vouloir profiter des difficultés de l'Autriche pour prendre en main les destinées de l'Allemagne. Exaltant le germanisme bafoué par la France, elle a mobilisé plusieurs corps d'armée sur le Rhin et proposé aux autres Allemands une intervention commune. Face à cette menace directe, dont le tsar confirme le sérieux au représentant de la France à Saint-Pétersbourg, le roi Jérôme songe à mobiliser 300 000 gardes nationaux, mais la régente refuse de signer cet ordre de levée en masse : à la fois aveu d'impuissance militaire et crainte de voir le peuple en armes se retourner ensuite contre le régime.

Ne pouvant à la fois poursuivre en Italie une guerre dont l'issue victorieuse aurait exigé au moins 300 000 hommes, et barrer la route aux Prussiens avec des forces notoirement insuffisantes, Napoléon III a choisi de faire la paix.

Si je me suis arrêté — déclarera-t-il à son retour d'Italie devant les grands corps de l'État —, ce n'est pas par lassitude ou par épuisement, ni par abandon de la noble cause que je voulais servir, mais parce que dans mon cœur quelque chose parlait plus haut encore, l'intérêt de la France [...] Pour servir l'indépendance italienne, j'ai fait la guerre contre le gré de l'Europe ; dès que les destinées de mon pays ont pu être en péril, j'ai fait la paix [20].

« L'Italie est faite... »

Les préliminaires de Villafranca, puis le traité de paix, signé à Zurich le 11 novembre 1859, étaient loin d'apporter à Cavour les satisfactions qu'il escomptait de l'alliance française. L'Autriche se contentait de remettre la Lombardie à la France qui la rétrocédait au Piémont. Mais la Vénétie restait autrichienne. Les souverains d'Italie centrale et le pape étaient restaurés dans leurs droits, tandis que l'on envisageait de réunir un congrès européen pour décider du sort futur de la péninsule. Napoléon III n'avait donc pas tenu ses promesses et la colère des Italiens était immense. Au lendemain de la signature de l'armistice, en désaccord avec Victor-Emmanuel, Cavour démissionna avec fracas.

On est loin de « l'Italie libre jusqu'à l'Adriatique » évoquée par l'empereur lors de son arrivée à Gênes. Napoléon quitta la péninsule vainqueur mais honni des patriotes. Il n'osa même pas réclamer Nice et la Savoie, tant était grande la colère des Transalpins. Le 17 juillet il était de retour à Paris, Eugénie l'accueillit à Saint-Cloud, sur la terrasse du château, avec le prince impérial et le gouvernement. Un mois plus tard, le dimanche 14 août, veille de la Saint-Napoléon, eut lieu le défilé de la victoire. Un véritable triomphe romain pour le souverain et pour son armée : pendant cinq heures, cent mille hommes défilèrent devant la colonne Vendôme. L'impératrice et la Cour ont pris place sur une gigantesque tribune surmontée d'un dais de velours rouge et or. L'empereur est à cheval au pied de la colonne. Il a placé sur sa selle le prince impérial revêtu d'un uniforme rouge et bleu de grenadier de la Garde et ceint du cordon de la Légion d'honneur.

Les organisateurs de la cérémonie ont peaufiné un rituel destiné à susciter l'émotion de l'immense foule qui se presse sur le parcours des soldats. Ceux-ci ont conservé leurs tenues de campagne, déteintes et usées jusqu'à la corde. Les voltigeurs abaissent leurs drapeaux troués par la mitraille devant l'empereur qui les salue de son épée. On ovationne les zouaves, devenus les héros mythifiés de l'armée impériale. Ils défilent graves, en rangs clairsemés car on a tenu à marquer la place des morts. Napoléon III impassible cache son émotion au moment de décorer de la Légion d'honneur les drapeaux des unités d'élite. L'heure est à la communion des esprits et des cœurs. Les règlements de comptes politiques viendront plus tard.

Tandis que les Français pleurent leurs morts et que Napoléon III, soucieux de réconcilier les partis, proclame une amnistie générale, le Piémont s'efforce de tirer profit des hésitations de l'empereur et du désir que nourrit au fond ce dernier d'offrir une compensation substantielle à Victor-Emmanuel. Retiré dans son domaine de Leri, Cavour encourage les pouvoirs nouvellement constitués en Italie centrale où des « dictateurs » se sont substitués aux princes et proclament leur allégeance au souverain sarde. Ricasoli en Toscane, Farini à Parme et Modène, Cipriani en Romagne pontificale, etc., ont ainsi fédéré les territoires révoltés et fait élire des assemblées constituantes qui demandent leur rattachement au Piémont et, en attendant, élisent comme régent un membre de la famile de Savoie, le prince de Carignan.

Tout dépend en fait de Napoléon III. Saignée à blanc, l'armée autrichienne est hors d'état d'intervenir tandis que le gouvernement anglais incline plutôt du côté de Turin. Dans la capitale piémontaise, on ne peut guère se permettre de transgresser les volontés de l'empereur

que ses récentes victoires ont fait l'arbitre de l'Italie.
Aussi les émissaires de Victor-Emmanuel et du gouvernement présidé par La Marmora reprennent-ils la
route de Paris pour convaincre l'empereur de donner
son accord à l'unification de l'Italie du Nord sous la
houlette du souverain piémontais.

Pour Napoléon III, le nœud de la question se situe
dans les Romagnes. Assez indifférent au sort des ducs
de l'Italie centrale, il ne peut ignorer que le feu vert
donné au Piémont pour l'annexion de territoires pontificaux soulèvera séance tenante l'hostilité des catholiques français, fidèles soutiens du trône impérial. Une
nouvelle fois les deux partis se heurtent à la Cour et
dans les hautes sphères de l'État. L'empereur n'a pas
renoncé à son projet de confédération présidée par le
pontife romain. Il est cependant très vivement impressionné par la force du sentiment national qui anime
désormais une fraction considérable des populations en
Italie centrale, et par l'ordre qu'y font régner les procon-
suls mandatés par Turin. Il est clair qu'en se posant en
champion des nationalités, il a déclenché un processus
dont le développement lui échappe. Est-il toutefois
aussi dépassé par les événements qu'il le paraît dans
un entretien avec le nouvel ambassadeur d'Autriche, le
prince de Metternich, fils de l'ancien chancelier, en septembre 1859 ?

> J'ai arrêté la guerre parce que j'ai peur des sacrifices de
> sang qu'elle me coûterait encore ; parce qu'il me répugnait
> d'avoir la révolution à mes trousses, Kossuth et Klapka
> comme auxiliaires. J'allais passer pour le chef de toutes
> les canailles de l'Europe. Enfin je prévoyais tôt ou tard
> une guerre générale et j'ai proposé à l'empereur d'Autriche
> de nous entendre et de faire la paix. [...] C'est une vraie
> gangrène que cet état de choses en Italie. La pente est
> tellement rapide que je ne sais et ne puis arrêter l'élan de
> ce peuple. Je vous assure que je suis bien malheureux de
> tout cela. Mais que faire[21] ?

Le propos est de pure convention diplomatique car
Napoléon III sait au moins ce qu'il ne fera pas. Dès son

retour en France, en juillet, il a promis aux Italiens qu'il n'emploierait pas la force pour restaurer les régimes déchus. En août, il a fait des déclarations analogues à son ami, le comte Arese. Il les confirmera en novembre après la conclusion du traité de Zurich. Mais peut-être a-t-il déjà décidé à cette date de faire un pas de plus et de laisser s'accomplir le vœu unitaire des populations concernées. C'est en tout cas un changement radical de la conduite adoptée jusqu'alors par la diplomatie officielle de l'Empire qui est annoncé le 22 décembre 1859, avec la parution d'une nouvelle brochure signée par La Guéronnière mais dont tout le monde sait qu'elle a été directement inspirée au directeur de la Librairie impériale par Napoléon III. Celui-ci se hâtera d'ailleurs de dire que, sans l'avoir écrite, « il en approuvait toutes les idées ».

Le libelle, qui est aussitôt mis en vente sur les boulevards et enlevé en quelques jours, a pour titre *Le Pape et le Congrès*. Il conseille au souverain pontife de renoncer de son plein gré à la plus grande partie de ses États. « Plus le territoire sera petit, est-il précisé, plus le souverain sera grand. » « Le Vicaire de Dieu ne peut avoir un État comme un prince vulgaire ; son pouvoir ne peut être que paternel. [...] Qu'il conserve Rome et un revenu assuré par les États catholiques ; le reste n'est que secondaire. »

L'aval est ainsi donné à Turin pour l'annexion de la Toscane, des duchés et des « légations » pontificales. « Immortelle brochure ! », s'écrie Cavour qui du coup accepte de reprendre les rênes du pouvoir. « Je pardonne à l'empereur la paix de Villafranca, il vient de rendre à l'Italie un plus grand service que la victoire de Solferino. »

Le 31 décembre, l'empereur a écrit à Pie IX pour l'inviter à « faire le sacrifice de ses provinces révoltées et à les confier à Victor-Emmanuel ». La réponse du pontife est sans appel : il refuse catégoriquement toute amputation de ses États — dont il estime être le « dépositaire » et non le souverain — et déclare dans une allocution publique que « l'empereur n'est qu'un menteur et un fourbe ». Le Congrès international, dont Napoléon III avait souhaité la tenue au lendemain de la suspension des hostilités avec l'Autriche, n'aura donc pas lieu. La rupture avec Rome est consommée tandis que s'ouvrent de nouvelles négociations avec Turin et que Thouvenel, réputé favorable à la cause italienne, remplace Walewski à la tête de la diplomatie française à la grande satisfaction de Plonplon et des bonapartistes de gauche.

Dès son retour au gouvernement, Cavour a adressé à ses agents diplomatiques une circulaire dans laquelle il souligne que le rattachement au Piémont de la Toscane, des duchés émiliens et de la Romagne est désormais devenu inévitable. « Le gouvernement de Sa Majesté, écrit-il, n'a plus le pouvoir d'arrêter le cours naturel et nécessaire des événements. » L'annexion est donc proclamée et, au printemps 1860, aussitôt ratifiée par des plébiscites qui, dans chacun des territoires concernés, donnent une écrasante majorité aux partisans du « oui »[22]. Au programme élaboré deux ans plus tôt par Cavour, il ne manque plus que la Vénétie mais du point de vue territorial les gains du Piémont — devenu avec le rattachement des États princiers et des « Légations » royaume de Haute-Italie — sont à peu près ceux qui avaient été prévus à Plombières. En compensation, Napoléon obtient la cession de Nice et de la Savoie que, fidèle à sa thèse du droit des peuples à disposer de leur propre sort, il annexe après deux plébiscites triomphaux : 130 533 voix contre 235 en Savoie, 25 734 contre 260 à Nice. « Désormais, nous sommes complices », déclare Cavour à l'envoyé français. L'empereur a ainsi rétabli sur les Alpes les frontières « naturelles » de 1813.

Entre mai et novembre 1860 se déroula l'une des séquences majeures — non programmée celle-ci par le Premier ministre piémontais — du processus qui devait aboutir à la proclamation du royaume d'Italie : la conquête et l'annexion de la Sicile et de l'Italie méridionale. Jusqu'alors le gouvernement de Turin s'était trouvé face à un occupant à combattre, comme en Lombardie, ou une vacance du pouvoir à combler, comme en Italie centrale. Avec le royaume de Naples, la situation est d'une autre taille et d'une autre nature. Il s'agit d'un État souverain, possédant une armée redoutable et qui paraît tenir solidement en main populations et territoires. Pour parachever l'unité de la péninsule, il n'y a guère d'autre moyen que le recours aux armes avec le risque d'apparaître aux yeux de l'Europe comme un élément déstabilisateur de l'ordre international et de voir l'allié français abandonner Turin à son sort.

L'initiative de Garibaldi, l'ancien général de la République romaine, allait permettre à Cavour de faire avancer ses pions sans s'engager directement dans une affaire qui pouvait tourner mal. Après l'échec de 1849, le *condottiere* niçois avait mené sur divers points du globe une existence aventureuse. De retour en Italie en 1859, il avait mis son épée et ses volontaires au service du Piémont dans la lutte contre l'occupant autrichien. L'écho des insurrections en Italie centrale ayant déclenché en Sicile une agitation aussitôt réprimée avec vigueur par le roi François II, Garibaldi conçut le projet, poussé dans cette voie par des émigrés siciliens comme Francesco Crispi et assuré de la complicité de Cavour, de lever un corps de volontaires, les « Mille » [23], pour libérer l'île des Bourbons.

Concentrée à Gênes et secrètement armée par Cavour, la petite armée des « chemises rouges » garibaldiennes prépara son intervention de manière si peu discrète que les chancelleries s'en émurent. Talleyrand n'avait pas été le dernier à dénoncer « l'existence d'un vaste complot auquel le parti mazzinien n'était pas étranger », mais Napoléon III ne partageait pas les craintes de son ambassadeur. Après tout si les Italiens pouvaient trouver eux-mêmes une compensation au maintien du *statu quo* en Vénétie, l'empereur ne pouvait que s'en réjouir, pourvu qu'elle ne mît pas en péril la souveraineté du pape sur la capitale de la Chrétienté. Les représentants de la Prusse et de la Russie se déclaraient inquiets, celui de l'Autriche « scandalisé ». En revanche le cabinet de Londres, plutôt favorable à l'entreprise, ne manifesta aucune nervosité.

L'embarquement des garibaldiens eut lieu les 5 et 6 mai à Quarto, près de Gênes. Le 11, l'expédition débarqua à Marsala, à la pointe occidentale de la Sicile, puis effectua en deux mois la conquête de l'île, avec l'appui de nouveaux volontaires et d'une partie de la population. Le 20 juillet, la victoire de Milazzo livrait à Garibaldi la clé de l'Italie du Sud. Un mois plus tard, son armée franchissait le détroit qui sépare la Sicile de la Calabre, et le 7 septembre elle faisait à Naples une entrée triomphale, tandis que François II se réfugiait à Gaète.

Dans l'intervalle, le « héros des Deux-Mondes » s'était autoproclamé « dictateur de la Sicile » au nom de Victor-Emmanuel et Napoléon III avait été saisi d'une demande de médiation de la part du roi de Naples. Plus embarrassé que flatté par cette marque de considération à l'égard de celui qui faisait figure d'arbitre des conflits européens, l'empereur crut pouvoir éluder la question en proposant à François II un plan de réformes intérieures que celui-ci accepta, puis en soumettant son intervention diplomatique à l'accord du gouvernement de Londres qui exigea de Napoléon et de Cavour l'engagement qu'il n'y aurait aucune cession territoriale. À la suite de quoi l'offre de médiation fut transmise à Turin. En même temps Napoléon proposa aux Anglais une démonstration navale commune pour interdire aux garibaldiens de franchir le détroit de Messine : ce que Londres refusa à la demande de Cavour. L'empereur fit retomber sur Palmerston l'échec de la médiation, dégageant ainsi sa responsabilité à l'égard des puissances. Le 25 juillet, il écrivit à Persigny, en charge de l'ambassade de France à Londres, une lettre destinée à être rendue publique et qui contenait une phrase qui fit le tour des chancelleries européennes : « Je désire que l'Italie se pacifie, n'importe comment mais sans intervention étrangère [24]. »

Le tour que prenaient les événements en Sicile et en Italie du Sud, où la « guerre populaire » était largement illusoire, militait en faveur de la non-intervention de la France et de son alliée d'outre-Manche. Les « Mille » étaient pour la plupart des patriotes, réfugiés à Turin, dans d'autres États de la péninsule ou à l'étranger, et des intellectuels, membres des professions libérales, étudiants en mal d'aventure. En Sicile, ce furent le plus souvent les notables locaux qui, volant au secours de la victoire et bien décidés à défendre leurs intérêts, se firent les auxiliaires de Garibaldi. La paysannerie, pour sa part, resta à l'écart du mouvement, ou pire s'insurgea contre les « libérateurs » après avoir compris qu'ils ne procéderaient pas au partage des grands domaines. Et lorsque les paysans de la région de Catane entamèrent une occupation « sauvage » des terres, Nino Bixio, l'un des lieutenants de Garibaldi, lança une répression sans merci.

Bien qu'il eût ainsi barré la route à une révolution dirigée contre les possédants plutôt que contre les Bourbons, le *condottiere* niçois pouvait représenter un danger pour le pouvoir piémontais qui avait, dans la coulisse, favorisé son action. Garibaldi avait eu beau donner comme mot d'ordre à ses troupes « Italie et Victor-Emmanuel », il n'en subissait pas moins, maintenant que la partie était gagnée à Palerme et à Naples, l'influence de ses amis démocrates et républicains. Poussé par l'état-major révolutionnaire rassemblé autour de Mazzini et de Cattaneo, il s'abstint de proclamer l'annexion de la Sicile et de l'Italie du Sud au royaume de Haute-Italie, fit expulser de Palerme l'émissaire de Cavour La Farina, et contraignit à la démission le « proconsul » Agostino Depretis, qui avait la confiance de l'homme d'État piémontais.

Certes, Garibaldi n'était pas homme à renier sa parole. « Aux termes de ma mission, avait-il déclaré, je déposerai aux pieds de Votre Majesté l'autorité que les circonstances m'ont conférée, et je serai heureux de lui obéir pour le reste de ma vie. » Mais quelle était précisément la limite de sa « mission » ? Il est clair que, sous la pression de son entourage mazzinien, il songeait à poursuivre sa marche victorieuse jusqu'à Rome et à en chasser le pape avant de proclamer Victor-Emmanuel roi d'Italie. Cela, Cavour ne pouvait le laisser faire. Il n'ignorait pas que Napoléon III, s'il avait bien voulu accepter le démembrement des États de l'Église, ne consentirait jamais à voir le souverain pontife expulsé de sa capitale où, depuis 1849, une garnison française veillait sur sa sécurité.

Une marche de Garibaldi sur la Ville éternelle signifierait un heurt avec la garnison française, donc la fin de l'alliance avec Napoléon III qui restait la base de la diplomatie cavourienne. Le gouvernement de Turin devait à tout prix s'y opposer. Suprême habileté : Cavour allait réussir à tirer parti de cette situation dangereuse pour désamorcer les projets de Garibaldi et franchir une étape décisive dans le processus d'unification de l'Italie. Se servant de la menace garibaldienne comme d'un épouvantail, Cavour dépêcha auprès de Napoléon III des émissaires chargés de convaincre celui-ci du danger que présenterait pour la papauté un État napolitain dirigé par le chef des « chemises rouges ». Seule l'entrée des troupes piémontaises dans les États de l'Église pouvait empêcher le heurt fatal devant Rome. Cela leur permettrait ensuite d'occuper le royaume de Naples et d'évincer les garibaldiens. Certes, cette intervention n'irait pas sans dommage pour le trône de Saint-Pierre. Victor-Emmanuel annexerait les territoires septentrionaux et orientaux de l'État pontifical, les Marches et l'Ombrie, mais les Italiens s'engageraient solennellement devant Napoléon III à respecter Rome et le Latium.

En visite dans les territoires récemment annexés de la Savoie, l'empereur reçut le 27 août, à Chambéry, les deux émissaires piémontais, Farini et le général Cialdini, qui lui exposèrent la solution imaginée par Cavour. On ne connaît de cette entrevue secrète que le compte rendu qu'en ont fait les deux envoyés italiens.

L'empereur aurait, diront-ils, « tout approuvé » de ce moyen « d'éventer les complots cléricaux et légitimistes », concluant l'entretien par un « Bonne chance et faites vite ! » qui ne pouvait que résonner agréablement aux oreilles de Cavour. Après quoi, alors que toute l'Europe considérait avec inquiétude ou intérêt les événements d'Italie, Napoléon III, dont on attendait le retour à Paris, passa de Savoie en Corse, puis de Corse en Algérie, manifestant ainsi son désir de laisser aux Italiens le soin de régler leurs affaires. Les Piémontais avaient les mains libres.

Le 7 septembre, le jour même où Garibaldi faisait son entrée dans Naples, le comte de la Minerva quitta Turin pour Rome, avec mission de remettre au cardinal-secrétaire d'État Antonelli une note déclarant que les massacres perpétrés dans les Marches et en Ombrie par les mercenaires pontificaux ne pouvaient « laisser insensible le cœur de Victor-Emmanuel » et que, si ces troupes n'étaient pas immédiatement licenciées, il se verrait contraint d'intervenir en faveur des populations.

Quelles forces la papauté pouvait-elle opposer à l'armée piémontaise ? Les révolutions italiennes avaient convaincu Pie IX que sa puissance spirituelle était insuffisante pour protéger le trône pontifical face à l'émergence du courant national. Aussi avait-il autorisé un haut prélat belge, membre de la Curie, Mgr de Mérode, à constituer un corps de volontaires : les « zouaves pontificaux ». De toute l'Europe étaient accourus de jeunes catholiques intransigeants, tenants de l'ordre restauré en 1815. L'armée pontificale était un rassemblement des familles nobles de l'Europe catholique. La noblesse autrichienne y avait une bonne place et la France de l'Ouest y était dignement représentée. Le gouvernement impérial, qui entretenait à Rome une garnison chargée de défendre le pape, se déclara surpris de ce recrutement. Mais Pie IX et Antonelli tenaient Napoléon III pour le principal responsable du déclenchement du mouvement national italien et, par voie de conséquence, de la spoliation du pontife romain. Ils ne lui pardonnaient pas d'avoir inspiré la brochure *Le Pape et le Congrès*, donnant ainsi le signal de l'annexion des Romagnes, et admis implicitement le futur dépècement du patrimoine de Saint-Pierre.

Aussi, malgré la présence de ses troupes dans la capitale de la Chrétienté, ne manquèrent-ils aucune occasion de lui témoigner leur méfiance. C'est ainsi qu'ils firent appel, pour commander les zouaves pontificaux, à un ancien général de l'armée d'Afrique, Lamoricière, tardivement converti au catholicisme mais rayé par l'Empire des cadres de l'armée pour sa fidélité à la République. Placé à la tête de la cohue brillante mais peu disciplinée que constituait la légion pontificale, Lamoricière tenta, vainement, de s'opposer à l'invasion piémontaise.

Le 18 septembre 1860, à Castelfidardo, les soldats de Victor-Emmanuel taillèrent en pièces en quelques dizaines de minutes les troupes de Lamoricière. Les Marches et l'Ombrie occupées, l'armée piémontaise passa dans l'État napolitain. Le 26 octobre eut lieu à Teano, une petite localité située au nord de Naples, la rencontre hautement symbolique entre Garibaldi, le *condottiere* démocrate finalement rallié à la « solution piémontaise », et le chef de la Maison de Savoie. Le 7 novembre, Victor-Emmanuel fit son entrée à Naples au côté du « héros des Deux-Mondes », bientôt exilé volontaire dans sa retraite insulaire de Caprera, au nord de la Sardaigne. Les plébiscites organisés à partir du 21 octobre avaient donné d'énormes majorités aux partisans de l'annexion : 1 310 000 « oui » et 10 000 « non » dans le royaume de Naples, 432 000 « oui » et 600 « non » en Sicile ». Ceux qui suivirent quelques semaines plus tard en Ombrie et dans les Marches furent tout aussi favorables au rattachement de ces régions au royaume de Haute-Italie.

L'Europe ne bougea pas. Napoléon III protesta pour la forme, rappelant le 11 septembre son ambassadeur à Turin sans toutefois rompre les relations diplomatiques. Surtout, il s'appliqua à faire obstacle au projet de coalition antipiémontaise concocté par François-Joseph. L'empereur d'Autriche, qui devait rencontrer à Varsovie le tsar Alexandre et le régent de Prusse, se proposait de ressusciter la « Sainte Alliance » des puissances conservatrices et de les entraîner dans une intervention commune en Italie. L'immense service que rendit Napoléon III aux Italiens fut de détacher le tsar de ses éventuels alliés en le rassurant quant à la nature du mouvement national contrôlé par Cavour et en lui promettant son appui dans la question d'Orient. Si bien qu'à Varsovie, où il les rencontra le 22 octobre, Alexandre II se refusa catégoriquement à suivre l'Autriche, accompagné par le prince Guillaume de Prusse, qui n'entendait pas encourager une aventure où son pays n'avait rien à gagner. Cavour pouvait écrire au lendemain de la rencontre de Teano que « grâce au ciel et à l'attitude résolue de la France », le péril était conjuré.

En janvier 1861, le Premier ministre piémontais organisa des élections générales. Le 18 février, le premier Parlement italien se réunit à Turin et le 23 mars Victor-Emmanuel fut officiellement proclamé roi d'Italie. Cavour mourut quelques semaines plus tard, épuisé de travail, en murmurant : *L'Italia è fatta* (L'Italie est faite). Il lui manquait toutefois, pour être achevée, la Vénétie toujours tenue par l'Autriche, contre laquelle une nouvelle guerre paraissait impossible, et Rome protégée par Napoléon III, alors à l'apogée de son règne.

13

L'apogée de l'Empire
(1858-1861)

L'intervention française en Italie est emblématique de la politique napoléonienne dont elle résume les intentions, les ambiguïtés et les effets contradictoires, tant sur le plan intérieur qu'international.

L'empereur, en prêtant la main au petit royaume de Piémont, ne songeait ni à faire l'unité de la péninsule ni à déposséder le pape de sa puissance temporelle. L'objectif affiché était de permettre aux Italiens placés par les traités de 1815 sous la domination directe ou indirecte de l'Autriche de recouvrer leur indépendance et leur liberté, comme avaient commencé à le faire les peuples de la péninsule balkanique soumis depuis plusieurs siècles au joug ottoman. S'agissait-il d'une fin en soi ou d'un moyen destiné à favoriser une révision générale du statut de l'Europe, tel que l'avaient fixé les vainqueurs de Napoléon Ier ? Autrement dit, l'empereur était-il sincère lorsqu'il se posait en champion des nationalités ? Ou visait-il, en bon praticien de la *Realpolitik*, à utiliser ce terrain pour rendre à la France un prestige international dont il entendait bien profiter pour consolider son régime et obtenir des avantages territoriaux plus ou moins étendus ?

Il n'est pas aisé de trancher entre ces deux interprétations de la diplomatie impériale, tant sont mêlés les mobiles qui ont déterminé les choix de Napoléon III dans le domaine de la politique extérieure. Volonté à la fois d'assumer l'héritage glorieux du Premier Empire et de tenir compte des correctifs que Napoléon lui-même a apportés à son œuvre dans ses écrits de captivité. Nécessité d'accorder les ambitions de la France avec des moyens militaires et financiers, et avec un environnement international qui ne sont plus ceux du début du siècle. Crainte de voir se dresser contre une politique « révolutionnaire » et déstabilisatrice les États conservateurs, lesquels sont en même temps ceux qui ont à affronter la révolte des nationalités opprimées. La tentation est forte de jouer sur l'aspiration des peuples à se libérer de leurs maîtres étrangers pour affaiblir les adversaires potentiels de l'Empire, mais Napoléon a trop conscience des risques que comporterait la reconstitution d'une coalition des monarques d'Ancien Régime pour ne pas faire machine arrière au premier signe de retour à l'esprit de la Sainte Alliance.

C'est ce qui s'est passé au lendemain de la victoire de Solferino, lorsque le prince régent de Prusse a mobilisé 200 000 hommes sur le Rhin. Et si Napoléon III accepte en fin de compte à la fin de 1860 de souscrire au programme de Cavour et de laisser les Piémontais occuper l'Ombrie et les Marches, c'est parce qu'il peut faire valoir auprès du tsar et du régent Guillaume que l'Italie, au lieu d'être un nid de révisionnistes et de révolutionnaires, comme elle le fut depuis le Congrès de Vienne, est en passe de devenir sous Victor-Emmanuel un État stable, conscient de ses responsabilités internationales et prêt à briser dans l'œuf toute tentative d'inspiration mazzinienne.

Telle est l'ambivalence d'une politique qui se réclame du droit des peuples souverains et de la nécessité d'une révision radicale des traités de 1815, tout en favorisant l'émergence d'un ordre international respectueux des grands équilibres géostratégiques. Une main tendue vers les peuples en quête d'émancipation et de satisfaction de leurs revendications nationales, une autre en

direction des hommes d'État capables de concilier autorité et volonté de réformes : n'est-ce pas le même esprit,
les mêmes références idéologiques qui animent Napoléon III dans la conduite de toute sa politique ?

Le tournant autoritaire de 1858

L'attentat d'Orsini n'était pas la première action ter-
roriste dirigée contre l'empereur. Mais il marqua davantage les esprits parce qu'il avait été tout près de réussir
et avait fait de nombreuses victimes. Miraculeusement
indemne, le couple impérial avait offert aux témoins
et à l'opinion un remarquable exemple de sang-froid.
Le danger passé, Napoléon n'en manifesta pas moins
inquiétude et déception. « Je suis, confia-t-il à une
proche, profondément triste et découragé. » Peut-être
parce que, déjà à cette date, il avait songé à libéraliser
son régime et que les bombes de l'Opéra l'obligeaient
au contraire à le durcir. Orsini était un patriote italien,
mais il avait préparé son coup en Angleterre, manipulé
par un exilé français : la riposte ne pouvait donc être
que globale.

Le premier à payer de son poste l'inefficacité des services responsables de la sécurité de l'empereur fut le
ministre de l'Intérieur Billault, remplacé par le général
Espinasse : un militaire sans états d'âme, connu pour
être sans indulgence à l'égard des « rouges ». L'empereur, encore très secoué par la soirée du 14 janvier, ne
fut pas le dernier à l'encourager : « Ne cherchez pas,
déclara-t-il, par une modération hors de saison, à rassurer ceux qui vous ont vu venir au ministère avec effroi.
Il faut qu'on vous craigne[1]. » Suivit, quelques semaines
plus tard, le limogeage du préfet de police Pietri, un
fidèle parmi les fidèles que l'empereur aurait souhaité
épargner, mais dont la tête était réclamée avec véhémence par les membres de son entourage immédiat.

Le ton fut donné dès le 16 janvier par le président
du Corps législatif. S'adressant en présence du couple

impérial aux représentants des grands corps de l'État, Morny prononça un discours dont la violence avait été concertée avec l'empereur et qui fut accueilli par de « vives et bruyantes acclamations » :

> Nous ne pouvons le cacher, a déclaré le demi-frère de Napoléon III, les populations que nous venons de visiter récemment s'inquiètent des effets de votre clémence, qui se mesure trop à la bonté de votre cœur. Et lorsqu'elles voient d'aussi abominables attentats se préparer au-dehors, elles se demandent comment des gouvernements voisins et amis sont dans l'impuissance de détruire ces laboratoires d'assassinats et comment les saintes lois de l'hospitalité peuvent s'appliquer à des bêtes féroces. Votre gouvernement qui est fondé sur deux principes, l'autorité et la protection des honnêtes gens, doit faire cesser à tout prix ces convulsions périodiques. Pour atteindre ce but, le concours du Corps législatif vous est assuré. [*Oui ! oui !*][2].

Baroche devant le Conseil d'État et Troplong au Sénat tinrent des propos un peu moins brutaux mais tout aussi significatifs. On pouvait donc s'attendre à ce que ces diverses déclarations fussent suivies à bref délai de dispositions visant à renforcer le caractère dictatorial du régime. D'autant que l'empereur avait lui-même annoncé la couleur en ouvrant la session du Corps législatif. « Le danger, avait-il déclaré, quoi qu'on dise, n'est pas dans les prérogatives excessives du pouvoir, mais plutôt dans l'absence de lois répressives. [...] Vous m'aiderez à rechercher les moyens de réduire au silence des oppositions extérieures et factieuses. »

L'armée étant considérée à juste titre comme le rempart le plus sûr du régime, on commença par caresser ses chefs dans le sens du poil en faisant paraître dans *Le Moniteur* une déclaration affirmant qu'elle pourrait être appelée à « jouer un rôle politique dans les moments de crise ». Les troupes furent désormais réparties en cinq grands commandements à Paris, Nancy, Toulouse, Lyon et Tours, chacun ayant respectivement à sa tête les maréchaux d'Empire Magnan, Canrobert, Castellane, Bosquet et Baraguay d'Hilliers.

L'effroi que suscitait le risque de voir l'empereur disparaître dans un attentat acheva de convaincre son entourage de la nécessité d'instituer un Conseil privé susceptible d'être consulté dans des circonstances graves et qui se transformerait éventuellement en Conseil de régence. Craignant que cet organisme ne servît de tremplin à son cousin pour se faire octroyer les pleins pouvoirs, Napoléon III décida d'y faire entrer à titre personnel les présidents des trois assemblées, Morny, Troplong et Baroche, tous trois hostiles à Plonplon et à son père. Il refusa également de confier au vieux Jérôme la présidence du Conseil des ministres, comme le demandait l'ancien roi de Westphalie. L'un et l'autre ne voulurent donc pas entrer dans le Conseil privé, mais restèrent membres du Conseil de régence, tel qu'il avait été établi par le sénatus-consulte du 17 juillet 1856. Il vaut mieux, dira l'empereur, les avoir dedans que dehors.

Le 1er février 1858, le jour même où le Conseil privé était institué, le projet d'une loi dite de « sûreté générale » fut déposé au Corps législatif. Il permettait de punir de prison toute action ou complicité d'acte accomplie « dans le but d'exciter à la haine ou au mépris des citoyens les uns contre les autres ». Le champ d'application était vaste ! Pratiquement il coïncidait avec les diverses manifestations d'opposition au régime, d'autant que la loi donnait pouvoir au gouvernement d'interner ou de faire expulser après l'expiration de sa peine tout individu condamné pour des délits relatifs à la sûreté de l'État ou pour offense à la personne de l'empereur ; et pire encore tout individu ayant été condamné, interné, exilé ou « transporté » à la suite des événements de juin 1848, juin 1849 et décembre 1851.

Le pouvoir avait frappé fort. Même parmi les plus fermes soutiens du régime, des voix s'élevèrent pour dénoncer une nouvelle « loi des suspects ». On voyait mal pourquoi un attentat commis par des étrangers pouvait avoir pour effet de traiter les hommes de 1848 comme des délinquants. Le Corps législatif vota le texte le 27 février par 221 voix contre 24 et 14 abstentions, alors que l'opposition républicaine ne comptait que cinq représentants et que Morny, quittant son fauteuil présidentiel pour se faire rapporteur du projet, avait pris soin de rassurer les royalistes. Au Sénat, il n'y eut qu'une voix pour s'opposer à la loi, celle du général Mac-Mahon, mais le Conseil d'État ne l'adopta que d'extrême justesse : 31 votes favorables contre 27.

Espinasse n'avait pas attendu que la loi de sûreté générale fût promulguée pour en appliquer les sanctions aux éventuels fauteurs de troubles. « C'est aux bons à se rassurer, a-t-il proclamé, aux méchants seuls à trembler. » Et de passer à l'acte sans ménagement, prescrivant aux préfets de faire arrêter dans leur département « les individus les plus dangereux », choisis parmi les républicains condamnés depuis 1848 et libérés ou graciés. Combien d'anciens détenus furent-ils ainsi renvoyés en prison ou déportés en Algérie ? On s'accorde aujourd'hui à réviser à la baisse les évaluations fournies à l'époque par les milieux républicains — on a parlé de 2 000 arrestations — pour un chiffre situé autour de 450 personnes : la plupart d'entre elles seront libérées au plus tard en août 1859 à l'occasion de l'amnistie générale.

Premiers signes de libéralisation

Napoléon III ne tarda pas à se rendre compte qu'il faisait fausse route en se posant en libérateur des peuples tout en imposant aux Français une sorte de dictature. Des voix s'élevaient d'ailleurs dans divers secteurs de l'opinion et au sein même du « parti » bonapartiste, pour lui conseiller plus de modération : celle de Fleury par exemple qui se dit « malade de chagrin » à l'annonce de la nomination du général Espinasse à l'Intérieur, ou celle du prince Napoléon qui, tout en se déclarant favorable à l'exécution d'Orsini et de ses complices, constate, dans une lettre à son cousin en date du 26 mars, « que sept ans d'une politique glorieuse et clémente n'ont servi à rien », « qu'on est absolument au même point que le premier jour, et que tout est à recommencer, même le coup d'État »[3].

L'empereur est d'autant moins enclin à accepter de leçon de la part de Plonplon qu'il n'a pas apprécié son comportement, ni celui de son père, lors de la mise en place du Conseil privé. Il n'a pas manqué de lui faire part de sa mauvaise humeur, reprochant à son ancien compagnon d'exil de « manquer complètement de jugement » et de se trouver « dans toutes les circonstances graves [...] à côté de la vérité »[4]. Il n'en est pas moins attentif au moindre frémissement d'une opinion publique qu'inquiète l'ardeur répressive du général Espinasse. En avril, des élections complémentaires à Paris sont favorables aux républicains : Jules Favre, l'avocat d'Orsini, et Ernest Picard, un proche d'Émile Ollivier, font leur entrée au Corps législatif. Ni la suppression d'organes oppositionnels tels que la *Revue de Paris* et *Le Spectateur*, ni l'écho des centaines d'arrestations effectuées en province à l'initiative du ministre de l'Intérieur n'ont empêché les républicains de gagner des voix dans la capitale. L'empereur s'en émeut et décide de faire machine arrière.

Le 25 mars, une note publiée dans *Le Moniteur* et visiblement inspirée par les Tuileries annonce que « le but étant atteint, ceux mêmes qui se trouvaient sous le coup des mesures gouvernementales n'avaient rien à craindre s'ils ne se rendaient coupables de faits nouveaux »[5]. Autrement dit, la loi de sûreté générale est mise en sommeil. Elle ne sera plus appliquée jusqu'à la fin de l'Empire. Espinasse est le premier à faire les frais du nouveau cours. Il peut bien expliquer à l'empereur que la situation est tout aussi alarmante qu'en 1851 et que le régime n'a pu s'installer qu'à la faveur de l'horreur suscitée par « l'anarchie républicaine », il lui faut quitter son poste, confié à Delangle, premier président de la Cour impériale de Paris. Un magistrat modéré succède à un baroudeur de choc, signe que le pouvoir entend revenir à l'État de droit. Espinasse n'est pas remercié sans égard : il est fait sénateur de l'Empire en attendant de recevoir l'année suivante le commandement d'une division, de partir pour l'Italie et d'être tué à Magenta.

L'opposition de droite s'élargit

Les événements d'Italie et l'adoption par l'Empire d'une politique douanière libre-échangiste vont fortement concourir, à partir de 1859-1860, à l'éclosion de nouvelles formes d'opposition, certes moins radicales que celles des républicains et des légitimistes intransigeants mais d'autant plus inquiétantes à long terme qu'elles émanent de milieux qui avaient compté jusqu'alors parmi les plus fermes soutiens du régime.

En essayant de concilier les vœux de ses protégés italiens et le maintien d'un minimum de territoires relevant de la souveraineté pontificale, Napoléon III avait cru qu'il pourrait aménager en Italie un *modus vivendi* acceptable pour les deux parties. Il dut vite déchanter. D'une part l'opinion transalpine le tenait pour responsable du maintien de la Vénétie sous le joug autrichien et de l'interdiction faite au jeune royaume d'Italie d'établir sa capitale à Rome, d'autre part le Saint-Siège s'employait à mobiliser le monde catholique : États, hiérarchies ecclésiastiques et militants, appelés à joindre leurs protestations à celles du pontife romain.

En France, les difficultés avec l'Église ont commencé à se manifester après la publication en décembre 1859 du *Pape et le Congrès*. Pie IX ayant répliqué avec virulence par une encyclique publiée dans *L'Univers*, et appelant les fidèles à défendre son pouvoir temporel[6], c'est à une véritable levée de boucliers que dut faire face le pouvoir, les protestations venant aussi bien des ultramontains les plus déterminés que de certains catholiques libéraux. Aux représentations de Mgr Dupanloup, évêque libéral d'Orléans, répondent les diatribes de Mgr Pie, en charge du diocèse de Poitiers. Dans les régions de forte tradition catholique, le bas clergé s'enflamme et fustige en chaire la politique impériale, dénoncée comme sacrilège. Louis Veuillot, qu'on dit « Romain de la tête aux pieds », et qui a jusqu'alors soutenu dans *L'Univers* l'Empire et son refondateur, passe dans l'opposition au point que son journal est interdit dès le 30 janvier 1860. Des catholiques libéraux, comme Falloux, Cochin, ou de Broglie, pourtant en délicatesse avec Rome, montent également en ligne pour défendre dans *Le Correspondant* le point de vue du Saint-Siège. Plusieurs députés cléricaux tentent vainement d'obtenir une audience de l'empereur.

Plus surprenante est l'intervention dans le débat, aux côtés des ultramontains et des catholiques libéraux, de personnalités connues pour leurs sympathies orléanistes mais qui trouvent dans le soutien à la cause pontificale un moyen d'exprimer leur opposition à la politique italienne de l'empereur, ou leur hargne d'être écartés du pouvoir. Il en est ainsi du protestant Guizot, de libres-penseurs comme Thiers, de l'ancien ministre de l'Instruction publique Villemain, auteur en 1860 d'un ouvrage favorable au pouvoir temporel du pape, *La France, l'Empire et la papauté*, ou encore de Cousin.

Face à cette offensive des défenseurs de Pie IX, le gouvernement impérial ne va pas tarder à réagir. De retour au ministère de l'Intérieur après deux ans de purgatoire, Billault s'emploie à poursuivre les abus de parole en chaire. Son successeur Delangle, désormais en charge de la Justice, incite les procureurs généraux à la sévérité. Des dizaines d'informations sont ouvertes contre des ecclésiastiques jugés turbulents, voire « subversifs ». Quelques-unes aboutissent à des condamnations légères, mais qui n'en mécontentent pas moins leurs ouailles. Le ministre de l'Instruction publique et des Cultes Rouland, un catholique sincère mais de tendance gallicane, applique avec rigueur la législation sur les congrégations et celle qui réglemente les dons et legs : ceci dans le but de freiner le développement de l'enseignement dispensé par des religieux. Le gouvernement nomme des évêques gallicans qui ne sont pas tous acceptés par le Saint-Siège. Au total, une politique qui, tout en s'appliquant à ne pas envenimer les rapports entre le pouvoir et l'institution ecclésiastique, se veut concordataire. Conséquence directe des choix opérés par Napoléon III dans ses relations avec l'Italie et avec le Saint-Siège, ils auront surtout pour effet de creuser un fossé entre le gouvernement impérial et la partie grandissante de la bourgeoisie soumise à l'influence du clergé, ou désireuse de marquer son opposition récente au régime en volant au secours de Pie IX. « Non seulement, dira Mérimée, les anciens dévots sont devenus aigres comme verjus, mais les ex-voltairiens de l'opposition politique se sont faits papistes [7]. »

Le nouveau cours de la politique douanière ne pouvait que faire pencher dans le même sens toute une fraction de l'opinion bourgeoise. Depuis la Révolution, et surtout depuis la mise en place du Blocus continental par Napoléon, l'industrie française s'était habituée à vivre sous la protection de tarifs prohibitifs. Le système, s'il avait pour effet négatif de freiner la modernisation de la France, satisfaisait pleinement les industriels du coton et de la laine, les maîtres de forge et maîtres verriers, ainsi que les propriétaires et les actionnaires de mines de charbon. Il avait également les faveurs des agrariens : grands propriétaires de domaines céréaliers ou betteraviers, de prairies à élevage et d'espaces forestiers étendus. C'est largement grâce au protectionnisme douanier que s'était amorcée depuis la Restauration la fusion des bourgeoisies manufacturière et agrarienne.

Fortement représentés dans les assemblées de l'Empire, ces notables attendaient du régime qu'il se montrât aussi soucieux de leurs intérêts que la Monarchie de Juillet, et qu'il défendît bec et ongles la production nationale contre la concurrence étrangère, principalement anglaise. Or Napoléon III considérait que le système protectionniste avait fait son temps et que le moment était venu de changer de politique douanière. Au cours de ses séjours en Grande-Bretagne, il avait eu maintes occasions de mesurer l'impact positif de l'adhésion des dirigeants britanniques aux thèses de l'École de Manchester : production industrielle accrue, essor commercial sans précédent, baisse sensible du prix des matières premières importées et des denrées alimentaires, donc amélioration du coût de la main-d'œuvre et moindre risque de voir se développer des mouvements contestataires. Aussi s'était-il converti aux idées libre-échangistes avant même d'accéder à la présidence de la République.

La fréquentation des saint-simoniens et surtout les liens qu'il a noués avec Michel Chevalier, un ancien élève de Polytechnique et de l'École des mines rallié au régime et titulaire de la chaire d'économie politique du Collège de France, ont conforté l'empereur dans l'idée qu'un État moderne ne pouvait s'enfermer derrière des barrières douanières peu propices à la concurrence, donc à l'innovation. De l'adoption du libre-échange, l'industrie française devait tirer au moins deux bénéfices majeurs : la baisse du prix des matières premières et de certains produits importés nécessaires à l'équipement du pays — les rails par exemple que les maîtres de forge avaient réussi jusqu'alors à maintenir à un prix élevé grâce à un droit d'entrée parfaitement prohibitif — et la réduction, ou du moins la stabilité des coûts salariaux. D'autre part, la diminution du prix des céréales, désormais concurrencés par la production étrangère, ne pouvait que contribuer à l'amélioration du niveau de vie des ouvriers : ce qui, depuis qu'il s'était penché sur le problème de « l'extinction du paupérisme », constituait l'une des préoccupations du souverain.

Napoléon III eut tôt fait de comprendre que le changement de régime douanier ne se ferait pas sans heurt. Déjà, à la fin du règne de Louis-Philippe, s'était constituée autour du maître de forge Talabot et du banquier Seillière une Association pour la défense du travail national avec un comité central parisien et des comités départementaux réunissant la plupart des grands patrons de l'industrie française. Après la proclamation de l'Empire, le lobby protectionniste, quoique plus discret que sous la Monarchie de Juillet, accueillit avec réticence les diminutions ponctuelles de droits d'entrée sur le charbon, le fer, l'acier, les machines et la laine brute. Le gouvernement impérial devait par conséquent se montrer prudent, s'il désirait ne pas s'aliéner en bloc le monde industriel et les agrariens. Sans doute pouvait-il s'appuyer sur la haute banque et sur de petits cercles d'économistes acquis aux idées saint-simoniennes et au principe du « laisser faire, laisser passer », mais de quel poids ces partisans de la liberté des échanges pesaient-ils en regard de la coalition des intérêts manufacturiers ? En juin 1856, lorsque, à la suite de pourparlers engagés avec les Britanniques à l'occasion du Congrès de Paris, l'empereur voulut présenter devant le Corps législatif un projet de loi libre-échangiste, il se heurta à une telle résistance qu'il dut faire machine arrière, retirer le texte et accepter la création d'une commission d'enquête sur le sujet.

La voie parlementaire ayant échoué, c'est dans le plus grand secret que se constitua en 1859 un groupe d'experts, peu nombreux mais puissants, avec pour mission d'aboutir à un traité de commerce avec l'Angleterre. Michel Chevalier y joua un rôle déterminant. En octobre, il se rendit à Londres, où il eut des entretiens avec Cobden, le principal artisan de l'abolition des lois protectionnistes outre-Manche, et avec Gladstone, alors chancelier de l'Échiquier et libre-échangiste résolu. Le but recherché par Napoléon III n'était pas seulement d'ordre économique. Engagé depuis peu dans la guerre contre l'Autriche à propos des affaires italiennes, et bientôt confronté aux difficultés résultant de l'annexion par le Piémont d'une partie des territoires pontificaux, l'empereur avait un besoin impérieux de resserrer les liens avec la Grande-Bretagne : l'adoption du libre-échange et la signature d'un traité de commerce favorisant l'entrée en France de produits anglais ne pouvaient que servir ses projets.

Les négociations proprement dites durèrent plusieurs mois. Elles furent menées par Lord Cowley et Richard Cobden pour l'Angleterre, Baroche, Rouher, Fould et Michel Chevalier pour la France. Walewski et Magne, ce dernier en charge des Finances, connus pour leur hostilité au projet, furent tenus à l'écart des pourparlers. Le journal anglais *Morning Post* fut le premier à éventer le secret, aussitôt suivi par *Le Moniteur* où, le 15 janvier 1860, Napoléon III fit publier une longue lettre adressée au ministre d'État Fould, dans laquelle il annonçait l'instauration du libre-échange :

> Depuis longtemps, on proclame cette vérité, qu'il faut multiplier les moyens d'échange pour rendre le commerce florissant, que, sans concurrence, l'industrie reste stationnaire et conserve des prix élevés qui s'opposent au progrès de la consommation ; que, sans une industrie prospère qui développe les capitaux, l'agriculture elle-même demeure dans l'enfance. Tout s'enchaîne donc dans le développement successif des éléments de la prospérité publique. [...] Ainsi, en résumé, [...] suppression des prohibitions, traités de commerce avec les puissances étrangères. Telles sont les bases générales du programme [8].

Conclu pour dix ans, le traité de commerce avec l'Angleterre fut signé le 23 janvier. Côté français, il supprimait toutes les prohibitions, remplacées par des droits *ad valorem* ne devant pas dépasser 30 %. Les taxes d'entrée sur la plupart des matières premières et des produits alimentaires étaient purement et simplement abolies. En échange de quoi, l'Angleterre autorisait l'entrée en franchise de nombreux produits finis et diminuait ses taxes douanières, notamment sur les vins. Il ne s'agissait donc pas à proprement parler d'un traité de libre-échange mais de l'allègement d'un dispositif jusqu'alors rigoureusement protectionniste. Quoi qu'il en soit, il constituait pour la France et pour son industrie une véritable révolution opérée dans le sens de la liberté économique.

C'est bien ainsi qu'il fut perçu par les principaux intéressés, mais nullement de manière positive. La réaction des milieux protectionnistes fut en effet immédiate. Dès la parution du texte, plusieurs centaines d'industriels réunis à Paris adressèrent à l'empereur — qui avait refusé de recevoir leurs délégués — une « adresse véhémente » qui parut dans plusieurs journaux. Mais c'est surtout au Corps législatif que se manifesta l'opposition la plus visible. Le traité lui-même ne pouvait faire l'objet d'aucune discussion, mais la fixation détaillée des tarifs impliquait le dépôt et le vote d'une loi. Lors du débat, qui eut lieu du 28 avril au 2 mai, les ténors du parti protectionniste se succédèrent à la tribune pour reprocher au gouvernement d'avoir agi sans la moindre concertation, en violation des « droits légitimes » de l'Assemblée. Le premier à porter l'estocade fut Augustin Pouyer-Quertier, magnat de l'industrie cotonnière rouennaise et rapporteur de la commission chargée de l'examen du projet de loi. Quoique désigné comme candidat officiel par le préfet Leroy en 1857, Pouyer-Quertier se montra très incisif dans sa critique de la politique douanière du régime. Lui emboîtèrent le pas avec la même virulence le conservateur catholique Jules Brame, député du Nord, le président de la Chambre de Commerce de Lille, Charles Kolb-Bernard, Charles Lespérut, député de la Haute-Marne ; tous mirent l'accent sur les difficultés que ne manqueraient pas de rencontrer les industriels français, et en particulier ceux des régions proches de la mer du Nord et de la Manche, du fait de la concurrence des produits britanniques. Les interventions à la fois rassurantes et fermes de Morny et de Baroche permirent néanmoins le vote quasi unanime du projet, adopté par 249 voix contre 4.

Tous les milieux économiques n'étaient pas hostiles à la liberté des échanges. Les viticulteurs du Languedoc et des Charentes, les soyeux lyonnais, les armateurs et les négociants de Marseille, de Bordeaux et du Havre approuvèrent la nouvelle politique douanière, de même que les représentants de la haute banque protestante. Mais, dans leur grande majorité, les industriels et les agrariens manifestèrent durablement leur hostilité à ce qu'ils considéraient comme un « coup d'État économique ». Nombre d'entre eux s'affilièrent à l'Association contre le libre-échange et pour la défense du travail national, multipliant les démarches auprès des pouvoirs publics et n'hésitant pas à pratiquer le chantage à la baisse des salaires ou aux licenciements pour obtenir des aménagements tarifaires.

Le décret du 24 novembre 1860

En imposant aux puissants lobbies protectionnistes une libéralisation partielle des échanges — d'autres traités seront en effet signés avec la Belgique en 1861, la Prusse et le Zollverein en 1862 et 1864, l'Italie en 1863, la Suisse en 1864, la Suède, la Norvège, les Pays-Bas et l'Espagne en 1865, l'Autriche en 1866, le Portugal et le Saint-Siège en 1867 — Napoléon III a incontestablement fait acte de courage politique. Dans le double but de pousser à la modernisation de la France et d'améliorer la condition ouvrière, il a délibérément choisi de s'aliéner une partie des forces qui soutenaient le régime depuis le 2 décembre. Conjuguant ses effets avec ceux de la politique menée à l'égard de l'Italie et de la papauté, l'adoption du libre-échange détourna en effet bon nombre de représentants d'une bourgeoisie qui, après avoir constitué le plus ferme soutien de la Monarchie de Juillet, s'était ralliée au régime consulaire, puis à l'Empire par souci de maintenir et de consolider l'ordre social. Le protectionnisme douanier comme l'alliance du trône et de l'autel constituaient pour ces ralliés par opportunisme à la cause impériale les éléments d'un tout, une sorte de pacte de défense de l'Ordre que l'empereur aurait en quelque sorte dénoncé en choisissant Cavour contre Pie IX et l'amitié anglaise aux dépens des intérêts d'une majorité d'industriels et de grands propriétaires terriens.

On interprète généralement l'évolution ultérieure du régime comme la conséquence de la défection d'une fraction de la classe dirigeante hostile à la politique douanière et à la politique italienne de Napoléon III. Boudé par des éléments qui avaient jusqu'alors appuyé son action, l'empereur aurait cherché de nouveaux soutiens et tenté de gagner à l'Empire une partie de l'opposition. Aussi pertinente que soit cette interprétation du tournant libéral de 1860-1861, elle doit toutefois être nuancée. D'abord parce qu'il n'y a pas eu de complet renversement des alliances, pas encore. Tous les catholiques, y compris parmi les plus militants, n'étaient pas des défenseurs inconditionnels du pouvoir temporel et tous les industriels n'étaient pas disposés à faire passer leurs intérêts et leurs choix protectionnistes avant le souci qu'ils avaient de préserver l'ordre social. Ils pouvaient manifester de la mauvaise humeur en regard de certaines décisions du gouvernement impérial, mais ils ne souhaitaient pas pour autant la disparition du régime. D'autre part, si les républicains étaient favorables à l'intervention en Italie et à l'annexion de la plus grande partie des territoires pontificaux, il n'était pas question, au moins pour la majorité d'entre eux, de se muer en partisans zélés de l'Empire, fût-il en passe de devenir libéral.

Il serait donc erroné d'imaginer que Napoléon III ait pu vouloir troquer du jour au lendemain l'alliance avec le parti de l'Ordre contre celle des démocrates. Il a bien, et ceci depuis ses écrits d'exil et de captivité, un projet de fusion des divers éléments composant le corps social. Il n'y renonce pas, mais le moment n'est pas encore venu, estime-t-il, de donner corps à cette utopie. Il s'agit en attendant de permettre aux divers points de vue de s'exprimer, dès lors qu'ils le font avec mesure et dans un cadre aisément contrôlable. N'est-ce pas ce que souhaitent depuis 1851 les représentants du « parti » orléaniste ? C'est à leur intention qu'est préparée la

réforme portant sur le fonctionnement du Corps législatif : celle-ci n'est pas destinée à bouleverser les règles
du jeu. Ce sont moins les républicains qu'on cherche à
rallier que les partisans d'une monarchie parlementaire
qui a connu ses beaux jours sous la Monarchie de Juillet
et qui ne s'est accommodée de l'Empire que par peur
des « rouges » et de « l'anarchie ».

Ce sont en tout cas les résistances rencontrées au
Corps législatif par le gouvernement impérial qui
conduisirent l'empereur à jeter du lest. Déjà, lors de la
session de 1859, les « budgétaires » avaient manifesté
leur opposition en déposant une cinquantaine d'amendements visant à réduire de plus de quatre milliards les
dépenses de l'État. L'année suivante, c'est une véritable
fronde parlementaire — minoritaire certes mais nullement intimidée par les risques de mise au pas — qu'eut
à affronter l'équipe dirigeante. Si cinq voix seulement,
celles des députés républicains, s'opposèrent au vote du
budget de 1861, le débat sur l'application tarifaire du
traité de commerce franco-anglais donna lieu, on l'a vu,
à de vigoureuses empoignades, de même que celui qui
porta sur la réduction du contingent militaire en Italie.
L'élection d'un candidat officiel, sous-chef du cabinet
de l'empereur et victorieux d'un clérical lors d'une élection partielle, ne fut ratifiée que par 123 voix contre
109. Une autre sera purement et simplement invalidée.

Tout devenait prétexte aux députés pour se livrer à
des interpellations, en principe non autorisées par le
règlement. Morny avait toute latitude de s'y opposer,
mais il eut l'habileté de ne pas heurter de front cette
opposition naissante, signe d'une évolution qui lui
paraissait irréversible. Et lorsque Émile Ollivier
annonça, au cours de la discussion du budget, qu'il
allait dresser un inventaire complet de la politique gouvernementale, il lui rappela que le droit d'interpellation
n'existait pas, puis le laissa parler. C'est à son initiative
que fut envisagée une modification du règlement de la
Chambre conférant aux députés le droit d'amendement
et même d'interpellation, et prescrivant la publication

du compte rendu sténographique des débats. Après avoir interrogé les présidents des différents bureaux du Corps législatif, Morny adressa à Napoléon III un mémoire qui fut successivement soumis à Walewski et à Thiers. Il semble que ce fut ce dernier qui suggéra de rétablir l'adresse.

Cette mansuétude relative du pouvoir à l'égard de l'opposition libérale n'empêcha pas la machine judiciaire de condamner à trois mois de prison le jeune publiciste Prévost-Paradol, auteur d'une brochure intitulée *Les Anciens Partis* dans laquelle il dénonçait le « parti de la démagogie et du despotisme » — autrement dit le régime impérial — et préconisait l'union contre celui-ci des anciens partis : légitimiste, orléaniste et républicain.

Le 22 novembre 1860, l'empereur annonça en Conseil des ministres sa décision de réformer par décret le fonctionnement du Corps législatif. À l'exception de Walewski, tous les membres du gouvernement se déclarèrent hostiles à ce texte qui n'en fut pas moins promulgué deux jours plus tard. Tout en se défendant de vouloir modifier le caractère autoritaire du régime, et en affirmant qu'il souhaitait seulement « donner aux grands corps de l'État une participation plus directe à la politique générale du gouvernement », Napoléon III introduisait dans la Constitution de 1852 plusieurs innovations importantes. Répondrait désormais au discours du Trône, par lequel s'ouvrait chaque année la session parlementaire, une adresse dont le Corps législatif et le Sénat établiraient et discuteraient le texte « en présence de commissaires du gouvernement ayant mandat de donner aux Chambres toutes les explications nécessaires sur la politique intérieure et extérieure de l'Empire ». La lecture de l'adresse serait suivie d'un débat d'ordre général. D'autre part, afin d'élargir le droit d'amendement, le Corps législatif pourrait discuter en comité secret les projets de loi du gouvernement avant de désigner la commission chargée de les examiner. Pour défendre ces projets, et pour rétablir le contact entre l'équipe ministérielle et les Chambres (supprimé par la Constitution de 1852), il était créé des « ministres sans portefeuille » dont la mission était de défendre devant les assemblées les projets gouvernementaux. Enfin un compte rendu sténographique des débats paraîtrait *in extenso* le lendemain dans *Le Moniteur* et pourrait être reproduit dans les mêmes formes par les journaux. Le pays pourrait ainsi prendre connaissance des affaires débattues par ses représentants.

Fin ou commencement ?

Le décret du 24 novembre 1860 est complété par les senatus-consultes des 2 et 3 février et du 31 décembre 1861. Le premier rend au Corps législatif le droit d'élire les six secrétaires qui constituent son bureau. Le second apporte des modifications importantes aux règles de la discussion budgétaire. Le budget cesse d'être voté globalement par départements ministériels. Désormais les crédits de chaque ministère seront examinés et votés par sections, chapitres et articles, ce qui permet à l'assemblée d'exercer un contrôle vigilant sur l'administration et la politique du gouvernement. De plus, une autorisation législative redevient indispensable pour tout crédit supplémentaire. Le régime tend ainsi à se rapprocher des pratiques de la monarchie constitutionnelle.

Le senatus-consulte du 31 décembre répondait aux critiques formulées par Achille Fould. En désaccord avec la politique budgétaire du gouvernement, qu'il jugeait trop laxiste, celui-ci avait quitté le ministère à la fin de 1860. Retiré à Tarbes, il adressa le 29 septembre 1861 à l'empereur un mémoire *Sur l'état des finances* dans lequel il dénonçait la latitude que se donnait le pouvoir « de dépenser une somme quelconque sans un vote préalable »[9] et proposait « un retour urgent à la stricte orthodoxie budgétaire ». À la grande surprise de ses ministres, Napoléon III donna lecture à ces derniers du mémoire de Fould et le fit publier dans *Le Moniteur*, accompagné d'une réponse dans laquelle il se déclarait d'accord avec son auteur qu'il remerciait « d'avoir fait ressortir avec tant de lucidité [...] un danger de son gouvernement » [10].

Les réformes de fonctionnement du Corps législatif furent diversement accueillies par la classe politique et par l'opinion. À l'exception de Walewski et de Chasseloup-Laubat, en charge de la Marine et des Colonies, les ministres se prononcèrent contre, de même que de nombreux représentants des conservateurs. L'un d'entre eux, le baron d'Anthès de Heeckeren, qui siégeait au Sénat depuis 1852 [11], déclara : « L'empereur est fini. Il veut se battre à coups de langue avec M. Thiers. Son affaire est réglée. Il n'en a pas pour cinq ans. » Dans les rangs libéraux, on se montra plus nuancé. On voulut bien faire crédit à l'empereur de ses bonnes intentions. Après tout, personne n'avait obligé le souverain à engager des réformes qui n'avaient pas l'assentiment de ses ministres et qui heurtaient une partie de ses plus fermes soutiens politiques. Peut-être la réforme du Corps législatif préfigurait-elle une évolution vers le parlementarisme ? C'est ce que pensaient, et en tout cas écrivaient les représentants de la presse libérale, tels Nefftzer dans *La Presse* ou Prévost-Paradol dans le *Journal des Débats*.

Dans leur très grande majorité, les républicains se montrèrent peu désireux de cautionner le pouvoir en saluant de manière positive ce qu'ils considéraient comme un recul forcé de la dictature. Rares étaient ceux qui, à l'instar d'Émile Ollivier — déjà engagé dans une voie qui le conduira quelques années plus tard à la direction du gouvernement —, s'interrogeaient sincèrement sur la signification de la réforme : « Si c'est une fin, déclara-t-il à Morny qui lui demandait s'il était satisfait de la réforme, vous êtres perdus ; si c'est un commencement, vous êtes fondés. » Et d'ajouter : « Quant à moi qui suis républicain, j'admirerais, j'appuierais, et mon appui serait d'autant plus efficace qu'il serait complètement désintéressé [12]. »

L'avenir dira qu'il s'agissait bel et bien d'un commencement, sans qu'on puisse affirmer jusqu'où Napoléon III avait l'intention d'aller en inaugurant avec le décret du 24 novembre 1860 une ère de réformes institutionnelles. Ce qui est certain, c'est que l'évolution du régime lui apparaissait inéluctable et d'ailleurs conforme au programme qu'il s'était fixé bien avant d'accéder au pouvoir. Ses écrits d'exil mettent l'accent sur la nécessité de concilier l'ordre et la liberté, les droits du peuple et le principe d'autorité, et si la Constitution de 1852 bride les libertés publiques, elle n'en ménage pas moins une évolution vers le libéralisme. Après la tourmente de 1848 et l'immobilisme de la République bourgeoise, la France avait besoin de retrouver sa force et sa stabilité, donc d'être gouvernée d'une main ferme. Le relâchement viendrait plus tard et se ferait par de prudentes révisions constitutionnelles. « Une Constitution, disait Napoléon Iᵉʳ, est l'œuvre du temps. » Formule que son neveu a reprise à son compte et dont il s'est fait une religion, y ajoutant ceci : « La liberté n'a jamais réussi à fonder d'édification politique durable, elle la couronne quand le temps l'a consolidée. »

On peut évidemment considérer — on ne s'en est pas privé ! — qu'il s'agissait d'un pur alibi destiné à masquer le caractère fondamentalement dictatorial du régime, et que si le fondateur du Second Empire s'est engagé en 1860 dans la voie semée d'embûches des réformes institutionnelles, ce n'est que contraint et forcé par la montée des oppositions. Ce serait, s'agissant de ce premier pas dans la voie de la libéralisation, attribuer aux adversaires du pouvoir — anciens et nouveaux — un poids qu'ils ne possédaient pas à cette date. S'il n'est pas contestable que la résistance des cléricaux et les protestations des protectionnistes à l'encontre de la politique italienne et de la politique douanière de Napoléon III ont accéléré la mise en œuvre du projet impérial, cela ne permet ni de mettre en doute la sincérité du projet, ni de voir dans les prémices de l'évolution libérale du régime le résultat d'une pression incoercible exercée sur le pouvoir par des opposants divisés, aussi bien sur la nature du système politique qu'ils souhaitent substituer à l'Empire que sur les moyens à mettre en œuvre pour parvenir à leurs fins.

Au moment où, le 4 février 1861, Napoléon III fait solennellement l'annonce de la réforme devant le Corps législatif, l'Empire est encore à son apogée. C'est en toute souveraineté et sans grand souci de ménager les susceptibilités parlementaires qu'il déclare que le rejet d'un projet de loi par le Corps législatif constitue « un avertissement dont le gouvernement tient compte, mais qui n'ébranle pas le pouvoir, n'arrête pas la marche des affaires et n'oblige pas le souverain à prendre pour conseillers des hommes qui n'auraient pas sa confiance » [13].

14

La politique économique et sociale
de Napoléon III

De tous les hommes d'État, souverains ou présidents, qui se sont succédé depuis la Révolution à la tête de la France, Napoléon III est l'un de ceux qui se sont le plus intéressés à l'économie. Il n'a pas attendu pour le faire, on s'en souvient, d'être appelé par le suffrage universel à la direction des affaires, comme en témoignent ses écrits d'exil et les ouvrages rédigés durant sa captivité : *L'Analyse de la question des sucres* et *L'Extinction du paupérisme*, respectivement datés de 1842 et 1844. Le précepteur de son frère, Narcisse Viellard, devenu l'un de ses fidèles, l'a initié à la pensée saint-simonienne. Sans doute est-il loin de partager toutes les idées et toutes les extravagances de la secte de Ménilmontant, mais il a été séduit par certains aspects du saint-simonisme : les liens de quelques-uns de ses adeptes avec la Charbonnerie, l'opposition de ses principaux animateurs (Enfantin, Bazard, Duveyrier, etc.) à la Monarchie de Juillet, l'aspiration des saint-simoniens à fonder un ordre social plus juste et plus harmonieux. Le modèle que proposent les disciples du comte de Saint-Simon s'accorde assez bien avec sa propre conception de l'organisation sociale et politique à l'âge industriel. Ne cherche-t-elle pas à concilier autorité et modernité, hiérarchie et partage des fruits de la croissance, enrichissement de la nation et souci d'améliorer le sort de la classe « industrieuse » ?

Devenu le maître tout-puissant de la France impériale, Napoléon III va s'appliquer à donner corps aux articles de la doctrine saint-simonienne qui coïncident avec ses propres idées. En particulier ceux selon lesquels il ne peut y avoir de pouvoir stable sans consentement populaire, que celui-ci impose aux responsables politiques de donner satisfaction aux besoins des masses — « son dada était le peuple », dira de Napoléon III Mme Dosne, la belle-mère de Thiers —, et que l'amélioration du sort des défavorisés passe par la modernisation du pays. Ni la monarchie constitutionnelle, ni la République bourgeoise ne s'étaient beaucoup souciées de relier ainsi les transformations économiques et l'amélioration du niveau de vie des travailleurs : tâche difficile, dans une phase d'essor industriel et dans un cadre qui est celui de l'économie de marché.

Pour mener à bien cette entreprise, l'empereur a eu la chance de trouver autour de lui des talents et des personnalités fortes, issus du milieu saint-simonien et ayant conservé de puissantes attaches avec la pensée du maître[1]. Des hommes qui, écrit Alain Plessis, « appartiennent aux élites du temps, sans pour autant renier tous les rêves de leur jeunesse »[2]. Le plus influent fut Michel Chevalier. Reçu major à dix-sept ans au concours d'entrée à Polytechnique, ingénieur des Mines, il adhéra de bonne heure aux idées saint-simoniennes, devenant après la révolution de 1830 le principal rédacteur du *Globe* et l'assistant de Prosper Enfantin qu'il accompagna en prison en 1832 après le procès intenté par le pouvoir à l'« Église » saint-simonienne. Réconcilié avec la Monarchie de Juillet après un séjour de deux ans aux États-Unis, Michel Chevalier dut à ses nombreuses publications et à la protection de Molé et de Thiers d'être nommé à la chaire d'économie politique du Collège de France. Le cours d'économie politique qu'il publia entre 1845 et 1850 fut pour lui l'occasion de préciser ses conceptions et de rechercher une synthèse entre l'industrialisme saint-simonien et les principes de l'économie libérale[3]. Rallié au prince-président, puis à l'Empire, il se sent parfaitement en accord avec un régime qui associe l'autorité de l'État à l'économie de marché et à la liberté des échanges. Il sera donc l'artisan et le principal négociateur du traité de commerce franco-anglais de 1860 et l'un des conseillers les plus écoutés de l'empereur qui lui confiera un rôle important dans l'organisation des expositions universelles.

À l'instar de Michel Chevalier, nombreux furent les saint-simoniens qui se rallièrent à l'Empire, indifférents à la nature du régime pourvu que celui-ci permît à l'État d'exercer son rôle d'arbitre entre les intérêts privés et d'impulsion des activités économiques. En ce sens, ils préféraient un pouvoir fort au parlementarisme et s'accommodaient parfaitement d'un système hiérarchique assurant la supériorité des élites, donc la leur. Parmi ces « technocrates » avant la lettre, animés de principes qui ne sont pas sans rapport avec ceux que développeront un siècle plus tard les doctrinaires du keynésianisme, émergent des personnalités d'envergure, tous actifs dans le monde des affaires et proches des détenteurs du pouvoir, comme les frères Talabot, Léon, Jules et Paulin, ce dernier ancien polytechnicien ayant lui aussi abandonné le service de l'État pour se lancer dans l'activité industrielle et devenir le principal magnat des chemins de fer, l'ingénieur-conseil des sociétés minières et métallurgiques Henri Fournel, ou les frères Pereire, Isaac et Émile, fondateurs du Crédit mobilier et de la Compagnie générale transatlantique.

Ce n'est donc pas un homme d'État étranger aux questions économiques qui s'est saisi en 1851 des rênes du pouvoir. Louis-Napoléon a des idées précises sur ce qui doit être fait pour que la France se hisse au même niveau que l'Angleterre en matière de développement industriel, d'équipement et d'activité commerciale. Lors du discours de Bordeaux le prince-président a mis l'accent sur les transformations à accomplir pour faire sortir la nation de l'état d'arriération dans lequel elle se trouve. En 1850, alors que la révolution industrielle est largement entamée de l'autre côté de la Manche et dans certaines régions de l'Allemagne, la France demeure un pays fondamentalement retardé, cloisonné, mal pourvu en moyens de communication modernes et où chaque terroir agricole vit replié autour de la petite ville engourdie qui lui sert de centre. Une France que Marcel Blanchard décrit comme « avant tout de rouliers et de mariniers, d'artisans, de compagnons du Tour de France et de paysans à demi engagés dans les manipulations industrielles rudimentaires » [4]. Un pays de ruraux, dont l'industrie balbutiante se contente de vivoter à l'abri d'un protectionnisme douanier paralysant, où la circulation monétaire est médiocre et la circulation fiducière dérisoire, où l'équipement bancaire, lui aussi embryonnaire, a difficilement résisté à la crise de 1846-1847.

Tout est donc à faire, ou presque, pour doter la France d'une économie moderne, et tout ne s'est pas fait du jour au lendemain. Sept ans après la proclamation de l'Empire, Napoléon III peut encore, dans une lettre à son ministre d'État Fould, énumérer les tâches qui restent à accomplir pour moderniser le pays. Il y proclame :

> cette vérité qu'il faut multiplier les moyens d'échange pour rendre le commerce florissant ; que sans commerce l'industrie est stationnaire et conserve des prix élevés qui s'opposent aux progrès de la consommation ; que sans une industrie prospère qui développe les capitaux, l'agriculture elle-même demeure dans l'enfance. Tout s'enchaîne donc dans le développement de la prospérité publique. [...] En ce qui touche l'agriculture, il faut la faire participer aux bienfaits des institutions de crédit [...] ; affecter tous les ans une somme considérable aux grands travaux de dessèchement, d'irrigation et de défrichement. [...] Pour encourager la production industrielle, il faut prêter [à l'industrie], exceptionnellement et à un taux modéré, les capitaux qui l'aideront à perfectionner son

matériel. Un des plus grands services à rendre au pays est
de faciliter les transports des matières premières nécessité
pour l'agriculture et l'industrie ; à cet effet le ministre des
Travaux publics fera exécuter le plus promptement possible les voies de communication, canaux, routes et chemins de fer qui auront surtout pour but d'amener la
houille et les engrais sur les lieux où les besoins de la production le réclament [5].

On ne saurait définir plus explicitement une politique
volontariste, faisant de l'État le stimulateur de l'économie. Louis-Napoléon n'a pas attendu d'être empereur
pour proclamer, dans un texte datant de 1839, qu'« un
gouvernement n'est pas (comme tels le prétendent) un
ulcère nécessaire, mais c'est bien plutôt le moteur bien-
faisant de tout organisme social ». L'État bonapartiste
ne saurait être un simple veilleur de nuit en charge des
classiques fonctions régaliennes (défense, justice, sécurité publique, etc.), tel que le souhaitent les défenseurs
de l'orthodoxie libérale. Il est appelé à légiférer en
matière économique : c'est ce qu'il fera par exemple en
supprimant l'obligation de l'autorisation préalable pour
les sociétés anonymes au capital inférieur à 20 millions
(loi de 1863 étendue quatre ans plus tard à toutes les
sociétés). Il a surtout un rôle primordial à jouer en
matière de crédit, de commandes et de travaux d'intérêt public.

En revanche, les responsables des finances impériales
ne se montreront guère empressés à investir dans le dispositif économique. L'empereur lui-même était d'un
tempérament prodigue, et s'il n'y avait eu que Persigny
pour le conseiller en matière budgétaire, il y aurait eu
de grandes chances pour que l'équilibre financier de la
France fût gravement compromis. L'ancien compagnon
d'exil du prince n'avait-il pas, en début de règne, suggéré à Napoléon III que l'Empire devait être « une succession de miracles » ? Il est vrai qu'en préconisant de
puiser largement dans les caisses de l'État pour relancer
l'économie, Persigny ne songeait que très secondaire-

ment aux dépenses festives destinées à amuser le peuple. Il s'agissait surtout d'opérer des investissements productifs dont le produit permettrait à plus ou moins long terme de compenser le déficit et de rembourser la dette de l'État : vision très moderne, qui constituera l'un des fondements de la doctrine keynésienne et que le futur empereur avait lui-même esquissée dans *L'Extinction du paupérisme*, mais qui inquiétait fortement les partisans de l'orthodoxie financière, qu'il s'agisse des « budgétaires », c'est-à-dire des membres du Corps législatif acharnés à rogner les crédits qui leur paraissaient excessifs ou de ministres en charge des finances comme Magne et Fould, l'un et l'autre farouchement opposés à la pratique des trous budgétaires et des emprunts à répétition.

Les grands chantiers de l'Empire

S'il convient de rendre à César ce qui lui appartient, il faut faire la part d'un environnement international particulièrement favorable. Grâce à la découverte en 1848-1850 de mines d'or en Californie et en Australie, la masse monétaire a fortement augmenté — elle double entre 1850 et 1870 — entraînant une hausse spectaculaire des prix. Très rapide jusqu'en 1856, celle-ci s'est ensuite ralentie mais n'en contraste pas moins avec la baisse régulière enregistrée depuis 1815[6]. Tous les secteurs n'ont pas été affectés de la même façon par ce mouvement. Tandis que les prix agricoles augmentaient de 66 % durant la période, ceux du secteur industriel ont au contraire baissé : conséquence des gains de productivité liés aux progrès technologiques et à la mécanisation. La conjoncture globale n'en a pas moins entraîné une forte croissance des profits des entreprises et favorisé le gonflement du revenu national, passé (en millions de francs) de 11 400 en 1815 à 15 200 en 1860 et à 18 800 en 1870.

Il est certain que si cette euphorie économique doit

être replacée dans son contexte mondial, elle n'est pas non plus sans lien avec la politique volontariste adoptée d'emblée par le gouvernement impérial. En ouvrant ses frontières à la concurrence anglaise, la France a contraint ses industriels à moderniser leur appareil de production. Ils ne l'ont pas fait sans rechigner et tous n'ont pas réussi à triompher de la pesanteur des habitudes et des archaïsmes. Mais, dans l'ensemble, la modernisation s'est effectuée au grand bénéfice des entreprises et de la société. D'autre part, en apportant l'apaisement et la sécurité après les turbulences de la décennie 1840, le régime impérial a créé un cadre favorable au développement économique et à la prospérité du pays. En ouvrant la session législative de 1853, l'empereur ne s'octroyait pas seulement un *satisfecit* personnel en déclarant : « La richesse nationale s'est élevée à un tel point que la partie de la fortune mobilière s'est accrue à elle seule de deux milliards environ. L'activité du travail s'est développée dans toutes les industries[7]. » Il faisait le constat d'une réalité qui eut tôt fait de surprendre les contemporains.

Si l'action de l'État a été déterminante dans le processus de modernisation et de décollage industriel qui caractérise le Second Empire, elle ne s'est pas imposée de manière brutale et rigide, sous la forme d'un interventionnisme omniprésent et dispendieux pour les finances publiques. L'État est là pour donner l'impulsion, définir un cadre général, fixer des objectifs dont la réalisation est laissée aux initiatives privées, éventuellement pour éviter ou corriger les errements de certains exécutants. Il en est ainsi notamment dans les deux domaines dont le développement est jugé prioritaire, à savoir les grands travaux d'intérêt public et la mise en place d'un système moderne de crédit.

Au premier rang des grands travaux destinés à doter la France d'un équipement conforme à ses ambitions et à stimuler l'activité industrielle figure la construction d'un réseau ferroviaire quadrillant et irriguant l'ensemble du territoire. C'est sous le Second Empire que la France est entrée dans « l'ère du rail ». En 1851, elle ne dispose en tout et pour tout que de 3 500 kilomètres de voies ferrées, contre 10 000 kilomètres outre-Manche et 850 pour le territoire vingt fois plus réduit de la Belgique. Encore ne s'agit-il que de lignes dispersées qui relèvent de nombreuses compagnies et ne constituent pas un véritable réseau. Seul point positif : la loi de 1842 a transféré à l'État la charge de l'infrastructure, les compagnies privées concessionnaires devant seulement installer les superstructures (rails, gares, matériel roulant). Pour le reste, l'installation de lignes nouvelles est abandonnée au hasard des particularismes locaux et des luttes d'influence entre notables de tout poil.

Tout change au lendemain du coup d'État. Dès le 6 décembre en effet, le ministre des Travaux publics Magne convoque les représentants des compagnies susceptibles de se voir concéder la construction d'un chemin de fer dans la proche banlieue de la capitale, et il donne vingt-quatre heures aux dirigeants pour se décider. Il s'ensuivra, quelques jours plus tard, un décret prescrivant la mise en chantier d'une ligne de ceinture établie à l'intérieur des fortifications parisiennes. Premier signe fort d'un changement radical dans la politique d'équipement ferroviaire de la France, aussitôt suivi de la concession de nombreuses lignes nouvelles. Pour inciter les compagnies à s'engager dans la bataille du rail, Napoléon III leur fait accorder un très long bail (généralement 99 ans), ce qui leur permet d'amortir leur investissement et de rentabiliser davantage l'exploitation des lignes. Il favorise en même temps les regroupements et les fusions : de dix-huit en 1848, le nombre des compagnies tombe à six, vingt ans plus tard : Nord, Est, Paris-Lyon-Marseille, Orléans, Ouest et Midi. L'empereur s'est personnellement impliqué dans cette première phase de construction du réseau ferré. Il impose une simplification des réglements bureaucratiques. Il autorise les importations de rails anglais. Sa correspondance avec Rouher montre l'intérêt qu'il porte au moindre détail, son souci de faire passer l'intérêt collec-

tif avant ceux des groupes de pression locaux, et son
impatience lorsque la réalisation tarde à suivre le décret
de concession d'une nouvelle ligne.

Le résultat est à la mesure de l'effort entrepris et de
l'opiniâtreté avec laquelle Napoléon III a suivi le dossier
des chemins de fer. En 1858, la France dispose d'un
réseau de 9 600 kilomètres raccordé aux réseaux allemand, belge, suisse, piémontais et espagnol et reliant
Paris aux principales agglomérations de l'Hexagone.
Pour accomplir la seconde phase du parcours et doter
le territoire d'un maillage serré de transversales et de
lignes secondaires, d'une rentabilité moindre, l'État à
nouveau intervient. Le gouvernement impérial va ainsi
pousser la Banque de France à fournir des avances
« aux compagnies qui ont des chemins de fer en
construction et que l'intensité de la crise forcerait autrement à renvoyer une partie de leurs ouvriers ». Il
s'engage d'autre part à garantir aux compagnies le paiement de l'intérêt des obligations émises pour financer
les nouvelles lignes : ce qui coûtera plus de 600 millions
aux finances publiques au cours des dix dernières
années du règne.

On ne s'est pas privé de juger sévèrement le « cadeau » ainsi consenti par le régime impérial aux
grandes compagnies privées et aux banquiers qui s'af-
frontent dans le partage du gâteau, en particulier les
Rothschild et les Pereire. Le boom des chemins de fer
a en effet favorisé un affairisme effréné qui est l'une des
caractéristiques de l'époque et dont Morny constitue
une figure emblématique. N'est-ce pas le demi-frère de
l'empereur qui, un an avant d'être nommé à la présidence du Corps législatif, a participé avec les Pereire et
d'autres financiers à la création du Grand Central,
lequel s'est vu accorder la concession de près de
1 000 kilomètres de voies ferrées dans des régions où
Morny détenait d'importants intérêts industriels et
miniers ? La longueur et la difficulté des travaux ayant
placé la compagnie au bord de la faillite, il faudra pour
éviter le scandale que le gouvernement intervienne en

1857 et que Rouher procède à une répartition de la concession entre les deux compagnies voisines.

La contrepartie positive de cet engagement financier de l'État dans les entreprises ferroviaires n'en est pas moins évidente. Outre qu'il a permis de doter la France d'un réseau qui comporte en 1870 près de 20 000 kilomètres de voies ferrées — plus que l'Angleterre —, sur lesquelles circulent annuellement plus de 110 millions de voyageurs et 45 millions de tonnes de marchandises, il a eu par ricochet des incidences considérables sur de nombreux secteurs industriels : travaux publics, mines, sidérurgie et constructions mécaniques. Les Schneider au Creusot et les Wendel en Lorraine, pour ne citer que ces deux grands noms, doivent largement leur essor au volontarisme d'un régime qui a misé sur le développement du rail.

Si la révolution des chemins de fer a été la grande affaire du régime, les autres moyens de transport et de communication n'ont pas été négligés. Avec le développement du rail, la fréquentation des routes impériales a sensiblement diminué. La longueur du réseau a peu augmenté — 38 420 kilomètres en 1868 contre 35 694 au début de l'Empire —, compte tenu de l'annexion du comté de Nice et de la Savoie. En revanche, l'effort a été porté sur la construction et l'entretien des routes départementales et des chemins vicinaux par lesquels transitent jusqu'aux gares ferroviaires les produits de l'agriculture, les matières premières industrielles et les articles manufacturés.

Les voies navigables ont connu sous le Second Empire deux phases distinctes. Les pouvoirs publics se sont d'abord peu intéressés à ce mode de transport peu coûteux mais lent. La fièvre du rail aidant, on estime que la batellerie est vouée tôt ou tard à disparaître. Prenant le contre-pied de la Monarchie de Juillet qui a mis en service 2 000 kilomètres de voies navigables, le gouvernement impérial ne fit entreprendre aucune construction nouvelle. C'est seulement à partir de 1860 que la navigation intérieure retrouva des partisans au sein de l'équipe dirigeante, à commencer par l'empereur lui-même que les doléances de nombreux manufacturiers et propriétaires de mines avaient fini par convaincre de l'utilité d'une concurrence accrue entre le rail et la voie d'eau. Le développement de la navigation intérieure, déclare-t-il au lendemain de la conclusion du traité de commerce franco-anglais, « touche de trop près à tous les intérêts agricoles et industriels du pays pour ne pas occuper une grande place dans les préoccupations du gouvernement » et ne pas « former un contrepoids à l'influence excessive des chemins de fer »[8]. On décida donc de construire de nouveaux canaux et surtout d'améliorer la navigabilité des voies d'eau naturelles, l'État s'abstenant toutefois d'engager massivement les deniers publics dans une entreprise qui ne manquait pas de détracteurs. De même, si l'empereur intervint personnellement pour soutenir le projet de Ferdinand de Lesseps — cousin de l'impératrice — visant au percement de l'isthme de Suez et à la construction d'un canal reliant la Méditerranée à la mer Rouge, les finances publiques se tinrent prudemment en retrait, laissant aux investisseurs privés le soin de réunir les capitaux nécessaires à la réalisation du projet. Les 400 000 actions de 500 francs constituant le capital de la Compagnie universelle du canal, créée en 1858, furent ainsi souscrites pour plus de moitié par des actionnaires français.

L'adoption du libre-échange ne pouvait que favoriser l'essor du commerce maritime et celui des « télécommunications ». À Bordeaux toujours, nous l'avons vu, le prince-président s'était clairement prononcé : « Nous avons, déclara-t-il, tous nos grands ports de l'ouest à rapprocher du continent américain par la rapidité de ces communications qui nous manquent encore. » Aussi est-ce à son instigation que la France allait être amenée à combler son retard en matière de navigation marchande et d'équipements portuaires. L'État bonapartiste favorisa les fusions et la création de grandes compagnies de navigation : Messageries impériales (futures Messageries maritimes), assurant des services réguliers en direction du Levant, de l'Afrique, de l'Amérique latine et de l'Extrême-Orient, la société Paquet, Compagnie générale maritime (qui deviendra Compagnie générale transatlantique), liée aux Pereire, avec deux lignes régulières à destination du continent nord-américain : Le Havre-New York et Saint-Nazaire-Panama. La concentration financière a permis de moderniser la flotte. Sans doute les navires à voiles et à coque de bois ne disparaissent-ils pas du jour au lendemain au profit de la vapeur, de la coque métallique et de l'hélice, mais ces derniers ne cessent de gagner du terrain. Leur nombre a triplé durant la période impériale, tandis que le tonnage global de la flotte marchande française, qui occupe désormais le deuxième rang mondial, a augmenté de près de 50 %.

L'équipement des grands ports a accompagné l'essor du commerce maritime. Relié à l'arrière-pays par le PLM et par des voies navigables, Marseille, premier port français et deuxième port européen derrière Londres en début de période — il sera bientôt dépassé par Anvers, Rotterdam et Hambourg —, a bénéficié de l'agrandissement de ses quatre bassins et de l'ouverture d'une gare maritime. Talabot y a fait construire des docks sur le modèle de ceux de New York où débarquent des marchandises en provenance d'Afrique, du Levant et des nouveaux établissements français de Cochinchine. Le Havre, avec ses trois bassins et sa spécialisation transatlantique, vient en deuxième position [9], devançant Bordeaux et Nantes, désavantagés par le manque de débouchés industriels de leur arrière-pays.

L'un des secteurs où l'initiative impériale et l'investissement public furent particulièrement marqués fut celui du télégraphe électrique. Dans ce domaine également, le retard français était considérable. On en était resté au système aérien du télégraphe optique, peu opérationnel sur les longues distances. En 1849, la France ne disposait encore que de 500 kilomètres de lignes électriques : soit un réseau qui la plaçait derrière l'Angleterre, l'Allemagne, la Russie et même la Belgique. Dès son arrivée au pouvoir, Louis-Napoléon se préoccupa de cette situation qui risquait d'avoir de graves conséquences aussi bien commerciales que militaires. Aussi encouragea-t-il la mise en service de nouvelles lignes et de nouveaux bureaux. Le 6 janvier 1852, il décidait d'accélérer l'équipement du pays en télégraphie électrique, ouvrant par décret-loi un crédit de 5 millions de francs. Établi prioritairement le long des voies ferrées, avec des bureaux ouverts aux particuliers dans les principales gares, le réseau passa de 2 133 à 40 118 kilomètres entre 1852 et 1859. Le nombre de dépêches privées, qui plafonnait autour de 9 000 en 1855, dépasse les 3 millions en 1867. À cette date, le réseau s'est déjà largement étendu à travers le monde. Le premier câble sous-marin reliant l'Angleterre et la France a été posé en 1856, et dix ans plus tard, l'Amérique sera à son tour connectée aux réseaux européens.

Au nombre des grands chantiers ouverts par le régime impérial figurent la transfiguration de l'espace parisien — elle fera l'objet du prochain chapitre — ainsi que les travaux d'assainissement et de mise en valeur de régions telles que la Sologne, la Dombes, les Landes, la Champagne dite « pouilleuse » ou la Provence. C'est principalement pour des raisons personnelles que Napoléon III s'intéressa de bonne heure à la Sologne. De très ancienne souche orléanaise, les Beauharnais y avaient acquis des terres [10] qu'Eugène avait héritées et conservées jusqu'à sa mort en 1824. Peu de temps après le coup d'État, le prince-président voulut récupérer cette attache avec la famille de sa mère, mais, les nouveaux occupants ne souhaitant pas s'en défaire, il fit l'acquisition de deux vastes propriétés : les châteaux de la Grillère et de Lamotte-Beuvron, avec au total près de 3 500 hectares de terres, le tout rattaché, après la proclamation de l'Empire, au domaine de la Couronne. C'est donc en tant que grand propriétaire local, sentimentalement attaché au berceau de ses ancêtres maternels, que l'empereur entreprit dès le début de son règne d'engager dans cette région stérile, parsemée de marécages insalubres et abritant une population miséreuse, une politique de bonification qui fut menée avec persévérance et efficacité pendant toute la durée du règne. Dès juillet 1852, il fit affecter au service spécial de la Sologne [11] un crédit important destiné aux travaux publics d'amélioration et au boisement de la région. En avril 1853, la création du service des marnes permit d'amender les terroirs les plus pauvres. Celle du Comité central agricole de la Sologne en 1859 favorisa le développement de l'agriculture par l'organisation de concours dotés de récompenses honorifiques et de primes : il avait son siège au château impérial de Lamotte-Beuvron. Un budget de 5 millions de francs fut octroyé à la région en octobre 1861 pour la construction de routes desservant la plupart des communes solognotes. Le creusement du canal de la Sauldre, entamé sous la IIe République, fut poursuivi sous l'Empire et achevé en 1869.

Tous ces travaux furent entrepris à l'initiative de l'empereur qui s'investit personnellement dans la bonification de la Sologne et participa à leur financement en prélevant des fonds sur sa cassette personnelle. Aussi la population solognote fut-elle durablement reconnaissante à l'égard de celui qu'elle considérait comme son bienfaiteur. Lorsqu'il se rendit pour la première fois en voyage officiel dans la région, en avril 1858 (il y avait effectué un séjour privé six ans plus tôt), pour surveiller les travaux entrepris dans les deux fermes-modèles établies sur ses propres terres, son passage dans toutes les agglomérations traversées par le cortège impérial donna lieu à des manifestations enthousiastes dont le caractère spontané sera confirmé par les résultats du plébiscite de mai 1870 : 87 % de votes favorables pour l'ensemble des quatre cantons solognots.

C'est également à l'initiative des pouvoirs publics que fut entrepris dès le début du règne le boisement des Landes de Gascogne, autre région déshéritée et hostile, marécageuse en hiver et aride en été. L'empereur intervint aussi dans la transformation du paysage : en 1857, il acheta 7 400 hectares de landes incultes à plusieurs communes, qu'il fit drainer et boiser. La même année, une loi, complétée par des textes de 1858 et 1861, fit obligation aux communes d'assainir et de planter de pins les espaces impropres à la culture, l'État se substituant aux municipalités récalcitrantes pour exécuter le travail à leur place et se rembourser sur les bénéfices de l'exploitation. Là où s'étendaient jusqu'au milieu du XIXe siècle d'immenses espaces marécageux et insalubres, la forêt landaise constituera à la fin de l'Empire le plus important massif forestier européen, en même temps qu'une source considérable de profits pour les communes et pour les particuliers exploitant le bois et la résine.

La révolution du crédit

S'inspirant de la doctrine saint-simonienne, Napoléon III estime qu'il ne saurait y avoir de développement économique sans une politique de multiplication des sources de crédit et d'argent à bon marché. Pour que le « bas de laine » des épargnants et l'or des nouveaux mondes irriguent l'économie et favorisent le décollage industriel de la France, il faut qu'un système bancaire moderne permette de faire circuler l'argent, de drainer l'épargne partout où elle se trouve et d'offir aux investisseurs — grands et petits — des moyens de paiement aisément accessibles. Jusqu'au début du Second Empire, on a vécu en France sur un système d'argent cher et rare, collecté par des banques d'affaires qui s'adressent à une clientèle restreinte, aussi bien pour recueillir des fonds que pour en prêter. Elles évitent ainsi le risque, mais limitent en même temps le volume des capitaux mis à la disposition du public et par conséquent les profits.

Pour pallier les effets inhibiteurs induits par cette frilosité de la banque traditionnelle, l'empereur et son entourage saint-simonien s'appliquent à démocratiser le système. Tel est l'objectif des banques de dépôt, dont les frères Pereire se font les défenseurs ardents face aux tenants de la haute banque malthusienne. Il s'agit, expliquent-ils, de créer de grands établissements de crédit, sous la forme de sociétés anonymes et pour cela de faire appel aux représentants de toutes les catégories sociales, y compris les épargnants les plus modestes. Cela implique, dans l'état de la législation française, une autorisation des pouvoirs publics que va rendre effective le décret du 28 février 1852. Ce texte favorise l'établissement d'instituts de crédit foncier, tout en laissant à l'initiative privée le soin de les constituer. Il permet la naissance, largement financée par des obligations placées dans le public (jusqu'à un montant de 200 millions), du Crédit foncier de France : un organisme destiné à répondre aux demandes de prêts émanant principalement du monde agricole. C'est également en 1852 que voit le jour le Crédit mobilier : une banque d'affaires de grande envergure, fondée par les frères Pereire, au capital de 60 millions de francs, divisé en 120 000 actions de 500 francs, ce qui rend leur achat accessible à la petite bourgeoisie. Pour mener à bien leur projet, les Pereire ont bénéficié de l'appui du prince-président, peu favorable aux représentants de la haute banque qu'il suspectait de sympathies orléanistes et qui ne se privèrent pas — James de Rothschild le premier — de multiplier les embûches à l'encontre de cette nouvelle concurrence. Le Crédit mobilier s'est assigné pour objectif d'être une banque d'investissement aidant les sociétés industrielles à se constituer un capital collecté auprès des épargnants. Devenu prioritairement la banque des chemins de fer, il s'efforcera de contrôler les grandes compagnies et de centraliser leurs mouvements financiers, tout en élargissant son influence aux secteurs qui sont liés au rail (bassin charbonnier de la Loire) et à d'autres branches comme la navigation maritime (Compagnie générale transatlantique), l'éclairage au gaz ou les omnibus parisiens.

Pour exercer avec succès cette position de holding dans des secteurs très fortement concentrés, le Crédit mobilier a besoin de moyens financiers considérables. Aussi les Pereire vont-ils tenter d'obtenir de l'État le droit d'émettre des obligations, à court et à long terme, leur permettant de prêter à toutes les entreprises et de faire de leur maison une sorte de « banque d'affaires monopolistique d'État ». C'était voir un peu trop grand : sous la pression de Rothschild et des régents de la Banque de France, ils devront réviser leurs ambitions à la baisse, l'administration impériale refusant, en 1853 et en 1855, aux dirigeants du Crédit mobilier de procéder aux émissions projetées, puis les empêchant en 1863-1864 d'émettre le grand emprunt obligataire qui aurait permis l'extension de la banque.

On touche ici aux limites du saint-simonisme de Napoléon III. En proie aux résistances des « budgétaires » du Corps législatif et aux protestations des champions du libéralisme économique, l'empereur doit à la fois accepter de freiner la dépense publique et s'opposer à la constitution d'une sorte de holding d'État contrôlant le financement des grandes sociétés industrielles et les fusions d'entreprises. Écarté du marché obligataire et engagé dans de périlleuses opérations immobilières à Marseille, le Crédit mobilier ne résistera pas à la faillite d'une de ses filiales : la Compagnie immobilière de Paris. À la demande de Rouher, la Banque de France accepte de le sauver mais exige en échange le départ des Pereire qui doivent donner leur démission en septembre 1867. C'est la fin d'une grande aventure entrepreneuriale qui aura eu l'immense mérite de faire entrer le système bancaire français dans l'ère de la modernité.

L'intervention du gouvernement impérial a également été déterminante dans la transformation du rôle exercé par la Banque de France. Jusqu'au 2 décembre, celle-ci est restée cantonnée dans sa double fonction d'émission de billets convertibles en or et d'escompte. De statut privé, elle n'en est pas moins dirigée par un gouverneur étroitement soumis à l'autorité du pouvoir, auquel est associé un conseil de régents, essentiellement des banquiers, élus par l'assemblée générale des 200 plus forts actionnaires. Les hommes qui constituent cet état-major sont pour la plupart — il en est ainsi également du comte d'Agout, gouverneur depuis 1834 — de sympathie orléaniste : ce qui rend hautement improbable la légende du financement du coup d'État par la Banque de France. L'établissement de la dictature a d'ailleurs été suivi de pressions très fortes exercées par le nouveau pouvoir sur les dirigeants de la banque pour que celle-ci modifie sa politique de crédit, jugée trop restrictive par le prince-président. Sous la menace d'être dépossédée de son privilège, la Banque doit s'engager à contribuer activement au redémarrage des affaires. Le décret du 3 mars 1852 lui impose à cet effet d'abaisser le taux de l'escompte de 4 à 3 % et de consentir désormais des avances au public sur les actions et les obligations de chemin de fer[11]. En contrepartie de quoi le privilège d'émission de la banque est renouvelé, tandis que son capital est porté (en 1857) de 91 à 182 millions de francs.

Désormais dirigée par des banquiers ouverts à l'innovation — Charles de Germiny, gouverneur de 1857 à 1863, a préalablement été à la tête du Crédit foncier — la Banque de France s'engage donc sous le Second Empire, poussée par l'empereur, dans le soutien de la machine économique. En 1870, elle escompte plus de 6,8 millions contre 1,8 million en 1852. Dès 1858, elle a consenti pour 245 millions d'avances aux compagnies de chemin de fer. Elle a également contribué aux travaux de Paris, tout en multipliant ses succursales en province : il y en aura 74 en 1870. En imposant en 1852 à ses dirigeants de baisser de 25 % le loyer de l'argent, le régime instauré par Louis-Napoléon aura été le premier en France à pratiquer volontairement une politique de réduction des taux d'intérêt pour relancer l'économie[12].

La création de grandes banques de dépôt a été favorisée par l'adoption en 1863 et 1867 de lois portant sur l'autorisation des sociétés anonymes. Certaines sont antérieures à ces nouvelles dispositions législatives, tel le Comptoir d'escompte de Paris, fondé en 1853, et le Crédit industriel et commercial, constitué en 1859 par un groupe de banquiers parisiens, anglais et allemands proches de Morny, associés à de grands négociants. Directement issu de la nouvelle législation, le Crédit Lyonnais est fondé en 1863 par Henri Germain. Ses principaux actionnaires se recrutent parmi les soyeux et les banquiers de la région lyonnaise, des hommes d'affaires saint-simoniens comme Arlès-Dufour, Paulin Talabot et Michel Chevalier, ou encore des représentants de la haute banque parisienne, qui ont compris que l'avenir de leurs établissements (Mirabaud, Vernes, etc.) impliquait qu'ils ne restent pas en marge des mutations du système bancaire.

On trouve également des représentants des grandes maisons familiales, dont les Rothschild, au premier rang des actionnaires de la Société générale, fondée en mai 1864 et présidée par le « roi du fer », Eugène Schneider. Le nom de ce nouvel établissement, dont le montant des dépôts atteindra 88 millions de francs à la fin du règne (contre 83 millions pour le Crédit Lyonnais), aurait été choisi par l'impératrice : ce qui n'est pas sans signification quant aux relations que le monde des affaires entretient avec le pouvoir. Même les Rothschild, qui s'étaient jusqu'alors tenus dans une prudente réserve vis-à-vis de l'Empire, amorcèrent à partir de 1860 un rapprochement avec Napoléon III. En décembre 1862, celui-ci fut somptueusement reçu avec sa suite au château de Ferrières, que le baron James avait fait construire entre 1855 et 1859 sur les plans de l'architecte anglais Paxton. L'empereur participa à une chasse suivie d'une « collation » à laquelle était conviée la population des villages voisins. On avait fait venir les chœurs de l'Opéra de Paris pour chanter _L'Hallali du faisan_ sous la direction de Rossini en personne.

Deux autres banques de dépôt d'envergure nationale furent créées durant le Second Empire : la Banque des

Pays-Bas en 1864 et la Banque de Paris en 1869. Elles
fusionneront en 1872. Comme leurs aînées, elles ne tardèrent pas à fonder des succursales dans les principales
villes où elles se trouvèrent en concurrence avec de nouvelles banques locales ou régionales, également constituées en sociétés anonymes. Tous ces établissements
ont puissamment concouru à l'essor industriel de la
France[13]. Après avoir boudé le système mis en place
avec le soutien de l'État bonapartiste, la haute banque
traditionnelle s'est à son tour engagée dans l'effort d'investissement productif, principalement dans les secteurs pionniers : les grandes compagnies ferroviaires
— Rothschild préside la Compagnie du Nord et participe au financement de la Compagnie d'Orléans —, les
mines et la sidérurgie.

Bilan des transformations économiques

Il est toujours difficile d'évaluer ce qui, dans une
période de profonds bouleversements économiques,
relève de la conjoncture générale ou de l'action des décideurs. On a vu que les années du Second Empire coïnci-
daient avec une phase de croissance mondiale favorisée
par les progrès technologiques et par l'afflux d'or en
provenance des États-Unis et d'Australie. La question,
dans la perspective où nous nous plaçons ici, est de
savoir si les changements qui affectent l'économie française constituent un cas particulier dans un mouvement
d'ensemble du monde capitaliste, s'ils marquent une
rupture avec ce qui précède — principalement avec la
Monarchie de Juillet qui occupe un espace temporel à
peu près équivalent — et si la nature du régime et les
choix opérés par son fondateur ont été ou non déterminants dans l'évolution économique de la France.

Les travaux des historiens économistes des trente
dernières années ont fortement nuancé l'image d'une
croissance industrielle sans précédent dans l'histoire de
notre pays. Globalement, les indices établis par T-J.

Markovitch[14], Maurice Lévy-Leboyer[15] et François Crouzet[16] concordent pour évaluer celle-ci à environ 2 %, soit une croissance très inférieure à celle des « trente glorieuses » et surtout en retrait de deux points sur celle des années 1840. Il est vrai que les taux antérieurs ont porté sur des chiffres absolus qui sont ceux du tout début du décollage français et qui sont par conséquent beaucoup plus faibles. Il n'en reste pas moins que l'Empire n'a pas été une période d'accélération de la croissance.

Deuxième constat : la croissance n'a pas été linéaire et n'a pas affecté de la même manière les divers secteurs de l'économie. Elle a été forte de 1851 à 1855, rattrapant son cours précédent à un rythme accéléré. Selon Rondo Cameron, l'accumulation du capital durant les cinq ans et demi qui séparent le coup d'État de la dépression de 1857 fut plus rapide qu'à aucun autre moment du XIXe siècle[17], le revenu national augmentant de plus de 5 % par an au cours de cette même période. La croissance industrielle ne cessa pas par la suite de fléchir, tombant à 2,36 % en 1855-1860, 2,19 % en 1860-1865 et 1,16 % en 1865-1870.

L'expansion économique du Second Empire s'est opérée d'autre part de manière inégale selon les régions et selon les secteurs. Certes, de 1851 à 1869, le produit intérieur brut est passé de 11,7 à plus de 20 milliards de francs, mais la concentration des capitaux et de la main-d'œuvre, l'innovation technologique et la mécanisation ont surtout profité aux industries liées au boom ferroviaire : les mines, particulièrement les mines de charbon (5 millions de tonnes produites en 1852, 14 millions en 1914) et la sidérurgie, stimulée par la demande de fer et de fonte et dominée par les grandes dynasties industrielles (Schneider, Wendel). Moins concentrée, mais tout aussi dynamique, l'industrie chimique a également connu une transformation rapide de ses techniques et de ses structures, tandis qu'au contraire le textile a souffert de sa dispersion géographique et de sa faible concentration. Il a d'autre part subi très fortement les effets de la « famine du coton » consécutive au blocus des côtes du sud des États-Unis par les navires nordistes, puis ceux de la reprise des importations américaines après la guerre de Sécession.

L'agriculture a bénéficié du désenclavement des régions, conséquence de l'équipement ferroviaire et routier ainsi que du développement des voies navigables, des grands travaux d'assèchement et de bonification des terres, de la révolution du crédit, autant d'éléments qui dépendaient pour une bonne part de l'action du gouvernement impérial. Elle a également profité des progrès de l'industrie chimique et de l'outillage. Aussi la production agricole a-t-elle fortement augmenté : de 20 à 25 % selon les régions et selon les produits. Un vaste effort de défrichement a permis d'accroître la surface cultivée de 1,5 million d'hectares. La plus grande rapidité des transports a favorisé une relative homogénéisation du marché, en même temps qu'elle a poussé à la spécialisation des productions régionales. Néanmoins l'agriculture française, qui occupait encore la moitié de la population active (51,4 % en 1856, 49,8 % en 1866), a conservé de très nombreux traits d'archaïsme : faible mécanisation (9 000 moissonneuses et 100 000 batteuses en 1862), rendements médiocres, forte domination de la polyculture vivrière, enseignement agronomique saboté par les restrictions budgétaires, etc. Au total, nous dit Jean Garrigues, « la politique agricole de l'empereur n'est pas à la hauteur de sa politique industrielle, au moins jusqu'en 1860 »[18].

Pris dans son ensemble, le secteur commercial demeure également arriéré. Si le Second Empire voit se développer de nouvelles structures et de nouvelles méthodes de vente au détail (prix fixe et marqué sur l'étiquette remplaçant le marchandage, réduction des marges bénéficiaires, publicité, intéressement des employés aux produits de la vente, etc.), la grande masse des commerçants exercent leur activité dans de modestes échoppes, la plupart du temps sans l'aide de commis : on compte en 1866 700 000 patrons pour seulement 244 000 employés. La grande innovation de l'époque — elle a marqué les esprits et les mémoires — est la création des « grands magasins ». L'initiateur en fut Aristide Boucicaut, fondateur en 1852 du Bon Marché, une modeste boutique de mercerie de la rue de Sèvres que cet ancien vendeur ambulant a achetée et transformée en peu d'années en un « magasin de nouveautés » dont le chiffre d'affaires est passé sous l'Empire de 450 000 francs à 20 millions. En 1869, fut posée la première pierre d'un nouvel édifice, conçu par l'architecte Louis-Charles Boileau, assisté de l'ingénieur Gustave Eiffel, et jugé révolutionnaire par sa structure de fer et de verre. Le succès du Bon Marché donna vite des idées à d'autres candidats à la multiplication des profits. En 1856 Alfred Chauchard et Auguste Hériot fondèrent le magasin du Louvre, financé par les Pereire et par les Fould. En 1865 un ancien chef de rayon du Bon Marché, Jules Jaluzot, créa le Printemps, imité cinq ans plus tard par un couple d'employés modestes, Ernest Cognac et son épouse Louise Jay, fondateurs de la Samaritaine. Ces réussites spectaculaires restèrent toutefois isolées et strictement parisiennes.

C'est précisément à Paris qu'eurent lieu, en 1855 et 1867, les deux expositions universelles. Inaugurée par le Directoire, la tradition des expositions avait perduré pendant la première moitié du siècle, avec une périodicité irrégulière et un succès croissant. Il ne s'agissait toutefois que de présenter au public des échantillons sélectionnés de la production française. L'idée de transformer ces vitrines de la modernité en expositions internationales vint d'Angleterre où se déroula en 1851 au Crystal Palace, édifié à cette occasion, la première de ces manifestations.

Dès l'année suivante, Louis-Napoléon décida que la France, qui avait occupé le deuxième rang des nations participantes à Londres, se devait d'organiser à Paris une grande exposition universelle, et c'est à son initiative que fut édifié à cet effet, sur les Champs-Élysées, le Palais de l'industrie, l'une des premières grandes constructions unissant le fer et la pierre. Placée sous la présidence du prince Napoléon, cousin de l'empereur, qui manifestait ainsi son désir d'associer modernité et bonapartisme démocratique, l'exposition réunit, de mai à novembre 1855, 20 000 exposants, dont 10 500 étrangers et accueillit cinq millions de visiteurs, dont la reine Victoria et le prince Albert. Cet énorme succès se renouvela douze ans plus tard. Inaugurée le 1er avril 1867, cette seconde mouture rassembla nombre de têtes couronnées, dont le roi de Prusse, Guillaume Ier, flanqué de son chancelier Otto von Bismarck, et le tsar Alexandre II qui échappa de peu, le 6 juin, à un coup de feu tiré, pendant la revue de Longchamp, par un patriote polonais. On vit aussi défiler le sultan Abdul Aziz, le roi Oscar de Suède, la reine Sophie des Pays-Bas, les couples royaux de Belgique et d'Espagne, l'empereur François-Joseph qui, peu soucieux de l'étiquette, embrassa l'impératrice Eugénie sur les deux joues. « Il vient tant de princes, écrit Mérimée, qu'on va devoir les coucher à deux dans le même lit. »

Il y a certes un revers à la médaille. Le Second Empire est aussi le règne de l'argent facile, du boursicotage et des fortunes aussi vite défaites qu'amassées. La littérature de l'époque, d'Alexandre Dumas fils (*La Question d'argent*) à la comtesse de Ségur (*La Fortune de Gaspard*) et à Eugène Labiche, fourmille de situations et de personnages emblématiques d'une génération pour laquelle, comme l'écrit l'auteur de *La Dame aux camélias*, la Bourse est devenue « ce qu'était la cathédrale au Moyen Age ». Vénalité, spéculation, corruption, relations douteuses entre le monde des affaires et la classe politique sont devenues monnaie courante, au point que Napoléon III s'en inquiète et adressera en 1856 à François Ponsard une lettre le félicitant pour avoir écrit dans sa pièce *La Bourse* :

La Bourse ! Mais ce sphinx vers qui tu te fourvoies
Pour un Œdipe heureux dévore mille proies.

> Ah Dieu ! combien j'en vois, entrés d'un air vainqueur,
> Sortir pâles, muets, et l'enfer dans le cœur !

Paternalisme et politique sociale

Si l'application des idées saint-simoniennes à la gestion de l'économie a eu pour effet d'enrichir une minorité de privilégiés et de conforter la prépondérance bourgeoise, l'empereur n'a pas pour autant renoncé à un autre pari saint-simonien qui était celui de l'harmonie sociale. On a abondamment brocardé, avant et après la chute de l'Empire, l'utopie de « l'extinction du paupérisme », en soulignant le caractère démagogique d'un programme qui n'aurait eu d'autre fin que la conquête du pouvoir avec l'appui des masses. Or, s'il est vrai que les idées sociales de Louis-Napoléon s'inscrivent dans un contexte résolument populiste, il serait abusif de considérer son projet comme exclusivement dicté par des considérations d'opportunisme politique. L'intérêt que Napoléon III porte à la question ouvrière relève en effet d'une vision de la société que le souverain partage avec les adeptes d'un libéralisme éclairé : pas de prospérité et de progrès sans stabilité politique, pas de stabilité sans un minimum de consensus social et pas de consensus social sans qu'une partie des fruits de la croissance ne soit redistribuée au profit des classes laborieuses. Que l'empereur ait pour une bonne part échoué dans sa volonté d'améliorer les conditions de vie et de travail du monde ouvrier par une politique sociale volontariste, cela ne fait guère de doute. Il reste que cette politique n'a pas été un simple gadget destiné à endormir le bon peuple, que la France s'est trouvée en 1870 dotée d'une législation sociale en avance sur celle des autres États européens et que les mesures prises par l'Empire en matière de reconnaissance des premiers droits des travailleurs n'ont pas été sans conséquence sur l'essor d'un mouvement ouvrier condamné jusqu'alors à manifester ses frustrations et son désespoir par l'unique voie de la rébellion sanglante.

Le prince-président aurait souhaité faire adopter des réformes en faveur des classes populaires. On envisagea de supprimer l'octroi et l'impôt sur les boissons — impositions indirectes qui frappaient de la même manière tous les consommateurs — pour les remplacer par un impôt sur le revenu. Sous la pression des milieux conservateurs, il fallut vite renoncer à ce projet et à d'autres mesures jugées tout aussi « démagogiques » par les nantis : impôt sur la rente, droit de mutation sur les charges, rachat des compagnies d'assurances, etc. Le chef de l'État ne pouvait se lancer dans une politique sociale que réprouvaient ses appuis. L'heure n'était pas au renversement des alliances et Proudhon constatait en mars 1852 : « Louis-Napoléon est arrêté net dans ses projets socialistes. [...] Les banquiers boudent, la bourgeoisie se range du côté de Cavaignac, *La Patrie*, *Le Constitutionnel* protestent contre les bruits calomnieux de socialisme gouvernemental et, pour arrêter le président, compromettent ainsi sa politique [19]. »

Aussi Napoléon III se contenta-t-il durant la première partie du règne de prendre des initiatives à caractère paternaliste. C'est à l'initiative de l'empereur que furent créés, par un décret de 1855, les asiles du Vésinet et de Vincennes, financés par un prélèvement de 1 % sur le montant des travaux publics exécutés dans le département de la Seine et destinés à soigner les ouvriers malades. Des établissements de même nature s'ouvrirent au cours des années suivantes à Rouen et à Strasbourg, tandis qu'un service de médecins cantonaux était organisé dans 36 départements et qu'était mis en place un système de soins à domicile. La création de l'orphelinat du Prince Impérial et de la société du Prince Impérial, cette dernière fournissant des crédits aux ouvriers besogneux en vue de l'acquisition d'outils, fut également le résultat d'une initiative du souverain qui finança sur sa cassette personnelle une partie importante des travaux et des premiers frais de fonctionnement. En 1866, Napoléon III proposa, dans une lettre publique au ministre d'État, de constituer une Caisse des accidents du travail.

L'empereur s'intéressa également au logement ouvrier et à la distribution de vivres aux plus nécessiteux. Dix millions provenant du séquestre des biens de la famille d'Orléans furent utilisés à la construction de maisons ouvrières que boudèrent d'ailleurs fréquemment les principaux intéressés, lesquels n'appréciaient pas particulièrement d'être cantonnés dans des quartiers-ghettos, ni soumis par le biais de règlements stricts à la surveillance des autorités. À Paris, nombre d'habitations destinées aux plus modestes restèrent ainsi sans locataires, ce qui n'empêcha pas la poursuite de l'expérience dans plusieurs grandes villes de province, notamment à Marseille, Lyon, Lille, Amiens et Mulhouse. Pour relancer l'idée d'un logement pour tous, un prix était décerné à l'architecte ayant présenté le projet le plus fonctionnel et le moins coûteux de maison ouvrière. Quant à la préoccupation de nourrir, en temps de crise ou de disette, les citadins les plus démunis, elle donna lieu à l'installation de « fourneaux économiques » — ancêtres des « soupes populaires » et de nos « restos du cœur » —, pour lesquels l'empereur fit verser 100 000 francs en 1856 au préfet de la Seine, avec mission pour ce dernier de distribuer aux pauvres des rations dont le nombre s'élèvera en un mois à plus d'un million.

La réglementation du mont-de-piété, dans le but de protéger de l'usure tous ceux qui, pour survivre, étaient contraints d'engager leurs maigres avoirs, la création d'un bureau de placement à Paris, celle d'une caisse de compensation pour réduire les variations du prix du pain, constituent autant de mesures visant à pallier les effets du libéralisme sur les couches laborieuses de la population. C'est à bien des égards pour ne pas laisser à l'empereur le bénéfice exclusif de ce paternalisme d'État que certains industriels s'étaient engagés dans la voie — déjà largement tracée dans quelques régions, notamment de l'Est — d'un paternalisme local, inspiré par les écrits de Frédéric Le Play et qui se concrétise dans de nombreuses « institutions ouvrières » : logements et équipements réservés aux salariés de la firme, caisses de secours mutuel, système de retraites, écoles et centres d'apprentissage pour les enfants d'ouvriers, construction et mise à disposition d'un gymnase, d'une bibliothèque.

À mi-chemin du paternalisme d'État et d'une authentique politique sociale se situent les initiatives visant à développer les sociétés de secours mutuel : des associations de droit privé cherchant à promouvoir la solidarité entre les affiliés en regard des risques d'accidents et de maladie. Le décret de mars 1852 accorde à ces organismes, dont la philosophie se rattache à la fois à la doctrine proudhonienne et au catholicisme social, la faculté de se constituer librement, ce qui représente à cette date une entorse considérable au droit commun. Le décret distingue entre deux types de sociétés de secours mutuel : celles qui sont simplement « autorisées » et celles qui, « approuvées » par les pouvoirs publics et dont le président est nommé par le chef de l'État, bénéficient du patronage de ce dernier. Napoléon III, qui préside la commission supérieure d'encouragement aux sociétés de secours mutuel, fait un don personnel de 500 000 francs à leur caisse de retraite lors de la naissance du prince impérial.

Dans l'esprit des promoteurs du « mutuellisme », il s'agissait de remplacer les associations ouvrières de 1848, considérées comme des foyers de subversion contrôlés par les démocrates et les socialistes, par des organisations apolitiques visant à concourir à l'amélioration de la condition ouvrière, évidemment sans remettre en cause l'ordre social et la nature du régime. Aussi a-t-on veillé à choisir les postulants aux fonctions de président parmi les personnalités favorables au régime. Le taux relativement élevé des cotisations versées par les sociétaires eut d'autre part pour effet de limiter le recrutement des membres actifs aux représentants des tâches ouvrières les mieux payées. Il reste que le système a eu le mérite de fonctionner et de gagner de nouvelles recrues durant les dix-huit années de l'ère impériale, le nombre des sociétés de secours mutuel passant de 2 400 en 1852 à plus de 6 000 en 1870, celui des affiliés de 271 000 à 900 000.

Tant que Napoléon III se contenta de vouloir améliorer les conditions de vie et de travail du monde ouvrier par des mesures qui n'engageaient pas les intérêts économiques des privilégiés, le patronat le laissa faire. Il lui suffisait que le régime assurât la paix sociale en muselant les oppositions les plus radicales et en exerçant une surveillance étroite sur les éventuels fauteurs de troubles, ou supposés tels. C'est bien pourquoi les représentants du monde des affaires et leurs commis au Conseil d'État réagirent avec virulence lorsque l'empereur voulut supprimer le livret ouvrier. Ce véritable passeport intérieur que les travailleurs devaient présenter à toute requête des autorités, ou lorsqu'ils sollicitaient un nouvel emploi, avait été institué en 1803. Chaque changement d'emploi devait y être consigné, ainsi que les raisons qui avaient motivé ce changement ; en théorie du moins car le contrôle des entrées et des sorties — réaffirmé par la loi du 22 juin 1854 — était appliqué de manière très laxiste. En fait, le livret servait surtout à la police pour identifier d'éventuels suspects et exercer des contrôles dans les grandes villes, et pour les ouvriers à offrir un gage à leur employeur pour un prêt ou une avance. Afin d'éviter les abus, la loi comportait d'ailleurs l'interdiction aux patrons de séquestrer les livrets de leurs employés et d'y porter des annotations. L'obligation du livret n'en était pas moins considérée par les chefs d'entreprise et plus globalement par la bourgeoisie comme un outil de contrôle social et policier qui pourrait s'avérer indispensable en cas d'agitation grave. Si bien que lorsque Napoléon III voulut en 1869 supprimer ce symbole désuet du servage moderne, il se heurta à une vive résistance de la part du Conseil d'État et dut renoncer à son projet. Il faudra encore vingt ans pour que la République triomphante mette fin à cette humiliante pratique.

La transformation qui s'opère, au début des années 1860, dans la politique de Napoléon III à l'égard du monde ouvrier, s'inscrit à la fois dans la continuité de son action antérieure — elle-même motivée par des raisons d'opportunité politique et par des convictions sincères — et dans un contexte politique nouveau, conséquence des retombées intérieures de la question romaine et de l'adoption du libre-échange. Le changement ne s'est pas opéré en un jour. C'est seulement à partir de 1861 que l'on peut parler d'un « renversement des alliances » dans la configuration qui relie le pouvoir napoléonien aux principaux groupes composant l'opinion publique[20]. Jusqu'à cette date, Napoléon III avait su gagner le soutien de l'Église et celui des éléments constitutifs du parti de l'Ordre. Cette alliance avait obligé l'empereur à renoncer au moins partiellement à certains articles de son programme, à ceux en particulier qui relevaient de la question sociale. Pour se concilier les masses, le populisme bonapartiste avait été conduit à rechercher d'autres voies que celle des réformes de structure : la guerre de Crimée, puis la campagne d'Italie lui avaient permis de jouer sur la fibre patriotique et sur la nostalgie de la Grande Nation. Pour le reste, on attendait que les retombées de la prospérité sur l'ensemble du corps social accélèrent le ralliement des couches populaires à un régime qui se préoccupait davantage de leur sort que la République bourgeoise, et l'on avait « bricolé » — non sans soulever parfois de fortes réactions parmi les privilégiés — des mesures à caractère plus philanthropique que révolutionnaire.

Les événements d'Italie et le traité de commerce franco-anglais privèrent le souverain sinon de tous ses appuis dans le monde catholique et auprès de la bourgeoisie conservatrice (il s'agissait largement des mêmes), du moins d'une partie d'entre eux. À dix ans d'intervalle, note René Rémond, l'empereur se retrou-

vait dans la situation du prince-président en conflit avec
la majorité de l'Assemblée législative. Et d'ajouter : « Le
bonapartisme, privé de ses alliés d'emprunt, est réduit
à ses dimensions propres et ramené à sa nature profonde [21]. » De là, le souci qu'eut Napoléon III de trouver des
alliés de rechange qui ne pouvaient se recruter que dans
la petite bourgeoisie anticléricale et chez les ouvriers.
La paysannerie en effet lui demeurait largement
acquise, sauf dans les régions — l'Ouest par exemple —
où elle était restée légitimiste et soumise à l'influence
du clergé, ou dans celles qui avaient vu se développer
depuis 1848 un fort courant de socialisme agraire.

Ce sont des militants mutuellistes qui vont, au début
des années 1860, relancer le mouvement ouvrier et donner à l'empereur l'occasion de manifester son intérêt
pour les travailleurs autrement que par de simples
mesures paternalistes. L'une des principales revendications ouvrières portait alors sur l'abrogation des
articles 414 et 415 du code pénal qui, dans la continuité
de la politique libérale inaugurée en 1791 par la loi Le
Chapelier, interdisaient aux travailleurs de se coaliser.
Les quelques voix qui s'étaient élevées parmi les républicains et au sein des sociétés de secours mutuel pour
formuler cette exigence auraient eu peu de chance
d'être écoutées si elles n'avaient pas trouvé un relais
auprès du groupe dit du « Palais-Royal ». Rassemblé
autour du prince Napoléon, ce cercle comprenait Arlès-
Dufour et Michel Chevalier, des ouvriers bonapartistes
et des publicistes, collaborateurs de *L'Opinion nationale*
que dirigeait Adolphe Guéroult.

En 1861, ce journal publia une série d'articles qui,
tout en louant les bienfaits du régime, invitait Napoléon III à faire un pas de plus en direction des travailleurs et à promouvoir de véritables réformes de
structure. En octobre, toujours dans les colonnes de
L'Opinion nationale, Armand Lévy proposa l'envoi
d'une délégation ouvrière à l'Exposition universelle de
Londres où ses membres pourraient entrer en contact
avec les représentants des puissants syndicats anglais.

Bien que la suggestion vînt « d'en haut », elle trouva un certain écho dans le milieu mutuelliste et aboutit, à l'initiative de l'ouvrier ciseleur en bronze Henri Tolain, plus tard qualifié par Jules Vallès de « chef moral de la classe ouvrière », à l'élection de 200 délégués représentant 200 000 travailleurs et une cinquantaine de corporations. À leur retour, Tolain et ses compagnons publièrent des rapports rédigés par les représentants de chaque profession et qui faisaient état de revendications portant sur les salaires, la durée de la journée de travail et le droit de coalition dont disposaient déjà les travailleurs britanniques. L'empereur, qui avait accordé son patronage à la délégation française, tandis que le prince Napoléon — en tant que commissaire général de la section française à l'Exposition —, assurait le financement des voyages, confirma l'intérêt qu'il portait à l'entreprise en décernant la Légion d'honneur à trois de ses dirigeants.

Lors des élections de 1863 et des complémentaires de 1864, des militants ouvriers, dont Tolain, décidèrent de présenter leurs propres candidats. Les républicains réagirent vivement à ce choix qui ne pouvait que mordre sur leur électorat. Tolain et ses amis furent accusés d'être les « hommes du Palais-Royal », voire les candidats des Tuileries : ce à quoi répondit le « Manifeste des soixante », signé par 60 ouvriers parisiens, dont plusieurs délégués de 1862 et publié dans *L'Opinion nationale* le 17 février 1864. Ce texte fondateur d'un syndicalisme français affirmait haut et fort son indépendance à l'égard des partis politiques :

> Le suffrage universel nous a rendus majeurs politiquement, mais il nous reste encore à nous émanciper socialement. La liberté que le Tiers État sut conquérir avec tant de vigueur et de persévérance doit s'étendre en France, pays démocratique, à tous les citoyens. Droit politique égal implique nécessairement un égal droit social. [...]
> Mais, nous dit-on, toutes ces réformes dont vous avez besoin, les députés élus peuvent les demander comme

vous, mieux que vous ; ils sont représentants de tous et
par tous nommés. Eh bien ! nous répondrons : non ! Nous
ne sommes pas représentés, et voilà pourquoi nous
posons cette question des candidatures ouvrières [22].

Au « Manifeste des soixante », répondit le « Manifeste
des quatre-vingts », paru dans Le Siècle et qui se voulait
un rappel à l'ordre des ouvriers auxquels les auteurs de
ce texte signifiaient qu'il était de leur devoir de soutenir
les candidats républicains, qu'avec la République viendrait la liberté et qu'ensuite... on aurait tout loisir de se
préoccuper de leur sort et de leurs droits ! Tolain, qui
s'était porté candidat à Paris contre Garnier-Pagès, fut
battu par ce dernier lors des partielles de mars 1864
avec un score dérisoire. Cet échec ne l'empêcha pas
d'être présent en septembre suivant au meeting fondateur de l'Internationale et de prendre la direction, avec
le décorateur Fribourg et le margeur Limousin, du
bureau parisien de cette organisation.

En attendant, Napoléon III avait clairement manifesté son intention de répondre à la principale revendication du monde ouvrier : à savoir le droit de coalition.
En 1862, il gracia les meneurs d'une grève des typo-
graphes condamnés à de lourdes peines de prison. L'année suivante, il fit libérer d'autres ouvriers coupables
du même délit. Les progrès de l'opposition républicaine
aux législatives de 1863 et aux élections partielles suivantes achevèrent de le convaincre que le maintien de
la loi sur les coalitions risquait de lui aliéner la partie
de l'opinion sur laquelle il comptait s'appuyer, pour
compenser la défection des catholiques intransigeants
et des adversaires du libre-échange. Aussi annonça-t-il
en ouvrant la session législative de 1864 que le moment
était venu d'« adoucir la législation applicable aux
classes ouvrières dignes de notre sollicitude ». Ce sera,
dira-t-il, « un progrès auquel vous aimerez vous associer ». Puis, répondant à l'appel du républicain Darimon, élu député de la Seine en 1857 et membre du
« groupe des cinq », il prit l'initiative de la loi qui devait
abroger les articles 414 et 415 du code pénal.

Morny, qui présidait le Corps législatif et était lui-même favorable à la reconnaissance du droit de coalition, désigna un autre républicain, Émile Ollivier, avec lequel il entretenait des relations cordiales, comme rapporteur du projet. Ollivier manifesta habilement une grande modération dans l'exécution de cette charge, ce qui n'empêcha nullement les adversaires de la loi de se mobiliser, aussi bien au Corps législatif qu'au Conseil d'État : les conservateurs en dénonçant avec Charles Seydoux — pourtant favorable au gouvernement et à sa politique libre-échangiste — une « loi de guerre » ; les républicains en faisant valoir, comme Jules Simon, qu'il ne pouvait y avoir de véritable droit de coalition s'il n'était accompagné du droit d'association et de réunion. L'appui très marqué de Napoléon III et de son demi-frère permit néanmoins le vote de la loi qui fut adoptée en première lecture par le Corps législatif, par 222 voix contre 36, au Sénat avec 64 suffrages favorables et 13 abstentions, et finalement en deuxième lecture par l'Assemblée le 25 mai 1864 (121 voix pour, 31 contre).

La loi légalisait la grève, dès lors qu'il n'était pas porté atteinte à la liberté du travail. Les articles 414 et 415 maintenaient de fortes sanctions pénales contre « quiconque, à l'aide de violences, voies de fait, menaces ou manœuvres frauduleuses, aurait amené ou maintenu, tenté d'amener ou de maintenir une cession concertée du travail, dans le but de forcer la hausse ou la baisse des salaires, ou de porter atteinte au libre exercice de l'industrie ou du travail ».

Malgré ces réserves, sans lesquelles le texte n'aurait jamais pu être voté, la loi de 1864 — dès lors qu'elle introduisait en France un droit de grève que les régimes précédents s'étaient peu souciés d'accorder aux travailleurs — représentait une avancée dans la législation du travail. Sans doute restait-il beaucoup à faire pour que le monde ouvrier, jusqu'alors entravé par des dispositions limitant ses possibilités d'action, pût se constituer en groupe de pression, à la manière de son homologue britannique. Napoléon III n'avait pas l'intention de s'arrêter en chemin. N'avait-il pas coutume de dire que les choses devaient se faire « un petit peu chaque jour » et que la politique du « tout ou rien » ne pouvait conduire qu'à la paralysie et à l'échec ? Aux républicains qui faisaient grief à l'empereur de vouloir berner la classe ouvrière en lui offrant des demi-mesures qui n'affectaient en rien le caractère fondamentalement conservateur et répressif du régime, Émile Ollivier répondra :

> Qui donc obligeait l'empereur à présenter, malgré la résistance de son Conseil d'État et de sa majorité, une loi sur les coalitions, s'il n'avait pas l'intention sincère de les permettre réellement ? [...] Il faut être bien fourbe pour prêter, même à ses ennemis, une aussi grossière et dangereuse fourberie. [...] En présentant une loi sur les coalitions, il voulait de bonne foi assurer aux ouvriers la liberté de leur travail ; il obéissait à la même inspiration de cœur qui lui avait suggéré déjà tant de mesures favorables au peuple, objet constant de ses sollicitudes affectueuses[23].

La multiplication des grèves qui suivit la promulgation de la nouvelle loi n'était que l'aboutissement logique de la politique adoptée au début des années 1860 par Napoléon III. Nous verrons dans un prochain chapitre quelles en furent les conséquences politiques. Notons en attendant que l'empereur, dans un contexte il est vrai de libéralisation du régime, ne chercha pas devant l'ampleur du mouvement — 110 grèves et 20 000 grévistes en 1864, 58 grèves et 28 000 grévistes en 1865, 52 conflits en 1866, 76 en 1867 — à faire machine arrière. Certes, les autorités ne se privèrent pas de faire appel aux forces de l'ordre et à l'appareil judiciaire lorsqu'elles pouvaient invoquer l'emploi par les grévistes de méthodes violentes et les atteintes à la liberté du travail. Mais le principe du droit de grève ne fut pas remis en question.

La reconnaissance du droit pour les ouvriers de se constituer en associations et de se réunir ne fut introduite, à doses homéopathiques, que dans les dernières années du régime. En février 1866, une circulaire du ministère de l'Intérieur recommanda aux préfets d'adopter une grande tolérance pour les réunions de grévistes. En mars de la même année, une lettre du ministre du Commerce, publiée dans *Le Moniteur*, promit une semblable bienveillance à l'égard des organisations de caractère syndical. Enfin, la loi du 6 juin 1868 autorisa les réunions publiques dès lors que leur objet se limitait aux « questions industrielles, agricoles et littéraires ». Ce n'était pas encore la complète liberté mais la voie était ouverte à une reconnaissance des syndicats.

Eugène Varlin, futur dirigeant communard fusillé lors de la semaine sanglante, résume ainsi, dans une lettre à son ami Albert Richard, la situation du mouvement syndical à la fin de l'Empire :

> Quant à la situation légale, elle est bien simple [...] Toutes nos sociétés sont en dehors de la loi. Elles n'existent que par la tolérance administrative. Mais cette tolérance est tellement passée à l'état d'habitude, tellement ancrée dans les mœurs qu'il serait impossible à l'administration de revenir là-dessus [24].

Le chantier parisien

Napoléon Ier avait voulu faire de Paris la capitale de l'Europe, politique, culturelle et même religieuse. N'avait-il pas songé à y fixer la résidence du pape dans un palais édifié près de Notre-Dame ? Les travaux qu'il fit entreprendre, sous l'autorité conjointe du préfet de la Seine et du préfet de police, les monuments et les ouvrages d'art qui furent inaugurés sous son règne — église de La Madeleine, palais de la Bourse, pont d'Iéna, passerelle des Arts —, les progrès effectués en matière de voirie, d'adduction et d'évacuation des eaux (fontaines, égouts) furent considérables, mais ils ne transformèrent pas la morphologie de la capitale. La création d'une ville nouvelle sur la colline de Chaillot et le Champ-de-Mars où devaient s'élever le palais du roi de Rome ainsi qu'une monumentale cité administrative, resta à l'état de projet, de même que la réalisation d'une grande croisée nord/sud et est/ouest. Seule fut menée à bien dans cette perspective la percée de la rue de Rivoli.

Ni Louis XVIII, ni Charles X ne se préoccupèrent beaucoup de changer l'aspect du centre historique. La monarchie restaurée s'abstint d'intervenir dans un domaine, celui de l'aménagement urbain, abandonné au capitalisme privé. Les nouveaux quartiers édifiés à l'ouest de la capitale — Beaujon, La Madeleine, L'Europe, Saint-Georges — le furent à l'initiative des

banques et au profit exclusif des privilégiés. Louis-
Philippe se montra un peu moins timide en matière
d'urbanisme, encore que l'essentiel de l'effort accompli
par les pouvoirs publics portât sur l'achèvement ou la
restauration de monuments tels que l'Arc de triomphe
de l'Étoile, Notre-Dame ou la Sainte-Chapelle, ainsi que
sur la construction en 1841 d'une nouvelle enceinte fortifiée englobant ou traversant la ceinture de communes
suburbaines qui seront annexées à la capitale en 1860.
Seule exception à cette politique guidée par des considérations patrimoniales et militaires, la modeste percée
de la rue Rambuteau — du nom du préfet de la Seine
de l'époque — reliant à travers les vieux quartiers du
centre les Halles au Marais. Le projet de reconstruction
du marché des Halles, élaboré par Rambuteau, fut
arrêté par la révolution de 1848.

Le Second Empire a hérité d'une capitale dont la
population a doublé en un demi-siècle, passant de
546 000 en 1801 à 1 053 000 en 1846[1], sur un espace
resté inchangé et dont la morphologie d'ensemble n'a
subi, depuis l'Ancien Régime, que des modifications
mineures. Cet accroissement est dû principalement à
l'immigration intérieure, conséquence du fort exode
rural produit par la première phase de l'industrialisation. Rejetés à la périphérie de la ville ou entassés dans
les quartiers du centre (Halles, Châtelet, Hôtel de Ville,
faubourgs Saint-Antoine et Saint-Marcel), les nouveaux
venus sont pour une bonne part des migrants tempo-
raires : tantôt ouvriers saisonniers comme les maçons
creusois, tantôt hôtes de passage sans qualification, les
uns et les autres attirés par de meilleures conditions
d'existence, du moins lors des périodes de prospérité et
de plein emploi. En temps de disette et de crise, une
immigration de misère vient grossir les rangs de cette
population mouvante, Paris, où les moyens d'assistance
sont plus développés qu'en milieu rural, jouant alors un
rôle de refuge.

Dans un ouvrage devenu classique[2], Louis Chevalier
a montré comment, durant ces périodes de dépression

et de chômage, une fraction des « classes laborieuses » a pu donner naissance aux « classes dangereuses » : ceci dans un espace parisien caractérisé par l'entassement des « nomades » dans des quartiers et des habitations insalubres, véritables nids de misère, d'épidémies et de révolte. Dans ce Paris qui est celui de Jules Janin[3], de Balzac, d'Eugène Sue et du Victor Hugo des *Misérables*, règnent l'insécurité et le crime :

> Criminel aussi ce Paris, écrit Louis Chevalier, par la marque du crime sur l'ensemble du paysage urbain. Pas de lieux alors qu'il ne hante : les barrières où les bandits de grands chemins prolongent, jusqu'à la construction des voies ferrées, les traditions d'Ancien Régime et rencontrent, en marge des festivités populaires, des criminels d'un autre type dont l'évolution récente de la ville favorise l'éclosion : les quartiers du centre eux-mêmes, où la croissance complexe et désordonnée de la capitale, enchevêtrant ruelles, passages, cours et culs-de-sac, a juxtaposé, en un paysage que nous avons du mal à lire, les zones d'ombre et de lumière, les rues ensoleillées et les cloaques, les maisons bourgeoises et les taudis, et multiplié un peu partout coins et recoins favorables aux agressions de nuit et de jour, tant le jour lui-même, en certains endroits, est semblable à la nuit[4].

Violence, criminalité, prostitution, suicides, surmortalité due à la maladie et à la sous-alimentation : tels sont les maux qui frappent prioritairement ces « nomades », que les « Parisiens de souche » — eux-mêmes bien souvent enfants ou petits-enfants de migrants — ont eu tôt fait de considérer comme des « barbares » campant aux portes de la cité ou ayant déjà investi celle-ci. En 1830, on évalue la population ouvrière de la capitale au quart de la population totale : c'est également le chiffre des indigents que donne la Préfecture de police.

La concentration de populations sous-alimentées dans des zones insalubres, des immeubles vétustes et des logements surpeuplés — une bonne partie des saisonniers vivent en garnis, dans des conditions de promiscuité effroyables — favorise la propagation des maladies infectieuses, tel le choléra de 1832. Moins dramatique, mais tout aussi obsédant — si l'on se réfère aux témoignages des contemporains — était le spectacle quotidien des « embarras de Paris », déjà stigmatisés deux siècles plus tôt par Boileau. L'engorgement de la capitale rendait à certaines heures les déplacements d'autant plus difficiles que nombre de voies étaient impropres à la circulation. On recensait en 1860 plus de 60 000 véhicules, autant de chevaux et des milliers de voitures à bras et l'on dénombrera dix ans plus tard 2 000 voitures à l'heure sur les Champs-Élysées, 1250 boulevard des Italiens et plus de 300 empruntant l'étroite rue Saint-Denis[5]. L'arrêt forcé des véhicules à la barrière de l'octroi créait, de proche en proche, des embouteillages monstres dont rend compte la littérature de l'époque.

On voit que les raisons ne manquent pas pour que, dès son avènement, Napoléon III fasse de la transformation de Paris l'un de ses projets prioritaires. Le remodelage de l'espace parisien doit permettre, estime-t-il, de concilier les besoins élémentaires des classes laborieuses, en matière de salubrité et de logement, avec le souci sécuritaire des couches plus favorisées. Le crime et le vol, véritable obsession de la société balzacienne — « les honnêtes gens ne sauraient être trop continuellement sur leurs gardes », écrit déjà en 1825 l'auteur du *Code des gens honnêtes*[6] —, ne pourront que reculer devant la pioche des démolisseurs, en même temps que les autres tares sociales (alcoolisme, suicide, prostitution, etc.). Pauvres et riches tireront un même bénéfice du recul de la mortalité due aux épidémies (le choléra mais aussi la variole) et de l'amélioration des conditions de circulation dans la ville.

Sécurité pour les personnes, mais aussi sécurité pour le pouvoir. La morphologie du centre historique, avec ses rues étroites, son absence de grands dégagements et ses chaussées aisément transformables en barricades ont rendu la tâche difficile, voire impossible aux forces

de l'ordre, lors des nombreuses journées insurrectionnelles que Paris a connues durant la première moitié
du XIXᵉ siècle. La cavalerie et l'artillerie ont besoin pour
accomplir leur mission répressive de vastes espaces
et de voies rectilignes. Quoique non déterminantes,
comme on l'a souvent affirmé, les considérations stratégiques ne sont donc point absentes du projet napoléonien, lequel en revanche est fortement motivé par le
désir qu'a l'empereur de reprendre à son compte et de
mener à bien l'objectif premier du fondateur de la
dynastie : faire de Paris la capitale de l'Europe, la plus
moderne et la plus belle des métropoles du vieux continent. « Je veux être un nouvel Auguste, avait-il déjà
déclaré en 1842, à cette date détenu au fort de Ham,
parce que Auguste a fait de Rome une ville de marbre. »

Haussmann : un « dictateur municipal »

Pour mener à bien son programme de transformation
radicale de l'espace parisien, Napoléon III doit pouvoir
compter sur au moins deux éléments majeurs : l'argent
— et il en faudra beaucoup, ce qui implique une complicité des élus qui ne sera pas toujours acquise au projet
impérial — et des collaborateurs aussi désireux que lui
de mener l'entreprise jusqu'à son terme. Déterminante
fut à cet égard la rencontre de Louis-Napoléon et du
futur baron Haussmann. Georges Eugène Haussmann
a quarante-quatre ans lorsque, couronnement d'une
brève et brillante carrière, l'empereur le nomme, en
juin 1853, préfet de la Seine, avec pour mission prioritaire de présider aux travaux de transformation et d'embellissement de la capitale. Haussmann est né à Paris
en 1809. Son père, Nicolas Valentin, un ancien négociant devenu sous-intendant militaire, est issu d'une
famille originaire de Thuringe et qui a fait souche en
Alsace. Installé à Versailles où son père dirigeait le
dépôt de la maison Haussmann frères (une manufacture de toiles peintes), Nicolas a épousé Caroline Dent-

zel, fille d'un pasteur luthérien, député à la Convention. Le futur préfet est donc le produit d'une dynastie bourgeoise de confession protestante dont l'activité sur trois générations se partage entre l'industrie, le service de l'État et l'action politique (Georges Frédéric Dentzel, le grand-père maternel de Georges, a lui aussi été député de la Convention).

Après de solides études secondaires au lycée Henri-IV, où il est le condisciple du duc de Chartres, le fils aîné du futur Louis-Philippe, et d'Alfred de Musset avec lequel il conservera des relations amicales, puis au lycée Bourbon (aujourd'hui Condorcet), Georges Haussmann obtient sa licence en droit en 1829 et le doctorat en 1831, date de son entrée dans la carrière préfectorale. Il sera successivement secrétaire général de la préfecture de la Vienne, sous-préfet d'Yssingeaux, de Nérac, de Saint-Girons, de Blaye, puis préfet du Var (1849), de l'Yonne (1850) et de la Gironde en novembre 1851. Dans ces différents postes il sait habilement tirer parti d'abord de ses liens avec les Orléans, ensuite des attaches républicaines de ses grands-pères paternel et maternel, enfin de son ralliement au prince-président. De passage dans la capitale à la veille du coup d'État, il n'hésite pas à prendre le parti des conjurés. C'est beaucoup au hasard qu'il doit d'être le premier visiteur reçu par Morny au matin du 2 décembre, une heure après que le demi-frère du prince-président a pris les commandes du ministère de l'Intérieur. Mais c'est son flair qui lui dicte la conduite qui fera de lui l'un des principaux personnages du régime. À Paris, il répond à Morny qui lui demande : « Monsieur Haussmann, vous êtes avec nous ? J'appartiens au prince, monsieur le comte. Disposez de moi sans réserve. » Et à Bordeaux, où il est rentré en toute hâte, il applique avec rigueur les consignes ministérielles concernant une éventuelle résistance qui au demeurant sera faible dans le département de la Gironde.

Lors du périple que le prince-président effectua dans les provinces méridionales pour préparer les esprits au rétablissement de l'Empire, l'ultime étape eut lieu à Bordeaux où Louis-Napoléon prononça le 9 octobre, lors du banquet à la Chambre de Commerce, son célèbre discours-programme. Haussmann voulut que le passage dans « sa » ville fût une apothéose. Est-ce l'émotion ou l'habileté qui le fit appeler « sire » l'hôte de l'Élysée, au moment de présenter celui-ci aux membres du conseil général ? « Il sourit doucement, raconte-t-il dans ses Mémoires, et ce lapsus étonna si peu les auditeurs qu'on ne m'en avertit pas immédiatement. »

Est-ce Napoléon III en personne ou Persigny, alors en charge du ministère de l'Intérieur, qui eut l'initiative, six mois après la proclamation de l'Empire, de nommer Haussmann préfet de la Seine ? Pour le nouveau promu — c'est ce qu'il affirme dans ses Mémoires — l'idée vint de l'empereur et ne suscita à lui-même guère d'enthousiasme : « Au lieu, écrit-il, de la vive satisfaction qu'un autre, à ma place, en aurait probablement ressentie, je n'en éprouvai qu'une impression de contrariété croissant avec mes réflexions[7]. »

Persigny au contraire s'attribue, dans ses souvenirs, le choix du successeur de Berger. C'est sur le conseil très appuyé de son ministre que Napoléon III aurait décidé de remplacer celui-ci par l'habile et efficace préfet de la Gironde. Le portrait que l'ancien compagnon d'armes du prince brosse d'un homme qui, écrira-t-il, l'a davantage séduit par les « défauts de son caractère » que par les « facultés de son intelligence remarquable », ne manque ni de couleur, ni de cynisme. En témoigne l'entretien qu'il eut avec Haussmann, avant de fixer son choix sur celui qui lui parut en fin de compte le plus digne d'assumer la lourde charge de préfet de la Seine :

> J'avais devant moi un des types les plus extraordinaires de notre temps. Grand, fort, vigoureux, énergique, en même temps que fin, rusé, d'un esprit fertile en ressources cet homme audacieux ne craignait pas de se montrer ouvertement ce qu'il était. Avec une complaisance visible pour sa personne, il m'exposait les hauts faits de sa carrière administrative, ne me faisant grâce de rien. [...]

Quant à moi, pendant que cette personnalité absorbante s'étalait devant moi avec une sorte de cynisme brutal, je ne pouvais contenir ma vive satisfaction. [...] Là où le gentilhomme de l'esprit le plus élevé, le plus habile, du caractère le plus adroit, le plus noble échouerait infailliblement, ce vigoureux athlète à l'échine robuste, à l'encolure grossière, plein d'audace et d'habileté, capable d'opposer les expédients aux expédients, les embûches aux embûches, réussira certainement. Je jouissais d'avance à l'idée de jeter cet animal de race féline à grande taille au milieu de la troupe de renards et de loups ameutés contre toutes les aspirations généreuses de l'Empire [8].

Le 22 juin, Haussmann était nommé préfet de la Seine. Le 28, après avoir réglé à Bordeaux ses affaires les plus urgentes, il prenait la route de Paris pour bientôt s'installer à l'Hôtel de Ville où il resterait dix-sept ans, exerçant avec le soutien constant de l'empereur une « dictature municipale » dont le principal résultat fut de bouleverser la structure et le décor de la capitale.

L'objectif et les moyens

La cérémonie de prestation de serment eut lieu à Saint-Cloud le 2 juillet après le Conseil. L'empereur retint Haussmann à déjeuner en compagnie de l'impératrice et des ministres. Il l'invita ensuite à passer dans son cabinet où avait été disposée une grande carte de Paris sur laquelle Napoléon III avait indiqué, à l'aide de crayons de différentes couleurs, les « embellissements » qu'il entendait apporter à la capitale. Le terme était faible : il s'agissait en effet de transformations profondes, destinées à adapter la ville à l'ère industrielle en la dotant d'habitations confortables, d'un réseau de voies nouvelles, de moyens de transport, d'éclairage, d'adduction et d'évacuation des eaux dignes d'une capitale moderne. L'embellissement viendrait de surcroît, l'essentiel étant de rendre Paris plus aérée, plus sûre, plus salubre, plus facile à protéger de la « canaille » et des « partageux ». Haussmann écouta le souverain, sans trop oser l'interrompre. Tout à son rêve d'urbanisme, l'empereur était un peu sorti de sa réserve. Il expliquait avec de grands gestes à son interlocuteur quels devaient être les axes à percer, les voies à créer ou à élargir, les zones qui devaient être livrées en priorité à la pioche des démolisseurs.

Plus il s'animait, plus le nouveau préfet de la Seine — qui ignorait jusqu'alors de quelle mission précise il serait investi — comprenait que la tâche serait rude, longue et probablement semée d'embûches. Il faudrait d'abord réfréner avec tact certaines vues peu réalistes du souverain. Haussmann était né et avait grandi à Paris. Il connaissait bien sa ville. Napoléon III avait longuement réfléchi sur les modifications qu'il jugeait utiles d'apporter à la capitale, mais il ignorait tout ou à peu près de celle-ci. Il n'y avait pratiquement jamais vécu. Lorsqu'il rencontra pour la première fois Victor Hugo, après son élection à l'Assemblée, il lui demanda ce qu'était cette « place des Vosges » où habitait le poète. Sa vision des transformations à faire était largement inspirée par le modèle londonien. Or Londres n'est pas Paris.

Haussmann avait toutefois assez de discernement et de souplesse pour savoir jusqu'où pouvaient aller ses propositions d'amendement du projet impérial. Car il s'agissait bel et bien d'un projet conçu et voulu par le chef de l'État. C'est lui qui en décida le plan général. « J'en fus seulement le metteur en scène », dira plus tard le préfet. Un metteur en scène et un exécutant de tout premier ordre auquel Émile Ollivier, qui le détestait et qui aura finalement raison de cet adversaire, rendra néanmoins hommage en ces termes : « Il n'en reste pas moins digne d'admiration par l'intelligence ferme et rapide, par l'activité obstinée, par l'habileté violente et rusée, par l'entrain, par l'intégrité courageuse sans lesquels une œuvre aussi persévéramment entravée n'eût pu être menée à bout. »

Pour mener à bien sa tâche, Haussmann dispose

d'une équipe administrative de grande qualité, qu'il mène à la baguette et dont il va faire un véritable ministère de Paris. À la tête de son cabinet, il place son propre gendre, Pernety. Le bureau des visas examine toutes les affaires soumises à la signature du préfet, tandis que le secrétariat général est chargé de la coordination des services, désormais partagés entre six directions. À côté de cette structure bureaucratique, la « municipalité » comporte deux assemblées : la commission municipale et la commission départementale, l'une et l'autre composées de membres nommés par l'empereur et qui prendront en 1855 le nom de conseils. Les quelques opposants ayant vite été mis sur la touche, ce véritable conseil d'administration de la ville entretient d'excellentes relations avec le préfet. On y trouve des personnalités parmi lesquelles le peintre Eugène Delacroix, le chimiste Jean-Baptiste Dumas, l'astronome Le Verrier, le librettiste Scribe...

Dès son entrée en fonctions, Haussmann a dû contrer avec doigté une initiative de l'empereur visant à créer, en marge du conseil municipal, une commission « officieuse », spécialement chargée de l'examen des plans d'« embellissement » de la ville. Comment empêcher la municipalité de bouder le projet impérial, explique-t-il au chef de l'État, si sans la consulter et pratiquement dans son dos, on crée un organisme lui ôtant tout droit de regard sur l'aménagement de Paris et de surcroît pléthorique. Napoléon III étant convenu de l'inopportunité de sa création, la commission fut suspendue après sa première réunion.

L'énormité du chantier impliquait un financement que le budget ordinaire de la Ville de Paris ne pouvait évidemment fournir. Haussmann évaluera à deux milliards et demi de francs-or la dépense totale des travaux, compte tenu des sommes déjà engagées avant son entrée en fonctions : soit un budget annuel variant entre 50 et 80 millions. Ni l'empereur, ni le préfet ne souhaitaient imposer aux contribuables des charges supplémentaires, pas plus qu'ils ne songeaient à augmenter les

taxes d'octroi qui pesaient déjà lourdement sur les prix
à la consommation. On décida donc de suivre le conseil
de Persigny et de recourir à des emprunts gagés sur la
plus-value des recettes sur les dépenses : ce qui supposait l'aval du Corps législatif. Le premier emprunt eut
lieu en 1855. Il s'élevait à 60 millions et fut souscrit en
24 heures. Ceux qui suivirent rapportèrent 120 millions
en 1860, 250 millions en 1865, 400 millions en 1869 :
soit un total de 830 millions. Le coût des opérations
ne cessait en effet d'augmenter, les devis étant toujours
largement sous-évalués et les sommes à verser au titre
des expropriations croissant avec la valeur de la propriété foncière et immobilière. Il fallut donc recourir
aux subventions de l'État, ce qui n'alla pas sans susciter
l'irritation des députés. Ainsi, lorsqu'en 1858 Haussmann présenta le programme de son « deuxième
réseau » (on désignait ainsi les grandes phases d'aménagement de l'espace parisien), dont le coût était évalué à
180 millions, il ne put obtenir du Corps législatif que
50 millions au lieu des 60 qu'il réclamait, et encore fal-
lut-il que l'empereur fît pression sur les députés pour
que la somme demandée ne fût pas réduite de moitié.
À la suite de quoi, et pour ne pas avoir à livrer d'autres
batailles budgétaires avec les élus de la nation, l'empereur décida de créer une Caisse des Travaux de Paris
émettant des bons gagés sur les terrains acquis puis
revendus par la Ville. Pour finir, Haussmann imagina
un système de « bons de délégation » lui permettant
d'emprunter directement, et sans autorisation législative, aux banques et aux compagnies concessionnaires
de travaux [9].

   Pour mener à bien leur entreprise de restructuration,
Napoléon III et son préfet devaient pouvoir faire abattre
des pans entiers du patrimoine immobilier parisien. Il
fallait pour cela disposer d'un outillage juridique permettant de faciliter les expropriations. La loi de 1841
étant jugée satisfaisante sur ce point, on se contenta
d'en compléter les dispositions, notamment en autorisant la Ville à revendre les parcelles non utilisées [10].

D'autre part, pour éviter la lenteur des procédures, le préfet s'appliqua à obtenir des accords amiables avec la garantie d'une commission des indemnités. La charge financière des opérations s'en trouva certes alourdie, mais tel était le prix à payer pour que les travaux ne subissent pas des retards encore plus coûteux. De son opiniâtreté à « faire vite », Haussmann tira l'un des surnoms dont le gratifièrent ses ennemis : celui d'« Attila de l'expropriation ».

Le nouveau visage de Paris

Pendant vingt ans (les travaux ayant commencé avant la nomination d'Haussmann à la préfecture de la Seine), Paris fut une ville d'échafaudages, de chantiers, de rues barrées, parcourus par des brigades de terrassiers, de maçons, de charpentiers, de curieux également. Lors de leurs séjours parisiens Verdi et sa compagne, Giuseppina Strepponi, aimaient à venir contempler les métamorphoses d'une ville qui avait vu éclore leur passion [11]. D'une saison à l'autre, ils ne la reconnaissaient pas. Des quartiers entiers avaient disparu. Des artères nouvelles, de larges avenues « macadamisées » s'étaient ouvertes à la circulation croissante des véhicules particuliers et des « omnibus ». De 1853 à la fin de l'Empire, 20 000 bâtiments furent rasés et 43 000 construits.

Pour mener à bien l'entreprise qui lui était confiée, Haussmann s'entoura de collaborateurs de valeur : le polytechnicien Alphand, maître d'œuvre de la voierie et principal réalisateur des espaces verts mis à la disposition du public, l'hydrologue Belgrand, directeur des eaux et égouts de Paris, des centaines d'ingénieurs, architectes, géologues, décorateurs, artistes auxquels on demanda de s'investir avec le même enthousiasme que ses concepteurs dans le titanesque projet de transformation de la capitale : la plus vaste et la plus rapide que l'Europe eût connue jusqu'alors.

Le plus urgent était de désengorger Paris et de faire disparaître les véritables foyers d'épidémies et d'insécurité que constituaient les antiques noyaux urbains du centre. Le « premier réseau » consista donc à éventrer cette partie de la ville, sans épargner les monuments anciens, et à rénover la « croisée de Paris ». La rue de Rivoli fut prolongée à l'ouest jusqu'aux Champs-Élysées et à l'Étoile, à l'est jusqu'au faubourg Saint-Antoine et à la place du Trône, croisant à la hauteur du Châtelet un axe nord-sud reliant la gare de l'Est au carrefour de l'Observatoire par de larges artères rectilignes bordées de hauts immeubles de pierre de taille destinés à une clientèle aisée : les boulevards de Strasbourg, de Sébastopol, du Palais et Saint-Michel. L'île de la Cité, que déjà Napoléon Ier considérait comme « une vaste ruine, tout au plus bonne à loger les rats de l'ancienne Lutèce », fut en partie rasée. Entre Notre-Dame et le Palais de justice, partiellement rebâti et maladroitement restauré dans ses parties anciennes, des centaines de maisons furent détruites. Sur l'espace ainsi libéré, on édifia une caserne, futur siège de la Préfecture de police, et le nouvel Hôtel-Dieu. Haussmann aurait souhaité que cet établissement, le plus ancien et le plus vétuste des hôpitaux parisiens, fût détruit et reconstruit dans un autre quartier, mais l'empereur s'y opposa. Il entendait que ce qu'il subsistait, après les démolitions, des anciennes populations du « cœur de Paris » ne fussent pas privées de soin et il exigea que les travaux du nouvel Hôtel-Dieu fussent conduits au même rythme que ceux de l'Opéra.

C'est également à proximité de la « croisée de Paris » que furent édifiées les nouvelles Halles. En 1851, quelques semaines avant le coup d'État, Louis-Napoléon avait inauguré un lourd pavillon de pierre, qui déplaisait à tout le monde, y compris au prince-président, et que la gouaille populaire avait baptisé Fort-de-la-Halle [12]. L'auteur des plans était Victor Baltard, grand prix de Rome et architecte en chef de la première section des travaux de la Ville de Paris. Devenu empereur, Napoléon III fit suspendre les travaux et pressa Haussmann de susciter un autre projet que le préfet eut la bonne idée de demander à Baltard, pourvu que celui-ci voulût bien se conformer au goût du souverain qui estimait que de « grands parapluies de fer » suffiraient à abriter le plus vaste des marchés de la capitale. De mauvais gré, Baltard accepta de se soumettre au désir de l'empereur et proposa les édifices métalliques qui assurèrent sa renommée et celle du « ventre de Paris ».

Après l'achèvement de la « croisée de Paris » et la restructuration du cœur de la capitale, on se préoccupa de percer de grands axes transversaux destinés à désengorger le centre et à desservir les gares ferroviaires. Ce fut l'objet du « deuxième réseau », commencé en 1858 et qui aboutit au percement de larges artères — boulevards Magenta, de Port-Royal, du Prince-Eugène (aujourd'hui boulevard Voltaire), Malesherbes, Mazas (Diderot), avenues Daumesnil et Napoléon (de l'Opéra), rue de Turbigo, rue de Rennes, etc. — et à l'aménagement de grandes places de carrefours : l'Étoile, le Trône (Nation), Saint-Augustin, l'Alma, le Château-d'Eau (place de la République), la Bastille et l'Opéra. Immense chantier, qui a mobilisé des dizaines de milliers d'ouvriers, déjà en partie recrutés parmi les représentants de l'immigration étrangère, et dont les cohortes toujours plus nombreuses ne furent pas sans inquiéter le bourgeois.

Plus spectaculaire encore, le « troisième réseau » a eu pour effet de doubler la superficie de la ville et d'accroître sa population de 350 000 habitants. Entre l'enceinte des Fermiers généraux, où étaient installées les barrières de l'octroi, et l'enceinte fortifiée dite de Thiers, qui correspond à l'actuelle ceinture des boulevards des Maréchaux, s'étendait une vaste zone de dix-huit communes ou fractions de communes où la voierie, l'industrie et l'habitat s'étaient développés de manière anarchique tout en laissant de vastes espaces inoccupés. Les unes étaient des banlieues résidentielles comme Auteuil ou Passy, véritables oasis de jardins semées de villas et de luxueux hôtels particuliers.

D'autres au contraire, La Chapelle, La Villette, Belleville ou Charonne, réunissaient les gros bataillons du nouveau prolétariat manufacturier.

Décidée par la loi du 16 juin 1859, l'annexion de cet espace péri-urbain devint effective le 1er janvier 1860. La « petite banlieue » fut ainsi découpée en huit arrondissements nouveaux qui s'ajoutèrent aux douze précédents pour donner à la capitale sa configuration administrative actuelle, tandis que les établissements industriels se déplaçaient au-delà des nouvelles limites de l'octroi. On n'avait pas renoncé en effet à cette fructueuse ponction sur le prix des denrées et autres marchandises importées, et ceci en dépit des protestations des anciens « banlieusards » désormais soumis à l'impôt indirect. Réaction qui motiva, semble-t-il, l'abandon par l'empereur du projet initial : à savoir l'annexion de la quasi-totalité du département de la Seine.

À l'intérieur du vaste ensemble que constituait désormais l'espace parisien élargi aux villages périphériques, l'haussmannisation multiplia les constructions et les équipements modernes. À Londres, où il avait longuement séjourné durant son exil, l'empereur avait beaucoup admiré les vastes parcs qui aéraient le tissu urbain londonien. Aussi pressa-t-il son ministre de s'inspirer du modèle britannique. Sous l'impulsion de l'ingénieur Alphand, Paris fut donc dotée à son tour d'espaces verts : les bois de Boulogne et de Vincennes, le premier relié à l'Étoile par la somptueuse avenue de l'Impératrice (aujourd'hui avenue Foch), le second d'un aspect plus forestier, pourvu, comme son homologue de l'ouest, de plans d'eau et d'un hippodrome ; le parc Montsouris, le jardin des Buttes-Chaumont, ainsi qu'une vingtaine de petits squares par analogie avec ceux de Londres.

Parmi les innombrables édifices publics qui virent le jour sous le Second Empire, il convient de citer les dizaines d'établissements scolaires (plus de 70 pour la seule zone annexée en 1860), les casernes (Lobau, Prince-Eugène), les mairies d'arrondissement, les marchés, construits sur le modèle des Halles de Baltard en architecture métallique, la gare du Nord, les abattoirs de La Villette, de nombreuses églises (Trinité, Saint-Augustin, Saint-François-Xavier, Saint-Ambroise, Notre-Dame-des-Champs), les théâtres du Châtelet, de la Cité, de La Gaîté lyrique, le Cirque d'hiver, etc.

Deux monuments de style très différent, mais emblématiques l'un et l'autre de l'ère haussmannienne, méritent une mention particulière : le palais de l'Industrie, édifié pour l'Exposition universelle de 1855 à l'emplacement des actuels Grand et Petit Palais, et l'Opéra. Le premier était un énorme édifice, lourd et massif, dont le revêtement de pierre cachait une armature métallique. Entre autres usages, il avait été conçu pour abriter une garnison en cas d'émeute[13]. Le second ne constituait encore qu'un chantier inachevé à la fin de l'Empire, mais dont on pouvait découvrir dès 1867 la façade et l'ornementation fastueuse. Les travaux avaient commencé en 1861, à la suite du concours ouvert l'année précédente par le ministre d'État Walewski et qui avait été remporté par Charles Garnier, grand prix de Rome en 1848 et architecte de la Ville.

Après avoir lutté pendant deux ans pour éliminer la nappe d'eau qui imprégnait le sous-sol et inondait les fondations, Garnier entama le gros œuvre de ce qui devait être, avec ses 11 000 m², le plus vaste théâtre du monde. Du fait de l'ampleur de la scène et des dépendances, il ne pourra toutefois accueillir après son inauguration en 1875 que 2 200 spectateurs, soit 1 400 de moins que le Châtelet. Si le plan conçu par le jeune architecte devait servir de référence, pendant plus d'un demi-siècle, à nombre de constructeurs de théâtres, tant en Europe que dans le reste du monde, la surcharge décorative — aussi bien intérieure qu'extérieure — lui valut de nombreuses critiques. Ses détracteurs, pas toujours de bonne foi, l'accusèrent d'avoir en quelque sorte épousé la prétention et le caractère « nouveau riche » du régime. Pourtant, à la différence de la plupart des architectes de l'époque,

Garnier eut le mérite de ne pas se livrer aux pastiches d'œuvres anciennes. Sans doute y a-t-il dans son Opéra des réminiscences des siècles d'or italiens (notamment romains et vénitiens), mais il eut réellement le souci de fonder un « style Napoléon III » que ni l'empereur, ni surtout l'impératrice ne paraissent avoir beaucoup apprécié.

Quant aux groupes commandés par Garnier aux sculpteurs Jouffroy, Guillaume, Perraud et Carpeaux pour orner la partie inférieure de la façade, ils reçurent lors de leur dévoilement en juillet 1869 un accueil très mitigé du public. Celui de Carpeaux, *La Danse*, qui représente les Bacchantes entourant le Génie, provoqua un véritable scandale. On dénonça le caractère « obscène » de l'œuvre et le « manque de retenue » de son auteur, au point qu'impressionné par la mobilisation des bien-pensants, l'empereur dut ordonner le remplacement du groupe. Zola lui-même écrira en avril 1870, dans un article publié dans *La Cloche* :

> Le groupe de M. Carpeaux, c'est l'Empire. [...] C'est au son de cette musique que nous avons dansé pendant dix-huit ans. À voir ces grands corps nus qui galopaient en pleine lumière, la raison de la nation s'est troublée. Et tout s'est mis à danser, l'argent surtout qui a roulé dans les ruisseaux [14].

L'Opéra, ses ors et ses marbres faits pour servir de décor aux somptueuses soirées du Tout-Paris impérial et à l'accueil des têtes couronnées venues des divers horizons de la planète ne constituent qu'une infime partie de l'œuvre urbanistique voulue par Napoléon III et conduite à son terme par le « baron » Haussmann. Moins visibles que le temple de la danse et du *bel canto*, ou que celui de l'industrie et de la technique, sont à porter au crédit des deux hommes et du régime qu'ils incarnent la modernisation du mobilier urbain (bancs, réverbères), l'approvisionnement de la ville en eau potable (puits artésiens à Passy et à Grenelle, captation des eaux de la Vanne, nombreuses fontaines dont celle de la place Saint-Michel), la rénovation et le quadruplement du réseau d'égouts, l'édification enfin d'un parc immobilier qui a résisté au temps et que prolongera, après 1873, la fièvre constructrice de la République triomphante.

La contrepartie négative de cet immense effort de rénovation et d'assainissement de la capitale, outre qu'il s'est accompagné d'une spirale spéculative qui a fortement contribué à enrichir les plus riches, réside dans le déplacement forcé de plus de 350 000 Parisiens, pour la plupart habitants des vieux quartiers du centre historique. Rejetée par la cherté des nouveaux loyers à la périphérie de la ville, que ce soit dans les zones annexées en 1860 — Belleville, La Villette, La Chapelle — ou au-delà de l'enceinte de Thiers (les « fortifs »), cette population a rejoint les masses de nouveaux migrants attirés par les emplois, saisonniers ou non, créés par le boom immobilier. Cet éloignement a été vécu par nombre de familles ouvrières comme un déchirement d'autant plus mal supporté qu'il s'accompagnait de conditions d'existence pires que celles qu'elles avaient quittées (du fait par exemple de l'éloignement du lieu de travail). Il n'est pas surprenant que cette situation ait favorisé à Paris la montée en puissance d'une opposition à l'Empire qui s'est également nourrie de la dénonciation des acrobaties financières du préfet.

Ainsi, alors qu'il était censé contribuer au rapprochement des classes et au consensus général, l'« embellissement » de Paris s'est en partie retourné contre ses concepteurs. En témoignent les réactions qui suivirent en 1865 la décision, approuvée par l'empereur, de vendre une partie du jardin du Luxembourg, donc d'en réduire la surface comme on l'avait déjà fait au parc Monceau, pour couvrir les dépenses de percement de plusieurs rues[15]. Cette mutilation parut d'autant plus aberrante qu'on avait ailleurs — et à grands frais ! — multiplié les espaces verts. Se rendant un soir au théâtre de l'Odéon en compagnie de l'impératrice,

Napoléon III eut l'occasion de tester l'opinion des habitants du quartier, parmi lesquels nombre d'étudiants qui fréquentaient assidûment le jardin. Des cris et des insultes retentirent au passage du couple impérial, ce qui incita l'empereur à revenir partiellement sur sa décision.

La contagion haussmannienne

La révolution urbanistique que Paris a connue sous le proconsulat haussmannien a eu un puissant effet d'entraînement sur la rénovation des principales villes de l'Hexagone. Lyon, dont la population a pratiquement doublé entre 1847 et 1870, est une ville sous surveillance. L'état de siège, proclamé lors de l'émeute de juin 1849, a été levé mais la capitale des Gaules restera durant tout l'Empire sous commandement militaire. Elle était néanmoins administrée par un préfet : fonction qui, de 1854 à 1864, fut assumée par Claude Vaïsse. Cet ancien haut fonctionnaire de la Monarchie de Juillet, devenu préfet du Nord en 1848, puis membre du Conseil d'État et sénateur, accomplit dans la grande métropole rhodanienne une œuvre inspirée du modèle haussmannien et qui a coïncidé avec une ère de prospérité économique symbolisée par le spectaculaire développement de l'industrie de la soie : la « Fabrique », qui occupait près de 100 000 métiers à la fin de l'Empire (contre 15 000 en 1815) et produisait des articles raffinés exportés dans toute l'Europe et aux États-Unis. Cet essor s'accompagnant d'une diversification des activités (banques, transports, éclairage au gaz, industrie chimique) et d'une forte immigration ouvrière (en partie étrangère), on procéda comme à Paris à l'« éventrement » du centre, déserté par les élites urbaines, et au percement de larges artères bordées d'immeubles cossus comme la rue de l'Impératrice ou la rue Carnot. Pour mener à bien son entreprise d'assainissement et de restructuration, le préfet Vaïsse s'entoura d'une équipe

d'architectes et d'ingénieurs animée par Desjardins et
Bonnet. Les mêmes causes entraînant les mêmes effets,
la modernisation de la ville, où furent édifiés ou restaurés de grandioses bâtiments publics, tels le palais du
Commerce et l'Hôtel de Ville, profita principalement
aux catégories aisées. La population ouvrière, délogée
14-12-06 15:08:08es zones insalubres et propices aux
insurrections de la misère, s'entassa dans les taudis de
la périphérie, ce qui ne pouvait qu'alimenter la riposte
républicaine et le vote protestataire. Réélu en 1857 et
membre du « groupe des cinq », le républicain Jacques-
Louis Henon ne cessa de dénoncer la carence du pouvoir en matière de construction de logements ouvriers.

Troisième ville de France par sa population
(195 000 habitants en 1851, plus de 300 000 dix ans plus
tard), port de commerce et ville industrielle en pleine
expansion, grâce à l'essor du commerce avec l'Algérie et
avec le Levant, Marseille a eu elle aussi son Haussmann
en la personne de Maupas, l'ancien préfet de police de
Paris, devenu ministre de la Police en 1853, puis sénateur. Nommé administrateur du département des
Bouches-du-Rhône, Maupas détient un pouvoir qui
coiffe ceux du maire et du préfet. Sous le « règne », qui
s'achèvera en 1866, de ce gestionnaire énergique, mais
autoritaire et arrogant [16], Marseille subit une transformation radicale. On perce, comme à Lyon et à Paris, de
larges artères bordées d'immeubles bourgeois : le boulevard Maritime, le boulevard Gazzino, le boulevard
Baille et la rue Impériale, aujourd'hui rue de la République. Parmi les nombreux édifices qui incarnent l'essor de la ville et la volonté de puissance des deux
pouvoirs, temporel et spirituel, qui sont censés régner
sans partage sur la population phocéenne, les plus prestigieux sont la préfecture et la cathédrale Notre-Dame-
de-la-Garde, la plus grande église construite en France
au XIXᵉ siècle. À côté de ces deux édifices emblématiques
et des travaux d'agrandissement et de modernisation du
port, s'élèvent plusieurs hôpitaux, deux casernes et
divers bâtiments publics qui ne seront pas tous achevés

lors de la chute de l'Empire : le palais Longchamp, œuvre de l'architecte Espérandieu, décoré par Puvis de Chavannes, le palais du Pharo, résidence impériale, l'École des Beaux-Arts, le palais de la Bourse, la Bibliothèque, le « grand » lycée (futur lycée Thiers), etc. On poursuit l'aménagement de la promenade de la Corniche, commencée sous la Monarchie de Juillet, et l'on aménage à l'intérieur de la ville nouvelle de nombreux espaces verts, dont le parc Borély.

Tout cela, au prix d'opérations financières douteuses, d'emprunts déguisés destinés à couvrir les déficits abyssaux causés par le dépassement des devis, et aussi du déplacement des familles les plus modestes vers les quartiers périphériques d'Endoume et de la Belle-de-Mai, qui accueilleront bientôt les premières vagues de l'immigration étrangère. Pour nombre de visiteurs qui découvrent la nouvelle « Porte de l'Orient », ces aspects négatifs de la transformation haussmannienne comptent peu en regard de l'harmonie qui — contemplée avec les yeux de l'époque — paraît se dégager de l'ensemble urbanistique marseillais. « C'est la plus florissante et la plus magnifique des villes latines », dira Taine, la rivale des grandes cités antiques : Rome, Alexandrie ou Carthage. Et Gambetta, faisant campagne à Marseille en 1869, n'hésitera pas à comparer la cité phocéenne à New York !

À Bordeaux, les successeurs d'Haussmann à la préfecture durent batailler ferme avec la municipalité pour imposer un programme de rénovation urbaine dont le coût effrayait la très conservatice élite locale. La pression démographique aidant, il fallut néanmoins songer à assainir la ville et à rendre la circulation plus aisée. On procéda donc au percement de larges voies, gagnées sur les quartiers insalubres du Bordeaux médiéval. En 1865, la partie comprise entre l'ancienne cité et les nouveaux boulevards de ceinture fut annexée : soit un gain de plus de 700 hectares (le quart de la surface primitive) comprenant surtout des espaces cultivés ou marécageux qui furent lotis et construits, mais eurent longtemps à souffrir de la carence des équipements en matière d'adduction et d'évacuation des eaux. Si bien qu'une partie de la ville demeura insalubre et propice au développement des épidémies : en 1854 et en 1866 le choléra tua à Bordeaux des milliers de personnes.

Nantes, Lille, Besançon, Blois, Rouen surtout où le maire Charles Verdrel préside à la rénovation de la ville, connaissent en dix ou quinze ans une transformation radicale, inspirée du modèle parisien et porteuse des mêmes effets — positifs et négatifs — que celui-ci. C'est dire que la physionomie d'une partie importante de la France urbaine a été profondément modifiée par la formidable entreprise de modernisation impulsée par Napoléon III et menée à bien à Paris par un homme auquel il a pleinement accordé sa confiance jusqu'au moment où, attaqué de toutes parts pour sa gestion ruineuse et ses acrobaties financières, Haussmann devra, en janvier 1870, démissionner de sa charge.

Témoignages encore palpables, la topographie, les réseaux de voirie et d'égouts, les espaces verts, l'équipement scolaire, hospitalier, administratif, la monumentalité publique et religieuse de la capitale et de plusieurs métropoles régionales. La toponymie également, plus souvent inspirée il est vrai par les hauts faits militaires de l'Empire — Magenta, l'Alma, Solferino, Turbigo, etc. — et l'hommage rendu aux chefs de l'armée — Mac-Mahon, Exelmans, Niel, Bosquet — que par les patronymes des dirigeants politiques et des membres de l'entourage impérial. Jules Simon, qui l'avait combattu avec ardeur sous l'Empire, n'avait-il pas déjà rendu justice, de son vivant, à Haussmann, en écrivant en mai 1882 dans *Le Gaulois* :

> Peu nous importe aujourd'hui que les comptes de M. Haussmann aient été fantastiques. Il avait entrepris de faire de Paris une ville magnifique et il y a complètement réussi. [...] M. Haussmann fit en dix ans plus qu'on avait fait en un demi-siècle. On criait qu'il nous donnerait la peste, il laissait crier et nous donnait, au contraire, par

ses intelligentes percées, l'air, la santé et la vie. Son œuvre
était au moins aussi fantastique que ses comptes [17].

Un peu de cet hommage rendu à Haussmann par le
« philosophe de la République » (Maurice Agulhon) ne
va-t-il pas indirectement à celui qui, refondateur de
l'Empire, fut aussi le concepteur obstiné de l'entreprise ?

16

La fête impériale

Le Paris de Napoléon III et d'Haussmann n'est pas seulement un chantier immense, occupant des légions de bâtisseurs de toutes origines et de compétences diverses. Il est également un théâtre qui place la fête au cœur du dispositif de fabrication du consensus. La Cour, qui réside la plupart du temps aux Tuileries, mais qui peut aussi émigrer temporairement vers des villégiatures proches de la capitale, occupe le centre de la scène. L'activité festive y tient une place considérable, conformément au désir et aux goûts du couple impérial et de son entourage. Les réjouissances, qu'elles soient publiques ou privées, se prolongent dans les mondanités et dans les plaisirs de la « vie parisienne ». Elles commencent à meubler les rares espaces de loisir concédés aux classes populaires, en province aussi bien qu'à Paris. Elles coexistent bon an mal an avec la misère, avec les épidémies, avec des souffrances que le souverain dit vouloir atténuer ou faire disparaître, mais contre lesquelles son pouvoir — pourtant considérable — vient buter, tant sont pesantes les contraintes du libéralisme et la nécessité de ne pas perdre l'appui des forces conservatrices qui ont approuvé le coup d'État et applaudi à la restauration de l'Empire.

La Cour des Tuileries

Respectueux de la tradition monarchique et à l'instar de son oncle, Napoléon III voulut que la Cour résidât à Paris. Il n'avait pas attendu d'être empereur pour transférer sa résidence de l'Élysée aux Tuileries, ce palais édifié au XVIᵉ siècle sur les plans de Philibert Delorme et qui avait été mis à sac lors des journées de février 1848. Entreprise sous la IIᵉ République, sa restauration fut poursuivie sous l'Empire qui confia les travaux à l'architecte Louis Visconti, assisté de Joseph-Eugène Lacroix, puis à Hector Lefuel à qui l'on doit l'achèvement du Louvre, doté de nouveaux pavillons monumentaux, et son raccordement à la résidence des souverains. En mars 1852, l'ouvrage était suffisamment avancé pour que le prince-président pût recevoir dans la salle des Maréchaux le serment des grands corps de l'État.

Les témoignages des contemporains, y compris ceux des plus fidèles serviteurs du régime, ne sont pas unanimes à vanter la somptuosité des lieux. « L'heure approchait — écrit Imbert de Saint-Amand, évoquant les Tuileries aux premiers temps de l'Empire — où, complété par l'achèvement du Louvre, avec lequel il ne formerait plus qu'un seul et même palais, il constituerait la plus grandiose et la plus majestueuse de toutes les résidences du monde. Jamais Rome, même au temps des Césars, n'avait eu un pareil édifice[1]. » Stéphanie Tascher de la Pagerie est plus réservée. La résidence impériale, écrit-elle dans ses *Souvenirs*, n'est qu'une enfilade de salons et de galeries « d'une uniformité telle que, tout en étant digne d'un palais princier et quoique meublé et arrangé avec une véritable magnificence, on n'y trouve ni ce confort ni cette diversité qui plaisent à l'œil et au goût »[2]. Et il est vrai que le meilleur y côtoyait le pire.

Les concepteurs de l'aménagement intérieur s'étaient efforcés de respecter et de mettre en valeur ce qu'il subsistait du décor antérieur aux destructions de 1848 : le majestueux escalier de Fontaine, donnant accès aux appartements du premier étage, le plafond à voussure décorée et les boiseries de style Mazarin du Grand Cabinet, désormais utilisé comme salle à manger d'apparat, la décoration Louis XIV de la galerie de Diane, la chapelle néo-classique, dessinée par Percier et Fontaine, la salle de la Paix, elle aussi décorée sous le Premier Empire, etc. Pour le reste, on s'était surtout appliqué à réunir un mobilier somptueux et quantité d'objets d'art. Le contraste était grand toutefois entre l'appartement privé de l'empereur, que celui-ci avait choisi de meubler « à l'anglaise », dans le goût cossu mais sobre des clubs aristocratiques londoniens, et le raffinement des appartements de l'impératrice, aménagés au premier étage par Lefuel, avec ses trois salons décorés par Dubufle et Chaplin pour les peintures, Leprêtre pour la sculpture et Doussamy pour les bronzes.

L'envers du décor est moins prestigieux. Tandis que les appartements impériaux sont surchauffés en hiver — et souvent enfumés par Napoléon qui allume cigarette sur cigarette —, le reste du palais ne possède ni chauffage ni eau courante. On y accède par des couloirs étroits, éclairés jour et nuit par des lampes à pétrole, et par des escaliers en colimaçon. Il règne dans les étages élevés et dans les combles des odeurs pestilentielles. Or c'est là que loge à temps complet tout un petit monde de serviteurs, de porteurs d'eau et de bois, de préposés à la cuisine et à l'entretien des feux[3]. Même les femmes qui travaillent dans l'entourage immédiat de l'impératrice sont logées, comme les employés de l'intendance et autres fonctionnaires du palais d'un rang modeste, dans des entresols étroits, bas de plafond et peu aérés.

Si l'activité festive de cette « ruche », vite devenue pléthorique comme l'avait été Versailles sous le Roi-Soleil, dévore une partie substantielle de son temps, de son énergie et du budget affecté à la Liste civile, il serait abusif de ne voir que cet aspect festif dans la vie de la Cour impériale. Les Tuileries sont, durant la plus grande partie de l'année, le siège du pouvoir. Napoléon y tient conseil. C'est là qu'il reçoit les grands commis de l'État, les militaires de haut rang, les prélats et les ambassadeurs étrangers. C'est dans son bureau, situé de plain-pied sur le jardin et où un immense plan de Paris occupe toute une paroi, qu'il examine les dossiers préparés par les membres de son cabinet et qu'il prend ses décisions.

Quand elle n'accompagnait pas l'empereur dans ses déplacements, Eugénie se tenait quasiment en permanence aux Tuileries. On a vu qu'au début du règne, il lui arrivait de sortir en ville incognito, accompagnée ou non d'une de ses dames. Mais son époux avait mis fin à cette pratique, qu'il jugeait à la fois dangereuse et « peu convenable ». Aussi l'impératrice dut-elle s'habituer, jusqu'au moment où elle décidera de prendre ses distances et de voyager, à vivre « en cage », comme elle le disait, au milieu de ses « dames du palais », recrutées pour la plupart dans la noblesse d'Empire — le faubourg Saint-Germain boude en effet le service de la souveraine — et de ses « lectrices », lesquelles ne furent généralement lectrices que de nom car Eugénie était une dévoreuse de livres et n'avait besoin d'aucune aide pour satisfaire son appétit de lecture.

La vie au palais obéissait à une étiquette stricte, qui s'appliquait même à certains aspects de l'activité quotidienne des souverains. Ainsi le dîner du couple impérial se déroulait-il selon un rituel immuable que décrit Mme Carette dans ses *Souvenirs intimes de la Cour des Tuileries*[4]. Toutes les personnes constituant le service d'honneur y assistaient, soit deux dames du palais, un général assumant les fonctions d'aide de camp et un chambellan de l'empereur, un chambellan de l'impératrice, deux écuyers, deux officiers d'ordonnance, un préfet du palais, ainsi que l'officier de service qui commandait la garde aux Tuileries. Le dîner avait lieu dans le salon de Louis XIV. On y accédait depuis le salon d'Apollon où la petite troupe attendait qu'on lui donnât le signal du départ. Précédé du préfet du palais, le couple impérial ouvrait la marche, suivi de l'aide de

camp et du chambellan de l'empereur qui avaient offert
leur bras aux deux dames. La table était somptueusement dressée. Le menu comportait quatre services et
chaque service était double (deux potages, deux relevés,
etc.) et pourtant le dîner ne durait pas plus de trois
quarts d'heure. Après quoi l'on revenait dans le salon
d'Apollon pour y prendre le café. Il y avait des jeux sur
les tables. Quand il fut en âge de le faire, Eugénie invitait parfois le jeune prince impérial à une partie de loto.
À vingt-deux heures, on servait une collation de thé, de
sirops et de gâteaux secs, puis l'empereur se retirait tandis que son épouse poursuivait conversations et jeux de
société, parfois jusqu'à plus de minuit et dans une
atmosphère plus libre qu'en présence du souverain[5].

Les dîners d'apparat, les réceptions et les bals occupaient néanmoins une place considérable dans l'agenda
des hôtes du palais. Les « petits lundis de l'impératrice »
réunissaient des jeunes gens des deux sexes et des familiers de la souveraine : on y dansait, on y pratiquait de
petits jeux, on y faisait assaut de mots d'esprit et de
compliments rimés, dans une atmosphère détendue. Le
succès de ces réunions attira bientôt des assistances
nombreuses — jusqu'à 500 et 600 personnes —, trans-
formant les « petits lundis » en réceptions ordinaires.

Il y avait également les soirées hebdomadaires orga-
nisées par de grands officiers du palais. Le duc de Bassano, grand chambellan de l'empereur, et le général
Tascher de la Pagerie, grand maître de la maison de
l'impératrice, logeaient avec leur famille aux Tuileries,
dans de vastes appartements donnant sur la rue de
Rivoli. Ils y recevaient, respectivement le vendredi et
le mercredi, des invités appartenant aux divers milieux
dirigeants et au cénacle des arts et des lettres. Il revenait
au duc de Bassano de dresser les listes d'invités aux
grandes réceptions de la Cour. Trois bals précédaient
ainsi chaque année les vacances de Pâques, réunissant
de trois à quatre mille personnes soigneusement triées.
Beaucoup, parmi les représentants des élites de la
nation ralliés au régime, remuaient ciel et terre pour

recevoir leur carton d'invitation, et dépensaient des sommes considérables pour vêtir et parer leurs épouses. Certains d'entre eux s'endettaient pour le faire, éventuellement pour soudoyer quelque intermédiaire bien en cour. Les soirs de grande réception d'interminables files de voiture convergeaient vers les Tuileries, mobilisant un service d'ordre qui avait toutes les peines du monde à canaliser la circulation et à permettre aux dames d'atteindre l'entrée du palais sans déchirer ou salir le bas de leur robe.

À neuf heures du soir, l'impératrice et le souverain, ce dernier en uniforme de général de division — avec culotte blanche en casimir et bas blancs —, accueillaient leurs invités dans la galerie de Diane. Les portes de la salle des Maréchaux s'ouvraient pour laisser passer la foule au son d'une marche, puis, après avoir salué l'assistance, le couple impérial ouvrait le bal par un premier quadrille. L'orchestre était dirigé par le Strasbourgeois Émile Waldteufel, « pianiste de la Chambre de Sa Majesté l'impératrice » et grand admirateur de Johann Strauss II. Auteur de nombreux morceaux destinés aux bals impériaux (marches, quadrilles, polkas, etc.), ce petit homme vif et allègre fut surtout celui qui imposa la valse en France comme les Strauss père et fils l'avaient imposée à Vienne.

Des tables étaient disposées dans les salons voisins pour ceux qui préféraient la conversation à la danse, ou qui souhaitaient se reposer. Vers dix heures et demie, Napoléon III et Eugénie faisaient le tour des salons. Tous voulaient être au premier rang, car il arrivait au couple impérial de s'arrêter devant tel ou tel invité et de lui adresser quelques mots. Beaucoup rêvaient d'être ainsi distingués, prélude peut-être à une invitation plus intime à Saint-Cloud ou à Compiègne. On se pressait également pour apercevoir un invité de marque, une beauté étrangère, une révélation de la scène lyrique ou la nouvelle favorite de l'empereur, tantôt objets d'admiration sincère, tantôt — le plus souvent — de commérages ravageurs. Lors de sa première apparition à un bal de la Cour, on se souvient de l'admiration générale devant le « miracle de beauté » que représentait, aux dires de la princesse de Metternich, la comtesse de Castiglione[6]. Après cette tournée des salons, l'assistance était invitée soit à passer dans la galerie de Diane, pour un souper présidé par l'empereur, soit à se rendre dans la galerie des Travées où un buffet était dressé à l'intention des convives les moins huppés ou les moins appréciés des ordonnateurs de la fête. À minuit, l'empereur et son épouse se retiraient et le bal continuait jusqu'au cotillon (une sorte de farandole) qui en marquait la fin vers trois heures du matin.

Est-ce suite à une initiative du général Tascher de la Pagerie, ou sur le conseil de Walewski que l'impératrice fit adopter l'idée des bals costumés ? Quoi qu'il en soit, ceux-ci occupèrent, à partir de 1856, une place importante dans l'agenda festif de la Cour. Les bals travestis et masqués avaient fait fureur dans la Venise des Doges et à la Cour de Louis XVI, lorsque Marie-Antoinette présidait aux festivités de Trianon ou de Saint-Cloud. Eugénie, qui vouait, si l'on en croit Hübner, un « culte presque superstitieux » à la malheureuse reine, fut heureuse de pouvoir cultiver son souvenir en organisant à son tour des soirées costumées. Sans doute eut-elle parfois à regretter d'avoir favorisé une pratique qui, par l'anonymat qu'elle offrait aux danseurs, autorisait ceux-ci à user de libertés qu'ils n'auraient osé prendre à visage découvert. L'intrigue et le flirt y étaient courants et l'empereur — qui aimait à figurer en seigneur vénitien — n'était pas le dernier à profiter de l'aubaine. L'impératrice changeait plus souvent de travesti. On l'admira souvent sous les traits d'une dogaresse vénitienne du XVIIe siècle surveillant discrètement son impérial et volage époux. Elle fut aussi une Diane chasseresse en robe courte, portant carquois et flèches ornées de pierre précieuses, une marquise de la Cour de Louis XV, une bergère de pastorale, une princesse égyptienne et pour finir une Marie-Antoinette dont le costume reproduisait celui que Mme Vigée-Lebrun avait peint en 1787.

Les souverains n'avaient pas aux Tuileries l'exclusivité des bals costumés. Le grand maître de la maison de l'impératrice avait été parmi les premiers à en répandre la mode. Stéphanie Tascher de la Pagerie décrit en ces termes l'une de ces soirées, donnée par son père en l'honneur de l'impératrice :

> Notre appartement, écrit-elle, était devenu un jardin féerique, un parterre de fleurs sur lequel passaient et repassaient les marquises et les bergères, les folies, les diables, des paysans, des Turcs, des Grecs, des gens de tous les temps et de tous les pays. Et au milieu de cette gaîté, de cet entrain, on s'amusait à visage découvert, les dominos se promenaient comme des ombres, intriguant, et évitant autant que possible de se faire reconnaître. Ce mystère donnait du piquant à la fête, d'autant qu'on savait cachés sous le domino les deux plus hauts personnages de la France[7].

Les villégiatures impériales

Napoléon avait voulu que sa Cour fût brillante, et elle l'était : beaucoup plus que n'avait été celle de son oncle. Était-ce seulement par goût du plaisir : un sentiment que l'empereur avait hérité de la reine Hortense et que partageait l'impératrice ? Sans doute, mais il avait également une revanche à prendre : sur les infortunes de l'exil et de la captivité, sur la monarchie « bourgeoise » qui l'avait banni, puis condamné à la prison à vie, sur les têtes couronnées de l'Europe qui, à l'instar du tsar, avaient accueilli avec hauteur son accession au trône. La « fête impériale », comme les expositions universelles, comme la modernisation et l'embellissement de Paris, faisait partie des signes destinés à assurer le prestige du régime. En conviant les représentants des vieilles monarchies à partager les fastes de sa Cour et le lustre de sa capitale rénovée, Napoléon III a voulu montrer à ses pairs que la France était redevenue une grande puissance, et qu'elle le devait à l'Empire.

Le message était également destiné au peuple, auquel étaient distribuées les miettes de la fête et qui pouvait s'en accommoder lorsqu'il s'agissait d'acclamer Victoria ou de célébrer l'Entente cordiale parce qu'elles constituaient une reconnaissance de la grandeur restaurée de la nation. En revanche, le luxe ostentatoire déployé par les nantis, les longues files de carrosses convergeant vers les Tuileries les soirs de grande réception, les rumeurs qui circulaient faisant état de « bacchanales » dont le palais impérial serait le théâtre pouvaient à la longue éroder un consensus que l'on souhaitait au contraire élargir et renforcer. Aussi n'était-il pas préjudiciable à la popularité de l'empereur que la Cour s'éloignât de la capitale durant toute une partie de l'année.

Les souverains quittaient généralement le « grand meublé » des Tuileries dans le courant du mois de mai, pour se rendre à Saint-Cloud. L'étiquette y était moins contraignante qu'à Paris, le parc boisé autorisait les longues promenades et le pavillon de Villeneuve-l'Étang offrait à l'empereur une retraite studieuse — il se séparait rarement de ses dossiers — égayée de lectures et de distractions diverses. Pour Eugénie, qu'accompagnaient une ou plusieurs de ses dames d'honneur, le lieu n'était pas sans raviver des souvenirs contrastés. C'est à Villeneuve-l'Étang que le couple impérial avait vécu les tout premiers jours de son union. C'est là également que, comme le relate la plume perfide de Viel-Castel, « la comtesse de Castiglione s'est longuement égarée dans une île placée au milieu du petit lac avec l'empereur ». De combien d'autres infidélités impériales le petit château n'avait-il pas été le théâtre ?

Début juillet, la Cour se transportait à Fontainebleau. Napoléon III, on s'en souvient, y avait accompli avec sa mère, au printemps 1831, une sorte de pèlerinage. Hortense l'avait conduit à travers le palais où elle avait vécu au temps du Premier Empire et de ses splendeurs. Elle s'était longuement recueillie devant des lieux et des objets qui lui rappelaient sa propre jeunesse. Elle avait mené Louis-Napoléon jusque dans la chapelle où, en 1810, Napoléon, au faîte de sa gloire, avait tenu son neveu sur les fonts baptismaux. C'est à bien des égards en souvenir de la reine et de son impérial parrain que l'empereur tenait à faire effectuer chaque année à sa Cour un bref séjour — cinq ou six semaines tout au plus — sur les lieux où s'était déroulée en 1814 la déchirante cérémonie des adieux. L'été et la chaleur ne se prêtant guère aux chevauchées et aux chasses, on leur préférait les promenades à pied dans la forêt, les parties de canotage, et aussi, les jours de pluie, les conversations avec les intimes et les invités de marque, coupées de divertissements variés. Comme à Paris et dans les autres villégiatures impériales, les repas étaient rapidement expédiés, tandis que l'on prenait le temps de savourer le « thé à l'anglaise » dans le salon chinois ou dans le pavillon construit sur une île située au milieu de l'étang. Le peintre Gérome, Octave Veuillet et Mérimée comptaient parmi les hôtes les plus assidus du palais.

Après un court passage par Paris, où était célébré le 15 août l'anniversaire de la naissance de Napoléon Ier — l'occasion pour le régime d'associer le peuple à cet événement dynastique par un défilé militaire, des spectacles de toutes sortes et des illuminations —, venait la saison des cures thermales, à Plombières d'abord, puis à Vichy. À partir de 1861, l'empereur effectua chaque année dans cette station un séjour de quatre semaines dont les effets thérapeutiques furent inégaux, mais qui transforma la ville. On y construisit une gare de chemin de fer, huit « routes thermales », une digue empierrée au bord de l'Allier avec un parc de onze hectares, un casino, une mairie, vingt-cinq nouveaux hôtels destinés à recevoir une clientèle de luxe, parmi lesquels nombre d'ambassadeurs étrangers venus à Vichy pour y rencontrer le souverain, comme Cavour l'avait fait à Plombières en 1858. Il se développpa également une activité festive, avec ses bals, ses spectacles, ses manifestations musicales et chorégraphiques qui attirèrent vite des artistes célèbres, comme la comédienne Virginie Déjazet, et les troupes des plus grands théâtres parisiens.

Le mois de septembre était celui des vraies vacances. On les passait à Biarritz dans une sorte de manoir en pierre et en brique que Napoléon III avait fait construire pour son épouse et que l'on avait baptisé Villa Eugénie. L'architecture de cette vaste demeure était sans attrait, mais l'impératrice, qui se sentait chez elle dans cette ville de la côte Basque dont elle allait faire une station à la mode, fréquentée par les têtes couronnées et par les représentants de la haute société européenne, l'avait meublée et fait décorer avec beaucoup de soin et de goût. Elle s'y plaisait d'autant plus que la villa était bâtie sur un rocher dominant la mer et que l'Espagne, où elle avait vécu enfant et adolescente, était à deux pas.

La Villa Eugénie était spacieuse : pas au point toutefois qu'on pût y loger une domesticité nombreuse et un service d'honneur. On se retrouvait entre soi, avec quelques familiers, toujours les mêmes — Mérimée, Conneau, le docteur Barthez, médecin du prince impérial —, et une poignée d'invités. La seule véritable contrainte était le dîner où l'on devait se rendre en habit, cravate blanche, souliers vernis pour les hommes, longue robe d'appartement pour les femmes. Le reste de la journée se déroulait au gré des désirs de chacun, promenades sur les plages ou dans la campagne, à pied, en voiture ou à bicyclette, excursions en montagne, visites de villes et de sites réputés, sorties en mer, etc. Le premier bain de « Loulou » eut lieu à Biarritz en 1861 et fut salué comme un événement dynastique.

Napoléon III et Eugénie déployaient beaucoup d'efforts et d'imagination pour distraire leurs hôtes. Le soir, on se livrait aux distractions habituelles : danse, jeux de cartes, charades, saynètes improvisées, lectures faites à haute voix par l'empereur, etc., mais cela ne suffisait pas toujours à tromper la monotonie des jours. Le docteur Barthez ne cachait pas son ennui, à l'écoute des

interminables lectures dispensées par le souverain. Et
Mérimée traduisait en ces termes un sentiment que
beaucoup d'invités partageaient, après quelques jours à
la Villa Eugénie : « Le temps passe ici, écrit-il de Biarritz, dans une lettre à Jenny Dacquin, comme en toutes
les résidences impériales, à ne rien faire, en attendant
de faire quelque chose[8]. »

Au début du mois d'octobre, le couple impérial était
de retour à Saint-Cloud, prélude à un ultime séjour hors
de Paris qui constituait en quelque sorte le clou de la
saison. La Cour quittait la capitale dans les premiers
jours de novembre, assez tôt pour être présente à
Compiègne pour le 15, jour de la fête de l'impératrice
que l'on célébrait avec apparat. Reconstruit par Ange-
Jacques Gabriel à l'initiative de Louis XV, le vaste château de Compiègne était avec Saint-Cloud la résidence
favorite de Napoléon III. Eugénie s'y plaisait également : elle aimait y retrouver chaque année les appartements aménagés pour Marie-Antoinette et ses enfants.
La Cour y séjournait quatre ou cinq semaines, chacune
étant consacrée depuis 1856 à une « série » différente.
On désignait ainsi la soixantaine de personnes, choisies
parmi les célébrités du monde politique, industriel,
financier, diplomatique, militaire et des arts, qui étaient
conviées à vivre pendant sept jours en contact avec
le couple impérial et avec son proche entourage.
Mme Carette explique dans ses *Souvenirs intimes*
comment s'opérait le choix des *happy few* distingués par
la souveraine :

> L'impératrice, écrit-elle, composait elle-même les listes
> d'invitations, et c'était un travail plus long et plus fatigant
> qu'on ne pense de ménager ainsi toutes les susceptibilités,
> toutes les exigences, de réunir des personnalités sympa-
> thiques, d'éviter les froissements, de mélanger chaque
> série, en sorte que les éléments agréables et les éléments
> sérieux fussent également répartis.
> L'impératrice puisait dans des listes qui lui étaient sou-
> mises par le service du grand chambellan, et qui compre-
> naient, outre le monde officiel, le nom de toutes les

personnes présentées à Leurs Majestés. Se rappelant les plus petites particularités, l'impératrice avait l'art de tout ménager et d'accorder les éléments les plus divers.

Chaque ministre, chaque ambassadeur devait avoir son tour ; les conseillers d'État, les auditeurs et leurs jeunes femmes ; les sénateurs, les députés, les membres de l'Institut, les académiciens, le corps diplomatique, l'armée, le monde élégant, recevaient également des invitations et il fallait que nul ne pût se croire moins favorisé que ses collègues [9].

Chaque « série » avait sa spécificité. Il y avait des séries « élégantes », des séries à dominante politique ou artistique, des séries plus solennelles auxquelles prenaient part un souverain où quelque haut représentant d'une cour étrangère. Le grand-duc de Toscane se rendit à Compiègne en 1856, la grande-duchesse Marie de Russie en 1859, le roi des Pays-Bas et le roi de Prusse Guillaume Ier en 1861. Parmi les célébrités des arts, des lettres et des sciences, outre les inamovibles — Mérimée, Octave Feuillet, bibliothécaire de l'empereur, et l'architecte Viollet-le-Duc — se comptaient des savants comme Claude Bernard et Pasteur, des littérateurs comme Théophile Gautier, Sainte-Beuve, Dumas fils, Flaubert, des peintres et sculpteurs comme Delacroix, Meissonier ou Carpeaux, et des musiciens dont Auber et Verdi. Ce dernier fut invité en 1857 avec Giuseppina Strepponi. Il ne refusa pas l'honneur qui lui était fait, mais l'atmosphère de fête permanente qui régnait à Compiègne ne lui convenait pas. Il se sentit mal à l'aise pendant toute la durée du séjour et c'est avec soulagement qu'il rejoignit la capitale [10].

À Compiègne en effet, la fête commençait dès l'arrivée des invités. Transportés depuis Paris par un train spécial, ils débarquaient à la tombée du jour à la station du chemin de fer où les attendaient breaks, coupés et chars à bancs. L'un des grands divertissements de Mme Carette consistait à guetter leur arrivée par une porte dissimulée dans la muraille du grand escalier.

On saisissait, écrit-elle, des petites scènes intimes fort réjouissantes : l'étonnement, l'embarras des nouveaux venus, les réflexions de chacun, l'inquiétude de ceux qui tremblaient pour leur bagage ; la hâte que l'on montrait à prendre possession de son appartement, l'agitation des femmes qui craignaient d'être en retard si les caisses n'arrivaient pas à temps.

De jolis fronts, que l'on était accoutumé à voir toujours souriants, se contractaient avec mauvaise humeur, si quelque détail de toilette avait manqué au dernier moment, ou bien si l'on ne reconnaissait pas dans la foule des arrivants les amis de son choix. Les dames mûres montaient avec accablement les hauts degrés de l'escalier d'honneur. De vieux messieurs, saisis par le grand air vif qu'on venait de respirer dans les chars à bancs, toussaient d'un air chagrin ; d'autres affectaient au contraire une allure pimpante, ou bien se croyaient obligés, en franchissant le seuil de la résidence impériale, de prendre un air composé et solennel. Enfin, les secrètes faiblesses de l'humaine nature se dévoilaient parmi toutes ces personnes, dont un certain nombre ne se connaissaient pas, et qui, ne se croyant pas observées, ne songeaient pas à se contraindre [11].

Les six fourgons de bagages qui accompagnaient la cohorte des invités n'étaient pas de trop. Les vêtements des dames étaient volumineux et il fallait en apporter beaucoup, l'usage exigeant que l'on changeât chaque jour de toilette. La princesse de Metternich vint à Compiègne avec dix-huit malles et un nombre impressionnant de cartons à chapeaux. Les festivités commençaient le soir même, après l'accueil des convives par le couple impérial, par un somptueux dîner dans la grande galerie des Fêtes. Les maîtres d'hôtel servaient en habit marron, brodé d'argent, l'épée au côté, assistés d'une nuée de valets de pied poudrés, portant la livrée de cérémonie et des bas de soie roses. Le couvert était « une merveille d'élégance et de richesse » [12]. On avait disposé sur les tables des vases de Sèvres remplis de fleurs, alternant avec des candélabres en argent et de petits groupes en biscuit de Sèvres figurant des scènes de chasse.

Avec les promenades en forêt, la chasse était en effet l'une des principales distractions offertes aux heureux élus des séries de Compiègne : chasses à tir et chasses à courre menées par le souverain en personne. La plupart des dames suivaient en voiture, mais il y avait quelques amazones au premier rang desquelles figurait l'impératrice, aussi bonne cavalière que nageuse. La curée froide aux flambeaux dans la cour du château faisait partie des grands moments de la semaine.

Les jours étant courts en novembre et en décembre, il fallait meubler les interminables soirées, avant et après le dîner. On dansait au son d'un piano mécanique, on jouait aux cartes, au palet, au billard et à mille autres petites distraction de société. On flirtait également et l'on se livrait au passe-temps favori des salons : le commérage mondain. Rien de bien différent par conséquent de ce qui se passait dans les autres villégiatures impériales, sinon que l'on disposait de davantage de temps pour le spectacle. Une soirée de chaque série se déroulait au théâtre où les comédiens de l'Odéon, du Français, du Gymnase et les « fantaisistes » à la mode venaient faire applaudir les succès du moment. L'impératrice aimait les mélodrames larmoyants et ne manquait pas, comme Margot, d'y pleurer. Napoléon III appréciait davantage le vaudeville et la comédie de boulevard.

Les artistes professionnels n'étaient pas seuls à recueillir les applaudissements du public. Certains soirs, la salle à manger de l'empereur était transformée en théâtre où se produisaient les familiers de la Cour et une partie des invités. On y donnait des saynètes improvisées, des tableaux vivants, des « levers de rideau » empruntés aux scènes parisiennes et de petites comédies d'amateurs auxquelles les écrivains et les artistes présents avaient apporté leur concours, soit pour en concevoir la trame et en rédiger le texte, soit pour les décors et les costumes. Eugénie retrouvait dans la pratique dilettante de la scène un peu des émotions qu'elle avait connues dans sa jeunesse sur les planches du petit théâtre de Carabanchel. Est-ce à Compiègne ou à Fontainebleau — les sources ne concordent pas sur ce point — que Prosper Mérimée proposa sa fameuse dictée ? On sait que les principales victimes de cet exercice semé d'embûches furent Napoléon III et son épouse, tandis que le prince de Metternich sortit grand vainqueur de l'épreuve.

Quand les invités ne participaient pas aux chasses impériales, ils étaient conviés à de longues promenades en forêt, tantôt à pied — Eugénie, qui menait la troupe, ne redoutait ni la fatigue, ni les caprices du temps — tantôt en voiture ou en chars à bancs, lorsqu'il s'agissait de se rendre sur un site relativement éloigné du château : les fouilles de Champlieu ou le chantier de Pierrefonds. L'idée de restaurer ce monumental édifice médiéval, entrepris à la fin du XIVe siècle par Louis d'Orléans, frère de Charles VI, et démantelé sous le règne de Louis XIII, remonte aux toutes premières années de l'Empire. Ce n'est toutefois qu'en 1857 que Napoléon III chargea Viollet-le-Duc de mettre en œuvre un projet de reconstruction du château. À cette date, le restaurateur de la cité de Carcassonne et de Notre-Dame de Paris avait déjà une œuvre immense derrière lui. Présenté lors d'un séjour en Espagne à la jeune comtesse de Teba et devenu l'ami de Mérimée, il n'avait eu aucune peine à s'introduire dans le cercle des souverains, devenant sous l'Empire le grand arbitre des monuments historiques. Avant de s'attaquer à Pierrefonds, Viollet-le-Duc avait songé à un programme plus ambitieux : la remise en état du château de Coucy, dans l'Aisne. Invité par son architecte à en visiter les ruines, l'empereur s'était déclaré enthousiaste et prêt à ouvrir largement sa cassette pour financer les travaux. Les devis atteignirent toutefois un montant tellement exorbitant qu'on abandonna le projet pour revenir à celui de Pierrefonds, moins grandiose, mais quatre fois moins coûteux [13].

Les travaux commencèrent en 1861 et furent menés

avec autant de célérité que de soin. On avait d'abord
songé à limiter la restauration au donjon et à deux des
huit tours de l'édifice. Mais, conquis par la beauté du
lieu et par l'excellence du travail accompli, Napoléon III
décida de poursuivre jusqu'à son terme la réhabilitation
de l'édifice et de faire de celui-ci une résidence d'été
des souverains. L'impératrice faisait valoir, aux dires
d'Amélie Carette, « que plus tard la jeune cour pourrait
s'y établir, et que ce serait pour le prince impérial un
apanage plein d'agrément ». En attendant, les séries
de Compiègne étaient l'occasion pour l'empereur de
contrôler l'état d'avancement des travaux et de sensibili-
ser ses hôtes au lien historique unissant la dynastie des
Napoléonides aux grandes heures de la France monarchique.

La « Vie parisienne »

La « fête impériale » s'étend jusque aux limites incertaines du « monde » et du « demi-monde ». Paris n'a pas
seulement changé de visage : la société parisienne s'est
elle aussi transformée, au rythme des démolitions et du
déplacement des catégories les plus modestes. Déjà,
sous la Monarchie de Juillet, le faubourg Saint-Germain
a cessé de donner le ton à la vie mondaine. Les salons
aristocratiques ont perdu beaucoup de leur éclat et de
leur influence au profit d'autres lieux, fréquentés par
les « parvenus » et les « nouveaux riches » qui gravitent
autour des Rouher, Fould, Persigny, Baroche et autres
Morny. Comme à la Cour, l'heure est aux réceptions
somptueuses, aux bals travestis, aux « redoutes » dont
les plus célèbres et les plus fréquentées sont celles du
publiciste Arsène Houssaye : un Rastignac venu de sa
campagne à vingt ans et que l'on retrouve, sous l'Empire, inspecteur des musées de province et directeur de
la *Revue du XIXe siècle*. La jeunesse dorée y côtoie
le monde politique et celui de la finance, les artistes
« reconnus » et les hôtes étrangers de passage.

Parmi les salons les plus fréquentés figurent ceux des enfants du roi Jérôme. La princesse Mathilde reçoit le dimanche, le mardi et le mercredi, dans son hôtel de la rue de Courcelles, le Tout-Paris mondain et les notoriétés littéraires, artistiques et scientifiques. Elle accueille également et héberge ses amis dans sa propriété de Saint-Gratien, baptisée par les familiers de la princesse « auberge de l'amitié ». Bien que Mathilde soit devenue très pieuse en prenant de l'âge — elle a son prie-Dieu à Saint-Philippe-du-Roule —, et professe des convictions impérialistes, il règne sous son toit une atmosphère de tolérance qu'on ne retrouve pas chez son frère. Plonplon, on le sait, incarne plutôt un bonapartisme de gauche qui l'incline à fréquenter des personnalités plus ou moins en délicatesse avec le pouvoir. Lui-même se laisse souvent aller à critiquer le régime avec véhémence et à porter des jugements sévères sur son cousin et sur Eugénie qu'il déteste. Cela ne l'empêche ni de contrer, parfois de manière très vive, ceux qui, parmi ses familiers, se croient autorisés à diffamer les Napoléonides, ni surtout de réunir des aréopages nombreux, principalement composés de personnalités politiques, de publicistes et d'hommes de lettres, dans les salons du Palais-Royal ou dans le somptueux immeuble de style pompéien qu'il a fait construire avenue Montaigne. Sainte-Beuve, Edmond About, Émile de Girardin, Flaubert, Émile Augier, Renan, fréquentent assidûment les deux résidences princières.

Le duc de Morny lui aussi reçoit somptueusement ses hôtes dans les salons de l'hôtel de Lassay, la luxueuse demeure du président du Corps législatif. Le demi-frère de Napoléon III est un épicurien doublé d'un homme de goût et d'un amateur d'art. Sa table et sa cave sont réputées. La résidence qu'il occupe, et qui est aujourd'hui encore l'un des joyaux de l'aristocratique VIIe arrondissement, est meublée de pièces rares, de tableaux de maîtres français du XVIIIe siècle et de peintres italiens, flamands et hollandais. Les réceptions et les bals costumés que l'on donne à l'hôtel de Lassay font partie du parcours obligé de quiconque veut se faire une place dans le Tout-Paris du Second Empire.

Ces trois pôles de la « vie parisienne » ne sont pas les seuls lieux où se font et se défont les modes et les réputations. À l'instar des souverains et des membres de la famille impériale, tous ceux qui occupent une fonction un peu importante dans l'organigramme du régime voudront bientôt avoir leur salon et leurs fêtes. Les ministres, les dignitaires de la Cour et des grands corps de l'État, les ambassadeurs, les riches financiers rivalisent d'efforts et de dépenses pour attirer sous leur toit des représentants — toujours plus nombreux et plus avides de plaisirs — de la haute société parisienne. Pendant le Carnaval, des bals travestis et masqués fleurissent aux quatre coins de la capitale et les souverains ne sont pas les derniers à y prendre part. Arsène Houssaye évoque dans ses Mémoires ces soirées costumées :

> Les femmes de l'Empire, écrit-il, furent une pléiade éblouissante, toutes douées de beauté de charme, et d'esprit plus ou moins. Avec de telles femmes, les fêtes de cour et les fêtes mondaines étaient magiques. On ne s'étonnait pas d'entendre dire : « l'Empire s'amuse ». Pourquoi pas ? On ne se contentait pas des bals des Tuileries où tout le monde officiel avait droit d'entrée ; on imaginait chez l'impératrice, chez les dames d'honneur, chez quelques ministres des plaisirs nouveaux ; mais surtout des bals costumés avec le loup pour les femmes. Moi-même n'ai-je pas donné dans ces folies plus ou moins innocentes par mes redoutes vénitiennes ! Le général Fleury ne se contentait pas d'avoir la meilleure table de l'Empire ; il inaugura des fêtes fabuleuses qui rappelaient l'ancienne cour de France sous Mme de Montespan, sous Mme de Pompadour, sous Marie-Antoinette. Il mit en scène à l'hôtel d'Albe les quatre éléments : ce n'était pas trop pour recevoir l'impératrice et son décaméron. Ce fut un enchantement [...].
>
> C'était fête partout : chez la duchesse de Morny, chez la duchesse de Bassano, chez la comtesse Walewska, chez Mme de La Pagerie, chez la duchesse d'Albe, chez les ministres, chez les sénateurs. Que d'argent jeté à propos

par la fenêtre ! Aussi la Seine se pactolisait : on était riche jusque dans les faubourgs parce que toutes les fées du travail étaient à l'œuvre.

Combien se rappellent encore ce bal costumé de la duchesse de Bassano où le marquis de Galliffet était déguisé en coq ; quelle crête, quels ergots, et quel chant aigu pour réveiller les cœurs ! La marquise n'était pas déguisée en poule. Mme Chauchat jouait à la pie voleuse ; Mme de Borneman en nuage orageux ; Mme de Mackau en Nubienne. [...] Voici l'Orient : Mme de Taigny en jolie Chinoise, à mettre sur une étagère ; Mme de Bourgoing en sultane, éblouie elle-même par ses diamants, éblouissant tout le monde par sa beauté, la princesse Anna Murat et la duchesse de Morny en paysannes italienne et hongroise pour se reposer des grandeurs [14].

La principale animatrice de ces loisirs nocturnes n'était pas l'une de ces beautés éblouissantes évoquées par le directeur de la *Revue du xixe siècle*, mais l'épouse d'un diplomate étranger : la princesse Pauline de Metternich. Celle-ci avait épousé son jeune oncle, Richard de Metternich, fils du chancelier Clément. En 1859, Richard fut nommé ambassadeur d'Autriche à Paris, en remplacement du comte de Hübner. Il ne fallut pas plus de quelques mois à cette jeune femme d'origine hongroise pour devenir la coqueluche des mondains et l'amie de l'impératrice. Non qu'elle fût d'un physique séduisant. « Je suis laide mais j'ai de jolis détails », dira-t-elle quand on s'étonnera que Carpeaux pût sculpter son buste. Elle voulait bien qu'on la considérât comme un singe, pourvu que ce fût « le singe le mieux habillé de Paris » [15]. Son regard, son esprit, son humour faisaient oublier sa laideur. Elle avait des reparties redoutables, une énergie et une imagination jamais en défaut. Pauline fut ainsi pendant dix ans non seulement l'animatrice attentionnée et chaleureuse des soirées données à l'ambassade par le prince de Metternich, mais l'une des grandes ordonnatrices de la fête impériale.

Les liens d'amitié qu'elle avait noués avec l'impératrice faisaient qu'elle était de toutes les fêtes, de tous les

plaisirs. Elle était invitée en permanence à Biarritz, où
Eugénie appréciait ses talents d'« ascensionniste » et
copia son équipement de montagnarde autrichienne. À
Compiègne, elle séjournait avec son époux le temps de
deux ou trois séries. Il est vrai qu'elle était excellente
musicienne. Amie de Liszt, grande admiratrice de
Wagner dont elle tenta vainement d'introduire en
France l'œuvre lyrique, elle chantait en s'accompagnant
au piano. Elle pouvait surtout se transformer en inépui-
sable boute-en-train, inventant de nouveaux jeux, de
nouveaux déguisements, de nouveaux sujets de charades et de saynètes. Elle aimait les spectacles des
Variétés et du Palais-Royal, les chansons du café-
concert. Elle ne se faisait pas prier pour imiter Theresa,
la vedette de *L'Alcazar*, l'attitude leste, la pipe à la
bouche et la voix un peu éraillée de cette ancienne
« chanteuse de charme » convertie au genre comique et
dont le principal succès était *La Femme à barbe*.

La liste est longue des salons parisiens qui ont ainsi
prolongé en ville les fastes et les divertissements de la
Cour impériale. Citons, parmi les plus célèbres, celui
des Tascher de la Pagerie et celui du duc d'Albe, beau-
frère de l'impératrice, où les soupers étaient servis par
des pages en costumes de la Renaissance, et où fut
donné en 1860 un bal qui marqua longtemps les
mémoires. Mme de Persigny, la princesse de Metternich, la comtesse Walewska et la comtesse de Pourtalès
y apparurent dans un quadrille symbolisant les *Quatre
éléments*, couvertes de fleurs, de fruits, de diamants. Le
succès fut tel que l'on fit recommencer le ballet.

Spectacles en ville

La ville elle-même, en dépit des embarras qui résultent des gigantesques travaux haussmanniens, est le
cadre de contacts et de rencontres entre les hôtes des
Tuileries, les cercles élégants qui fréquentent les lieux
de promenades aménagés par les rénovateurs de Paris,

et les représentants de catégories plus modestes, venus pour saluer l'empereur à l'occasion d'une fête ou d'une revue militaire. Napoléon III, on l'a vu, se rendait souvent au bois de Boulogne pour une promenade à cheval. Il y côtoyait une foule de dandys, de cocodès — on désignait ainsi des jeunes gens attifés de manière outrée —, de femmes du monde et du demi-monde soucieuses de faire admirer leur nouvelle toilette.

Les équipages, écrira le prince André Poniatowski, montaient au trot les Champs-Élysées, l'avenue de l'Impératrice et, arrivés au lac, s'engageaient au pas sur une sorte de chaussée roulante où s'affrontaient toutes les manifestations d'élégance : grandes toilettes, équipages. [...] On ne sortait les voitures de gala à la française, c'est-à--dire avec les hommes en perruque poudrée, les housses du siège en drap d'or, revêtues d'armoiries, que pour les galas : grands mariages, réceptions à la cour, revues, etc. Autour du lac régnait une élégance plus sobre, d'influence essentiellement britannique du moins pour le monde de la Cour et les étrangers de distinction, car les vieilles familles qui boudaient la cour conservaient les équipages à la française tels qu'ils s'étaient reconstitués sous Charles X.

Bien entendu de telles affluences dans un lieu aussi public que le Bois ne pouvaient être réglementées. Cependant tout le monde se connaissait soit de nom, soit de vue. [...] Sous l'Empire, jamais il ne serait venu à l'idée de gens qui, quelque honorables qu'ils fussent, étaient des fournisseurs, de se retrouver aux heures de récréation sur le même plan que leurs clients [16].

Les grandes premières théâtrales et lyriques offraient à Napoléon III et à Eugénie l'occasion de se rendre en ville pour des soirées où était convié un public de choix composé de représentants des diverses strates de la haute société parisienne. Il en était de même lorsqu'un souverain ou un haut dignitaire étranger venait en voyage officiel en France, l'Opéra constituant un passage obligé pour tout visiteur de marque.

Il y avait sous le Second Empire quatre grandes salles

destinées aux représentations lyriques : le Théâtre-Lyrique, transporté en 1860 du boulevard du Temple à la place du Châtelet, le Théâtre des Italiens, salle Ventadour, l'Opéra-Comique, salle Favart, et l'« Académie impériale de musique et de danse » — autrement dit l'Opéra — située à cette date rue Le Peletier. À l'époque, l'Opéra de Paris était, avec la Scala de Milan, le théâtre lyrique le plus important et le plus prestigieux d'Europe. Pas de consécration internationale pour un compositeur, un chanteur, une diva ou un chef d'orchestre qui ne passât par la salle que dirigeait au début du règne Nestor Roqueplan, personnage haut en couleur, auteur d'une *Vie parisienne* publiée en 1852.

À cette époque, le goût du public huppé, principalement composé de « gens du monde » dont le principal souci était de se montrer — le Jockey Club disposait au rez-de-chaussée d'une avant-scène, tellement bruyante certains soirs qu'on l'avait baptisée la Loge infernale [17] —, allait au « grand opéra » à la française, avec ses lourdes machines et ses ballets, ou aux ouvrages de Meyerbeer : *Les Prophètes, Robert le Diable, les Huguenots*, etc. L'opéra italien y avait également sa place, pourvu qu'il ne se montrât pas trop novateur. Tous les grands noms de l'art lyrique d'outre-monts, les Spontini, Cherubini, Bellini, Rossini, etc., avaient dû y faire leurs preuves et Verdi, qui ne cachait pas le peu de considération qu'il avait pour la « grande boutique » — il qualifiait ainsi la salle de la rue Le Peletier —, ne s'y imposa qu'à une date relativement tardive. En 1867, lorsque le maestro vint dans la capitale française pour y monter son *Don Carlos*, le goût du public avait changé, mais pas dans le sens que lui-même avait donné à sa production. Au « grand opéra » à la française, la sensibilité bourgeoise préférait désormais des œuvres plus intimistes comme la *Mignon* d'Ambroise Thomas, ou mélodramatiques, comme le *Roméo et Juliette* de Gounod, qui avaient engendré une nouvelle forme d'opéra, l'« opéra lyrique », dont le *Faust* de Gounod deviendrait la référence. Même Meyerbeer, qui avait su si bien se couler dans le genre épique du « grand opéra », s'était appliqué dans sa dernière œuvre, *L'Africaine*, représentée à Paris après sa mort en 1864, à concilier les deux tendances. On conçoit que le public de la rue Le Peletier ait accueilli avec une certaine froideur le *Don Carlos* verdien, toutefois mieux que le *Tannhäuser* de Wagner, le 13 mars 1861, qui déchaîna un immense chahut.

Parce qu'il réunissait certains jours, en un même lieu et en présence du couple impérial, tout ce que Paris comptait de personnalités éminentes, parmi lesquelles de nombreux hôtes étrangers, le spectacle d'opéra n'était pas sans implication politique. Verdi eut l'occasion à deux reprises d'en mesurer l'importance : une première fois lorsqu'il vint à Paris pour la création en 1855 des *Vêpres siciliennes*, et une seconde en 1867 pour la présentation d'un *Don Carlos* également composé à l'intention du public parisien. C'est en février 1852, donc peu de temps après le coup d'État, que fut signé avec la direction de l'Opéra de Paris — fonction occupée à cette date par Roqueplan — un contrat stipulant que Verdi composerait, sur un livret de Scribe, le librettiste attitré du théâtre, un opéra de quatre ou cinq actes dont le thème n'était pas fixé mais qui devrait être créé avant la fin de 1855. Il avait essayé de s'en débarrasser, d'abord en refusant le scénario que Scribe lui avait envoyé, puis en menaçant Roqueplan de résilier son contrat. Il avait été particulièrement mécontent de la manière dont on avait traité à Paris la version française de *Luisa Miller*, montée contre sa volonté dans une traduction qu'il jugeait désastreuse. Mais la direction du théâtre n'avait nulle envie de se priver du bénéfice que représentait la création à Paris d'une œuvre portant les signatures prestigieuses de Verdi et de Scribe. Le maestro fut donc mis en demeure de s'exécuter.

Il lui fallut plus d'un an pour composer son opéra. Roqueplan avait espéré que la partition des *Vêpres siciliennes* serait achevée à la fin de l'été 1854 et que les répétitions pourraient commencer dès le mois d'octobre. Il dut vite déchanter, Verdi repoussant de semaine en semaine la remise de son travail. Il dut même démissionner, suite à la « disparition » de la *diva*, Sofia Crivelli. De cette désertion de sa principale interprète, le maestro tenta de tirer prétexte pour justifier son propre retrait. Mais le successeur de Roqueplan, Louis-François Crosnier, tint bon, et il dut bientôt se remettre à l'ouvrage.

Les raisons invoquées par Verdi pour demander la résiliation de son contrat étaient à la fois d'ordre artistique — il jugeait pompeux et bourré de lieux communs le livret révisé[18] de Scribe — et politique, le texte qui lui était proposé comportait, estimait-il, de graves offenses à l'égard du peuple italien. Le terme « Vêpres siciliennes » désigne, on le sait, l'émeute qui a abouti au massacre des garnisons françaises en Sicile, sous le règne de Charles d'Anjou, frère de Saint Louis. Vu du côté italien, l'événement pouvait donner lieu à une instrumentation patriotique aisément lisible : les Angevins appartenaient à une armée d'occupation contre laquelle se dressait la résistance d'un peuple opprimé. Il se trouve que cette thématique de la résistance à l'étranger avait plutôt bien fonctionné en 1819, lorsque avait été créée la tragédie de Casimir Delavigne dont Scribe avait tiré son livret. Le public parisien n'avait voulu voir dans l'insurrection sicilienne de 1282 que la métaphore de l'occupation de leur capitale par l'armée des coalisés en 1815. Quarante ans plus tard, le contexte avait singulièrement changé. L'Empire était rétabli. On prêtait à Napoléon III des visées extérieures renouant avec celles de son oncle. Pour une partie au moins de l'opinion, la France se trouvait réinvestie d'une mission « libératrice », donc conquérante. L'occupé redevenait un occupant virtuel.

Dans le livret de Scribe, les Siciliens étaient présentés sous un jour peu favorable. Leur chef était peint sous les traits d'un conspirateur, maniant le poignard comme un Florentin de la Renaissance. Verdi devait donc composer une musique sur un texte qui usait de

l'un des clichés les plus répandus en France : celui de
l'Italien armé de la dague ou du couteau, frappant son
adversaire dans le dos. « Je ne serai jamais complice
d'une injure faite à mon peuple » [19], écrivit-il à Crosnier,
menaçant de reprendre le chemin de l'Italie si le texte
du livret n'était pas radicalement modifié.

La crise ne fut évitée que grâce à l'intervention personnelle de Napoléon III. Verdi était en 1855 le plus
célèbre et le plus recherché des dramaturges lyriques.
L'empereur considérait que sa présence à Paris, au
moment où se tenait l'Exposition universelle, était un
honneur pour la France. Le voir claquer la porte de la
« grande boutique » au moment où les élites européennes de la politique et de la culture se pressaient
pour ne pas manquer cette première apothéose de la
« fête impériale » n'était pas pensable. À deux reprises,
au cours de son séjour dans la capitale, Napoléon III
avait tenté d'attirer le maestro à la Cour, mais celui-
ci s'était fait excuser, prétextant qu'il était souffrant et
« obsédé de travail ». En réalité, Verdi n'avait pas le
moindre désir de participer aux pompes officielles du
régime. Ce type de réceptions mondaines l'ennuyait
profondément et surtout il n'avait pas pardonné à l'ancien prince-président d'avoir permis l'écrasement de la
République romaine.

Parmi les raisons qui inclinaient l'empereur à faire
pression sur la direction de l'Opéra pour que celle-ci se
montrât conciliante envers le compositeur italien, il y
avait aussi l'évolution des relations internationales et
les rapports nouveaux qui étaient en train de s'établir
entre la France et le royaume de Piémont-Sardaigne. À
l'heure où l'on s'apprêtait à monter à Paris les *Vêpres
siciliennes*, Français, Anglais et Piémontais combattaient côte à côte devant les murs de Sébastopol. Le
contexte diplomatique était donc favorable. Il n'y avait
pas à craindre que la représentation de cet opéra qui
mettait en scène un épisode tragique des rapports
franco-italiens ne provoque des manifestations chau-
vines. La première eut lieu le 13 juin 1855 et ne fut pas

un triomphe, mais elle se déroula dans une atmosphère sereine. Dans un autre contexte, tout eût été à craindre car le public comportait un nombre important d'hôtes italiens qui avaient fait le voyage depuis Turin, Milan ou Florence pour acclamer leur maître, et aussi pour visiter l'Exposition universelle. Le public parisien se montra de son côté plutôt tiède, mais plus en raison du livret de Scribe que de la musique de Verdi. Quant à l'empereur, qui n'était pas un grand amateur d'art lyrique, il se félicita surtout d'avoir évité de froisser le patriotisme transalpin à un moment où s'amorçait le rapprochement avec le Piémont.

Après Magenta, le maestro écrivait à son amie Clara Maffei que si Napoléon III se montrait fidèle aux engagements pris à l'égard des Italiens, il l'adorerait comme il avait « adoré Washington, et plus encore »[20]. Quelques semaines plus tard, une fois conclus les préliminaires de Villafranca, il sera parmi les premiers en Italie à dénoncer la « félonie » de l'empereur. « Il y a de quoi devenir fou ! écrit-il à la comtesse Maffei. J'écris accablé par la déception la plus profonde. Il est donc vrai que nous n'aurons jamais rien de bon à espérer d'une nation étrangère, quelle qu'elle soit[21]. » Par la suite, son humeur à l'égard des Français et des responsables de la « grande boutique » suivra de près les vicissitudes de la politique. Ce qui ne l'empêcha ni d'accueillir avec joie l'annonce de son élection triomphale, deux ans plus tard, à l'Académie des beaux-arts, ni de faire retour à l'Opéra — où il avait juré de ne plus jamais travailler — pour y créer son *Don Carlos*.

La première de cet opéra, dont la modernité musicale semble avoir dérouté le public parisien, eut lieu le 11 mars 1867 devant une salle comble où avaient pris place le couple impérial et la Cour au grand complet, ainsi que les membres du gouvernement, les représentants du corps diplomatique et nombre de personnalités de la haute société parisienne. L'accueil de la salle fut mitigé. On applaudit les interprètes et l'orchestre. On ovationna courtoisement le maestro, mais il n'y eut pas de déchaînement d'enthousiasme. On reprocha par la suite à Verdi tantôt de ne pas avoir su rompre avec la tradition de l'opéra italien, tantôt au contraire d'avoir voulu « faire du neuf » sans parvenir à faire preuve d'originalité. Certains, comme Georges Bizet, iront jusqu'à dire qu'il avait voulu « faire son Wagner ». Dans la perspective où nous nous plaçons dans ce livre, nous retiendrons essentiellement deux choses de ce demi-échec. La première concerne le goût de la Cour et du public huppé — notons que l'œuvre restera ensuite à l'affiche pendant plusieurs mois et rencontrera un immense succès — pour des œuvres plus conformes à la tradition du grand spectacle avec ballets, machines et figuration nombreuse. La seconde touche davantage au politique. Peut-être faut-il tenir compte en effet, pour expliquer la relative froideur du public lors de la première représentation de *Don Carlos*, de l'attitude adoptée par l'impératrice. Championne de l'ordre moral, ennemie de tout ce qui pouvait porter atteinte au magistère de l'Église, Eugénie a clairement manifesté sa désapprobation lors de la scène dans laquelle Philippe II, qui incarne la toute-puissance du pouvoir politique et son indépendance à l'égard de l'institution religieuse, s'oppose au Grand Inquisiteur. N'a-t-elle pas détourné la tête lorsque le souverain a dit : « Tais-toi, prêtre » ? L'épouse de Napoléon III n'influençait, il est vrai, qu'une partie de la Cour, mais la petite coterie qui gravitait autour de la souveraine et jugeait avec sévérité certains aspects de la politique impériale ne portait guère dans son cœur un musicien connu pour son anticléricalisme et le peu de cas qu'il faisait du pouvoir temporel des papes.

Plus que de la composition musicale, alors en pleine mutation, on se délecte — Napoléon III le premier — d'une autre forme de spectacle lyrique plus conforme aux inclinations festives de l'époque : l'opéra-bouffe, un genre dans lequel triomphent à la fin des années 1850 un jeune compositeur allemand, Jacques Offenbach, et son interprète favorite, Hortense Schneider. Né à

Cologne en 1819, Offenbach a hérité de son père, chantre à la synagogue, un talent précoce de violoniste et de violoncelliste qui lui vaut d'être admis, à quatorze ans, au Conservatoire de Paris, alors dirigé par Cherubini. Trop fantaisiste et trop indocile pour accepter la rude discipline que fait régner le maître italien, il n'y reste que quelques mois, désertant le prestigieux établissement pour la fosse d'orchestre de l'Opéra-Comique. Reçu dans les meilleurs salons, où l'on apprécie ses qualités d'instrumentiste, Offenbach se passionne surtout pour la composition d'œuvres légères mais ses premières tentatives à la salle Favart ne sont guère couronnées de succès. Pendant la révolution de 1848, le jeune Jacob, qui a francisé son nom et s'intéresse peu à la politique, s'est réfugié dans sa ville natale. De retour à Paris, il obtient grâce à la réputation qu'il a acquise dans les salons de la Monarchie de Juillet le poste de directeur musical de la Comédie-Française, une sinécure qui lui assure de quoi vivre dignement avec son épouse Herminie d'Alcain — il s'est fait catholique pour convoler avec cette jeune fille issue de la bonne société espagnole — mais dans laquelle il se morfond. En 1855, fort de l'appui de personnalités appartenant à l'entourage immédiat de l'empereur, le roi Jérôme, la princesse Mathilde, le duc de Morny, il résilie sa charge et se lance dans la création d'œuvres comiques, destinées à un public épris de plaisir, de bonne humeur et d'un zeste de satire.

Pour mener à bien son projet, Offenbach a fondé un nouveau théâtre, les Bouffes-Parisiens, près du passage Choiseul. Il s'est également associé avec un jeune librettiste de talent, Ludovic Halévy, qui sera secrétaire de Morny et qui lui fournira, plus tard en collaboration avec Henri Meilhac, la plupart des textes de ses divertissements musicaux. Le premier à être représenté aux Bouffes-Parisiens, *Les Deux Aveugles*, fut un triomphe. Il fut joué sans interruption pendant un an et, quoique très caustique à l'égard du personnel politique, sans provoquer de réaction de la censure. Il est vrai que l'em-

552   *NAPOLÉON III*

pereur, peu désireux de prendre à rebrousse-poil un
public qui lui était plutôt favorable, et qui avait beaucoup ri lors de la présentation de la pièce aux Tuileries,
accorda sa sympathie et sa protection au musicien.
C'est grâce à son appui et à celui de Morny que Jacques
Offenbach put obtenir sa naturalisation en 1861, en
attendant d'être décoré de la Légion d'honneur.

Pendant quinze ans, associé au tandem Meilhac-
Halévy, Offenbach a incarné l'esprit du temps, l'appétit
de vivre et la satire subtile des couches sociales dont
l'Empire a favorisé l'essor et la prospérité. Ce n'était pas
seulement les princes, les ministres et les rois de la
finance qui venaient se divertir aux spectacles des
Bouffes-Parisiens, des Variétés ou du théâtre du Palais-
Royal. La gloire d'Offenbach et celle de sa principale
interprète ont traversé les frontières. En route vers
Paris à l'occasion de l'Exposition universelle de 1867, le
tsar Alexandre II avait fait retenir, depuis Strasbourg
— où son équipage avait fait étape —, trois places pour
lui-même et pour ses deux fils, afin d'être sûr de pouvoir
applaudir Hortense Schneider aux Variétés où elle
triomphait dans *La Grande-Duchesse de Gerolstein*.
Mais à côté de ces étrangers illustres — le prince de
Galles et l'empereur François-Joseph furent également
de la fête — et de Napoléon III lui-même qui appréciait
fort — fussent-ils assortis de scènes et de répliques ridi-
culisant le pouvoir — les opéras-bouffes et autres « opérettes » produits par l'ancien directeur musical du
Français, combien de représentants de la bourgeoisie et
des nouvelles couches, Parisiens ou provinciaux accou-
rant de toutes parts pour applaudir les séquences bouf-
fonnes, les couplets à la mode et les bons mots dont le
trio créateur avait su truffer ses spectacles ! Après
Orphée aux enfers en 1858, qui mettait en scène
l'Olympe au grand complet, incarnation parodique de
la Cour, *La Belle Hélène* en 1864, la *Grande-Duchesse de
Gerolstein* en 1867, *La Périchole* en 1868, *Les Brigands*
en 1869 remplirent pendant des mois les salles de
variétés de la capitale.

Nul sans doute, mieux que Jacques Offenbach, n'a su saisir ainsi au vol l'air du temps, se couler dans une époque et dans un système politique dont il n'est pas le dernier à brocarder les tares et les faux pas, être à la fois proche du pouvoir, protégé par celui qui en occupe le sommet, et capable d'impertinence à l'égard d'un régime qui le fait vivre. Un « fou du roi » si l'on veut, dont les grimaces et les tours ne s'adressent pas seulement au monarque et à la Cour, mais à une foule de nantis et de petits bourgeois venus au théâtre pour s'offrir une fronde bon enfant.

Offenbach et ses deux librettistes ne furent pas les seuls à vouloir tirer profit du genre. Parmi les concurrents du compositeur de *La Belle Hélène*, il faut citer Florimond Hervé. Cet ancien organiste de Saint-Eustache devenu lui aussi le protégé de Morny, qui lui confia la direction du théâtre des Folies-Nouvelles, ne connut le succès qu'à la fin de l'Empire, avec *L'Œil crevé* (1867), *Chilpéric* (1868) et *Le Petit Faust* (1869). C'est également en 1869 que l'on inaugura, rue Richer, une salle de spectacle d'abord baptisée Folies-Trévise, du nom de la rue voisine, puis Folies-Bergère suite à une plainte du duc de Trévise qui entendait que son patronyme ne fût pas associé à un lieu de divertissement public. On y donna successivement une pièce en un acte de Cellot et Demeuze, puis une opérette de Victor Robillard, livret de Chivot et Duru, ainsi que des pantomimes et des numéros de chant illustrés par le comique Jules Réval.

Si l'opéra-bouffe, surtout dans la forme satirique que Jacques Offenbach a donnée à ce genre, est porteur d'une critique de la société impériale dont le public n'a pas toujours perçu le caractère décapant, il n'en est pas de même de la grande majorité des pièces de théâtre. Il faut d'abord noter que les salles parisiennes ont connu une très forte mutation sous l'Empire : conséquence d'une politique volontariste visant, dans le cadre de la révolution haussmannienne, à éloigner le public populaire des scènes du centre de la capitale et à « assainir » ainsi les lieux de distraction[22]. Ont ainsi disparu de petites salles de la rive gauche, comme le théâtre Saint-Marcel ou le théâtre du Luxembourg, ainsi que les théâtres du « boulevard du crime », fréquentés par les gens du peuple (Funambules, Délassements-Comiques, etc.).

Au Théâtre du Vaudeville et au Palais-Royal, on vient pour s'amuser de situations scabreuses ; les hommes également pour lorgner du côté des actrices réputées peu farouches, jeunes femmes du « demi-monde » transitant par la scène pour accomplir parfois, via l'alcôve de quelque puissant protecteur, un parcours brillant dans la haute société impériale. Sur les autres scènes, que fréquente un public bourgeois, la mode est à la satire sociale et à la comédie de mœurs, avec des pièces d'Émile Augier, de Victorien Sardou et de Dumas fils. On pleure, Eugénie la première, aux représentations de ces mélodrames dont l'archétype est *La Dame aux camélias*, créée en février 1852 au Théâtre du Vaudeville, interdite dans un premier temps par le ministre de l'Intérieur Faucher et finalement autorisée grâce à l'intervention de Morny. Tableaux ambigus d'une société qui condamne le « vice » mais s'en régale. « Dumas fils, dira Émile Zola, choque et rassure en même temps, mais rassure plus qu'il ne choque. [...] Rien n'allèche la bourgeoisie, comme cette prétendue morale qui se termine généralement par un sermon. »

Fait exception à la règle du conformisme ambiant l'œuvre dramatique d'Eugène Labiche. Comme Offenbach, Labiche offre un tableau sans concession de la bourgeoisie française sous l'Empire. Pourtant, l'homme est loin d'être un adversaire du régime. Né en 1815, il a connu quelques succès au théâtre sous la Monarchie de Juillet (*Le Major Cravachon*, 1844), avant de s'aventurer en politique. Battu en avril aux élections à la Constituante, sous l'étiquette républicaine, il choisit de soutenir le prince-président et sera parmi les premiers, dans le monde du spectacle et des lettres, à applaudir au coup d'État du 2 décembre. Aussi bénéficie-t-il de larges appuis pour promouvoir une œuvre théâtrale qui d'ailleurs obtient vite l'adhésion du public. À partir de 1850, il enchaîne succès sur succès : *Embrassons-nous Folleville*, *La Fille bien gardée* (1850), *Un chapeau de paille d'Italie* (1851), *Le Misanthrope et l'Auvergnat* (1852), *La Chasse aux corbeaux* (1853), etc.

Voilà donc un « bonapartiste », comme Offenbach, en tout cas un proche du couple impérial, qui se livre à une critique corrosive mais souriante de la société impériale, et qui se garde bien sûr d'égratigner le maître du pouvoir. Aussi Napoléon III apprécie-t-il le théâtre de Labiche. En novembre 1858, celui-ci est invité à Compiègne pour présenter devant le couple impérial son dernier succès : *Un gendre en surveillance*. En 1870, en pleine décomposition du régime, on le prie de donner aux Tuileries une représentation de *La Grammaire*, la pièce qu'il a écrite en collaboration avec Jolly. Le prince impérial est du spectacle : on lui a confié un petit rôle qu'il tient avec application, avant de réciter à l'intention de ses parents un compliment rédigé par son aide de camp, le général Frossard.

Les fêtes civiques

Avec la Révolution française, la fête est devenue un moyen de contrôle de l'opinion et de formatage des esprits aux idéaux politiques de l'État[23]. Après 1815, la monarchie restaurée a compris qu'il ne suffisait pas d'apporter au peuple « du pain et des jeux du cirque ». Elle s'est appliquée, pas toujours avec bonheur, à répondre à la demande sociale de communion festive, en exploitant par exemple le regain d'intérêt des populations pour les traditions régionales et pour les grandes manifestations de ferveur religieuse : rien de fondamentalement nouveau par rapport à l'Ancien Régime.

Avec le Second Empire, on assiste au contraire à une instrumentalisation systématique des cérémonies publiques. Dès le début du règne, Napoléon III a pris conscience de l'intérêt que revêtent ces festivités dans une France rurale où le légendaire napoléonien a servi de levier à sa propre consécration. Il ne s'agit pas de radicalement gommer le souvenir de la Révolution française, ni de heurter le sentiment religieux renaissant par des fêtes civiques agressivement dressées contre le magistère de l'Église. On entreprendra, selon l'heureuse formule de Jean Garrigues, de « dépolitiser l'héritage de 1789 » [24], afin de lui substituer en douceur le culte de la personnalité impériale. Les cérémonies du Second Empire devront ainsi concilier le césarisme, l'exaltation de la souveraineté du peuple et du progrès social, le culte de la modernité industrielle et le retour de la religion : tout cela baignant dans une ambiance festive qui fait partie de l'air du temps.

Les occasions de réjouissances populaires orientées dans le sens voulu par le pouvoir ne manquent pas dans la France du Second Empire. Il y a d'abord les visites en province des souverains, longuement préparées par les préfets et par les autorités locales. Louis-Napoléon en a fait l'un des plus sûrs tremplins de sa popularité. Devenu empereur, il lui plaît de feindre soumettre celle-ci au jugement spontané de la rue. En fait, s'il n'existe pas à proprement parler de « claque » organisée et salariée, le ministère de l'Intérieur s'applique à établir des itinéraires balisés, d'où sont écartés d'éventuels opposants. Viennent ensuite les événements dynastiques. Le mariage de Napoléon III et de la comtesse de Teba a été mieux accueilli dans les milieux populaires que dans les salons. La naissance et le baptême du prince impérial ont donné lieu, partout en France mais principalement à Paris, à de somptueuses cérémonies et à de vives réjouissances — bals populaires, feux d'artifice, représentations théâtrales gratuites, etc. —, accompagnées de distributions d'aumônes et de vivres aux pauvres et aux indigents. On fête également les victoires militaires par des illuminations, des offices religieux d'action de grâces et des défilés. L'un des plus célèbres eut lieu à

Paris en décembre 1855 au retour de Crimée de l'armée d'Orient.

De toutes ces festivités, la plus importante, celle qui contribue le plus fortement à l'établissement et à l'entretien du culte impérial, est la fête annuelle du 15 août. Ni la Saint-Louis ou la Saint-Charles sous la Restauration, ni la Saint-Philippe sous la Monarchie de Juillet ne sauraient être comparées au succès de cet événement qui conjugue la commémoration de la naissance de Napoléon Ier — que les bonapartistes avaient continué à célébrer clandestinement après 1815 — et celle de l'assomption de la Vierge, objet d'une très ancienne dévotion populaire. L'essor du culte marial et la proclamation du dogme de l'Immaculée Conception ne pouvaient qu'incliner les autorités à lier les deux commémorations et à faire bénéficier le culte de l'empereur du secours providentiel de la religion. Symbolique de cette alliance du trône et de l'autel, la présence des autorités civiles et militaires à l'office du matin, suivi, dans les villes de garnison, d'un défilé militaire. Dans les petites agglomérations et dans les communes rurales, c'est à la Garde nationale que revenait, sous la Monarchie de Juillet, l'honneur d'ouvrir le cortège du 1er mai orléaniste [25]. Cette institution étant devenue politiquement suspecte sous l'Empire, on lui substitua pour la commémoration du 15 août un bataillon de sapeurs-pompiers derrière lequel défilaient l'orphéon municipal, les sociétés locales et les « Médaillés de Sainte-Hélène ».

L'après-midi était consacré aux divertissements populaires : jeux villageois traditionnels, pacifiques ou violents, activités de caractère sportif, joutes nautiques, danses et chants folkloriques, représentations théâtrales gratuites, concerts donnés par les harmonies municipales, etc. En ville comme dans les campagnes, les soirées se terminaient par des bals populaires, des défilés aux flambeaux et des feux d'artifice. Partout, les autorités veillaient à ce que soit respectée cette journée consacrée au culte impérial. Les municipalités qui se montraient parcimonieuses dans le financement des illuminations, des spectacles gratuits ou des distributions d'aumônes et de pain étaient sévèrement tancées par les représentants de l'État et invitées à se montrer plus généreuses l'année suivante. On avait vite mesuré en effet l'impact des réjouissances offertes au peuple sur l'adhésion des masses, principalement rurales, au régime et sur la popularité du souverain.

Aussi, l'administration impériale et les autorités locales ont-elles eu à cœur de multiplier les cérémonies et les célébrations en tout genre visant à magnifier l'œuvre du Second Empire, la gloire de ses armées et le mérite de ses serviteurs. Dans le Paris haussmannien, les nombreuses inaugurations de voies publiques et monuments constituaient autant d'occasions pour l'empereur de s'adresser à son peuple et de lui rappeler les victoires de ses armées et les apports de ses fils aux arts, aux lettres, à la science et au service de l'État. La cérémonie était parfois accompagnée d'un défilé militaire, autre moyen d'associer la foule à une institution qui symbolisait la puissance et la grandeur de la nation. On inaugura également, tant à Paris que dans les plus lointaines provinces, des quantités de statues d'hommes célèbres et de chefs militaires prestigieux. Seule la IIIᵉ République saura rivaliser avec cette « statuomanie » omniprésente [26], aussi bien qu'avec les vertus de la commémoration civique et patriotique.

17

Difficultés intérieures et libéralisation du régime
(1862-1868)

« Si la carrière de Napoléon III s'était terminée en
1862, écrit Lord Newton, il aurait probablement laissé
un grand nom dans l'histoire et le souvenir de brillants
succès ; mais après cette date, tout paraît aller mal pour
lui [1]. » En attendant de nous interroger sur la dimension
historique du personnage qui fait l'objet de ce livre [2],
nous retiendrons de ce jugement la date proposée par
son auteur pour désigner un tournant dans l'histoire du
Second Empire. L'année 1862 marque en effet, suite à
la première vague de libéralisation institutionnelle que
conclut le sénatus-consulte du 31 décembre 1861, un
réveil de l'esprit public que favorise la relève des générations et qui se traduit par une forte poussée des oppositions lors du scrutin du 31 mai 1863.

Le réveil de l'opinion

L'amnistie générale, décrétée au retour de la campagne d'Italie, puis le premier train de réformes parlementaires qui a couru durant la fin de 1860 et
l'année 1861 — rétablissement du droit d'adresse et de
la publicité des débats du Corps législatif, vote du budget par sections, chapitres et articles, autorisation légis-

lative exigée pour tout crédit supplémentaire — n'ont pas tardé à réveiller l'opposition au régime, ou plutôt les oppositions, le pouvoir impérial et ses partisans devant faire face en même temps à la fronde d'une partie de la droite qui avait jusqu'alors soutenu l'Empire au nom du maintien de l'ordre social, et à la renaissance d'un courant républicain que la répression et la défection des couches populaires urbaines avaient considérablement affaibli.

À droite, les griefs des catholiques intransigeants à l'égard de la politique italienne de Napoléon III n'ont pas cessé avec la proclamation du royaume d'Italie, au contraire. Attisés par les mesures d'inspiration gallicane dirigées contre les congrégations, et par les coups de semonce lancés contre la presse catholique — *L'Univers* a été supprimé dès janvier 1860 —, ils vont se nourrir pendant dix ans des difficultés que suscite la question romaine. L'irritation des cercles protectionnistes n'est pas moins vive et contribue également à dissocier la majorité gouvernementale au Corps législatif. Répétons-le : ni l'une ni l'autre de ces deux tendances ne recouvre, dans sa totalité, le milieu qu'elles prétendent incarner. Tous les catholiques ne sont pas des ultramontains militants et des défenseurs inconditionnels du pouvoir temporel. Tous les patrons d'industrie ne sont pas radicalement opposés au libre-échange. Mais l'on est en présence, dans les deux cas, de minorités agissantes, disposant de relais importants — les catholiques surtout — auprès de divers secteurs de l'opinion et pourvus de défenseurs éloquents qui développent leurs arguments auprès des élus du suffrage universel (masculin) : l'industriel normand Pouyer-Quertier pour les protectionnistes et le député du Haut-Rhin Émile Keller pour les cléricaux.

L'opposition déclarée des ultramontains et des protectionnistes a d'autant plus de chance d'être écoutée par les représentants d'autres fractions de la droite que le contexte politique a changé depuis 1852. Napoléon III avait puisé sa force dans le rejet de la République et dans la peur de l'« anarchie ». Le parti de l'Ordre avait bon an mal an accepté le retour au suffrage universel et feint d'ignorer les écrits de jeunesse du prince. Comme le fera, soixante-dix ans plus tard, la classe dirigeante italienne face à la montée en puissance du fascisme, il a choisi d'abdiquer tout pouvoir politique entre les mains d'un sauveur, à charge pour ce dernier de le préserver de la révolution sociale. Que reste-t-il, dix ans plus tard, de la peur du chaos ? L'ordre a été rétabli et maintenu. Les souvenirs de 1848 tendent à s'effacer. « Ils sont sans effet, écrit Alain Plessis, sur la nouvelle génération qui, ressentant bien plus les contraintes du présent, aspire à une liberté dont elle n'a pas connu les risques[3]. »

Il n'est donc pas surprenant que la contestation se soit peu à peu infiltrée dans les rangs libéraux. Des opposants jusqu'alors isolés et discrets prennent position sur des sujets relevant ordinairement des thèses défendues par les conservateurs. Ils se font les champions du protectionnisme ou les avocats du pouvoir temporel. Ne trouve-t-on pas parmi ces derniers des protestants comme Guizot, ou des spiritualistes comme Victor Cousin et Thiers ? Et lorsque Persigny s'en prend brutalement à la Société de Saint-Vincent-de-Paul, une association de laïques vouée à l'action charitable, c'est un pur libéral, Prévost-Paradol, qui prend la défense de cette organisation peuplée de légitimistes.

La grogne des conservateurs et le soutien plus ou moins affirmé que leur apportent certains représentants du courant orléaniste ne se limitent pas aux articles de presse et aux libelles dirigés contre la politique du gouvernement. Le Sénat et le Corps législatif voient de vives empoignades entre partisans et adversaires de la politique impériale. Au Sénat, le prince Napoléon prononce deux grands discours dans lesquels il fait l'éloge du 2 décembre et fustige les cléricaux. La souveraineté pontificale, déclare-t-il, « fuit de toutes parts comme un vase fêlé » ; la papauté est « une cristallisation du Moyen Age » dont le pouvoir temporel devrait se restreindre au quartier romain de la rive gauche du Tibre[4]. Au Corps législatif, certains députés catholiques pourtant élus comme candidats officiels vont entreprendre une véritable guérilla contre la politique italienne de Napoléon III, saisissant la moindre occasion — le droit d'interpellation n'est pas encore reconnu aux députés — pour critiquer le gouvernement.

Le principal orateur du parti clérical est Henri Keller. Né à Belfort, en 1818, dans une famille alsacienne aisée et influente, celui-ci a été élu en 1859 dans la troisième circonscription du Haut-Rhin. Catholique ardent, doté d'une éloquence de tribun, c'est à lui qu'échoit le devoir de répondre à la violente péroraison de Plonplon. Sa réplique est cinglante :

> Êtes-vous révolutionnaire, déclare-t-il, ou êtes-vous conservateur ? Vous avez reculé pas à pas devant Garibaldi, tout en vous proclamant son plus grand ennemi. [...] D'une main vous avez protégé le Saint-Siège, de l'autre dressé son acte d'accusation. La Révolution, incarnée par Orsini, voilà ce qui a fait reculer la France[5].

Et d'ajouter, « bravant les Cinq du regard : il est temps de regarder la Révolution en face et de lui dire : tu n'iras pas plus loin ». « Je n'ai jamais entendu un orateur, écrira Émile Ollivier, exalter, remuer, fanatiser à ce point une réunion d'hommes. Si on avait voté sur-le-champ et librement, la politique gouvernementale n'eût pas obtenu plus de cinquante voix[6]. »

À gauche, l'opposition à l'Empire se manifeste à deux niveaux. Au Corps législatif, les cinq députés qui ont accepté de prêter serment ne laissent passer aucune occasion de proclamer leur hostilité à la politique gouvernementale. Sans doute est-ce au sein de ce petit groupe qu'apparaît, en la personne d'Émile Ollivier, un courant réformiste pour lequel l'idéal républicain n'est pas radicalement incompatible avec la démocratie plébiscitaire instaurée par Napoléon III, pour peu que ce dernier veuille bien « être l'initiateur courageux et

volontaire d'un grand peuple à la liberté ». Mais Ollivier
ne représente qu'une fraction extrêmement réduite de
la famille républicaine. La tendance générale est plutôt
à la radicalisation, et elle s'exprime hors du Parlement,
tantôt de manière discrète dans une presse que l'on
tolère tant qu'elle ne s'en prend pas directement au
régime et à son chef, tantôt sous des formes moins iré-
niques. On fait circuler sous le manteau pamphlets,
caricatures et écrits vengeurs, comme *Les Châtiments*.
On brocarde « Badinguet » — dans les salons de la
gauche intellectuelle. On suit le cortège funèbre de telle
ou telle personnalité connue pour ses sympathies républicaines. Armand Marrast, Lamennais, David d'Angers,
l'épouse de Raspail mobilisent ainsi derrière leur cercueil des foules importantes, aussi bien que Béranger,
le vieux barde de l'épopée napoléonienne, dont les
convictions républicaines se sont pourtant fortement
émoussées à la fin de sa vie. « Ne voyez-vous pas, avait-
il déclaré en 1853, que nous sommes à jamais délivrés
du drapeau blanc ? Ne voyez-vous pas ici le triomphe
de la révolution [7] ? »

On profite également de certains événements cultu-
rels, une pièce de théâtre, une élection à l'Académie, un
cours en faculté, pour manifester un engagement politique dirigé contre le régime, ou contre le parti clérical,
associés par la gauche dans une même réprobation. En
février 1862, inaugurant son cours d'études hébraïques
au Collège de France où il vient d'être nommé, Ernest
Renan lance devant une salle comble, parlant de
l'« homme incomparable » que fut Jésus-Christ : « Bien
qu'ici tout doive être jugé au point de vue de la science
positive, je ne voudrais pas contredire ceux qui, frappés
du caractère exceptionnel de son œuvre, l'appelleraient
Dieu. » Acclamé par les uns, les plus nombreux et les
plus démonstratifs, hué et sifflé par les autres, il verra
son enseignement suspendu pour avoir « exprimé des
doctrines qui blessent les croyances chrétiennes et qui
peuvent entraîner des agitations regrettables [8] ». Deux
mois plus tard, c'est Victor Hugo qui tient la vedette

avec la publication des *Misérables*, imprimés à Bruxelles et à Paris. On fait la queue devant les librairies et l'on s'arrache les dix volumes d'une œuvre qui brosse une autre image de la condition populaire au XIXe siècle.

Les temps ont changé. La génération de 1848 cède la place à de jeunes hommes qui sont nés sous la Monarchie de Juillet. Moins idéalistes, plus opportunistes et plus cyniques que leurs aînés, ils ne s'embarrassent pas des mêmes scrupules dès lors qu'il s'agit de conquérir un espace politique, fût-ce en marge des institutions impériales, et de combattre le régime par tous les moyens. Aussi seront-ils plus nombreux que leurs prédécesseurs à prêter serment si telle devait être la condition requise pour être admis dans l'enceinte parlementaire. Et, s'il fallait pour être élu faire alliance avec d'autres opposants à l'Empire, quelle que fût leur couleur politique, on le ferait. La nouvelle vague, dans sa très grande majorité, est donc tout sauf favorable au maintien du système, comme le constate avec amertume Granier de Cassagnac, député du Gers et fondateur du *Réveil* : « Cherchez donc les jeunes gens ambitieux, écrit-il, qui se lancent dans la voie conservatrice, et nommez les noms ! L'opposition prend tout, ramasse tout, réunit tout. »

Les élections de 1863

Trois éléments ont contribué au demi-échec des candidats gouvernementaux lors des élections du printemps 1863 : les effets des réformes institutionnelles de 1860-1861, la montée en puissance des oppositions et les difficultés économiques liées à la mauvaise récolte de 1861, aux premiers effets de la libération des échanges et au blocus des côtes sudistes durant la guerre de Sécession, la pénurie de coton provoquant faillites et chômage dans l'industrie textile. Une quarantaine de départements sont touchés, particulièrement dans le nord de la France et en Basse-Normandie, où des bandes de mendiants troublent l'ordre public. La cherté du pain et les fermetures d'usines réunissent, dans une même protestation, le patronat protectionniste et les travailleurs, aussi bien dans les villes industrielles que dans les campagnes où le tissage, qui se fait encore largement à la main, sert au minimum d'activité d'appoint dans beaucoup de familles rurales. Encore que, si l'on se réfère aux rapports préfectoraux, le mécontentement populaire vise davantage la classe politique, perçue comme une nébuleuse de privilégiés, que le souverain. Le préfet du Nord ne reconnaît-il pas que « l'ensemble des masses garde au milieu des péripéties de la crise une foi solide dans le bon vouloir de l'empereur » ?[9]

La campagne pour le renouvellement du corps législatif va donc se dérouler dans un contexte morose. Déjà, l'année précédente, Ollivier avait noté dans son Journal, à la date du 20 avril : « Jamais l'inquiétude et la désaffection n'ont été plus générales. [...] Tous les partis ayant été successivement trompés commencent à s'unir contre le maître. » Union difficile car l'opposition est plurielle et peine à rassembler des forces qui poursuivent des objectifs divergents. Protectionnistes et catholiques intransigeants ne souhaitent pas la chute de l'Empire. Ils entendent seulement exercer une pression suffisamment forte sur le pouvoir pour que Napoléon III renonce à une politique qu'ils jugent contraire à leurs intérêts et à leur vues : le libre-échange pour les premiers, le refus d'aider le pape à rétablir son autorité souveraine sur le patrimoine de Saint-Pierre pour les seconds. Au contraire, orléanistes et légitimistes — ceux du moins qui ont passé outre aux consignes d'abstention du comte de Chambord, tels Berryer et Falloux — aspirent à la chute de l'Empire, tout comme les républicains.

Pour donner un semblant de cohésion à ce rassemblement disparate, on va se chercher un drapeau : celui de la liberté. « Chacun l'entend à sa façon, dit René Rémond, mais il les unit momentanément dans un même combat contre la pression administrative et pour la revendication des moyens d'une opposition plus active[10]. » Et puis le mot est à la mode. Émile de Girardin en fera le titre de l'un de ses journaux. Jules Simon celui d'un livre publié en 1857 et dans lequel ce savant helléniste, que le régime a révoqué de sa chaire en Sorbonne, se pose en philosophe de la République. Michelet, autre exclu de l'université — et de ses fonctions de chef de la section historique aux Archives nationales, poste qu'il occupait depuis 1831 — exalte dans son *Histoire de la Révolution française* le peuple révolutionnaire et son combat pour la liberté. « Le gouvernement, dira Viel-Castel, a enfin fermé la porte du cours de Michelet. Ce cours, où le plus pur communisme était ouvertement enseigné, était un vrai scandale. » Edgar Quinet qui, comme Hugo, ne rentrera d'exil qu'après la chute de l'Empire, évoque dans l'*Histoire de mes idées*, publiée en 1858, le lien qui existe à ses yeux entre le despotisme monarchique et la dérive autoritaire de la Montagne, l'une et l'autre liberticides.

Dans le combat politique qui s'annonce et qui ne s'embarrasse pas de nuances, il importe peu que la liberté dont Michelet et Jules Simon se font les hérauts ne soit pas tout à fait celle dont se réclament les tenants de l'orléanisme, moins encore celle des cléricaux et des doctrinaires de la contre-révolution, traditionnellement hostiles à une conception universelle des Droits de l'homme. Les républicains eux-mêmes ne s'accordent pas sur tous les points de leur programme et de leur stratégie. Il serait abusif de penser que, face à la génération montante des pragmatiques rationalistes comme Gambetta, Ferry, Favre et Picard, qui souhaitent s'opposer au régime en participant au débat parlementaire, les « vieux républicains » romantiques et intransigeants de 1848 ont complètement disparu. Si ces derniers (beaucoup sont des proscrits revenus ou demeurés en exil après l'amnistie de 1859) refusent le principe même d'une élection qui ne saurait être validée qu'après prestation du serment, les autres se déclarent prêts non seulement à passer par cette exigence du pouvoir, mais aussi à contracter alliance, s'il le faut, avec les représentants d'autres courants.

Dès les toutes dernières semaines de 1862, tout le monde a compris que la bataille électorale du printemps serait rude, Persigny le premier. Aussi le ministre va-t-il soigneusement préparer le terrain. Il procède au redécoupage d'une quinzaine de départements, multiplie les avertissements aux journaux d'opposition et fait arracher les affiches des candidats de l'opposition. On promet à qui veut bien écouter les propagandistes ministériels des routes, des emplois réservés, des décorations ou des exemptions de service militaire. Dans une circulaire aux préfets, Persigny incite ses subordonnés à veiller avec beaucoup d'attention au choix des candidats officiels :

> Afin que la bonne foi des populations ne puisse être trompée par des habiletés de langage ou des professions de foi équivoques, désignez hautement, comme dans les élections précédentes, les candidats qui inspirent le plus de confiance au gouvernement. Que les populations sachent quels sont les amis ou les adversaires plus ou moins déguisés de l'empereur et qu'elles se prononcent en toute liberté, mais en parfaite connaissance de cause [11].

La consigne ne sera pas suivie avec le même zèle qu'en 1857. Le jeu des alliances fait qu'il n'est pas toujours aisé de distinguer en effet entre les « amis » et les « adversaires plus ou moins déguisés » du pouvoir. Parmi les candidats choisis par les préfets, nombreux sont ceux qui, tout en proclamant leur fidélité au souverain, ne cachent pas leur sympathie pour les idées libérales ou leur hostilité à la politique italienne ou à la politique douanière de Napoléon III. Persigny devra ainsi procéder à la radiation sur la liste des candidats officiels d'une cinquantaine de personnalités jugées indociles, lesquelles vont d'ailleurs se hâter de faire acte de candidature avec l'étiquette « indépendants ».

Ce sont au total plus de 300 candidats représentant les diverses tendances de l'opposition qui vont se soumettre au verdict des urnes. Les plus nombreux sont les républicains. Beaucoup ont dû se faire violence car, depuis le sénatus-consulte de 1858, le serment est désormais exigé de tous les candidats et pas seulement des élus. Aussi les vieux militants de 1848, les Ledru-Rollin (toujours en exil en Angleterre), Hugo, Schoelcher, etc., campent-ils sur leur position intransigeante de non-participation, tandis que Garnier-Pagès, candidat malheureux dans la Seine en 1857, parcourt la France pour prêcher l'abstention. En province, l'alliance tactique avec les libéraux s'opère sans difficulté. Là où ils n'ont aucune chance d'être élus, les républicains acceptent de soutenir les candidats orléanistes. À Paris en revanche, les intrigues des différentes factions aboutissent, non sans difficulté, à la constitution d'une liste unique sur laquelle figurent Émile Ollivier, les trois autres Parisiens des « Cinq » (Darimon, Favre, Picard), Jules Simon, jusque-là farouchement hostile au serment, Havin, le directeur du *Siècle*, Guéroult, celui de *L'Opinion nationale*, et Adolphe Thiers, de retour à la politique après une éclipse de douze ans. Orléaniste rallié à la IIᵉ République, exilé après le coup d'État mais vite amnistié, l'ancien Premier ministre de la Monarchie de Juillet a mis à profit sa retraite marseillaise pour produire une œuvre historique monumentale, l'*Histoire du Consulat et de l'Empire*, qui lui a valu d'être couronné par l'Académie et salué par l'empereur du titre d'« historien national ». C'est à la suite de longues délibérations que le comité parisien décida de joindre son nom à la liste républicaine, par souci de marquer sa volonté de rapprochement avec les libéraux.

Le scrutin du 31 mai 1863 a donné lieu à un recul sensible des candidats gouvernementaux, crédités de 5 308 000 suffrages exprimés contre 1 954 000 aux représentants de l'opposition. Celle-ci a triplé le nombre de ses électeurs et enlevé 32 sièges : 17 pour les républicains, 15 pour les candidats dits « indépendants ». Bien qu'il ne s'agisse nullement d'un Waterloo électoral — la France rurale est demeurée dans l'ensemble fidèle à l'Empire — la déception est grande pour Napoléon III. Celui-ci avait espéré que les premières mesures de libéralisation, conjuguées avec une amorce de politique sociale, auraient pour effet de compenser, par un vote populaire accru, les pertes dues aux défections cléricales et protectionnistes. Autrement dit, on avait compté sur un renversement d'alliances qui n'a pas eu lieu. Dans leur très grande majorité, les ouvriers n'ont voté ni pour les candidats issus de leurs rangs — le metteur en pages Jean-Jacques Blanc et le typographe Coutant n'ont respectivement obtenu que 343 et 11 voix — ni pour ceux du pouvoir. Dans les grandes villes, à Marseille, Lyon, Bordeaux, Toulouse, Lille, Metz, Nancy, Saint-Étienne, et dans une cinquantaine d'agglomérations de plus de 40 000 habitants, ils ont massivement apporté leurs suffrages aux républicains et contribué à donner la majorité à l'opposition. Le cas parisien est particulièrement significatif du changement intervenu depuis 1857 : 63 % des votes exprimés sont allés à la liste républicaine dont tous les candidats furent élus. Les élections complémentaires de mars 1864 confirmeront cette poussée républicaine dans la capitale où les deux sièges mis en compétition seront gagnés par Carnot et Garnier-Pagès.

Deux faits sont à souligner à propos de cette élection législative de 1863. Le taux d'abstention a fortement reculé, passant de 35,5 % en 1857 à 27 %. Le réveil de l'esprit civique trouve ici une première manifestation à l'échelle nationale dont le régime va devoir tenir compte. D'autre part, si l'opposition a globalement marqué des points, il y a dans ses rangs des vainqueurs et des perdants. À l'exception de Thiers et de Berryer, élus avec l'appui des républicains, tous les « burgraves », Rémusat, Dufaure, Montalembert, Casimir-Perier, Odilon Barrot, etc., étaient battus, de même que certains parmi les représentants les plus en vue de la nouvelle génération libérale, tel Prévost-Paradol. Si parmi les

« anciens partis », glorifiés par ce dernier dans un livre qui avait valu à son auteur d'être condamné à un mois de prison en 1860, les républicains s'en tiraient à leur avantage, il n'en était pas de même des libéraux orléanistes, ennemis déclarés du suffrage universel et victimes d'un vote populaire qui les a fortement marginalisés.

« L'empereur est bien changé ! »

1863 ne marque pas seulement un changement dans l'évolution politique du régime : c'est également au cours de cette année électorale que l'état de santé du souverain s'est brusquement aggravé. En octobre, à la suite d'une nuit passée en galante compagnie à Biarritz — Viel-Castel parle d'une femme « jeune, élégante et très excellente écuyère » [12], vivant maritalement avec un Belge —, l'empereur a perdu connaissance à deux reprises. Le 12 décembre, lors d'une réception aux Tuileries, il a également été pris de malaise. La Cour s'en est vivement inquiétée. Trop nombreux sont, parmi les familiers du chef de l'État, ceux dont le sort dépend de la faveur impériale. Qu'il vienne à disparaître et le régime risque d'être emporté avec lui. Le prince impérial n'a que sept ans. Eugénie a certes montré durant la campagne d'Italie qu'elle avait l'étoffe d'une régente, mais les régences n'ont jamais été en France très populaires. Quant à Plonplon, dont on sait à quel point il déteste l'impératrice et guigne la place de son cousin, qui, sinon parmi les agités du Palais-Royal, souhaite le voir s'installer aux Tuileries ?

La ou les maladies de Napoléon III sont connues depuis longtemps de son proche entourage. Les premiers signes d'un état de santé déficient remontent en effet à la captivité du prince au fort de Ham. L'humidité du lieu, la sédentarité forcée, la nourriture abondante et trop riche, le stress aussi sans doute ont provoqué des troubles divers qui s'atténueront un peu avec le retour à la vie normale, sans complètement disparaître : douleurs rhumatismales, poussées hémorroïdaires, troubles digestifs et crises de goutte. C'est pour soigner ces affections douloureuses que l'empereur prit l'habitude, à partir de 1856, de se rendre chaque année en cure, d'abord à Plombières, puis à Vichy à partir de l'été 1861. À cette date, il y a déjà plusieurs années que les médecins ont diagnostiqué chez leur patient la présence d'un calcul vésical, responsable de vives douleurs dans le bas-ventre et de gêne urinaire. Une maladie, la lithiase, que l'on ne sait soigner à l'époque que par la chirurgie. Toutefois les crises sont encore espacées et relativement brèves : aussi n'empêchent-elles l'empereur ni de monter à cheval, ni de se livrer à ses « petites distractions ».

C'est durant l'été 1865 que se révèle la gravité du mal qui emportera l'empereur huit ans plus tard. Dans le courant de l'hiver, Napoléon III a dû renoncer à plusieurs déplacements et à un Conseil des ministres. À Vichy en juillet, une forte fièvre accompagnée de spasmes douloureux l'oblige à interrompre sa cure et à rentrer à Saint-Cloud où il se remet tant bien que mal avant de se rendre, comme chaque année au moment des manœuvres, au camp militaire de Châlons. Suite à une nouvelle crise, le docteur Larrey, fils du célèbre chirurgien de la Grande Armée, diagnostique à son tour un accès de la « maladie de la pierre » et préconise une exploration de la vessie que l'empereur refuse, comme il refusera obstinément au cours des années suivantes de se faire opérer. Ramené à Saint-Cloud, il ne quittera son lit que pour recevoir la malheureuse impératrice Charlotte, venue l'implorer de ne pas abandonner Maximilien, aux prises avec les insurgés mexicains de Benito Juarez.

Les accès lancinants de la maladie ont vieilli prématurément l'empereur. Il s'est tassé et a pris de l'embonpoint. Il se déplace avec difficulté et teint ses cheveux et sa moustache. Le prince de Metternich rapporte, après Sadowa, que Napoléon III « ne peut plus marcher, plus dormir et à peine manger ». Le baron Beyens, fils du chargé d'affaires belge, qui l'a rencontré en 1869, le décrit « la tête enfoncée dans les épaules, la figure pâle et tirée, l'œil vague et atone ». Et d'ajouter : « Comme je faisais part de ma surprise à mon père : oui, me dit-il, l'empereur est bien changé. » La déchéance physique de Napoléon III ne peut être sans effet sur son comportement. Toute son énergie est employée à lutter contre la maladie et à dissimuler ses souffrances. Les crises le laissent abattu pendant plusieurs jours. Ses conseillers et ses ministres le disent parfois « absent », voire « engourdi » durant les conseils. Il y a certes de longs répits : les années 1867 et 1868 voient les crises douloureuses s'espacer un peu. Lorsqu'elles surviennent, Napoléon III paraît se ranger à l'avis des chirurgiens, fixe une date pour l'intervention, puis se rétracte dès la crise passée. Personne n'ignore, surtout à Paris où les rumeurs courent vite, que l'empereur est malade. On s'en lamente ou l'on en ricane, et ce ne sont pas toujours les républicains qui sont les plus caustiques. Bientôt la Bourse aura les yeux fixés sur les Tuileries, à l'affût du moindre indice sur l'état de santé du souverain, ce qui fait dire à Mérimée, dans une lettre adressée à Gobineau : « Les gens d'argent passent leurs journées à espionner les médecins et les apothicaires. »

Confrontée à l'aggravation du mal dont souffre son époux, Eugénie est partagée entre des sentiments contradictoires. À la suite de la crise qui a contraint l'empereur à quitter précipitamment Vichy pour Saint-Cloud, en juillet 1865, Metternich rapporte à François-Joseph sa rencontre avec l'impératrice. « Sa Majesté, écrit-il, m'a reçu les larmes aux yeux. Elle est inquiète en ce qui concerne l'état de santé de l'empereur et sa déchéance physique et morale au sujet de laquelle elle m'a donné les arguments les plus convaincants [13]. » L'interprétation qu'Eugénie fait auprès de ses intimes de la maladie de l'empereur est celle d'une femme bafouée, qui conserve entre deux accès de jalousie une certaine tendresse pour son époux volage et considère qu'il existe un rapport direct entre ses égarements sexuels et le mal qui abrège ses jours. « Mademoiselle ! Vous tuez l'empereur ! » s'est-elle écriée, en 1864 lors de son irruption à Montretout, chez Marguerite Bellanger. La « maladie de la pierre », comme on dit alors, suffit à épuiser le souverain, désormais sujet à de brèves syncopes. Qu'adviendrait-il du régime s'il disparaissait, et surtout si sa mort ressemblait plus à un vaudeville qu'à une tragédie grecque ?

Car tel est bien le souci majeur de l'impératrice, le fil rouge qui va guider sa conduite jusqu'au dénouement de 1870 : elle sait que les années sont comptées pour cet homme de vingt ans son aîné, dont la vitalité s'épuise à lutter contre un mal implacable. Le petit prince Louis n'a pas dix ans : il faudra que passe encore autant de temps avant qu'il soit en âge de régner. Si Eugénie, comme on le lui a abondamment reproché, s'applique au cours des dernières années de l'Empire à se constituer une clientèle de fidèles, c'est moins pour peser sur les décisions de l'empereur que pour préparer, après une régence qu'elle se déclare prête à assumer, l'avènement au trône de « Loulou ». L'empereur approuve ; mieux, il prend les devants, conscient lui aussi de la menace qui pèse sur sa vie et sur l'avenir de l'Empire. Après 1866, alors qu'elle n'avait jusqu'alors pris part qu'aux seules délibérations importantes, Eugénie est appelée de plus en plus souvent à siéger au Conseil. « Il était naturel, confiera-t-elle plus tard à Maurice Paléologue, que l'empereur voulût m'initier pratiquement aux grandes affaires de l'État, pour le cas où j'aurais, de nouveau, à porter le poids d'une régence. »

Pas de rupture donc entre l'épouse bafouée et l'incorrigible séducteur que la maladie n'a pas assagi, mais pas non plus de grandes retrouvailles. L'impératrice « fait son devoir », avec dignité, face à une opinion qui n'a jamais vraiment accepté « l'Espagnole » et la « bigote ». Plus que « Badinguet », elle sera, de plus en plus fréquemment, l'objet des sarcasmes et des quolibets qui fusent dans les revues satiriques de fin d'année et transparaissent derrière les « turlupinades infâmes »[14] de *La Lanterne*. Aussi essaie-t-elle parfois de prendre du recul, de s'évader. En 1864, n'ayant pu obtenir de l'empereur qu'il rompe avec Marguerite Bellanger, elle décide de se rendre en cure à Schwalbach, près de Wiesbaden, chez le duc de Nassau. Pour ce voyage non officiel, elle a repris le titre de comtesse de Pierrefonds, qui avait déjà servi à rendre sa présence plus discrète lorsqu'elle s'était rendue à Londres en 1860, à la suite du décès de sa sœur Paca. En fait d'« incognito », c'est dans le train impérial, « somptueusement aménagé », écrit Mme Carette, qu'elle gagne la frontière et arrive — trente heures plus tard ! — à Wiesbaden où les voitures ducales viennent chercher l'impératrice et sa suite pour les conduire à Schwalbach. Eugénie y séjourna plusieurs semaines au cours desquelles elle reçut la visite de la reine de Hollande et celle du roi de Prusse, qui se montra très attentionné à l'égard de l'épouse de Napoléon III. Elle rencontra également l'impératrice Sissi, infatigable fugueuse en quête, elle aussi, d'oubli et de paix. Inquiet de cette absence prolongée, l'empereur lui adressa des lettres pleines de remords et de tendresse. Ainsi le 28 septembre :

> Ai-je besoin de te dire combien je souhaite ton retour, combien je serai heureux de te presser dans mes bras et de te donner des preuves de mon amour et de ma tendresse ? Ton souvenir ne me quitte pas de la journée et j'ai le cœur gros en pensant à tout ce que tu as souffert. Dis-moi, je t'en prie, que tu crois à ma tendresse car le doute me rend malheureux[15].

Sincère ou non, Napoléon III ne changea rien à ses habitudes après le retour de son épouse à Paris. Sa maladie n'avait pas mis fin au désir qu'il avait de nouvelles rencontres : peut-être le sentiment de voir sa vitalité décliner stimulait-il au contraire ses obsessions de Don Juan vieillissant. Après Marguerite, il y eut Louisa de Mercy-Argenteau, mariée à un noble Autrichien et

amie de la princesse Metternich. Ce fut sinon l'ultime
maîtresse, le dernier amour de l'empereur. Eugénie dut
s'en accommoder, comme elle avait dû accepter, non
parfois sans esclandre, de le voir s'enticher de la
comtesse de Castiglione ou de la comtesse Walewska.

Jules César et Vercingétorix

« Faut-il établir un lien entre la maladie de Napoléon III et la singulière fantaisie qu'il lui prit en 1860
d'écrire une *Vie de César* [16] ? » Telle est la question que
pose en 1972, dans un ouvrage consacré au Second
Empire, l'historien Adrien Dansette. La réponse lui
paraît évidente : « On est tenté, ajoute-t-il, de voir en ce
dérivatif, alors que son goût pour les jolies femmes lui
offrait déjà de trop nombreuses distractions, un signe
d'indolence ou de lassitude dû à son état de santé. » Et
de citer Persigny, évoquant ce *hobby* impérial : « Au lieu
de raconter un grand homme, il ferait mieux de faire
un grand règne. » Ainsi l'empereur serait-il devenu,
sous l'effet de son délabrement physique — le mot est
de Dansette —, un souverain épisodique. « Il ne semble
pas que l'ouvrage ait été mauvais », écrit pour sa part
Louis Girard en 1986 [17]. Il estime néanmoins que,
« comme le pensait Persigny », l'intérêt du livre réside
essentiellement dans la préface « où Napoléon reprend
dans sa maturité les thèmes qu'il avait exposés dans sa
jeunesse ». Napoléon III ne serait donc qu'un « historien du dimanche » dont l'*Histoire de Jules César*, parue
à partir de 1865 chez Plon [18], aurait à peu près exclusivement servi à justifier le régime impérial.

S'il est vrai que, s'agissant de l'histoire des idées, l'important est contenu dans la préface, signée de l'empereur le 20 mars 1862 — date anniversaire du retour de
l'île d'Elbe —, l'entreprise mérite dans son ensemble
mieux qu'une simple référence distraite à la « singulière
fantaisie » de son auteur. Il aura fallu, pour en attester
le sérieux, que deux grands connaisseurs de l'Antiquité

romaine et gallo-romaine, l'un spécialiste de la Rome républicaine, l'autre archéologue, commentateur du César de la *Guerre des Gaules* et titulaire de la chaire des Antiquités nationales au Collège de France, réexaminent le dossier et nous livrent leur propre jugement sur un Napoléon III historien que leurs collègues contemporanéistes avaient tenu pour quantité négligeable.

Étudiant, dans un livre récent, la manière dont s'est construite, « entre Rome et les Germains », l'identité de la France [19], Claude Nicolet a rouvert le dossier de l'*Histoire de Jules César* : autrement dit, il a relu un ouvrage que peu de nos contemporains avaient eu la curiosité d'ouvrir. Le verdict est sans ambiguïté : « Avec leurs presque mille pages (d'une magnifique impression par l'Imprimerie nationale), leurs nombreuses notes et appendices traitant de multiples points d'érudition, les deux volumes, écrit-il, sont loin d'être négligeables au plan historique. [...] Ils méritent parfaitement de figurer pour eux-mêmes dans une bibliographie proprement scientifique [20]. » Avant de s'intéresser de près à César, Napoléon III avait envisagé d'écrire une vie de Charlemagne. Il se trouvait alors en captivité au fort de Ham et avait commencé à réunir, avec l'aide d'Hortense Cornu, une documentation abondante et de première main. Il ne semble pas que le projet ait beaucoup avancé. En tout cas, l'évasion mit un terme à cette première tentative biographique et les notes accumulées ne quittèrent pas l'enceinte de la forteresse. C'est, semble-t-il, aux environs de 1858-1859 que lui vint l'idée de réaliser une grande fresque historique consacrée non plus au souverain carolingien mais à l'homme dont les idées et le destin lui paraissaient proches de ceux de son oncle et de lui-même. La tâche était, à ses yeux, d'autant plus salutaire que l'image de César qui ressortait de divers ouvrages parus sous la Monarchie de Juillet et depuis la proclamation de l'Empire était exécrable. Deux de ces pamphlets — *Le Procès des Césars*, du comte Franz de Champagny [21], et *L'Histoire de César* de Lamartine [22], publiés respectivement en 1841 et en

1856 — avaient rencontré une certaine audience, le second notamment pour qui le conquérant des Gaules n'était autre qu'un « Machiavel consommé masqué sous Alcibiade »[23].

Claude Nicolet explique que c'est dans un tout autre registre que se situe l'entreprise de Napoléon III. Mérimée lui avait conseillé de rédiger un essai politique dans lequel il aurait exposé ses propres idées en les comparant à celles du vainqueur de Pompée. Cette comparaison, Napoléon III la fera indirectement dans la préface du tome premier de l'ouvrage. Elle est en même temps sous-jacente dans l'ensemble de l'œuvre, mais celle-ci ne constitue en aucune façon un manifeste bonapartiste. Pas plus qu'un récit hagiographique, contrairement à la critique qu'en avait fait Jérôme Carcopino en 1936. « Étrange reproche, écrit Claude Nicolet, de la part d'un très grand historien qui lui-même a présenté un César omniscient, sachant dès le début de sa carrière où elle le mènerait ; tombant ainsi dans un des pièges dénoncés par Napoléon III[24]. » Certes, le jugement porté sur César n'est pas sans correspondance avec l'idéologie napoléonienne, mais il doit avant tout se fonder sur l'authenticité des faits rapportés. « La vérité historique, proclame en ouverture de sa préface le biographe du dictateur romain, devrait être non moins sacrée que la religion. »

L'*Histoire de César* sera donc une œuvre érudite. Pour la réaliser, l'empereur s'est entouré d'une équipe de collaborateurs dont il assure la direction. Dès le départ, Mérimée est associé au projet, non comme on l'a dit parfois pour rédiger un livre que le souverain se serait contenté de signer, mais pour lui fournir une ébauche de plan et pour coordonner le travail de recherche. L'auteur de *Carmen* et de *Colomba* n'était pas seulement un ami de la famille et une plume de talent. Inspecteur des monuments historiques et membre des deux académies, il avait des compétences d'historien de l'Antiquité[25], d'archéologue et de philologue. Peut-être est-ce parce qu'il jugeait Napoléon III étranger à ces disci-

plines qu'il l'a d'abord dissuadé de se lancer dans une
œuvre d'érudition. L'empereur ayant refusé de suivre
son conseil, il se révéla un collaborateur présent et
rigoureux, particulièrement attentif à la correction des
épreuves. Font partie également de l'équipe Louis-
Alfred Maury, un autodidacte érudit, bibliothécaire des
Tuileries et professeur d'histoire et de morale au Collège de France, Victor Duruy, un professeur de lycée,
« cacique » de l'agrégation d'histoire, dont les travaux
sur l'antiquité romaine avaient attiré l'attention de l'empereur et qui deviendra, en 1863, ministre de l'Instruction publique, Léon Renier, bibliothécaire de la
Sorbonne, membre de l'Académie des inscriptions et
belles-lettres depuis 1856 et titulaire d'une chaire d'épi-
graphie au Collège de France. On doit à ce dernier
d'avoir suggéré à Napoléon III la création d'un établissement universitaire essentiellement consacré à la
recherche — l'École pratique des hautes études — et
d'avoir négocié au nom de l'empereur l'achat des jardins
Farnèse sur le Palatin.

À ces représentants du monde académique vinrent
s'ajouter des personnalités moins connues mais dont le
rôle fut loin d'être négligeable. Le jeune Wilhelm Froe-
ner, archéologue et philologue badois, venu à Paris avec
une bourse du grand-duc et les recommandations de
Stéphanie de Beauharnais et de Neuwerkeke pour
devenir « lecteur » de Napoléon III, eut pour tâche de
résumer ou de traduire de l'allemand des ouvrages éru-
dits. Le baron Eugène Stoffel, polytechnicien et colonel
d'artillerie, fut chargé de la coordination des recherches
portant sur l'identification et l'étude des champs de
bataille de César. C'est Stoffel qui, après la chute de
l'Empire, signera les trois derniers volumes de l'*Histoire
de Jules César*. Prêtèrent également la main à l'entreprise Louis Félicien Caignart de Saulcy, lui aussi polytechnicien et ancien officier d'artillerie, converti aux
études d'archéologie et de numismatique, l'amiral
Jurien de la Gravière, aide de camp de l'empereur en
1864 et membre de l'Académie des sciences, ainsi que

nombre de savants français et étrangers relevant de toutes les disciplines susceptibles d'apporter leur pierre à l'édifice : historiens, archéologues de terrain, philologues, numismates, épigraphistes, etc. Sans oublier d'anciens compagnons de route de Louis-Napoléon : Mocquard, préposé à la correction du style et Hortense Cornu, réconciliée avec son parrain depuis la campagne d'Italie. Rétablie dans le rôle de conseillère et de documentaliste qu'elle avait tenu au temps de la captivité du prince, elle s'acquitta avec conscience et efficacité de la tâche qui lui était confiée[26].

Le jugement que porte Claude Nicolet sur le caractère scientifique de l'œuvre conçue et dirigée par Napoléon III se trouve confirmé par un autre grand spécialiste de la période, Christian Goudineau, historien de la Gaule romaine et auteur d'un *Dossier Vercingétorix*, paru en 2001[27] : « Si le propos, écrit-il, parlant de la préface datée de mars 1862, relève de l'idéologie (montrer que le césarisme fait le bonheur des peuples), l'entreprise fut organisée avec le plus grand sérieux : on allait suivre Jules César de sa naissance à sa mort[28]. » Mais surtout, c'est aux retombées scientifiques de l'ouvrage, concernant tout particulièrement les « antiquités nationales » que s'intéresse ce commentateur érudit de la *Guerre des Gaules*[29]. L'empereur en effet ne s'est pas contenté de consulter les dossiers que lui préparaient ses collaborateurs. Il a commandé des travaux originaux, fait entreprendre des fouilles et dessiner des quantités de cartes. Il encouragea la publication de grandes séries épigraphiques, créa des chaires d'Antiquité à l'École des Chartes, au Collège de France, à l'École normale et fit établir une édition définitive de la fameuse *Res gestae* d'Auguste. On lui doit également la création, en juillet 1858, de la commission de la topographie des Gaules, qui fut rattachée au ministère de l'Instruction publique et dont la présidence fut confiée à Saulcy.

Deux autres initiatives majeures sont à porter au crédit de Napoléon III : la création d'un musée des Antiquités nationales dans le château de Saint-Germain-en-Laye, où l'empereur fera déposer les matériaux provenant des fouilles qu'il a ordonnées et les recherches effectuées sur le terrain, en Bourgogne, pour repérer puis fouiller le site d'Alésia. On sait qu'une véritable guerre archéologique opposa sous le Second Empire ceux qui, conformément à une tradition remontant au ixe siècle, situaient Alésia à Alise-Sainte-Reine et au mont Auxois, et les partisans de deux autres sites possibles : Alaise à 25 kilomètres de Besançon et Igermore dans le Bugey. C'est pour trancher entre ces hypothèses et faire avancer son étude sur César que Napoléon III créa la commission de la topographie des Gaules et fit entreprendre des fouilles à Alise, où il se rendit en personne, à titre privé et en civil en juin 1861, accompagné de Saulcy, de Maury et du général Fleury. « L'empereur, écrira Mérimée, est devenu un archéologue accompli. Il a passé trois heures et demie sur la montagne, par le plus terrible soleil du monde, à examiner les vestiges du siège de César et à lire les *Commentaires*. »

Les travaux ultérieurs donneront raison aux savants qui vont se succéder sur les champs de fouilles d'Alise-Sainte-Reine, premier grand chantier archéologique national aujourd'hui à peu près universellement et définitivement reconnu comme le site d'Alésia et où l'empereur fera ériger en 1865 la monumentale statue de Vercingétorix qui domine le plateau du mont Auxois.

Pourquoi, s'interroge Christian Goudineau, à la fin de telle de mes conférences sur la Gaule, me pose-t-on des questions sur la localisation d'Alésia, et pourquoi mes interlocuteurs manifestent-ils tant d'agressivité si je me conforme à la thèse traditionnelle ? [...] En réalité, derrière ces passions, rôde le spectre de Napoléon III, de la vérité « officielle » (forcément truquée — par qui et pour quoi faire ?) de tous ces « savants » suspects parce qu'ils travaillaient à la Cour et sont devenus des gens importants, voire ministres comme Duruy. [...]

Si les fouilles d'Alise avaient été entreprises sous Louis-Philippe ou sous la troisième République, les choses seraient-elles différentes ? J'ai tendance à la croire. En dépit des tentatives (récentes) de réhabilitation, Napoléon III continue à susciter des sentiments de mépris et de détestation, notamment en province. J'ignore leur ressort : le lointain écho de l'enseignement diffusé par les instituteurs de la République [30] ?

Nous y reviendrons. Contentons-nous pour l'instant de constater qu'entre César et Vercingétorix, l'un incarnant la *pax romana*, c'est-à-dire l'ordre et la civilisation, l'autre l'esprit de résistance en même temps que l'incapacité à créer un véritable État, l'empereur opte pour le vainqueur. Voici comment il commente, dans son *Histoire de Jules César*, le succès des armes romaines :

> Ce siège, si mémorable sous le point de vue militaire, l'est bien plus encore sous le point de vue historique. Auprès du coteau, si aride aujourd'hui, du mont Auxois, se sont décidées les destinées du monde. Dans ces plaines fertiles, sur ces collines maintenant silencieuses, près de 400 000 hommes se sont entrechoqués, les uns par esprit de conquête, les autres par esprit d'indépendance ; mais aucun d'eux n'avait la conscience de l'œuvre que le destin lui faisait accomplir. La cause de la civilisation tout entière était en jeu.
>
> La défaite de César eût arrêté pour longtemps la marche de la domination romaine qui, à travers des flots de sang, il est vrai, conduisait les peuples à un meilleur avenir. Les Gaulois, ivres de leur succès, auraient appelé à leur aide tous ces peuples nomades qui cherchaient le soleil pour se créer une patrie, et tous ensemble se seraient précipités sur l'Italie ; ce foyer des lumières, destiné à éclairer les peuples, aurait alors été détruit avant d'avoir pu développer sa force d'expansion. Rome, de son côté, eût perdu le seul chef capable d'arrêter sa décadence, de reconstituer la République, et de lui léguer, en mourant, trois siècles d'existence.
>
> Aussi, tout en honorant la mémoire de Vercingétorix, il ne nous est pas permis de déplorer sa défaite. Admirons l'ardent et sincère amour de ce chef gaulois pour l'indépendance de son pays, mais n'oublions pas que c'est au triomphe des armées romaines qu'est due notre civilisa-

tion ; institutions, mœurs, langage, tout nous vient de la conquête. Aussi sommes-nous bien plus les fils des vainqueurs que ceux des vaincus, car, pendant de longues années, les premiers ont été nos maîtres pour tout ce qui élève l'âme et embellit la vie, et, lorsque enfin l'invasion des Barbares vint renverser l'ancien édifice romain, elle ne put pas en détruire les bases. Ces hordes sauvages ne firent que ravager le territoire, sans pouvoir anéantir les principes de droit, de justice, de liberté, qui, profondément enracinés, survécurent par leur propre vitalité, comme les moissons qui, courbées momentanément sous le pas des soldats, se relèvent bientôt d'elles-mêmes et reprennent une nouvelle vie. Sur ce terrain ainsi préparé par la civilisation romaine, l'idée chrétienne put facilement s'implanter et regénérer le monde [31].

On ne saurait prendre plus clairement parti dans la querelle qui oppose depuis le début du XVIIIe siècle « romanistes » et « germanistes ». En se faisant l'avocat du conquérant latin, fût-il porté par des « flots de sang », contre le résistant que l'on peut certes « admirer », tout en sachant que sa révolte pouvait conduire au triomphe de la barbarie, Napoléon III ne rend pas seulement justice à César et à la fonction civilisatrice de la romanité. Il opte pour une interprétation de l'histoire nationale privilégiant l'origine gallo-romaine des Français. La métaphore des « moissons courbées momentanément sous le pas des soldats » est à cet égard significative : avec sa civilisation, Rome a transmis aux vaincus une force qui leur a permis de survivre à l'envahisseur et d'assimiler celui-ci. Chacun cherchant à nourrir son propre argumentaire de références historiques, l'éloge de la romanité, relié à celui du césarisme, répond à celui des « libertés germaniques » qui caractérise, par exemple, certains écrits de François Guizot. « Ce que les Germains ont surtout apporté dans le monde romain, écrivait en 1846 l'ancien ministre de Louis-Philippe, c'est l'esprit de liberté individuelle, le besoin, la passion de l'indépendance, de l'individualité [32]. » Césarisme ou libéralisme ? Voici donc l'histoire mobilisée au service des politiques dans le grand débat qui va dominer les dernières années du régime.

De Morny à Rouher

Le résultat des législatives de 1863 constituait un coup de semonce pour l'Empire. À court terme, celui-ci ne se tirait pas trop mal des offensives conjuguées des républicains et de la droite. Mais l'avenir, compte tenu du risque de voir la direction des affaires échoir pendant plusieurs années à un conseil de régence, était loin d'être assuré. Aussi l'entourage impérial était-il dubitatif quant à l'orientation qu'il convenait de donner au régime. À ceux qui, comme Morny, estimaient que les réformes devaient être poursuivies et accélérées, s'opposaient les tenants de l'Empire autoritaire, tels Persigny et Walewski. L'empereur penchait plutôt du côté des réformistes. Eugénie, de plus en plus présente aux Conseils de gouvernement, où elle ne se privait pas d'intervenir lorsque les décisions annoncées contrariaient ses propres convictions, soutenait les conservateurs.

Désireux de se rallier l'opposition modérée, Napoléon III commença par remanier l'équipe ministérielle. Jugé responsable du demi-échec des législatives et desservi auprès de l'empereur par Morny, Billault et Rouher, Persigny fut poliment éloigné du ministère de l'Intérieur. Le vieux compagnon d'exil et de conspiration reçut en compensation le titre de duc, mais la « retraite provisoire » qui lui était imposée ressemblait fort à une disgrâce. « Votre esprit élevé et lucide, lui écrivit le souverain, ne vaut rien pour une administration où tout doit être préparé de longue main par une conduite régulière de tous les instants ». La condamnation était sans appel. Personne ne s'était beaucoup remué pour sauver le prophète de la restauration de l'Empire. On critiquait, Eugénie la première, la familiarité que cet ami de jeunesse avait conservée dans ses rapports avec Napoléon III, son impétuosité, son franc-parler et l'influence dont il jouissait auprès du souverain. Persigny se retira avec dignité dans sa terre de Chamarande pour rédiger ses Mémoires[33], poursuivi par l'inimitié de l'impératrice qui lui fit interdire en 1867 de paraître à la Cour[34].

Les autres remaniements opérés dans l'équipe ministérielle visaient également à ofrir à l'opinion modérée l'image d'un gouvernement plus libéral que le précédent. Le conseiller d'État Boudet, un avocat protestant, anticlérical et franc-maçon, qui avait appartenu sous la Restauration à la Charbonnerie, remplaça Persigny à l'Intérieur. Billault devenait ministre d'État, tandis que Walewski, jusqu'alors détenteur de ce portefeuille, refusait celui de la Marine et se trouvait ainsi éliminé de l'équipe. Armand Béhic, un industriel saint-simonien fondateur des Forges et chantiers de la Méditerranée, remplaça Rouher au ministère de l'Agriculture, du Commerce et des Travaux publics. Victor Duruy était nommé à l'Instruction publique et Baroche, jusqu'alors ministre sans portefeuille, passa à la Justice. Le principal changement concernait la suppression des trois postes de ministres sans portefeuille, remplacés par un unique ministre d'État, lui-même débarrassé de ses attributions accessoires telles que les Beaux-Arts. Désormais c'est au titulaire de cette charge qu'il reviendra, assisté du président du Conseil d'État, de défendre devant les assemblées la politique du gouvernement. Napoléon avait songé à confier le poste à Morny, mais ce dernier préférant conserver la présidence du Corps législatif, il fit appel à Billault, remplacé après le décès de ce dernier en octobre 1863 par Eugène Rouher.

Les gains obtenus par l'opposition n'ont pas radicalement modifié le rapport des forces au Corps législatif. La très grande majorité de l'assemblée — entre 200 et 220 — est composée de « bonapartistes » autoritaires qui votent sans états d'âme les textes gouvernementaux. Les 20 élus républicains réclament avec Thiers les « libertés nécessaires » et constituent la véritable opposition au régime. Entre ces deux groupes d'importance inégale, une quarantaine d'élus forment ce que l'on désignera bientôt sous le nom de « tiers parti ». Celui-ci réunit des libéraux comme Jules Brame ou Eugène Chevandier de Valdrôme, des catholiques et des protectionnistes comme Kolb-Bernard et Plichon ainsi que des indépendants de tendance orléaniste, comme Buffet, ou républicaine comme Ollivier. À la différence de l'Union libérale, qui s'était constituée à l'occasion de la campagne des législatives, et qui comprenait des républicains modérés et des orléanistes de stricte obédience, le tiers parti se déclare à la fois favorable à la dynastie et hostile à l'Empire autoritaire. Ses représentants estiment que le régime demeure suffisamment solide pour que le pays puisse jouir des libertés fondamentales.

Morny n'est pas opposé à l'évolution libérale du régime. Il y a largement contribué en soutenant les réformes institutionnelles de 1860-1861 et il est prêt à aller un peu plus loin dans cette voie. Comme il l'a écrit à son demi-frère après les élections, il est persuadé qu'il ne « reste que deux forces : l'empereur et la démocratie. Les forces de la démocratie grandissent sans cesse, il est urgent de la satisfaire si on ne veut être emporté par elle » [35]. Aussi propose-t-il de remplacer l'adresse, interminable accumulation d'objections souvent stériles, par le droit d'interpellation et d'amendement, le droit pour le Corps législatif de déposer des propositions de loi et et la venue des ministres à la Chambre pour les discussions de leur ressort. Il ne s'agit pas d'établir un régime parlementaire, mais de permettre à ceux qui, parmi les partisans d'une libéralisation de la vie politique, se déclarent prêts à collaborer avec le gouvernement, de participer à la conduite des affaires publiques. Il n'a d'ailleurs pas attendu les élections pour songer à la constitution d'un grand « ministère de fusion » où seraient appelés des représentants de toutes les tendances, et c'est dans cette perspective qu'il a préparé le ralliement d'Émile Ollivier, offrant à celui-ci d'être l'orateur de cette future équipe gouvernementale.

Ollivier déclina l'invitation de Morny, préférant soutenir le gouvernement des bancs de l'assemblée. Il accepta en revanche d'être désigné comme rapporteur de la loi sur le droit de coalition, ce qui rendait patente la rupture avec ses amis républicains. Désormais proche du président du Corps législatif, il lui conseilla de se réconcilier avec le prince Napoléon dont les idées n'étaient pas très éloignées des siennes et qui venait d'être nommé vice-président du Conseil privé.

Tandis que se développaient les grandes manœuvres de Morny en direction d'Émile Ollivier et du tiers parti, Thiers, qui devait son siège au soutien des républicains, préparait — après une longue absence — sa rentrée politique. Le 11 janvier 1864, il prononça à la Chambre un grand discours-programme sur le thème des « libertés nécessaires », se posant en chef de file de l'opposition. Ce qu'il réclamait, c'était au-delà des cinq libertés fondamentales — liberté individuelle, liberté de la presse, liberté du vote (contre la candidature officielle), liberté de l'élu (droit d'amendement et d'interpellation), liberté parlementaire — c'était l'établissement d'un régime fondé sur la responsabilité ministérielle, dans lequel il se voyait déjà principal détenteur du pouvoir. « Qu'on y prenne garde, proclame-t-il, ce pays aujourd'hui à peine éveillé [...] un jour peut-être, il exigera. »

Jusqu'où Morny était-il disposé à aller dans son programme de libéralisation du régime ? Il était à la fois inquiet de l'évolution des esprits et persuadé qu'il n'y avait pas d'autre voie possible que celle d'une plus grande latitude accordée aux citoyens et à leurs élus. Au début de 1864, il écrivait à Ollivier : « L'opposition a pris un caractère d'âpreté et de violence qui a excité le gouvernement et l'Assemblée et détruit ce que j'avais tant cherché à conserver, la modération dans les débats. J'ai bien peur que ce système n'ajourne tous mes rêves[36]. » Et un an plus tard, tandis que l'empereur, dans sa réponse à l'adresse, mettait les députés en garde contre les « excès de liberté », il déclarait, toujours à l'intention d'Émile Ollivier : « Il est temps de donner la liberté pour qu'on ne nous l'arrache pas[37]. »

La mort du demi-frère de Napoléon III, le 10 mars 1865, devait mettre un terme à cette amorce de transformation du régime. Morny — comme en témoigne une note trouvée plus tard dans ses papiers — avait fini par se rallier à l'idée d'un Premier ministre responsable devant le souverain, tandis que ses collègues pourraient être individuellement appelés à se retirer à la suite d'un vote défavorable du Corps législatif. L'amorce en quelque sorte d'un régime parlementaire. Il n'est pas certain qu'il eût réussi d'ailleurs à convaincre l'empereur de s'engager dans cette voie. « Morny faisait du libéralisme, déclarera celui-ci au prince Napoléon, peu de temps après la disparition de son demi-frère. S'il avait vécu trois mois de plus, je lui eusse enlevé la présidence du Corps législatif [38]. »

Au moment où il fait cette déclaration, Plonplon est lui-même tombé en disgrâce. Le 15 mai, inaugurant à Ajaccio un monument élevé à la mémoire de Napoléon Ier et de ses frères, il a plaidé pour la liberté de la presse et condamné la candidature officielle, ajoutant que le vainqueur d'Austerlitz « ne faisait jamais que ce qu'il voulait et le faisait complètement ». L'allusion était claire. Le successeur n'était pas à la hauteur du fondateur de l'Empire : il s'avérait incapable de mener à son terme le projet napoléonien. Napoléon III se trouvait alors en Algérie et il avait une fois encore confié la régence à Eugénie. Le texte du discours ayant été communiqué aux journaux, l'impératrice en référa aussitôt à son époux qui adressa au prince un cinglant rappel à l'ordre :

> Le programme que vous placez sous l'égide de l'Empereur ne peut servir qu'aux ennemis de mon gouvernement. [...] L'Empereur avait établi dans sa famille d'abord, dans son gouvernement ensuite, cette discipline sévère qui n'admettait qu'une volonté et qu'une action. Je ne saurai désormais m'écarter de la même règle de conduite [39].

N'ayant pu empêcher la publication de la lettre, le prince démissionna de ses fonctions de vice-président du Conseil privé et de président de la commission de l'Exposition de 1867. Il liquida sa maison — pour laquelle, dira ironiquement l'empereur, il recevait annuellement un million de francs — et se retira pendant quelque temps dans sa propriété de Prangins, sur les bords du Léman.

Morny disparu, Plonplon provisoirement éloigné de l'épicentre de la vie politique, les partisans de la poursuite des réformes se retrouvent orphelins face à une majorité gouvernementale qui, comme l'empereur lui-même, entend sinon revenir en arrière du moins interrompre le processus de libéralisation. Sans doute peuvent-ils compter sur l'éloquence d'Ollivier pour plaider leur cause, mais privé du soutien amical de Morny, celui-ci a-t-il la moindre chance de convaincre ses collègues du Corps législatif ? D'autant que le nouvel homme fort du régime est un partisan résolu de l'Empire autoritaire.

Eugène Rouher, à qui l'empereur vient de confier le poste clé de ministre d'État, se trouve en effet au centre du processus décisionnel, sans le contrepoids que constituait la puissante personnalité de Morny. À la différence de ce dernier, qui, entre les femmes et les affaires, avait d'autres préoccupations dans la vie que la politique, Rouher était un véritable professionnel du service de l'État. Dévoué corps et âme à Napoléon III, qui appréciait son intégrité sans faille, son dévouement à l'intérêt public, son extrême habileté à manier les hommes et à analyser les dossiers les plus complexes, il possédait une énorme puissance de travail et un incomparable esprit de synthèse. Mais ce juriste de formation, excellent administrateur, manquait de hauteur de vues et de cette largeur d'esprit qui avait permis à Morny de pacifier les rapports entre les membres du Corps législatif et de faire avancer les réformes sans déstabiliser le régime. « On ne pouvait espérer, note Maupas, trouver en lui un homme d'État comme l'avait été M. Billault, mais c'était un instrument docile et, en l'état des institutions, c'était là ce qu'on voulait aux Tuileries plutôt qu'un conseiller trop puissant. »

Il reste que, compte tenu de l'état de santé de l'empereur, ce grand commis eut tôt fait d'occuper tous les espaces de pouvoir. C'est encore Maupas qui affirme : « Il dominait presque sans partage. Il ne relevait que de la volonté souveraine dont lui-même était trop souvent l'arbitre. L'absorption de tous les pouvoirs avait insensiblement passé des Tuileries au ministère d'État. » L'influence qu'il exerça pendant plusieurs années sur les autres dignitaires du régime et sur Napoléon III lui-même justifie pleinement qu'Émile Ollivier l'ait qualifié dans un discours célèbre de « vice-empereur ». Ce pouvoir, l'ancien avocat devenu ministre tout-puissant ne l'utilisa pas pour faire prévaloir un quelconque projet personnel. Persigny qui l'appréciait d'autant moins que l'arrivée de Rouher au faîte du *cursus honorum* coïncidait avec sa propre disgrâce, ne manquait pas d'évoquer son manque de convictions et le « vide de ses idées ». Le jugement est excessif. Rouher était assurément un sceptique et un opportuniste, mais son hostilité aux réformes n'était pas le simple reflet du conservatisme ambiant. Homme d'ordre, persuadé que l'Empire ne survivrait pas à l'octroi des libertés réclamées par Thiers et par l'opposition républicaine, il fut de tous les ténors politique du moment celui qui sut le mieux répondre après la mort de Morny à la demande d'autorité d'une large fraction de la classe dirigeante, et à celle de l'empereur, brusquement tiré de son rêve fusionniste par la montée en force des oppositions.

L'échec de la politique sociale

Si le monde rural demeure très majoritairement favorable à l'Empire, il n'en est pas de même des ouvriers. La tentative de séduction opérée par Napoléon III, dans le but de compenser les défections d'une partie de sa clientèle bourgeoise, a vite montré ses limites. Avec le droit de grève, l'Empire a donné aux travailleurs une arme dont ceux-ci n'hésitent pas à se servir. La loi de 1864 a également eu pour effet de substituer aux sociétés de secours mutuel mixtes, regroupant patrons et ouvriers, de nouvelles organisations : les sociétés de crédit mutuel, exclusivement ouvrières, à la fois caisses de prévoyance et de résistance. Ces associations destinées à devenir les noyaux de futures coopératives de production étaient en principe bien vues par le pouvoir. La plus puissante était, avec ses 5 000 adhérents, la Société de crédit mutuel et de solidarité des ouvriers du bronze, dirigée par Zéphirin Camélinat. C'est pour défendre cette organisation contre les menaces patronales que les ouvriers bronziers de la capitale entamèrent en 1867 une grève dure dont ils sortirent victorieux, en partie grâce au soutien financier apporté à leur mouvement par l'Association internationale des travailleurs.

L'AIT avait été fondée en septembre 1864 à Londres à la suite des contacts établis deux ans plus tôt entre ouvriers anglais et français. D'abord dominée par les réformistes et les proudhoniens, elle s'est peu à peu peuplée d'éléments radicaux, disciples de Blanqui et de Marx, ce dernier venu, dira le Suisse J. Guillaume, « comme le coucou, pondre son œuf dans un nid qui n'était pas le sien ». En France où cette « Première internationale » rassemblait déjà quelques dizaines de milliers d'adhérents à la fin de l'Empire[40], le bureau de l'Association — installé rue des Gravilliers, dans le IIIe arrondissement de Paris — fut dans un premier temps dirigé par Tolain et animé par une petite équipe composée de disciples de Proudhon. Ces représentants du courant mutuelliste présentèrent lors du premier Congrès de l'Internationale, qui se tint à Genève en 1866, un Mémoire prônant l'apolitisme et dans lequel étaient condamnés les grèves, les associations collectivistes de 1848, l'instruction publique et le travail des femmes. C'est dire que leur programme faisait relativement bon ménage avec celui du gouvernement impérial. Sans doute est-ce la raison qui, dans le climat d'aiguisement des luttes sociales qui caractérise les toutes dernières années de l'Empire, explique l'éloignement d'une élite ouvrière désormais hostile au paternalisme de Napoléon III, et son adhésion à des idéologies et à des formes d'action révolutionnaires.

À la fin de 1867, la section parisienne de l'AIT fut dissoute pour avoir participé à une manifestation républicaine sur la tombe du patriote italien Daniele Manin. Elle fut remplacée par une équipe beaucoup plus radicale, composée de militants tels Eugène Varlin et Benoît Malon. Les « internationalistes » ne représentaient encore il est vrai qu'une fraction du monde ouvrier, mais, par leur détermination et leur engagement dans le mouvement social et dans le combat politique, ils constituaient désormais une force d'opposition proche de l'extrême gauche républicaine et avec laquelle le régime allait devoir compter.

Duruy, réformateur du système éducatif

Que l'arme du droit de grève se soit finalement retournée contre le régime impérial ne contredit en rien le fait que ce soit l'Empire — et non la République bourgeoise — qui fournit au mouvement ouvrier son principal instrument de lutte. L'âpreté de la résistance opposée à cette réforme par les milieux conservateurs marque clairement ce qui sépare la politique de Napoléon III à l'égard du monde ouvrier, de celle que les tenants du maintien de l'ordre social existant auraient souhaité lui voir appliquer. Si « l'extinction du paupérisme », dont rêvait le prisonnier de Ham, ne s'est pas accomplie, on s'accorde en effet aujourd'hui à reconnaître que le pouvoir d'achat et les conditions de vie des ouvriers se sont sensiblement améliorés sous le Second Empire. Les travaux de Jacques Rougerie ont notamment montré que le salaire réel moyen de l'ouvrier parisien, qui avait subi une baisse de 10 % entre 1810 et

1850, s'est accru d'environ 20 % entre 1852 et 1869[41].
Certes, Paris n'est pas la France, et la notion de salaire
moyen recouvre de fortes disparités catégorielles.
Admettons d'autre part que les raisons qui expliquent
cet accroissement de pouvoir d'achat ne tiennent qu'indirectement à la nature politique du régime. La
conjoncture internationale, les progrès technologiques
et les gains de productivité qu'ils génèrent, l'enrichissement qui résulte d'une croissance relativement forte,
ont puissamment contribué à l'amélioration du sort des
classes laborieuses urbaines. Il reste que, comme nous
avons déjà eu l'occasion de le dire, le régime impérial a
su accompagner la croissance, en même temps qu'il a
pratiqué une politique économique volontariste dont
les retombées ont profité — inégalement sans doute
mais de manière effective — à une majorité de Français.

Ce sont également toutes les catégories sociales qui
ont bénéficié — là encore avec d'importantes disparités — de l'immense effort de scolarisation et de
modernisation, à tous les niveaux, du système éducatif :
un effort que Napoléon III a voulu et dans lequel il s'est
personnellement impliqué, avec pour résultat un incontestable progrès de la scolarisation globale et un net
recul de l'analphabétisme. En 1852, près de 40 % des
conscrits ne savaient ni lire ni écrire ; ils ne sont plus
que 25 % en 1869. Pour l'ensemble de la population,
hommes et femmes réunis, le taux d'analphabétisme se
situe à cette date aux environs de 32 %. Sans doute faut-
il replacer cette spectaculaire progression dans un
continuum qui englobe la Monarchie de Juillet (la loi
Guizot date de 1833), la IIᵉ République et les trois dernières décennies du siècle. La séquence impériale n'en
apparaît pas moins comme déterminante dans le progrès en France de la transmission d'un savoir de base
aux couches les plus modestes de la population.

Amorcée de manière encore timide sous Fortoul — en
charge de l'Instruction publique de 1852 à 1856 — la
démocratisation de l'école est principalement liée au
nom de Victor Duruy. Né en 1811, issu d'une famille

d'artisans attachés depuis sept générations à la manufacture des Gobelins, ce dernier préfigure un mode de promotion sociale qui sera celui de plusieurs générations d'élites républicaines. Entré à l'École normale, admis premier à l'agrégation d'histoire et de géographie, il fait d'abord carrière dans le secondaire (Henri-IV, Saint-Louis) et se fait connaître par la collection de manuels d'histoire qu'il dirige chez Hachette, où il a remplacé Ernest Lavisse. C'est son intérêt pour l'histoire romaine — une thèse, soutenue en 1853, dans laquelle il esquissait un parallèle entre César et Napoléon III, puis une monumentale *Histoire des Romains* — qui attira sur lui l'attention de l'empereur. Celui-ci le fit entrer dans l'équipe chargée de la préparation de l'*Histoire de Jules César* et eut tôt fait d'apprécier en lui non seulement l'érudit et l'historien soucieux de rigueur scientifique, mais aussi un collaborateur doté d'une personnalité forte et qui, devenu successivement inspecteur de l'académie de Paris, maître de Conférences à l'École normale, puis inspecteur général de l'enseignement secondaire et professeur à Polytechnique, avait des idées et des compétences sur tous les niveaux de l'institution scolaire et universitaire. Aussi est-ce à lui qu'il songea, à l'occasion du remaniement ministériel de 1863, pour mener à bien une réforme générale de l'enseignement.

Duruy incarne avant la lettre un modèle d'homme politique qui triomphera sous la République des « opportunistes ». Il est de la même trempe qu'un Jules Ferry, dont l'œuvre à la fois prolongera et éclipsera la sienne. Il n'appartient toutefois ni à la même génération, ni au même milieu (Ferry est né en 1832 dans une famille de bourgeoisie aisée). Il a grandi dans une atmosphère bonapartiste et anticléricale. C'est un modéré qui, après avoir soutenu Cavaignac en 1848 et voté « non » aux deux plébiscites de 1851 et 1852, s'est rallié à l'Empire, moins par intérêt personnel que par adhésion raisonnable à un régime à la fois partisan de l'ordre et de la souveraineté du peuple. S'agissant de l'école et des rap-

594   *NAPOLÉON III*

ports que celle-ci doit entretenir avec la religion, son choix est sans équivoque : « Le prêtre à l'autel, écrit-il, le professeur dans sa chaire ont une même tâche. Ils la poursuivent, l'un les yeux fixés au ciel, la patrie future, l'autre les regards tournés vers la terre, sur les siècles écoulés et sur la vie présente. » Un langage que le clergé n'apprécie guère mais qui s'accorde parfaitement avec les idées de l'empereur.

Le soutien de Napoléon III, qui partage avec son ministre un « même amour philosophique de l'humanité » (*dixit* Lavisse), compense une hostilité envers le nouveau grand maître de l'Université que les cléricaux ne sont pas seuls à manifester. La hiérarchie universitaire s'indigne qu'on lui ait imposé un patron moins titré que la plupart de ses hauts représentants. Ses collègues du gouvernement et les membres du Conseil d'État affectent de voir en lui un parvenu. Au Corps législatif, son éloquence médiocre ne retient guère l'attention des assistants. On le traite d'agité. Rouher le compare à un « cheval échappé dans un magasin de porcelaine ». Lui-même se préoccupe peu d'être ainsi marginalisé et brocardé par la droite. « Ça ira bien », lui a dit l'empereur pour le rassurer lorsqu'il lui a proposé de devenir ministre. « Je n'ai jamais reçu, dira Duruy, d'autres instructions que ces paroles. » Il a donc, avec la confiance du souverain, carte blanche pour rénover l'institution scolaire et en faire bénéficier un plus grand nombre de Français. En moins de six ans, il va réaliser un travail considérable.

Son premier souci est de développer l'enseignement primaire dans lequel il voit le complément naturel du suffrage universel. Il s'appuie pour cela sur les instituteurs publics. « Ah ! Sire, quels braves gens ! » déclare-t-il à Napoléon III, parlant de ceux que Thiers tenait en 1850 pour d'« affreux petits rhéteurs ». Leur effectif augmente de plus de 30 %, tandis que leurs émoluments et leur statut sont revalorisés. Duruy avait pour ambition de créer un grand service public, gratuit et obligatoire, dont le financement serait à la charge de l'État.

Tel est le contenu du projet de loi qu'il présente en 1865 au Conseil des ministres et qui soulève d'abord l'hostilité de ses collègues, puis celle du Corps législatif où les conservateurs et les cléricaux font le procès d'une politique dont le principal effet serait de « ruiner l'autorité paternelle ». Au Conseil d'État, c'est le vice-président Parieu qui porte l'estocade, et avec une telle violence que Duruy songe un moment à démissionner.

En dépit des attaques portées contre ses projets et contre sa personne, l'ancien professeur de lycée finira par faire voter en avril 1867 — grâce à l'appui de Rouher — un texte moins ambitieux mais qui n'en constitue pas moins une étape importante dans le développement de l'enseignement public du premier degré. Elle permet d'étendre la gratuité à 8 000 communes et à un million d'élèves, impose la création d'une école de filles dans chaque commune de plus de 500 habitants (au lieu de 800) et institue un certificat d'études primaires sanctionnant la fin du cycle élémentaire. Duruy interdit d'autre part le remplacement d'un instituteur laïque par un congréganiste, soumet à l'inspection publique les écoles confessionnelles et supprime la dispense du service militaire pour les enseignants officiant dans ces établissements. Il développe les bibliothèques scolaires (on en compte près de 15 000 à la fin de l'Empire) et les cours pour adultes.

L'action du ministre porte également sur le contenu de l'enseignement. Il rend obligatoires, dans le primaire, l'histoire et la géographie. Il restitue sa place à la philosophie, introduit dans les programmes d'histoire du secondaire l'étude de la période contemporaine, celle des langues vivantes, du dessin, de la musique et de la gymnastique, autant de disciplines jusqu'alors réservées à une élite. Il met fin au système de la « bifurcation » imaginé par Fortoul, c'est-à-dire à l'option à la fin de la quatrième entre l'enseignement classique, et la filière « scientifique » (latin-sciences). Il le remplace par un enseignement dit « spécial » substituant à l'étude du latin et du grec celle des langues

vivantes, de l'histoire, de la géographie humaine, assortie de notions de droit et d'économie. Sanctionnée par
un diplôme spécifique, délivré à l'issue d'une scolarité
de quatre à cinq ans, cette filière connaîtra un grand
succès auprès des familles appartenant aux couches
moyennes et à la paysannerie, pour lesquelles elle
constitue une possibilité d'ascension sociale.

Les mesures les plus novatrices concernent l'enseignement secondaire des jeunes filles, jusqu'alors
domaine réservé des congrégations et des cours privés
laïcs. Duruy décida en 1867 de créer dans une quarantaine de villes des « collèges » destinés à « compléter »
l'enseignement dispensé dans ces établissements. Les
cours seront donnés par des professeurs de lycée, donc
par des hommes, dans des locaux municipaux où les
jeunes filles se rendront accompagnées. On se garde
toutefois de porter trop ouvertement ombrage aux
lycées et aux établissements religieux. Ainsi, l'année
scolaire se trouve-t-elle réduite à six ou sept mois, le
cursus à trois ou quatre ans, le programme d'enseignement à « une instruction forte et simple », axée sur la
littérature française, les langues vivantes, le dessin et la
« formation morale ».

Le clergé réagit vivement à la perte de son quasi-
monopole sur l'enseignement, et plus vivement encore
aux mesures concernant l'enseignement féminin. À la
fin de 1867, Mgr Dupanloup, évêque d'Orléans et inlassable défenseur de la cause pontificale, publie un libelle
intitulé *M. Duruy et l'éducation des filles*, dans lequel il
fustige « l'activité fébrile » du ministre et conteste avec
véhémence une réforme qu'il juge « contraire aux
convenances » et d'autant plus dangereuse pour les
mœurs et la religion qu'elle confie la formation intellectuelle des jeunes filles à des enseignants de sexe masculin dont beaucoup professent des opinions hostiles à
l'institution religieuse et au dogme catholique. Et de
demander à Duruy quelle prime on donnera à ceux qui
épouseront leurs élèves ! La grogne des évêques contre
les mesures adoptées par Duruy va s'amplifier au prin-

temps 1868, suite aux consignes données par l'*Osservatore romano* aux catholiques français. L'organe du Saint-Siège invite en effet ces derniers à subordonner leur fidélité au régime impérial au renvoi de Duruy. Celui-ci réplique aussitôt en publiant une brochure anonyme principalement dirigée contre l'évêque d'Orléans :

> Vous voulez, écrit-il, maintenir un monopole en un temps où tout est livré à la contradiction ; vous n'êtes pas de votre temps. Vous voulez garder les âmes par la violence dans un pays qui ne veut vivre que de liberté ; vous n'êtes pas de votre pays ; vous affirmez aujourd'hui ce que vous avez nié hier ; vous n'êtes pas même de votre opinion. Qui êtes-vous donc ? Un vaillant soldat d'une cause perdue [42].

L'Université a été elle aussi un champ d'affrontement entre le ministre et le parti clérical. Duruy a créé de nouvelles facultés, à Marseille, Nancy, Douai, Clermont-Ferrand, Poitiers. Il a rétabli l'agrégation de philosophie, institué des chaires nouvelles, ouvert des laboratoires dotés d'un matériel moderne, réorganisé et rééquipé le Conservatoire national des arts et métiers et l'École des langues orientales. On lui doit encore la création de l'École pratique des hautes études : une institution essentiellement consacrée à la recherche dans le domaine des sciences « dures », mais aussi de l'histoire naturelle, de la physiologie et de ce que nous appelons aujourd'hui « sciences de l'homme et de la société » (histoire, philologie, économie) : une petite révolution dans le monde passablement assoupi de l'université impériale.

S'agissant du contenu de l'enseignement supérieur, le combat est clairement idéologique et se livre, dans les deux camps, au nom de la liberté. Celle que prônent les cléricaux implique l'« indépendance » de l'institution universitaire à l'égard de l'État, ou si l'on préfère la fin du monopole exercé par celui-ci. Du côté des universitaires, il s'agit de la liberté de penser et de transmettre des savoirs qui peuvent éventuellement s'opposer à la doctrine de l'Église. L'enseignement donné par le républicain Alfred Naquet à la faculté de médecine est ainsi l'objet de vives critiques de la part des organes cléricaux et de Mgr Dupanloup. Dans une brochure intitulée *Les Alarmes de l'épiscopat justifiées par les faits*, l'évêque d'Orléans s'en prend directement à Naquet, auquel il fait grief d'enseigner les doctrines transformistes et matérialistes, tandis que Mgr de Bonnechose, cardinal-archevêque de Rouen, proclame : « La vraie science est religieuse, la fausse science au contraire, vaine et orgueilleuse, ne pouvant expliquer Dieu, se révolte contre lui. »

Jusqu'en 1868, Victor Duruy a bien résisté à l'offensive du parti catholique. Mais à partir de cette date son influence sur l'empereur décline brusquement : confronté à une opposition républicaine de plus en plus active et agressive, Napoléon III tend à se rapprocher de l'Église. Les élections de 1869 seront fatales au ministre réformateur. Son œuvre reste donc inachevée. À la fin de l'Empire, de fortes disparités subsistent entre hommes et femmes, entre la France du Nord, où seulement 20 % des époux ne savent pas signer, et les régions du Centre et de l'Ouest, ainsi bien sûr qu'entre les catégories sociales. À de rares exceptions près, seuls les fils de la bourgeoisie aisée accèdent au baccalauréat, et pour certains à l'enseignement supérieur. Il faudra attendre Jules Ferry et la « République des opportunistes » pour que le projet de grand service public de l'éducation soit mis en œuvre, et au seul niveau de l'école élémentaire. Il n'en reste pas moins que l'œuvre accomplie marque une étape importante dans l'évolution de notre système éducatif. Symbolique du chemin parcouru depuis le milieu du siècle, quoique antérieure à la désignation de Duruy comme grand maître de l'Université, l'obtention en 1861 du baccalauréat par une femme, l'institutrice Julie Daubié.

L'échec des réformes de 1867-1868

Le succès de l'Exposition universelle de 1867 ne doit pas faire illusion. Derrière la vitrine brillante où se bouscule tout ce que l'Europe compte de souverains, de princes et de célébrités diverses, la réalité est celle d'un pays en crise. Si Napoléon III n'a pas apporté aux Français tout ce que nombre d'entre eux attendent d'un souverain qui leur a promis de réduire les inégalités et de faire disparaître le paupérisme, si les mesures de libéralisation adoptées au début des années 1860 ont eu tôt fait de montrer leurs limites, il est un article du programme impérial qui a permis de maintenir un semblant de consensus et qui tient au prestige de la France, à la puissance de son armée et au dynamisme de sa politique extérieure. Or la manière dont l'empereur a géré la crise de 1866, s'abstenant d'intervenir dans la guerre austro-prussienne, puis se soumettant aux exigences de Bismarck (cf. chapitre 18), de même que le lamentable dénouement de l'aventure mexicaine ont fortement ébranlé la confiance et l'orgueil patriotique de la nation.

Aussi désireux qu'il soit de maintenir la paix, Napoléon III a le sentiment de ne pouvoir indéfiniment esquiver une épreuve de force avec la Prusse. L'empereur n'est pas comme son oncle un chef de guerre et un stratège de génie, mais il a d'incontestables compétences en matière militaire. Capitaine dans l'armée helvétique, auteur d'un ouvrage sur « le passé et l'avenir de l'artillerie » qui fera longtemps autorité, il n'a cessé depuis qu'il est au pouvoir de porter un intérêt particulier à l'outil militaire. Il a exercé le commandement en chef de l'armée durant la campagne d'Italie et c'est à son initiative que fut adopté le fameux fusil Chassepot. C'est donc en connaissance de cause qu'il se penche, après Sadowa, sur un problème que l'affrontement austro-prussien a placé au centre des réflexions d'état-major : celui des effectifs immédiatement mobilisables en temps de guerre.

Jusqu'au milieu des années 1860, le mode de recrutement du contingent et l'état des réserves avaient apparemment suffi aux besoins. L'effectif de l'armée atteignait un peu moins de 400 000 hommes, dont 100 000 dispersés entre les théâtres d'opérations extérieures : Algérie, Mexique et Rome. Avec moitié moins d'habitants, la Prusse avait mis sur le pied de guerre contre l'Autriche 700 000 soldats : conséquence d'un système fondé sur le principe du service actif universel et obligatoire de trois ans. Le service était donc plus court qu'en France, mais tous les jeunes adultes en état de porter les armes y étaient astreints, avant d'aller grossir les rangs des réservistes, puis ceux de la *Landwehr*.

Napoléon III songeait depuis longtemps à modifier un système de recrutement qu'il jugeait aussi inefficace qu'injuste. Dès son retour de Vichy, en août 1866, il prit langue avec plusieurs chefs de l'armée — le maréchal Niel, les généraux de Castelnau, Lebrun et Fleury — pour étudier une réforme dont il était à peu près seul à prôner l'urgence. Une haute commission fut créée où figuraient la plupart des hauts dignitaires militaires, ainsi que Rouher, Fould, le prince Napoléon et des représentants du Conseil d'État. Elle se réunit sous la présidence de l'empereur de la fin octobre à la mi-décembre, d'abord à Saint-Cloud puis à Compiègne, pour examiner plusieurs projets. La plupart des chefs militaires se déclaraient favorables à une solution privilégiant la qualité sur la quantité. Napoléon III croyait au contraire à la vertu du nombre. N'avait-il pas fait le succès des armes françaises dans les guerres des périodes révolutionnaire et impériale ?

Le restaurateur de la dynastie avait simplement oublié que le monde avait changé depuis les temps héroïques de Valmy et d'Austerlitz. Napoléon III n'avait pas, ou plus, la même emprise sur ses sujets que son oncle. Théoriquement tout-puissant, il lui fallait négocier avec une opinion dont une partie — les républicains — rejetait l'armée de métier, tandis que l'autre se déclarait résolument hostile à un accroissement des charges militaires. Les rapports des préfets et des procureurs généraux le disaient clairement, de même que les réponses à l'enquête agricole qui venait d'être diligentée par le pouvoir. La bourgeoisie se méfiait de la reconstitution de la Garde nationale. Elle considérait que la conscription généralisée la pénalisait doublement : en astreignant tous ses fils au service militaire et en privant les entreprises d'une masse de jeunes travailleurs nécessaire à la poursuite de leurs activités. Quant à la paysannerie, elle demeurait marquée, surtout dans l'Ouest, par le souvenir des guerres et de la conscription du Premier Empire.

Le projet concocté par Niel constituait pourtant un compromis entre le modèle prussien — que l'empereur aurait volontiers fait adopter — et le système en vigueur assorti de retouches plus ou moins importantes. L'armée comporterait désormais un effectif d'environ 900 000 hommes. Le service, dû par tous les jeunes gens appartenant à la même classe d'âge, serait effectué soit dans l'active, soit dans la réserve. La fraction du contingent servant dans l'armée active y ferait cinq années de service (au lieu de sept) et quatre dans la réserve. La fraction immédiatement affectée dans la réserve y resterait quatre ans avant d'être versée pour cinq ans dans la Garde nationale mobile. Le remplacement était maintenu pour cette seconde fraction mais les appelés devaient servir dans la Garde nationale mobile. Pesonne ne pourrait donc échapper totalement à l'obligation militaire.

Le projet suscita une hostilité générale. Des pétitions circulèrent, principalement dans les campagnes. Les partis d'opposition en firent un cheval de bataille dirigé contre le pouvoir. Les généraux Changarnier et Trochu joignirent leur voix à celle des professionnels du libelle frondeur pour condamner la levée en masse et le déclassement dont celle-ci était censée être l'instrument[43].

Dans deux élections partielles, des candidats qui s'étaient prononcés pour le projet Niel furent battus. Redoutant de voir ce texte mis en minorité devant le Corps législatif, où nombre de députés, Thiers le premier, avaient manifesté leur opposition à la nouvelle loi, l'empereur se résigna à faire présenter un texte fortement édulcoré, qui n'apportait en fait que de simples retouches à la loi de 1832. Il en fit l'annonce le 18 novembre 1867, ouvrant la session de 1868. Le recul était manifeste et fut interprété par les oppositions de droite et de gauche comme une défaite du pouvoir.

La loi fut finalement votée en janvier 1868, à la suite de vifs débats dans lesquels les orateurs gouvernementaux se montrèrent très embarrassés, ne pouvant reconnaître que la victoire prusienne de Sadowa était à l'origine de la réforme, sans souligner les maladresses de la diplomatie impériale. Le texte voté revenait au tirage au sort et au vote annuel d'un contingent fixé par le Corps législatif. Après un an et demi de débats, de projets contradictoires, de travaux en commission, c'était en gros le retour à la case départ. La seule innovation substantielle était la création d'une Garde nationale mobile que Niel comptait pouvoir verser, en cas de guerre, dans les régiments de ligne. Il aurait fallu pour cela que son successeur au ministère de la Guerre, le général Le Bœuf, s'attachât à préparer cette fusion : or il ne fit rien. Napoléon III, répétons-le, fut à peu près seul à concevoir la nécessité d'une réforme inspirée du modèle prussien. Mais il était alors trop usé par la maladie qui devait l'emporter cinq ans plus tard pour imposer sa conviction au mauvais vouloir des hauts dignitaires de l'armée et à l'obsession budgétaire des membres du Corps législatif.

Il faut dire que le long débat d'opinion autour de la nouvelle loi militaire ne fut pas la seule bataille que l'empereur eut à livrer au cours des années 1867 et 1868. Est-ce pour compenser la baisse de popularité consécutive aux échecs de sa politique extérieure que l'empereur décida de lancer un nouveau train de

réformes destinées à satisfaire l'opposition libérale ? Ou
— comme le soutiendra l'impératrice dans ses entretiens ultérieurs avec Paléologue — parce que l'aggravation de son état de santé lui faisait craindre de ne plus
pouvoir diriger bien longtemps les affaires ? Quoi qu'il
en soit, ce fut peu de temps après Sadowa qu'il fit part
à ses ministres de son désir de libéraliser le régime de
la presse et de permettre à l'opposition parlementaire
d'interpeller les ministres à portefeuille. L'idée lui avait
été soufflée par Walewski lors des séries de Compiègne,
à l'automne 1866. L'ancien ministre d'État était connu,
on le sait, pour ses opinions conservatrices. Mais, privé
depuis 1863 d'un rôle politique de premier plan, il brûlait de revenir sur le devant de la scène, fût-ce au prix
d'une entorse à ses propres convictions. Le décès de
Morny lui ouvrait un chemin qu'il n'hésita pas à
prendre en se faisant élire député dans la deuxième circonscription des Landes en 1865, puis en acceptant la
présidence du Corps législatif. Walewski ne resta en
fonctions que pendant un peu moins de deux ans, ayant
vite compris que ses idées et ses attaches politiques s'accordaient mal avec le rôle que l'empereur souhaitait lui
voir jouer : celui d'un meneur de jeu capable de faire
admettre par l'Assemblée de substantielles réformes.
Son bref séjour à la présidence du Corps législatif eut
toutefois pour effet de lui faire connaître et apprécier
Émile Ollivier, avec lequel son prédécesseur avait établi
des liens d'amitié. Il conseilla donc à Napoléon III de
faire de l'ancien rapporteur de la loi sur les coalitions
l'orateur du gouvernement en plus du portefeuille de
l'Instruction publique, en même temps qu'il lui présentait un programme de réformes reprenant dans ses
grandes lignes celui de Morny.

La partie était loin d'être jouée. Ollivier en effet
entendait ne pas se lier les mains en acceptant de devenir ministre par le seul fait du prince. Sans doute avait-il joué un rôle déterminant en proposant, à l'ouverture
de la session de 1866, un amendement à l'adresse qui
fut votée par quarante-deux députés, tous connus pour

leur loyauté envers la dynastie et qui ne réclamait rien d'autre qu'un « sage progrès de nos institutions ». « La nation, déclara-t-il à cette occasion, plus intimement associée par votre libérale initiative à la conduite de ses affaires, envisagera l'avenir avec une entière confiance. » Mais il voulait que son accession au ministère fût non celle d'un homme seul, ayant rompu avec ses anciens amis politiques et en délicatesse avec le tiers parti, mais qu'elle pût s'appuyer sur une formation politique consistante, ou mieux qu'elle répondît à une demande majoritaire. On était loin du compte.

À ces réticences, s'ajoutait le peu de soutien que l'empereur pouvait attendre de la majorité du Corps législatif, aussi bien que de son entourage et de l'équipe gouvernementale. Lorsqu'en mars 1866, il se hasarda à proposer le droit d'interpellation à la Chambre, il se heurta à une vive résistance de la part du Conseil privé et du Conseil des ministres, tous deux dominés par Rouher. Il laissa passer l'orage, bien décidé à reprendre l'offensive dès que l'occasion se présenterait, ce qu'il fit au tout début de 1867. Le 10 janvier, il rencontra Ollivier pour la seconde fois. Pour les raisons que l'on vient d'évoquer, les deux hommes ne parvinrent pas à un accord, mais ils promirent l'un et l'autre de se revoir. Une semaine plus tard, l'empereur présenta son programme de réformes aux membres du gouvernement, provoquant un tollé général. Le 19, il demanda à ses ministres de démissionner et adressa à Rouher une lettre qui fut publiée par *Le Moniteur* et qui annonçait un train de mesures destinées à donner « aux libertés publiques une extension nouvelle », sans compromettre le pouvoir que la nation avait confié à l'empereur.

La première de ces mesures concernait le remplacement du droit d'adresse par celui d'interpellation. L'opposition pourrait ainsi critiquer le gouvernement, dès lors que la demande d'intervention serait signée par au moins cinq membres de la Chambre. Décision assortie de deux autres concessions : le rétablissement de la tribune et l'obligation faite aux ministres concernés de venir avec le ministre d'État défendre leur politique devant les députés. L'autre réforme concernait le Sénat. Le sénatus-consulte du 14 mars 1867 donnait à cette assemblée le pouvoir de renvoyer une loi à l'examen du Corps législatif. Il s'agissait donc de l'amorce d'un véritable bicamérisme. D'autres mesures étaient annoncées qui ne furent suivies d'effet qu'en 1868, du fait du peu d'entrain que mit Rouher à les transformer en actes législatifs. La loi du 11 mai 1868 sur la presse supprimait l'autorisation préalable et le système des avertissements. Elle abaissait considérablement le droit de timbre à Paris et attribuait exclusivement aux tribunaux correctionnels le jugement des délits de presse. Pour la faire adopter, Napoléon III dut livrer de rudes batailles, face à une droite bonapartiste qui s'opposait à toutes les dispositions du texte, et à la gauche qui, dans la foulée de Jules Favre, multipliait les surenchères et les déclarations provocatrices. Vint ensuite le vote de la loi du 6 juin 1868 autorisant les réunions publiques à condition qu'elles n'abordent ni les sujets politiques, ni les questions religieuses.

Les réformes de 1867-1868 rencontrèrent peu d'échos favorables dans l'opinion publique. Elles furent plutôt mal accueillies par la classe politique, la droite reprocha à l'empereur de « tout lâcher » et de faire le jeu des révolutionnaires ; c'était également l'avis de Rouher et celui de l'impératrice. La gauche se réjouit de se voir concéder des armes qu'elle allait aussitôt utiliser pour critiquer le régime, tout en proclamant que les mesures adoptées ne constituaient que des leurres destinés à tromper le peuple. Parmi les rares hommes politiques à approuver le programme impérial, on trouva une fois encore Émile Ollivier. « Sire, écrira celui-ci, en prenant connaissance des résistances du gouvernement au projet impérial, on me dit que vos ministres s'opposent avec la plus grande vivacité à votre dessein magnanime et qu'ils s'efforcent de vous le faire abandonner. [...] Je vous conjure de ne pas vous laisser ébranler, je vous conjure de ne pas tomber dans le piège qui consistera à reprendre par le détail ce que vous aurez concédé en principe. »

Napoléon III va pouvoir mesurer, à l'occasion de son discours du Trône, en février 1867, à quel point les réformes qu'il propose heurtent la majorité du Corps législatif. Il faut dire qu'il n'est pas dans un bon jour. Il souffre. Il s'exprime avec difficulté. Ses papiers tremblent dans ses mains. L'Assemblée est glaciale. Les applaudissements sont rares et peu nourris. L'empereur sort du Palais-Bourbon avec un sentiment de solitude qui va s'accentuer avec les difficultés à venir.

Significatif du climat qui s'instaure dans le courant de 1868, l'incident qui affecte au début de l'été la distribution des prix du concours général à la Sorbonne. On a chargé le prince impérial, qui vient tout juste d'atteindre ses douze ans, de remettre les récompenses aux lauréats, parmi lesquels figure le fils du général Cavaignac. Au moment de se lever pour recevoir des mains du prince son deuxième prix de version latine, ce dernier reste obstinément assis, refusant d'être couronné par le fils de celui qu'il considère comme le fossoyeur de la République. L'affaire fera grand bruit et l'inquiétude sera telle qu'on hésitera à convoquer la Garde nationale à la revue du 15 août et à distribuer des cartouches à la milice citoyenne. L'heure est proche où, menacé dans son essence même, le régime va devoir choisir entre l'épreuve de force — bien hasardeuse au moment où s'annonce le scrutin législatif de mai 1869 — et la mutation de la dictature impériale en Empire parlementaire.

18

La politique extérieure de 1861 à 1869

Le 17 janvier 1867, à l'annonce des réformes voulues par l'empereur, Rouher s'émeut devant ses collègues ministres de l'analyse qui est faite de l'apparente désaffection du public à l'égard du régime. On fait fausse route, explique-t-il, en cherchant à prendre des initiatives de politique intérieure alors que les difficultés rencontrées par le pouvoir n'ont d'autre cause que la politique étrangère. Sans doute songe-t-il à l'issue de la guerre austro-prussienne et à la montée en puissance d'une Allemagne toute proche de réaliser son unification. Mais les conséquences de Sadowa ne constituent pas le seul motif d'inquiétude. La question romaine n'est pas résolue. Elle ne cesse de dresser contre la politique impériale une fraction importante du monde catholique et elle a poussé le jeune royaume d'Italie à se rapprocher de l'Allemagne. L'aventure mexicaine, qualifiée par Rouher de « grande pensée du règne », a tourné à la catastrophe. Les seuls véritables succès enregistrés l'ont été dans la colonisation, mais ils ont coûté cher et tous, y compris parmi les plus fermes soutiens de l'Empire, ne sont pas d'accord avec une politique qui détourne la France de ses objectifs européens.

La lancinante question romaine

La proclamation du royaume d'Italie en 1861 n'avait réglé ni le sort de la Vénétie, demeurée sous domination autrichienne, ni celui du pouvoir temporel du pape. Pour la plupart des patriotes transalpins, qu'ils fussent de gauche ou de droite, républicains ou monarchistes, la construction de la nation italienne ne serait achevée que le jour où Rome deviendrait officiellement la capitale du nouvel État. Quelques semaines avant de mourir, Cavour s'était clairement prononcé en ce sens. L'Italie libérée, avait-il déclaré en substance devant la Chambre, ne pouvait avoir pour capitale que la ville qui avait donné naissance à la civilisation latine : ce qui supposait soit une action militaire qui se heurterait inévitablement à la France, soit une entente diplomatique avec cette puissance, seule solution viable aux yeux du Premier ministre italien, compte tenu des rapports de force internationaux.

De son côté, Napoléon III ne pouvait, pour des raisons de politique intérieure, donner publiquement son accord à l'annexion de ce qu'il subsistait des États de l'Église. Pie IX s'était refusé à tout arrangement à l'amiable avec la monarchie de Savoie et jugeait Napoléon III responsable de la perte des quatre cinquièmes du patrimoine de Saint-Pierre. En avril 1861, dans une lettre adressée à Cavour, le prince Napoléon témoignait du désir qu'avait son cousin de « quitter Rome et de sortir d'une fausse position », mais cela impliquait que le gouvernement de Turin s'engageât à faire respecter la souveraineté du Saint-Siège sur l'ultime lambeau de sa puissance temporelle. Un projet de traité fut élaboré au printemps 1861 entre le gouvernement impérial et celui de Victor-Emmanuel. Il stipulait que la garnison française quitterait Rome et que le pape pourrait lever une armée de 10 000 hommes dont le recrutement serait laissé à sa convenance. En échange de quoi, le gouvernement italien s'engageait à ne pas attaquer la capitale de la Chrétienté et à s'opposer à toute agression dirigée contre celle-ci : clause qui visait directement Garibaldi et ses chemises rouges. Mais la mort de Cavour, le 6 juin 1861, intervint avant que la négociation aboutît.

Les successeurs de l'homme d'État piémontais se montrèrent tout de suite plus impatients de régler la question, inclinés en ce sens par l'agitation des mazziniens et autres radicaux rassemblés autour de Garibaldi. Certes, il ne s'agissait pas pour le gouvernement de Turin de prendre le risque d'un affrontement armé avec la France, pas même celui d'une rupture complète avec le Saint-Siège. Mais, de même que Cavour avait secrètement appuyé l'expédition des Mille contre le royaume de Naples, Rattazzi encouragea en sous-main le *condottiere* niçois à rééditer l'opération, avec cette fois Rome comme objectif ; quitte à le désavouer, voire à s'opposer à son entreprise si les choses venaient à mal tourner.

Ce fut très précisément ce qui se passa. En juin 1862, Garibaldi était en Sicile et il y recruta quelques milliers de volontaires rassemblés autour du slogan « Rome ou la mort ! » *(O Roma o morte !)* De là, les chemises rouges passèrent en Calabre et se préparaient à marcher sur Rome, provoquant aussitôt une vive réaction de la part du gouvernement français. Napoléon III n'était pas personnellement défavorable à l'achèvement de l'unité italienne. Son cousin défunt, le fils du fondateur de l'Empire, n'avait-il pas porté le titre de roi de Rome, symbolique d'une royauté laïque affirmant sa prééminence sur l'autorité des papes ? Peu de temps auparavant, l'empereur avait fait savoir à la cour de Rome qu'elle devrait se résigner au fait accompli et s'associer au triomphe du patriotisme italien. Mais le cardinal-secrétaire d'État, Mgr Antonelli, lui avait répondu qu'il ne dépendait pas du souverain pontife d'aliéner la moindre parcelle du patrimoine de l'Église. Le 9 juin, devant un immense parterre de prélats venus assister à la canonisation des Martyrs d'Extrême-Orient, Pie IX réaffirmait la doctrine de l'intangibilité du pouvoir temporel. Le monde catholique tout entier était pris à témoin de la détermination pontificale et de la condamnation assurée de quiconque laisserait sans défense le trône de Saint-Pierre. L'empereur, dont la politique italienne avait déjà mécontenté la droite cléricale, pouvait difficilement ignorer cet avertissement. Que Garibaldi et ses volontaires occupent le Latium et tentent de s'emparer de la Ville sainte, et l'affrontement deviendrait inévitable.

L'ambassadeur français ayant averti Rattazzi et le roi Victor-Emmanuel du risque qu'ils encouraient en laissant la légion garibaldienne poursuivre sa marche sur Rome, ordre fut donné à l'armée royale de barrer la route aux chemises rouges. Le 29 août 1862, dans le massif de l'Aspromonte, au sud de la Calabre, les troupes régulières livrèrent contre les garibaldiens ce que le général Cialdini eut le front d'appeler dans son rapport un « dur combat »[1]. Celui-ci ne dura en effet qu'une dizaine de minutes, Garibaldi se refusant à « faire couler le sang italien ». Il y eut néanmoins quelques morts et lui-même fut assez sérieusement blessé. Aussi anodin que fût l'événement d'un point de vue strictement militaire, il eut en Italie et hors d'Italie un immense retentissement. Dans de nombreuses villes de la péninsule, des manifestations eurent lieu pour condamner l'action d'un gouvernement qui avait fait tirer sur ses propres vétérans pour défendre le pouvoir temporel du pape, ordonné que l'on fusille les déserteurs de l'armée régulière passés dans les rangs garibaldiens et menacé de traduire le « héros des Deux-Mondes » devant un tribunal militaire.

Quoique officiellement condamnée par Turin, l'entreprise garibaldienne eut pour effet de mécontenter l'empereur. Croyant amadouer celui-ci, Rattazzi dépêcha auprès de lui un cousin éloigné de Napoléon III, le marquis Pepoli, avec pour mission de défendre la position du gouvernement italien. Non seulement il ne fut pas entendu, mais pour manifester sa mauvaise humeur l'empereur décida de remplacer à la tête du ministère des Affaires étrangères Thouvenel, jugé trop favorable à l'Italie, par Drouyn de Lhuys qui avait pris la responsabilité de l'expédition contre la République romaine en 1849 et bénéficiait du soutien des milieux catholiques. Le geste plus symbolique que significatif marquait un renversement radical de la politique française dans ses rapports avec l'Italie et avec le Saint-Siège. Dès 1863, les pourparlers reprirent en effet avec Turin, Napoléon III s'appliquant à rechercher un compromis avec le successeur de Rattazzi, Marco Minghetti. Après de longues négociations, on aboutit en 1864 à la signature de la « Convention de Septembre ». Les troupes françaises devaient évacuer Rome dans un délai de deux ans, durant lequel le pape pourrait organiser sa propre armée. En échange de quoi le gouvernement italien s'engageait non seulement à respecter le territoire pontifical, mais à le défendre contre toute attaque. Il renonçait donc, pour une durée indéterminée, à s'installer à Rome et, pour prouver la sincérité de ses intentions — et donner en même temps au siège des institutions centrales une situation moins excentrique que celle de Turin —, il décidait de se transférer à Florence. Apparemment, la question romaine se trouvait réglée. Les travaux de restructuration de la métropole toscane, mal adaptée au rôle de capitale politique et administrative qui lui était imparti, furent aussitôt entrepris. Rares étaient toutefois les responsables et les observateurs politiques transalpins qui croyaient à la pérennisation de Florence capitale. Quant à la position de Napoléon III, elle demeurait délicate. Il n'avait réussi ni à rallier les représentants du courant clérical, qui lui reprochaient ses abandons antérieurs, ni à obtenir le pardon de Pie IX. La publication à la fin de 1864 de l'encyclique *Quanta Cura* et du *Syllabus*, condamnation du libéralisme moderne et affirmation de l'autorité du Saint-Siège, ne visait-elle pas, entre autres mobiles, à déconsidérer aux yeux des catholiques tous ceux qui « ont entrepris de bouleverser l'ordre religieux et social et qui veulent ôter [au clergé] l'instruction et l'éducation de la jeunesse » ?

Ne pouvant satisfaire les Italiens dans leur désir d'installer leur capitale à Rome, Napoléon III cherchait depuis longtemps à leur offrir une compensation de poids. L'occasion lui en fut donnée par l'éclatement du conflit qui, en 1866, opposa la Prusse à l'Autriche. Ce conflit, l'empereur l'avait vu arriver sans déplaisir, dès lors qu'il pouvait — dans une période de grandes difficultés intérieures — donner un souffle nouveau à ses projets de remaniement de l'ordre international. Il n'avait guère apprécié le compromis de Gastein, par lequel l'Autriche et la Prusse s'étaient mises d'accord pour administrer les duchés enlevés au Danemark. L'accord des deux puissances germaniques l'avait contraint en 1859 d'arrêter la guerre contre l'Autriche sans avoir délivré Venise. Il se réjouissait donc de voir Bismarck s'engager dans une politique qui avait toute chance d'aboutir à un affrontement entre Vienne et Berlin dont l'Italie pourrait tirer profit.

Lorsque le chancelier prussien rencontra Napoléon III à Biarritz, en octobre 1865, dans l'espoir de conclure une alliance avec la France, l'entretien porta essentiellement sur la Vénétie. Bismarck assura son interlocuteur que son pays ne garantissait pas cette province de l'Empire des Habsbourg, tandis que l'empereur lui affirmait de son côté qu'aucune alliance ne le liait à l'Autriche. La Prusse avait donc les mains libres pour engager contre Vienne l'épreuve de force qui devait concrétiser la prééminence de l'une ou l'autre puissance sur les pays germaniques. Fort de quoi, le Conseil de la Couronne décida, le 26 février 1866, d'entrer en guerre contre l'Autriche après avoir recherché l'alliance de l'Italie.

À Florence — nouvelle capitale du royaume — on hésita beaucoup avant de s'engager dans un conflit dont l'issue était loin d'être assurée. Consulté, Napoléon III conseilla à Victor-Emmanuel de conclure l'alliance avec la Prusse afin d'obtenir la Vénétie en cas de victoire. Il voyait dans cette solution le moyen de réparer le tort qu'il avait fait aux Italiens en 1859, en mettant prématurément fin aux hostilités, de restaurer son image — et celle de la France — auprès des habitants de la péninsule et d'inciter le gouvernement de Victor-Emmanuel à se montrer patient dans le règlement de la question romaine. Le roi de Prusse, Guillaume Ier, n'était guère enthousiaste à l'idée de passer un accord avec un pays dont la faiblesse militaire était avérée, mais Bismarck lui fit valoir que les divisions que l'Autriche n'aurait pas à mobiliser pour régler leur compte aux Italiens pourraient être d'un poids décisif dans la guerre contre la Prusse. Guillaume voulut bien l'admettre et, le 6 avril 1866, le traité d'alliance italo-prussien fut signé.

Poussé par l'opinion publique à rester en dehors du conflit — les catholiques étaient favorables à l'Autriche et le Corps législatif réclamait une diminution des dépenses militaires —, Napoléon III eut l'idée de négocier la neutralité de la France contre une promesse du gouvernement de Vienne de lui céder la Vénétie, quelle que fût l'issue de la guerre. Il pourrait ainsi faire cadeau de cette région à l'Italie et obtenir en échange le respect du *statu quo* romain. Sur ces bases, un traité secret franco-autrichien fut signé à Vienne le 12 juin. Trois jours plus tard, les armées prussiennes envahissaient la Saxe, alliée de l'Autriche : première séquence d'une « guerre éclair » de six semaines. Le 24 juin à Custoza, l'armée italienne, commandée par le général La Marmora, subit une défaite sévère. La ligne du Mincio était enfoncée et, par la brèche ouverte dans le dispositif italien, l'archiduc Albert pouvait marcher sur Milan. Le 2 juillet, ne voulant pas pousser plus loin son avantage, l'Autriche demanda à Napoléon III de s'entremettre pour négocier un armistice en Italie, en échange de quoi il recevrait comme prévu la Vénétie. Les Autrichiens pourraient ainsi tourner toutes leurs forces contre la Prusse. Mais le lendemain, 3 juillet, leur armée était écrasée à Sadowa, en Bohême. Le combat avait été dur, l'issue longtemps incertaine — Bismark aurait un

moment songé au suicide —, mais le résultat était là :
Benedek avait perdu plus de 30 000 hommes, tués ou
blessés, on dénombrait 13 000 prisonniers et les Prussiens, restés maîtres sur le terrain, s'étaient ouvert la
route de Vienne.

Dès le 4 juillet, Napoléon III fit paraître dans *Le Moniteur* une note dans laquelle il invitait les belligérants à
conclure un armistice. Le 8, Bismarck fit connaître ses
conditions à Vienne : elles portaient sur la dissolution
de la Confédération germanique, l'exclusion de l'Autriche des affaires allemandes et la cession de la Vénétie
à l'Italie. Sur cette base, les préliminaires de paix furent
signés à Nikolsburg le 26 juillet. Quoique sa flotte eût
été défaite quelques jours plus tôt près de l'île de Lissa,
sur la côte dalmate, l'Italie — qui réclamait maintenant
le Tyrol et exigeait que la question romaine fût exclue
des négociations — poursuivit la guerre pour son
propre compte. Garibaldi remporta même quelques
succès dans le Trentin, mais cela ne suffit pas à redresser une situation que l'incurie du commandement des
armées régulières avait rendue hautement périlleuse. Le
12 août, le gouvernement de Florence dut se résoudre
aux vues autrichiennes, proposées par Napoléon III.

Conformément aux engagements pris par François-
Joseph, l'Italie recevait bel et bien la Vénétie, mais dans
des conditions blessantes pour la fierté nationale des
Transalpins. Vienne reconnaissait officiellement l'existence du royaume d'Italie, mais c'est à Napoléon III
qu'elle laissait la Vénétie, à charge pour celui-ci de la
rétrocéder à Victor-Emmanuel : ce que l'empereur
devait faire, après un plébiscite donnant une majorité
écrasante aux partisans du rattachement. Nombreux
furent les Italiens pour lesquels ce succès diplomatique
obtenu à la suite d'une défaite laissait un arrière-goût
amer. « Je ferme les yeux et les oreilles — écrit alors
Verdi à son ami le comte Arrivabene —, afin de ne rien
voir et de ne rien entendre. Je comprends les avantages
actuels, mais je ne vois que notre honte [2]. » En offrant
Venise à l'Italie, Napoléon III pensait se réconcilier avec

une opinion transalpine qui lui reprochait d'abord d'avoir précipitamment abandonné la partie après Solferino, puis de s'être soumis aux exigences des cléricaux dans la question de Rome capitale. C'était compter sans la montée en puissance du sentiment national dans le jeune royaume d'outre-monts. À peine l'empereur eut-il rétrocédé à celui-ci les provinces vénètes, que le problème romain resurgit.

En application de la Convention de septembre, les dernières troupes françaises quittèrent Rome à la fin de 1866, deux mois après la signature du traité qui mettait fin à la guerre entre l'Italie et l'Autriche. La capitale de la chrétienté se trouvait ainsi sans défenseurs au moment où, à la suite des élections d'avril 1867, qui avaient reconduit la majorité anticléricale, Rattazzi revenait à la direction des affaires. Son retour au pouvoir fut bientôt suivi en Italie d'une nouvelle vague d'agitation dont le but était de jeter bas le pouvoir temporel du pape, en mettant devant le fait accompli le gouvernement de Florence et ceux des principaux États européens, à commencer par la France.

Une fois encore, ce furent les garibaldiens qui prirent l'initiative de relancer la question romaine. En juillet 1867, on découvrit un projet d'insurrection élaboré par un goupe de patriotes. Début septembre, Garibldi — qui avait commencé à réunir des fonds et à enrôler des volontaires — annonça ouvertement ses intentions au « Congrès de la Paix » qui rassemblait à Genève des démocrates et des révolutionnaires venus de toute l'Europe, et qui l'avait élu président d'honneur. Le 24 septembre, Rattazzi le fit arrêter dans une localité de la province de Sienne proche de la frontière de l'État pontifical, puis relâcher sous la pression de la rue. Lui-même démissionna le 19 octobre à la suite des menaces de Napoléon III qui lui avait fait savoir qu'il ne tolérerait pas le renversement du pouvoir temporel du pape.

C'est durant l'intérim du président du Conseil démissionnaire que Garibaldi, qui avait quitté clandestinement son île de Caprera, engagea l'épreuve de force à la tête d'une armée de 8 000 volontaires. Rattazzi ne fit rien pour s'y opposer. Le 23 octobre, les chemises rouges franchirent la frontière séparant la Toscane de l'État pontifical et remportèrent une première victoire à Monterotondo. Cette violation de la Convention de septembre ne pouvait laisser Napoléon III sans réaction. Le 26 octobre, il décida d'envoyer au secours du pape un corps expéditionnaire de 22 000 hommes, placé sous le commandement du général de Failly. Débarquées à Civitavecchia, les troupes françaises se portèrent aussitôt à la rencontre des garibaldiens, rejointes sur la route de Rome par les pontificaux en retraite.

L'engagement décisif eut lieu le 3 novembre à Mentana, une localité située à une vingtaine de kilomètres de Rome, sur les premières pentes de la Sabine. La légion garibaldienne fut rapidement dispersée, laissant 150 morts et 220 blessés sur le terrain, contre 30 tués parmi les zouaves pontificaux et 2 seulement dans les rangs du corps expéditionnaire français. Dans l'intervalle, le conservateur Menabrea avait remplacé Rattazzi à la tête du gouvernement. Il réprima les menées révolutionnaires, mais, pour contenir la vague protestataire qui reprochait aux dirigeants de Florence d'avoir indirectement poussé Garibaldi à l'action, puis d'avoir laissé écraser ses volontaires, il fit entrer l'armée royale sur le territoire pontifical. Il en résulta un nouvel ultimatum de la part de Napoléon III — sans doute favorable au retrait de ses troupes mais soumis à la pression grandissante du parti catholique — et un humiliant recul supplémentaire qui ne manqua pas de dresser l'opinion italienne contre la France « impérialiste » et « cléricale ». L'exaspération fut à son comble lorsque parut dans *Le Moniteur* le rapport du général de Failly. Évoquant l'efficacité du nouveau fusil dont les troupes françaises étaient équipées, celui-ci commit la maladresse d'écrire que les « chassepots » avaient « fait merveille ». Le rapport aurait dû rester confidentiel : la publication en avait été décidée par le maréchal Niel, contre l'avis de l'empereur, au motif de donner confiance à l'opinion publique. Beaucoup pensaient que la bataille de Sadowa avait été remportée par le nouveau fusil à aiguille équipant l'armée prussienne. Il s'agissait de montrer que l'armement français n'était pas inférieur à celui d'une puissance dont on commençait à pressentir la menace.

Nombreux furent en Italie ceux qui affirmèrent que Mentana avait « tué Magenta ». En France, l'opposition de gauche tira argument de l'intervention des cléricaux dans la question romaine pour attaquer le gouvernement. L'empereur promettait de rapatrier ses soldats et de remettre en vigueur la Convention de septembre, mais il se heurtait — au Corps législatif — à une majorité croissante de députés qui lui reprochaient de laisser pourrir la situation en attendant qu'une occasion favorable — la disparition de Pie IX par exemple — permît aux « Piémontais » d'installer leur capitale dans la Ville éternelle. À la fin de 1867, l'hostilité des élus à la politique italienne de Napoléon III était devenue telle que Rouher se crut tenu de donner des gages aux défenseurs du pontife romain. Poussé par Thiers et pris par l'ambiance qui régnait au Palais-Bourbon, il déclara en séance :

> L'Italie ne s'emparera pas de Rome. Jamais ! Jamais, la France ne supportera cette violence faite à son honneur et à la catholicité. Elle demande l'énergique application de la Convention du 15 septembre, et si cette convention ne rencontre pas dans l'avenir son efficacité, elle y suppléera elle-même. Est-ce clair[3] ?

La Chambre exulta. « Il semblait, écrira Ollivier, qu'il fût arrivé à chaque membre de la majorité un bonheur personnel, tant on allait et venait en entrecroisant les joyeuses exclamations et les chaudes poignées de main[4]. »

NAPOLÉON III

Napoléon III et la Pologne

En intervenant dans le processus de libération et
d'unification de l'Italie, l'empereur avait cru pouvoir
concilier un principe qui lui était cher — le droit des
peuples à disposer d'eux-mêmes — et diverses considérations relevant clairement de la *Realpolitik* : qu'il
s'agisse de la remise en cause de l'ordre international
imposé par les puissances victorieuses de Napoléon, de
l'affaiblissement qui en résulterait pour les empires
multinationaux ou du désir de réunir autour de la
France une clientèle comprenant les nations bénéficiaires de cette redistribution des cartes.

Les difficultés rencontrées par la diplomatie impériale à propos de l'Italie et de Rome ont montré que si
l'impulsion donnée par l'empereur au mouvement des
nationalités avait contribué — de manière décisive — à
la satisfaction des aspirations unitaires des Italiens,
cette atteinte portée par la France au *statu quo* européen avait eu pour conséquence de la brouiller avec certaines puissances, de susciter la méfiance d'autres
acteurs du jeu international, voire de dresser contre elle
des populations qui auraient dû en principe lui être
reconnaissantes de l'appui apporté à leur émancipation.
La politique italienne de Napoléon III n'avait pas seulement provoqué un conflit sanglant avec l'Autriche. Elle
avait été tout près de déclencher après Solferino une
guerre contre la Prusse, et surtout elle avait suscité, en
dépit des risques pris par l'empereur — tant sur le plan
intérieur qu'extérieur —, l'hostilité d'une large fraction
de l'opinion transalpine.

Si elle n'eut pas d'effets aussi graves, la question polonaise souligna à l'identique les contradictions de la
diplomatie impériale. Dans la partie de la Pologne soumise à la domination des tsars, l'insurrection libérale
de 1830-1831 avait été suivie d'une répression brutale
— déportations, confiscations de terres, lourdes peines
d'emprisonnement — et d'une forte vague d'émigration

politique, principalement dirigée vers la France. Ces exilés polonais participèrent activement aux mouvements révolutionnaires de 1848, en Allemagne, en Italie, en Hongrie, sans parvenir à ébranler en quoi que ce soit un ordre international qui maintenait la sujétion des territoires polonais aux trois grandes puissances continentales : la Russie, la Prusse et l'Empire des Habsbourg. Ceux qui avaient trouvé refuge en France purent croire, au lendemain de la Révolution de février, que le gouvernement provisoire s'engagerait pleinement à leurs côtés pour exiger des puissances occupantes l'indépendance de leur patrie. Or, les dirigeants de la IIᵉ République se montrèrent aussi peu soucieux de l'émancipation de la Pologne que de celle des Italiens.

Avec la restauration de l'Empire, la question polonaise parut prendre un tour nouveau. Napoléon III se disait favorable aux nationalités et prêt à œuvrer pour la reconstitution de la Pologne. Le prince Napoléon et les bonapartistes de gauche avaient pris position en ce sens et la guerre de Crimée parut offrir aux Polonais l'occasion de se libérer, avec l'aide de la France, de la domination des tsars. Le prince Czartoryski rencontra plusieurs fois l'empereur, mais ne put obtenir de celui-ci que de vagues promesses, en échange de l'envoi de volontaires en Orient[5]. En conflit ouvert avec la Russie, Napoléon III aurait souhaité s'engager davantage, mais la diplomatie française se heurta à l'opposition de Vienne et surtout de Berlin, très hostile à la cause polonaise. Lors du Congrès de Paris, Alexandre II s'opposa catégoriquement à ce que la question polonaise fût débattue devant les représentants des puissances et Napoléon III, qui avait déjà amorcé un rapprochement avec la Russie, accepta sans état d'âme, semble-t-il, cet ukase du nouveau tsar, son ennemi de la veille. Les libéraux polonais durent provisoirement renoncer à leurs espoirs d'indépendance. En attendant, ils obtinrent de menues satisfactions grâce aux efforts prodigués par l'empereur lors des négociations franco-russes de 1857 et 1859 : l'amnistie notamment des patriotes déportés en Sibérie et la création d'une Académie de médecine et d'une Société agricole représentant l'opposition de la noblesse conservatrice polonaise.

Nouveaux espoirs et nouvelle déception avec l'intervention française en Italie. C'est au nom du droit des nationalités que l'Empire avait passé contrat avec le Piémont et que ses soldats avaient libéré la Lombardie occupée par l'Autriche. Pourquoi l'empereur n'agirait-il pas de la même manière avec la Pologne ? On dut vite déchanter. L'armistice de Villafranca, puis la paix de Zurich entérinaient un agrandissement du Piémont, non l'émancipation complète des populations soumises au joug autrichien. Le reste, c'est-à-dire la révolution en Romagne et dans les duchés, puis l'expédition des Mille, l'occupation par Garibaldi du royaume de Naples et enfin la proclamation du royaume d'Italie, était l'affaire des Italiens. Napoléon III s'était contenté — sauf à Rome — de laisser faire. Si les Polonais devaient se libérer de la domination étrangère, ce serait par leurs propres moyens. On verrait bien si la France s'impliquait ou non dans l'affaire.

L'agitation commença à se manifester dans la partie de la Pologne occupée par les Russes en février 1861. Après avoir hésité entre la répression et l'octroi de mesures libérales, le tsar opta pour l'épreuve de force à la suite d'une manifestation qui, le 8 avril, fit 200 morts à Varsovie. La soldatesque réagit avec une extrême brutalité, pillant les églises et ouvrant le feu sur les cortèges religieux. L'année suivante, le chef du gouvernement civil, Wielopolski, décida — sous couvert de conscription militaire — de déporter les hommes en âge de porter les armes. Ce fut le signal d'une insurrection générale qui éclata dans la nuit du 22 janvier 1863 et s'étendit bientôt à l'ensemble des provinces occupées. Face aux 340 000 soldats russes, aguerris et lourdement armés, les 30 000 ou 40 000 combattants improvisés — « rouges » et « blancs » associés dans le même combat — qui constituaient l'armée des mutins ne pouvaient que mener une action de guérilla. L'insurrection dura un peu plus d'un an : elle fut extrêmement meurtrière pour les deux camps et donna lieu, une fois la révolte écrasée, à une impitoyable répression : au moins 20 000 tués, 38 000 déportés en Sibérie, 3 500 domaines confisqués.

En France, l'opinion publique était majoritairement favorable aux Polonais. Les républicains et la gauche bonapartiste parce qu'il s'agissait d'un combat pour la liberté. Les catholiques, toutes tendances mêlées, par solidarité religieuse avec une population connue pour sa foi militante. Des personnalités de convictions aussi diverses que Montalembert, Michelet, Quinet ou Hugo estimaient avec l'empereur et avec son épouse qu'il fallait « faire quelque chose » pour la malheureuse Pologne. Des comités se constituèrent. Des pétitions en faveur des insurgés arrivèrent par milliers au Sénat. La presse d'opposition se saisit du dossier pour nourrir ses critiques contre le gouvernement. *L'Illustration* publia des gravures décrivant la lutte héroïque des patriotes polonais. Des écrivains engagèrent leur plume dans le débat, dénonçant les atrocités commises par les armées du tsar. On fut polonophile en 1863-1864 comme on avait adhéré au philhellénisme trente ou quarante ans plus tôt.

Des voix s'élevaient toutefois pour prêcher la modération, voire pour critiquer les insurgés polonais. Mérimée, Thiers, Proudhon, ou encore Émile Ollivier se déclaraient hostiles à toute idée d'intervention militaire. Les rapports des procureurs généraux et des préfets témoignent de l'ambivalence du sentiment public. La France profonde compatissait aux malheurs de la Pologne mais refusait de faire la guerre pour la libérer. Même Plonplon, dont le discours au Sénat constitua une vibrante plaidoirie en faveur de l'indépendance polonaise, se montrait réservé sur la nature du soutien que la France pourrait apporter à l'insurrection : « Nous ne donnons pas de conseils, déclara-t-il, sur une situation que nous ne connaissons pas. » Bref, rares étaient ceux qui étaient prêts à prendre les armes pour combattre — comme François Rochebrune et Léon de Blankenheim avaient décidé de le faire — aux côtés des insurgés.

L'empereur devait à la fois tenir compte du message ambigu qui ressortait des rapports de ses agents et de la situation internationale. D'ailleurs, s'il avait toujours souhaité la reconstitution de l'État polonais, il n'avait jamais songé à atteindre cet objectif par la guerre. Napoléon III n'avait pas gardé un très bon souvenir de la campagne de Crimée. Encore avait-il pu s'appuyer alors sur l'Angleterre et sur le Piémont : deux alliés qui, pour des raisons diverses, n'avaient nulle intention de s'engager dans un conflit européen. La guerre contre la Russie n'avait-elle pas toute chance en effet de déboucher sur un affrontement général ? La Prusse avait pris position pour Saint-Pétersbourg. En février 1863, Bismarck avait dépêché le général Alvesleben auprès de Gortchakov, ministre des Affaires étrangères du tsar, avec pour mission de négocier un accord qui rendait impossible aux révolutionnaires polonais la retraite à travers le territoire prussien et envisageait si nécessaire une intervention militaire prussienne aux côtés des Russes. Une guerre contre les deux puissances du Nord impliquait au minimum une alliance avec l'Autriche qui déciderait peut-être les Anglais à entrer en lice. L'empereur sonda donc le gouvernement de Vienne. On proposa à l'Autriche, en échange de la Vénétie, cédée à l'Italie, et de sa part de Pologne, la Galicie, de recevoir la Saxe, voire la Bavière et la Silésie prussienne. La Suède pourrait annexer la Finlande et peut-être le Danemark. L'Empire ottoman disparaîtrait pour céder la place à une confédération d'États. Quant à la France, elle regardait avec envie du côté de la rive gauche du Rhin. On était loin des grandes déclarations en faveur du droit des nationalités.

Refusant de lâcher la proie pour l'ombre, l'Autriche repoussa ces mirifiques projets de remaniement de l'Europe. L'Angleterre se montra tout aussi opposée à une alliance tripartite qui risquait de ramener la France

sur la frontière du Rhin. Napoléon III dut faire son
deuil d'un programme dont il n'est pas certain qu'il ait
cru à la réalisation, et se contenter de l'envoi par les
trois puissances d'une note séparée au tsar et qui précisait les six points de la réforme à faire en Pologne.
Gortchakov ayant opposé une fin de non-recevoir, l'empereur se résigna à proposer aux souverains des principales puissances européennes la tenue à Paris d'un
congrès international destiné à assurer la « pacification
de l'Europe ».

> Chaque fois, écrivait-il, que des crises profondes ont
> secoué les bases et déplacé les frontières des États, des
> pactes solennels sont intervenus pour coordonner les élé-
> ments nouveaux et consacrer, après une révision, les
> transformations accomplies. Tel a été l'objet du traité de
> Westphalie au XVIIe siècle et des négociations de Vienne en
> 1815. Ces dernières constituent la base sur laquelle repose
> aujourd'hui l'édifice politique de l'Europe ; un édifice,
> vous ne l'ignorez pas, qui croule de toutes parts. Si on
> considère attentivement la situation des divers pays, il est
> impossible de méconnaître que, sur presque tous les
> points, les traités de Vienne sont détruits, modifiés,
> méconnus ou menacés. Il en résulte des obligations sans
> règle, des droit sans titre, des prétentions sans frein. [...]
> Je vous propose donc de régler le présent et d'assurer
> l'avenir avec un congrès [...] Appelé au trône par la Provi-
> dence et par la volonté du peuple français, mais grandi à
> l'école de l'adversité, à moi moins qu'à tout autre il n'est
> permis d'ignorer les droits des souverains et les légitimes
> aspirations des peuples. [...] Si je prends une semblable
> initiative, ce n'est pas par un mouvement de vanité : mais
> comme je suis le souverain auquel on attribue le plus de
> projets ambitieux, j'ai à cœur de prouver par cette
> démarche franche et loyale que mon unique but est d'arri-
> ver sans secousse à la pacification de l'Europe. [...] Il
> n'échappera peut-être pas à l'Europe l'avantage que la
> capitale d'où tant de fois est parti le signal de la subver-
> sion devienne le siège de la conférence destinée à jeter les
> bases de la pacification générale[6].

On ne pouvait, avec plus d'habileté, mêler le respect
affiché du droit des souverains et celui des « légitimes

aspirations des peuples », ni souligner que si la France avait longtemps été le point de départ des révolutions, elle était devenue sous l'Empire une puissance attachée au maintien de l'ordre international. Texte de circonstance donc, visant à démontrer avec une certaine complaisance qu'il n'était pas impossible de concilier le présent et le passé. Mais texte prophétique également, et qui mériterait de figurer dans une anthologie des écrits fondateurs de la sécurité collective en Europe. Pour l'heure, il ne pouvait qu'indisposer, ou du moins laisser de marbre des monarques qui n'avaient pas entrepris des guerres longues et coûteuses pour céder, sans avoir été vaincus, une partie des territoires sur lesquels s'exerçait leur autorité souveraine. Approuvée par Morny et présentée le 4 novembre au Corps législatif, la proposition impériale resta donc lettre morte.

Le seul résultat tangible des manœuvres diplomatiques entourant la question polonaise fut de briser l'entente franco-russe et de favoriser le rapprochement entre l'Empire des tsars et la Prusse, sans la contrepartie d'une alliance avec Vienne, et avec par surcroît d'avoir inquiété l'Angleterre en évoquant la possibilité pour la France d'annexer la Belgique et les territoires rhénans. Le désastre de 1870 est en germe dans les utopiques projets conçus à l'occasion de l'insurrection polonaise.

La politique coloniale

On évoque souvent la catastrophique entreprise mexicaine pour symboliser et stigmatiser la politique impérialiste menée, hors du vieux continent, par Napoléon III. Or, si tout ne fut pas réussite dans l'œuvre coloniale du Second Empire, on ne peut nier ni l'originalité des principes qui ont présidé à sa réalisation, particulièrement en Algérie, ni — tout jugement porté sur le bien-fondé de la colonisation mis à part — l'ampleur d'une tâche que la IIIᵉ République aura à cœur de poursuivre et d'approfondir, sans forcément avoir le même souci de considérer les colonisés comme des « égaux ». Philippe Séguin a raison de reprocher à Lavisse et à l'historiographie officielle de la IIIe République le peu de cas qu'ils font des initiatives de l'empereur en matière de politique coloniale. Il est faux d'affirmer en effet que la création d'une « amorce » d'Empire colonial français fut le résultat, obtenu « à peu de frais », grâce à « l'initiative de quelques officiers »[7]. Il est hors de doute que les entreprises des hommes de terrain — militaires, explorateurs, missionnaires, négociants, etc. — ont joué un rôle majeur dans l'expansion coloniale européenne. Toutefois, ces actions individuelles n'ont pas toujours trouvé un écho dans les sphères gouvernementales. L'Allemagne bismarckienne a longtemps été allergique au fait colonial. Le Second Empire en France, le règne de Victoria en Angleterre ont au contraire été marqués dans ce domaine par le volontarisme affirmé de l'État.

Napoléon III n'a peut-être pas eu une vision d'ensemble cohérente et soutenue des affaires coloniales. Ses principaux soucis ont consisté à offrir des satisfactions d'amour-propre à l'opinion et à se concilier certaines fractions du corps social : les militaires, en quête de gloire et de promotions rapides, les catholiques, reconnaissants du soutien apporté aux missions par le régime impérial, les candidats à la colonisation de pays neufs. Il a en tout cas multiplié les interventions, aussi bien dans le domaine militaire que civil. C'est sur son initiative que fut voté en mai 1854 un sénatus-consulte réorganisant l'administration coloniale et créant un Comité consultatif des Colonies composé de douze membres. En 1858, il créa un ministère de l'Algérie et des Colonies qui fut confié au prince Napoléon, avec mission donnée à celui-ci de réorganiser le territoire conquis en 1830. Après sa démission rapide, celui-ci fut remplacé par Prosper de Chasseloup-Laubat, dont la charge ministérielle fut rebaptisée ministère de la Marine et des Colonies. Appellation hautement significative : la modernisation de la force navale (mise en chantier d'une quinzaine de gros cuirassés à hélices et de vapeurs-transports de troupes) était mise en relation avec l'expansion coloniale, sous la houlette d'un grand commis de l'État qui conservera son poste jusqu'en 1867.

C'est aussi largement à l'empereur que l'on doit les mesures concernant la capacité d'intervention de la France dans les territoires d'outre-mer : outre la flotte de guerre, de beaucoup la plus puissante du monde après celle de la Grande-Bretagne, l'Empire a mis sur pied ou a réorganisé une importante force coloniale comprenant des unités d'infanterie de marine, de chasseurs d'Afrique, de zouaves, de tirailleurs algériens, ainsi que la Légion étrangère, dont la création date de 1831 mais dont les premiers titres de gloire furent acquis sur les champs de bataille de Crimée, d'Italie et du Mexique.

Autre innovation due à l'engagement personnel de l'empereur, l'abolition du « pacte colonial ». On désignait ainsi l'obligation qui était faite aux possessions françaises d'outre-mer de commercer exclusivement avec la métropole[8]. Ce système adopté au XVIIe siècle heurtait les convictions libre-échangistes de Napoléon III et pouvait difficilement coexister avec les stipulations du traité de commerce franco-anglais de 1860. En vertu de cet acte, véritable « coup d'État commercial » aux yeux des intérêts protectionnistes, des denrées coloniales de provenance étrangère pouvaient être admises sur le marché français moyennant un droit modique. Cela revenait à imposer aux colonies les contraintes d'un régime dont les avantages leur avaient été enlevés. C'est ce que Michel Chevalier fit observer à l'empereur, lequel chargea Chasseloup-Laubat d'élaborer une loi qui fut votée par le Corps législatif le 31 juillet 1861. Désormais, les colonies pouvaient librement commercer avec l'étranger aux mêmes conditions douanières que la métropole. En accord avec les idées saint-simoniennes, elles devenaient « autant de points d'appui pour la contribution de la France à l'expansion du commerce mondial, conçue comme facteur de paix et de rapprochement entre les nations » (Philippe Séguin)[9].

C'est en Algérie toutefois que s'est manifesté avec le plus d'éclat le volontarisme napoléonien. Vingt ans après le début de la conquête, le pays était loin d'être entièrement occupé et pacifié. Nommé gouverneur général au lendemain du 2 décembre, le général Randon soumit la Grande Kabylie et s'empara, l'une après l'autre, des oasis situées en lisière du Sahara : parfois, comme à Laghouat en décembre 1852, au prix de véritables carnages. Durant les toutes premières années du règne, Napoléon III s'intéressa peu à l'Algérie qu'il qualifiait, faisant écho aux propos du saint-simonien Enfantin, de « boulet attaché aux pieds de la France ». Il nourrissait peu de sympathie pour les Français de là-bas qui, lors du plébiscite du 21 décembre 1851, avaient majoritairement désapprouvé le coup d'État, et il déplorait que l'armée dût maintenir de l'autre côté de la Méditerranée des effectifs importants — environ 60 000 hommes — dont l'absence pouvait s'avérer dommageable en cas de conflit armé en Europe. La guerre de Crimée ne put que confirmer ses craintes. Pendant ce temps, le gouvernement impérial encourageait la colonisation. Il y avait environ 100 000 colons européens en 1852. Il y en aura près du double dix ans plus tard, en majorité des citadins. Une grande partie des terres confisquées aux indigènes fut acquise par des sociétés de colonisation qui les redistribuaient ensuite aux colons, moyennant finance et en réalisant d'importants bénéfices : ce qui n'empêcha pas les plus influentes d'obtenir — à l'instar de la Compagnie genevoise — de grosses subventions de la part de l'État.

Bien qu'il ait eu l'idée en 1852 de se faire proclamer « roi d'Algérie » en même temps qu'empereur des Français, Napoléon III laissa pendant quelques années la bride sur le cou aux militaires. La IIe République avait établi l'autorité civile, avec trois départements administrés par des préfets. L'empereur replaça l'Algérie

sous la direction de l'armée, puis — la conquête achevée — voulut revenir au régime civil. Nouveau changement en 1860, après la démission du prince Napoléon
de sa charge de ministre de l'Algérie et des Colonies : la
fonction de gouverneur militaire fut rétablie et confiée
au général Pélissier, le vainqueur de Sébastopol, que
remplacera Mac-Mahon en 1864.

Dans l'intervalle, l'empereur avait pris contact pour
la première fois avec la terre algérienne. En septembre 1860, après avoir visité la Savoie et Nice tout
nouvellement réunies à la France, le souverain se rendit
pour un bref séjour en Algérie en compagnie de l'impératrice. Il fut littéralement conquis par le pays et par ses
habitants. La fantasia offerte « au sultan et à la sultane »
émerveilla le couple impérial. L'allure des dignitaires
musulmans impressionna fortement Napoléon III, l'in-
citant à prêter une oreille attentive aux plaintes des chefs
de tribus — appuyées par les officiers des bureaux
arabes —, concernant la confiscation des terres et leur
attribution aux colons. Si bien qu'à son retour en métropole, l'empereur décida de prendre en main le dossier
algérien.

Son programme, Napoléon III en a esquissé au moins
l'esprit dans le discours qu'il prononça à Alger lors de
sa visite dans la colonie :

> Notre grand devoir, a-t-il déclaré, est de nous occuper
> du bonheur de trois millions d'Arabes que le sort des
> armes a fait passer sous notre domination. La Providence
> nous a appelés à répandre sur cette terre les bienfaits de
> la civilisation. Or, qu'est-ce que la civilisation ? C'est
> compter le bien-être pour quelque chose, la vie de
> l'homme pour beaucoup, son perfectionnement moral
> pour le plus grand bien. Ainsi, élever les Arabes à la
> dignité d'hommes libres, répandre sur eux l'instruction
> tout en respectant leur religion, améliorer leur existence
> en faisant sortir de cette terre tous les trésors que la Provi-
> dence y a enfouis et qu'un mauvais gouvernement laisse-
> rait stérile, telle est notre mission [10].

Il ne s'agissait pas d'une toquade née de l'euphorie des festivités algéroises et aussi vite oubliée que conçue. L'empereur commença par préciser sa vision. « L'égalité parfaite entre indigènes et Européens, écrira-t-il à Pélissier en 1862, il n'y a que cela de juste, d'honorable et de vrai. » Ou encore, à l'occasion du discours du Trône en 1863 : « Il faut convaincre les Arabes que nous ne sommes pas venus en Algérie pour les opprimer et les spolier mais pour leur apporter le bienfaits de la civilisation. » Discours paternaliste ? Assurément, tout comme celui que le verbe impérial destine aux ouvriers de l'Hexagone. Mais à qui les éloges et les critiques doivent-ils être prioritairement adressés ? Au souverain qui parle d'égalité à un peuple soumis à la domination des colons, ou à ces mêmes colons parmi lesquels figurent de farouches adversaire du régime, dont beaucoup sont des hommes de gauche, qui vont s'opposer avec force aux dispositions progressistes adoptées ou simplement proposées par le gouvernement ?

Car les mesures visant à modifier le statut des indigènes et les rapports entre les deux communautés ne tardent pas à suivre les déclarations d'intention du souverain. En avril 1863, un premier sénatus-consulte définit le régime de la propriété foncière et prescrit la délimitation du territoire des tribus. Un second accorde en 1865 la nationalité française aux indigènes musulmans. Des gestes symboliques marquent le souci qu'a l'empereur de s'appuyer sur les élites locales.

Six hauts dignitaires indigènes sont ainsi reçus à Compiègne en 1862 et traités avec la plus grande attention par les souverains. Lorsqu'ils veulent baiser la main du prince impérial, habillé pour la circonstance « à l'arabe », Napoléon intervient, fait relever ses hôtes et ordonne à tous « une fraternelle accolade ». La Cour est stupéfaite et la nouvelle, aussitôt rapportée en Algérie, provoque la fureur des colons.

Le 6 février 1863, dans une lettre adressée à Pélissier et que publie *Le Moniteur*, Napoléon III — qui a rédigé personnellement ce texte — enfonce le clou : « L'Algérie, écrit-il, n'est pas une colonie proprement dite, mais un royaume arabe. Les indigènes ont, comme les colons, un droit égal à ma protection. Je suis aussi bien l'empereur des Arabes que l'empereur des Français[11]. » La formule fait mouche, principalement à Alger et à Oran où l'on censure la lettre impériale. Des pétitions et des libelles hostiles à l'Empire circulent dans la population européenne. Les murs se couvrent de protestations. Lors d'un banquet chez le maire d'Alger, on oublie de porter le toast habituel à l'empereur. En métropole les journaux et les orateurs républicains, les Jules Favre, Garnier-Pagès, Carnot, Ernest Picard et autres Pelletan ne sont pas les derniers à prendre la défense des colons. Il n'empêche que lorsque Abd el-Kader, l'ancien chef de la rebellion libéré par Napoléon III en 1852, se rend à Paris en juillet 1865, pour y recevoir des mains de l'empereur la grand-croix de la Légion d'honneur, on se presse pour le voir et l'acclamer.

L'insurrection de 1864 et la dure répression qui a suivi sont arrivées à propos pour les tenants d'une politique de fermeté et d'exclusion à l'égard de la communauté musulmane. Napoléon III n'en décide pas moins de se rendre une nouvelle fois en Algérie où il séjournera du 3 mai au 7 juin 1865. Il songe toujours à l'établissement d'un royaume arabe, conçu comme une union personnelle, avec un vice-roi résidant à Alger. Il s'en expliquera dans la lettre de 88 pages qu'il adresse à Mac-Mahon après son retour en France.

> Ce pays, écrit-il, est à la fois un royaume arabe, une colonie européenne et un camp français. [...] Cette nation guerrière, intelligente, mérite notre sollicitude. Lorsque notre manière de régir un peuple vaincu sera, pour les quinze millions d'Arabes répandus dans les autres pays de l'Afrique et de l'Asie, un objet d'envie [...], ce jour-là la gloire de la France retentira depuis Tunis jusqu'à l'Euphrate et assurera à notre pays cette prépondérance qui ne peut exciter la jalousie de personne[12].

Partout où il passe, aussi bien dans les grandes villes que dans les villages du bled, l'empereur est acclamé.

Avec chacun, il sait d'ailleurs trouver le mot juste. Aux indigènes, il promet de les faire « participer à l'administration du pays et aux bienfaits de la civilisation ». Avec les colons, il se veut rassurant. « Ayez foi dans l'avenir, leur dit-il à Alger. Attachez-vous à la terre que vous cultivez comme à une nouvelle patrie. » Les soldats de l'armée d'Afrique ne sont pas non plus oubliés : « Vous n'avez aucune haine, déclare-t-il, avant de s'embarquer pour la France. Vous êtes les premiers à tendre aux Arabes égarés une main amie et à vouloir qu'ils soient traités avec générosité. »

Les bonnes intentions de Napoléon III et les mesures adoptées entre 1862 et 1866 ne résistèrent ni à la forte opposition de la communauté européenne, que soutenait le gouverneur Mac-Mahon, ni surtout aux catastrophes qui affectèrent, en 1867-1868, la population indigène. Une terrible famine, conséquence de la conjonction de plusieurs calamités naturelles — sécheresse persistante, invasion de sauterelles, tremblement de terre dans la région de Blida — provoqua la mort d'au moins 300 000 personnes et eut pour effet de radicaliser une fraction importante de la communauté musulmane. À la veille du conflit prussien, plus personne, pas même l'empereur, malade et accaparé par d'autres tâches, ne croyait à la possibilité d'instaurer en Algérie un royaume uni à la France par des liens personnels et administré par des élites autochtones. Les colons moins que quiconque, qui, après avoir donné la majorité au « non » lors du plébiscite du 8 mai 1870 (par 14 000 voix contre 11 000 et 8 000 abstentions), furent les premiers à se réjouir bruyamment de la chute du régime.

Dans la lettre-programme qu'il avait adressée à Mac-Mahon au retour de son deuxième voyage en Algérie, en 1865, l'empereur avait évoqué le jour où l'influence de la France s'étendrait sur une zone allant de la Tunisie à l'Euphrate. Il ne s'agissait nullement d'une vision onirique, même s'il fallait, pour donner un contenu concret au projet, tenir compte des obstacles majeurs

que constituait dans ce secteur l'impérialisme britannique. Déjà, en 1860, Napoléon III n'avait-il pas saisi
le prétexte que lui offrait l'inertie des autorités turques
devant les massacres de milliers de Maronites chrétiens
par les Druses musulmans pour envoyer 7 000 hommes
au Liban et obtenir la réunion d'une conférence d'ambassadeurs qui plaça ce pays sous l'autorité d'un gouverneur chrétien nommé par le Sultan ? En Tunisie,
autre pays relevant de la mouvance ottomane, l'empereur fit renforcer, de manière décisive, l'influence des
conseillers français dans l'armée et dans les finances.

Il s'investit également beaucoup dans le rétablissement des positions françaises en Égypte. Celles-ci
s'étaient considérablement affaiblies depuis Méhémet
Ali. Elles retrouvèrent, sous les règnes de Saïd Pacha
(1854-1863) et d'Ismaïl Pacha (1863-1878), une importance qui permit à Ferdinand de Lesseps — qui avait
dirigé le consulat du Caire en 1832 — de faire accepter
par le vice-roi et par le Sultan (l'Égypte était également
dépendante de Constantinople) son projet de percement
de l'isthme de Suez et de construction d'une voie d'eau
reliant la Méditerranée à la mer Rouge. Projet grandiose dont la réalisation, commencée en 1859, demanda
dix ans d'efforts acharnés et se heurta à mille difficultés, pour une bonne part suscitées par la diplomatie
anglaise, Londres voyant d'un très mauvais œil la
perspective du contrôle par les Français de la nouvelle
route des Indes. L'inauguration du canal eut lieu en
novembre 1869 et fut un événement mondial. Napoléon III, qui avait soutenu matériellement et politiquement l'entreprise de Ferdinand de Lesseps, laissa à
Eugénie, accompagnée de l'empereur d'Autriche, du
prince héritier de Prusse, du Khédive et de l'émir Abd
el-Kader, le soin de présider la cérémonie.

L'empereur n'attendit pas que la nouvelle voie maritime fût mise en service — elle ne le sera qu'après la
chute du régime — pour prendre des options sur divers
points d'appui permettant à la flotte de guerre de surveiller et de protéger ce qui n'allait pas tarder à devenir

une artère vitale pour les deux principales puissances coloniales, et aux navires de commerce de se ravitailler en charbon. La France acquit ainsi en 1862, au débouché de la mer Rouge, le petit territoire d'Obock. La même année, elle obtint la création d'un consulat à Tananarive et conclut un traité de commerce avec le gouvernement malgache. Elle se verra reconnaître par la suite la cession de Diego-Suarez, puis la possibilité pour ses nationaux d'acquérir des terres dans la grande île de l'océan Indien.

Sur la côte occidentale du Sénégal, les Français n'occupaient au milieu du XIXe siècle que deux modestes comptoirs côtiers : Saint-Louis, et l'îlot de Gorée, près du Cap-Vert, ainsi que des entrepôts à Bakel (sur le haut fleuve), Rufisque et Dagana. La disparition de la traite et l'abolition de l'esclavage avaient à peu près complètement ruiné ces territoires pour lesquels la France devait verser une redevance annuelle aux chefs locaux. Nommé gouverneur en 1854, Louis Faidherbe transforma en dix ans ce *confetti* de l'Empire en une colonie peuplée et prospère, dotée d'un petit réseau de routes, d'un port moderne (Dakar), d'écoles laïques et catholiques. Il encouragea le développement de la culture de l'arachide et celle du coton. Il organisa le culte musulman en désignant un chef suprême de la communauté. Enfin, quoique ne disposant que de moyens militaires réduits — 5 compagnies d'infanterie de marine, un escadron de spahis, 2 batteries d'artillerie, 12 avisos et une canonnière — auxquels s'ajouta, de sa propre création, le premier bataillon de tirailleurs sénégalais, Faidherbe entreprit une double pénétration du pays, du Nord vers le Sud, par le Cayor et la Guinée, et de l'Ouest vers l'Est par le fleuve Sénégal. Il jeta ainsi les bases de la future Afrique-Occidentale française.

En Extrême-Orient, l'action diplomatique et militaire du Second Empire s'effectua dans deux directions : la Chine, qui dut faire face en 1858-1860 à une opération conjuguée des corps expéditionnaires français et britannique, et la péninsule indochinoise, où, agissant pourson propre compte, la France s'assura la possession de la Cochinchine et du Cambodge. L'« ouverture » de la Chine, dont l'immense territoire et la population nombreuse paraissaient assurer au commerce occidental une source immense de profits, avait commencé au début des années 1840, sur l'initiative de la Grande-Bretagne. Elle n'avait eu que des résultats limités du fait de la résistance passive opposée aux traités par la population chinoise et par le gouvernement impérial. Ce furent donc principalement des mobiles économiques qui incitèrent les gouvernements de Londres et de Paris à intervenir militairement dans l'« Empire du Milieu ». Les violences commises par les populations contre des missionnaires et des commerçants français et anglais, dans un contexte d'agitation et de guerre civile consécutif à la « révolution des Taipings », leur offraient toutefois un alibi qu'ils n'allaient pas manquer de saisir pour légitimer leur action auprès de leurs opinions publiques. Le meurtre d'un ecclésiastique français, le père Chappedelaine, dans le Kouang-Si, et l'arrestation par la police chinoise de l'équipage d'un petit navire marchand placé sous pavillon britannique leur fournirent à point nommé le prétexte dont ils avaient besoin.

En s'associant au gouvernement britannique, qui avait décidé d'envoyer en Chine un petit corps expéditionnaire, Napoléon III ne songeait pas à entreprendre une véritable conquête coloniale. Il entendait seulement ménager quelques points d'appui à la marine et au commerce français, et surtout ne pas laisser les Anglais seuls maîtres du jeu. Ce fut donc une action conjuguée qu'entamèrent les deux puissances en 1857. Après avoir bombardé et occupé Canton, en janvier 1858, puis débarqué à l'embouchure du Peï-Ho, en Chine du Nord, en avril 1858, elles imposèrent au gouvernement de Pékin le traité de Tien-Tsin qui ouvrait six nouveaux ports chinois au commerce européen.

Devant le refus du gouvernement chinois d'observer les clauses de cet acte qu'il qualifiait de diplomatique,

Londres et Paris décidèrent d'engager une nouvelle opération militaire. Un corps expéditionnaire mixte de 8 000 hommes, commandé par le général français Cousin-Montauban — un « Africain » qui avait gagné en Algérie ses étoiles et sa réputation de baroudeur — quitta l'Europe pour la Chine au tout début de 1860 et entreprit à partir du printemps de marcher sur Tien-Tsin, puis sur Pékin. Victorieux à Palikao, où la cavalerie tartare fut mise en fuite, le 21 septembre 1860, les Franco-Britanniques s'emparèrent de Pékin où le palais d'Été fut incendié sur ordre du général anglais Elgin, et livré au pillage. Un épisode peu glorieux qui empêcha Cousin-Montauban d'obtenir son bâton de maréchal, le Corps législatif refusant d'autre part de donner son aval à la riche dotation que l'empereur avait eu l'intention de lui accorder. Il dut se contenter — si l'on peut dire — des titres de sénateur et de comte de Palikao, assortis d'un apanage de près de 600 000 francs prélevés sur l'indemnité de guerre arrachée à la Chine. Celle-ci dut signer le 25 octobre 1860 un second traité de Tien-Tsin qui ouvrait au commerce occidental onze nouveaux ports maritimes ou fluviaux, soustrayait les Occidentaux à la compétence des tribunaux chinois et établissait des représentations diplomatiques étrangères à Pékin.

De cette action conjuguée des deux principales puissances coloniales, les Anglais surent tirer un plus grand bénéfice que leurs partenaires, tant sur le plan commercial qu'en s'insinuant dans le gouvernement et dans l'administration de l'Empire. Ils prendront notamment en main l'organisation des douanes. L'intervention des Français dans les affaires chinoises eut toutefois pour effet indirect d'incliner l'empereur à s'intéresser de plus près à l'Extrême-Orient et à prêter une oreille attentive aux projets d'expansion dans la péninsule indochinoise échafaudés par des officiers de marine de haut rang, comme Rigault de Genouilly, Page, Charner, Bonard, La Grandière, ou par des marins-explorateurs comme Doudart de Lagrée, chef de la mission scientifique chargée d'explorer le bassin du Mékong en 1866. Francis Garnier, qui lui succéda à la tête de cette expédition, fut même invité à Compiègne et convié à prendre le thé chez l'impératrice. Les premières initiatives furent souvent le fait de ces militaires rompus aux questions maritimes et coloniales, mais elles reçurent vite l'appui de Chasseloup-Laubat et, par l'intermédiaire de ce dernier, celui de l'empereur. C'est ainsi que furent posés les premiers jalons du futur empire colonial indochinois : la Cochinchine, soumise entre 1862 et 1866, et le Cambodge, érigé en 1863 en protectorat.

Si l'on ajoute à ces acquisitions assujetties à des régimes divers celle de la Nouvelle-Calédonie, devenue possession française en 1853 sur l'initiative du ministre Théodore Ducos, puis érigée en colonie ordinaire en 1860 — avec pour premier gouverneur le contre-amiral Guillain, un saint-simonien converti à la politique de confiscation des terres indigènes —, on constate qu'en dix-huit ans, le domaine colonial français a triplé en superficie, atteignant en 1870 un million de km^2 et regroupant plus de cinq millions d'autochtones.

Le Mexique

Dans une lettre adressée au général Forey, auquel il vient de confier le commandement du corps expéditionnaire français au Mexique, Napoléon III explique en ces termes les raisons qui l'ont poussé à intervenir militairement dans ce pays, alors en pleine ébullition :

> Dans l'état actuel de la civilisation du monde, écrit-il, la prospérité de l'Amérique n'est pas indifférente à l'Europe, car c'est elle qui alimente nos fabriques et fait vivre notre commerce. Nous avons intérêt à ce que la république des États-Unis soit puissante et prospère, mais nous n'en avons aucun à ce qu'elle s'empare de tout le golfe du Mexique et soit la seule dispensatrice des produits du Nouveau Monde. [...] Si au contraire le Mexique conserve

son indépendance et maintient l'intégrité de son territoire, si un gouvernement stable s'y constitue avec l'assistance de la France, nous aurons rendu à la race latine de l'autre côté de l'Océan sa force et son prestige. [...] Nous aurons rétabli notre influence bienfaisante au centre de l'Amérique, et cette influence, en créant des débouchés immenses à notre commerce, nous procurera les matières indispensables à notre industrie.

Le Mexique ainsi régénéré nous sera toujours favorable, non seulement par reconnaissance, mais aussi parce que ses intérêts seront d'accord avec les nôtres [13].

Pour bien comprendre l'enjeu que constitue le Mexique en 1862, il faut d'abord se souvenir que ce pays a subi, entre 1845 et 1848, d'immenses amputations au profit de son grand voisin du Nord. Les Américains lui ont acheté le Texas en 1845, puis ont annexé en 1848, à la suite d'une guerre victorieuse, les territoires qui ont donné naissance aux États de Californie et du Nouveau-Mexique. On ne parle pas encore d'impérialisme américain à cette époque mais, pour Napoléon III, il est clair que les ambitions nord-américaines dans cette partie du continent ne s'arrêteront pas là. D'autant que le Mexique a connu, depuis son indépendance en 1821, une succession de crises intérieures qui en font une proie facile pour son puissant voisin. Après la dictature du général Santa Anna, libéraux et conservateurs — les premiers représentants d'une oligarchie de grands pro-priétaires terriens peu désireux de renoncer à leurs pri-vilèges et de partager leurs vastes domaines, les seconds fondamentalement anticléricaux et hostiles à la prépon-dérance politique et sociale de l'Église — se sont âpre-ment disputé le pouvoir, le principal enjeu étant le sort des immenses biens du clergé dont les libéraux exi-geaient la sécularisation. En décembre 1860, le gouver-nement conservateur de Miramon, qui s'était emparé du pouvoir deux ans plus tôt à la suite d'un coup d'État, fut renversé par l'Indien Benito Juarez, principal diri-geant du parti libéral, qui jouissait de l'appui des classes moyennes. Juarez ne se contenta pas d'annoncer la

création d'un « État laïque ». Il suspendit le paiement
de la dette intérieure et extérieure, suscitant aussitôt la
protestation des détenteurs de titres mexicains et
offrant du même coup aux puissances étrangères
concernées — essentiellement l'Espagne, la Grande-
Bretagne et la France — un motif pour intervenir dans
les affaires de leur débiteur.

Scénario classique, que l'on retrouve avec quelques
menues variantes, durant toute l'ère de la colonisation :
emprunts contractés auprès des puissances disposant de
capitaux abondants, refus des emprunteurs d'acquitter
leur dette, démonstration militaire et navale visant à intimider l'équipe en charge des affaires, et pour finir prise
d'un gage destiné à prélever le montant des emprunts, le
plus souvent par une saisie partielle des douanes. Tel est
bien le *modus operandi* projeté par les trois principaux
créanciers du Mexique. En octobre 1861, une convention franco-anglo-espagnole arrête le principe d'une
intervention commune destinée à obliger le gouvernement mexicain à respecter les créances étrangères. Pour
les Français, cette application au Mexique de la politique de la canonnière a un petit air de déjà vu. En 1838
en effet, l'escadre de l'amiral Baudin a bombardé Veracruz et débarqué des troupes pour faire respecter les
intérêts de ses nationaux. Il s'agit cette fois d'une opération internationale, à laquelle chacune des trois puissances créancières se trouve associée sur un pied
d'égalité.

Du moins est-ce ainsi que l'on considère les choses à
Londres et à Madrid. Or, si le corps expéditionnaire qui
débarque à Veracruz en décembre 1861 ne comporte au
départ que des contingents français (2 500 hommes) et
britanniques (700 soldats), l'arrivée de 6 000 Espagnols
venus de Cuba et placés sous le commandement du
général Prim, puis l'envoi par Napoléon III d'un premier renfort de 3 000 combattants ont tôt fait de modifier le rapport de force entre les alliés. Très vite, il
apparaît que l'empereur songe à tout autre chose qu'à
une simple opération destinée à faire rendre gorge aux

mauvais payeurs mexicains. Ses intentions deviennent plus claires encore lorsque, à la suite de la convention de La Soledad, conclue avec Juarez par les chefs du corps expéditionnaire pour permettre aux unités alliées de s'établir dans une région moins insalubre que la côte, il désavoue l'amiral français, Jurien de la Gravière, qui s'était associé à cet accord, le relègue au commandement de l'escadre et le remplace à la tête du corps expéditionnaire français — grossi d'un nouveau renfort de 4 500 hommes — par le général Lorencez. Furieux de se voir utilisés par Napoléon III pour couvrir d'un manteau de respectabilité internationale une véritable guerre menée contre le Mexique, Britanniques et Espagnols décident début avril de se retirer de l'affaire et de rembarquer leurs troupes.

Les Français ont donc les mains libres pour en découdre avec Juarez et marcher sur Mexico. Quels sont les mobiles qui ont poussé Napoléon III à transformer en conflit bilatéral ce qui ne devait être au départ qu'une pure manœuvre d'intimidation ? La première raison tient à la ventilation des sommes qui sont exigées du gouvernement mexicain et aux intérêts particuliers que recouvre la facture présentée à Juarez. Sur les 260 millions que représente la dette mexicaine, la Grande-Bretagne en réclame 85, l'Espagne 40 et la France 135 : ce qui, en principe, fait des Français les principaux créditeurs de l'État latino-américain. En principe car, sur les 135 millions exigés par Paris, 60 seulement sont dus aux résidents et aux investisseurs français. Les autres 75 millions constituent les « bons Jecker », du nom d'un banquier suisse que l'on a hâtivement naturalisé français et dont Morny a obtenu que sa créance soit incorporée à celle des Français, à charge pour Jecker de verser une commission de 30 % au président du Corps législatif. L'affaire mexicaine se trouve donc liée à des combinaisons financières dont les partenaires de la France subodorent le caractère douteux. Il est clair que, si elle n'a probablement pas été déterminante, la pression exercée sur Napoléon III par son demi-frère n'a pas compté pour rien dans la décision impériale. Jecker ne sera pas le dernier à le reconnaître. « M. de Morny vint à mourir, écrira-t-il quelques années plus tard, de sorte que la protection éclatante que le gouvernement français m'avait accordée cessa complètement [14]. »

Plus déterminantes ont sans doute été les considérations proprement économiques. Depuis longtemps l'empereur s'intéresse de près à l'Amérique centrale : exploitation des ressources agricoles et minières, canal transocéanique, marché d'exportation pour les produits industriels français, etc. Par ses dimensions et par l'importance de ses richesses potentielles le Mexique paraît tout naturellement désigné pour attirer les investisseurs et offrir aux manufacturiers français matières premières et débouchés. Le moment est d'autant plus favorable que le conflit qui oppose, depuis 1861, les États du nord et du sud des États-Unis condamne l'industrie textile hexagonale à une « faim de coton » dont les effets commencent à se faire durement sentir dans certaine régions (Nord, Alsace et surtout Normandie). L'industrie cotonnière, qui employait en 1860 plus de 350 000 ouvriers, a vu le chiffre de ses ventes décroître proportionnellement au prix de la matière première : celui-ci va en effet pratiquement doubler pour la seule année 1862.

Depuis le début de la guerre de Sécession, on s'interroge donc à Paris sur le moyen de rompre le blocus des côtes sudistes : le projet d'intervention au Mexique, avec ou sans la Grande-Bretagne — autant que la France pénalisée par la pénurie de coton —, s'inscrit dans cette perspective qui fait également entrer en ligne de compte l'éventualité d'une victoire des Confédérés, suivie d'une scission définitive. En avril 1862, au moment où l'Angleterre et l'Espagne se retirent du jeu mexicain, Napoléon III prête une oreille complaisante aux offres du délégué sudiste, Slidell. Les Confédérés sudistes se déclarent prêts à fournir du coton brut à la France en échange de produits industriels qui bénéficieraient d'une franchise. Morny, Walewski et Rouher approuvent cette combinaison qui serait assortie de la reconnaissance par la France du gouvernement de Richmond et de l'envoi d'une escadre à La Nouvelle-Orléans, avec pour mission de rompre le blocus nordiste [15]. Le refus britannique de s'engager dans une telle aventure et surtout l'évolution de la carte de la guerre en faveur du Nord ne vont pas tarder à rendre ce projet caduc, mais il ne faut pas oublier qu'il recueille l'approbation des principaux décideurs français, à l'exception de Thouvenel qui devra bientôt quitter ses fonctions de ministre des Affaires étrangères — suite à son désaccord avec la politique italienne de l'empereur — au moment où Napoléon III ordonne la marche sur Mexico.

Encore faudrait-il, si la France, seule ou en partenariat avec d'autres puissances européennes, songe sérieusement à développer ses intérêts économiques au Mexique, que la stabilité politique soit rétablie dans ce pays. Depuis 1854, des émigrés conservateurs mexicains négociaient dans plusieurs capitales du vieux continent l'établissement dans leur pays d'une monarchie dont la couronne serait confiée à un prince européen. À Paris, le *lobby* mexicain comprenait plusieurs exilés de poids, partisans de Miramon, dont Gutierrez, Almonte et Hidalgo, ami de jeunesse de l'impératrice et attaché d'ambassade à Paris. Aux Tuileries et à Compiègne, ce dernier ne manquait aucune occasion de faire miroiter au couple impérial l'intérêt qu'il y aurait pour la France à embrasser la cause des adversaires de Juarez. Napoléon hésitait, mais Eugénie — qui aimait à converser dans sa langue maternelle avec Hidalgo — fut vite acquise à l'idée d'une restauration monarchique au Mexique, soutenue par la France, et seule capable de rétablir dans ce pays, face au double péril de la révolution et du prosélytisme protestant nord-américain, les positions de l'Église catholique. L'empereur, que n'enthousiasmait pas l'idée d'être le restaurateur — fût-ce outre-mer — d'un pouvoir réactionnaire et clérical, finit par se ranger à l'idée qu'il tenait là un moyen d'amadouer les catholiques français et de se faire pardonner sa politique italienne.

On chercha donc un prince européen, catholique, susceptible d'être à la fois l'auxiliaire docile de la politique française en Amérique centrale et l'avocat de Napoléon III auprès d'une famille régnante dont l'alliance pourrait être utile à la France. Après avoir balancé entre divers candidats possibles, on opta, à l'instigation d'Eugénie, pour l'archiduc Maximilien, frère de l'empereur François-Joseph, époux de Charlotte, fille du roi des Belges. Avant d'installer Maximilien sur le trône du Mexique, il fallait vaincre la résistance des partisans de Juarez. Or ni la nature du pays, ni surtout le caractère farouche de ses habitants ne se prêtaient à une conquête facile. On avait cru que la population accueillerait ses « libérateurs » à bras ouverts, que les monarchistes n'attendaient que le signal de leur prochaine arrivée pour se soulever contre le dictateur. Il n'en fut rien. Saligny, qui représentait le gouvernement impérial auprès du corps expéditionnaire, tenta bien de mettre l'empereur en garde contre l'illusion d'un retour aisé à la monarchie :

> J'ai, Sire, écrit-il, la profonde conviction que dans ce pays les hommes à sentiments monarchiques sont très peu nombreux. [...] Depuis deux mois que les drapeaux alliés flottent sur Veracruz, et aujourd'hui que nous occupons les villes importantes d'Orizaba, Cordoba, Tehuacan, dans lesquelles n'est restée aucune force mexicaine, ni les Conservateurs ni les Monarchistes n'ont fait la moindre démonstration qui pût montrer aux Alliés qu'ils existent.
>
> Il sera facile à Votre Majesté de conduire le Prince Maximilien à la capitale et de le couronner Roi. [...] Mais ce Monarque n'aura rien pour le soutenir le jour où l'appui de Votre Majesté viendra à lui manquer [16].

Au moment où Saligny adressait cet avertissement à Napoléon III, il était trop tard. L'entreprise de conquête était engagée, et elle l'était dans des conditions qui ne laissaient rien augurer de bon. On avait voulu faire vite, ne serait-ce que pour profiter des difficultés intérieures des États-Unis et de l'impossibilité pour ces derniers d'appliquer la « doctrine de Monroe » (du nom du président américain qui, dans un message adressé en 1823 aux puissances européennes, déniait à celles-ci le droit d'intervenir dans l'« hémisphère occidental »). Les troupes étaient mal préparées au type d'opérations qu'elles auraient à mener au Mexique. L'encadrement était de qualité médiocre et ignorait à peu près tout du pays. Lorsque Forey sera nommé général en chef, l'empereur écrira au maréchal Randon : « J'ai donné à Forey la seule carte du Mexique que j'avais ; faites-la copier et lithographier, puis renvoyez-la-moi. »

Il fallut plus d'un an à l'armée française pour atteindre et prendre Mexico. Une première offensive, lancée en mai 1862 par le général de Lorencez, échoua devant Puebla. Le corps expéditionnaire dut battre en retraite alors que les journaux français annonçaient la prise imminente de la capitale. Napoléon III décida d'envoyer 23 000 soldats en renfort et désigna le général Forey — l'un des vainqueurs de Solferino — commandant en chef et ministre plénipotentiaire, avec pour mission de reprendre l'offensive et de chasser Juarez du pouvoir. Cette seconde expédition dura de mars à juin 1863. Puebla fut assiégée et prise à la suite de durs combats et Mexico capitula sans combat le 7 juin. C'est au cours de cette campagne qu'une compagnie de la Légion étrangère, commandée par le capitaine Danjou, opposa près du village de Cameron une résistance héroïque (il n'y eut que 3 survivants) aux 6 000 combattants du général mexicain Jiminez (30 avril 1863).

Tandis que Juarez se réfugiait avec ses partisans dans le Potosi, au nord-ouest du Mexique, Forey, que l'accueil des habitants de Mexico (chauffés à blanc par les conservateurs et les cléricaux) avait passablement grisé — « Sire, la rentrée des troupes après la campagne d'Italie peut seule donner l'idée d'un pareil triomphe » —, crut qu'il pourrait faire acclamer Maximilien sans recourir au plébiscite. C'était contrevenir aux instructions qui lui avaient été adressées par l'empereur. Aux Tuileries, on avait commencé à comprendre en effet que la proclamation de la monarchie sans que l'on se fût assuré de l'assentiment du peuple risquait de poser problème. Le 3 juillet, Napoléon III écrivit en ce sens à Forey :

> Le but à atteindre, précisait-il, n'est pas d'imposer aux Mexicains une forme de gouvernement qui leur serait antipathique, mais de les aider dans leurs efforts pour établir, selon leur volonté, un gouvernement qui ait des chances de stabilité et puisse assurer à la France le redressement des griefs dont elle a à se plaindre. Il va sans dire que, s'ils préfèrent une monarchie, il est de l'intérêt de la France de les appuyer dans cette voie [17].

Soit. Mais, à supposer que les Mexicains veuillent effectivement un monarque, le choix d'un prince étranger est-il souhaitable ? Dans un autre message, l'empereur — pressé par ses ministres — se montre encore plus prudent. On invite Forey à chercher « un nom capable de rallier les partis opposés, même s'il fallait faire appel à l'un des chefs qui, trompés par leur patriotisme, seraient aujourd'hui dans les rangs de nos adversaires ». Ni le commandant en chef, ni le représentant du gouvernement impérial, Dubois de Saligny, n'ont pris le temps d'attendre ces nouvelles consignes. Il faut dire qu'à l'époque plusieurs semaines sont nécessaires pour qu'un message parti de Paris rejoigne son destinataire mexicain. Lorsque les instructions de l'empereur parviennent entre les mains de Forey et de Saligny, ils ont déjà constitué une assemblée de notables qui s'est attribué le pouvoir constituant, a proclamé la monarchie et offert le pouvoir à Maximilien.

La situation reste si précaire — Juarez et ses partisans n'ont nullement l'intention de déposer les armes — que ce dernier attendra près d'un an avant de donner son accord et n'acceptera finalement de le faire qu'assuré du soutien de l'armée française. Dans l'intervalle, le pouvoir est assuré par Bazaine. Cet ancien d'Afrique, commandant de la Légion étrangère durant la campagne de Crimée, a joué un rôle décisif dans le succès du corps expéditionnaire à Puebla et à Mexico. Nommé maréchal de France après la prise de cette ville, c'est à lui que Napoléon III confie le commandement suprême après avoir rappelé Forey et Saligny. Dans ses nouvelles fonctions, Bazaine va aussitôt se comporter en vice-roi. Il s'entoure d'une véritable cour et s'installe dans un somptueux palais avec sa jeune épouse, une Mexicaine de dix-sept ans — nièce d'un ancien président du Mexique —, tout en instaurant une « pacification » de type colonial. Il signe notamment un ordre prescrivant : « Plus de prisonniers. Tout individu pris les armes à la main sera fusillé, c'est une lutte à outrance entre la barbarie et la civilisation. »

C'est seulement en juin 1864, qu'après avoir accompli une tournée des Cours européennes, au cours de laquelle il fit tristement figure de client de Napoléon III, Maximilien se décida enfin — poussé par son épouse Charlotte — à prendre possession du trône. On avait auparavant signé une convention financière engageant le Mexique à rembourser à la France 270 millions avant juillet 1864, puis de 25 à 30 millions par an : engagement qui ne pouvait être honoré qu'au prix de plusieurs emprunts effectués en priorité sur la place de Paris. C'est dire qu'avant même de voir s'installer son nouveau souverain, l'État mexicain se trouvait promis à un déficit et à un endettement hors de proportion avec ses capacités de paiement.

Napoléon III avait promis à son protégé de maintenir le corps expéditionnaire jusqu'en 1867. Il estimait qu'à cette date, l'armée loyaliste serait en état de vaincre la résistance des hommes de Juarez. Or, la situation militaire ne s'améliora guère au cours des deux années qui suivirent l'installation de Maximilien à Mexico. Bazaine disposait bien, avec les Mexicains ralliés de gré ou de force et les contingents belges, d'une force de plus de 50 000 hommes. Mais ceux-ci devaient affronter une nébuleuse de combattants rompus aux pratiques de la guérilla, connaissant admirablement le terrain et animés d'une vive ardeur patriotique et républicaine. La situation politique n'était guère plus brillante. Fidèle à ses principes, mais totalement ignorant des réalités mexicaines, Napoléon III avait ordonné que l'avènement de Maximilien fût précédé d'un plébiscite. Il aurait fallu pour organiser celui-ci avec un minimum de sérieux qu'il existât, sinon de véritables listes électorales, au moins un état civil permettant de localiser et de convoquer les populations appelées à voter. À défaut de ces instruments indispensables à l'exercice du suffrage universel, Bazaine se contenta de consulter les notables (maires, membres des juntes municipales, magistrats, etc.) et d'envoyer à Paris les résultats de ce « plébiscite » favorable au candidat de l'empereur.

De son côté, Maximilien ne voulait pas apparaître comme le représentant des conservateurs et des cléricaux, imposé au peuple mexicain par un pouvoir de type colonial. Aussi s'opposa-t-il à la restitution des biens du clergé, ce qui eut pour effet de mécontenter la droite sans lui apporter le soutien de la gauche. À Paris, Rouher s'inquiétait de son attitude : « L'empereur Maximilien, écrivait-il à Napoléon III, ne paraît pas avoir un esprit pratique et résolu. Il s'abandonne à je ne sais quel libéralisme philosophique et rêveur et n'a rien fait de sérieux jusqu'à présent pour constituer une armée et pour organiser ses finances [18]. » Après seulement quelques mois de règne, Maximilien était contesté de toutes parts. La situation financière était catastrophique. Les maigres recettes venaient essentiellement des douanes et étaient en partie dévorées par les dépenses somptuaires de la Cour. Le souverain souffrait de dépression et passait de longues semaines loin de la capitale, laissant à sa jeune épouse le soin d'exercer un semblant de régence. En adhérant au décret proposé par Bazaine, punissant de mort toute personne prise les armes à la main, il achèvera de se discréditer aux yeux des Mexicains. Mais surtout, ce fut l'évolution des relations internationales, et plus particulièrement franco-américaines, qui décida du sort de son Empire et de son propre destin.

La fin de la guerre de Sécession modifia en effet radicalement le rapport des forces dans la région. Le gouvernement américain refusa de reconnaître Maximilien et exigea, au nom de la doctrine de Monroe, le retrait du corps expéditionnaire français. La France pouvait difficilement se permettre, à l'heure où se précisait la menace prussienne, de faire la guerre aux États-Unis. Elle n'en avait ni les moyens ni le désir. Aussi Rouher conseilla-t-il à l'empereur de s'entendre directement avec les Américains et d'envoyer à Washington « un homme considérable, investi d'une mission confidentielle ». Ce ne fut toutefois qu'au début de 1866, alors que les États-Unis se faisaient de plus en plus menaçants, qu'il prit la décision de retirer ses troupes.

Maximilien allait-il abdiquer ? L'empereur le lui conseillait. Bazaine, que la perspective d'un proche retour en France n'enthousiasmait pas, et qui, peut-être, songeait à profiter de l'élimination du jeune souverain par les Mexicains pour prendre sa place, était d'un avis contraire. Finalement, Maximilien se résolut à laisser son épouse se rendre en Europe en août 1863 pour plaider sa cause : ce qui impliquait de nouveaux emprunts et surtout le maintien au Mexique d'une importante force militaire. La malheureuse Charlotte de Belgique s'embarqua donc pour la France. Elle fut chaleureusement accueillie par Eugénie, mais l'empereur se montra intraitable. Il y eut plusieurs scènes pénibles à Saint-Cloud, au cours desquelles Charlotte donna des signes de vive agitation. Fould et le maréchal Randon, respectivement en charge des Finances et de la Guerre, participèrent au moins à l'une d'entre elles. Napoléon III se montra ému et ne put, semble-t-il, retenir ses larmes, mais il ne céda pas aux prières de la jeune impératrice. De Paris, elle gagna Rome où elle fut saisie de démence au cours de l'audience que lui avait accordée Pie IX.

L'épilogue eut lieu quelques mois plus tard. Napoléon III ayant promis de retirer ses troupes avant le printemps 1867 dépêcha au Mexique l'un de ses aides de camp, le général de Castelnau, avec pleins pouvoirs pour organiser le rapatriement du corps expéditionnaire en février 1867. Bazaine avait fini par conseiller à Maximilien d'abdiquer et de rentrer en Europe mais, par fidélité à ceux qui avaient lié leur sort à son trône, le frère de François-Joseph décida de mener jusqu'au bout son combat désespéré contre les partisans de Juarez. Capturé quelques mois plus tard à Queretaro, il fut jugé sommairement et fusillé le 19 juin 1867. Ainsi s'achevait ce que Rouher avait qualifié au début de « plus grande pensée du règne ». Elle avait coûté à la France 6 000 de ses meilleurs soldats, 336 millions de francs (pour en récupérer 60). Elle avait provisoirement brouillé Napoléon III avec la jeune puissance américaine, mécontenté François-Joseph, dont le frère avait été sacrifié au chimérique projet d'Empire latin, et suscité de graves interrogations s'agissant de la collusion supposée — et dénoncée par l'opposition — entre les décideurs politiques et le bénéficiaire du remboursement de la créance Jecker, c'est-à-dire Morny. Elle avait enfin détourné l'attention de l'empereur de la scène européenne au moment où Bismarck engageait son pays dans le processus qui devait aboutir à l'affrontement franco-prussien de 1870.

La « politique des pourboires »

Depuis que la Prusse a réglé au mieux de ses intérêts — par la convention de Gastein (août 1865) — le sort des duchés danois, tout le monde a compris en Europe qu'elle ne s'arrêtera pas là et qu'elle entend placer sous sa coupe au moins les États allemands d'Allemagne du Nord. Aussi est-ce sans surprise que les chancelleries assistent en 1866 aux manœuvres de Bismarck visant à écarter définitivement l'Autriche de l'ancienne Confédé-

ration germanique. Le moment paraît d'autant plus
favorable au chancelier prussien que l'armée française,
encore en partie engagée au Mexique, n'est pas en état
de s'opposer victorieusement à une attaque sur le Rhin,
que le tsar reconnaissant de l'appui que le roi Guillaume Ier lui a apporté lors de l'insurrection polonaise
est prêt à renvoyer l'ascenseur, et que l'Angleterre s'inquiète des visées expansionnistes que ses dirigeants prêtent à Napoléon III.

C'est néanmoins pour s'assurer de la neutralité de ce
dernier dans le conflit qui s'annonce avec Vienne, que
Bismarck accepte l'invitation qui lui est faite de rencontrer l'empereur à Biarritz, en octobre 1865. L'entrevue
est cordiale — l'empereur a conservé un bon souvenir
de l'ambassade parisienne de Bismarck — mais chacun
reste sur ses gardes. Le chancelier constate que Napoléon III concentre toute son attention sur la Vénétie et
évoque de manière très vague le principe d'éventuelles
compensations en cas de victoire prussienne contre
l'Autriche, ou du simple maintien de la neutralité française. Thouvenel s'en étonne, non sans une certaine ironie : Bismarck, déclare-t-il, est « un gaillard heureux
d'avoir pour rien ce qu'il nous aurait payé, si nous
l'avions voulu ».

Pourtant, plus se précise l'éventualité d'un conflit
opposant la Prusse à l'Autriche, plus l'empereur est
enclin à penser que la neutralité de la France a un prix.
Aussi va-t-il s'appliquer à maintenir deux fers au feu.
Avec le gouvernement de Vienne, il signe le 12 juin 1866
un traité secret par lequel il garantit sa neutralité à l'Autriche, en contrepartie de la promesse par celle-ci de lui
céder la Vénétie en cas de victoire et de ne pas s'opposer
à la constitution d'un « nouvel État indépendant allemand sur le Rhin », qui ne pourrait être à ses yeux
qu'un satellite de la France. Mais en même temps, il
négocie avec Bismarck auquel il offre, si la Prusse l'emportait sur l'Autriche, de reconnaître des agrandisse-
ments territoriaux opérés aux dépens des autres États
allemands, pour peu que la France reçût une compensa-

tion en territoire allemand. Renouvelée à trois reprises par l'ambassadeur Benedetti, la demande sera rejetée avec hauteur par le chancelier prussien. Si Napoléon III est en quête de « pourboires » — déclare celui-ci en privé — qu'il les recherche ailleurs qu'en pays germanique.

La victoire prussienne de Sadowa devait bouleverser les plans de Napoléon III. Celui-ci avait cru à une guerre longue, indécise, qui lui aurait permis de monnayer son appui à l'un ou l'autre camp, ou à tirer profit de sa médiation. N'avait-il pas annoncé dans une lettre publique à son ministre des Affaires étrangères, Drouyn de Lhuys, qu'il avait l'intention de garder une « neutralité attentive » et de sauvegarder l'équilibre entre les puissances ? Or voici que cet équilibre se trouve gravement menacé. Que peut-il faire sinon proposer sa médiation aux belligérants ? Et de quel type de « médiation » s'agit-il ? Drouyn, soutenu par l'impératrice, propose une médiation « armée », c'est-à-dire accompagnée d'une mobilisation des troupes sur le Rhin, assortie d'un avertissement clair : le gouvernement n'admettra aucune modification du statut territorial sans avoir été consulté. Les risques, explique-t-il, sont nuls : les Prussiens ont engagé le gros de leurs forces en Bohême et n'ont laissé que deux régiments sur le Rhin. Bien qu'une partie de l'armée française soit encore retenue sur le sol mexicain, Randon se fait fort d'envoyer tout de suite 80 000 hommes sur la frontière de l'Est, puis de porter l'effectif à 250 000 dans un délai de vingt jours. Le ministre de l'Intérieur, La Valette, est d'un avis différent. Il fait valoir à l'empereur qu'une telle manifestation armée aurait pour effet de provoquer une explosion nationale en Allemagne et marquerait aux yeux de l'Europe l'abandon par la France du principe des nationalités. Rouher et Baroche partagent ce point de vue auquel Napoléon III, épuisé par la maladie et en proie à de vives souffrances, finit par se rallier lors du Conseil des ministres du 5 juillet. « Jamais, écrira deux jours plus tard l'ambassadeur Metternich, je ne l'avais vu dans un tel état de prostration complète. » Les infortunes du privé prenaient ainsi le pas sur la conduite des affaires publiques.

Il n'y aura donc pas de « médiation armée » mais une simple médiation « amiable » qui, il est vrai, répond davantage à l'état du sentiment public. Il suffit pour s'en convaincre de se référer à la presse et aux rapports des procureurs généraux. Les Français veulent la paix. L'annonce de la défaite autrichienne a plutôt réjoui les milieux libéraux. On ne perçoit pas encore le danger d'une Allemagne unifiée autour de la Prusse et résolue à cimenter son union en livrant contre la France une guerre « patriotique ». Aussi l'opinion publique accueille-t-elle favorablement l'annonce d'un règlement pacifique du conflit.

Napoléon III a ainsi laissé passer l'occasion d'infliger à la politique bismarckienne un coup d'arrêt peut-être décisif. Il accepte de voir la Prusse prendre la direction d'une Confédération de l'Allemagne du Nord englobant les États situés au nord de la « ligne du Main » et annexer le Hanovre, les duchés danois, la Hesse-Kassel, le grand-duché de Nassau, la ville de Francfort : au total plus de 4 millions de nouveaux sujets donnés au roi de Prusse. Il se console en prenant acte du fait que les États allemands du Sud — Bavière, Bade, Wurtemberg — conserveront une « existence internationale indépendante », alors que Bismark s'apprête à conclure avec eux des traités secrets d'alliance. Peut-être a-t-il cru à une « troisième Allemagne », désireuse de se tenir à mi-chemin de Berlin et de Vienne et — pourquoi pas ? — de nouer des relations privilégiées avec la France.

Toujours est-il que Napoléon III n'a repris que très tardivement — à la veille de la signature des préliminaires de paix de Nikolsburg — sa demande de compensations. En France, l'opinion a en effet brusquement changé dans le courant de juillet. Elle a pris conscience du danger allemand et réclame désormais de ses dirigeants une plus grande fermeté. Rouher lui-même, jusqu'alors très hostile à la médiation armée, reconnaît que « le sentiment public se prononce dans le sens d'un agrandissement à notre profit ». L'empereur ordonne à Drouyn de Lhuys de demander comme compensation à la Prusse le retour à la frontière de 1814 (donc l'annexion du sud-ouest de la Sarre avec Sarrebruck et Sarrelouis), plus le Luxembourg qui appartenait au roi des Pays-Bas et le Palatinat bavarois. Bismarck rejette cette première série de demandes : « Pas un pouce de territoire allemand », déclare-t-il à l'ambassadeur Benedetti venu le 5 août pour lui exposer les *desiderata* de la France. Le refus s'étant ébruité, l'empereur sacrifie Drouyn — remplacé un peu plus tard par Moustier — et fait paraître dans *Le Moniteur* une note démentant que la France avait réclamé des compensations territoriales. Peine perdue : Bimarck a eu connaissance du texte dans lequel Napoléon III précisait ses demandes. Il le communique aussitôt au gouvernement bavarois et aux États d'Allemagne du Sud, ce qui devait faciliter grandement les négociations visant à conclure des alliances militaires avec ces pays.

Il ne restait plus à l'empereur et à Rouher — qui gérait les dossiers diplomatiques en attendant que le successeur de Moustier fût désigné — qu'à orienter leurs revendications sur des territoires non allemands : Belgique et Luxembourg. Bismarck affecta d'être d'accord. On ébaucha même un traité qui aurait abouti à une alliance franco-prussienne. Mais le chancelier laissa les négociations s'enliser, en attendant de montrer, en 1870, ce projet de traité à la Belgique et à l'Angleterre pour les dissuader de se joindre à la France.

Quant au Luxembourg, il fut également l'objet d'une manœuvre du chancelier prussien qui empêcha la France de se saisir de cet unique et maigre « pourboire ». Lorsque Napoléon III revint à la charge, au début de 1867, et engagea des pourparlers directs avec le roi des Pays-Bas, ce dernier accepta de céder, contre paiement d'une forte indemnité, ce territoire autrefois inclus dans la Confédération germanique et où cantonnait toujours une garnison prussienne. Toutefois, le jour même où le prince d'Orange arrivait aux Tuileries pour signer l'acte de cession, Bismarck fut interpellé au Reichstag du Nord par un député qui l'accusa de vouloir brader la « patrie allemande ». Le soir même l'ambassadeur prussien demanda à l'empereur de ne pas donner suite à son projet, tandis que Bismarck intervenait auprès du souverain néerlandais qui désormais refusera de vendre. Humilié, conscient d'avoir été berné par le Premier ministre prussien, Napoléon III songea d'abord à entrer en guerre contre la Prusse. Mais l'état d'impréparation de l'armée française, l'insuffisance de ses effectifs et l'absence d'une partie de ses meilleures unités, encore retenues au Mexique, le dissuadèrent de prendre les armes avant que la restauration de l'outil militaire ne fût effective. Le projet de loi militaire s'inscrit dans ce contexte de veillée d'armes. L'empereur va désormais temporiser. Il accepte le compromis proposé par les Britanniques et les Autrichiens à la Conférence de Londres (mai 1867). Le Luxembourg restera propriété du roi des Pays-Bas, mais la forteresse sera démantelée et les Prussiens cesseront d'y tenir garnison.

Les deux années suivantes seront mises à profit par la diplomatie impériale pour tenter de trouver un allié, dans la perspective du grand règlement de comptes avec la Prusse. Tout naturellement on se tourna vers le gouvernement autrichien auquel on proposa, en avril 1867, une alliance offensive et défensive. Après une guerre victorieuse contre la Prusse, l'Autriche aurait formé une Confédération d'Allemagne du Sud et annexé la Silésie, la France occupant pour sa part la rive gauche du Rhin. Vienne ne retint pas ce projet qui supposait le sacrifice de terres allemandes. En août, Napoléon III se rendit à Salzbourg, après l'exécution de Maximilien, pour présenter ses condoléances à François-Joseph. On évoqua à nouveau, dans une perspective plus réduite, le projet d'alliance. La conversation fut cordiale, mais on n'alla pas plus loin. Il fallait d'abord réconcilier l'Autriche et l'Italie. Victor-Emmanuel y était favorable. Napo-

léon III et Rouher déployèrent de leur côté de grands
efforts pour que soit conclue une Triple Alliance assortie d'une garantie mutuelle des territoires des trois pays.
Le 4 juin 1869, jour anniversaire de la bataille de
Magenta, un projet de traité fut élaboré. Mais, avant de
signer cet acte diplomatique, le gouvernement de Florence exigea que les troupes françaises, qui avaient
repris pied à Rome après Mentana, se retirent de la
ville. Subissant plus que jamais la pression du parti clérical, Napoléon III ne pouvait que refuser cette requête.
Les trois souverains se contentèrent d'échanger en septembre 1869 des lettres autographes exprimant leurs
désirs d'adopter une politique commune. En fait, à la
veille d'affronter la Prusse, la France impériale se
retrouvait seule, privée d'une véritable alliance et d'un
outil militaire performant, avec à sa tête un souverain
usé, dont nombre de contemporains attendaient, avec
des sentiments divers, l'abdication ou la mort.

19

La fin de l'Empire
(1869-1870)

Évoquant l'atmosphère de fin de règne qui caractérise les dernières années de l'Empire, Émile Ollivier écrit dans son Journal, à la date du 28 décembre 1866 :

> L'opinion publique a un caractère d'unanimité que je ne lui ai vu à aucune époque depuis 52. Le tollé contre la loi militaire est universel, et aussi le sentiment que l'Empire est fini. Personne ne songe à l'attaquer ou à le pousser à terre, mais chacun reste convaincu qu'il s'y précipitera lui-même. Publiquement on discute sur la succession et tout le monde se demande ce qui arrivera après. On penche à croire que ce sont les Orléans qui arriveront[1].

Le même Émile Ollivier acceptera pourtant, deux ans plus tard, d'assumer la direction du gouvernement impérial et de mettre en œuvre un ultime train de réformes destiné à transformer ce qu'il subsiste de la dictature napoléonienne en un régime proche du régime parlementaire. A la suite de quoi, appelé à se prononcer en avril 1870 sur « les réformes libérales opérées dans la constitution depuis 1860 », le pays donnera une majorité écrasante au « oui ».

Quelle leçon peut-on tirer de cette apparente contradiction entre le pronostic vaguement désabusé d'un homme qui, après avoir longtemps attendu son heure, constate qu'elle est vraisemblablement passée, et le verdict inespéré des urnes, rendu quelques mois seulement après le mauvais score des législatives ? Le rallié hésitant de 1866 a-t-il présumé de l'avenir de l'Empire au vu des seules turbulences du microcosme parisien ? Sinon, en supposant qu'il ait intégré la province — et plus particulièrement le peuple des campagnes — dans son analyse, comment expliquer qu'un régime décrit comme agonisant ait pu, en moins de trois ans, s'offrir un nouveau souffle, sinon une seconde fondation ?

La crue révolutionnaire

La montée en puissance d'une opposition radicale à l'Empire tient à la fois au renouvellement des élites — principalement républicaines — qui ambitionnent désormais clairement de s'emparer du pouvoir, et aux facilités (il est vrai toute relatives) que leur ont apportées les mesures libérales adoptées en 1867-1868. S'ils poursuivent à long terme des objectifs différents et se séparent sur des questions de stratégie politique, socialistes et républicains ont en commun de vouloir mettre fin au régime impérial. Contrairement aux attentes de Napoléon III, la politique sociale de l'Empire n'a pas entraîné de ralliement massif du monde prolétaire. La montée en force du mouvement ouvrier s'accompagne d'une politisation qui s'opère aux dépens du « mutuellisme » proudhonien et dont les principaux bénéficiaires sont les « internationalistes » et les disciples d'Auguste Blanqui.

Ancien adepte de la Charbonnerie condamné à la prison à vie par la Monarchie de Juillet, libéré par la révolution de 1848 puis renvoyé dans les geôles par la République et par l'Empire — il aura au total passé trente-sept ans de sa vie en prison — Blanqui professe depuis l'exil une stratégie fondée sur l'idée, reprise plus tard par Lénine, d'un parti de professionnels de la révolution dont l'objectif consiste à prendre le pouvoir par la voie insurrectionnelle et à instaurer une dictature populaire. Ses partisans — un millier de personnes, tout au plus, dont une centaine disposant d'un armement sommaire — sont organisés en groupes de dix membres, commandés par un dizainier obéissant lui-même à un centurion. Les groupes s'ignorent et les chefs ne donnent que des ordres verbaux, sauf à l'échelon supérieur où l'on utilise un code. Ce sont de véritables unités de combat, entraînées à ce que nous appelons aujourd'hui la guérilla urbaine dans divers quartiers de la capitale. Blanqui a rédigé à leur intention une sorte de manuel de l'insurgé : *Instruction pour une prise d'armes*, dont il aura l'occasion de mesurer l'inefficacité lors des événements de septembre 1870.

De leur côté, les représentants du bureau de Paris de l'Internationale se trouvent de plus en plus enclins à intégrer le politique dans leur projet de transformation sociale. En septembre 1867 à Lausanne, lors du congrès de l'AIT, les partisans de Proudhon l'ont emporté une fois encore, mais de peu, sur ceux de Marx. De plus, en même temps qu'il recommandait la création de coopératives de production, le congrès proclamait — en complète rupture avec l'esprit du mutuellisme proudhonien et avec le Manifeste des soixante — que l'émancipation sociale des travailleurs était inséparable de leur émancipation politique. Cette prise de position ne pouvait que favoriser le rapprochement entre les représentants du mouvement ouvrier et les dirigeants républicains.

Lors du Congrès de la Paix et de la Liberté qui s'est tenu peu de temps après à Genève, sous la présidence d'honneur de Garibaldi, socialistes et républicains se sont entendus sur un même projet révolutionnaire. On a évoqué l'élimination du pouvoir temporel des papes et celle des monarques liberticides, à commencer par Napoléon III. À leur retour en France, les internationalistes acceptent de participer à deux manifestations de caractère clairement politique, dès lors qu'il s'agit de protester contre l'envoi à Rome de troupes françaises :

l'une a lieu le 29 octobre sur le passage de l'empereur François-Joseph, en visite dans la capitale française, l'autre le 2 novembre au cimetière de Montmartre, devant les tombes de Cavaignac et du patriote vénitien Daniele Manin.

Certes, on ne peut pas encore parler d'alliance entre les deux principaux courants de l'opposition de gauche. Les députés républicains de Paris s'étant abstenus de participer aux deux manifestations sont sévèrement critiqués par les internationalistes. On leur demande de démissionner pour affirmer de manière concrète leur hostilité à la politique italienne du gouvernement. Jules Favre s'y refuse au nom de ses collègues et répond avec hauteur à ceux qui lui demandent si la bourgeoisie républicaine est prête à prendre les armes aux côtés de prolétaires pour renverser le régime : « C'est vous, messieurs les ouvriers, qui, seuls, avez fait l'Empire ; à vous de le renverser seuls [2]. » La gauche socialiste ne le lui pardonnera pas, mais les poursuites dirigées contre ses dirigeants vont avoir tôt fait de rapprocher les deux courants. D'autant qu'avec la nouvelle équipe placée à la tête du bureau de Paris de l'Internationale et où siègent de futurs membres de la Commune, comme Varlin, Malon, Frankel, Theisz, Avrial, s'affirme la volonté des militants ouvriers de conjuguer le social et le politique :

> Pour nous, écrit Eugène Varlin en 1869, la révolution politique et la révolution sociale s'enchaînent et ne peuvent aller l'une sans l'autre. Seule, la révolution politique ne serait rien ; mais nous sentons bien par toutes les circonstances auxquelles nous nous heurtons, qu'il nous sera impossible d'organiser la révolution sociale tant que nous vivrons sous un gouvernement aussi arbitraire que celui sous lequel nous vivons [3].

Rochefort et Gambetta

En accordant à la presse un régime de liberté surveillée, Napoléon III a doté l'opposition d'un formidable instrument de guerre dirigé contre l'Empire et contre lui-même. Avant même que soit promulguée la loi du 11 mai 1868, on assiste en effet à l'éclosion de plusieurs dizaines de nouvelles feuilles politiques, pour la plupart positionnées à gauche comme *La Rue* de Jules Vallès, *Le Corsaire* d'Etienne Arago et Jules Claretie, ou *L'Éclipse* du caricaturiste Gill. On voit également réapparaître d'anciens titres, dont *L'Univers* de Veuillot, de retour après sept années de purgatoire, avec une équipe rédactionnelle à peu près inchangée et une ligne politique résolument arc-boutée sur des positions hostiles au catholicisme libéral.

Après la promulgation de la loi, c'est à une vague encore plus impressionnante de publications nouvelles — près de 150 journaux et périodiques, dont beaucoup n'auront qu'une existence éphémère — que le gouvernement doit faire face. Mais plus que le nombre, le contenu change et le ton adopté par les représentants de la nouvelle génération de scribes. L'heure n'est plus à la litote, aux propos allusifs et aux manières détournées, mais à la fureur et aux coups directs dirigés en tout premier lieu contre le refondateur de l'Empire et contre son entourage immédiat.

Emblématique du succès enregistré par cette presse d'un style nouveau, ouvertement polémique et occasionnellement diffamatoire, l'engouement du public pour *La Lanterne*, l'hebdomadaire satirique publié de juin 1868 à novembre 1869 par Henri de Rochefort. Énigmatique et surprenant personnage que cet authentique marquis, descendant d'un compagnon d'armes de Philippe le Hardi, duc de Bourgogne, et d'un chancelier de France créateur du Grand Conseil. Son père, Claude-Louis, né en 1790, a acquis sous la Restauration une réputation de polémiste de talent en défendant dans *Le*

Drapeau blanc les idées légitimistes. Il se tourna ensuite vers le théâtre de vaudeville [4], genre dans lequel son fils Henri, né en 1831, devait à son tour s'illustrer après avoir abandonné ses études médicales et occupé divers emplois subalternes, dont celui d'expéditionnaire à l'Hôtel de Ville.

Ses classes de journaliste et de polémiste, le fils du marquis de Rochefort-Luçay devait les faire entre 1859 et 1864 au *Charivari*, le quotidien satirique de Pierre Véron dans lequel paraissent les caticatures de Cham et celles de Daumier, légendées par celui qui — on ne sait pas très bien pourquoi — va bientôt signer Henri Rochefort ses critiques littéraires et ses chroniques politiques assaisonnées au vinaigre. Ses pièces de boulevard, ses reparties de salon et ses duels retentissants avec le prince Murat et avec Paul de Cassagnac ont fait de cet homme « étriqué, d'un aspect clownesque comme son talent » [5], une personnalité à la mode dont la gauche parisienne se dispute les libelles et les invitations à dîner. En 1864, Hippolyte de Villemessant, directeur du *Figaro*, l'engage dans son équipe rédactionnelle. Rochefort y acquiert très vite, d'abord comme simple journaliste, puis comme directeur du service politique, une notoriété qui attire d'autant plus sur sa personne les foudres de la censure qu'il s'en prend, sans la moindre retenue, aux plus hauts dignitaires du régime, qu'il s'agisse aussi bien de Persigny et de Rouher, peint en politicien véreux, que de Napoléon III lui-même qu'il n'hésite pas à comparer à un roi nègre.

Menacé d'emprisonnement, Rochefort quitte *Le Figaro* en 1867, avec la bénédiction de Villemessant, lequel va commanditer l'année suivante l'entreprise de son ancien collaborateur. « On veut m'empêcher de casser les vitres chez les autres, a déclaré ce dernier, eh bien ! j'aurai ma maison à moi. » *La Lanterne*, un hebdomadaire petit format, est mise en vente moins de trois semaines après la promulgation de la loi sur la presse. Le titre se veut doublement symbolique : « Une lanterne, explique Rochefort, peut servir à la fois à éclairer les honnêtes gens et à pendre les malfaiteurs. » C'est dire dans quel registre se situe la prose de l'ancien vaudevilliste : celui du populisme de comptoir et du calembour à deux sous, tel qu'il fleurit au café-concert avec parfois des trouvailles qui font mouche. À commencer par la célèbre estocade du numéro un : « La France contient, dit *L'Almanach impérial*, trente-six millions de sujets, sans compter les sujets de mécontentement. »

On dit que l'empereur s'en amuse, et même qu'il lui arrive de se promener « avec une *Lanterne* à la main ». Peut-être, tant que le « marquis rouge » ne dépasse pas les limites, ce qu'il ne manque pas de faire. Napoléon III peut à la rigueur supporter la profession de foi du pamphlétaire :

> Je suis, écrit celui-ci, profondément bonapartiste. On me permettra bien cependant de choisir mon héros dans la dynastie. [...] Comme bonapartiste, je préfère Napoléon II ; c'est mon droit. J'ajouterais même qu'il représente pour moi l'idéal du souverain. Personne ne niera qu'il ait occupé le trône puisque son successeur s'appelle Napoléon III. Quel règne ! mes amis, quel règne ! Pas une contribution, pas de guerre inutile avec les décimes qui s'ensuivent, pas de ces expéditions lointaines dans lesquelles on dépense six cents millions pour aller réclamer quinze francs ; pas de listes civiles dévorantes, pas de ministres cumulant chacun cinq ou six fonctions à cent mille francs l'une ; voilà bien le monarque tel que je le comprends. Oh ! oui, Napoléon II, je t'aime et je t'admire sans réserve. [...] Qui donc osera prétendre maintenant que je ne suis pas bonapartiste[6] ?

L'empereur peut encore sourire lorsque Rochefort fait mention d'une commande d'État au sculpteur Barye représentant le souverain à cheval : « On sait que M. Barye est un de nos plus célèbres sculpteurs d'animaux », mais pas lorsqu'il s'en prend au souvenir de sa mère ou à la personne de l'impératrice. Or *La Lanterne* n'est pas tendre pour la reine Hortense et ce qu'elle suggère de la conduite passée d'Eugénie relève très clairement de la calomnie. Aussi, Rochefort et son hebdomadaire — dont le premier numéro a été tiré à 120 000 exemplaires — vont-ils bientôt faire l'objet de poursuites judiciaires. La onzième et la douzième livraisons sont saisies. Le directeur de la rédaction est condamné à deux reprises (les 13 et 28 août) et par défaut à un an de prison et 10 000 francs d'amende. Il ne reste plus à Rochefort qu'à s'exiler à Bruxelles où il est accueilli chez les Hugo, en attendant les législatives de 1869 et son élection dans la première circonscription de Paris contre Carnot, sous l'étiquette « révolutionnaire socialiste », suite au choix qu'a fait Gambetta de représenter le département des Bouches-du-Rhône[7].

De son exil bruxellois, Rochefort assure la diffusion de son brûlot. Il veille personnellement à ce que les exemplaires de *La Lanterne*, désormais interdite en France et imprimée en Belgique, soient expédiés dans des caisses à cigares, soigneusement enveloppés et mêlés — comble de dérision — à de petits bustes en plâtre de Napoléon III. Le tirage et la distribution ne peuvent évidemment que pâtir de ces pratiques clandestines. L'hebdomadaire n'en constituera pas moins à vivoter jusqu'à la soixante-quatorzième livraison, offrant à Hugo l'occasion de saluer plus tard en « Rochefort, l'archer fier, le puissant sagittaire/Dont la flèche est au flanc de l'Empire abattu ».

Incontestablement, les traits décochés par l'ancien vaudevilliste ont contribué à l'érosion du mythe impérial. Populisme de gauche contre populisme de droite ? Peut-être : nous reviendrons sur ces deux notions dans le dernier chapitre de ce livre. Retenons seulement ceci, s'agissant de Rochefort et de son républicanisme de choc : membre du gouvernement de la Défense nationale en 1870, lié aux dirigeants communards en 1871 et condamné à ce titre à la déportation, on le retrouve à la fin des années 1880 à la tête de l'équipe rédactionnelle de *L'Intransigeant*. Il compte désormais parmi les plus ardents propagandistes du nationalisme et du boulangisme, ce nouvel avatar du bonapartisme. Retour aux sources : le « marquis rouge », le « révolutionnaire socialiste », a rejoint le camp de l'ultra-droite. Il sera antidreyfusard et finira sa carrière et sa vie dans la mouvance maurrassienne.

C'est sur un tout autre registre que se développe l'action — tout aussi corrosive — de Léon Gambetta. Ce fils d'immigré italien (de souche ligure) installé à Cahors, a quitté à dix-huit ans l'épicerie paternelle pour « monter à Paris » et y faire son droit. Devenu avocat, il se passionne de bonne heure pour la politique, suit en spectateur admiratif des ténors du barreau les grands procès parisiens (celui d'Orsini par exemple), adhère aux idées républicaines et devient en 1864 le collaborateur d'Adolphe Crémieux, ancien ministre de 1848 et avocat réputé. À trente ans, s'il n'est pas encore connu du grand public, ce borgne méridional exubérant et négligé, à la barbe et aux cheveux hirsutes, fait déjà l'admiration du Quartier latin. L'affaire Baudin va faire de lui une vedette de l'arène judiciaire et politique.

Baudin est cet obscur député montagnard qui, le 3 décembre 1851, avait été tué sur une barricade du faubourg Saint-Antoine. Immortalisé par Hugo dans l'*Histoire d'un crime*, on lui prête ce propos, on l'a vu, en réplique à un ouvrier qui déclarait que les prolétaires n'avaient nulle envie de « se sacrifier pour les vingt-cinq francs » — allusion au montant de l'indemnité des parlementaires : « Vous allez voir comment on meurt pour vingt-cinq francs par jour. » Dix-sept ans plus tard, qui se souvient du sacrifice du député de l'Ain ? Pourtant, dans le climat frondeur qui caractérise en 1868 l'opinion publique parisienne, on évoque de plus en plus souvent, et en termes de plus en plus vifs, le « crime de décembre ». En juillet, un rédacteur du *Siècle*, Eugène Tenot, fait paraître un livre intitulé *Paris en décembre 1851*. L'auteur est de sympathie républicaine, mais l'ouvrage n'est pas un pamphlet. Il se contente de rapporter, avec un réel souci d'objectivité, les principaux épisodes du coup d'État, parmi lesquels la fin tragique du malheureux Baudin.

Le succès est immense. Baudin se trouve du jour au lendemain érigé en martyr de la cause républicaine. L'occasion est belle, pour l'opposition de gauche, de rafraîchir la mémoire des Français. La presse prend donc le relais de Tenot, et ce sont deux organes républicains *Le Réveil* et *L'Avenir national* qui ouvrent les hostilités en lançant une souscription destinée à élever un monument au martyr du 3 décembre. L'idée vient de Louis Chales Delescluze, un disciple de Ledru-Rollin et de Blanqui, lui-même ancien combattant des barricades de 1832, exilé à Londres après la journée du 13 juin 1849, revenu en France en 1853 puis déporté à Cayenne et finalement amnistié en 1859. En juillet 1868, Delescluze a fondé *Le Réveil*, une feuille d'inspiration jacobine dont les écarts de langage ont aussitôt valu à son directeur une peine de trois mois d'emprisonnement pour « excitation à la haine et au mépris du gouvernement ». C'est à son initiative qu'a lieu, le 2 novembre au cimetière Montparnasse, une manifestation sur la tombe de Baudin, prélude au lancement de la souscription.

Le succès est immédiat. À la mobilisation des républicains, toutes tendances mêlées, s'ajoute le renfort des orléanistes. Va-t-on poursuivre les journaux qui publient les listes de souscripteurs et renvoyer Delescluze en prison ? Le pouvoir hésite. Baroche et Rouher songent plutôt à laisser passer l'orage, tandis qu'Ernest Pinard, l'ancien accusateur public de Flaubert et de Baudelaire, devenu ministre de l'Intérieur, penche pour la répression. Finalement c'est l'empereur lui-même qui tranche en faveur des poursuites. Le 2 décembre demeure une plaie vive pour Napoléon III. Autant le coup d'État lui est apparu nécessaire au moment où il a décidé d'ouvrir le dossier « Rubicon », autant les victimes de la répression lui sont restées sur le cœur. Blessé par les attaques de la presse, il décide donc de porter l'affaire devant les tribunaux et — maladresse insigne — de fonder les poursuites sur la loi « scéléra-te » dite de sûreté générale, votée au lendemain de l'attentat d'Orsini.

Un quarteron d'avocats en renom est appelé à défendre les inculpés devant la 6e Chambre correctionnelle. Deux d'entre eux, Crémieux et Emmanuel Arago, sont de vieilles gloires du barreau ; les deux autres, Laurier et Gambetta, des étoiles montantes. Delescluze a confié sa défense au borgne débraillé que d'aucuns comparent à Mirabeau ou à Danton. Et c'est bien à ces deux modèles d'éloquence que se rattache l'étincelante plaidoirie de Gambetta qui ne se contente pas de défendre son client : il exalte son passé de révolutionnaire, et il attaque le régime, non seulement dans ses fautes, mais dans ses origines :

> Oui, proclame-t-il, le 2 décembre, autour d'un prétendant, se sont groupés des hommes que la France ne connaissait pas jusque-là, qui n'avaient ni talent, ni honneur, ni rang, ni situation, de ces gens qui, à toutes les époques, sont les complices des coups de la force, de ces gens dont on peut répéter ce que Salluste a dit de la tourbe qui entourait Catilina, ce que César dit lui-même en traçant le portrait de ses complices, éternels rebuts des sociétés régulières,
> *Ære alieno obruti et vitiis onusti.*
> Un tas d'hommes perdus de dettes et de crimes, comme traduisait Corneille. C'est avec ce personnel que l'on sabre depuis des siècles les institutions et les lois, et la conscience humaine est impuissante à réagir, malgré le défilé sublime des Socrate, des Thraséas, des Cicéron, des Caton, des penseurs et des martyrs qui protestent au nom de la religion immolée, de la morale blessée, du droit écrasé sous la botte d'un soldat. [...]
> Où étaient Cavaignac, Lamoricière, Changarnier, Le Flô, Bedeau et tous les capitaines, l'honneur et l'orgueil de notre armée ? Où étaient M. Thiers, M. de Rémusat, les représentants autorisés des partis orléaniste, légitimiste, républicain, où étaient-ils ? À Mazas, à Vincennes, tous les hommes qui défendaient la loi ! En route pour Cayenne, en partance pour Lambessa, ces victimes spoliées d'une

frénésie ambitieuse ! Voilà, messieurs, comment on sauve la France [8] !

« Vous pouvez nous frapper, conclut-il, s'adressant au procureur impérial, mais vous ne pourrez jamais ni nous déshonorer, ni nous abattre. » Et il retombe, écrira Paul Deschanel, « épuisé sur son banc », « haletant comme l'auditoire, le front ruisselant de sueur, les cheveux épars, la robe en désordre », sous les acclamations de la salle et de ceux qui n'ont pu pénétrer dans l'enceinte [9]. Delescluze est condamné à six mois d'emprisonnement et à 2 000 francs d'amende. L'empereur a gagné son procès devant les juges ; il l'a perdu devant l'opinion publique. En faisant du 2 décembre le péché originel du régime, Gambetta a rappelé aux Français que la légitimité était du côté de la République. Le voilà installé au premier rang des chefs de l'opposition.

Les élections de mai-juin 1869

1868 a été une année difficile pour l'Empire et pour celui qui détient les rênes du pouvoir. Elle s'achève, avec le verdict du procès Delescluze, par une victoire à la Pyrrhus pour le gouvernement. Le tribunal n'a pas interdit en effet la publication des débats. Les journaux d'opposition reproduisent la plaidoirie de Gambetta et poursuivent la publication des listes de souscripteurs, parmi lesquels figure le vieux légitimiste Berryer. De son lit d'agonisant, celui-ci fait parvenir son obole aux responsables de l'érection du monument expiatoire dédié à Baudin. Les adversaires du régime se comptent et se préparent pour les élections du printemps.

La santé de l'empereur s'est fortement détériorée. À plusieurs reprises, il a dû renoncer à présider le Conseil. À soixante ans, Napoléon III a l'allure d'un vieillard. Il parle à ses intimes d'abdiquer en faveur de son fils qui n'a pas encore treize ans. Il a pratiquement cessé de monter à cheval et se déplace avec difficulté, souvent avec l'aide d'une canne. Son écriture et sa voix se dégradent. Tout le monde à la Cour sait à quoi s'en tenir sur le mal qui ronge le souverain. On a longtemps parlé de rhumatismes, mais les médecins sont désormais unanimes à diagnostiquer une maladie urinaire, vraisemblablement un calcul dans la vessie. On soigne le patient à l'opium, ce qui provoque chez lui des accès de somnolence et l'empêche de se consacrer à l'examen suivi des affaires. La Cour vit au diapason du maître des lieux. La fête impériale s'achève dans une succession de soirées moroses et dans la nostalgie du temps encore tout proche où le Gotha européen et les célébrités planétaires étaient conviés à partager les plaisirs des souverains et la magnificence des palais impériaux. La dernière grande fête de l'Empire — 6 000 invités, illuminations, feux de bengale et fontaines lumineuses — aura lieu aux Tuileries pour célébrer la victoire du oui au plébiscite de mai 1870.

Un an auparavant, les Français ont été invités à renouveler le Corps législatif. Une campagne mouvementée a précédé le scrutin. Pendant près de vingt ans, les Français ont été privés de parole et voici qu'avec la loi sur les réunions la possibilité de s'exprimer leur est rendue. Certes, comme la liberté de la presse, celle de réunion souffre des garde-fous que lui a imposés le législateur. On peut débattre de tout, sauf de religion et de politique. En réalité, il est facile de tourner la loi en convoquant le public à un débat de société — le mariage, le divorce, le travail des femmes, l'enseignement, etc. — et laisser aux orateurs le soin de politiser la question. A Paris notamment, les réunions publiques prolifèrent. Elles s'adressent à des publics de plus en plus nombreux (juqu'à 20 000 personnes), de plus en plus passionnés et se transforment fréquemment, sous les yeux des malheureux commissaires de police chargés de leur surveillance, en véritables meetings électoraux.

À la veille du scrutin législatif, l'opposition paraît à la fois puissante, principalement dans les grandes villes,

et divisée. Les légitimistes ne représentent plus grand-
chose et les libéraux, qui se rangent sous la bannière
du tiers parti, rassemblés autour de Thiers, Rémusat,
Lasteyrie et Casimir-Perier, ne rencontrent qu'une
faible audience dans les couches populaires. Aussi sont-
ils prêts à s'allier avec les républicains modérés : les
Favre, Picard, Ferry, etc., représentants d'une bourgeoisie progressiste, rationaliste, laïque, ennemie de toute
démagogie et de tout populisme, allergique aux foules
et aux passions révolutionnaires. À Paris, Jules Ferry
aura pour adversaires Jules Vallès et le bonapartiste
de gauche Adolphe Guéroult, directeur de l'*Opinion
nationale*.

À ces républicains de raison, s'opposent les vieux
représentants de la gauche républicaine quarante-
huitarde, tels Carnot, Schoelcher ou Garnier-Pagès,
opposés à toute alliance avec les hommes du tiers parti,
et les jeunes « radicaux », dont les principaux représentants sont Pelletan, Clemenceau et surtout Gambetta.
Candidat à Belleville, ce dernier expose son programme
dans un manifeste qui revendique, outre le plein exercice des libertés publiques (presse, réunion, association), la suppression du budget des cultes, la séparation
des Églises et de l'État, la disparition des armées perma-
nentes, l'élection des fonctionnaires publics, l'instruction primaire laïque, gratuite et obligatoire. Cette
gauche démocratique est elle-même partagée entre ceux
qui, fidèles à l'esprit jacobin, sont partisans d'un pouvoir fort et d'une administration centralisée, et ceux qui
aspirent au contraire à une plus grande autonomie des
collectivités locales.

Quant aux socialistes révolutionnaires, disciples de
Proudhon ou de Blanqui, ils se tiennent le plus souvent
à l'écart de la compétition électorale. C'est sans grand
espoir d'être élu que Jules Vallès, auquel les articles
hostiles au régime parus en 1868 dans *La Rue* ont valu
d'être à son tour emprisonné à Sainte-Pélagie, se lance
dans la bataille contre Jules Simon dans la 8e circonscription de Paris. « J'ai toujours été, écrit-il, l'avocat des

pauvres, je deviens le candidat du travail, je serai le député de la misère. » Il ne recueillera en fait que quelques centaines de voix.

Face à cette opposition hétérogène mais qui ne manque ni de détermination ni de moyens d'exprimer son hostilité au régime, le pouvoir joue simultanément sur deux tableaux. L'empereur met l'accent sur les préoccupations sociales qui inspirent son action et fait distribuer à cette fin une brochure célébrant les mérites du bonapartisme populaire. Rouher use pour sa part des procédés habituels, visant à atténuer les effets d'un flux protestataire dont la crue inquiète l'équipe dirigeante. Forcade de la Roquette, qui a remplacé Pinard à l'Intérieur à la suite de l'affaire Baudin, procède à un redécoupage des circonscriptions effectué au détriment des villes républicaines. On remet en vigueur le système des candidatures officielles, assorties de pressions dont l'efficacité donne toutefois des signes évidents de grippage. Maires et préfets font preuve d'un zèle tout relatif, tandis que dans de nombreuses circonscriptions de province les députés sortants préfèrent se présenter sous l'étiquette de « libéraux dynastiques ». La dispersion des voix n'est pas le moindre péril qui guette les candidats du gouvernement, opposés parfois à dix, quinze ou vingt concurrents.

Le 24 mai 1869, au soir du premier tour, les candidats gouvernementaux obtiennent 4 438 000 voix sur quelque 8 millions de suffrages exprimés, l'opposition 3 355 000 voix, soit pour cette dernière un gain de plus de 1 300 000 suffrages. Depuis les législatives de 1863 l'écart s'est donc fortement amenuisé entre les deux camps : il n'est plus que de 1 083 000, soit environ 10 % des inscrits, contre 3 354 000. Le vote du 24 mai, que confirmera celui du deuxième tour le 7 juin — 59 sièges sont en ballottage — constitue un échec pour les candidats du pouvoir qui conservent toutefois la majorité avec 216 élus sur 292 : 118 « officiels » et 98 « gouvernementaux libéraux ». Les républicains l'ont emporté dans toutes les grandes villes. À Paris, avec

234 000 voix contre 77 000 ils ont écrasé les bonapartistes, enlevant 8 sièges sur 9, dont une majorité revenant aux candidats radicaux (dont Gambetta, élu contre
Carnot, et Bancel, victorieux d'Émile Ollivier).

La poussée républicaine doit néanmoins être relativisée. De 17 en 1863, l'effectif des élus est passé à une
trentaine sept ans plus tard. L'influence de la gauche,
quoique un peu masquée par le charcutage des circonscriptions, ne saurait être évaluée à l'aune du tumulte
que peuvent causer ses représentants : à Paris notamment où, à la suite de l'échec de Rochefort, battu au
second tour par Jules Favre, on manifeste au Quartier
latin et sur les boulevards. Les républicains, dont les
divergences idéologiques et les rivalités personnelles ou
générationnelles sont apparues au grand jour à l'occasion du vote, restent minoritaires au sein d'une
opposition dominée par les modérés, libéraux ou
conservateurs, partisans comme Thiers et ses amis de
l'octroi des « libertés nécessaires ».

À l'autre extrémité, la droite autoritaire, qui
condamne toutes les réformes introduites depuis 1860
et ne s'interdit pas de rêver d'un nouveau coup d'État,
a subi un échec indiscutable. Ceux que l'on a sur-
nommés les mameluks [10] ne sont plus que 90 au Corps
législatif, ce qui exclut — à moins que l'empereur ne
se décide à employer la manière forte, ce qui paraît fort
improbable — un retour total ou partiel à l'Empire
autoritaire.

Entre ces deux pôles minoritaires, la masse des élus
forme une coalition disparate comprenant les orléanistes, les catholiques, les candidats officiels, les indépendants, tous également hostiles à l'Empire autoritaire
aussi bien qu'à l'Empire jacobin — aucun des candidats
poussés par le prince Napoléon n'a été élu — et bien sûr
à la République. La plupart d'entre eux appellent de
leurs vœux un régime qui, tout en respectant son caractère dynastique, reconnaîtrait la responsabilité du gouvernement devant la représentation librement élue par

la nation et investie d'un droit de contrôle sur l'exécutif :
autrement dit un régime parlementaire.

Vers « l'Empire parlementaire »

Le résultat du scrutin de mai-juin 1869 a déçu Napoléon III. Celui-ci avait cru se concilier le monde ouvrier en lui accordant des droits que ni la monarchie constitutionnelle, ni la République bourgeoise n'avaient songé à lui reconnaître. Or les ouvriers ont voté contre l'Empire et si ce dernier conserve à la Chambre une majorité confortable, il le doit aux suffrages des ruraux. Quant aux mesures visant à libéraliser le régime de la presse et le droit de réunion, elles ont surtout fourni des armes à l'opposition. Au lendemain des législatives, qui songe à gauche à mettre fin aux hostilités contre le pouvoir ?

Du côté des socialistes et des dirigeants ouvriers on pense plutôt à exploiter le mécontentement des masses pour faire avancer le projet révolutionnaire : c'est ce que nous appelons aujourd'hui un « troisième tour social ». Non que le projet réponde à une stratégie globale. Grèves et manifestations se développent en effet le plus souvent de manière autonome et visent à satisfaire des revendications précises, liées aux conditions de travail et de salaires. Ce sont les moyens employés par le pouvoir et par ses représentants locaux pour réprimer ces actions qui, portés par la presse militante à la connaissance du public, donnent au mouvement social une forte coloration politique.

Citons, parmi beaucoup d'autres conflits ayant éclaté durant cette période, celui qui oppose, en octobre 1869, les mineurs d'Aubin, dans l'Aveyron, aux patrons de l'entreprise. Il s'agit au début d'obtenir le départ d'un agent de la compagnie, à l'instar des grévistes de Carmaux qui ont obtenu celui de l'ingénieur en chef. S'enchaînent ensuite les séquences — résistance de l'encadrement, violences infligées à un ingénieur et à un

magistrat, intervention de la troupe — qui aboutissent
après deux jours de tension au drame final : l'armée
tire sur les grévistes, tuant quatorze d'entre eux. Bilan
aussitôt révisé à la hausse par Rochefort qui écrit dans
Le Rappel : « L'Empire continue à éteindre le paupérisme. Vingt-sept morts et quarante blessés, voilà
encore quelques pauvres de moins [11]. » Grèves accompagnées de violences à Aubin, Firminy Carmaux, Elbeuf,
etc., manifestations en province, émeutes à Paris, au
Quartier latin et à Belleville, où ont lieu des pillages,
des bris de vitrines et de bancs, et où la police procède
à un demi-millier d'arrestation : l'empereur s'émeut.
Faudra-t-il refaire un 2 décembre, comme le réclament
Cassagnac et les bonapartistes autoritaires ? Ou donner
satisfaction à ceux qui, opposants modérés ou partisans
conditionnels, demandent plus de liberté pour les
citoyens et plus de pouvoir pour les représentants du
peuple ?

Contre toute attente, c'est de Persigny, le fidèle parmi
les fidèles, l'inlassable organisateur des conspirations
bonapartistes, que vient l'encouragement à la modération et à la libéralisation. Persigny a compris qu'une
page est tournée, et il le dit dans une lettre que publie
Le Constitutionnel : « L'empereur n'a qu'à persévérer
dans les voies nouvelles qu'il a ouvertes, mais en appelant à lui une nouvelle génération. [...] Quant aux
hommes du Deux Décembre, comme moi, notre rôle est
fini. » Message reçu : l'empereur accepte d'engager un
nouveau train de réformes, mais il doit auparavant restaurer l'autorité de son gouvernement. Dans une note
confidentielle adressée à son cousin Plonplon, au lendemain du scrutin, il a surtout insisté sur son désir de
libéraliser le régime. Au contraire, dans la lettre qu'il
rédige à l'intention d'un jeune député bonapartiste, le
baron de Mackau — et que publie *Le Peuple* — l'accent
est mis sur le préalable du retour à l'ordre : « Des
concessions de principe, écrit-il, ou des sacrifices de
personnes sont toujours inefficaces en présence de
mouvements populaires ; un gouvernement qui se res-

pecte ne doit céder ni à la pression, ni à l'entraînement de l'émeute. »

Napoléon III a néanmoins conscience qu'il doit faire vite s'il ne veut pas voir se développer une fronde parlementaire qui renforcerait le camp des adversaires de l'Empire. En principe, le Corps législatif aurait dû se réunir à la date légale d'octobre. L'empereur le convoque dès le 28 juin en session extraordinaire. L'examen des projets « propres à réaliser les vœux du pays » étant reporté à la session ordinaire, il s'agit en principe de vérifier les pouvoirs des nouveaux élus. En fait, il semble plutôt que le souverain ait voulu tester l'état d'esprit de la Chambre. Il n'a pas longtemps à attendre : deux jours après l'ouverture de la session, des députés du tiers parti, dont quelques-uns ont figuré parmi les candidats officiels, projettent une interpellation évoquant « la nécessité d'associer le pays d'une manière plus efficace à la complète direction des affaires publiques ». Les 42 signataires se prononcent en faveur d'une politique extérieure pacifique et demandent l'abrogation de la loi de sûreté générale, l'interdiction du cumul des gros traitements, une réforme électorale sauvegardant la liberté des élections (donc la fin de la candidature officielle), la substitution des jurys aux tribunaux correctionnels dans les procès relatifs aux délits de presse. On y ajoutera quelques jours plus tard la responsabilité politique des ministres et l'octroi au Corps législatif du droit d'établir son règlement et d'élire son bureau. Le 6 juillet, les 42 sont devenus 116, nombre d'élus appartenant à la majorité ayant accepté de signer ce texte après qu'il a été paraphé par le duc de Mouchy, époux de la princesse Anna Murat, et par le baron de Mackau : deux noms qui laissent supposer aux hésitants que le souverain n'est pas opposé aux réformes demandées.

En vérité, Napoléon ne souhaite pas que la demande d'interpellation soit officiellement déposée. Thiers et les républicains se sont bien gardés de la signer pour éviter de lui donner un caractère hostile, mais il suffirait que la gauche républicaine et quelques indépendants joignent leur voix à celles des signataires pour que le ministère soit mis en minorité. Aussi l'empereur préfère-t-il faire le premier pas et accorder des concessions à ce qui constitue encore une majorité favorable à l'Empire. À la suite d'un Conseil extraordinaire (et houleux), qui se tient à Saint-Cloud le 8 juillet, il décide de sacrifier Rouher et charge celui-ci d'annoncer à la Chambre, le 12 juillet, la démission de son gouvernement, et de lire un message du souverain, reprenant tous les points du manifeste des 116. Le lendemain, les ministres remettent leur démission et le Corps législatif est prorogé à la demande de son président, l'industriel Eugène Schneider.

Le 17 juillet, un nouveau ministère fut constitué. La logique parlementaire aurait voulu que ses membres fussent choisis parmi les Cent Seize mais en agissant ainsi Napoléon III aurait eu l'air de capituler devant la Chambre. D'autant plus que la Constitution n'étant pas encore modifiée, les députés ne pouvaient devenir ministres sans renoncer à leur mandat. L'empereur fit donc appel à une équipe de « techniciens », dirigée par Chasseloup-Laubat, avec Forcade La Roquette à l'Intérieur et Magne aux Finances. Sacrifié aux catholiques, Duruy ne faisait pas partie de ce gouvernement de transition, pas plus qu'Ollivier, à qui l'on avait offert un portefeuille qu'il avait refusé. L'ancien rapporteur de la loi sur les coalitions attendait son heure depuis trop longtemps pour guigner un lot de consolation.

Écarté de la direction des affaires, le « vice-empereur » Rouher se voyait propulsé à la présidence du Sénat : Napoléon allait ainsi pouvoir disposer d'un appui précieux au moment où — le Corps législatif étant mis provisoirement sur la touche — cette assemblée allait débattre de la nouvelle Constitution. Celle-ci fut discutée sans grande passion durant le mois d'août et devint effective le 8 septembre avec la promulgation d'un nouveau sénatus-consulte contenant tout ce qui avait ét promis par le message impérial du 11 juillet.

Ollivier pouvait confier à son *Journal* sa très grande satisfaction :

> Depuis douze ans, écrit-il, on me vilipende pour avoir cru l'Empire compatible avec la liberté. La preuve est faite et la question jugée. J'ai atteint mon but. La première partie de ma vie politique est close. Une autre va commencer[12].

Le sénatus-consulte libère totalement le Corps législatif de la tutelle impériale. Il partage désormais avec le souverain l'initiative des lois, discute et vote le budget par chapitre, article par article, et dispose du droit d'approuver les tarifs douaniers. Le Sénat se voit reconnaître la publicité des séances, le droit d'interpellation et la possibilité d'opposer son veto (jusqu'à la session suivante) aux textes votés par la Chambre. Le ministère d'État disparaît et les membres du gouvernement peuvent désormais être choisis parmi les députés et les sénateurs.

Ce troisième train de réformes modifie radicalement les rapports entre les parlementaires et l'exécutif. Reste une ambiguïté de taille qui découle de l'article 2 du texte constitutionnel : « Les ministres, est-il dit, ne dépendent que de l'empereur. Ils délibèrent en Conseil sous sa présidence. Ils sont responsables. » Responsables devant qui ? Pour les bonapartistes autoritaires, qui campent l'arme au pied devant cette ultime barricade institutionnelle, ce ne peut être que l'empereur. Au contraire, pour la majorité des élus et pour l'opinion publique, la responsabilité ministérielle s'applique, de toute évidence, au rapport que le gouvernement entretient avec la majorité du Corps législatif. Que celle-ci vienne à lui manquer, et il doit nécessairement céder la place à une autre équipe. Tant que l'équivoque ne sera pas levée, on ne pourra parler, en rigueur de termes, d'Empire parlementaire. Seule la pratique permettra d'y voir plus clair.

Le ministère Ollivier

Il faut près de quatre mois à Napoléon III pour éclaircir la situation et venir à bout des dernières réticences d'Émile Ollivier. Il est vrai que l'état de santé du souverain ne l'incline pas à hâter la mise en œuvre des réformes. Le 7 septembre, donc à la veille de la promulgation du sénatus-consulte, il a fallu le porter dans un fauteuil pour qu'il pût présider le Conseil. L'empereur évoque de plus en plus fréquemment — et de sang-froid — l'éventualité de sa proche disparition et se préoccupe des conditions de la régence. L'acharnement que met la presse radicale à traîner dans la boue le couple impérial et l'agitation endémique qui s'est installée dans la capitale depuis les législatives ne le poussent pas davantage à brûler les étapes. Le 15 août, le centenaire de la naissance du fondateur de la dynastie a été célébré dans une atmosphère glaciale. Ni la transformation des Champs-Élysées en un vaste parc d'attractions, ni les illuminations et les feux d'artifice n'ont réussi à réveiller l'enthousiasme des Parisiens.

Les hésitations et les inquiétudes de Napoléon III transparaissent dans les lettres qu'il adresse à Eugénie, en route pour Venise, puis l'Égypte, pour l'inauguration du canal de Suez. « L'hiver ne se passera pas sans coup de fusil, lui écrit-il le 15 octobre. Le pays est malheureusement incapable de supporter la liberté. » Et le 4 novembre : « Les excitations des journaux démocrates et les réunions publiques doivent amener tôt ou tard une émeute qui fera l'effet de l'orage qui purifie l'atmosphère [13]. » Entre ces deux dates, il a dû effectivement faire face à une menace de manifestations violentes. Un député républicain, Émile de Kératry, a proposé à ses collègues, pour contraindre le pouvoir à réunir le Corps législatif avant la date de la session ordinaire — légalement fixée au début de 1870 —, de se rendre le 26 octobre au Palais-Bourbon pour y tenir séance. Gambetta s'étant rallié à cette proposition également approuvée par la presse radicale ; une épreuve de force est dans l'air. Pour l'éviter, Magne conseille à l'empereur de convoquer la Chambre pour le 25 octobre, ce que Napoléon refuse, estimant que ce serait capituler devant la rue, et il fixe l'ouverture de la session au 29 novembre. L'occasion lui est ainsi offerte — après que Gambetta et ses amis ont annulé la consigne de mobilisation — de marquer clairement les limites de la libéralisation. Il se tiendra, explique-t-il aux députés, « entre ceux qui prétendent tout changer et ceux qui aspirent à tout renverser ». Et d'ajouter, sous les applaudissements de l'assemblée : « La France veut la liberté, mais avec l'ordre. L'ordre, j'en réponds. Aidez-moi, Messieurs, à fonder la liberté. »

Il restait à constituer un ministère capable de mettre en marche la nouvelle machine gouvernementale sans entraîner la chute du régime, donc à trouver un homme disposant d'une autorité assez forte pour gouverner le pays d'une main ferme, en accord avec la majorité de la Chambre. Les candidats répondant à cette double condition ne faisaient pas légion. Rouher avait certes l'autorité requise, mais le Corps législatif n'était guère enclin à soutenir un homme qui n'avait accepté que du bout des lèvres les réformes qu'on lui avait demandé de défendre devant les élus de la nation. De plus, il n'avait nulle envie de quitter la sinécure du Sénat pour retrouver les pesantes responsabilités du pouvoir. Thiers, dès lors qu'il s'agirait de diriger un gouvernement responsable devant l'Assemblée, ne se déroberait pas si on lui demandait d'assumer cettte charge[14]. Mais Napoléon III ne voulait de Thiers ni comme principal animateur de l'équipe gouvernementale, ni même comme simple ministre.

Il ne restait qu'Ollivier. Plusieurs fois pressenti pour entrer au gouvernement, ce transfuge de la famille républicaine s'était jusqu'alors refusé à tenir un rôle secondaire et à faire partie d'une équipe qui n'aurait pas le soutien de la majorité de la Chambre. Autant dire qu'il entendait être le principal ministre du premier gouvernement de l'« Empire parlementaire ». Avant d'en arriver là, il fallut écarter de nombreux obstacles, les uns d'ordre proprement politique, les autres liés à des questions de personnes. Napoléon voulait conserver Forcade et en faire l'une des pièces maîtresses du futur gouvernement, ce à quoi Ollivier était résolument opposé, estimant que le successeur de Pinard était un homme du passé et ne pouvait que freiner l'évolution libérale du régime. De son côté, l'empereur refusait de voir son cousin, le prince Napoléon, et Girardin, l'un et l'autre très liés à Ollivier, accéder au pouvoir.

Les négociations traînèrent pendant plus de deux mois. Jugeant insuffisantes les offres du souverain et désireux d'être maître à bord dans le futur navire gouvernemental — « Je voulais, dira-t-il, former un ministère et non me glisser dans le ministère des autres » — Émile Ollivier se retira dans sa propriété de La Moutte, près de Saint-Tropez. C'est là que, fin octobre, Duvernois, directeur du *Peuple français* et député des Hautes-Alpes, vint le chercher pour le ramener à Paris. Scène rocambolesque : le 1ᵉʳ novembre, Ollivier prit le train pour Compiègne, « déguisé » en Monsieur-tout-le-monde, débarrassé de ses lunettes, un épais cache-nez dissimulant son visage. Piétri l'attendait à la gare et le conduisit au château où l'entrevue avec l'empereur dura jusqu'à plus de minuit. Suivit une correspondance entre les deux hommes qui, d'une lettre à l'autre, témoigne d'une sympathie et d'un désir de collaborer de plus en plus grands.

Le 27 décembre, Napoléon III adressa enfin à Ollivier le message qui le désignait comme le numéro un de la future équipe gouvernementale. Les termes en étaient soigneusement pesés :

> Les ministres m'ayant donné leur démission, je m'adresse avec confiance à votre patriotisme pour vous prier de me désigner les personnes qui peuvent former, avec vous, un cabinet homogène, représentant fidèlement la majorité du Corps législatif et résolus à appliquer, dans

sa lettre comme dans son esprit, le sénatus-consulte du 8 septembre.

Ce n'était pas encore tout à fait l'adoption du régime parlementaire. L'empereur se réserve le choix des ministres de la Guerre et de la Marine. Le cabinet délibère sous la présidence du souverain. Ollivier est reconnu comme principal ministre mais il ne peut se prévaloir ni du titre de président du Conseil, ni de celui de chef du gouvernement ou de Premier ministre. Enfin le principe de la solidarité ministérielle n'est pas reconnu. Le pas franchi en direction de la démocratie parlementaire n'en est pas moins important.

Il reste à constituer l'équipe gouvernementale qui sera appelée à poursuivre les réformes. La tâche n'est pas mince : Napoléon III a donné pour consigne à son « principal ministre » de former un cabinet qui soit à la fois « homogène » et « représentant fidèlement la majorité du Corps légilsatif ». Or celle-ci est loin, on l'a vu, d'être homogène. Ollivier devra se contenter de réunir des hommes du centre gauche : Daru aux Affaires étrangères, Buffet aux Finances — et des représentants du centre droit : Chevandier de Valdrôme à l'Intérieur, Talhouët aux Travaux publics, Segris à l'Instruction publique, Louvet à l'Agriculture et au Commerce. Les bonapartistes autoritaires sont écartés de la combinaison, tandis que les titulaires des ministères militaires, Le Bœuf à la Guerre et Rigault de Genouilly à la Marine, conservent leur portefeuille, de même que le responsable de la Maison de l'Empereur, le maréchal Vaillant. Quant à Ollivier, auquel ses collègues ont refusé le titre de vice-président, proposé par l'empereur, il prend pour lui le portefeuille de la Justice qui lui donne le pas sur les autres ministres et le droit de présider les séances du Conseil en l'absence du souverain.

Ce ministère d'« honnêtes gens » — c'est ainsi que le qualifie Daru devant le Sénat — fut dans l'ensemble bien accueilli. Il n'y eut guère que les radicaux et les bonapartistes autoritaires, ces derniers rassemblés derrière Rouher et l'impératrice Eugénie, pour critiquer avec véhémence la nouvelle équipe dirigeante. George Sand exprime sa satisfaction. Des républicains modérés estiment avec Ernest Picard que si le gouvernement Ollivier tient ses promesses, « il faudra le seconder dans sa tâche ». Thiers lui-même, au demeurant peu confiant dans les qualités d'homme d'État de son rival, déclare devant la Chambre, désignant d'un geste les ministres du 2 janvier : « Nos opinions sont sur ces bancs. » D'anciens ténors de l'orléanisme, comme Guizot et Prévost-Paradol, saluent en Émile Ollivier l'homme de la « révolution pacifique » et ne vont pas tarder à lui offrir une « élection de maréchal » à l'Académie française.

> Il est vrai de dire, écrit Rémusat, que nous avions le meilleur ministère possible, mais non pas dans la meilleure des Chambres possibles.
> La France, un peu étonnée et encore défiante, le comprit à demi ; elle s'en réjouit, quoique avec scrupule. Les esprits se rouvrirent à l'espérance, et il y eut quinze à vingt jours pendant lesquels un rapprochement parut prêt à s'opérer entre toutes les opinions conciliables ; ce fut une de ces lunes de miel rares et courtes dont il semble si facile de profiter, et dont cependant on ne profite presque jamais[15].

Le plébiscite du 8 mai 1870

Officiellement constitué le 2 janvier 1870, le nouveau ministère ne va guère avoir le temps en effet de savourer sa « lune de miel » avec l'opinion. Du côté des bonapartistes autoritaires, la grogne portait surtout sur le choix des hommes. On faisait grief à l'empereur d'avoir ramené au pouvoir les hommes de la rue de Poitiers. « Il ne manque plus, disait-on, que le duc d'Aumale à la Guerre et le prince de Joinville à la Marine. » Mais surtout, abandonnant toute prudence, la gauche radicale prenait date pour une relève politique que l'on annon-

çait imminente et d'ailleurs pacifique, le régime étant
appelé à disparaître, emporté par le flot du vote républicain. Huit jours seulement après la formation du cabinet, Gambetta apostrophait en ces termes le principal
ministre :

> Si vous voulez fonder la liberté avec l'Empire et que
> vous vouliez la fonder avec notre concours, il faut y renon-
> cer et vous attendre à ne le rencontrer jamais. Ce que nous
> voulons [...] c'est qu'on nous donne sans révolution, paci-
> fiquement, cette forme de gouvernement dont vous savez
> tous le nom : la République. Il arrivera un moment où la
> majorité vous remplacera, sans secousse, sans émeute,
> sera amenée à un autre état de choses. Vous n'êtes qu'un
> pont entre la République de 1848 et la République à venir,
> et nous passerons le pont [16].

Au moment où il s'adresse à Émile Ollivier sur ce ton
prophétique, Gambetta ignore qu'un événement vient
de se produire dont le retentissement peut modifier le
cours des choses. Le 10 janvier en début d'après-midi,
Pierre Bonaparte, quatrième fils de Lucien — dont on a
évoqué dans un chapitre antérieur le passé d'aventurier
turbulent —, a froidement abattu d'un coup de revolver
un jeune journaliste, Victor Noir, venu à son domicile,
en compagnie d'un collègue, pour lui demander réparation au nom de Paschal Grousset, correspondant parisien de *La Revanche*, journal gambettiste publié en
Corse.

À l'origine de cette affaire, un article paru dans *La
Revanche* et mettant en cause Pierre Bonaparte. Celui-ci
ayant riposté en adressant à *L'Avenir de la Corse*, feuille
bonapartiste, un texte dans lequel il traite ses adversaires de « lâches Judas », Paschal Grousset a décidé de
lui envoyer ses témoins : Ulrich de Fonvielle et Victor
Noir. Or, le quotidien *La Marseillaise*, dont Rochefort
est le rédacteur en chef, ayant évoqué l'affaire en termes
peu amènes pour le prince, et celui-ci ayant répliqué
par une lettre insultante adressée à l'ancien directeur
de *La Lanterne*, c'est au tour de Rochefort d'envoyer ses

témoins à Auteuil où réside ce cousin de l'empereur, interdit de séjour à la Cour mais auquel Napoléon III fait verser annuellement une pension de 100 000 francs.

Bonaparte attend les témoins de Rochefort et ce sont ceux de Grousset qui se présentent à son domicile, ignorant la démarche du polémiste républicain. Le quiproquo aurait pu tourner à la farce : il vire au drame. Le cousin de l'empereur est un violent, qui ne sort jamais sans son arme et s'entraîne au tir dans son jardin. Explications embarrassées des témoins, colère du prince, insultes, coups échangés, et pour finir l'irréparable : Pierre Bonaparte sort son pistolet de sa poche et tire sur Victor Noir qui, blessé à la poitrine, décède peu de temps après. Tandis que le meurtrier, qui s'est constitué prisonnier, est incarcéré à la Conciergerie, et que l'empereur, informé du drame à son retour de Saint-Cloud, a toutes les peines du monde à conserver son calme, la gauche se saisit aussitôt de l'affaire pour mobiliser l'opinion. Le lendemain, *La Marseillaise* paraît avec à la une, encadré de noir, un article au vitriol de Rochefort :

> J'ai eu, écrit ce dernier, la faiblesse de croire qu'un Bonaparte pouvait être autre chose qu'un assassin. J'ai osé m'imaginer qu'un duel loyal était possible dans cette famille où le meurtre et le guet-apens sont de tradition et d'usage. [...] Voilà dix-huit ans que la France est entre les mains ensanglantées de ces coupe-jarrets, qui, non contents de mitrailler les républicains dans les rues, les attirent dans des pièges immondes pour les égorger à domicile. Peuple français, est-ce que décidément tu ne trouves pas qu'en voilà assez [17] ?

Justiciable de par son rang de la Haute Cour et traduit devant un jury de 36 conseillers généraux siégeant à Tours, Pierre Bonaparte sera acquitté le 27 mars, le tribunal ayant admis la légitime défense. Des coups ont été échangés entre les trois hommes et Fonvielle, lui aussi en possession d'une arme, aurait tiré sur le prince, sans l'atteindre. Le verdict donnera lieu à une nouvelle agitation, moins forte toutefois que celle qui a suivi le meurtre. Le 12 janvier en effet, les obsèques de la victime ont lieu à Neuilly en présence de 100 000 personnes, selon la police. L'autorisation d'inhumer Victor Noir au Père-Lachaise avait été refusée, mais l'extrême gauche n'en est pas moins décidée à profiter de l'occasion pour soulever le peuple de Paris. La veille, Rochefort avait appelé « tous les citoyens à s'armer et à se faire justice eux-mêmes ». Aussi les révolutionnaires vont-ils tenter de détourner le cortège vers la capitale.

Les députés républicains se sont abstenus de se rendre à Neuilly, à l'exception de Rochefort qui a pris la tête de la manifestation avec Delescluze. En revanche, la plupart des dirigeants du mouvement ouvrier sont présents, ainsi que Blanqui, venu clandestinement de Bruxelles pour participer — peut-être — à ce « grand soir » qu'il appelle depuis toujours de ses vœux. Aux Tuileries, Napoléon III, en tenue militaire, a tenu un conseil de guerre. On a décidé de barrer la route aux manifestants s'il leur prenait l'envie de rééditer la procession des morts qui, après la fusillade du boulevard des Capucines, avait déclenché l'insurrection de février 1848. Un important dispositif militaire a ainsi été déployé près du rond-point des Champs-Élysées pour parer à toute éventualité.

À Neuilly, un petit groupe de militants conduits par Gustave Flourens, ancien professeur au Collège de France révoqué par Duruy et collaborateur de Rochefort à *La Marseillaise*, tente d'entraîner la foule vers Paris. On arrête le corbillard, on dételle les chevaux, Flourens harangue l'assistance. Pour les républicains, le risque est grand de voir se développer une émeute qui serait aisément écrasée par le pouvoir et ne pourrait qu'incliner celui-ci à revenir aux pratiques autoritaires du début du règne. Aussi, concients du rapport de force et obéissant aux prières de la famille du défunt, Rochefort et Delescluze vont-ils se résoudre à calmer le jeu et à faire reprendre au cortège le chemin du cimetière. Des heurts auront lieu toutefois dans la soirée, opposant près des Champs-Élysées manifestants et forces de l'ordre, puis le 17 janvier, suite au vote du Corps législatif autorisant les autorités judiciaires à poursuivre Rochefort, jusqu'alors protégé par son immunité parlementaire. Son arrestation le 7 février, après qu'il a été condamné par défaut à six mois d'emprisonnement, provoquera également une vive agitation dans la capitale, avec érection de barricades et pillage d'une armurerie.

L'assassinat de Victor Noir a donc ébranlé le pouvoir. Les événements du 12 janvier ont permis aux révolutionnaires de tester leur capacité de mobilisation. Mais en même temps, il a suffi à l'Empire de montrer sa force pour ne pas avoir besoin de s'en servir. Et surtout, confronté à une crise grave dix jours seulement après son investiture, le gouvernement du 2 janvier a tenu bon. Ollivier a ordonné l'arrestation de Pierre Bonaparte, soumis à la signature du souverain le décret de convocation de la Haute Cour et obtenu du Corps législatif — par 222 voix contre 34 — l'autorisation d'envoyer Rochefort devant les juges. Tous ceux qui doutaient de sa fermeté n'ont pu qu'être impressionnés par le sang-froid dont il a fait preuve dans l'affaire. C'est sans crainte, a-t-il dit, que nous contemplons « ces excitations par lesquelles on a essayé de soulever le sentiment populaire. [...] Nous somme la loi, nous sommes le droit, nous sommes la modération, nous sommes la liberté. Si vous nous y contraignez, nous serons la force ».

Profitant de ces bonnes dispositions, Ollivier estime le moment favorable à la mise en route d'un dernier train de réformes. Il faut faire vite car l'opposition aux mesures libérales, représentée par des hommes comme Cassagnac, Forcade, ou encore Pinard gagne du terrain dans le camp bonapartiste, et dispose d'un soutien important en la personne de l'impératrice. Très marqué par l'affaire Victor Noir, Napoléon III hésite lui-même à aller plus avant dans la libéralisation du régime. Ollivier décide donc début février de réunir trois grandes commissions extraparlementaires en vue de préparer les réformes sur le régime municipal de Paris, la décentralisation et l'enseignement supérieur, les deux dernières étant respectivement présidées par Odilon Barrot et Guizot. Il envisage également de mettre officiellement fin aux candidatures officielles. La droite désapprouve, l'empereur n'est pas très loin de désavouer ses ministres et si Ollivier l'emporte finalement par 185 voix contre 56, c'est avec l'appui de plusieurs élus républicains. On est donc bien loin de l'« homogénéité » requise par le souverain : sur ce chapitre, comme sur beaucoup d'autres, celui par exemple de la politique douanière, le cabinet est divisé et s'appuie sur des majorités fluctuantes.

C'est pour mettre fin aux incertitudes d'une politique gouvernementale qui tantôt penchait à droite — en prêtant une oreille complaisante aux doléances des protectionnistes et des catholiques — tantôt inclinait à gauche pour demander la suppression de la candidature officielle, que Napoléon III adressa le 21 mars 1870 à son garde des Sceaux et principal ministre une lettre dans laquelle il demandait à celui-ci de parachever par un acte définitif la réforme constitutionnelle :

> Je crois, écrivait-il, qu'il est opportun [...] d'adopter toutes les réformes que réclame le gouvernement constitutionnel de l'Empire, afin de mettre un terme au désir immodéré de changement qui s'est emparé de certains esprits et qui inquiète l'opinion en créant l'instabilité. [...] Aujourd'hui que des transformations successives ont amené la création d'un régime constitutionnel en harmonie avec les bases du plébiscite (1852), il importe de faire rentrer dans le domaine de la loi tout ce qui est plus spécialement d'ordre législatif, d'imprimer un caractère définitif aux dernières réformes, de placer la Constitution au-dessus de toute controverse et d'appeler le Sénat [...] à prêter au régime nouveau un concours plus efficace [18].

Par ce message, Ollivier était invité à préparer un sénatus-consulte destiné à consacrer les changements survenus au cours des dernières années pour les mettre à l'abri d'un éventuel retour en arrière et fixer une fois pour toutes la forme du régime. Examiné et discuté par les deux chambres, et définitivement adopté le 20 avril 1870, ce texte abrogeait implicitement la Constitution autoritaire de 1852. Il était stipulé que l'empereur gouvernait « avec le concours » (et non plus « au moyen ») des ministres, du Sénat, du Corps législatif et du Conseil d'État. Le Sénat, transformé en une seconde Assemblée législative, se voyait retirer son pouvoir constituant. Désormais le peuple aurait seul qualité pour modifier la Constitution sur initiative du souverain, lequel partageait avec les deux Chambres l'initiative et le vote des lois.

Les ministres, qui depuis le sénatus-consulte de septembre 1869 pouvaient être choisis parmi les députés et les sénateurs, continuaient à être nommés et révoqués par l'empereur. Il était précisé qu'ils « délibéraient en Conseil », mais un point essentiel demeurait en suspens : le sénatus-consulte se contentait de les dire « responsables », sans préciser devant qui et de quelles sanctions était assortie cette responsabilité de principe. Comme il n'était plus affirmé qu'ils ne dépendaient que de l'empereur, on pouvait en déduire qu'ils étaient également — ou principalement — responsables devant les Chambres. Le souverain demeurait pour sa part « responsable devant le peuple français », auquel il avait « toujours le droit de faire appel ». Autrement dit, la nouvelle Constitution créait un sytème hybride qui n'était ni tout à fait le régime du pouvoir personnel, ni complètement celui de la monarchie parlementaire, mais une forme intermédiaire — vraisemblablement appelée à évoluer par la pratique — que Ludovic Halévy a définie comme « le régime parlementaire corrigé par le régime plébiscitaire ».

Dès lors qu'on avait maintenu le plébiscite dans la Constitution, il paraissait logique de soumettre le sénatus-consulte du 20 avril au vote des Français. C'est en tout cas ce que soutenaient Rouher, Baroche, Magne et le prince Napoléon qui, dans une note adressée en février à son cousin, rappelait le précédent de 1815 où Napoléon Ier avait soumis l'Acte additionnel au suffrage de la nation. Le centre gauche était hostile par principe au plébiscite qu'il jugeait contraire à la doctrine parlementaire. Ollivier risquait donc de se trouver isolé face aux oppositions conjuguées de la droite et des orléanistes ralliés. Il n'en accepta pas moins de parier sur une carte qui, si elle était bonne, vaudrait approbation de toute sa politique.

Le 20 avril, en même temps que l'annonce du vote unanime du Sénat, était publié le décret impérial convoquant le corps électoral le dimanche 8 mai, pour accepter ou rejeter un projet de plébiscite rédigé en ces termes : « Le peuple approuve les réformes libérales opérées dans la Constitution depuis 1860 par l'empereur, avec le concours des grands corps de l'État, et ratifie le sénatus-consulte du 20 avril 1870. » La manœuvre était habile. Les libéraux ne pouvaient guère répondre par la négative à une question qui portait approbation des réformes adoptées depuis dix ans, tout en sachant que leur « oui » renforcerait le régime et conférerait en quelque sorte à celui-ci une nouvelle légitimité populaire. Les bonapartistes autoritaires hésitaient à donner leur aval à un texte qui entérinait des réformes jugées par eux désastreuses, mais pouvaient-ils désavouer l'empereur sans déclencher une crise tout aussi mortifère ? La droite légitimiste et cléricale elle-même redoutait qu'un « non » massif entraînât une poussée contestataire que les sabres de l'Empire ne seraient plus là pour endiguer. Au total, seuls les bonapartistes modérés, représentés à la Chambre par les Cent Seize, allaient pouvoir, sans état d'âme, répondre par un vote positif à la question ambiguë posée par le pouvoir, tandis que les républicains se partageraient entre le vote négatif et l'abstention.

Pour Napoléon III, l'enjeu était considérable. Il s'agissait non de son avenir personnel — il se savait condamné à court terme — mais de celui de la dynastie. Le plébiscite fondateur de l'Empire remontait à 1852 :

NAPOLÉON III

quel serait le verdict des urnes après bientôt vingt ans
d'usure du pouvoir ? Les rapports des préfets et des procureurs ne pouvaient donner qu'une vague image du
sentiment public. L'incertitude était donc immense,
moins toutefois semble-t-il que celle qui aurait résulté
du simple attentisme. En même temps que le décret
convoquant « le peuple français dans ses comices », une
proclamation impériale révélait le véritable enjeu du
plébiscite : « En apportant au scrutin un vote affirmatif
vous conjurerez les menaces de la révolution ; vous
assoirez sur des bases solides l'ordre et la liberté, et
vous rendrez plus facile, dans l'avenir, la transmission
de la couronne à mon fils. Vous avez été presque unanimes, il y a dix-huit ans, pour me confier les pouvoirs
les plus étendus ; soyez aussi nombreux aujourd'hui. »

La campagne plébiscitaire fut d'une animation
extrême, opposant — non parfois sans violence — les
comités bonapartistes aux organisations républicaines.
Ollivier s'impliqua dans la bataille, ordonnant aux préfets de dépenser « une activité débordante » et informant les juges de paix et autres magistrats qu'il les
verrait « avec plaisir dans les comités plébiscitaires ».
La victoire de l'Empire paraissait hors de doute, mais
quel serait l'écart entre les deux camps ? Et s'il était
faible, quelle serait la réaction des vaincus ? Insurrection républicaine ou réédition du 2 décembre ? Aussi
pour parer à toute suprise, le gouvernement décida-t-il
le 7 mai, veille du plébiscite, de mobiliser la troupe dans
ses casernements et d'avertir la population qu'aucun
désordre ne serait toléré. L'arrestation d'un déserteur
armé, venu d'Angleterre avec l'intention d'abattre Napoléon III, et la découverte d'une vingtaine de bombes
chez un chimiste permirent d'autre part aux autorités
d'agiter *in extremis* le spectre rouge et d'appeler à la rescousse le parti de la peur.

Tous ces éléments ont pesé sur le résultat final. Au
soir du 8 mai, le succès du « oui » est patent, et dans
une proportion que nul, parmi les bonapartistes les plus
confiants, n'aurait osé imaginer. Avec 7 358 000 suf-

frages contre 1 582 000, le vote positif l'emporte, ce qui
fait dire à l'empereur : « J'ai retrouvé mon chiffre »
(7 439 000 en 1851, 7 824 000 en 1852). Le pourcentage
des abstentionnistes (ils sont un peu moins de
1 900 000) est tombé de 20,5 % à 17,8 % et l'Empire a
gagné plus de deux millions et demi de voix depuis les
législatives de l'année précédente. Ont largement voté
en faveur du « oui », avec parfois plus de 80 % des suffrages, la France de l'Ouest, du Centre et du Sud-Ouest,
ainsi que la plupart des départements du Nord et du
Nord-Est. Le « non » a au contraire réalisé de bons
scores dans le quart sud-est du pays — particulièrement
dans les Bouches-du-Rhône où il est majoritaire —,
ainsi qu'en Champagne, en Bourgogne, en Franche-
Comté, en Alsace-Lorraine et en Gironde. Marseille,
Lyon, Bordeaux, Toulouse se sont prononcées contre
l'Empire, mais c'est surtout à Paris que l'opposition a
obtenu son meilleur résultat : 184 000 « non » pour l'ensemble du département de la Seine, contre 138 000
« oui ».

Napoléon III peut se réjouir. Seule ombre au tableau,
la désaffection d'une partie de l'armée qui a donné
41 000 voix aux adversaires du plébiscite, contre il est
vrai 254 000 suffrages à ses partisans. La France de
l'Ouest, catholique et légitimiste, s'est ralliée malgré les
consignes données par le prétendant en exil. La paysannerie lui sait gré d'avoir maintenu l'ordre et la religion,
tout en favorisant la prospérité des campagnes.

Tandis que les républicains atterrés constatent avec
Gambetta que « l'Empire est plus fort que jamais » et
que Jules Favre déclare : « il n'y a plus rien à faire en
politique », l'empereur savoure sa victoire. Le 21 mai,
les résultats définitifs du vote sont solennellement proclamés au Louvre, dans la salle des États, en présence
des hauts dignitaires du régime. La symbolique a été
mûrement méditée. Napoléon et Eugénie ont pris place
sur deux trônes semblables. Le prince impérial se tient
auprès de sa mère, en uniforme de sous-lieutenant, le
même que celui qu'on lui demandera de revêtir,

quelque deux mois plus tard, pour subir le baptême du feu face aux canons du roi de Prusse. Mais l'heure n'est pas encore à l'angoisse d'une guerre qui s'annonce mal. Le souverain a repris confiance, et c'est d'une voix assurée, presque joyeuse, qu'il tire la leçon du scrutin :

> Le plébiscite, déclare-t-il, n'avait pour but que la ratification d'une réforme constitutionnelle. Dans l'entraînement de la lutte, le débat a été porté plus haut. Ne le regrettons pas. Les adversaires de nos institutions ont posé la question entre la révolution et l'Empire. Le pays l'a tranchée. Mon gouvernement ne déviera pas de la ligne libérale qu'il s'est tracée. [...] Nous devons plus que jamais envisager l'avenir sans crainte.

La candidature Hohenzollern

Au lendemain du vote plébiscitaire du 8 mai 1870, l'Empire retrempé par son succès paraît plus que jamais en mesure de triompher des oppositions. À l'optimisme qui règne dans les milieux bonapartistes quant à la solidité du régime, s'ajoute celui du principal ministre au regard de la situation internationale : « À aucune autre époque, déclare Ollivier le 30 juin, le maintien de la paix en Europe n'a été plus assuré. » Deux semaines plus tard, la guerre éclate entre la France et la Prusse, prélude à l'effondrement presque immédiat du Second Empire.

Le conflit prussien de 1870 s'inscrit dans une double logique : une logique de politique internationale pour Bismarck, pour qui l'achèvement de l'unité allemande passe par une guerre contre Napoléon III ; et une logique de politique intérieure pour la France où le bonapartisme autoritaire, prenant appui sur l'impératrice, rêve d'un retour au régime musclé d'avant 1860.

Si l'Empire en effet se porte mieux, depuis que le vote consensuel du 8 mai a offert à son fondateur une légitimité renouvelée, l'empereur, lui, se porte mal. Tous ceux qui l'approchent le décrivent vieilli, tassé, l'œil éteint, le parler difficile et presque inaudible, contraint pour paraître à teindre ses cheveux et à farder son visage. On le dit incontinent. On s'inquiète de le voir se plaindre du froid, emmitouflé dans une couverture et se tenant près du feu, en plein été. À la demande d'Eugénie, on a fait venir en grand secret à Saint-Cloud un illustre praticien, le docteur Germain Sée, professeur de pathologie à la Faculté de médecine de Paris. Le 19 juin, celui-ci examine le souverain et confirme l'existence d'un gros calcul dans la vessie. Il faut de toute urgence opérer le patient et extraire la pierre, au risque, si on ne le fait pas, de voir le malade succomber à une crise d'urémie.

Ce diagnostic, Germain Sée le remet par écrit, sous pli fermé, au docteur Conneau qui le garde secret, sans qu'on sache qui lui a demandé d'agir ainsi. Eugénie ? L'empereur lui-même, dont on ignore ce qu'il sait ou ne sait pas de son état, peut-être pour ne pas alarmer l'impératrice ? Le fidèle Conneau n'a-t-il pas simplement voulu cacher à son ami la gravité d'un mal qui — pense-t-il — ne peut qu'emporter celui-ci à bref délai ? Ce qui est sûr, c'est qu'en accord avec Eugénie, Napoléon a rédigé début juin un projet d'abdication qui prévoit son retrait lorsque le prince impérial aura atteint sa majorité légale, soit dans quatre ans [19].

Le 2 juillet, nouvel examen médical suite à l'aggravation brutale de la maladie. Autour de Germain Sée et de Conneau, se pressent les sommités médicales du moment : Corvisart, Fauvel, Ricord et Nélaton, ce dernier professeur de clinique chirurgicale, membre de l'Académie des sciences et sénateur. Germain Sée insiste pour que l'on sonde l'empereur et pour qu'on l'opère. Nélaton est d'un avis contraire, peut-être parce qu'il a opéré l'année précédente pour la même maladie le maréchal Niel et que celui-ci en est mort. On se quitte donc sans prendre de décision, en abandonnant en quelque sorte Napoléon III à son sort.

L'état de prostration dans lequel se trouve le souverain — coupé de brèves périodes au cours desquelles il reprend pied, échafaude des projets et surprend ses proches par l'illusion d'une vitalité retrouvée — a pour effet de réveiller l'appétit de pouvoir des bonapartistes autoritaires. Écartés par Ollivier, Forcade et Pinard entendent bien revenir aux affaires. Des néo-bonapartistes de choc, comme Cassagnac et Devernois, se plaisent à polémiquer contre « l'Empire clérical et parlementaire » et se rangent derrière l'homme qui monte, Jérôme David, filleul et, dit-on, fils naturel du roi Jérôme, devenu en 1867 vice-président du Corps législatif avec l'appui de Rouher, lequel brûle lui aussi de jouer à nouveau un rôle de premier plan. Tous ces ultras du bonapartisme ont une cible commune en la personne d'Émile Ollivier. Ils mènent la vie dure au ministère, parfois avec la complicité du centre droit et des amis de Thiers, si bien qu'à deux reprises le gouvernement ne sera sauvé que grâce à l'appui des voix de gauche : situation bien périlleuse au moment où résonne le bruit des bottes.

Eugénie ne peut que se réjouir de voir le principal ministre empêtré dans le jeu parlementaire. Elle est hostile à l'évolution libérale du régime et surtout elle ne pardonne pas à Ollivier de l'avoir éliminée du Conseil. Ni à l'empereur d'avoir entériné ce qu'elle considère comme une humiliation suprême. Pendant quinze ans, l'impératrice a dû supporter les écarts conjugaux de son impérial époux. Elle en a souffert : pas toujours sans réagir, mais avec dignité. Elle a accepté qu'en contrepartie Napoléon veuille bien l'associer aux affaires en lui ouvrant les portes du Conseil. Elle s'est même prise au jeu, n'hésitant pas à intervenir dans les débats, avec un sens de l'État dont elle a également fait preuve durant les brefs épisodes de régence.

Et voici qu'elle se trouve mise à l'écart de la principale instance de gouvernement par un homme dont, estime-t-elle, l'empereur s'est « entiché ». La crise internationale provoquée par la succession au trône d'Espagne lui offre une occasion de régler ses comptes.

En septembre 1868, la reine d'Espagne Isabelle II avait été renversée par une révolution de palais et s'était exilée en France, où elle avait été accueillie à Biarritz par l'impératrice. L'empereur se montra plus prudent. Il était en effet entré en rapport avec le principal représentant du parti révolutionnaire, le général Prim, qui lui rendit visite à Vichy et le pria d'intervenir dans le règlement de la question dynastique. Ni la junte espagnole, ni l'empereur ne pensaient en effet que l'Espagne était mûre pour un régime républicain. Il fallait donc lui donner un souverain qui voulût bien monter sur un trône chancelant et dont l'avènement eût l'aval des puissances. Furent successivement pressentis, avec plus ou moins d'insistance, le duc de Montpensier, fils cadet de Louis-Philippe et beau-frère de la reine déchue — mais Napoléon III ne voulait pas entendre parler d'un Orléans sur le trône d'Espagne —, le prince Alfred, fils de Victoria, le roi des Belges, qui céderait son royaume à la France, le prince Amédée de Savoie et même le roi du Portugal, don Luis.

Il s'avéra bientôt que la candidature qui avait les faveurs de la junte de Madrid était celle de Léopold de Hohenzollern-Sigmaringen : un prince catholique, qui descendait par sa mère des Beauharnais et des Murat, mais était cousin du roi de Prusse et dont le frère Charles était devenu en 1866 prince de Roumanie. Il est clair que Napoléon III pouvait difficilement tolérer la venue sur le trône d'Espagne d'un membre de la famille régnante prussienne. Le risque était trop grand de voir la France prise en étau entre une Allemagne en voie d'unification et une Espagne « germanisée » et alliée de la Prusse. Aussi, averti dès l'automne 1869 des projets du général Prim, l'empereur chargea-t-il l'ambassadeur Benedetti de faire savoir au roi Guillaume et à Bismarck qu'il verrait d'un très mauvais œil la candidature du prince Léopold au trône d'Espagne. A cette date, le chancelier prussien n'avait pas encore opté de manière définitive pour un conflit armé dirigé contre la France. Sans doute avait-il agi en sous-main pour susciter la candidature Hohenzollern, mais il ne voyait pour le moment dans cette initiative qu'un moyen de faire pression sur la France dans le cas où Napoléon III s'obstinerait à bloquer le processus d'unification de l'Allemagne. C'est encore dans cette perspective qu'il recommanda à Guillaume Ier, en février 1870, d'autoriser Léopold à répondre favorablement aux sollicitations du général Prim. Le roi était lui-même peu enclin à envisager une guerre contre la France. Ses rapports personnels avec Napoléon III étaient excellents : il préféra donc temporiser, si bien qu'en avril l'affaire paraissait, aux dires des diplomates français, « enterrée »[20].

Il faut rendre cette justice à Bismarck que s'il a effectivement voulu faire la guerre à la France, parce que celle-ci constituait le principal obstacle à l'achèvement de l'unité allemande, et dans le but de cimenter celle-ci, le choix de cette politique agressive — dont l'instrument sera la candidature du prince Léopold — n'est clairement arrêté qu'après le plébiscite du 8 mai. Jusqu'alors, le chancelier a pu croire que les difficultés intérieures de l'Empire entraîneraient sa prochaine disparition. La victoire écrasante du « oui » change les données du problème. Le régime impérial paraît plus solide que jamais, donc plus enclin à résister aux ambitions prussiennes ; plus déterminé également à rechercher la collaboration de Vienne. La nomination du duc de Gramont aux Affaires étrangères, en remplacement du pacifique Daru, est considérée par Bismarck comme un « symptôme hautement belliqueux ».

De fait, Gramont ne fait rien pour calmer le jeu. Il a été appelé le 15 mai pour resserrer les liens avec l'Autriche et il entreprend aussitôt des négociations avec le gouvernement de Vienne en vue d'établir une convention militaire. L'empereur, dopé par le succès du scrutin plébiscitaire et dont la volonté pacifique se heurte aux pressions des bonapartistes autoritaires, soutenus par l'impératrice, ne fait rien pour freiner les ardeurs de son ministre. Lors des conversations qui ont précédé la constitution du ministère du 2 janvier, il a admis avec Émile Ollivier que le moment d'arrêter la Prusse était

« passé, irrémédiablement passé », et que le gouvernement impérial ne pouvait plus faire obstacle à l'application du principe des nationalités. Cinq mois plus tard, il n'est pas sans prêter une oreille complaisante à ceux qui, dans son entourage et jusqu'au sein du gouvernement, envisagent de sang-froid une guerre contre la Prusse.

Fin mai, Bismarck décide, de son plein chef, de ranimer l'affaire espagnole. Par une lettre adressée au prince Antoine, père de Léopold, il remet en selle la candidature Hohenzollern, et il reprend langue avec la junte de Madrid. Il a donc cette fois opté pour l'épreuve de force, ne laissant à l'empereur qu'une marge étroite de choix. Ou bien Napoléon acceptera d'entériner le vote des Cortes en faveur du candidat du roi de Prusse, et dans ce cas l'Empire a peu de chance de survivre à l'affront — ce qui ne peut que faciliter le règlement de la question allemande — ou bien il prendra le risque d'une guerre que Bismarck est sûr de gagner. Finalement acquis au projet de son chancelier, le roi Guillaume parvient à convaincre Léopold d'accepter la couronne qui lui est offerte. Ce dernier donne fin juin son assentiment, et le 2 juillet la candidature Hohenzollern est rendue publique. À Paris, la nouvelle fait l'effet d'une bombe. La presse, toutes tendances mêlées, ou presque, réagit avec une extrême violence. L'affaire s'était tramée dans le secret entre Madrid et Berlin, mais la classe politique, tout comme l'homme de la rue, ne veut voir dans l'annonce de la candidature Hohenzollern que le signe des manœuvres provocatrices de Bismarck. À l'exception du *Temps* et du *Journal des Débats*, les journaux se déchaînent, les uns — républicains ou légitimistes — pour reprocher à l'empereur et à sa diplomatie de s'être laissé berner par la Prusse, les autres pour exiger du gouvernement qu'il relève le défi.

Napoléon III ne partage pas l'hystérie ambiante. Il ne voit pas moins dans la candidature Hohenzollern « un acte de déloyauté », une « provocation nouvelle » de la

Prusse, une question d'honneur et de prestige dynastique qui ne peut être laissée sans réponse. Aussi, déclare-t-il aux membres de son gouvernement, réunis à Saint-Cloud le 6 juillet au matin, que si la candidature n'est pas retirée, ce sera la guerre. Il ne la souhaite pas et avouera même quelques jours plus tard à l'ambassadeur d'Espagne que la guerre « lui fait horreur », mais il doit réagir sous peine de voir son propre trône ébranlé. Le maréchal Lebœuf affirme que l'armée est prête. Il reste à informer le Corps législatif de la détermination du gouvernement : c'est Gramont qui est chargé de cette tâche. Le jour même, il lit à la Chambre la déclaration préparée en Conseil. Elle sonne comme un coup de clairon aux oreilles des députés électrisés :

> Nous ne croyons pas, déclare-t-il, que le respect des droits d'un peuple voisin nous oblige à souffrir qu'une puissance étrangère, en plaçant un de ses princes sur le trône de Charles Quint, puisse déranger à notre détriment l'équilibre actuel des forces en Europe et mettre en péril les intérêts et l'honneur de la France. Cette éventualité, nous en avons le ferme espoir, ne se réalisera pas. [...] S'il en était autrement, forts de votre appui, Messieurs, et de celui de la Nation, nous saurions remplir notre devoir, sans hésitation et sans faiblesse[21].

Ce discours, vivement applaudi par l'assemblée, constituait une sorte d'ultimatum auquel Émile Ollivier et l'empereur avaient prêté la main. L'allusion à Charles Quint, dont les possessions enserraient sur plusieurs fronts le royaume de France, était une idée du principal ministre. Elle devint au cours des jours suivants un leitmotiv, repris par tous les journaux, avec plus ou moins d'insistance et d'agressivité, associée ou non à l'image du « Rhin allemand » ramené à sa destination de « frontière naturelle ». Émile de Girardin, parle dans *La Liberté* de « vider la rive gauche du Rhin à coups de crosse dans le dos », et Paul de Cassagnac, chef de files des mameluks, écrit le 8 juillet dans *Le Pays* : « L'épée est tirée, sa lame luit au soleil, et ce serait triste de la remettre au fourreau pour discuter à l'amiable de questions que la force seule peut résoudre. »

Il serait inutile de multiplier les citations : la presse est à l'unisson et le pouvoir s'aligne sur une opinion publique qui est en fait celle des milieux politisés de la capitale. Préoccupés de restaurer leur influence, les bonapartistes autoritaires mènent la danse et poussent à l'épreuve de force, soutenus par l'impératrice que nombre de témoins décrivent, à l'instar de Prévost-Paradol — alors en instance de départ pour Washington — comme « très ardente, désirant évidemment la guerre, parlant de l'insolence prussienne »[22].

Ce ne sont pas les rodomontades des mameluks qui vont faire reculer la Prusse à l'issue de cette première phase de la crise, mais le souci qu'a Guillaume Ier, en désaccord avec son chancelier, de ne pas apparaître aux yeux de l'Europe comme un fauteur de guerre. Il y a certes été incité par les conseils de prudence que lui ont prodigués par la voie diplomatique le tsar, le roi des Belges et la reine Victoria. Guillaume n'a jamais été très favorable à la candidature Hohenzollern. Le 10 juillet, il fait savoir au père de Léopold qu'il en désire le retrait. Celui-ci est acquis dans la soirée du 11 — non sans résistance de la part du prince qui a fini par se prendre au jeu —, et annoncé dans la matinée du 12. A Paris, Ollivier exulte, persuadé qu'on a évité la guerre. « Nous tenons la paix, nous ne la laisserons pas échapper », clame-t-il dans les couloirs du Corps législatif. Ses collaborateurs tempèrent son optimisme. « Le pays, lui dit-on, ne se contentera pas de cette satisfaction » : le pays, c'est-à-dire les bonapartistes autoritaires qui entendent bien profiter de la crise, et s'il le faut de la guerre pour se débarrasser de lui.

La France a bel et bien remporté un succès. Guizot déclare : « C'est la plus belle victoire diplomatique que j'aie jamais vue de ma vie. Ces gens-là ont un bonheur insolent. » Au point que Bismarck, retiré dans ses terres, songe à démissionner. Pourtant, lorsqu'il se rend aux Tuileries pour féliciter l'empereur, Émile Ollivier se voit à nouveau rappelé aux dures réalités. Napoléon s'inquiète « à cause de la déception qu'allait éprouver le pays de ne pas vider définitivement sa querelle avec la Prusse ». De retour à Saint-Cloud, dans l'après-midi du 12, le souverain subit les remontrances de la Cour et finit par accepter, suite à un long conciliabule avec l'impératrice et avec Gramont, le principe de la demande de « garanties » à la Prusse. Il faut obtenir la renonciation au trône d'Espagne, non de la famille, mais du gouvernement prussien. Le soir même, Gramont envoie à Benedetti une dépêche l'enjoignant de faire immédiatement une démarche en ce sens auprès du roi de Prusse. Bismarck peut respirer : il tient, s'il joue serré, son *casus belli*.

Face à un Napoléon III diminué physiquement et psychologiquement, Eugénie a joué dans cette affaire un rôle déterminant. Sans doute n'a-t-elle jamais prononcé la phrase que lui prêteront ses procureurs au tribunal de l'Histoire : « cette guerre, c'est ma guerre ». Mais, joignant ses protestations à celles du chef de la diplomatie, elle a pesé sur une décision qui aurait dû, en principe, être prise en Conseil. Ses motivations, elle les expliquera, une quarantaine d'années plus tard, à Maurice Paléologue :

> J'étais convaincue depuis longtemps, dira-t-elle, que nous étions engagés dans une voie funeste, que l'empire libéral nous menait à la pire des révolutions, la révolution du mépris. [...] Je ne concevais pas la grandeur ni la prospérité françaises en dehors du régime impérial. Et puisque la santé de mon mari devenait si inquiétante, je devais surtout me préoccuper de transmettre à notre fils une puissance intacte. C'est par lui que se ferait le rajeunissement des institutions européennes. Voilà pourquoi j'ai appuyé de toutes mes forces la proposition de Gramont[23].

La rupture

Tandis qu'au Corps législatif le mameluk Devernois interpelle Ollivier sur « les garanties que le gouvernement compte stipuler pour éviter le retour de nouvelles complications avec la Prusse », et que Gramont reçoit l'ambassadeur de Prusse Werther, pour examiner avec lui le canevas d'une sorte de lettre de regrets que pourrait écrire le roi Guillaume, Benedetti se rend auprès de celui-ci à Ems, pour lui faire part de la demande française. L'ambassadeur répugne personnellement à cette démarche, car il sait le vieux roi très chatouilleux sur les points d'honneur. La rencontre a lieu le 13 au matin dans le parc du château. Guillaume n'a nulle envie de jouer au « pécheur repentant ». Il refuse tout engagement mais déclare qu'il considère l'affaire comme terminée. Rentré au palais, il trouve le rapport de Werther et s'il décline la sollicitation réitérée par Benedetti d'une audience dans les formes, il fait tenir à l'ambassadeur son approbation explicite du retrait de la candidature. Approbation qu'il persiste à ne pas vouloir assortir d'un engagement pour l'avenir.

Il n'y a rien d'offensant dans la conduite du souverain. Le lendemain, Benedetti se rend à la gare pour saluer le roi qui rentre à Berlin et les deux hommes échangent avant de se quitter des paroles courtoises. Dans l'intervalle, Guillaume a toutefois fait télégraphier à Bismarck le récit de l'incident, le laissant juge du soin de le rendre ou non public. Le chancelier, en présence de Moltke et de Roon, les deux rénovateurs de l'armée prussienne, décide aussitôt de publier la dépêche, non sans l'avoir dûment condensée de manière à la rendre insolente pour la France :

> L'ambassadeur français a demandé à S.M. le roi de l'autoriser à télégraphier à Paris que S.M. à tout jamais s'engageait à ne plus donner son consentement si les

Hohenzollern devaient revenir sur leur candidature. Là-dessus, S.M. a refusé de recevoir encore l'ambassadeur français et lui a fait dire par l'aide de camp de service que S.M. n'avait plus rien à lui communiquer.

Télégraphié aux légations de Prusse et lu aux représentant des gouvernements étrangers, le texte tronqué de la « dépêche d'Ems » est publié le soir du 13 juillet par la *Gazette d'Allemagne du Nord*, distribuée gratis. Le lendemain, 14 juillet, la dépêche est connue à Paris où se tiennent, coup sur coup, trois Conseils des ministres. Gramont déclare au cours de celui du matin : « Vous voyez un homme qui vient de recevoir une gifle. » Celui de l'après-midi aux Tuileries voit s'affronter partisans de la guerre et de la paix. On décide de rappeler des réservistes tout en agitant des projets de règlement pacifique, par exemple en réunissant un Congrès européen qui interdirait à tout prince d'une famille régnante de monter sur le trône sans l'avis des autres nations. C'est dire qu'on nage dans la plus parfaite utopie. Lors du troisième Conseil, improvisé celui-ci, et qui se tient à Saint-Cloud, Eugénie crée la surprise en s'invitant aux débats et en tançant sévèrement ceux qui prônent la « reculade ». Le 15 au matin, elle est à nouveau présente au Conseil et tient le même langage. Le vent est désormais à la guerre, décidée à l'unanimité. Ollivier et l'empereur se sont laissé entraîner par le clan des bellicistes.

L'après-midi du 15 juillet, c'est au Corps législatif que se déroule la dernière séquence de la crise. Les députés sont appelés à voter les crédits nécessaires à la conduite de la guerre. Interminable séance qui commence sous une chaleur torride et ne s'achèvera que tard dans la nuit. Ollivier, désormais acquis à l'idée de la « revanche » sur la Prusse, mais à bout de nerfs, se laisse aller à un dérapage verbal qui lui sera durement comptabilisé par ses futurs détracteurs :

Oui, de ce jour commence pour les ministres, mes collègues, et pour moi une grande responsabilité. Nous l'acceptons d'un cœur léger (*murmures*). Oui, d'un cœur léger, et n'équivoquons pas sur cette parole, je veux dire d'un cœur que le remords n'alourdit pas, d'un cœur confiant, parce que la guerre que nous ferons, nous la subissons [...], parce que nous avons fait tout ce qu'il était humainement et honorablement possible de faire pour l'éviter et enfin parce que notre cause est juste et qu'elle est confiée à l'armée française[24].

Thiers peut bien protester, tenter avec courage d'expliquer à ses collègues qu'ayant eu « satisfaction sur le fond on ne se bat pas pour une question de forme », il est hué, traité de « Prussien » et de « trompette antipatriotique du désastre ». Gambetta essaie à son tour, avec une poignée de républicains, d'arrêter l'hystérie collective qui s'est emparée de la Chambre. Il exige en vain et sous les huées communication des pièces diplomatiques. Au-dehors la foule des va-t-en-guerre hurle sa haine des Prussiens, de Bismarck, des « capitulards ». Le correspondant d'un journal espagnol parle de 20 000 personnes portant des drapeaux tricolores et se dirigeant vers le Palais-Bourbon ou les Tuileries. La folie est presque exclusivement parisienne, mais elle est immense. Quel gouvernement pourrait y résister ? Celui de Napoléon III et de son principal ministre ne songe plus qu'à suivre le cours du fleuve. Le 16 août, aux premières minutes du jour, le Corps législatif vote les crédits par 101 voix contre 47. Le 19, la déclaration de guerre est remise à la Prusse.

La guerre

Devant les membres de la commission militaire du Corps législatif, le maréchal Le Bœuf a explicité ce qu'était une armée prête : « J'entends par là que, si la guerre devait durer un an, nous n'aurions pas besoin d'acheter un bouton de guêtre. » Peut-être, mais à quoi servent les guêtres s'il n'y a pas assez de combattants pour les chausser ? Or, c'est là que réside le principal problème de l'armée française. « Le nombre, avait dit l'empereur, aura à la guerre une importance décisive, il faut absolument se l'assurer. » C'est pourquoi il avait conçu un projet de conscription généralisée qui aurait permis à la France de disposer d'une force de 880 000 hommes, au lieu des 380 000 fournis par le régime en cours. Ce fut, on l'a vu, un beau tollé à la Chambre, où opposants de tous bords, bonapartistes « budgétaires », et même généraux conservateurs comme Changarnier et Trochu, se trouvèrent d'accord pour rejeter le projet. Si bien que la loi du 14 janvier 1868 ne donna lieu qu'à un vague replâtrage des dispositions en vigueur depuis 1832. Nombre de députés élus en 1869 ayant promis à leurs électeurs une réduction du budget militaire, on procéda en plus à des coupes sombres dans les crédits, en restreignant notamment à 80 000 hommes le contingent annuel. Résultat : Napoléon III ne pouvait guère disposer en 1870 que de 235 000 soldats en état de combattre, tandis que la Prusse pouvait en aligner plus de 500 000, soutenus par 160 000 réservistes et par les 190 000 hommes de la *Landwehr*.

À cette infériorité des effectifs, s'ajoute celle de l'armement, manifeste dans l'artillerie, une arme pourtant chère à l'empereur. À l'Exposition universelle de 1867, les visiteurs français ont eu tout loisir d'admirer la puissance apparente et la modernité des canons Krupp, en acier et chargés par la culasse. Les fantassins de 1870 feront la funeste expérience de son efficacité. Si le chassepot a « fait merveille » à Mentana, il ne suffira pas à compenser l'infériorité de l'armée impériale en matière de logistique et d'intendance.

Quant au commandement, rompu aux guerres coloniales, il a perdu l'habitude du maniement des grandes masses et manque de formation technique : nombre d'officiers supérieurs et de généraux ne savent même pas lire une carte. Les principaux chefs fuient les responsabilités et préféreront se tenir en position défensive, à l'abri des places fortes, que de rechercher le combat en rase campagne, là où von Moltke, qui a étudié les guerres de Napoléon, vise au contraire à détruire l'ennemi en terrain découvert à la suite d'une offensive foudroyante.

La situation diplomatique n'est pas plus brillante. En prenant l'initiative de déclarer la guerre, la France s'est placée en position d'agresseur, offrant aux gouvernements des États du sud de l'Allemagne l'occasion de se joindre à la Prusse, poussés d'ailleurs dans ce sens par des opinions publiques résolument gallophobes. Le tsar, qui n'a pas oublié l'intervention de Napoléon III en faveur des Polonais, a promis à Bismarck de mobiliser 100 000 hommes sur la frontière autrichienne si Vienne se risquait à soutenir la France. L'Angleterre se montre d'autant plus déterminée à rester neutre que Bismarck a habilement fait publier dans le *Times* le projet de traité rédigé en 1866 par Benedetti et où étaient exposés les desseins impériaux sur la Belgique.

Restent l'Autriche et l'Italie. Napoléon III semble avoir cru jusqu'au dernier moment que ces deux puissances ne le laisseraient pas affronter seul un État qui, s'il l'emportait, serait en posture de dicter sa loi à toute l'Europe. Mais rien n'a été signé. Le chancelier Beust s'est continûment dérobé devant les propositions françaises d'alliance offensive et défensive. Tout au plus envisage-t-il, si les choses tournent bien pour l'empereur, de s'associer à lui une fois le gros travail accompli. En attendant, François-Joseph se déclare neutre, tout comme Victor-Emmanuel. Le roi d'Italie aurait personnellement souhaité que son pays se joignît à la France. Il entendait ainsi payer la « dette d'honneur » qu'il estimait avoir contractée envers Napoléon III. Mais il n'était suivi dans cette voie que par un petit nombre d'hommes politiques, représentants de la « droite historique », tel le ministre des Affaires étrangères Visconti-Venosta, et par quelques généraux piémontais. La gauche se déclarait ouvertement philo-prussienne et

Mazzini menaçait de déclencher une révolution si le gouvernement se montrait disposé à venir en aide à l'empereur. La seule chose qui aurait pu permettre à Victor-Emmanuel et à l'équipe dirigeante italienne d'emporter l'adhésion du camp neutraliste eût été le règlement de la question romaine. Sur ce point, Napoléon III était prêt à jeter du lest, mais il fut retenu de le faire par la fraction de ses partisans — et ils avaient alors le vent en poupe — qui rejetaient toute nouvelle atteinte au pouvoir temporel du pape. Convaincu par Gramont qu'il ne pouvait pas à la fois « défendre son honneur sur le Rhin et le sacrifier sur le Tibre », l'empereur se montra donc intraitable sur Rome, perdant ainsi toute chance de fixer sur son flanc sud une partie de l'armée prussienne.

Tous ces handicaps, Napoléon III les connaît au moment où il s'apprête à quitter Saint-Cloud pour Metz. Car il a décidé de prendre le commandement suprême de l'armée. Le précédent italien de 1859, où il n'avait pas manifesté un talent exceptionnel de stratège, et surtout son état de santé auraient dû l'incliner à confier cette charge à plus valide et à plus talentueux que lui. Mais l'enjeu est si important, sa responsabilité personnelle tellement engagée dans l'affaire, qu'il se fait une obligation de prendre en main l'outil dont dépendent la survie du régime et l'honneur de la France. Lors du Conseil qui avait décidé de la guerre, le ministre des Travaux publics Plichon lui avait dit que, si le roi de Prusse pouvait sans dommage perdre plusieurs batailles, l'empereur, lui, parce que la défaite eût aussitôt signifié la révolution, était « condamné à la victoire ».

Et puis Eugénie l'a fortement poussé à prendre la tête des armées. Il y va, a-t-elle dit, de son prestige et de celui de la dynastie. Sans doute est-elle sincère, mais surtout, écartée des affaires par Ollivier, et revenue par la grande porte au centre du dispositif décisionnel, elle entend bien s'y maintenir. Non par ambition démesurée, comme on l'a dit, mais parce que, sachant dans quel état de délabrement physique se trouve le souverain, elle se sent suffisamment forte pour assumer la responsabilité d'un pouvoir qu'elle voudrait transmettre intact à son fils. Si Napoléon s'éloigne de Paris, elle redeviendra régente : une fonction qu'elle a déjà remplie à deux reprises — dans des conditions il est vrai moins dramatiques — et qui n'impressionne pas outre mesure cette femme de caractère et de devoir. La Cour est atterrée. Non de voir Eugénie se saisir des rênes du pouvoir, mais d'assister aux préparatifs de départ d'un souverain qui n'est plus que l'ombre de lui-même. « C'est cet homme-là que vous envoyez à la guerre ? a demandé Mathilde à l'impératrice. Dieu veuille que cela vous porte bonheur ! » Et à son cousin : « Vous ne pouvez même pas supporter les trépidations d'une voiture. Comment ferez-vous un jour de bataille ? »

Le départ a été fixé au 28 juillet. Le train spécial de six voitures, où ont pris place son état-major et une suite nombreuse, est venu prendre le souverain à la gare privée de Villeneuve-l'Étang, réservée aux visiteurs de marque. Tous ceux qui assistent à la scène sont saisis par la pâleur de son visage, à peine dissimulée par le fond de teint, par l'air d'accablement qui émane de ce corps tourmenté par la maladie et par l'angoisse. Le petit prince accompagne son père à la guerre. Eugénie l'a voulu ainsi, toujours pour les mêmes raisons : le devoir, l'honneur du nom, l'avenir de la dynastie. « Je me dis, écrit l'impératrice à sa mère, qu'il vaut mieux le voir mort que sans honneur. » Bien sûr, nul ne songe à exposer inconsidérément au feu de l'ennemi cet adolescent de quatorze ans, mais la guerre est la guerre... La cérémonie des adieux est émouvante et digne. Avant que Louis prenne place dans le train, la mère et le fils se sont longuement étreints, puis Eugénie s'est approchée de l'empereur et ils se sont embrassés. La guerre est à peine commencée que déjà les deux époux ont fait un pas l'un vers l'autre.

Napoléon n'a pas voulu traverser Paris : crainte d'un accueil défavorable ou pudeur de ne pas avoir à répondre par des saluts et des sourires aux vivats d'une population qu'il a délibérément jetée dans la tourmente ? En arrivant à Metz, épuisé par le voyage, il ne peut que constater la totale incurie qui règne dans l'armée. Aucun plan de bataille n'a été établi. On laisse l'initiative aux Prussiens, qui ne vont pas tarder à lancer une offensive de grand style, et en attendant, on se contente d'une petite opération le 2 août contre Sarrebruck. C'est un succès, mais qu'aucun chef militaire ne songe à exploiter. Au cours de cette première bataille, Loulou a reçu le baptême du feu. Il n'était pas en première ligne, mais il n'en a pas moins « ramassé une balle qui tombait à ses pieds ». C'est en tout cas ce que l'empereur écrit à Eugénie qui fait part de l'épisode au cabinet. À la demande d'Ollivier, qui cherche à l'évidence à se réconcilier avec la régente, on décide de communiquer ce « fait d'armes » à la presse. Le seul résultat sera de susciter les quolibets des journaux républicains qui parlent par dérision de « l'enfant de la balle ».

Humiliation suprême pour l'héritier du vainqueur d'Austerlitz, l'empereur — autrefois cavalier émérite — ne peut plus demeurer longtemps à cheval. À Sarrebruck, il a dû descendre de sa monture et s'appuyer contre un arbre pour ne pas tomber, avant de regagner sa voiture au bras de son aide de camp. On murmure dans les rangs. Dans les villages que traverse l'équipage impérial, les vivats se font de plus en plus rares, les cris hostiles et les jurons des soldats moins timides. Bientôt, il faudra bourrer de serviettes le pantalon du souverain pour cacher les effets de l'incontinence.

L'incertitude des armes n'a duré que quelques jours. Dès le 4 août, l'armée du prince impérial de Prusse est victorieuse à Wissembourg. Le 6, Mac-Mahon est battu à Frœschwiller et ne peut se dégager qu'en sacrifiant sa cavalerie à Reichshoffen et à Morsbronn, mais il doit abandonner l'Alsace, tandis qu'en Lorraine Frossard, que jalouse Bazaine et qui n'a reçu de lui aucun secours, est à son tour écrasé à Forbach. En quatre jours la bataille des frontières a tourné au désastre. Napoléon, de plus en plus malade, ne songe plus qu'à rejoindre Châlons avant de se replier sur Paris. C'est ce que conseillent les généraux de Castelnau et Lebrun, ainsi que le prince Napoléon, mais Eugénie s'accroche au pouvoir et dissuade son époux de rejoindre la capitale. « Ne pensez pas à revenir, télégraphie-t-elle à ce dernier, si vous ne voulez pas déchaîner une épouvantable révolution. On dirait ici que vous avez quitté l'armée parce que vous fuyiez le danger. »

Face à cette situation désastreuse, les événements se précipitent. Le 9 août, lâché par l'impératrice et par Rouher, le cabinet Ollivier — jugé responsable de la déroute militaire — est renversé par le Corps législatif et remplacé par un ministère dirigé par le général Cousin-Montauban, comte de Palikao. En désignant l'ancien chef du corps expéditionnaire en Chine comme principal ministre d'un gouvernement résolument marqué à droite, Eugénie n'annonce pas seulement la revanche de l'Empire autoritaire sur l'Empire libéral, elle usurpe un pouvoir que la Constitution ne reconnaît qu'à l'empereur. « La vérité est qu'on me chasse, déclare celui-ci à Plonplon. On ne veut pas de moi à l'armée, on n'en veut pas à Paris. » Et au maréchal Lebœuf le 12 août, au moment de céder le commandement en chef de l'armée à Bazaine, toujours à la demande de la régente : « Nous sommes destitués tous les deux. »

La débâcle

C'est donc un monarque sans pouvoir et un chef de guerre privé de son commandement qui erre d'un front à l'autre, pendant les trois semaines où se décide, sur plusieurs champs de bataille, le sort de l'Empire. Bazaine s'étant laissé enfermer dans Metz avec 130 000 hommes, Palikao et l'impératrice ordonnent à Mac-

Mahon, qui a regroupé ses troupes au camp de Châlons et qu'accompagnent Napoléon III et le prince impérial, de dégager le commandant en chef et son armée, bloqués dans la métropole lorraine. Mac-Mahon s'exécute, mais avec lenteur, et surtout, l'opération qui devait être conduite dans le plus grand secret, est révélée par des indiscrétions de presse : ce qui permet à Moltke de faire pivoter les deux armées qui marchaient sur Paris, de fermer aux Français le passage de la Meuse, et pour finir d'encercler les 100 000 soldats de Mac-Mahon dans la cuvette de Sedan.

Désormais en butte aux insultes, parfois aux menaces des unités qui croisent sa voiture et son escorte, Napoléon n'en persiste pas moins à rester au milieu de ses hommes. Il a simplement éloigné son fils de l'épicentre de la guerre, en le faisant évacuer vers Mézières et Avesnes. À Sedan, bombardée par 700 canons, il parcourt, au pas de son cheval, le théâtre des combats. Il cherche visiblement une mort qui, à la fois, mettrait fin à ses souffrances — physiques et morales — et rachèterait aux yeux de l'Histoire, les fautes des derniers mois du règne. Un officier de son escorte est tué ; deux autres sont blessés. Il poursuit son chemin sans marquer d'émotion. En passant sur le pont de la Meuse, un obus tombe devant son cheval qui se cabre. « Si cet homme n'est pas venu là pour se faire tuer, note dans son carnet le médecin qui le suit, je ne sais en vérité ce qu'il est venu y faire. Je ne l'ai pas vu donner un seul ordre pendant toute la matinée. »

S'il cherche la mort pour lui-même, il veut éviter l'inutile massacre de milliers de soldats qui, privés de munitions et de vivres, crient à la trahison et attendent l'assaut final. Mac-Mahon, gravement blessé, a transmis à Ducrot le commandement de l'armée, mais Ducrot a dû s'effacer devant Wimpffen, nommé par Paris. Après l'échec d'une tentative de sortie, Wimpffen menace de se démettre de son commandement. Qui commande à Sedan ? Qui donnera l'ordre de mettre fin à la boucherie qui s'annonce ? Sortant de sa passivité, Napoléon se souvient qu'il est encore l'empereur des Français. C'est lui qui ordonne de hisser le drapeau blanc sur la citadelle, puis, en présence des émissaires du roi de Prusse, de faire porter à celui-ci par le général Reille le message qui annonce sa capitulation et celle de son armée : « Monsieur mon frère, n'ayant pu mourir à la tête de mes troupes, il ne me reste qu'à remettre mon épée entre les mains de Votre Majesté. »

On lui reprochera par la suite, et avec quelle véhémence ! cette « capitulation honteuse ». Il s'en expliquera en ces termes, sans regret ni certitude d'avoir eu raison contre les partisans — au demeurant peu nombreux — du sacrifice glorieux :

> On a prétendu qu'en nous ensevelissant sous les ruines de Sedan, nous aurions mieux servi mon nom et ma dynastie. C'est possible. Mais tenir dans la main la vie de milliers d'hommes et ne pas faire un signe pour les sauver, c'était chose au-dessus de mes forces.[...] Mon cœur se refuse à ces sinistres grandeurs [25].

Le 2 septembre, à six heures du matin, en tenue de général, accompagné de quatre généraux de son état-major, l'empereur se rend en calèche à Donchery où il espère rencontrer le roi Guillaume. Ce sont en fait Bismarck et Moltke qui le reçoivent, dans une modeste demeure de tisserand, pour dicter au vaincu les conditions de la fin des combats. Les deux hommes ont cru qu'ils pourraient obtenir de l'empereur, conformément à l'usage, la signature de préliminaires de paix, mais Napoléon s'y refuse, laissant à la régente et à son gouvernement le soin de négocier des conditions qui engagent l'avenir de la France. Il n'abdique pas, comme il aurait pu le faire ; il entend conserver les apparences de la souveraineté, mais il laisse à d'autres la responsabilité d'une éventuelle mutilation du territoire national.

À défaut de préliminaires de paix, Bismarck et Moltke se contenteront de faire signer à l'empereur de rigoureuses conditions de capitulation militaire. L'armée —

soit 80 000 hommes valides et 14 000 blessés — ne sera pas admise à passer en Belgique comme Napoléon l'avait demandé et espéré. Elle sera prisonnière de guerre, au même titre que le souverain. En attendant, ce dernier est conduit au château de Bellevue sous bonne escorte. Il y recevra en début d'après-midi la visite du roi de Prusse et du Kronprinz. On échange quelques propos courtois, vaguement compatissants de la part de Guillaume. L'empereur déclare qu'il n'a pas voulu la guerre, qu'il a été contraint de la faire par l'opinion. Le roi acquiesce poliment. Puis l'on se sépare. Le soir même, c'est un homme brisé par l'humiliation et par la douleur qui rédige ces lignes à destination de l'impératrice :

> Il m'est impossible de te dire ce que j'ai souffert et ce que je souffre. Nous avons fait une marche contraire à tous les principes et au sens commun. Cela devait amener une catastrophe et elle est complète. J'aurais préféré la mort à une capitulation si désastreuse, et cependant, dans les circonstances présentes, c'était la seule manière d'éviter une boucherie de soixante mille personnes. Encore si tous mes tourments étaient concentrés ici ! Je pense à toi, à notre fils, à notre malheureux pays. [...] Je viens de voir le roi. Il met à ma disposition un de ses châteaux près de Hesse-Cassel. Mais que m'importe où je vais ! Je sens que ma carrière est brisée, que mon nom a perdu son éclat. Je suis au désespoir.

Le lendemain matin, après une nuit d'insomnie, il quitte Bellevue escorté par un escadron de uhlans et accompagné d'une poignée de fidèles : des militaires — Castelnau, Ney, Murat, Pajol, Reille, Hepp — et de vieux amis et serviteurs dévoués, les médecins Corvisart et Conneau, l'écuyer Raimbeaux, le secrétaire Pietri. Direction la frontière belge, toute proche de Sedan : Bismarck a autorisé en effet le prisonnier à passer par la Belgique pour ne pas avoir à traverser des départements français occupés par l'armée prussienne. La petite troupe fait étape à Bouillon, d'où elle repart le lendemain, 4 septembre, pour Libramont. C'est là que l'empereur, avant de prendre le train spécial qui le conduira à Verviers, apprend que le prince impérial est à Maubeuge, sain et sauf, et que la République est proclamée à Paris. Il ordonne à son fils de passer aussitôt en Belgique.

Devenue officielle dans la journée du 3, la nouvelle de la capitulation de Sedan ne fit que confirmer les rumeurs qui circulaient depuis la veille et avaient incité de nombreux Parisiens à quitter la ville. Il est vrai que depuis les défaites des premières semaines, rares étaient ceux qui croyaient encore au succès des armées impériales, plus rares encore peut-être ceux qui auraient parié sur la longévité de l'Empire. Ludovic Halévy n'avait-il pas écrit dans ses *Carnets*, à la date du 7 août : « Les nouvelles sont de plus en plus mauvaises. À moins d'un miracle, nous sommes perdus. Cela a tout l'air d'un Sadowa français. [...] Si la République peut nous sauver, prenons la République[26]. »

Le miracle n'eut pas lieu. Le Corps législatif tenta bien de sauver les meubles, mais l'impératrice refusa de céder la régence à une commission exécutive élue par l'Assemblée. Rouher déclara : « Il n'y a plus rien à faire, à demain la révolution », puis on leva la séance aux environs de seize heures. Une demi-heure plus tard, Chevreau remit à Eugénie la dépêche dans laquelle l'empereur annonçait la débâcle : « L'armée est défaite et prisonnière ; moi-même je suis prisonnier. » Épuisée, en proie à une véritable crise de nerfs, l'impératrice réagit avec une extrême violence : « Non, hurle-t-elle à Conti, chef du cabinet particulier de Napoléon III depuis le décès de Mocquard, l'empereur n'a pas capitulé. Un Napoléon ne capitule pas. Il est mort ! [...] On veut me le cacher. [...] Pourquoi ne s'est-il pas fait tuer ? [...] Il n'a donc pas senti qu'il se déshonorait ? »

Le lendemain, 4 septembre, est un dimanche. Tandis que le Conseil des ministres siège depuis huit heures du matin, la foule s'amasse sur les boulevards et aux abords du Palais-Bourbon. Toute la nuit, des conciliabules et des tractations ont eu lieu entre les diverses fractions de l'opposition. La Garde nationale s'est mobilisée, mais à quelle fin ? Le soutien de ce qu'il subsiste de l'Empire ? L'avènement d'une République ? Le peuple tranchera : en début d'après-midi, la foule envahit la Chambre. Gambetta prononce la déchéance de la dynastie et Jules Favre entraîne les manifestants à l'Hôtel de Ville où la République est proclamée. L'Empire est mort, sans que ses représentants officiels, pas plus que les militants bonapartistes, eussent tenté quoi que ce soit pour le sauver.

Eugénie a refusé d'abdiquer dans le but de conserver à son fils une chance d'accéder un jour au trône impérial. Metternich et Nigra, respectivement ambassadeurs d'Autriche et d'Italie, lui ont conseillé de fuir, mais elle ne dispose guère de complicités dans la place et la foule se presse désormais devant la grille des Tuileries. Courtisans et domestiques ont déserté le palais, non sans emporter parfois quelques souvenirs des splendeurs impériales. Finalement, accompagnée des deux diplomates étrangers et de sa lectrice, Mme Lebreton, elle parvient à franchir la grille qui longe la colonnade du Louvre et à sauter dans un fiacre avec sa suivante. Après une longue errance parisienne et plusieurs rebuffades, les deux femmes trouveront refuge et assistance chez le dentiste d'Eugénie, l'Américain Evans qui les conduira à Deauville où, le 7 septembre au soir, elles s'embarqueront pour l'Angleterre sur le yacht d'un officier anglais.

Napoléon III prisonnier du roi de Prusse, Eugénie et Louis en partance pour l'Angleterre : l'aventure napoléonienne s'achève. Témoin du dernier rideau de la pièce, le docteur Evans écrira quelque quarante ans plus tard dans ses *Mémoires* :

> En France, on est honoré aujourd'hui et banni demain. Je me suis dit parfois que les Français mettent leurs héros sur des piédestaux de sel, de sorte qu'à la première tem-

pête qui les atteint, ils tombent pour rester à jamais couchés dans la boue. Il n'y a pas de pays au monde où la distance entre le sublime et le ridicule soit aussi courte qu'en France[27] !

20

Les dernières années de Napoléon III
(1870-1873)

Quelques kilomètres seulement séparent le château de Bellevue de la frontière belge : c'est la raison pour laquelle l'empereur a prié Bismarck d'ordonner qu'on emprunte cette voie plutôt que celle qui, menant directement en territoire prussien, aurait contraint le convoi à un long cheminement en pays occupé. Napoléon n'en décrira pas moins cette première étape comme un « supplice » : pas seulement à cause de la douleur chaque jour plus envahissante, mais parce que le spectacle qui s'offre au souverain captif souligne à chaque instant l'ampleur du désastre : longues files de prisonniers, combattants éclopés et dépenaillés, regards de mépris, cris hostiles, canons pris aux vaincus et que tractent des équipages prussiens.

Les Belges ont accueilli l'empereur avec des sentiments divers, la curiosité l'emportant sur les manifestations de sympathie ou d'hostilité ; dans l'ensemble la foule s'est plutôt montrée compatissante. Mais c'est en Belgique que Napoléon a appris la chute de l'Empire, sans connaître les circonstances de l'événement, ni ce qu'il est advenu de l'impératrice et du prince impérial. Avant de prendre le train pour Verviers, il a ordonné à Louis de passer en Belgique, mais il ignore même si son fils a reçu son message. Cette incertitude va se prolonger durant deux longues semaines.

La captivité

De Verviers, le train spécial où ont pris place Napoléon III et sa suite a rejoint le territoire prussien. À Cassel, il est accueilli par le général de Monts, gouverneur de la ville — un descendant d'exilé huguenot — et par une compagnie d'infanterie qui lui rend les honneurs. Après quoi le convoi s'ébranle pour le château de Wilhelmshöhe, distant de quelques kilomètres, que le roi Guillaume a « mis à la disposition » de son prisonnier et qui ne lui est pas étranger. Jérôme, alors roi de Westphalie, y habita et Napoléon se souvient y avoir brièvement séjourné à l'âge de quatre ans. L'aurait-il oublié que s'y trouvent quelques souvenirs des Bonaparte, en particulier un portrait de la reine Hortense devant lequel le captif se recueille. On peut imaginer le mélange de chagrin, de tendresse et de nostalgie qui habite ce vieil homme malade et avili, brusquement ramené aux heures insouciantes de l'enfance.

Le château est agréable, avec un grand parc où le captif est autorisé à se promener et un étang. Il dispose d'un appartement de six pièces. Sa suite comprend une quinzaine de personnes — celles qui l'accompagnent depuis Sedan —, auxquelles s'ajoutent les domestiques et le cuisinier que le couple royal de Prusse a dépêchés sur place. Rien de comparable aux conditions d'incarcération que Louis-Napoléon a connues durant sa détention à Ham. Les militaires prisonniers peuvent se déplacer en civil dans un périmètre relativement étendu. La table est excellente, mais l'empereur en profite peu : ni sa sobriété habituelle, ni les effets de la maladie ne l'inclinent à faire honneur aux menus concoctés par le cuisinier prussien.

Napoléon en revanche renoue avec une passion qu'il n'avait guère eu l'occasion de satisfaire depuis son évasion : celle de l'écriture. Il n'aura pas le temps de s'atteler à un ouvrage d'envergure, mais il rédige plusieurs brochures destinées à éclairer l'opinion sur les origines et la conduite de la guerre : *L'Organisation militaire de l'Allemagne*, *Les Relations diplomatiques entre la France et l'Allemagne sous le règne de Napoléon III*, *Les Causes de la capitulation de Sedan*.

Les deux premières semaines sont particulièrement éprouvantes. Les officiers de l'état-major impérial qui accompagnent le souverain ne cessent de se lamenter et de se quereller. Conneau et Corvisart se montrent impuissants à calmer les crises, toujours très violentes, qui épuisent leur patient. Mais surtout, celui-ci souffre d'être sans nouvelles de l'impératrice et du prince impérial. Enfin, une première lettre d'Eugénie arrive à Wilhelmshöhe, le 16 septembre, lui apprend qu'elle et leur fils ont trouvé refuge à Hastings, dans le comté de Sussex, à son immense soulagement. Désormais les deux époux vont correspondre régulièrement et Napoléon en est d'autant plus rasséréné que le ton de leurs échanges a radicalement changé. Avec la séparation, avec les dangers que l'un et l'autre ont courus, ils se sont rapprochés. Eugénie a compris que l'empereur n'avait pas capitulé à Sedan par manque de courage mais par souci d'éviter une tuerie inutile. Napoléon ne peut qu'admirer l'énergie qu'il a fallu à la régente pour faire face aux conséquences désastreuses de la défaite. Tous deux conservent l'espoir de voir leur fils, heureusement épargné, reprendre un jour les rênes du pouvoir.

L'empereur est le premier à retrouver le chemin de la tendresse : « J'ai le cœur brisé, écrit-il, de voir, par tes lettres, combien le tien est meurtri. Pourvu que j'y aie toujours une petite place. » Eugénie répond, avec le désir manifeste d'oublier affronts et rancunes :

> Cher et bien bon ami. [...] La main dans la main, nous attendrons les décrets de Dieu. Des grandeurs passées, il ne reste rien de ce qui nous séparait. Nous sommes unis plus que jamais parce que nos souffrances et nos espérances se confondent sur cette chère petite tête de Louis. Plus l'avenir se rembrunit et plus se fait sentir le besoin de s'appuyer l'un sur l'autre. Soigne-toi donc, mon bon et

cher ami, et pensons au temps qui nous ramènera l'un près de l'autre[1].

« Les expressions tendres qui respirent dans tes lettres, écrit encore Napoléon, m'ont fait grand bien. » Est-ce ce retour d'affection qui a offert un sursis à l'empereur ? Peut-être, conjugué aux effets lénifiants du repos forcé et de l'éloignement du pouvoir. Toujours est-il que l'état de santé du prisonnier s'améliore. Les crises s'espacent et se font moins violentes. Son teint est moins blafard, son maintien plus assuré. Louis-Napoléon se surprend à faire des projets d'avenir qui n'incluent pas le retour aux affaires : « Lorsque je serai libre, écrit-il à Eugénie, je voudrais aller vivre avec toi et Louis dans un petit cottage, avec des bow-windows et des plantes grimpantes. »

L'impératrice lui a proposé de partager sa captivité. Il refuse, de même qu'il repousse la perspective d'une simple visite : il ne veut pas donner à cette femme qui revient vers lui le spectacle humiliant d'un captif dépendant de la seule générosité de son vainqueur. Pourtant, le 30 octobre au matin, accompagnée du comte Clary, aide de camp du prince impérial, et d'une dame d'honneur, Eugénie débarque à Cassel et se rend aussitôt à Wilhelmshöhe en voiture. Elle a voyagé incognito. Personne n'a informé l'empereur de cette visite. Les retrouvailles sur le perron du château sont apparemment d'une grande froideur : en présence de son « geôlier », de Monts, et des officiers de son état-major, Napoléon ne veut pas montrer à quel point il est ému. Eugénie a les traits tirés et porte une robe noire qui accuse sa pâleur : elle est, dira-t-elle, en deuil de son pays. Mais, à peine les deux époux se sont-ils retirés dans les appartements privés du souverain, qu'ils s'effondrent dans les bras l'un de l'autre et laissent s'épancher leurs sentiments et leur douleur.

L'impératrice n'est restée que vingt-quatre heures à Wilhelmshöhe. Le temps, passé l'émotion des retrouvailles, de mettre l'empereur au courant des intrigues de Bazaine, qui vient de signer la capitulation de son armée à Metz et tente de jouer sa propre carte auprès de Bismarck. À son retour à Camden Place, où elle est désormais installée, elle adresse à Napoléon cette lettre dont le contenu et le ton démentent l'image frigide qui a longtemps été associée à son nom :

> Ces longs jours d'exil me semblent si tristes. [...] Ma tendresse et mon affection ne font qu'augmenter pour toi. Je voudrais, au prix de bien des sacrifices, te rendre la vie plus douce que les circonstances ne l'ont faite jusqu'à présent, mais plus tout se rembrunit et plus nous devons croire que tout a une fin, les bons comme les mauvais jours. Je t'embrasse, mon ami, de tout mon cœur. Je t'aime tendrement. À toi pour toujours.

Intrigues

Le voyage de l'impératrice à Wilhelmshöhe s'inscrivait dans un ensemble compliqué de manœuvres dont le *deus ex machina* n'était autre que Bismarck. Depuis la chute de l'Empire, le gouvernement prussien s'était fixé un but de guerre clairement expansionniste : l'Alsace et une partie de la Lorraine, avec Metz. Il s'agissait, écrivait le roi Guillaume, en réponse à un appel de l'impératrice le priant de renoncer à l'annexion d'une partie du territoire français, « non d'agrandir ma patrie, dont le territoire est assez grand », mais d'assurer à l'Allemagne qu'elle serait « mieux préparée à l'agression sur laquelle nous pouvons compter aussitôt que la France aura réparé ses forces ou gagné des alliés »[2].

Bismarck lui-même n'était pas enthousiaste à l'idée de créer, entre la France et le futur Empire allemand, un *casus belli* permanent. Jamais la France, estimait-il, n'accepterait de se voir ainsi dépossédée de deux de ses provinces de l'Est. Mais la pression de l'opinion, et celle surtout de l'état-major, étaient telles, qu'il ne tarda pas à faire siennes les revendications territoriales déjà acceptées par le roi. Il y avait beaucoup de cynisme de la part de Guillaume à prétendre que les annexions ne serviraient qu'à préserver son pays d'une revanche future, alors que la volonté de revanche des Français ne pouvait que se nourrir de la mutilation subie. Quoi qu'il en soit, Berlin ne démordrait pas de ses vues annexionnistes. À Bismarck de les faire accepter au vaincu.

Le chancelier engagea donc après Sedan des négociations avec les nouveaux dirigeants de la France, tout en maintenant des contacts avec leurs prédécesseurs. Il tenait ainsi à garder deux fers au feu, pour traiter finalement avec le plus offrant. Le gouvernement de la Défense nationale avait annoncé d'entrée de jeu, par la voix de son ministre des Affaires étrangères Jules Favre : « Nous ne céderons ni un pouce de notre territoire, ni une pierre de nos forteresses. Une paix honteuse serait une guerre d'extermination à courte échéance. » Cette déclaration, adressée aux représentants des puissances européennes, liait les mains du nouveau cabinet et justifiait les craintes de Berlin. Lors de l'entrevue qu'il eut avec Favre à Ferrières, au château des Rothschild, les 19-20 septembre, le chancelier fut convaincu qu'il n'obtiendrait de son interlocuteur rien de plus que ce refus de conclure des préliminaires de paix. Or, il voulait faire vite, pour profiter de l'enthousiasme patriotique de ses compatriotes et achever le processus d'unification en faisant proclamer l'Empire. De là l'idée d'engager des pourparlers confidentiels avec l'impératrice, en arguant du fait que le changement de régime intervenu en France était l'œuvre d'une émeute et ne reposait sur aucune légitimité. Exilée ou pas, Eugénie demeurait officiellement régente et détentrice *de jure* d'un pouvoir que les républicains auraient usurpé.

A Wilhelmshöhe, on tenait un discours à peu près semblable. Dans un article publié le 11 septembre dans *L'Indépendant rémois*, et que l'on disait directement inspiré par l'empereur, on pouvait lire ceci :

Les gouvernements allemands n'ont pas reconnu jusqu'à présent d'autre gouvernement en France que celui de l'Empereur Napoléon et à leurs yeux le gouvernement impérial est le seul, jusqu'à nouvel ordre, qui soit autorisé à entrer dans des négociations d'un caractère international. [...] Il est impossible de comprendre à quel titre les gouvernements allemands pourraient traiter avec un pouvoir qui, jusqu'à présent, ne représente qu'une partie de la gauche de l'ancien Corps législatif [3].

Bismarck allait donc s'efforcer de jouer sur deux ou trois tableaux. Tout en poursuivant ses négociations avec le gouvernement de la Défense nationale — celles qui se dérouleront début novembre à Versailles ne donneront aucun résultat —, il dépêcha auprès de Napoléon III un émissaire officieux, un certain Helwitz, qui rencontra l'empereur à plusieurs reprises. Il s'agissait d'obtenir de ce dernier la conclusion d'une paix rapide, assortie d'une cession territoriale que Napoléon jugea inacceptable. Il se refusait à faire passer l'intérêt dynastique avant celui de la nation et il pria Eugénie de ne prendre aucun engagement tant que Paris, assiégé depuis le 20 octobre, tenait bon.

Les dirigeants bonapartistes et les représentants de la haute hiérarchie militaire ne partageaient pas tous les scrupules du souverain. Le roi Guillaume avait autorisé celui-ci à recevoir des visites. Des émissaires venus de Londres et de Bruxelles, tels Fleury, Pietri, Clary ou encore Devernois, faisaient la liaison entre ces capitales de l'émigration impériale et Wilhelmshöhe pour conseiller à l'empereur de traiter avec Bismarck. Napoléon hésitait. D'une part, il n'était pas insensible à l'idée qu'avec une autorité reconnue des puissances, et disposant d'une légitimité renouvelée par le vote populaire du 8 mai 1870, il avait plus de chance d'obtenir des conditions de paix acceptables que les hommes du 4 septembre. D'autre part, il se méfiait de Bismarck et de ses agents, comme des ambitieux qui prétendaient jouer les médiateurs et les sauveurs du trône impérial.

Le prince Napoléon n'envisageait-il pas de faire confier la régence au vieux maréchal Changarnier, désormais réconcilié avec le régime ? Bazaine, enfermé dans Metz, mais lui aussi en rapport avec le chancelier prussien, ne songeait-il pas à négocier au meilleur prix sa capitulation ?

C'est dans ce contexte d'intrigues que doit être replacée la vaudevillesque entreprise conçue par un coureur d'aventures nommé Édouard Régnier. Celui-ci, « homme d'affaires » désargenté et sans scrupule, se présenta un beau matin à Hastings, peu de temps après l'arrivée de l'impératrice dans cette ville, et demanda à être reçu par la souveraine. À Filon, précepteur du prince, qui l'interrogeait sur son état, il répondit qu'il n'était « rien du tout », mais qu'il souhaitait — en bonapartiste convaincu — contribuer à la conclusion d'un traité de paix décent avec la Prusse. Eugénie refusa de le recevoir, mais Filon se laissa convaincre de l'aider à se rendre auprès de l'empereur ; et il lui remit trois cartes postales de Hastings, avec sur chacune quelques lignes et paraphes de Loulou.

Muni de ce « passeport », Régnier traversa aussitôt le Channel, pour se rendre non à Wilhelmshöhe, comme il avait promis de le faire, mais pour rencontrer Bismarck à Ferrières, où l'armée du roi de Prusse avait établi son grand quartier général. La négociation avec Jules Favre venait tout juste de s'achever sur un refus par la France des conditions léonines fixées par Berlin, et le chancelier n'était pas fâché de trouver un intermédiaire lui permettant de contacter les hauts responsables politiques et militaires de l'Empire. Régnier lui proposait de se rendre à Metz auprès de Bazaine et d'offrir à celui-ci, en échange de sa capitulation, l'occasion de rétablir le régime impérial, sous l'autorité de la régente et avec l'aide de l'armée. À la suite de quoi, on pourrait conclure au plus vite un traité de paix.

Avec en poche un laissez-passer signé de Bismarck, Régnier partit pour Metz, exhiba ses cartes postales à Bazaine et se montra assez convaincant pour que ce dernier expédie Bourbaki — ancien chef de la Garde impériale et commandant de la 1re armée — en Angleterre pour qu'il examine avec l'impératrice les modalités d'exécution du « plan Régnier ». Eugénie se montra extrêmement réservée. Elle nia avoir eu connaissance de l'affaire, tandis que Bourbaki, de retour en France, se voyait refuser de rentrer dans Metz et se mettait au service du gouvernement de la Défense nationale. Mis au courant de l'entreprise, Napoléon avait flairé le coup tordu et déconseillé à son épouse de négocier quoi que ce fût avec Bazaine. C'est à bien des égards pour y voir un peu plus clair dans ce rocambolesque projet que la régente se rendit à Wilhelmshöhe fin octobre. La veille de son arrivée, la garnison de Metz avait déposé les armes, ruinant l'ultime espoir qu'avait eu le couple impérial de restaurer son pouvoir avec l'appui de Bazaine et de son armée.

Dans le camp bonapartiste, on croyait encore possible de jouer sur un autre registre, électoral celui-ci. Le succès du plébiscite n'avait-il pas montré que le régime avait une large assise populaire ? Il fallait certes être bien aveugle pour ne pas ressentir à quel point l'Empire était désormais rejeté par les Français. Mais, vue d'Angleterre, de Belgique, ou encore de Wilhelmshöhe, cette désaffection de l'opinion était moins perceptible qu'à Paris. On songea — l'empereur le premier — à élire une nouvelle assemblée, puis, en décembre, à réunir dans une ville du Midi les conseils généraux, élus en juin 1870 et favorables à l'Empire, en Assemblée nationale. Bismarck n'était point hostile à cette solution qui aurait pu lui permettre de poursuivre son chantage au plus offrant. Mais Gambetta eut tôt fait de flairer le péril et prononça la dissolution immédiate de ces assemblées de notables.

Un peu plus tard, il y eut encore des voix dans l'entourage de la régente pour adjurer celle-ci de se rendre en France, de réunir les deux Chambres à Amiens et de négocier la paix avec Bismarck au nom de l'empereur. Celui-ci la pria instamment de n'en rien faire :

Te voilà à Amiens, lui écrit-il le 21 décembre ; la moitié de la France est occupée par les Prussiens, l'autre est entre les mains de démagogues énergiques qui empêcheront que le pays réponde à ton appel. [...] Tu te trouveras dans la dure nécessité de repartir pour l'étranger ou de réclamer l'appui de la Prusse. [...]

Après le rôle que nous avons joué en Europe, toutes nos actions doivent avoir un caractère de dignité et de grandeur en rapport avec la situation que nous avons occupée ; nous ne pouvons donc pas risquer de ces dangers qui prêtent au ridicule comme d'être arrêté par quatre gendarmes. Or, dans l'état actuel des choses, si tu allais en France, ce serait le premier risque que tu courrais[4].

Louis-Napoléon sait de quoi il parle. Il se souvient de Strasbourg et de Boulogne. Il se refuse à voir l'impératrice des Français dans le rôle d'une *pasionaria* d'opéra-bouffe. Eugénie se laisse d'ailleurs aisément convaincre. Elle restera en Angleterre, dans l'attente — qu'on espère prochaine — de la libération du souverain.

Camden Place

À Wilhelmshöhe, le prisonnier commence à trouver le temps long. Pour tromper l'ennui des jours et des interminables soirées d'hiver, il écrit, prend connaissance des journaux qu'on veut bien mettre à sa disposition (n'oublions pas qu'il lit et parle couramment l'allemand, l'anglais et l'italien), il fait des patiences et il s'entretient avec ses compagnons de captivité. Il a plaisir également à confier ses impressions et sa version des événements récents à un correspondant allemand du *Times*, venu pour recueillir son témoignage. « Mels-Cohn, écrit Louis Girard, se fit son modeste Las Cases[5]. » Modeste en effet, mais le livre qu'il a laissé, rapportant ses conversations avec l'empereur, constitue une source non négligeable sur la manière dont ce dernier percevait le monde extérieur depuis sa prison dorée de Wilhelmshöhe, jugeait des responsabilités de chacun dans le déclenchement de la guerre, et surtout envisageait l'avenir[6]. Certaines de ses réflexions ont un caractère prémonitoire, par exemple lorsqu'il évoque le futur immédiat de la France :

> Bien peu de temps après la paix, une tempête comme on n'en a jamais vu de pareille se déchaînera sur la France. Alors le temps ne sera pas encore venu. Puis viendra l'ère des accusations et des récriminations contre le passé, qui serviront aux gens en possession du pouvoir pour faire oublier le triste présent et le sombre avenir[7].

Ou encore l'avenir du Reich bismarckien, condamné, estime-t-il, à devenir une puissance militariste et agressive :

> Au cours d'une existence remplie d'aventures, de joies et de tristesses, j'ai souvent éprouvé le mal du pays en pensant à l'Allemagne. J'étais loin d'imaginer que mes vœux de retourner dans votre patrie se réaliseraient de la façon que voilà. [...] Savez-vous ce que coûtera le rêve d'une Allemagne unie ? En dépit d'elle-même, la Prusse, dans vingt ou trente ans, se trouvera dans l'obligation de devenir agressive. Et alors, toute son habileté diplomatique ne lui servira de rien. L'Europe l'écrasera. Alors elle se rendra compte de ce que les rêves de Bismarck lui coûteront[8].

En attendant que cette vision prophétique se réalise, la Prusse est bel et bien victorieuse et c'est avec Jules Favre que le chancelier conclut, le 28 janvier, un armistice mettant fin aux hostilités. Paris capitule quelques jours plus tard et le 8 février les Français sont invités à élire une nouvelle Assemblée. Réunie à Bordeaux — où le gouvernement de la Défense nationale s'est replié — celle-ci comporte une très forte majorité de monarchistes, divisés il est vrai en deux groupes à peu près égaux : les légitimistes, fidèles du comte de Chambord, et les orléanistes, partisans du comte de Paris.

C'est cette Chambre « introuvable » qui élut le

17 février, à l'unanimité, Thiers « chef du pouvoir exécutif de la République française », et vota le 1er mars la déchéance de l'empereur, jugé responsable de la défaite et de l'amputation du territoire national. Napoléon III protesta vainement auprès du président de l'Assemblée, Jules Grévy. Comme les républicains, il refusait de reconnaître à la Chambre un pouvoir constituant. Il n'avait pas vu venir la bourrasque qui devait emporter les partisans de l'Empire, ou du moins il n'en avait pas évalué l'ampleur. Le 4 février, dans la perspective du vote tout proche, il avait fait paraître à Bruxelles une proclamation appelant les électeurs à rejeter tout gouvernement qui ne serait pas issu de la souveraineté nationale :

> Toute chance raisonnable de vaincre a disparu. Il est temps de demander compte à ceux qui ont usurpé le pouvoir du sang répandu sans nécessité, des ruines accumulées sans raison, des ressources du pays gaspillées sans contrôle. [...] Quant à moi, meurtri par tant d'injustices et d'amères déceptions, je ne viens pas réclamer les droits que, quatre fois en vingt ans, vous m'avez conférés. [...] Mais, mon devoir est de m'adresser à la nation comme son véritable représentant et de lui dire : tout ce qui a été fait sans votre participation directe est illégitime. Il n'y a qu'un gouvernement issu de la souveraineté nationale qui, s'élevant au-dessus de l'égoïsme des partis, ait la force de cicatriser vos blessures, de rouvrir vos cœurs à l'espérance, et de ramener au sein du pays le travail, la concorde et la paix.

Cet appel au peuple, bien dans la tradition des manifestes bonapartistes, ne fut guère entendu par les électeurs déboussolés, privés d'une véritable campagne et qui se regroupèrent tout naturellement autour de leurs cadres traditionnels : hobereaux et curés. Le « parti » bonapartiste ne recueillit qu'une vingtaine de sièges sur les 645 que comptait l'Assemblée de Bordeaux.

La nouvelle Chambre ayant ratifié le 1er mars les préliminaires de paix, signés par Thiers et qui entérinaient les dures conditions fixées par la Prusse, le roi Guillaume, devenu Empereur allemand, n'avait aucune raison de maintenir captif l'ex-empereur des Français. Pour celui-ci, l'heure d'un nouvel et ultime exil avait sonné. Où irait-il ? Eugénie avait songé à Trieste, où la princesse Bacciochi avait légué une somptueuse demeure, la villa Vicentina, au prince impérial. Mais l'empereur estimait que, dans sa position, mieux valait se trouver « dans des pays libres comme l'Angleterre ou la Suisse ». Arenenberg ne lui aurait pas déplu, mais il craignait que, comme sa mère après la chute du Premier Empire, on lui interdît l'accès du territoire helvétique. Il choisit donc l'Angleterre, où il avait déjà passé de longues années d'exil et où il avait conservé de nombreuses relations. Libéré le 19 mars en même temps que ses compagnons de captivité, il se mit aussitôt en route pour Ostende et de là s'embarqua sur le yacht du roi des Belges pour Douvres, où il arriva le 20 dans l'après-midi. Au moment de monter dans le train à Cassel, on lui avait remis une dépêche lui annonçant que deux généraux avaient été fusillés à Paris et que les insurgés étaient maîtres de la capitale.

À Douvres, aucun personnage officiel n'est venu accueillir le souverain déchu, sinon le capitaine du port, Henry Payne, qui se souvient lui avoir présenté les vœux de la ville en 1855, lors de la visite qu'Eugénie et lui avaient rendue au couple royal. Ce n'est plus le même homme qui foule à nouveau le sol britannique, mais un vieillard voûté, blanchi, à la démarche hésitante. Il paraît surpris de l'accueil chaleureux de la foule, venue en assez grand nombre pour acclamer le banni et lui jeter des fleurs. L'émotion est grande lorsque, rejoint sur le quai par l'impératrice et par son fils, Napoléon se jette dans leurs bras. De là, le couple impérial et Loulou se rendent au Lord Warden Hotel, d'où un passage permet d'accéder directement à la gare. Le train les conduit dans la soirée à Chislehurst, le village situé à une trentaine de kilomètres de Londres, dans le comté de Kent, où Eugénie a loué une maison et où elle s'est installée, peu de temps après son arrivée en Angleterre, avec le jeune prince.

C'est le docteur Evans, le dentiste américain à qui la régente devait d'avoir pu quitter la capitale insurgée et s'embarquer pour l'Angleterre, qui avait découvert cette demeure campagnarde baptisée Camden Place. Son propriétaire, ancien fondé de pouvoir de Miss Howard, avait souvent rencontré le futur empereur à l'époque où celui-ci fréquentait Emily Rowles, dont le père, riche entrepreneur de travaux publics, était encore propriétaire des lieux. Eugénie choisit d'y fixer sa résidence, de préférence à des sites plus prestigieux que lui proposaient divers représentants de l'aristocratie anglaise.

Camden Place n'était pas à proprement parler un « petit cottage avec des bow-windows et des plantes grimpantes », mais ce n'était pas non plus un château. Plutôt un manoir de style géorgien, en briques rouges, avec en façade, au premier étage, sept grandes fenêtres donnant sur le parc aux arbres séculaires, parmi lesquels un saule pleureur rapporté, disait-on, de Sainte-Hélène par M. Strode. Le propriétaire avait meublé les trois étages sans compter, mais avec un goût qui ne faisait pas l'unanimité des visiteurs. Octave Feuillet parlera d'un « style mêlé et banal », pour ajouter aussitôt : « malgré une rustique couleur d'amadou, c'est joli d'aspect »[9].

Tout cela pour un loyer relativement modeste de 5 000 francs. Le couple impérial n'était pas dans le besoin mais il devait néanmoins limiter ses dépenses. Pour Eugénie, plus économe et meilleure gestionnaire de sa fortune que l'empereur, le fait de devoir tenir serrés les cordons de la bourse ne posait pas de problème majeur. D'autant qu'à la différence de son prodigue époux — qui dut vendre pour 600 000 francs un palais dont il était propriétaire à Rome — elle conservait des biens personnels d'une grande valeur : un domaine dans les Landes, des maisons de rapport à Paris et des propriétés en Espagne dont elle vendit une partie au lendemain de son installation à Chislehurst, en même temps que ses bijoux, sauvés par sa femme de chambre Pepa et par la princesse de Metternich.

Le séjour de la régente à Camden Place fut assombri par l'annonce du décès de Mérimée, l'ami de toujours des Montijo. L'auteur de *Carmen* et de *Colomba* n'avait que 67 ans, mais il souffrait depuis longtemps d'asthme et de bronchite. Pendant plus de quinze ans, il avait été l'inlassable animateur de la fête impériale, le brillant convive, le confident des joies et des peines de la souveraine. Il était mort à Cannes le 23 septembre 1870, assez tôt pour ne pas avoir à déplorer la mise à sac de sa demeure parisienne, incendiée avec ses papiers et ses livres au cours de la semaine sanglante. Eugénie avait appris sa disparition à la lecture du *Times* et elle en avait été vivement affectée.

Les nouvelles de Paris, comme celles qui, venant des différentes capitales européennes, confirmaient l'isolement diplomatique de la France, n'étaient pas pour égayer l'atmosphère pesante de Camden Place. Bientôt cependant une petite cour de fidèles s'organisa autour de la régente : Mme Lebreton, qui avait accompagné celle-ci dans sa fuite, fut rejointe par Augustin Filon, précepteur de Louis et secrétaire de sa mère, par le docteur Conneau et son fils, ami du prince, par Marie de Larminat, dame d'honneur d'Eugénie, par l'amiral Duperré et le duc de Bassano. Avec l'empereur arrive un deuxième train de compagnons de route : Pietri son secrétaire, Corvisart son médecin, le comte Davillier, Gamble, le chef des piqueurs, accompagné de quelques vieux serviteurs des Tuileries. D'autres familiers s'installent dans des maisons proches de Camden Place, ainsi qu'à Londres où résident les Murat, les Mouchy, Jérôme David et Rouher. En fin de semaine, Chislehurst devient le lieu de retrouvailles des bonapartistes en exil.

L'impératrice voit également affluer des amis anglais, parmi lesquels de nombreux membres de la famille royale. Le 30 novembre, la reine en personne, accompagnée de sa fille Beatrice, se rend à Camden Place. Elle trouve Eugénie « très pâle et très amaigrie [...] mais toujours très belle ». « Son visage, écrit-elle, est marqué par des traits d'une tristesse profonde et elle a eu fréquemment les larmes aux yeux [10]. » Visite de retour le 5 décembre, au château de Windsor. Victoria relate l'événement dans son Journal :

> À son arrivée, elle était très nerveuse et pendant qu'on montait l'escalier, elle dit en pleurant : « Cela me fait une telle émotion », et elle sanglotait. J'ai serré sa pauvre petite main et je l'ai amenée à la Salle d'Audience. [...]
>
> L'Impératrice est partie à quatre heures. Quel contraste effrayant avec sa visite ici en 55 ! Alors tout était faste et splendeur, un emportement, un enthousiasme ! Et maintenant ! [... La pauvre Impératrice était si belle dans sa simple robe noire, et si touchante dans sa douceur et sa résignation [11].

Derniers beaux jours

Le retour de l'empereur parmi les siens fut suivi d'une brève embellie. La liberté retrouvée, la vie réglée que Napoléon menait à Chislehurst, les soins dont l'entouraient son épouse et son entourage firent que ce répit dans la maladie se trouva prolongé jusqu'au printemps 1872. Non que les nouvelles de France eussent de quoi réjouir le restaurateur de l'Empire. La Commune, les fusillades de mai, l'incendie des Tuileries, puis le traité de Francfort — qui entérinait la perte de l'Alsace-Lorraine —, le succès de la gauche aux élections complémentaires de juillet 1871, l'élection de Thiers à la présidence de la République, constituaient autant d'événements qui ne pouvaient que souligner l'ampleur du désastre consécutif à l'entrée en guerre contre la Prusse et à la capitulation de Sedan.

Pourtant Napoléon III ne désespérait pas de revenir un jour au pouvoir. La férocité de la répression versaillaise ressemblait plus à juin 48 qu'au 2 décembre. Elle consacrait la rupture entre une République bourgeoise dirigée par des monarchistes et un mouvement ouvrier dont la reconnaissance légale était largement l'œuvre de l'Empire. Napoléon III n'ignorait rien du déferlement de haine qui avait suivi en France l'annonce de sa déchéance : il en souffrait mais il acceptait ce jugement de l'Histoire qui ne pouvait être, estimait-il, que provisoire. « Certaines catastrophes, dira-t-il, sont si douloureuses pour une nation qu'elle a le droit d'en rejeter, même injustement, la faute sur son Chef. »

Le parti bonapartiste a commencé à se réorganiser sous l'impulsion de Rouher, élu en Corse, de Jules Amigues et de Paul Granier de Cassagnac. Dans une brochure intitulée *Le Prince impérial et la Prusse*, le jeune Louis est présenté comme le futur artisan de la revanche. Un autre libelle, *L'Empire et les ouvriers*, rappelle l'œuvre sociale de Napoléon III. Juliette Adam, égérie des républicains, s'inquiète de voir arriver ce dernier à Paris « avant qu'on s'aperçoive de son absence de Chislehurst ». Les rumeurs de complot prolifèrent, toutes plus folles les unes que les autres, et s'il est vrai que de nombreux fidèles font la navette entre la France, la Belgique et l'Angleterre, il ne semble pas que l'empereur soit prêt à rejouer la tragi-comédie de Boulogne. « Il faut, écrit-il en juin 1871, que chaque chose vienne en son temps et le mouvement favorable qui se produit de lui-même en France doit faire espérer dans l'avenir. » Filon confirme : « Sans doute la France regrette-t-elle son homme, mais lui, vieilli, malade, tout juste encore en possession d'une intelligence jadis vantée, reste inerte et n'écoutera pas la voix qui le réclame[12]. »

De fait, au quotidien, Napoléon III donnait l'impression d'abandonner le combat, de préférer jouir pleinement de ce qu'il savait être un sursis et de mener, auprès d'Eugénie et de Louis, l'existence paisible d'un bourgeois retraité. L'infortune avait ressoudé le couple impérial. Eugénie n'avait plus à redouter le goût de son époux pour les « petites distractions », et elle avait bien voulu tirer un trait sur le passé. À l'automne 1871, elle jugea que l'état de santé de l'empereur l'autorisait à se rendre en Espagne, où elle eut la joie de retrouver sa famille près de qui elle séjourna deux mois. Napoléon l'avait vivement incitée à entreprendre ce voyage, afin qu'elle pût reprendre souffle après les turbulences auxquelles elle avait dû faire face. Ils échangèrent des lettres pleines de tendresse et, à son retour, elle trouva sa petite bibliothèque des Tuileries reconstituée par les soins de l'empereur.

Après cette escapade, la vie ordinaire reprit son cours à Camden Place, partagée entre les promenade pédestres dans la campagne, de brèves sorties à cheval — Louis-Napoléon avait recommencé à monter, en prenant mille précautions — l'accueil des visiteurs, et pour l'empereur des heures consacrées à l'étude et à l'écriture. Retrouvant ses habitudes de Ham, celui-ci travaillait en effet chaque jour dans le petit cabinet surchauffé qu'il avait aménagé à son goût, fumant cigarette sur cigarette. Ses curiosités étaient toujours aussi diverses. Il publia, sous le nom de La Chapelle — un journaliste qu'il avait embauché comme secrétaire —, une brochure sur *Les Forces militaires de la France en 1870*. Toujours passionné de technique et soucieux d'améliorer le sort des classes défavorisées, il mit au point un « calorifère économique » doté d'une capacité de chauffe supérieure à celle d'un poêle ordinaire et consommant moitié moins de charbon. Il s'appliqua enfin, sans grand succès il est vrai, à intéresser les Anglais à son projet de Congrès international, réunissant à intervalles réguliers les représentants des puissances européennes, dans le but « d'établir un ordre de choses fondé désormais sur l'intérêt bien compris des souverains et des peuples » [13].

Les soirées étaient moins animées que celles de la Villa Eugénie à Biarritz. Le thé était servi à cinq heures, dans le petit salon où l'on restait à bavarder jusqu'au moment où il fallait s'habiller pour le dîner. Celui était servi à sept heures et ne durait guère plus d'une heure. Après quoi, les hommes passaient dans le fumoir, puis dans la salle de billard, tandis que les dames se livraient à des travaux de couture. Le docteur Conneau et le duc

de Bassano faisaient des réussites, rejoints par l'empereur quand celui-ci ne préférait pas s'installer dans un
fauteuil pour fumer et rêver. Plus de charades, plus de
jeux, plus de saynètes ni de danses : pour ces rescapés
de la tourmente guerrière, la fête impériale était bel et
bien finie. À onze heures, l'impératrice se retirait,
saluant l'assistance d'une révérence, bientôt suivie par
les familiers du lieu.

On ne sortait de ce train-train incolore que pour recevoir des visiteurs de marque. Le 20 avril, la reine vint à
Chislehurst pour l'anniversaire de Napoléon III. Fin
mars, le couple impérial avait été reçu à Windsor. Effu-
sions, émotion : Victoria trouva l'empereur bien
changé. « Il avait, écrit-elle dans son Journal, l'air très
découragé, et il avait les larmes aux yeux, mais il s'est
maîtrisé et m'a dit : "Il y a bien longtemps que je n'ai vu
Votre Majesté [14]." » Même son de cloche après la visite à
Camden Place, encore que cette fois Victoria se déclarât
surtout « alarmée par l'état de la pauvre Eugénie ». À
l'automne de 1871, ce fut au tour de Gladstone de rendre visite aux proscrits.

L'une des principales consolations aux tourments de
l'exil consistait pour Napoléon III à s'occuper enfin de
son fils. En mars 1871, on fêta le quinzième anniversaire de Louis. Son père avait un immense plaisir à l'initier aux arcanes de la politique. Lorsque Rouher, qui
faisait régulièrement la navette entre Paris et Londres,
se rendait à Chislehurst pour y prendre les ordres de
l'empereur, celui-ci exigeait que Loulou fût présent.
Bientôt, il fallut se résoudre à lui donner une éducation
moins sommaire que celle qui lui était dispensée par le
brave Filon. Très gâté dans sa petite enfance, l'héritier
s'était peu appliqué dans ses études. Sa préadolecence
s'était déroulée sur fond de guerre et de crise du régime.
En somme, il se trouvait sensiblement au même point
que son géniteur au même âge, sauf qu'il avait sur ce
dernier l'avantage — provisoire certes mais à un
moment déterminant de sa vie — de pouvoir s'appuyer
sur ses deux parents.

En octobre 1871, le jeune prince fut donc inscrit au King's College, en même temps que le fils du docteur Conneau, son compagnon de jeu et son ami. Auparavant, profitant du séjour d'Eugénie en Espagne, le père et le fils passèrent quelques jours de vacances à Torquay, visitant au passage Exeter et Bath et ne perdant aucune occasion de se mêler à la vie des autochtones. Quand ils ne voyageaient pas incognito, ils étaient généralement objets de démonstrations amicales qui mettaient un peu de baume au cœur du souverain. Le choix de King's College, dont l'enseignement était destiné à des jeunes gens de plus de dix-huit ans, ne fut pas très heureux. Louis avait d'autant plus de mal à s'intégrer que son anglais était hésitant. Il ne se fit aucun ami parmi ses condisciples plus âgés et issus d'un milieu moins huppé que le sien. Au moins eut-il comme compensation de se rendre chaque jour à Londres, en compagnie de Filon, et d'y faire l'apprentissage de la ville. On le retira du collège à la fin de l'année scolaire pour l'inscrire en octobre suivant à l'Académie royale de Woolwich où l'armée britanique formait ses officiers d'artillerie, une tradition chez les Bonaparte.

« Plus que quelques pas à franchir... »

Dès le milieu de l'été 1872, l'état de santé de Napoléon III s'aggrava. Les crises se faisaient plus fréquentes et plus douloureuses. Pendant les vacances à Cowes, dans l'île de Wight, haut lieu de villégiature de la *gentry*, l'empereur ne quitta guère l'hôtel que pour se rendre à l'établissement thermal où il recevait des soins de thalassothérapie peu adaptés au mal dont il souffrait. Auparavant, le prince Louis avait effectué un long périple touristique en Écosse avec Eugénie, puis il était rentré à Camden pour y rejoindre son père avec lequel il s'était rendu à Brighton.

L'automne fut morose : pluie, brouillard et spleen. Louis ne rentrait à Camden que pour le week-end, tout heureux de porter l'uniforme des cadets de Sa Majesté, et ses parents, qui avaient pris l'habitude de le retrouver chaque soir, au retour du collège, souffraient de cette séparation. L'empereur surtout dont le mal empirait. En septembre, les crises devenant quotidiennes, il cessa pratiquement de sortir. Appelé en consultation par Conneau, le docteur Paget prescrivit un sondage profond que Louis-Napoléon se garda bien de faire effectuer. Peut-être parce qu'il avait en tête un projet dont l'exécution — pour peu qu'il y ait eu une aune de raison à le croire réalisable — exigeait sa disponibilité et qu'il ne voulait pas entendre parler d'opération.

Il s'agissait semble-t-il — les archives, notons-le, n'ont gardé aucune trace du complot — d'une réédition du coup de Boulogne, avec en principe, des atouts plus sérieux. Les hauts cadres de l'armée, la haute fontion publique, la magistrature, la police n'avaient pratiquement pas changé depuis la chute de l'Empire et l'on pensait pouvoir rejouer le scénario de 1815, avec la complicité d'un parti bonapartiste rassemblé autour de Rouher et du prince Napoléon. Pour emporter l'adhésion de son cousin, celui-ci se rendit à Chislehurst en novembre. Le plan imaginé par Fleury consistait à faire venir clandestinement Louis-Napoléon à Prangins, sur la rive française du lac Léman, où Plonplon possédait une propriété. De là on rejoindrait Lyon : la complicité de Bourbaki, qui commandait la garnison de la ville, paraissait acquise, de même que celle d'autres chefs militaires. On marcherait ensuite sur Paris, avec l'espoir de soulever au passage des populations rurales restées fidèles à l'empereur.

Était-ce illusion de pouvoir installer Louis — dont la majorité approchait — sur le trône des Napoléonides — ou désir de livrer un baroud d'honneur plutôt que de laisser la maladie effectuer sa besogne mortifère, qui inclina l'empereur à prêter une oreille attentive aux pressions de Plonplon ? Il semble en tout cas qu'on se soit mis d'accord sur une action qui devait s'accomplir en mars 1873, pour l'anniversaire du retour de l'île d'Elbe. Parmi les rares indices que nous ont laissés les personnalités éventuellement au courant de l'affaire, citons cette brève allusion faite par Émile Ollivier, après le décès de l'empereur, dans une lettre adressée à son amie, la princesse de Wittgenstein :

> Je voyais avec bonheur s'approcher le moment de son retour. Il n'y avait plus que quelques pas à franchir et voilà que la mort qui ne l'avait pas pris à Sedan sur la route de l'exil, le saisit à Chislehurst sur la route de la patrie [15].

Il fallait beaucoup d'inconscience aux conjurés pour imaginer qu'ils pourraient réussir leur coup. À la fin de 1872, le conflit entre le président de la République et l'Assemblée dominée par les monarchistes n'avait pas encore atteint son point critique. Thiers avait fait la paix — au prix fort, certes, mais qui aurait fait mieux ? —, écrasé la Commune, payé l'énorme indemnité de 5 milliards exigée par Bismarck, en lançant deux emprunts qui rapportèrent plus de treize fois la somme demandée. Et puis, pour marcher sur Paris à la tête d'une armée de fidèles, il fallait un chef qui pût au moins se tenir à cheval. Louis-Napoléon en était bien incapable. Un déplacement en voiture à Woolwich, en compagnie de son cousin, lui imposa de s'aliter plusieurs jours avec des douleurs insoutenables. Plonplon voulait croire au miracle. Écrivant à l'impératrice en décembre, de sa résidence de Prangins où il peaufinait les détails de l'opération, il se déclarait satisfait de l'« amélioration sensible » constatée dans les derniers jour de son séjour à Camden Place. À cette date, l'empereur n'avait plus en fait que « quelques pas à franchir », comme le dira Ollivier, mais sur un chemin qui n'était pas celui du trône.

Le 15 décembre, cédant aux instances de Corvisart et de Conneau, l'empereur accepta de consulter. On avait songé à faire venir de Paris une ou plusieurs des sommités médicales qui l'avaient examiné à Saint-Cloud en juillet 1870, mais l'impératrice s'y opposa, de même qu'elle récusa deux autres praticiens français de grand renom : Péan, élève de Nélaton, et Dolbeau, professeur de pathologie externe et spécialiste du broyage des calculs vésicaux. On leur préféra deux célèbres médecins londoniens : sir William Gull, professeur de physiologie et de médecine interne, vivement recommandé à Eugénie par la reine Victoria — il avait deux ans plus tôt traité avec succès le prince de Galles — et sir Henry Thomson, lui aussi grand spécialiste des voies urinaires et membre du Collège royal des chirurgiens. Après avoir longuement examiné le patient, en présence du docteur Paget, de Corvisart et de Conneau, et s'être étonnés que l'empereur ait pu résister jusqu'à ce jour aux ravages de la maladie, ils prescrivirent une lithotritie qui, estimaient-ils, devait être effectuée de toute urgence.

On attendit toutefois que Noël fût passé pour procéder, le 2 janvier, à un premier broyage de la pierre. Thomson ne put en détruire que quelques fragments qui furent éliminés sans trop de difficultés au cours des heures suivantes. Les deux jours suivants, il fallut administrer de l'opium au malade pour le soulager, et le 6 au matin le chirurgien fit une nouvelle tentative pour briser le calcul. Ce fut un échec. Est-ce à l'issue de la première ou de la seconde opération que Gull, qui assistait son confrère avec deux autres jeunes praticiens, déclara à Corvisart — ou à l'impératrice, les sources diffèrent sur ce point : « Comment cet homme a-t-il pu se tenir cinq heures à cheval sur le champ de bataille de Sedan ? Il a dû souffrir le martyre. »

Une troisième opération, que Thomson espérait décisive, devait avoir lieu le 9 janvier au matin. Si elle échouait, il faudrait procéder à l'extraction après avoir ouvert la vessie : intervention à haut risque que l'on n'effectuait qu'en dernier recours et que Thomson aurait voulu à tout prix éviter. Le 8 au soir, pour assurer au patient une nuit tranquille, on lui administra une dose de chloral hydraté. Toute la nuit, Corvisart et Conneau se relayèrent à son chevet. Napoléon dormit paisiblement. Son pouls était régulier. Trop rapide cependant pour que Thomson, venu examiner son malade à six heures du matin, opérât le jour même. Il décida de reporter l'intervention au lendemain tandis qu'Eugénie, profitant de ce sursis, envisageait de partir pour Woolwich, avec l'intention de voir son fils et de lui apporter des nouvelles de l'empereur.

À dix heures, alors que l'impératrice était sur le point de monter en voiture, Conneau lui fit signe d'attendre. Inquiet, Thomson était revenu à Camden et avait constaté une aggravation soudaine. Le pouls baissait rapidement. L'empereur, le regard vide, respirait avec difficulté. On courut chercher l'abbé Godard, curé de St Mary's, qui n'avait pas quitté Camden après la messe du matin. On envoya également un messager au bureau du télégraphe, pour avertir le prince impérial. Le docteur Conneau, qui avait assisté la reine Hortense jusqu'à son dernier souffle, trente-cinq ans plus tôt, devait recueillir les ultimes paroles intelligibles du mourant : « N'est-ce pas, Henri, que nous n'avons pas été des lâches à Sedan ? »

L'empereur s'éteignit à 10 h 45 ce 9 janvier 1873.

21

Survie et mutations du bonapartisme

Le corps de l'empereur, embaumé et revêtu de son uniforme de général de division, fut exposé dans le hall de Camden Hall, transformé en chapelle ardente. L'autopsie, pratiquée dans l'après-midi du 9 janvier, révéla l'existence dans la vessie d'un calcul brisé en deux, pesant 22 grammes et mesurant 5 centimètres de long sur trois d'épaisseur. On a beaucoup glosé sur les responsabilités de chacun dans l'issue du mal qui a emporté le souverain. Opéré en 1870, comme le prescrivaient les sommités médicales sollicitées, aurait-il pu — et pour combien de temps — échapper à son destin ? Quoi qu'il en soit, il est hautement probable que le choix de ne rien faire fut celui de l'empereur lui-même, et qu'il fut arrêté en toute connaissance de cause. Il y avait au moins deux raisons pour que Napoléon ajourne une intervention qui était loin d'être sans risque : l'imminence d'une guerre dont il ne pouvait, tout au plus, que reculer l'échéance ; et la nécessité de rester en vie assez longtemps pour transmettre sa couronne au jeune prince impérial. Quant aux praticiens anglais, ils ont fait de leur mieux, compte tenu de l'évolution de la maladie. Auraient-ils mesuré la gravité des lésions rénales dont souffrait leur patient, il était trop tard pour y porter remède. Ils s'efforcèrent de lui épargner des souffrances encore plus vives en tentant l'impossible. Il faudra beaucoup de mauvaise foi aux irréconciliables contempteurs de la « perfide Albion » pour imaginer que les lâches serviteurs de Sa Très Gracieuse Majesté eussent comploté la mort du neveu comme ils avaient tramé celle de l'oncle.

Les Anglais furent les premiers à prendre le deuil. La nouvelle de la mort de Louis-Napoléon se répandit à Londres, provoquant stupeur et tristesse au sein d'une population qui, d'un exil à l'autre, avait appris à estimer ce monarque français, ami de la reine et promoteur d'une « entente cordiale », qui si elle n'était plus aussi étroite qu'au temps de la guerre de Crimée, marquait néanmoins un changement profond dans les rapports entre les deux peuples. Le prince de Galles et son frère, le duc d'Édimburg, se rendirent en personne à Chislehurst pour rendre hommage à l'empereur. Victoria aurait souhaité se joindre à eux mais les contraintes de la politique internationale lui imposaient la réserve à laquelle il lui fallut bien se conformer. Elle n'en adressa pas moins à Eugénie et au prince une lettre pleine de compassion et de tendresse.

Bientôt affluèrent à Camden Place des messages de condoléances et des témoignages de sympathie venus de toute l'Europe. Les Italiens, qui au début de la guerre avaient profité du retrait de la garnison française pour s'emparer de Rome et proclamer celle-ci capitale du royaume, se souvenaient — Victor-Emmanuel le premier — de ce qu'ils devaient à Napoléon III. Le tsar Alexandre II, l'empereur François-Joseph, l'empereur allemand Guillaume Ier assurèrent également l'impératrice de leur amitié et de leur « chagrin ». Enfin, de nombreux représentants des Cours et des chancelleries européennes s'annoncèrent aux obsèques. Tout cela relevait des convenances entre souverains et des usages diplomatiques. Le 14 janvier, il y eut toutefois plus de 20 000 personnes à défiler devant le cercueil, des Français pour la plupart, venus d'outre-Manche pour saluer une dernière fois le souverain déchu. La famille Bonaparte était largement représentée, ainsi que les Murat et les hauts dignitaires de l'Empire : Haussmann, Gramont, Benedetti, Schneider, les généraux Canrobert, Fleury, Palikao, les ducs de Bassano et de Cambacérès, etc. Plusieurs dames d'honneur de l'impératrice, la comtesse de Pourtalès, la marquise de Galliffet, la comtesse Waleswka avaient également effectué le déplacement. Au total, on ne compte pas moins de deux maréchaux, sept amiraux, quinze généraux, huit ambassadeurs, vingt-sept anciens ministres, trente-cinq anciens préfets, cent quatre-vingt-dix députés, sénateurs et conseillers d'État. Le *Times* ne manque pas de relever ce témoignage de fidélité, venant d'une fraction significative de l'élite dirigeante impériale :

> Bien peu ont quitté le vaisseau qui sombrait. Aucun souverain, mourant dans son palais, au milieu des larmes de son peuple, n'a jamais rencontré une reconnaissance aussi absolue de son rang suprême. Dans cette modeste maison de campagne, on retrouvait les Tuileries de 1870 [1].

Les obsèques eurent lieu le lendemain. Eugénie ne put y assister : elle avait passé toute la nuit dans la chapelle, sur un prie-Dieu, pour veiller le défunt et l'épuisement nerveux avait eu raison de sa résistance. Ce fut donc au prince Louis qu'il revint de diriger la cérémonie funèbre, assisté du fils du roi Jérôme, désormais numéro deux sur la liste des candidats à la succession impériale. Le jeune homme avait troqué son uniforme de cadet de l'armée britannique pour l'habit et portait en sautoir le grand cordon de la Légion d'honneur. Derrière lui s'avançaient les dignitaires français et anglais, des ministres, des militaires de haut rang, le Lord-Maire de Londres, la famille impériale. La messe de Requiem fut célébrée par l'évêque de Southwark dans la petite église de St. Mary, qui ne pouvait contenir plus de deux cents personnes. Trois mille assistants durent ainsi rester sur la place, tandis qu'une quinzaine ou une vingtaine de milliers d'autres attendaient dans le parc le retour du cortège par un froid glacial. Tous, loin de là, n'étaient pas des représentants du Gotha européen : il y avait même une petite délégation d'ouvriers parisiens et plusieurs anciens communards chassés de France par la répression versaillaise.

Au sortir de l'église, la foule accueillit le prince impérial aux cris de : « Vive l'empereur ! », « Vive Napoléon IV ! » Louis, qui ne voulait pas que la cérémonie se transforme en meeting bonapartiste, tenta de calmer cet enthousiasme : « L'empereur est mort, déclarat-il, mais la France vit toujours. Il faut crier : Vive la France ! » Peine perdue : les vivats qui accompagnèrent le cortège jusqu'à Camden Place, où la foule ne se dispersa que dans l'après-midi, ne changèrent pas d'objet, associant, dans une même démonstration de ferveur dynastique, le refondateur de l'Empire et son héritier encore mineur.

La légende noire

Les larmes et les acclamations de Chislehurst ne doivent point faire illusion. Ce n'est qu'une frange minoritaire du peuple français qui pleure son empereur défunt. Entre le plébiscite du 8 mai 1870 et les élections de février 1871, il y a eu la guerre, la débâcle, la capitulation de Napoléon III à Sedan. La France, principale puissance militaire européenne disait-on, avait été battue en un mois par un État dont on n'avait commencé à redouter l'efficacité guerrière qu'après Sadowa. Le souverain qui avait pendant dix ans fait figure d'arbitre de l'Europe, se trouvait prisonnier dans une cage dorée mise à sa disposition par le roi de Prusse. Les deux principales armées françaises, l'une enfermée dans Sedan, l'autre dans Metz, avaient abandonné la lutte sans opposer à l'ennemi une résistance digne des héritiers de la Grande Armée. Comment ce désastre, bientôt suivi d'autres catastrophes et d'autres humiliations — la proclamation de l'Empire allemand dans la galerie des Glaces du château de Versailles, la capitulation de

Paris, la paix léonine de Francfort, la Commune —,
pouvait-il épargner ceux qui avaient précipité le pays
dans la guerre, sans lui offrir les moyens de la gagner ?

Parce qu'il avait régné sans partage durant de longues
années, Napoléon III allait être tenu pour le principal,
sinon l'unique responsable de la défaite et de la mutilation infligée au territoire français. Oubliées les oppositions farouches aux projets de loi militaire visant à
équilibrer les effectifs de l'armée française avec ceux de
la Prusse : l'alliance de fait de la gauche et de la majorité
gouvernementale pour saboter l'initiative impériale.
Oubliés également les acquis territoriaux de 1860 : Nice
et la Savoie obtenues à la suite de ce qui avait tout de
même été une guerre victorieuse contre l'Autriche.
L'immense traumatisme causé par la perte de l'Alsace-
Lorraine devait durablement marquer la conscience
nationale, peut-être aussi servir d'argument aux adversaires de l'Empire, pour légitimer l'opprobre associé au
régime déchu et à son chef.

Phénomène classique et appelé à des développements
ultérieurs : le guide charismatique, hier adulé, plébis-
cité par tout un peuple, puis rejeté avec une égale passion par ceux-là mêmes qui l'ont acclamé et adulé.
L'auteur de ces lignes a fait un constat identique en ana-
lysant les réactions de la foule milanaise à l'exposition
du corps de Mussolini[2]. Non que le « lynchage » dont
Louis-Napoléon fut l'objet après Sedan ait été de même
intensité et surtout de même nature que celui de piazza
Loreto, mais les motivations et les sentiments sont les
mêmes. N'est-ce pas dans les deux cas le charisme personnel du guide qui a constitué la clé de voûte du
consensus de masse ? Et faut-il s'étonner si, dans ces
conditions, le César thaumaturge ayant trahi les espérances de son peuple et conduit celui-ci à la débâcle, ce
soit contre lui, contre son image et contre son entourage immédiat que se sont concentrés les violences,
physiques dans le cas du dictateur romain, ou simplement verbales et diffamatoires, s'agissant de l'empereur
des Français.

À chaud, que ce soit au lendemain de Sedan ou à la suite du décès de l'empereur, les réactions sont en effet d'une extrême agressivité. Dans le camp républicain, le jugement porté sur le régime et sur Napoléon III n'a d'ailleurs pas attendu la catastrophe de 1870 pour s'exprimer dans les termes les plus corrosifs. Le ton n'a-t-il pas été donné, depuis son exil anglo-normand, par l'auteur de l'*Histoire d'un crime* et des *Châtiments* ? L'immense popularité dont jouit Victor Hugo, bientôt élevé au rang de barde de la République, nourrit d'abondance l'impopularité du « tyran » avec une efficacité d'autant plus grande que le proscrit de Guernesey ne se prive pas de transcrire dans un verbe flamboyant les attaques personnelles dirigées contre « Badinguet ». D'autres suivront, écrivains de talent ou pamphlétaires comme Rochefort, que la chute de l'Empire a tiré de Sainte-Pélagie, où il était emprisonné depuis février 1870, pour le projeter au-devant de la scène en tant que membre du gouvernement de la Défense nationale.

Il n'y a pas lieu d'être surpris de la virulence des libelles anti-napoléoniens qui paraissent au cours de ces années d'émergence de la République. Comme lors de toute période de transition brusque, celle-ci s'est construite sur les ruines d'un édifice politique dont il importe d'éradiquer toute éventuelle repousse : la légitimité du nouveau régime est à ce prix et son enracinement implique que les mythes sur lesquels reposait le précédent pouvoir soient détruits. Lorsqu'il s'agit d'un pouvoir personnel, la recette la plus sûre consiste à briser l'image idéalisée du « sauveur », et si la réalité des fautes ou des crimes qu'on lui impute ne suffit pas, on aura recours à la riche panoplie des coups bas et de la calomnie.

Conformément à cette pratique de la vendetta politique, Napoléon III a donc été l'objet d'un déferlement de haine perceptible à travers l'immense corpus d'écrits, de pamphlets, de caricatures, de chansons, de propos de comptoirs rapportés par les « humoristes » de l'époque, portant sur la personne de l'empereur, sur son entourage proche et sur le régime instauré à la suite du coup d'État. Tout est bon pour stigmatiser « Napoléon le petit » et son « Espagnole ». L'annonce du dénouement de Chislehurst n'a pas apaisé les esprits. Rares sont les journaux qui, à l'instar des *Débats*, se contentent de commenter la nouvelle en évoquant la « grande illusion » que fut le règne de Napoléon III : « La masse de la Nation a été avec lui, reconnaît cette feuille modérée, le réveil a été terrible. » Un bémol également sous la plume de George Sand, peu suspecte pourtant de sympathie envers l'Empire, et qui écrit dans *Le Temps* : « L'Empereur s'est cru l'instrument de la Providence, il ne fut que celui du hasard. » Le reste de la presse est sans compassion pour le vaincu de Sedan. *L'Opinion nationale* fustige son « défaut absolu de sens moral », son « mépris le plus complet des hommes », son « indifférence machiavélique sur le choix des moyens ». *Le Siècle* parle de « véritable soulagement » ; *La République française* d'« universelle allégresse ».

Les attaques les plus venimeuses ne sont pas celles qui dénoncent — et elles ne manquent pas — l'instauration d'un régime policier, la répression sanglante des opposants au 2 décembre, les contradictions de la politique extérieure, voire les responsabilités de l'empereur dans le déclenchement et dans la conduite de la guerre contre la Prusse. Le principal grief opposé à Napoléon III n'est pas d'avoir voulu être César, ni même César vaincu, mais de s'être comporté en souverain décadent, en despote immoral et vénal, tel qu'en a produit le Bas Empire. On appelle à la rescousse tout ce que les pamphlétaires les plus débridés ont pu imaginer en matière de propos diffamatoires, concernant aussi bien l'empereur, dont la naissance illégitime est tenue pour avérée, que son épouse, tour à tour accusée d'avoir été une « intrigante » et une « Messaline », puis de s'être muée en dévote belliciste et réactionnaire. Tout devient sujet de scandale rétrospectif : les « orgies » de la Cour, les « débauches » de Morny, les « tripotages financiers » attribués à l'ensemble du personnel gouvernemental, le partage des « rapines » entre le maître du pouvoir et ses compagnons de putsch, la protection des « cocottes » et boursicoteurs en tout genre, etc.

Il s'est ainsi constitué une légende noire qui, une fois débarrassée de ses traits les plus caricaturaux, a servi de repoussoir aux adversaires de l'Empire, et notamment aux républicains, pour conjurer toute menace de dérive dictatoriale. L'accent a ainsi été mis non sur la dernière séquence du régime, celle qui voit celui-ci s'engager sur la pente du libéralisme politique, voire du parlementarisme, mais sur la phase autoritaire de l'Empire. Le régime impérial est ainsi perçu comme un tout dont l'identité se résume dans le coup de force du 2 décembre. Que celui-ci ait été en quelque sorte facilité par l'ambiguïté du texte constitutionnel, et que l'empereur en ait par la suite très mal vécu le souvenir, n'ôte rien au fait qu'il soit resté pour les opposants à l'Empire le péché originel du régime.

Du « crime » dénoncé par Hugo et du caractère policier et répressif de l'Empire autoritaire, les républicains ont tiré argument pour combattre — une fois écartée la menace de restauration monarchique — tout ce qui pouvait apparaître comme un retour en force du césarisme plébiscitaire. De la crise boulangiste à l'offensive nationaliste de la fin du siècle, de la poussée ligueuse des années 1830 au 13 mai 1958, ce sont les mêmes références à la dictature consulaire, puis impériale, qui vont resurgir. En 1888, devant ses collègues de la Chambre, le président du Conseil Floquet dénonce en Boulanger un « nouveau Bonaparte » : « À votre âge, déclare-t-il au "général Revanche", Napoléon était mort. Et vous ne serez, vous, que le Sieyès d'une constitution mort-née [3]. » Trois quarts de siècle plus tard, François Mitterrand et Gaston Monnerville dénonceront, le premier le « coup d'État permanent », le second la « forfaiture » dont le président de la République se serait rendu coupable, face à ce que l'un et l'autre considèrent comme la dérive plébiscitaire du régime gaullien. La

dénonciation du césarime, réel ou supposé, appartient
donc à la culture de la République parlementaire.

Le jugement des historiens

Cette diabolisation du Second Empire et de son fondateur, continûment réactivée par un certain discours
politique, trouve-t-elle un écho dans la production his-
toriographique, et plus particulièrement dans la production savante ? Je ne m'attarderai pas sur les
ouvrages polémiques qui, depuis cent trente ans, se ren-
voient des images contrastées et bourrées d'idéologie,
apologétiques pour les uns, de dénigrement systématique pour les autres, la plupart d'un intérêt documen-
taire médiocre, sauf lorsqu'ils nous renseignent — au
second degré — sur les clivages de la société française.

Deux grandes fresques historiques, rédigées par des
personnalités qui furent témoins d'une partie au moins
de la période, ont posé les bases d'une réflexion relativement sereine sur l'Empire et sur Napoléon III. Par la
richesse de la documentation fournie, leurs œuvres
constituent en même temps un immense réservoir de
données dans lequel les biographes de l'empereur et les
auteurs d'ouvrages de synthèse sur le Second Empire
n'ont eu par la suite qu'à puiser. Le premier a pour
auteur Pierre de la Gorce : ses sept volumes ont été
publiés entre 1894 et 1904, à un moment où, suite à
la flambée boulangiste, le mouvement bonapartiste
— au sens strict du terme — est en voie d'extinction. La
Gorce est un libéral catholique : son *Histoire du Second
Empire* [4] est celle d'un témoin des dernières années du
régime, plutôt favorable à son évolution politique et
relativement objectif à l'égard de Napoléon III. L'autre
somme est celle qu'Émile Ollivier a consacrée à *L'Empire libéral* [5] lorsque l'ancien républicain rallié, ami de
Morny et rapporteur de la loi sur les coalitions, a
occupé une position centrale. Les dix-sept volumes,
publiés entre 1894 et 1915, bénéficient donc à la fois

d'un certain recul et du recours aux témoignages d'anciens serviteurs du régime. Le point de vue de l'auteur est celui d'un bonapartiste modéré que n'aveugle ni sa sympathie pour le personnage de Napoléon III, ni son propre engagement dans la phase ultime de l'expérience napoléonienne.

Globalement l'historiographie républicaine — en position dominante dans l'université française — conserve, au moins jusqu'en 1914, une position critique à l'égard de Napoléon III et de la dictature impériale. Pour Seignobos, véritable figure de proue de l'histoire contemporaine et auteur des tomes VI et VII de l'*Histoire de France contemporaine* [6] dirigée par Ernest Lavisse, la mémoire du Second Empire reste fondamentalement liée au 2 décembre et à la capitulation de Sedan. On est loin toutefois, dès cette période, du déchaînement de haine et de mauvaise foi qui a suivi la défaite de 1870 et la disparition de l'Empire. Il suffit, pour s'en convaincre, d'examiner les ouvrages d'histoire en vigueur dans les lycées et dans les établissements d'enseignement primaire supérieur, ces derniers d'autant plus intéressants qu'ils constituent la filière empruntée par les futurs maîtres d'école de la République. Souvent rédigés par des sommités universitaires (Lavisse, Seignobos, etc.), ou directement inspirés par les œuvres de ces grands maîtres, ces manuels sont les véhicules d'une histoire officielle destinée à former des citoyens et des patriotes attachés aux valeurs républicaines. Or l'image de l'Empire dont ils sont porteurs est relativement objective. On ne manque pas, certes, de souligner le caractère liberticide du régime — certains manuels illustrent le paragraphe consacré au 2 décembre avec une gravure représentant le député Baudin tué sur une barricade [7] — et les responsabilités du pouvoir dans la défaite de 1870, mais l'œuvre économique et sociale de l'Empire, la modernisation de Paris, l'impulsion donnée au mouvement d'émancipation des peuples sont abondamment et très honnêtement traitées.

Quant à Napoléon III, s'il n'est pas encore réhabilité,

il a cessé de figurer sous les traits du pantin sanguinaire évoqué par les inspirateurs de la légende noire. Seignobos n'est pas le plus tendre à l'égard de l'ex-souverain :

> Napoléon, écrit-il dans son cours à l'usage des classes de philosophie et de mathématiques élémentaires, consultait différents conseillers, mais il aimait à se persuader qu'il décidait seul ; comme il avait le caractère faible et craignait de lutter, il se cachait de ses propres ministres ; on disait qu'il était conspirateur et qu'il conspirait contre son gouvernement. Il prenait brusquement une décision et l'annonçait par une lettre publique qui faisait beaucoup de bruit. Mais quand il fallait l'appliquer, il écoutait d'autres conseils, hésitait, et revenait sur sa décision [8].

Jallifier et Vast, auteurs d'un manuel de « classe terminale » qui compte parmi les *best sellers* de l'édition scolaire de la Belle Époque, présentent également un portrait de l'empereur en demi-teinte : critique, sans doute, mais sans férocité excessive :

> Quelle fut, s'interrogent-ils, dans cette œuvre, la part personnelle de l'empereur ? Assez considérable, sans doute, mais bien difficile à déterminer. L'homme, « le prince aux yeux troubles et aux pensées vagues », échappe à l'analyse et déconcerte par ses contradictions.
>
> Quelques traits ont surtout frappé ceux qui ont essayé de fixer cette physionomie ; et ils s'opposent les uns aux autres : le fatalisme, la foi dans l'étoile, avec l'audace d'un aventurier qui n'attend rien que de lui-même ; des sentiments humanitaires et des rêveries généreuses, avec le mépris de la justice et des lois ; l'inertie et le flottement de la volonté, avec des réveils capricieux et des fantaisies soudaines qui changent absolument l'orientation publique [9].

Autre échantillon, plus révélateur celui-ci, de l'ambivalence des jugements portés sur Napoléon III par ceux qui ont à charge de transmettre aux nouvelles générations l'image des principaux acteurs de l'Histoire, un extrait du célèbre manuel d'Albert Malet (plus tard associé à Jules Isaac), dans sa version à l'usage des élèves de deuxième année de l'enseignement primaire supérieur (programme de 1909). Sur une double page consacrée à « l'Empire parlementaire », figure à gauche un portrait de l'empereur en 1870, ainsi légendé :

> Ce visage ravagé, ces joues, ce nez, qui s'effondrent, ces yeux presque vitreux comme ceux d'un mort, disent l'homme épuisé par de cruelles souffrances. [...] On comprend, devant cette ruine, la politique vacillante des dernières années du règne, et cette impuissance à prendre un parti et à s'y tenir qui causa finalement la chute de l'Empereur et les désastres de la France en 1870 [10].

À droite, en développement d'un titre sur « l'Empire et les classes laborieuses », ces quelques lignes nettement favorables à la politique sociale de Napoléon III :

> L'originalité et le principal mérite du Second Empire ce sont les efforts accomplis en vue d'améliorer les conditions d'existence des classes laborieuses. Animé par un sincère amour de l'humanité, Napoléon III se montra toujours préoccupé de soutenir ceux qui peinent et qui souffrent. [...] Les traités de commerce de 1860 furent inspirés par le même esprit démocratique, leur conséquence devant être l'abaissement du prix d'un grand nombre de marchandises.
>
> La mesure capitale fut, en 1864, le vote de la *loi sur le droit de coalition*. La Révolution avait interdit sous des peines rigoureuses les coalitions, c'est-à-dire les ententes entre ouvriers en vue d'obtenir des patrons une augmentation des salaires, ou des conditions de travail plus avantageuses : la grève était un délit puni par le code. À partir de 1864, *la grève devint légale*. Nulle mesure ne fut plus utile pour les ouvriers et n'eut pour eux de plus grandes conséquences : c'est par l'exercice du droit de grève qu'ils ont conquis un meilleur sort [11].

La France ayant recouvré en 1919 les territoires perdus un demi-siècle plus tôt, la principale hypothèque pesant sur le régime impérial se trouva fortement allégée. La voie était ainsi ouverte à la réhabilitation d'une période dont on découvrait à quel point elle avait été pour la France une ère de prospérité, de modernisation et de rayonnement international. L'historiographie de l'entre-deux-guerres porte la trace de ce révisionnisme positif, un peu dévalué peut-être par l'usage qu'en ont fait, sur fond de crise du régime et de montée en puissance des ligues, les thuriféraires d'un pouvoir fort et leurs adversaires « antifascistes ». L'heure est aux biographies vaguement romancées de Napoléon III, coupées de dialogues reconstitués ou imaginaires, conçues le plus souvent dans une perspective hagiographique, sur le modèle de l'ouvrage publié en 1929 par Octave Aubry chez Fayard [12].

C'est néanmoins avec le second après-guerre que prend corps une véritable historiographie scientifique du Second Empire, aussi éloignée que possible des a priori idéologiques et axée tantôt sur le régime impérial pris comme un tout, tantôt sur tel ou tel aspect de la période. Immense corpus d'ouvrages qu'il serait fastidieux et hors de propos d'énumérer ici, d'où émergent les travaux de Jean Bouvier, Alain Plessis, Claude Fohlen ou Bertrand Gille pour l'économie, de Georges Duvau, Adeline Daumard, Christophe Charle ou Jeanne Gaillard pour la société, de René Rémond, Louis Girard, Maurice Agulhon, André Tudesq et Bernard Ménager pour la vie politique. S'agissant de Napoléon III, la production est loin d'être aussi abondante. L'ouvrage qui, par l'ampleur de sa documentation — largement fondée sur l'examen des archives — et par la finesse de ses analyses, marque un véritable tournant dans la compréhension du phénomène Napoléon III est celui d'Adrien Dansette, publié en deux volumes parus respectivement en 1961 et 1972 : le premier consacré à *Louis-Napoléon à la conquête du pouvoir* [13], le second intitulé *Du 2 décembre au 4 septembre* [14].

Plus près de nous, les deux synthèses qui, dans des perspectives différentes, constituent à la fois une approche biographique en bonne et due forme et une interprétation politique du personnage, ont pour auteurs Louis Girard[15], grand spécialiste aujourd'hui disparu du XIXe siècle français, dont j'ai eu le privilège de suivre les cours en Sorbonne au début des années 1960, et Philippe Séguin, ancien ministre et député-maire d'Épinal, lui aussi historien de formation[16]. L'intérêt de leur travail tient en partie à ce qu'ils sont à bien des égards les héritiers sans complaisance des deux grandes familles politiques qui ont dominé la vie politique française sous le Second Empire et qui incarnent aujourd'hui encore — avec des écarts infiniment moins grands il est vrai que dans le passé — deux conceptions différentes de la démocratie et de la République : la famille libérale pour le premier, la famille « bonapartiste », au sens très large que René Rémond donne à ce terme[17], pour le second.

Les dix ou quinze dernières années n'ont donné naissance à aucune grande synthèse biographique consacrée au refondateur de l'Empire. À l'étranger, le dernier ouvrage important sur le sujet date de 1982 et a pour auteur William Smith[18], meilleur biographe d'Eugénie que de l'empereur[19]. En revanche, les historiens, les politistes, les spécialistes de l'histoire des idées et de la philosophie de l'histoire ont entrepris de réexaminer le bonapartisme et de replacer celui-ci dans la longue durée, ce qui a permis de considérer sous un jour nouveau le bilan de l'Empire.

Bonapartisme, césarisme, populisme

Avant de désigner de manière d'ailleurs très imparfaite et très floue — surtout si on ne se limite pas au cas français — une catégorie du politique, le terme bonapartisme a essentiellement servi d'étiquette aux idées formulées par les deux titulaires du trône impérial et principalement par Napoléon III.

Le premier bonapartisme, celui du fondateur de la dynastie, ne constitue pas à proprement parler un corps de doctrine organisé comme le sont les grandes constructions idéologiques du xixe siècle : libéralisme, marxisme, social-démocratie, pensée contre-révolution-naire... À bien des égards, comme plus tard le fascisme — dont Mussolini pourra dire : « ma doctrine, c'est le fait » — il est davantage une *praxis*, une pratique de gouvernement, vaguement théorisée après coup, et dans des conditions très particulières qui sont celles de la captivité, par l'ancien général jacobin devenu le maître tout-puissant de la France et le conquérant de l'Europe. Les idées de Napoléon ont d'ailleurs forte-ment varié entre le moment où il a accédé au Consulat et celui des ultimes réflexions consignées par Las Cases dans le *Mémorial de Sainte-Hélène*. Pragmatique, le pre-mier des Napoléonides s'est continûment adapté aux nécessités de l'heure : consul « éclairé », puis empereur autoritaire et fondateur d'une dynastie se réclamant de la légitimité providentielle, il a voulu pour finir, et dans un contexte de crise, orienter son pouvoir dans le sens du jacobinisme et du libéralisme. Ce cocktail idéolo-gique a permis à ses anciens partisans de se réclamer du « bonapartisme » pour mieux se rallier, sous la monarchie constitutionnelle, les uns au « parti de l'Or-dre », les autres à celui du « mouvement ».

Le bonapartisme de Napoléon Ier comporte néan-moins un certain nombre d'invariants qui fondent une tradition politique dont nous retrouvons certains traits jusqu'à nos jours. Le principe d'autorité et la religion de l'ordre y coexistent avec le respect affiché de la souve-raineté « populaire », la concentration des pouvoirs entre les mains d'un guide agissant au nom de la communauté des citoyens et la volonté de fondre les différentes parties du corps social en un tout se récla-mant de la réconciliation nationale. Découlent de ces principes une grande méfiance à l'égard des institutions représentatives, censées couper le lien organique entre le peuple et son chef, et un souci, nettement moins affirmé chez le fondateur du Premier Empire que chez son neveu — témoin, il est vrai, de la révolution industrielle et de ses effets pervers —, de favoriser l'intégration à la nation des couches défavorisées.

Alors que Napoléon Ier, quoique convaincu de la nécessité de réconcilier l'ordre et la souveraineté du peuple, s'est surtout appliqué à réaliser cette synthèse dans l'action — sans trop se préoccuper de tirer de celle-ci une véritable doctrine —, Louis-Napoléon, parce qu'il avait le loisir de le faire et le souci de rassembler une clientèle politique autour d'un programme, s'est au contraire appliqué, dès les années 1830, à formaliser le sens de l'expérience napoléonienne. De sa réflexion est né un ouvrage publié à Londres en 1839 et qui connut, dès l'année suivante, un vif succès dans l'hexagone (1840 est l'année du retour des cendres). Ce livre, *Des Idées napoléoniennes*, véritable manifeste en faveur de la République consulaire et plébiscitaire, n'était pas, on s'en souvient, le premier essai politique du jeune proscrit. Quelques années plus tôt, celui-ci avait exprimé dans ses *Rêveries politiques* son attachement à la culture politique révolutionnaire et aux idéaux démocratiques dont était porteur le texte constitutionnel de 1793 : « La République démocratique sera mon culte : j'en serai le prêtre », affirme-t-il dans la proclamation adressée au peuple français lors du *pronunciamiento* manqué de Boulogne [20]. On ne pouvait plus clairement relier le programme bonapartiste aux idées défendues par les Jacobins.

Louis-Napoléon ne cessera par la suite de rappeler son attachement aux principes de la Révolution, et notamment à celui de la souveraineté populaire. « Je mentirais à mon origine, écrit-il en 1843, à ma nature, et qui plus est au sens commun, si je n'admettais pas la souveraineté du peuple comme base fondamentale de toute organisation politique [21]. » De là son hostilité au suffrage censitaire et le rôle majeur qu'il attribue au suffrage universel : véritable clé de voûte de son projet et plus tard argument essentiel dans la justification du coup d'État. S'il en était resté là, Louis-Napoléon n'aurait été qu'un banal partisan de la République. Ce qui distingue la démarche bonapartiste de celle des républicains c'est, explique Pierre Rosanvallon, « une approche de la souveraineté du peuple inscrite dans un triple cadre : une conception de l'expression populaire par la procédure privilégiée du plébiscite ; une philosophie de la représentation comme incarnation du peuple en un chef ; un rejet des corps intermédiaires qui font obstacle à un face-à-face du peuple et du pouvoir » [22]. L'appel au peuple souverain, l'exercice du pouvoir par un « chef responsable », le refus du parlementarisme en tant que moyen d'expression des intérêts catégoriels : tels sont les trois éléments principaux qui caractérisent le césarisme et par analogie le bonapartisme.

Le vocable césarisme n'existe pas au moment où Louis-Napoléon publie ses *Idées napoléoniennes*. Il ne fera son apparition dans le lexique politique qu'une dizaine d'années plus tard, sous la plume notamment d'Auguste Romieu, auteur d'une *Ère des Césars* publiée en 1850 [23]. Mais le concept — souvent assimilé à celui de dictature — est bel et bien présent dans l'univers politique du temps. À la recherche de modèles empruntés à l'antiquité romaine, les penseurs politiques du XVIIIᵉ siècle n'avaient pu ignorer ni César lui-même, ni plus globalement, comme le note Claude Nicolet, « la figure si particulière de la dictature romaine » [24]. Mais il ne pouvait s'agir d'un modèle transposable dans le monde où régnait la légitimité monarchique. Il fallut la Révolution pour que, dans la fièvre de réminiscences antiques et particulièrement romaines, qui caractérise cette période, le mode dictatorial d'exercice du pouvoir retrouve une actualité autre que de pure curiosité historique, soit en tant que modèle positif (Cincinnatus retournant à sa charrue après avoir sauvé sa patrie), soit au contraire comme repoussoir (Sylla et ses proscriptions).

Le 18 Brumaire n'a pas inauguré une ère de réhabilitation de la dictature à la romaine, pas plus pour les adversaires du Premier Consul que pour Napoléon lui-même. En dépit de sa vive admiration pour César, ce dernier s'est toujours défendu d'avoir instauré en France une « dictature », préférant pour des raisons d'opportunité politique (le poids supposé de l'opinion) établir un pouvoir monarchique héréditaire mais légitime. Rien qui pût rappeler le despotisme des « empereurs » romains et celui des « césars » germaniques de l'ère médiévale. Répondant à une proposition de l'Institut qui lui offrait les titres d'Auguste et de Germanicus, il écrivait en 1809 :

> Quels terribles souvenirs que ceux de Tibère, de Caligula, de Néron, Domitien, et tous ces princes qui régnèrent sans lois pour légitimer, sans règles de succession et qui commirent tant de crimes. Le seul homme qui se distingua par son caractère et par d'illustres actions — et il n'était pas Empereur — fut César [...] Mais ce nom a été déshonoré par tant de tristes princes, qu'il n'est plus associé à la mémoire du grand César, mais à celle d'une foule de principicules allemands, aussi faibles qu'ignorants[25].

C'est avec les écrits, passablement arrangés, on le sait, de Sainte-Hélène que Napoléon a plus ou moins assumé l'étiquette de « dictature » appliquée au régime impérial. Pour préciser d'ailleurs que celle-ci lui avait été imposée par les circonstances, principalement extérieures, et qu'il avait toujours eu — comme Sylla — l'intention de s'en démettre, une fois la paix européenne restaurée.

Condamnée après 1815, aussi bien par les monarchistes — légitimistes ou libéraux — que par les républicains, l'idée d'une dictature fondée sur l'alliance d'un homme providentiel et d'un peuple souverain, dans le but d'établir un pouvoir fort, capable de rassembler en une communauté soudée les diverses parties du corps social, a trouvé avec Louis-Napoléon un propagandiste ardent. Les thèses qu'expose ce dernier dans *Des idées napoléoniennes* définissent, par référence au modèle du Premier Empire et à ce que l'on croit savoir du précédent romain, un *césarisme* plébiscitaire qui va consti-

tuer en France une famille et bientôt une tradition
politiques.

Pour le fondateur du Second Empire, César est bien
le modèle de l'homme providentiel et il n'est pas surprenant qu'il ait mis tant de soin à diriger et à publier cette
Histoire de Jules César, entreprise collective dont le premier volume parut en 1865 et dont la préface, rédigée
par l'empereur lui-même, a permis à celui-ci d'exposer
sa conception de l'histoire récente de la France et de
légitimer son propre projet politique. Providentiel,
César le fut parce que l'état dans lequel se trouvait la
République — en proie à la guerre civile — exigeait que
fût mis en place un pouvoir fort, capable de rétablir la
paix sociale après plus de 70 ans d'anarchie et de luttes
meurtrières opposant le parti de la plèbe et celui de l'oligarchie sénatoriale.

> Pour fonder un ordre durable, écrit Napoléon III, il fal-
> lait un homme qui, s'élevant au-dessus des passions vul-
> gaires, réunît en lui les qualités essentielles et les idées
> justes de chacun de ses devanciers, et évitât leurs défauts
> comme leurs erreurs. À la grandeur d'âme et à l'amour du
> peuple de certains tribuns, il fallait joindre le génie mili-
> taire des grands généraux et le sentiment profond du dic-
> tateur pour l'ordre et la hiérarchie [26].

Transposée dans l'histoire du XIXe siècle, la référence
au « génie militaire » du sauveur s'appliquait davantage
au premier des Napoléonides qu'à son neveu. Pour le
reste, on ne pouvait que constater l'homologie des circonstances et des caractères propres aux deux « dictateurs » : le sentiment de l'ordre, le respect de la
hiérarchie et l'amour du peuple. Car c'est au profit de
celui-ci que César, devenu le chef du parti populaire, a
choisi d'établir sa dictature. Justification, si l'on veut
populiste, d'un coup d'État que Louis-Napoléon, pas
plus que le vainqueur de Pompée, n'a prémédité, mais
dont l'exécution lui a été imposée par ses adversaires,
le recours à la force étant le seul moyen qui lui restât
pour faire triompher la « cause du peuple » :

Le véritable auteur de la guerre, a dit Montesquieu, n'est pas celui qui la déclare, mais celui qui la rend nécessaire. Il n'est pas donné à un homme, malgré son génie et sa puissance, de soulever à son gré les flots populaires ; cependant, quand, désigné par la voix publique, il apparaît au milieu de la tempête qui met en péril le vaisseau de l'État, lui seul alors peut diriger sa course et le conduire au port. César n'était donc pas l'instigateur de cette profonde perturbation de la société romaine, il était devenu le pilote indispensable [27].

Parce qu'il fonde sa légitimité sur la souveraineté populaire, et parce que, ayant rétabli le suffrage universel réduit par la majorité conservatrice, il peut effectivement se dire « désigné par la voix publique », le régime consulaire instauré par Louis-Napoléon à la suite du 2 décembre, aussi bien que le césarisme couronné qui lui fait suite ne sauraient être assimilés ni aux monarchies absolues relevant de l'ordre divin, ni aux régimes d'état de siège visant à maintenir par la seule force des baïonnettes le pouvoir d'une quelconque oligarchie. Qu'on le veuille ou non, il appartient à la galaxie démocratique : démocratie autoritaire assurément, au moins jusqu'au milieu des années 1860 ; ou encore, nous l'avons dit, démocratie *illibérale* : « En même temps qu'est consacré le pouvoir de légitimation et de sanction du peuple, écrit Pierre Rosanvallon, [...] les libertés publiques (de la presse, d'organisation partisane, etc.) ne sont pas reconnues, au prétexte qu'elles parasiteraient l'expression libre et immédiate de la volonté générale, et le peuple est uniquement appréhendé sous les espèces d'une totalité que l'on ne saurait décomposer [28]. »

La tentation est grande, à la lecture des professions de foi napoléoniennes —, que ce soit avant ou après la prise du pouvoir —, de la liturgie qui entoure les voyages présidentiels puis impériaux, de la politique menée par le régime en matière de législation sociale et de droits reconnus aux organisations ouvrières, d'évoquer une autre catégorie du politique : le populisme, que le développement récent des extrémismes en Europe a mis ou remis à l'ordre du jour et dont l'analyse a suscité une abondante production éditoriale. Le problème est immense et soulève une infinité de questions. Celles qui nous retiendront ici principalement concernent Napoléon III. Fut-il et jusqu'à quel point un dirigeant populiste et le régime qu'il a établi répond-il à la définition que donnent ordinairement les politologues des régimes populistes ?

Par son aspect physique, par son comportement gestuel — tous ceux qui l'ont approché ont été frappés par son impassibilité — et par son verbe (c'est un piètre orateur), le refondateur de l'Empire répond mal à l'image que l'on se fait généralement du leader populiste. Ce n'est ni un batteur d'estrade, ni un meneur de foules. Si populisme il y a chez lui, il est dans le contenu de son discours, dans la fréquence des références au peuple et aux « humbles », dans le mépris affiché au début du règne pour la démocratie parlementaire, considérée comme le règne des « bavards », dans la méfiance à l'égard des magistères traditionnels et des notables libéraux, dès lors qu'ils ne manifestent pas de manière tangible leur ralliement au nouveau régime.

S'agissant du système politique inauguré par le 2 décembre, il est clair qu'il ne peut être considéré comme une entité dont les traits fondamentaux seraient restés les mêmes durant deux décennies. C'est bien ce qui rend difficile son classement dans la taxinomie des régimes politiques. Comme le fascisme, le régime instauré par Napoléon III est passé par plusieurs phases que nos manuels avaient coutume de décliner de la manière suivante : Empire autoritaire (jusqu'au début des années 1860), Empire libéral (jusqu'en 1868-1869), Empire parlementaire (1869-1870). Ce classement vaut ce qu'il vaut. Il a le mérite de marquer des tournants dans une évolution qui, incontestablement, va dans le sens de la libéralisation. À l'inverse du fascisme qui est au contraire radicalisation croissante d'un système dans lequel l'espace concédé à la société civile et aux libertés est de plus en plus réduit.

Quid du populisme dans cette évolution ? Si l'on se réfère aux critères que les politologues, principalement latino-américains, comme l'Argentin Gino Germani ou le Brésilien Hêlio Jaguaribe, retiennent pour définir les régimes populistes[29], la phase autoritaire du Second Empire paraît coïncider assez bien avec ce type de construction politique, souvent qualifiée d'ailleurs de « bonapartiste » ou de « néo-bonapartiste ». Pour faire vite, rappelons qu'ils mettent en exergue les points suivants : sacralisation du peuple souverain et forte capacité de mobilisation populaire, existence d'un chef charismatique doublé d'un démagogue de talent, entretien d'un lien direct et personnel, d'ordre affectif et imaginaire entre ce guide doté de pouvoirs importants et les masses mobilisées, mise en œuvre d'une stratégie d'intégration des classes populaires, respectueuse toutefois des hiérarchies en place, et alliance de groupes sociaux aux intérêts divergents justifiée par une doctine de collaboration des classes, rejet du parlementarisme et des médiations non contrôlées par le pouvoir entre le chef charismatique et le peuple, souci de concilier modernisation économique et amélioration du sort des couches défavorisées. Autant de traits qui, dans des contextes certes différents, rapprochent le césarisme plébiscitaire des dix premières années du règne de Napoléon III des expériences populistes menées au XXe siècle, notamment par Juan Domingo Perón en Argentine et par Getulios Vargas au Brésil.

À partir de 1860-1861, et surtout au cours des toutes dernières années du régime, ces traits se sont brouillés. Napoléon III a certes recherché l'appui du monde ouvrier, mais les mesures qu'il a fait adopter en ce sens avaient un caractère plus politique — dès lors qu'il s'agissait d'établir ou de rétablir des libertés publiques — que spécifiquement social. Quant aux réformes d'ordre proprement institutionnel (droit d'adresse, droit d'interpellation, responsabilité ministérielle, etc.), elles eurent pour effet de renforcer l'opposition bourgeoise et marquèrent un début de parlementarisation du régime, donc son éloignement du modèle césarien et populiste qui caractérise la phase autoritaire de l'Empire.

La transformation, pour ne pas dire l'abandon du système de la candidature officielle, illustre bien ce changement d'orientation. Dans sa recherche de l'onction populaire, dans son désir de rassemblement et d'unité de la nation, Napoléon III disposait avec le plébiscite d'un puissant instrument d'affirmation du consensus. Mais l'usage de ce rituel de l'unanimité ne pouvait être banalisé sans risque de voir se réduire sa capacité de légitimation. L'empereur s'imposa donc de ne l'utiliser que pour entériner les changements constitutionnels. Le reste du temps, on laissa au vote législatif le soin d'exprimer cette « unanimité nationale » que le souverain appelait de ses vœux, le système de la candidature officielle prolongeant la formule du plébiscite en donnant à l'élection la forme d'une appréciation globale du régime. On ne votait pas pour un parti, on votait pour ou contre l'Empire, l'idée étant de « rassembler l'électorat autour de ce qui pouvait faire son unité et non de le représenter dans ce qui pouvait faire sa diversité »[30]. À défaut d'un grand parti transclassiste à vocation majoritaire, comme il en existera plus tard dans les régimes populistes du tiers monde, ou de parti unique de type fasciste, le Second Empire s'est ainsi doté d'un moyen de mesurer son audience par de véritables « plébiscites de confirmation ». L'essoufflement de cette pratique, constaté à l'occasion des législatives de 1869, marque assurément un recul du césarisme populiste et un glissement vers la démocratie libérale, sous la forme soit d'une monarchie constitutionnelle, soit d'une République modérée.

Les avatars du bonapartisme après Sedan

Avant de nous interroger sur la postérité à long terme du césarisme plébiscitaire, et sur les formes qu'il a pu revêtir jusqu'à nos jours, examinons le sort du bonapartisme proprement dit, en tant que courant de pensée et organisation spécifiquement répertoriés sous ce label dynastique [31].

Une première remarque s'impose. En tant que famille politique homogène, organisée et rassemblée autour d'un corps de doctrine cohérent, le parti bonapartiste n'existe pas, ni avant le 2 décembre, ni durant le règne de Napoléon III, ni davantage sous la IIIe République. Sauf pour une mince frange de militants, le bonapartisme, en tant qu'adhésion à un homme ou à un type de gouvernement, relève plus de l'imaginaire que de l'idéologie. Les infortunes de la guerre, la chute du régime et la mort de l'empereur n'ont pas supprimé les clivages entre les courants qui se partagent militants et sympathisants de la cause bonapartiste : le courant dit « légitimiste », réactionnaire et clérical, animé entre autres par Paul Granier de Cassagnac et son journal *Le Pays* ; le courant « autoritaire » dont le principal représentant, Eugène Rouher, auquel les Corses ont donné un siège de député lors d'un scrutin complémentaire en février 1872, se pose en chef du parti ; le courant « libéral » qui entend prolonger l'action d'Émile Ollivier et du tiers parti ; enfin le courant de la gauche bonapartiste, dont le chef de file est le prince Napoléon et qui se réclame de la tradition « montagnarde », populaire et anticléricale.

Le premier problème qui se pose aux épigones de l'empereur est celui de sa succession. Au moment de la mort de Napoléon III, le prince Louis n'a pas encore dix-sept ans. Aussi Napoléon-Jérôme manifeste-t-il, au lendemain des obsèques de son cousin, le désir de se voir confier la tutelle du jeune homme jusqu'à sa majorité. Il argue pour cela de son titre de premier prince de

la famille impériale et conteste le testament rédigé en
1865 par Napoléon III, document par lequel celui-ci
confiait la régence à son épouse jusqu'à la majorité du
prince. Eugénie ayant rejeté sa requête, il s'ensuit une
nouvelle brouille avec Plonplon, désormais en délicatesse avec les responsables du parti, majoritairement
fidèles à l'impératrice. Rouher tente bien de concilier
les deux parties en proposant la constitution d'un
conseil de famille pour surveiller les affaires du prince
impérial, mais il se heurte à l'intransigeance boudeuse
de Napoléon-Jérôme.

Dans le courant de l'été, Louis se rendit à Arenenberg
avec l'impératrice. Ces vacances furent l'occasion pour
la mère et le fils de longues excursions en montagne,
réplique des moments heureux vécus quelque cinquante ans auparavant par la reine Hortense et par
Louis-Napoléon. Au printemps suivant, le prince fêta
son dix-huitième anniversaire. Pour l'occasion, le parti
de l'Appel au peuple — c'est le nom que les dirigeants
bonapartistes avaient donné à leur organisation en vue
des consultations électorales partielles — organisa à
Camden Place une grande fête où furent conviés les
sympathisants de l'Empire. Des souscriptions furent
lancées un peu partout en France pour faciliter le
voyage aux moins fortunés, et ce furent près de
8 000 personnes qui, bravant les foudres des autorités
françaises, se rendirent à Chislehurst pour acclamer le
nouveau prétendant officiel et l'entendre prononcer un
discours rappelant les grands principes de l'Empire et
demandant que soit organisé un plébiscite en vue de
son rétablissement :

> La France, déclara-t-il, librement consultée, jettera-
> t-elle les yeux sur le fils de Napoléon III ? [...] Si le nom
> des Napoléon sort pour la huitième fois des urnes popu-
> laires, je suis prêt à accepter la responsabilité que m'impo-
> serait le vote de la nation.

Au moment où le prince Louis prononce ces paroles,
le bonapartisme a commencé en France une reconquête

de l'opinion qui se traduit notamment par des succès inattendus lors d'élections partielles dans des départements jusqu'alors acquis aux républicains ou aux orléanistes. Sur treize sièges mis en compétition entre mai 1874 et février 1875, cinq vont au candidat de l'Appel au peuple. Moins de deux ans après la mort de l'empereur, le courant bonapartiste a le vent en poupe. Le « vaincu de Sedan » disparu, l'électorat rural se souvient de la prospérité dont il a bénéficié sous l'Empire. Significatif à cet égard est le vote du 24 mai 1873 dans la Nièvre, un département qui s'était montré particulièrement hostile au 2 décembre, qui donne la majorité de ses suffrages au baron de Bourgoing, ancien écuyer de Napoléon III. La personnalité du nouveau prétendant, un tout jeune homme dont les professions de foi légalistes — il s'est prononcé en faveur d'un plébiscite sur la nature du régime — ont trouvé un large écho dans la presse, et les incertitudes qui pèsent, jusqu'au vote des lois constitutionnelles de 1875, sur l'avenir de la République, favorisent le retour en force du bonapartisme populaire. Les mineurs d'Anzin ne font-ils pas grève au cri de « Vive Napoléon IV » ? On compte au moins 75 élus bonapartistes aux législatives de 1876, soit la moitié de l'effectif droitier, 104 en 1877.

Pourtant, la flambée sera brève. D'abord parce que la désunion ne tarde pas à s'installer dans les rangs du parti impérialiste. L'opposition de gauche au « vice-empereur » Rouher se radicalise sous la houlette du prince Napoléon. Il faut dire qu'à l'occasion du scrutin de 1876, la plupart des candidats se réclamant de la mouvance bonapartiste ont reçu le soutien d'un Comité national conservateur dont l'appellation dit sans ambiguïté de quel côté il se situe. Le fils du roi Jérôme, qui n'a toujours pas accepté d'être l'éternel second sur la liste des prétendants au trône, décide donc de se présenter à la députation en Corse contre Rouher, candidat officiel du parti : coup d'envoi d'une fronde qui ne peut qu'affaiblir celui-ci au moment où s'amorce la victoire des républicains.

Mais c'est la mort du prince impérial, tué dans la guerre contre les Zoulous, qui va précipiter le dépérissement du mouvement bonapartiste. Louis était sorti quatre ans plus tôt de l'école militaire de Woolwich, avec le grade de lieutenant. Ses tentatives pour être incorporé dans l'armée française — où la nouvelle loi sur la conscription lui donnait le droit de faire tirer son nom au sort — ayant échoué, c'est sous l'uniforme anglais qu'il trouva la mort en juin 1879. Il lui avait fallu supplier sa mère d'intervenir auprès de la reine pour que l'autorisation lui fût accordée de participer aux opérations dans le Zoulouland. Son inhumation à Camden Place donna lieu à de solennelles obsèques militaires auxquelles Victoria tint à assister personnellement. En 1888, Eugénie devait faire transporter sa dépouille et celle de l'empereur à Farnborough, dans le Hampshire, où elle avait acheté une propriété et fait construire une église.

À cette date, le courant proprement bonapartiste est en voie d'extinction, partiellement absorbé par le boulangisme et le radicalisme. Battu en Corse en 1877 et proche de la gauche républicaine, celui que la mort du prince impérial a enfin propulsé au rang d'héritier officiel du trône a renoncé en fait depuis 1880 à toute prétention dynastique, pour poser la question de la révision constitutionnelle dans le cadre des institutions existantes. Aussi les impérialistes de stricte observance, forts des dispositions consignées par le prince Louis dans son testament, lui ont-ils opposé la candidature de son propre fils, le prince Victor, provoquant une scission dans le parti entre « jérômistes » et « victoriens » : « bleus » (ou rouges) contre « blancs », protestataires contre conservateurs, anticléricaux contre défenseurs de la religion et de l'ordre moral. Combats d'arrière-garde, conflit dérisoire alors que le mouvement voit son effectif électoral fondre d'une consultation à l'autre.

En choisissant majoritairement la voie conservatrice, les dirigeants de l'Appel au peuple, pour la plupart issus de l'Empire autoritaire, ont pris le risque de se couper

d'un électorat populaire déçu par la République modérée. Aux élections de 1881, la droite a été laminée par
la vague républicaine, ne conservant que 90 sièges, dont
une petite moitié relevant de la mouvance bonapartiste.
Celle-ci ne représente plus alors qu'une composante de
la droite conservatrice que son alliance avec les monarchistes prive d'un avenir politique autre qu'opposition-
nel. La loi de 1886 condamnant à l'exil le prince
Napoléon et son fils accélère le déclin d'une famille
politique réduite aux imprécations antiparlementaires
d'un Cassagnac dans *L'Autorité*, et au « solutionnisme »
prêché par les thuriféraires d'un bonapartisme sans
Bonaparte. Désormais enfermée dans sa logique étroitement révisionniste et plébiscitaire, elle est conduite à
soutenir tantôt le prétendant royaliste, tantôt quelque
aventurier de la politique favorable à l'établissement
d'une République musclée.

Les derniers bastions du vote bonapartiste vont ainsi
disparaître l'un après l'autre, devant la montée en puissance du courant radical. D'abord les deux départements des Charentes, puis le Gers dont quatre députés
sur cinq appartenaient en 1876 à la mouvance impérialiste (dont les Cassagnac, père et fils). À la fin du siècle
le bonapartisme ne représente plus, sauf en Corse où
ses positions n'en sont pas moins érodées, qu'un secteur
très marginal du paysage politique français. Ralliés à
l'union sacrée pendant la guerre de 1914-1918, les bonapartistes *stricto sensu* sont encore une douzaine à figurer dans la Chambre « bleu horizon » de 1919, élus sous
le label des « comités plébiscitaires ». Il faudra néanmoins attendre 1940 pour que, à l'initiative du prince
Napoléon (Louis), soient dissoutes les dernières organisations bonapartistes. Mais à cette date, l'héritage du
césarisme plébiscitaire est depuis longtemps passé en
d'autres mains.

Des familles recomposées : national-populisme et démocratie plébiscitaire

Parce qu'il a voulu concilier, dans la continuité des principes énoncés par le fondateur du Premier Empire, l'onction démocratique et l'autorité propre au détenteur d'un pouvoir de type monarchique, la souveraineté du peuple et le respect des hiérarchies, la modernisation économique et la volonté d'intégrer les masses dans une perspective de pacification sociale et de fusion unanimiste, Napoléon III a créé un modèle politique original qui, sous des formes diverses, a perduré jusqu'à nos jours. Ce modèle « bonapartiste », ou césarien, a lui-même donné naissance à deux familles et à deux cultures politiques aujourd'hui bien distinctes.

La première de ces familles rassemble les tenants d'un nationalisme centré sur la défense de l'identité à la fois historique et ethnique de la nation. C'est dire qu'elle se situe résolument à l'extrême droite du spectre politique, non du côté de la tradition et de la contre-révolution, mais au contraire dans un secteur de l'opinion élaborée qui se réclame, au moins en partie, de l'héritage révolutionnaire. Ses doctrinaires ne répudient ni la notion de souveraineté populaire, ni la conception moniste de la société. Comme les bonapartistes orthodoxes du Second Empire, et comme Napoléon III lui-même, ils fondent leur projet sur le principe de l'appel au peuple, considéré comme un tout et rassemblé, sans distinction de classe et sans l'écran de corps intermédiaires, autour d'un chef charismatique. De cette volonté de rassemblement, pour ne pas dire de fusion des éléments constitutifs du corps social, découle le choix d'une politique visant sinon à supprimer les inégalités et les hiérarchies — considérées au contraire comme « naturelles » —, au moins à en atténuer les effets, de manière à obtenir l'adhésion du plus grand nombre et à détourner les masses de la révolution. Tout cela, associé au culte de la nation — autre héritage de la Grande Révolution — et au souci d'en assurer la gloire et la grandeur.

Si cette première famille issue de la mouvance bonapartiste se limitait aux traits que je viens d'évoquer, il n'y aurait guère de raison de la distinguer de la cellule mère. Or celle-ci s'est agrégé depuis la fin du XIXᵉ siècle des éléments nouveaux qui ont profondément modifié l'essence du césarisme plébiscitaire napoléonien pour donner naissance à ce qui constitue en France le corps central de l'extrémisme nationaliste. Avec le boulangisme, s'opère une première synthèse entre les aspirations à l'établissement d'une république consulaire et des principes politiques qui sont ceux du traditionalisme et de la pensée contre-révolutionnaire. À la fin des années 1880, alors que la stricte orthodoxie bonapartiste vivait ses dernières heures, il s'est ainsi constitué une véritable doctrine national-populiste faite d'emprunts effectués auprès d'idéologies apparemment inconciliables : la dérive césarienne et plébiscitaire du jacobinisme qui était au cœur des idées napoléoniennes — telles que le neveu du premier des Napoléonides les avait recueillies, développées et adaptées aux demandes sociales de son temps — et l'ultracisme conservateur.

Dix ans après la fin de la crise boulangiste, l'Affaire Dreyfus a achevé de donner au nationalisme français les traits qui font jusqu'à nos jours sa spécificité : la véhémence du verbe, véritable substitut de la guerre civile, l'ancrage à l'extrême droite de l'éventail politique, l'ordre et la tradition préférés en dernier ressort aux aventures populistes, un militantisme au service de la religion, le culte de l'armée et bientôt, véhiculée par les ligues (Ligue des patriotes, Ligue de la Patrie française, Ligue antisémitique de Guérin et consorts), une idéologie de l'exclusion dirigée prioritairement contre les étrangers, les francs-maçons et les Juifs. S'y ajoutera bientôt un ethnocentrisme racial que reprendront à leur compte les ligues fascisantes de l'entre-deux-guerres et qui aboutira quarante ans plus tard aux dénaturalisations et aux statuts des Juifs promulgués par le gouvernement de Vichy.

On voit que s'il existe bien une filiation entre le césarisme plébiscitaire de Napoléon III et l'ultra-droite nationaliste qui occupe depuis vingt ans une place tout autre que marginale dans le paysage politique français (et européen), cette filiation est loin de s'être effectuée de façon linéaire. Elle est le résultat de mutations profondes qui font qu'entre la lointaine matrice bonapartiste et les manifestations actuelles du populisme autoritaire et xénophobe, les dissemblances l'emportent sur les similitudes. Il reste que la généalogie de l'ultra-droite française, telle qu'on la pratique pour mieux comprendre l'enracinement du national-populisme dans notre société post-moderne, ne doit pas faire l'impasse sur une tradition et sur une culture politiques qui se développent durant la plus grande partie du XIXᵉ siècle et dont le propagandiste principal n'est autre que l'empereur Napoléon III.

Pourtant ce n'est pas de ce côté du spectre politique qu'il faut rechercher les véritables épigones de la démocratie plébiscitaire napoléonienne. S'il existe une parenté incontestable entre le bonapartisme et le boulangisme, puis entre celui-ci et les formations ligueuses nationalistes de la fin du XIXᵉ siècle, les mutations qui se sont opérées par la suite dans le paysage de la droite plébiscitaire n'ont pas toutes abouti à l'éclosion d'un national-populisme ethnocentriste et xénophobe. Les travaux de Serge Berstein ont clairement mis l'accent sur le véritable tournant qu'a constitué, après la dissolution du mouvement dirigé par le colonel de la Rocque en 1936, la transformation des Croix-de-Feu en un Parti social français acceptant de jouer le jeu électoral et affirmant haut et fort son légalisme.

Déjà, par son attitude lors du 6 février 1934, La Rocque avait montré qu'il songeait moins à renverser la République, voire à instaurer en France un régime fasciste, qu'à favoriser une révision constitutionnelle visant à substituer au parlementarisme en crise une

République « musclée ». Avec la création du PSF, qui rassemblera au moins 800 000 adhérents à la veille de la guerre, le tournant est encore plus net :

> Du groupe de pression politique, écrit Serge Berstein, qu'avaient jusqu'à présent constitué les ligues, [...] on passe au parti qui travaille pour son propre compte et se fixe comme objectif de remplacer une droite classique qui compte davantage sur les cadres que sur les masses et dont l'action parlementaire apparaît désuète et anachronique. On a désormais une formation solidement structurée, clairement orientée à droite puisqu'elle revendique une révision constitutionnelle permettant le renforcement de l'exécutif, se réclamant du nationalisme de la génération des tranchées et des valeurs traditionnelles, comme le rappelle sa devise « Travail Famille, Patrie », soucieuse de réformes sociales dans le cadre d'une collaboration des classes (elle tente d'implanter des sections syndicales d'entreprise) et incontestablement appuyée sur les masses [32].

Autant de traits qui ne sont pas sans rappeler le Second Empire, mais qui ne sont pas non plus éloignés du gaullisme, principalement dans la forme qu'il a prise après le premier retrait du général de Gaulle en 1946, sous la forme du RPF et de son adhésion à une formule de démocratie autoritaire à vocation sociale. La référence au bonapartisme pour définir la culture et la praxis des formations se réclamant du gaullisme, au moins jusqu'à la période pompidolienne, est trop connue pour que je m'y attarde [32]. Rappelons simplement les analogies qui existent entre ces deux sensibilités politiques : la préoccupation de la grandeur et du rang de la France dans le monde, l'attachement à l'unité nationale garantie par un État fort — Napoléon III et de Gaulle ont l'un et l'autre recueilli le double héritage de la centralisation monarchique et du jacobinisme —, la volonté de rassemblement des citoyens, considérés comme les éléments d'une même communauté, la référence au peuple souverain, seul détenteur de la légitimité, la méfiance à l'égard des corps intermédiaires

entre le pouvoir et les citoyens, à commencer par l'institution parlementaire, la préférence enfin donnée au
vote référendaire sur toute autre forme de consultation
des électeurs. À quoi il convient d'ajouter des préoccupations sociales que les deux détenteurs du pouvoir
auront d'ailleurs quelque difficulté à imposer à leurs
propres partisans, et un interventionnisme modéré en
matière de politique économique.

Entre ces deux familles politiques issues de la même
matrice idéologique césarienne et plébiscitaire, l'une
naviguant à contre-courant des valeurs démocratiques,
l'autre au contraire fermement attachée à celles-ci, c'est
la seconde qui l'a emporté après 1958, et surtout après
1962, en faisant adopter par la très grande majorité des
Français un nouveau modèle républicain, distinct de la
République parlementaire instaurée à la suite de la
guerre de 1870 et en réaction au régime populiste et
autoritaire de Napoléon III.

Conclusion

L'invention de la démocratie est une longue histoire qui s'étend sur deux siècles et dont le cheminement est tout autre que linéaire. Depuis 1789, la France a connu de nombreux régimes politiques qui tous ne vont pas dans le sens d'une synthèse, la moins imparfaite possible, des idéaux façonnés par la philosophie des Lumières. La dictature du gouvernement de Salut public, le retour des Bourbons, la Révolution nationale vichyste peuvent difficilement être considérés autrement que comme régressifs par rapport à la lente avancée des idées libérales et démocratiques.

Qu'en est-il du règne de Napoléon III ? Fut-il, comme on l'a dit parfois, une « parenthèse » dans l'histoire de la France contemporaine ? Le coup d'État de Louis-Napoléon a-t-il mis fin à une expérience politique dont l'écrasement aurait retardé de trente ans l'avènement de la démocratie libérale ? L'affirmation de la souveraineté populaire comme fondement du régime consulaire, puis impérial, fut-elle autre chose qu'un rideau de fumée destiné à masquer la confiscation du suffrage universel au profit du pouvoir d'un seul ?

Tenter de répondre à ces questions, c'est s'engager dans un débat qui, depuis cent trente ans, s'inscrit classiquement dans une confrontation droite/gauche qui a certes diminué d'intensité, mais qui n'a pas complètement disparu et que les convulsions politiques dont notre pays a été le théâtre ont continûment réactivée. Du putsch manqué de Déroulède en 1899, au complot « fasciste » du 6 février 1934 et aux *pronunciamientos* des années algériennes, l'image du Rubicon franchi par le nouveau César n'a pas cessé de hanter les mémoires républicaines. Tant mieux si elle a aidé les démocrates à s'unir pour éviter le pire. Tant pis si l'exercice de mémoire a périodiquement ressuscité la légende noire de « Napoléon le petit ».

Essayons de sortir de cette logique d'affrontement. Parce qu'elle a eu pour mission pédagogique d'enraciner dans les têtes les valeurs de la République, l'histoire officielle a longtemps été injuste envers le fils du roi Louis et de la reine Hortense. La République ne pouvait prospérer que sur les décombres supposés du régime précédent, et puis, à la différence de son oncle, auquel Las Cases avait offert de pouvoir forger sa propre légende, Napoléon III a eu contre lui le barde de la liberté, l'immense Victor Hugo fulminant depuis son rocher de proscrit.

Il faut reconnaître que ce discrédit s'est érodé. Peu à peu s'impose l'idée que tout n'a pas été négatif dans l'œuvre du Second Empire, particulièrement en matière économique et sociale. L'élève de classe terminale de 1950, qui ouvre son manuel d'histoire signé Lucien Genet (Hatier), l'un des _best sellers_ de l'édition scolaire, rédigé par un homme qui fut un modèle d'honnêteté intellectuelle et d'esprit républicain, apprend que le règne de Napoléon III fut pour la France celui d'une modernisation sans précédent et que la politique sociale de l'Empire ne s'est pas réduite à des mesures d'assistance et de surveillance.

Plus tenaces ont été les jugements négatifs portés sur le césarisme de Napoléon III, sur le péché originel que constitue le coup d'État de décembre 1851 et sur la débâcle finale. Encore que sur ces trois points l'histoire savante fournisse aux amateurs de bilans des éléments qui ne vont pas tous dans le sens de la condamnation sans appel. Le 2 décembre est resté ce qu'il était : le symbole du coup de force sanglant contre la République, une date que personne ne songe à inscrire au calendrier des commémorations. On ne peut que souscrire à ce jugement de l'histoire et admirer le sacrifice du député Baudin, tué « pour vingt-cinq francs » sur la barricade de la rue Sainte-Marguerite. Napoléon III le premier ne se déclara-t-il pas toute sa vie hanté par le souvenir des morts de décembre ? Mais doit-on oublier que la République bourgeoise et réactionnaire, à laquelle le coup d'État a mis fin, n'avait plus grand-chose à voir avec les espoirs de démocratie et de justice de février 1848 ? Ses dirigeants ont fait tirer sur le peuple en juin et il y a eu des milliers de victimes. Quant à leurs épigones versaillais, ils ne se montreront pas moins féroces dans la répression de la Commune.

Le caractère dictatorial et policier du régime instauré par Louis-Napoléon ne saurait davantage être contesté. Ce sont des milliers d'opposants au coup d'État qui ont peuplé les prisons de l'Empire ou ont dû prendre le chemin de la déportation et de l'exil. Rares sont cependant les dictatures européennes dont l'évolution s'est opérée comme celle-ci dans le sens de la libéralisation. Le fascisme italien, auquel on la compare parfois, se caractérise au contraire par sa radicalisation croissante, et il n'est pas seul à emprunter cette voie. Sans doute est-ce d'ailleurs cette libéralisation de l'Empire qui a hâté son dépérissement et sa perte, comme Gambetta et d'autres dirigeants républicains l'avaient pronostiqué. Pour diversifier ses appuis, voire pour effectuer un renversement d'alliances et satisfaire les revendications libérales, Napoléon III a donné des armes à ses adversaires et notamment aux représentants de la bourgeoisie orléaniste pour lesquels l'Empire n'avait été somme toute qu'un pis-aller. De même, la politique sociale du régime, les droits concédés aux travailleurs n'ont fait que précipiter la conversion du mouvement ouvrier en force révolutionnaire. Dans un contexte qui — en dépit des quelques progrès accomplis — reste globalement celui de la souffrance prolétarienne, les réformes accordées n'apparaissent pas de nature à modifier radicalement les choses. Proudhon d'abord, puis Marx n'auront pas trop de mal, le spectacle de la « fête impériale » aidant, à convaincre les fantassins de la croissance qu'ils sont victimes d'une alliance du Trône et de la Bourse.

Là encore, il faut cependant nuancer : la défection du monde ouvrier n'est pas unanime, loin de là. En témoigne le succès du plébiscite de mai 1870, qui n'est pas dû au seul vote des campagnes et souligne le caractère interclassiste et à bien des égards *démocratique* du césarisme napoléonien. Qu'il s'agisse d'une démocratie autoritaire et que celle-ci s'oppose au modèle parlementaire républicain qui triomphera en France quelque dix ans plus tard ne modifie en rien ce constat. Les deux projets, libéral et illibéral, ne sont antagonistes que confrontés l'un à l'autre dans le même espace temporel : Cavaignac contre Napoléon III sous la IIe République. Réinsérés dans le temps long, ils apparaissent plutôt comme relevant de phases différentes, dans un processus de démocratisation dont le point d'aboutissement pourrait bien être la rencontre rationalisée du système représentatif et de l'expression directe de la souveraineté du peuple par la procédure référendaire et par l'élection du chef de l'exécutif au suffrage universel.

On objectera légitimement que Napoléon III n'est pas allé jusqu'au bout de ce projet. Le sénatus-consulte de 1870 établit un système qui n'est plus tout à fait celui de la démocratie autoritaire, sans que soit reconnu ce trait fondamental du régime parlementaire que constitue la responsabilité du gouvernement devant les Chambres. Serait-il allé beaucoup plus loin sans la guerre ? Aurait-il poussé jusqu'à son terme l'évolution amorcée en 1860 ? Les forces conservatrices incarnées par les bonapartistes « légitimistes » auraient-elles eu raison de l'esprit de réforme incarné par Émile Ollivier ? La maladie lui aurait-elle laissé le temps d'achever la transformation du régime ? Voilà autant de questions auxquelles il n'est guère possible de répondre avec certitude.

Gardons-nous de vouloir lire rétrospectivement dans les astres. Ce que l'on peut dire du régime instauré par Napoléon III, c'est qu'il constitue vraisemblablement une étape — je dirais plus progressiste, malgré ses insuffisances et ses fautes, que régressive — dans une évolution qui commence avec la Révolution française et qui n'est peut-être pas achevée. À son actif, et sur ce point il y a incontestablement un progrès par rapport à la République conservatrice qui le précède, on peut notamment inscrire le fait qu'il a familiarisé les Français avec le vote. De 36,7 % en 1852, le taux d'abstentions a chuté à 21,9 % en 1869, constate Raymond Huard : « C'est dans les plus petits villages, explique-t-il, que le vote fut à la fois le plus massif et le plus unanime. Toutes sortes d'intermédiaires, gardes champêtres, entrepreneurs de travaux locaux, contremaîtres des chemins de fer ou des compagnies industrielles, s'emploient ailleurs à rabattre l'électeur vers les urnes. [...] On ne peut juger ces expériences uniquement du point de vue critique qu'adoptèrent les républicains, car l'essentiel est que la pratique du suffrage s'y est rodée[1]. »

Reste la politique extérieure qui a conduit à la catastrophe finale. Il est certain qu'en aidant les Italiens à s'émanciper de la domination autrichienne et à faire leur unité, Napoléon III a mis en branle un processus de déstabilisation du système international établi par les vainqueurs de 1815. Était-ce le but majeur de sa politique, ou bien ne songeait-il qu'à assurer sa propre gloire et à rétablir le rang de la France dans la hiérarchie des puissances ? Quoi qu'il en soit, l'erreur fut de ne pas avoir su évaluer les conséquences extérieures et intérieures de sa politique, à savoir d'une part la montée en puissance du sentiment unitaire allemand et le parti que Bismarck pouvait tirer de cette mobilisation, d'autre part l'impact que certaines questions — celle en particulier de Rome capitale — ont pu avoir en France sur l'opinion. Le rejet du projet de loi militaire instituant la conscription obligatoire pour tous, qui aurait permis à la France d'aligner des effectifs comparables à ceux de la Prusse, fut ainsi le moyen choisi par certains députés pour faire payer à l'empereur — en même temps que ses réformes libérales — sa politique à l'égard de l'Italie et du pape.

Quant aux responsabilités directes de Napoléon III dans le déclenchement d'un conflit qui devait entraîner la disparition de son régime, elles ne sont nullement négligeables, mais elles doivent être replacées dans le contexte de fièvre nationaliste qui s'est emparée de l'opinion à l'annonce de la « gifle » reçue par la France avec la publication de la dépêche d'Ems.

Est-ce le souvenir de la défaite, suivie de la mutilation du territoire français qui, dans un contexte de montée des nationalismes, explique prioritairement le long discrédit dont a souffert l'image de Napoléon III ? Sans doute : l'« année terrible » a fortement traumatisé les contemporains, peut-être autant que le fera la débâcle de 1940. On aurait pu penser toutefois qu'avec le recul du temps, le souvenir de 1815 et celui de 1870 auraient été sinon confondus, au moins mis en parallèle. Après tout le fondateur du Premier Empire avait lui aussi vu son règne s'achever par une déroute militaire et la France privée de ses conquêtes récentes. Il n'empêche que ses cendres furent solennellement rapportées de Sainte-Hélène dès 1840, saluées par tout un peuple, et déposées au cœur de Paris, dans un tombeau devant lequel des millions de Français sont depuis venus s'incliner.

La gloire militaire, même obscurcie par le crépuscule final — mais Waterloo n'a-t-il pas été héroïsé par Hugo ? —, resterait-elle en France, en ce début du XXIᵉ siècle, l'arbitre suprême des prix accordés aux grandes figures du passé ? Je ne pense pas qu'il soit bien utile de se demander lequel des deux Napoléon fut le « grand » ou le « petit ». Tous deux ont commis des fautes. Tous deux ont joué un rôle considérable dans l'histoire de la France contemporaine. Tous deux méritent mieux à mon sentiment — c'est celui d'un républicain qui ne nourrit aucune nostalgie à l'égard de l'Empire — que l'amnésie toponymique dans laquelle ils sont aujourd'hui encore tenus.

S'agissant du personnage qui fait l'objet de ce livre, les lieux de mémoire ne sont pas légion dans nos villes, comparés au nombre de rues, avenues et boulevards dédiés aux victoires et aux chefs des armées impériales. À Paris, il a fallu attendre 1987 — et la première cohabitation ! — pour que le nom de Napoléon III fût donné à une place de la capitale. Elle est, dit la nomenclature officielle des voies de Paris, « située au droit de la gare du Nord, et partie de la rue de Dunkerque », dans le Xe arrondissement, et s'appelait jusqu'alors place de Roubaix. Conscient ou non, le choix me paraît porteur d'un double symbole : celui de l'industrialisation et de la modernisation incarnée par le Paris haussmannien, et celui de la « fête impériale », la gare du Nord étant celle d'où l'on s'embarquait pour les « séries » de Compiègne. Deux visages contrastés d'un règne qui s'inscrit entre deux époques. Mais peut-être la cérémonie discrète qui s'est déroulée à cette occasion était-elle le prologue d'un événement à venir : ultime étape d'une réhabilitation tardive et inachevée. Napoléon III, Eugénie et le prince Louis reposent à Farnborough. C'est à la gare du Nord que pourrait un jour arriver le train transportant depuis l'Angleterre les cendres de l'ancien émigré politique devenu empereur des Français.

Notes

1. Dans l'ombre de l'Aigle (1808-1815)

1. *Mémoires de la reine Hortense*, publiés par le prince Napoléon, avec notes de Jean Hanotaux, 3 vol. Paris, Librairie Plon, 1927, t. 2, pp. 2-3.

2. La reine avait été assistée par Baudelocque lors de ses deux premiers accouchements. À chacune des naissances princières, Baudelocque recevait une somme de 1 000 francs en espèces enfermée dans une boîte d'or enrichie de diamants. *Journal du docteur Prosper Ménière*, publié par son fils le docteur Ménière, Paris, Plon, 1903, p. 176.

3. C'est le sénatus-consulte organique du 28 floréal an XII (8 mai 1804) qui conféra à Napoléon la dignité impériale, le peuple n'étant appelé à voter que sur l'hérédité et l'ordre de succession. Cf. Lacretelle (Pierre de), *Secrets et malheurs de la reine Hortense*, Paris, Hachette, 1936, pp. 55-56.

4. *Mémoires de la reine Hortense*, op.cit., t. 1, p. 94.

5. *Ibid.*, p. 242.

6. Cité in Lacretelle (Pierre de), *op. cit.*, p. 76.

7. *Mémoires de la reine Hortense*, op. cit., t. 1, p. 284.

8. *Ibid.*, p. 285.

9. *Ibid.*, p. 293.

10. Il en est ainsi notamment de Louis Girard, auteur de la meilleure biographie de Napoléon III : *Napoléon III*, Paris, Fayard, 1986.

11. *Mémoires de la reine Hortense, op. cit.*, p. 315.

12. Lettre de Louis Bonaparte à la reine Hortense, 14 septembre 1816, citée in Merlat-Guitard (O.), *Louis-Napoléon Bonaparte. De l'exil à l'Élysée*, Paris, Hachette, 1939, p. 10.

13. Lacretelle (Pierre de), *Secrets et malheurs de la reine Hortense, op. cit.*, pp. 88-89.

14. *Mémoires de la reine Hortense, op. cit.*, p. 342.

15. Parmi les biographes de Napoléon III, l'historien britannique William H.C. Smith paraît incliner en ce sens. Cf. Smith (William H.C.), *Napoléon III*, Wayland, Londres, 1972 ; trad. fr. : Paris, Hachette, 1982.

16. Bourguignon (Jean), *Mémoires de Valéry Masuyer, dame d'honneur de la reine Hortense*, Paris, 1937.

17. C'est en tout cas ce que la princesse Mathilde, troisième fille de Jérôme, aurait avoué à sa cousine, Sophie de Wurtemberg. Merlat-Guitard (O.), *op. cit.*, p. 5.

18. *Mémoires de la reine Hortense, op. cit.*, t. 2, p. 70.

19. *Ibid.*, p. 184.

20. *Ibid.*, p. 185.

21. *Ibid.*, p. 212.

22. *Ibid.*, p. 211.

23. Le traité du 11 avril 1814 stipulait dans son article VI que Madame Mère se verrait reconnaître un revenu annuel de 300 000 francs, le roi Joseph 500 000 francs, le roi Louis 200 000 francs, la reine Hortense 400 000 francs, Jérôme et son épouse 500 000 francs, la princesse Élisa et la princesse Pauline chacune 300 000 francs.

24. *Mémoires de la reine Hortense, op. cit.*, t. 2, p. 221.

25. *Ibid.*, p. 335.

26. *Ibid.*

27. *Souvenirs et Correspondance tirés des papiers de Mme Récamier*, Paris, 1860, t. II, pp. 78 sq.

2. L'exil (1815-1830)

1. *Mémoires de la reine Hortense*, t. 3, p. 61.

2. *Mémoires sur la reine Hortense et la famille impériale*, par Mlle Cochelet, lectrice de la reine, Paris, Ladvocat, 4 volumes, 1836-1838 ; Vol. III, p. 227.

3. De Wyss, bourgmestre de Zurich, président de la Haute

Diète, à Talleyrand, 29 juillet 1815, Ministère des Affaires étrangères (MAE), Corr. pol., Suisse, vol. 299, p. 73.

4. *Mémoires de la reine Hortense*, t. 3, p. 82.

5. Rapport du baron Finot, préfet de la Savoie au ministre de l'Intérieur, 15 août 1815, AN, F7, 6890, dossier 6346.

6. *Mémoires de la reine Hortense*, t. 3, p. 84.

7. *Ibid.*, p. 87.

8. *Mémoires sur la reine Hortense et la famille impériale*, par Mlle Cochelet, Paris, Société d'éditions littéraires et artistiques, 1907, p. 199.

9. L'empereur apporta en dot à sa fille adoptive une somme d'un million et demi et un trousseau de 500 000 francs.

10. Texte cité in Claretie (Jules), *L'Empire, les Bonaparte et la Cour*, Paris, 1871, pp. 46-47 ; Cf. également : Wagener (Françoise), *La reine Hortense, op. cit.*, pp. 419-420.

11. Cité in Merlat-Guitard (O.), *Louis-Napoléon Bonaparte. De l'exil à l'Élysée, op. cit.*, p. 20.

12. *Mémoires sur la reine Hortense et la famille impériale, op. cit.*, p. 250.

13. Pol (Stéphane), *La jeunesse de Napoléon III*, Paris, 1902, pp. 42-43 ; Smith (William H.C.), *Napoléon III, op. cit.*

14. C'est ce qu'il explique à un ami dans une lettre citée par Stéphane Pol.

15. Lebas à M. Lembert, décembre 1820, cité in Pol (Stéphane), *La jeunesse de Napoléon III, op. cit.*, pp. 70-71.

16. Lettre de la reine Hortense à son frère Eugène, citée in Lacretelle (Pierre de), *Secrets et malheurs de la reine Hortense, op. cit.*, p. 205.

17. Lettre du prince Louis-Napoléon à sa mère, citée in Smith (William H.C.), *op. cit.*, p. 18.

18. C'est ce qu'il écrit dans une lettre adressée en septembre 1827 à son successeur Philippe Le Bas qui lui a fait part des succès de son élève au gymnasium d'Augsbourg : « Eh Dieu ! Voilà de ces tours de nos chiens de républicains ; nous autres vieux ultras nous ne sommes pas capables d'opérer de pareils prodiges. » Lettre citée in Pol (Stéphane), *La jeunesse..., op. cit.*, pp. 358-359.

19. *Mémoires de Valérie Masuyer, dame d'honneur de la reine Hortense*, Paris, Plon, 1937.

20. *Ibid.*

21. Lettre de la reine Hortense à son oncle, 6 avril 1824, citée in Wagener (Françoise), *La reine Hortense, op. cit.*, p. 456.

22. Lettre de Philippe Le Bas à son père, 7 septembre 1827, citée in Pol (Stéphane), *La jeunesse...*, *op.cit.*, pp. 358-359.

23. Staël (Mme de), *Corinne ou l'Italie*, Paris, Flammarion, 2 vol. 1931, t. 1, p. 118.

24. Cité in Merlat-Guitard (O.), *Louis-Napoléon Bonaparte...*, *op. cit.*

25. Delumeau (Jean), *L'Italie. De la Renaissance à la fin du XVIIIᵉ siècle*, Paris, A. Colin, 1974, p. 320.

26. *Mémoires sur la reine Hortense et la famille impériale...*, *op. cit.*, p. 251.

27. Malmesbury (Lord), *Memoirs of an ex-Minister*, Londres, 1884, I, p. 33.

28. *Mémoires de Valérie Masuyer...*, *op. cit.*, pp. 119-120.

29. « Leurs entourages, écrit celle-ci, ignorent l'affiliation des fils d'Hortense et de Louis », Wagener (Françoise), *La reine Hortense...*, *op. cit.*, p. 466.

30. « Le jeune homme, écrit Louis Girard, vivait dans le milieu des sociétés secrètes ; qu'il ait été un sympathisant, un compagnon de route ne fait aucun doute » ; *Napoléon III*, *op. cit.*, p. 18. William Smith estime pour sa part « qu'aucun des deux [frères] ne peut être mis avec certitude d'un côté ou de l'autre » ; *Napoléon III*, *op. cit.*, p. 33.

3. *Premières conspirations (1830-1835)*

1. *Mémoires de la reine Hortense, op. cit.*, III, p. 173.

2. *Mémoires de Valérie Masuyer..., op. cit.*, p. 35.

3. *Mémoires de la reine Hortense, op. cit.*, III, p. 206.

4. *Mémoires de Valérie Masuyer..., op. cit.*, p. 125.

5. *Mémoires de la reine Hortense, op. cit.*, III, pp. 215-217.

6. Lettre de Louis-Napoléon au roi Louis, 25 février 1831, Paris, AN. 400, AP 40.

7. Lettre du général Ch. Armandi à la reine Hortense, 3 mars 1821. Citée in *Mémoires de la reine Hortense..., op. cit.*, pp. 224-225.

8. *Ibid.*, p. 228.

9. *Ibid.*, p. 234.

10. Introduction de Jean Bourguignon aux *Mémoires de Valérie Masuyer, op. cit.*, p. XXVIII.

11. Le général Zucchi s'embarqua le 28 mars sur un petit navire pontifical, l'*Issla*, qui fut pris en chasse et capturé au

large par les Autrichiens. Ramené à Ancône, il fut transféré et emprisonné à Venise avec d'autres patriotes italiens auxquels Vienne avait promis l'amnistie.

12. *Mémoires de la reine Hortense, op. cit.*, p. 256.

13. *Ibid.*, p. 260.

14. *Ibid.*, p. 272.

15. Il s'agit de la loi du 10 avril 1832.

16. Cette lettre a été écrite à Montélimar et a été publiée par Blanchard Jerrold, *The Life of Napoleon the Third* ; le texte figure en note dans les *Mémoires de la reine Hortense, op. cit.*, III, p. 278.

17. *Mémoires de la reine Hortense, op. cit.*, III, p. 280.

18. *Ibid.*, p. 287.

19. *Mémoires de Valérie Masuyer, op. cit.*

20. *Mémoires de la reine Hortense, op. cit.*, p. 316.

21. *Mémoires de Valérie Masuyer, op. cit.*

22. *Ibid.*

23. *Ibid.*

24. Bac (Ferdinand), *Napoléon III inconnu*, Paris, 1929, p.

25. Lettre de Louis-Napoléon au duc de Reichstadt, 12 juillet 1832, citée in Welschinger (Henri), *Le roi de Rome*, p. 444 ; Tulard (Jean), *Napoléon II*, Paris, Fayard, 1992, pp. 198-199.

26. Merlat-Guitard (O.), *Louis-Napoléon Bonaparte...*, *op. cit.*, p. 63.

27. Il en est notamment ainsi de Valérie Masuyer.

28. Lettre de Joseph Bonaparte à son frère Louis, 18 janvier 1833, AN, AP 33 i.

29. Lettre de la reine Hortense au vicomte de Chateaubriand, 4 mai 1832 ; Chateaubriand, *Mémoires d'outre-tombe*, III, Paris, Livre de poche, p. 317.

30. *Ibid.*, p. 320-321.

31. *Ibid.*

32. *Ibid.*

33. *Mémoires de Valérie Masuyer..., op. cit.*

34. Chateaubriand, *Mémoires d'outre-tombe*, III, *op. cit.*, p. 326.

35. Article cité in Merlat-Guitard (O.), *Louis-Napoléon Bonaparte, op. cit.*, p. 71.

36. Lettre de Louis-Napoléon à Narcisse Viellard, 28 février 1834, AN. 400, AP 41.

4. De Strasbourg à Boulogne (1836-1840)

1. Cité in Girard (Louis), *Napoléon III, op. cit.*, p. 30.

2. « Si je veux persister dans mes vues matrimoniales, écrit Louis-Napoléon à son père, ce que j'ai de mieux à faire, c'est de jeter mes vues sur Mademoiselle de Padoue. Vous me feriez grand plaisir de me répondre et de me donner votre avis quoique je ne sois pas trop pressé de me marier. »

3. *Mémoire de Valérie Masuyer..., op. cit.*

4. Des Cars (Jean), *La princesse Mathilde*, Paris, Perrin, éd. 1996, pp. 60-61.

5. *Mémoires de Valérie Masuyer, op. cit.*

6. Engagé à dix-sept ans, Persigny passa par l'école de cavalerie de Saumur, puis servit au 4e hussard comme maréchal des logis. En 1830, il fut renvoyé de l'armée pour ses sympathies républicaines.

7. Il lui avait été remis par Napoléon en 1815, au moment où l'empereur avait quitté La Malmaison pour l'exil.

8. Merlat-Guitard (O.), *Louis-Napoléon Bonaparte..., op. cit.*, p. 101.

9. *Ibid.*, p. 106.

10. Cf. Rémond (René), *Les États-Unis devant l'opinion française (1815-1852)*, 2 vol., Paris, A. Colin, 1952.

11. Lettre de Louis-Napoléon à la reine Hortense, 8 mai 1837, Dansette (Adrien), *Louis-Napoléon à la conquête du pouvoir*, Paris, Hachette, 1961.

12. « Quelque inexcusable et insolente que soit la conduite de ce jeune homme à l'égard du roi, écrivait Molé le 2 août à son ambassadeur à Berne, l'intention de Sa Majesté est que vous fermiez les yeux sur sa présence au lit d'une mère mourante. »

13. Cité in Lacretelle (Pierre de), *Secrets et malheurs de la reine Hortense, op. cit.*, p. 244.

14. Laity (Armand-François), *Relation historique des événements du 30 octobre 1836*, Londres, 1838.

15. Lettre de Louis-Napoléon au président du Petit Conseil du canton de Thurgovie, 20 septembre 1838.

16. Bonaparte (Louis-Napoléon), *Des idées napoléoniennes*, Paris, Plon/Amyot, 1860, pp. 6-7.

17. *Ibid.*, p. 18.

18. *Ibid.*, p. 20.

19. *Ibid.*, pp. 23-24.

20. *Ibid.*, p. 156.

21. Il reçut 140 000 francs de Louis-Napoléon. Éléonore Denuelle de la Plaigne avait été la lectrice de Caroline Murat.

22. Lettre de Louis-Napoléon au commandant Le Duf de Mésonan, citée in Dansette (Adrien), *Louis-Napoléon à la conquête du pouvoir*, Paris, Hachette, 1961, p. 165.

23. Forestier et Bataille, un jeune ingénieur, ancien élève de l'École Polytechnique.

5. *Prisonnier au fort de Ham (1840-1846)*

1. Déclaration du général de Cubières, ministre de la Guerre, *Le Moniteur*, 7 août 1840.

2. Cité in Merlat-Guitard (O.), *Louis-Napoléon Bonaparte...*, *op. cit.*, p. 152.

3. Voir par exemple *Le Constitutionnel* du 26 août 1840.

4. Dansette se fonde sur divers témoignages, sur l'attitude singulière de Montholon lors de l'opération de Boulogne, et sur le fait que sa captivité fut relativement moins sévère que celle de ses compagnons. Dansette (Adrien), *Louis-Napoléon à la conquête du pouvoir, op. cit.*, pp. 190-192.

5. Hachet-Souplet (P.), *Louis-Napoléon prisonnier au fort de Ham*, Paris, s.d.

6. Giraudeau (Fernand), *Napoléon III intime*, Paris, Paul Ollendorff éd., 1895, pp. 92-93.

7. *Ibid.*, pp. 102-103.

8. Viellard a également participé à l'achat des ouvrages commandés par Louis-Napoléon.

9. Napoléon III, *Lettres de Napoléon III à Madame Cornu*, Paris, 1906-1907.

10. Bonaparte (Louis-Napoléon), *Fragments historiques : 1688, 1830 ; Œuvres*, 5 vol., Paris, Plon, 1830.

11. Bonaparte (Louis-Napoléon), *Analyse de la question des sucres ; Œuvres, op. cit.*

12. *Comptes rendus de l'Académie des sciences*, vol. XVI, mai 1843.

13. *Canal du Nicaragua ou Projet de jonction des océans Atlantique et Pacifique au moyen d'un canal : Œuvres de Louis-Napoléon Bonaparte*, 3 vol., Paris, Ch. Ed. Temblaire, Librairie napoléonienne, 1848, vol. 2.

14. Bonaparte (Louis-Napoléon), *L'extinction du paupérisme ; ibid.*, vol. 2, p. 255.

15. *Ibid.*, pp. 256-257.

16. *Ibid.*, p. 265.

17. *Ibid.*, pp. 276-277.

18. *Ibid.*, pp. 260-261.

19. *Ibid.*, p. 280.

20. Napoléon l'avait reçu du clergé d'Aix-la-Chapelle et l'impératrice Eugénie en fera don à la cathédrale de Reims en 1919.

21. Le duc de Brunswick ayant fait de Genève sa légataire universelle, le traité conclu entre les deux signataires se trouve aujourd'hui dans les papiers du duc conservés à la bibliothèque de cette ville.

22. Lettre du comte de Saint-Leu à Louis-Napoléon, 18 août 1845, citée in Giraudeau (Fernand), *Napoléon III intime, op. cit.*, pp. 108-109.

23. Lettre de Napoléon III au comte de Saint-Leu, 19 septembre 1845, *ibid.*, p. 110.

24. Lettre de Louis-Napoléon au ministre de l'Intérieur Duchâtel, 25 décembre 1845, *ibid.*

25. Lettre de Louis-Napoléon à Odilon Barrot, 2 février 1846.

26. Il reste que l'ouvrier Charles-Auguste Pinguet a bel et bien existé et a effectivement participé aux travaux de réfection du fort de Ham en 1846. En 1878 il sera condamné à huit ans de bagne et déporté en Nouvelle-Calédonie pour incendie volontaire de sa maison aux fins de percevoir la prime d'assurance. Il a ensuite rédigé des *Souvenirs* qui font état de sa complicité dans l'évasion du prince mais doivent être pris avec la plus grande précaution.

6. Le chemin de l'Élysée (1846-1848)

1. Lettre de Louis-Napoléon au comte de Saint-Aulaire, 28 mai 1846.

2. Milza (Pierre), *Verdi et son temps*, Paris, Perrin, 2001.

3. Bonaparte (Louis), *The Prisoner of Ham*, Londres, 1847.

4. Palewski (J.-P.), *Une maîtresse de Napoléon, Miss Howard*, Paris, 1968.

5. En 1847, Miss Howard acheta au prince la propriété qu'il

avait héritée du roi Louis à Civita Nuova, pour une somme inconnue. Elle la lui revendit l'année suivante pour un prix de trois millions de francs payables en 1851, ce qui permit à Louis-Napoléon de l'hypothéquer aussitôt au marquis Pallavicino moyennant un prêt de 324 000 francs. Dansette (Adrien), *Louis-Napoléon à la conquête du pouvoir, op. cit.*, p. 240.

6. Cité in Giraudeau (Fernand), *Napoléon III intime, op. cit.*, p. 123.

7. La maîtresse du prince serait intervenue dans ce financement à la hauteur de 80 000 livres.

8. Merlat-Guitard (O.), *Louis-Napoléon Bonaparte, op. cit.*, p. 199.

9. Tocqueville (Alexis de), *Souvenirs*, Paris, Gallimard (Folio), 1978, p. 214.

10. Louis-Napoléon obtint 39 820 voix sur 47 332 votants en Charente-Inférieure, 30 193 sur 32 968 en Corse, 17 813 sur 36 489 en Moselle et 42 086 sur 50 445 dans l'Yonne.

11. Discours de Jules Grévy devant l'Assemblée nationale, 6 octobre 1848.

12. L'amendement Grévy fut repoussé par 648 voix contre 158.

13. Discours de Lamartine devant l'Assemblée nationale, 6 octobre 1848.

14. Cet amendement présenté par Flocon et Leblond fut rejeté par 602 voix contre 211.

15. Rémusat (Charles de), *Mémoires de ma vie*, IV, *Les dernières années de la monarchie. La révolution de 1848. La Seconde République (1841-1851)*, présentés et annotés par Charles H. Pouthas, Paris, Plon, 1962, p. 356.

16. *Ibid.*, p. 359.

17. Discours de Louis-Napoléon devant l'Assemblée nationale, 26 octobre 1848.

18. Tocqueville (Alexis de), *Souvenirs...*, *op. cit.*, p. 301.

19. Nombreuses citations in Merlat-Guitard (O.), *Louis-Napoléon Bonaparte...*, *op. cit.*, pp. 219-222.

20. Rémond (René), *La vie politique en France, 1848-1879*, t. 2, Paris, A. Colin, 1969, p. 78.

7. Le prince-président (1848-1851)

1. Le palais fut occupé par le tsar en 1814, puis par Wellington après Waterloo. Louis XVIII le donna ensuite au duc de Berry qui l'habita jusqu'à son assassinat.

2. *La Révolution démocratique et sociale* écrit à cette occasion : « Il nous semble fort extraordinaire que M. Bonaparte s'affuble d'une paire d'épaulettes qu'il n'a pas plus le droit de porter que le premier citoyen venu. »

3. Le divorce ne sera jamais prononcé.

4. Des Cars (Jean), *La princesse Mathilde*, Paris, Perrin, 1988, p. 201.

5. *Ibid.*, p. 209.

6. Cette entreprise était propriété des Mosselmann ; c'est encore une fois avec l'appui de Fanny Le Hon qu'il obtint d'en devenir administrateur.

7. Dansette (Adrien), *Louis-Napoléon à la conquête du pouvoir, op. cit.*, p. 287.

8. La crise sévissant également de l'autre côté de la Manche, il y eut tellement peu d'amateurs que Morny finit par retirer ses tableaux de la vente. Dufresne (Claude), *Morny, l'homme du Second Empire*, Paris, Librairie Académique Perrin, 1983, p. 119.

9. Morny (Charles-Auguste, duc de), *Souvenirs ; correspondances*.

10. Cité in Dufresne (Claude), *Morny...*, *op. cit.*, p. 119.

11. Voir sur cette affaire : Dansette (Adrien), *Louis-Napoléon...*, *op. cit.*, pp. 291-292.

12. *Ibid.*, p. 294.

13. Dépêche de Louis-Napoléon, président de la République, au général Oudinot, 7 mai 1849.

14. On rencontre notamment ces listes bonapartistes dans le Bassin parisien, en Seine-et-Oise, Seine-et-Marne, Eure-et-Loir, ainsi que dans le Puy-de-Dôme où une liste de ce type fut constituée pour faire pièce à celle, de tendance fortement conservatrice, conduite par Morny. Cf. Dansette (Adrien), *Louis-Napoléon Bonaparte à la conquête du pouvoir...*, *op. cit.*, p. 307.

15. Tocqueville (Alexis de), *Souvenirs, op. cit.*, pp. 282-283.

16. *Ibid.*, p. 298.

17. Intervention de Ledru-Rollin à l'Assemblée, 11 juin 1849, *Le Moniteur universel*.

18. Proclamation de Louis-Napoléon au peuple français, 14 juin 1849.

19. Discours prononcé par le prince-président à Ham le 20 juillet 1849.

20. Discours prononcé par le prince-président à Saint-Quentin le 9 juin 1850.

21. Cité in Castelot (André), *Napoléon III*, 1. *Des prisons au pouvoir*, Paris, Librairie Académique Perrin, 1973, pp. 579-580.

22. Dansette (Adrien), *Louis-Napoléon...*, *op. cit.*, p. 312.

23. Lettre de Louis-Napoléon à Edgar Ney, 18 août 1849, *Le Moniteur*, 7 septembre 1849.

24. Nommé pair de France en 1846, le général-comte d'Hautpoul fut mis à la retraite en juin 1848. Élu représentant de l'Aude à l'Assemblée législative en mai 1849, il fut remis en activité et se trouvait en charge du commandement du corps d'intervention français à Rome – en remplacement d'Oudinot – lorsqu'il fut appelé au ministère de la Guerre et à la présidence du gouvernement.

25. Winock (Michel), *Les voix de la liberté*, Paris, 2001, pp. 351-352.

26. Hugo (Victor), *Actes et paroles*. *Avant l'exil*, Paris, Nelson, 1936, p. 257.

27. Rémond (René), *La vie politique en France, 1848-1879...*, *op. cit.*, p. 100.

28. Cité in Girard (Louis), *Napoléon III*, *op. cit.*, p. 126.

29. Deux banquets, les 7 et 11 août 1850, réunirent ainsi dans les jardins de l'Élysée des officiers et des sous-officiers des 4ᵉ et 24ᵉ de ligne, de l'artillerie et de la Garde républicaine.

30. Les attributions de Changarnier sont désormais partagées entre le général Baraguay d'Illiers, commandant de la division de Paris, et le général Perrot, commandant de la Garde nationale.

8. *Le 2 décembre*

1. Tocqueville (Alexis de), *Souvenirs*, *op. cit.*, p. 330.

2. Du Camp (Maxime), *Souvenirs d'un demi-siècle*, 2 vol., Paris, 1949, 1.

3. Cité in **Merlat-Guitard**, *Louis-Napoléon Bonaparte, op. cit.*, p. 266.

4. Discours de Montalembert à l'Assemblée législative, 3 février 1851.

5. Le prince emprunta notamment un demi-million au général espagnol Narvaez, époux d'une parente de l'impératrice Joséphine.

6. Louis-Napoléon fit connaître son refus d'une telle initiative, assorti de remerciements à l'égard de ses promoteurs, dans une lettre publiée dans *Le Moniteur*.

7. Ménager (Bernard), *Les Napoléon du peuple*, Paris, Aubier/Montaigne, 1988, p. 108.

8. *Ibid.*, pp. 108-109.

9. Discours de Louis-Napoléon à Dijon le 1er juin 1851.

10. Fondé en 1989 par Panckoucke, *Le Moniteur universel* devint en 1799 le journal officiel du gouvernement français, mais il resta propriété des Panckoucke.

11. Discours de Changarnier à l'Assemblée législative, *Le Moniteur*, 4 juin 1851.

12. Morny (Charles-Auguste, duc de), *Souvenirs..., op. cit.*

13. Rémusat (Charles de), *Mémoires de ma vie*, IV, *Les dernières années de la Monarchie. La Révolution de 1848. La Seconde République (1841-1851)*, Paris, Plon, 1962, pp. 473-474.

14. Merlat-Guitard (Ó.), *Louis-Napoléon Bonaparte..., op. cit.*, p. 276. À cette boutade, le familier du prince aurait répondu : « Vous feriez bien mieux de retenir vos places pour le prochain Sénat. »

15. Plessis (Alain), *De la fête impériale au mur des fédérés (1852-1871)*, Paris, Seuil, 1973.

16. Girard (Louis), *Napoléon III, op. cit.*, p. 143.

17. Miquel (Pierre), article « Morny », in *Dictionnaire du Second Empire*, sous la direction de Jean Tulard, Paris, Fayard, 1995, pp. 853-855.

18. Rouart (Jean-Marie), *Morny. Un voluptueux au pouvoir, op. cit.*, p. 152.

19. Cité in Dansette (Adrien), *Louis-Napoléon à la conquête du pouvoir, op. cit.*, p. 388.

20. Discours de Victor Hugo à l'Assemblée nationale, 17 juillet 1851.

21. Il avait en effet obtenu une autorisation de sortie. Déçu par l'absence de combativité du peuple, il regagnera sa cellule le soir même.

22. Girard (Louis), *Napoléon III*, *op. cit.*, p. 152.

23. Pimienta (Robert), *La propagande bonapartiste en 1848*, Paris, 1911. Cité in Ménager (Bernard), *Les Napoléon du peuple*, Paris, Aubier, 1988, p. 100.

24. Agulhon (Maurice), *1848. L'apprentissage de la République, 1848-1852*, Paris, Seuil, 1973, pp. 193-195.

25. Viel-Castel (Horace de), *Les coulisses du Second Empire, 1851-1861*, Paris, Le livre club du libraire, s.d., p. 52.

26. Mayer (P.), *Histoire du Deux Décembre*, Paris, Ledoyen éditeur, 1852, pp. 234-235.

27. Dansette (Adrien), *Louis-Napoléon à la conquête du pouvoir*, *op. cit.*, pp. 406-407.

28. Proclamation du président de la République au peuple français, 8 décembre 1851.

29. Hugo (Victor), *Histoire d'un crime*, Paris, 1877.

30. Barail (François du), *Souvenirs*, Paris, 3 vol., 1894-1896.

31. En charge des départements du Sud-Ouest, Canrobert rapporta favorablement pour 727 cas ; pour le Languedoc, Espinasse se prononça dans le même sens pour 300 condamnés.

32. Lettre de François Guizot à sa fille, 9 février 1852 ; *Lettres de François Guizot à sa fille, 1836-1874*, édition introduite et annotée par Laurent Theis, avec un essai biographique sur Henriette de Witt-Guizot par Catherine Coste, Paris, Perrin, 2002, p. 294.

9. *Installation et consolidation du régime impérial (1852-1857)*

1. Proclamation du prince-président en date du 14 janvier 1852.

2. Discours de Louis-Napoléon à Bordeaux, 9 octobre 1852.

3. Lettre de la princesse Mathilde à Louis-Napoléon, citée in Des Cars (Jean), *La princesse Mathilde*, *op. cit.*, pp. 242-243.

4. Dansette (Adrien), *Du 2 décembre au 4 septembre. Le Second Empire*, Paris, Hachette, 1972, p. 32.

5. « Conservons la République, déclara le prince-président lors de la séance d'ouverture de la première session parlementaire ; elle ne menace personne ; elle peut sauver tout le monde. »

6. Discours de Louis-Napoléon à Bordeaux, 9 octobre 1852, publié dans *Le Moniteur* du 11 octobre.

7. Viel-Castel (comte Horace de), *Mémoires du comte Horace de Viel-Castel sur le règne de Napoléon III, 1851-1864*, 2 vol., Paris, Guy le Prat, éd. 1942, t. I, *1851-1855*, p. 146.

8. Victoria (reine), *Letters of Queen Victoria*, A.C. Benson, Lord Esher, G.E. Buckle ed., Londres, John Murray, 1907-1912, p. 48.

9. Des Cars (Jean), *La princesse Mathilde, op. cit.*, p. 15.

10. Primoli (comte J. A.), « L'enfance d'une souveraine », *Revue des Deux-Mondes*, VII (XVII), oct. 1923, p. 751.

11. Dans une lettre datée du 16 mai 1842, Eugenia écrit au duc d'Albe : « Dieu me donnera du courage : il n'en refuse jamais à celui qui en a besoin et il me donnera le courage de finir ma vie tranquillement au fond d'un triste cloître et on ne saura jamais si j'ai existé. » *Lettres familières de l'Impératrice Eugénie*, publiées par les soins du duc d'Albe, Paris, Le Divan, 1935, pp. 21-22.

12. Elle refusa trois propositions sérieuses : celle du duc d'Ossuna, premier duc d'Espagne, celle d'un jeune Anglais, Ferdinand Huddleston, celle enfin de son cousin José de Xifre. Smith (William), *Eugénie, impératrice et femme, 1826-1920*, Paris, Olivier Orban, 1989, pp. 35-36.

13. Le seul témoignage que nous ayons de cette affaire émane d'une familière de l'ex-impératrice en exil en Angleterre après 1870 : le compositeur Ethel Smyth ; cf. Smyth (Ethel), *Steaks of Life*, Londres, 1921, p. 32.

14. Cité in Smith (William), *Eugénie impératrice et femme...*, *op. cit.*, p. 41.

15. *Ibid.*, pp. 41-42.

16. Primoli (comte J. A.), *Revue des Deux-Mondes*, XXIV, 1924, pp. 82-83. Primoli cite dans ce texte les Mémoires inédits de la princesse Mathilde.

17. Hübner (comte de), *Neuf ans de souvenirs d'un ambassadeur d'Autriche à Paris*, Paris, Plon, 1904, p. 78.

18. *Lettres familières de l'impératrice Eugénie...*, *op. cit.*, I, p. 49.

19. Discours du Trône, 22 janvier 1853, *Œuvres de Napoléon III*, Paris, Plon, 1869, t. 3, pp. 357-359.

20. Bonaparte (Louis-Napoléon), *Idées napoléoniennes*, in *Œuvres de Napoléon III*, t. 1, Paris, Plon, 1869, p. 56.

21. Rosanvallon (Pierre), *La démocratie inachevée. Histoire de la souveraineté du peuple en France*, Paris, Gallimard, 2000, pp. 185 sq.

22. Pradalié (Georges), *Le Second Empire*, Paris, PUF (Que sais-je ?), 1957, p. 28.

23. Girard (Louis), *Napoléon III*, *op. cit.*, p. 221.

24. Darimon (Alfred-Louis), *L'opposition libérale sous l'Empire*, Paris, 1886, p. 16.

25. *Ibid.*

26. Dansette (Adrien), *Du 2 décembre au 4 septembre...*, *op. cit.*, p. 70.

27. Lagouyete (Patrick), *Candidature officielle et pratiques électorales sous le Second Empire (1852-1870)*, 5 vol., Paris, Université de Paris-I, 1990.

28. Rosanvallon (Pierre), *La démocratie inachevée...*, *op. cit.*, p. 187.

29. Plessis (Alain), *De la fête impériale au mur des fédérés, 1852-1871*, Paris, Seuil, *Histoire de la France contemporaine*, 9, 1979, p. 32.

30. Maurain (J.), *Baroche, ministre de Napoléon III, d'après ses papiers inédits*, Paris, 1936, p. 140.

31. Le Clère (Bernard), Wright (Vincent), *Les préfets du Second Empire*, Paris, A. Colin, 1973. Un autre historien du Second Empire, Marcel Blanchard, avait déjà mis l'accent sur le rôle joué par les historiens de la IIIe République dans la diffusion du mythe des « préfets à poigne » de Napoléon III. Cf. Blanchard (Marcel), *Le Second Empire*, Paris, A. Colin, 1950.

32. Dansette (Adrien), *Du 2 décembre au 4 septembre, op. cit.*, p. 79.

33. Sur la police à l'époque du Second Empire, cf. Le Clère (Marcel), *Histoire de la police*, Paris, 1973. Voir également son article « police » dans le *Dictionnaire du Second Empire*, sous la direction de Jean Tulard, Paris, Fayard, 1995, pp. 1018-1025.

34. C'est du moins ce que déclare *L'Univers*. Cf. Dansette (Adrien), *Du 2 décembre au 4 septembre, op. cit.*, p. 99.

35. Dumesnil (René), *La publication de « Madame Bovary »*, Paris, Edgar Malfère, 1928.

36. Najjar (Alexandre), *Le Procureur de l'Empire. Ernest Pinard (1822-1909)*, Paris, Balland, 2001, p. 110.

37. Lettre de Charles Baudelaire à l'impératrice Eugénie, 6 novembre 1857. *Correspondance de Charles Baudelaire*, présentée et annotée par Claude Pichois, Paris, Gallimard (La Pléiade), 2 vol., t. I, p. 432.

38. *Les Bijoux, Le Lébé, À celle qui est trop gaie, Femmes damnées, Lesbos, Les métamorphoses du Vampire.*

39. Suite au pourvoi présenté en octobre 1946 par la Société des gens de lettres.

40. Cité in Najjar (Alexandre), *Le Procureur de l'Empire...*, *op. cit.*, p. 115.

10. Napoléon III, l'homme et son entourage

1. Cité in *La féerie impériale*, textes présentés par A. Castelot, Paris, Perrin, 1962, p. 94.

2. Barthez (Ernest), *La famille impériale à Saint-Cloud et à Biarritz*, Paris, Calmann-Lévy, 1913.

3. Tascher de La Pagerie (comtesse Stéphanie), *Souvenirs*, Paris, A. Ollendorf, Albin Michel, 1893-1894.

4. Meyer (Arthur), *Ce que mes yeux ont vu*, Paris, Plon, 1911.

5. Goncourt (Edmond & Jules de), *Journal*, Paris, Flammarion, 1956.

6. Zola (Émile), texte paru dans *Le Gaulois* en août 1895. Cité in *La féerie impériale, op. cit.*, p. 55.

7. Cité in Merlat-Guitard, *Louis-Napoléon Bonaparte...*, *op. cit.*, p. 75.

8. Rémusat (Charles de), *Mémoires de ma vie*, t. 4, *op. cit.*, p. 359.

9. *Ibid.*

10. Tocqueville (Alexis de), *Souvenirs, op. cit.*

11. Rémusat (Charles de), *Mémoires de ma vie*, t. 4, *op. cit.*, p. 360.

12. Blanchard (Marcel), *Le Second Empire*, Paris, Colin (Coll. A. Colin), 1950, p. 17.

13. *Ibid.*, note 1.

14. Des Cars (Jean), *Eugénie. La dernière impératrice, op. cit.*, p. 165.

15. Alexandre Dumas fils citant le comte Primoli, in *Revue des Deux-Mondes*, XXIV, p. 94.

16. Carette (Madame), *Souvenirs intimes de la Cour des Tuileries*, Paris, Ollendorf-Albin Michel, 1888-1891.

17. Ollivier (Émile), *Journal*, t. 1. Édité par T. Zeldin et A. Troisier de Diaz, Paris, 1961, pp. 145-146.

18. Hübner (comte), *Neuf ans de souvenirs...*, *op. cit.*, pp. 149-150.

19. On prête à Eugénie cette réflexion un peu désenchantée : « À l'âge de douze ans, je voulais devenir actrice. Je n'ai pas eu de chance : je suis devenue impératrice. »

20. Smith (William), *Eugénie, impératrice et femme...*, *op. cit.*, p. 73.

21. Cité in Smith (William), article « Eugénie », *Dictionnaire du Second Empire*, *op. cit.*, p. 506.

22. Goncourt (Edmond & Jules), *Journal*, *op. cit.*

23. Viel-Castel (comte Horace de), *Mémoires...*, I, *op. cit.*, p. 210.

24. Dansette (Adrien), *Du 2 décembre au 4 septembre...*, *op. cit.*, p. 57.

25. Cité in Smith (William), *La princesse Mathilde*, *op. cit.*, p. 256.

26. Daudet (Alphonse), *Le Nabab*.

27. Dansette (Adrien), *Du 2 décembre au 4 septembre...*, *op. cit.*, p. 58.

28. Livet (Christophe), article « Billault » in *Dictionnaire du Second Empire...*, *op. cit.*, pp. 150-151.

29. Jourquin (J. éd.), *Souvenirs du commandant Parquin*, suivi d'une biographie, Paris, 1979.

30. Viel-Castel (comte Horace de), *Mémoires...*, I, *op. cit.*, p. 24.

31. Cité in Des Cars (Jean), *Eugénie. La dernière impératrice*, *op. cit.*, p. 268.

32. *La féerie impériale...*, *op. cit.*, p. 70.

33. Cité in Des Cars (Jean), *Eugénie...*, *op. cit.*, p. 279.

34. Viel-Castel (comte Horace de), *Mémoires...*, *op. cit.*, I, p. 98.

11. *Premiers succès de la politique extérieure*

1. Las Cases (comte), *Le Mémorial de Sainte-Hélène*, Paris, Gallimard, 2 vol., La Pléiade, 1948, I, pp. 483 sq.

2. Message de Napoléon III au Corps législatif, 3 mai 1854.

3. Déclaration de Napoléon III au Sénat, 1863.

4. Baillou (J. dir.), *Les Affaires étrangères et le corps diplomatique français*, Paris, 1984.

5. Bruley (Yves), « Ambassadeurs », in *Dictionnaire du Second Empire*, *op. cit.*, pp. 55-59.

6. *Ibid.*, p. 59.

7. Séguin (Philippe), *Louis-Napoléon le Grand*, *op. cit.*, p. 231.

8. Ménager (Bernard), *Les Napoléon du peuple*, *op. cit.*, p. 215.

9. Gouttman (Alain), *La Guerre de Crimée, 1853-1856. La première guerre moderne*, Paris, Perrin, 2003, p. 59, n. 1.

10. Le prince de Joinville, troisième fils de Louis-Philippe, était capitaine de vaisseau à la fin de la Monarchie de Juillet.

11. Taillemite (Étienne), articles « marine impériale » et « navires de guerre », in *Dictionnaire du Second Empire*, *op. cit.*, pp. 776-782 et 904-907.

12. Lettre de Thouvenel à Castelbajac, 1er mars 1853.

13. Voir notamment : Lolié (Frédéric), *Rêve d'empereur*, Paris, Émile-Paul Frères, 1913 ; Beyens (baron), *Le Second Empire vu par un diplomate belge*, Paris, Plon-Nourrit, 1926 ; Dansette (Adrien), *Deuxième République et Second Empire*, Paris, Fayard, 1942 ; Guériot (Paul), *Napoléon III*, Paris, Payot, 1933 ; Roux (Georges), *Napoléon III*, Paris, Flammarion, 1969.

14. Renouvin (Pierre, dir.), *Histoire des relations internationales* , II, *De 1789 à 1815*, Tome cinquième, *Le XIXe siècle. De 1815 à 1871. L'Europe des nationalités et l'éveil des nouveaux mondes*, Paris, Hachette, 1954.

15. Gouttman (Alain), *La guerre de Crimée, 1853-1856*, *op. cit.*

16. Dépêche de Napoléon III à l'ambassadeur à Londres Walewski, 25 mai 1853.

17. Cité in Renouvin (Pierre), *Histoire des relations internationales...*, *op. cit.*, p. 564.

18. Persigny (duc de), *Mémoires*, Paris, Plon-Nourrit, 1896.

19. Girard (Louis), *Napoléon III*, p. 253.

20. *Ibid.*, p. 257.

12. *Napoléon III et l'Italie*

1. Matter (Paul), *Cavour et l'Unité italienne*, t. II, *1848-1856*, Paris, Alcan, 1925.

2. *Le Moniteur universel*, 22 novembre 1855.

3. Viel-Castel (comte Horace de), *Mémoires...*, I., *op. cit.*, p. 255.

4. Matter (Paul), *Cavour et l'Unité italienne*, I, *op. cit.*, p. 337.

5. Lettre de Cavour à Massimo d'Azeglio, 8 décembre 1855, *ibid.*, p. 340.

6. Télégramme de Walewski à Gramont, ministre de France à Turin, 6 juillet 1857.

7. Lettre de Felice Orsini à l'empereur Napoléon III, 11 février 1858, lue par l'avocat de l'accusé, Jules Favre, lors de l'audience du 26 février 1858 et parue le lendemain au *Moniteur universel*.

8. Viel-Castel (comte Horace de), *Mémoires...*, II, *1851-1864*, mardi 9 mars 1858, pp. 85-87.

9. Lettre de Cavour à La Marmora, 24 juillet 1858, citée in Matter (Paul), *Cavour et l'Unité italienne*, III, *1856-1861*, pp. 100-101.

10. Hübner (comte de), *Neuf ans de souvenirs...*, *op. cit.*, p. 245.

11. Matter (Paul), *Cavour et l'Unité italienne*, III, *op. cit.*, p. 127.

12. Lettre de Cavour à E. d'Azeglio, 6 janvier 1859, *ibid.*, p. 128.

13. Lettre de Tocqueville à de Corcelle, 15 février 1859, *ibid.*, p. 154.

14. Discours de Morny devant le Corps législatif, 8 février 1859, *Le Moniteur universel*, 9 février 1859.

15. *Le Moniteur universel*, 5 mars 1859.

16. Dépêche d'Henry de La Tour d'Auvergne, ministre de France à Turin, à Walewski, 21 mars 1859, cité in Matter (Paul), *Cavour...*, III, *op. cit.*, p. 162.

17. Tandis que les deux émissaires du gouvernement de Vienne gagnaient le train spécial qui devait les ramener à Milan, Cavour aurait déclaré en se frottant les mains : « *Alea jacta est* ! Nous avons fait de l'histoire, et maintenant allons dîner ! »

18. *Le Constitutionnel*, 9 juin 1859.

19. Cité in Matter (Paul), *Cavour...*, III, *op. cit.*, p. 229, n. 1.

20. Discours prononcé par Napoléon III devant les grands corps de l'État le 19 juillet 1859.

21. Cité in Girard (Louis), *Napoléon III*, *op. cit.*, p. 294.

22. 426 006 voix sur 427 512 votants en Émilie, 366 571 sur 386 445 suffrages exprimés en Toscane.

23. Le légendaire national a retenu ce chiffre symbolique. En réalité le corps expéditionnaire garibaldien comptait entre 1 060 et 1 090 combattants.

24. *Morning Post*, 30 juillet 1860.

13. L'apogée de l'Empire (1858-1861)

1. Dansette (Adrien), *Du 2 décembre au 4 septembre*, op. cit., p. 163.

2. *Ibid.*, p. 159.

3. Cité in Girard (Louis), *Napoléon III*, op. cit., p. 277.

4. Lettre de Napoléon III au prince Napoléon, 2 février 1858.

5. *Le Moniteur universel*, 25 mars 1858.

6. *L'Univers*, 28 janvier 1860.

7. Dansette (Adrien), *Du 2 décembre au 4 septembre*, op. cit., p. 181.

8. *Le Moniteur*, 15 janvier 1860. Cité in Barbier (Frédéric), article « Libre-échange », in *Dictionnaire du Second Empire*, op. cit., p. 735.

9. Blanchard (Marcel), *Le Second Empire*, op. cit., p. 133.

10. *Le Moniteur universel*, 13 novembre 1861.

11. Fils d'un riche propriétaire de la région de Colmar, le baron de Heeckeren s'était engagé dans l'armée russe après sa sortie de l'école militaire de Saint-Cyr. En Russie, il avait épousé la sœur de Pouchkine et tué l'écrivain en duel, ce qui l'avait obligé à rentrer en France où il se fit élire à la Constituante avant de se rallier à l'homme du 2 décembre.

12. Ollivier (Émile), *L'Empire libéral*, Paris, Garnier Frères, 1895-1915, t. V, pp. 142-144.

13. Napoléon III, *Œuvres*, op. cit., t. V, p. 133.

14. La politique économique et sociale de Napoléon III

1. Plessis (Alain), « Napoléon III : un empereur "socialiste" ? », *L'Histoire*, n° 195, janvier 1996, pp. 26-29.

2. *Ibid.*, p. 27.

3. Thépot (André), article « Michel Chevalier », in *Dictionnaire du Second Empire*, op. cit., pp. 284-285.

4. Blanchard (Marcel), *Le Second Empire*, op. cit., p. 54.

5. *Le Moniteur*, 15 janvier 1860, cité in Plessis (Alain), *De la fête impériale au mur des fédérés, 1852-1871*, Paris, Seuil, rééd.

1996, Nouvelle histoire de la France contemporaine, vol. 9, pp. 85-86.

6. Lévy-Leboyer (Maurice), « L'héritage de Simiand : prix, profit et termes de l'échange », *Revue historique*, 1970.

7. Lévy-Leboyer (Maurice), « La croissance économique en France au XIXᵉ siècle », *Annales ESC*, juillet 1968.

8. « Exposé de la situation de l'Empire », *Le Moniteur*, 13 février 1860.

9. À la fin du Second Empire, le trafic du Havre s'élève à 1 million de tonnes contre 2 150 000 tonnes pour Marseille.

10. La présence des Beauharnais en Sologne est attestée dès le XVIᵉ siècle. Ils y sont alors propriétaires de la seigneurie de La Grillère, sur les paroisses de Sennely et Vouzon. En 1752, le marquis François de Beauharnais, arrière-grand-père de Napoléon III, acheta la terre de La Ferté-Avrain, qui deviendra La Ferté-Beauharnais. Cf. Petit (Bernard), article « Sologne », in *Dictionnaire du Second Empire, op. cit.*, pp. 1205-1206.

11. Ce service avait été créé en 1848 mais, doté de moyens dérisoires, il n'avait pu procéder à aucune transformation d'envergure.

12. Plessis (Alain), article « politique de la Banque de France », in *Dictionnaire du Second Empire, op. cit.*, pp. 99-101.

13. Plessis (Alain), *L'Histoire*, nᵒ 195, *op. cit.*, p. 29.

14. Markovitch (T.-J.), *L'industrie française de 1789 à 1964*, Paris, cahiers de l'ISEA, 1965-1966.

15. Lévy-Leboyer (Maurice), « La croissance économique de la France au XIXᵉ siècle », *op. cit.*

16. Crouzet (François), « Essai de construction d'un indice annuel de la production industrielle française au XIXᵉ siècle, *Annales ESC*, janv.-févr. 1970.

17. Cameron (Rondo), *La France et le développement économique de l'Europe, 1800-1914*, Paris, Seuil, 1971, pp. 76-78.

18. Garrigues (Jean), *La France de 1848 à 1870, op. cit.*, p. 115.

19. Cité in Dansette (Adrien), *Du 2 décembre au 4 septembre, op. cit.*, p. 168.

20. Rémond (René), *La vie politique en France depuis 1789*, t. 2, *1848-1879, op. cit.*, pp. 175-176.

21. *Ibid.*, p. 175.

22. *L'Opinion nationale*, 17 février 1864.

23. Ollivier (Émile), *L'Empire libéral, op. cit.*, t. VI, p. 537.

24. Lettre d'Eugène Varlin à Albert Richard, citée in Smith (William H.C.), *Napoléon III, op. cit.*, p. 262.

15. *Le chantier parisien*

1. Les recensements officiels, dont le début date de 1801, donnent les chiffres suivants : 1801 : 546 856 habitants ; 1811 : 622 636 ; 1817 : 713 966 : 1831 : 785 866 ; 1846 : 1 053 897.

2. Chevalier (Louis), *Classes laborieuses et classes dangereuses à Paris pendant la première moitié du XIXe siècle*, Paris, Plon, 1958.

3. Janin (Jules), *L'âne mort et la femme guillotinée*, Paris, 1829.

4. Chevalier (Louis), *Classes laborieuses et classes dangereuses...*, *op. cit.*, p. IV.

5. Castelot (André), *Napoléon III ou l'aube des temps modernes*, t. II, Paris, Perrin, 1974, pp. 533-534.

6. *Le Code des gens honnêtes* est paru en 1825 sans nom d'auteur. Il fut réédité en 1829 sous la signature d'Horace Raisson. Ce n'est qu'en 1855 que Balzac fut désigné comme l'auteur de cet ouvrage.

7. Haussmann (Georges Eugène), *Mémoires*, 3 vol., Paris, Havard, 1890-1893, t. I ; texte cité in Des Cars (Jean), *Haussmann. La gloire du Second Empire*, Paris, Perrin, 2000, p. 192.

8. Persigny (Fialin duc de), *Mémoires*, Paris, Plon, 1896.

9. Girard (Louis), *Napoléon III, op. cit.*, pp. 343-345.

10. Fleury (Michel), article « Paris », in *Dictionnaire du Second Empire, op. cit.*, pp. 964-968 ; Girard (Louis), *Nouvelle Histoire de Paris. La Deuxième République et le Second Empire*, Paris, 1981.

11. Milza (Pierre), *Verdi et son temps*, Paris, Perrin, 2001.

12. Des Cars (Jean), *Haussmann..., op. cit.*, p. 223.

13. Il fut détruit à la fin du siècle. Il n'en subsiste plus aujourd'hui qu'un débris dans le parc de Saint-Cloud.

14. Zola (Émile), « Une allégorie », *La Cloche*, 22 avril 1870, cité in Margerie (Laure de), article « Carpeaux », in *Dictionnaire du Second Empire, op. cit.*, pp. 233-236.

15. On vendit le sud du jardin, mais on en conserva la partie ouest préalablement comprise dans la transaction.

16. Temime (Émile), *Histoire de Marseille de la Révolution à nos jours*, Paris, Perrin, 1999, p. 128.

17. *Le Gaulois*, mai 1882 ; article cité in Des Cars (Jean), *Haussmann...*, *op. cit.*, p. 341.

16. La fête impériale

1. Saint-Amand (Imbert de), *Napoléon III et sa Cour*, Paris, Librairie Dentu, p. 33.
2. Tascher de La Pagerie (Stéphanie), *Souvenirs*, Paris, A. Ollendorf, 1893-1894.
3. Boulenger (Jacques), *Les Tuileries sous le Second Empire*, Paris, Calmann-Lévy, 1932 ; Sainte-Fare Garnot (N.), Jacquin (E.), *Le château des Tuileries*, Paris, 1988.
4. Carette (Aurélie, née Bouvet), *Souvenirs intimes de la Cour des Tuileries*, 3 vol., Paris, Albin Michel, s.d., t. 1.
5. Allem (Maurice), *La vie quotidienne sous le Second Empire*, Paris, Hachette, 1948, p. 41.
6. Metternich (Pauline de), *Souvenirs de la princesse de Metternich*, Paris, Plon, 1924, p. 60.
7. Tascher de La Pagerie (Stéphanie), *Mon séjour aux Tuileries*, Paris.
8. Cité in Leroy (Alfred), *L'impératrice Eugénie*, Paris/Genève, Cercle du bibliophile, 1972, p. 137.
9. Carette (Aurélie Bouvet née), *Souvenirs intimes, op. cit.*, pp. 135-136.
10. Milza (Pierre), *Verdi et son temps, op. cit.*, p. 223.
11. Carette, *op. cit.*, pp. 144-145.
12. *Ibid.*, p. 150.
13. Les devis de Pierrefonds s'élevaient à cinq millions de francs, contre vingt millions pour Coucy.
14. Houssaye (Arsène), *Les confessions. Souvenirs d'un demi-siècle, 1830-1880*, Paris, Dentu, 1885-1891.
15. Baroche (Mme J.), *Le Second Empire : Notes et souvenirs, 1855-1871*, Paris, Flammarion, 1921.
16. Texte tiré des souvenirs très postérieurs du prince André Poniatowski, fils de Stanislas Poniatowski, et cité in Castelot (André), *La féerie impériale, op. cit.*, pp. 217-218.
17. Allem (Maurice), *La vie quotidienne sous le Second Empire, op. cit.*, pp. 221-222.
18. Verdi avait exigé de Roqueplan que Scribe reprenne son livret, ce qu'il fit avec l'aide de Charles Duveyrier, l'un des écri-

vains mineurs qu'il employait comme « nègres » et payait à la ligne.

19. Lettre de Verdi à Crosnier, directeur de l'Opéra de Paris, 3 janvier 1855.

20. Lettre de Verdi à la comtesse Clara Maffei, 23 juin 1859, citée in *Verdi. Autobiographie à travers la correspondance*, Paris, J.-C. Lattès, 1984, pp. 195-196.

21. Lettre de Verdi à la comtesse Maffei, 1er juillet 1859, *ibid.*, pp. 196-197.

22. Krakovitch (Odile), article « Théâtre et théâtres parisiens », *Dictionnaire du Second Empire, op. cit.*, pp. 1252-1256. Cf. également : Christophe (C.), *Le Théâtre et la Ville de Paris sous le Second Empire. Une mutation organisée*, Thèse de doctorat de l'université de Lille III, 1990.

23. Ménager (Bernard), *Les Napoléon du peuple, op. cit.*, p. 150.

24. Garrigues (Jean), *Images de la Révolution française. L'imagerie républicaine de 1789 à nos jours*, Paris, Berger-Levrault, 1988, pp. 67-68.

25. Ménager (Bernard), *Les Napoléon du peuple, op. cit.*, p. 155.

26. Agulhon (Maurice), « La statuomanie et l'histoire », in *Histoire vagabonde*, t. 1, Paris, Gallimard, 1988, p. 166.

17. *Difficultés intérieures et libéralisation du régime (1862-1868)*

1. Cité in Desternes (Suzanne), Chandet (Henriette), *Napoléon III, homme du xxe siècle*, Paris, Hachette, 1961, p. 303.

2. Cf. ce qui est dit dans le dernier chapitre de ce livre du « jugement de l'histoire » sur la personne et l'œuvre de Napoléon III.

3. Plessis (Alain), *De la fête impériale au mur des fédérés, 1852-1871, op. cit.*, p. 202.

4. Discours du prince Napoléon devant le Sénat, 1er mars 1861.

5. Cité in Girard (Louis), *Napoléon III, op. cit.*, p. 355.

6. *Ibid.*, p. 356.

7. Touchard (Jean), *La gloire de Béranger*, 2 vol., Paris, A. Colin, 1968.

8. Winock (Michel), *Les voix de la liberté. Les écrivains engagés au XIXᵉ siècle*, Paris, Seuil, 2001, pp. 402-413.

9. Rapport cité in Ménager (Bernard), *Les Napoléon du peuple, op. cit.*, p. 181.

10. Rémond (René), *La vie politique en France, 1848-1879, op. cit.*, p. 185.

11. Cité in Dansette (Adrien), *Du 2 décembre au 4 septembre, op. cit.*, p. 219.

12. Viel-Castel (Horace de), *Mémoires...*, II, *op. cit.*, p. 238.

13. Rapport du prince de Metternich à l'empereur François-Joseph, 26 juillet 1865 ; document cité in « Napoléon III – maladie terminale », *Dictionnaire du Second Empire, op. cit.*, pp. 898-899.

14. Lettre de l'impératrice Eugénie au prince Napoléon, sans date mais vraisemblablement d'avril 1861, AN 400, AP 53.

15. Lettre de Napoléon III à l'impératrice Eugénie, 28 septembre 1864, AN 400, AP 43.

16. Dansette (Adrien), *Du 2 décembre au 4 septembre, op. cit.*, pp. 233-234.

17. Girard (Louis), *Napoléon III, op. cit.*, p. 311.

18. Les deux premiers volumes de l'*Histoire de Jules César*, dirigés par Napoléon III et largement rédigés par lui, parurent chez Plon en 1865 et 1866. Le tome II s'arrête au début de la guerre civile, en 49 av. J.-C. La suite sera écrite par E. Stoffel : *Histoire de Jules César, guerre civile*, 2 vol., Plon, 1887 et *Guerres de César et d'Arioviste. Premières opérations de César*, 1891, suivis d'un *Atlas* : soit six volumes au total.

19. Nicolet (Claude), *La fabrique d'une nation. La France entre Rome et les Germains*, Paris, Perrin, 2003.

20. *Ibid.*, p. 162.

21. Champagny (Franz de), *Le Procès des Césars*, Paris, 1841-1843.

22. Lamartine (Alphonse), *Histoire de César*, Paris, 1856.

23. Je suis ici le chapitre du livre de Claude Nicolet consacré au césarisme de Louis-Napoléon Bonaparte, *op. cit.*, pp. 160-181.

24. Nicolet (Claude), *La fabrique d'une nation...*, *op. cit.*, p. 163.

25. On lui doit notamment un *Essai sur la guerre sociale* et une *Conjuration de Catilina*.

26. C'est par l'intermédiaire de Mme Cornu que Napoléon III fut mis en rapport avec Léon Renier et avec Léon Heu-

zey, un ancien membre de l'Ecole d'Athènes à qui l'on confia
d'étudier les champs de bataille de Pharsale et de Philippes.

27. Goudineau (Christian), *Le dossier Vercingétorix*, Actes
Sud/Errance, 2001.

28. *Ibid.*, p. 62.

29. César, *La Guerre des Gaules*. Présentation et annotations
de Christian Goudineau, Paris, Imprimerie nationale, 1994.

30. Goudineau (Christian), *Le dossier Vercingétorix, op. cit.*,
pp. 70-73.

31. *Histoire de Jules César, op. cit.*, II.

32. Guizot (François), *Histoire de la Civilisation en France
depuis la chute de l'Empire romain*, Paris, Didier, 4 vol., 1846,
I, pp. 212-213.

33. Persigny (Fialin duc de), *Mémoires*, Paris, 1896.

34. En réponse à un mémoire que Persigny avait fait parvenir à l'empereur et dans lequel il conseillait à celui-ci d'éloigner Eugénie des conseils du gouvernement.

35. Cité in Girard (Louis), *Questions politiques et institutionnelles du Second Empire*, Paris, CDU, 1965, p. 78.

36. Girard (Louis), *Napoléon III, op. cit.*, p. 366.

37. *Ibid.*, p. 369.

38. Dansette (Adrien), *Du 2 décembre au 4 septembre, op.
cit.*, p. 238.

39. *Ibid.*, pp. 238-239.

40. Droz (Jacques), *Le socialisme démocratique, 1864-1960*,
Paris, A. Colin, 1966, p. 18.

41. Rougerie (Jacques), *Le Second Empire*, dans *L'Histoire
de la France*, dirigée par Georges Duby, t. III, Paris,
Larousse, 1972.

42. *Mgr Dupanloup devant l'opinion publique*, Paris, 1868 ;
cité in Dansette (Adrien), *Du 2 décembre au 4 septembre,
op. cit.*, p. 312.

43. Trochu (général Louis), *L'armée française en 1867*,
Paris, 1867.

18. La politique extérieure de 1861 à 1869

1. Mack Smith (Denis), *Garibaldi. Una grande vita in breve*,
Bari, Laterza, 1970, pp. 128-129.
2. Lettre de Giuseppe Verdi au comte Arrivabene, 28 sep-

tembre 1866, citée in *Verdi. Autobiographie à travers la correspondance*, Paris, J.-C. Lattès, 1984, p. 136.

3. Discours prononcé par Eugène Rouher au Corps législatif le 5 décembre 1867, *Le Moniteur*, 6/12/1867.

4. Cité in Girard (Louis), *Napoléon III, op. cit.*, p. 400.

5. Les volontaires polonais recrutés par Czartoryski devaient rejoindre l'armée du Sultan, en guerre contre la Russie.

6. Lettre adressée par Napoléon III aux souverains des principaux Etats européens, in Napoléon III, *Œuvres, op. cit.*, t. V, p. 213.

7. Séguin (Philippe), *Louis-Napoléon le Grand, op. cit.*, p. 270.

8. Ce régime avait été institué par des ordonnances royales de 1664 et 1670, stipulant que le marché colonial était fermé aux marchandises étrangères et que les produits coloniaux ne pouvaient être écoulés qu'en métropole.

9. Séguin (Philippe), *Louis-Napoléon le Grand, op. cit.*, p. 271.

10. Cité in Desternes (Suzanne), Chandet (Henriette), *Napoléon III, homme du XXᵉ siècle*, Paris, Hachette, 1961, pp. 250-251.

11. *Le Moniteur*, 7 février 1863.

12. Lettre confidentielle de Napoléon III au maréchal de Mac-Mahon, 20 juin 1865.

13. Lettre de Napoléon III au général Forey, in *Mémoires du général comte Fleury, op. it*, t. II, p. 263.

14. Lettre de Jecker à Conti, 8 décembre 1869, *Papiers et Correspondances de la famille impériale*, Paris, 1870, 2.

15. Renouvin (Pierre), *Le XIXᵉ siècle. I. De 1815 à 1871. L'Europe des nationalités et l'éveil de nouveaux mondes*, tome cinquième de l'*Histoire des relations internatinales*, sous la direction de Pierre Renouvin, Paris, Hachette, nouvelle édition 1994, II, pp. 601-606.

16. Cité in Séguin (Philippe), *Louis-Napoléon le Grand, op. cit.*, p. 268.

17. Lettre de Napoléon III au général Forey, 6 juillet 1863.

18. Note de Rouher à Napoléon III, Paris, AN AB XIX, 1510.

19. La fin de l'Empire (1869-1870)

1. Ollivier (Émile), *Journal*, Paris, 1961, t. II, p. 257.

2. Dansette (Adrien), *Du 2 décembre au 4 septembre, op. cit.*, pp. 320-321.

3. *Ibid.*, p. 322.

4. Il publia en 1863 les *Mémoires d'un vaudevilliste*.

5. Dansette (Adrien), *Du 2 décembre au 4 septembre, op. cit.*, p. 324.

6. *La Lanterne*, n° 1, 30 mai 1868.

7. Lors de ces législatives partielles, Rochefort fut élu par 17 978 voix contre 13 445 à son adversaire Carnot.

8. Cité in Deschanel (Paul), *Gambetta*, Paris, Hachette, 1919, pp. 26-27.

9. *Ibid.*, p. 28.

10. On les appelle aussi parfois les « arcadiens », par référence à la rue de l'Arcade où est situé le siège de leur organisation.

11. *Le Rappel*, 9 octobre 1869.

12. Ollivier (Émile), *Journal, op. cit.*, t. II, p. 374.

13. Cité in Dansette (Adrien), *Du 2 décembre au 4 septembre, op. cit.*, p. 356.

14. C'est ce qu'il aurait déclaré à Ollivier lors d'une rencontre avec ce dernier en juillet 1869 : « La responsabilité ministérielle ne peut être qu'une pratique ; il n'y aura rien de fait sans un changement de personnes ; vous ne pouvez pas le dire, moi je le dirai ; si ce changement a lieu, je désarmerai, je deviendrai ministériel. » Ollivier (Émile), *L'Empire libéral, op. cit.*, t. XII, pp. 22-23.

15. Rémusat (Charles de), *Mémoires de ma vie, op. cit.*, t. V, pp. 256-257.

16. Discours de Gambetta au Corps législatif, *Le Moniteur*, 11 janvier 1870.

17. *La Marseillaise*, 11 janvier 1870.

18. Lettre de Napoléon III à Émile Ollivier, 21 mars 1870, in Ollivier (Émile), *L'Empire libéral, op. cit.*, t. XII, pp. 258-259.

19. Des Cars (Jean), *Eugénie, la dernière impératrice, op. cit.*, pp. 488-490.

20. Renouvin (Pierre), *Histoire des relations internationales*, II, *De 1789 à 1871, op. cit.*, pp. 633-634.

21. Discours du duc de Gramont au Corps législatif, 6 juillet 1870, *Le Moniteur*, 7 juillet 1870.

22. Propos rapporté par Ludovic Halévy. L'impératrice avait reçu Prévost-Paradol, nommé ambassadeur à Washington, le 26 juin.

23. Paléologue (Maurice), *Les entretiens de l'Impératrice Eugénie*, Paris, Plon, 1928. Cité in Des Cars (Jean), *Eugénie...*, *op. cit.*, p. 498.

24. Discours d'Émile Ollivier devant le Corps législatif, *Le Moniteur*, 16 juillet 1870.

25. Cité in Desternes (Suzanne), Chandet (Henriette), *Napoléon III, homme du XXᵉ siècle, op. cit.*, p. 333.

26. Halévy (Ludovic), *Carnets, op. cit.*, II, p. 219.

27. Evans (Dr Thomas W.), *Avec l'empereur et l'impératrice. Mémoires*, Paris, Plon, 1910.

20. *Les dernières années de Napoléon III (1870-1873)*

1. Lettre de l'impératrice Eugénie à Napoléon III, 6 octobre 1870. AN 400 AP 43.

2. Lettre du roi Guillaume Iᵉʳ à l'impératrice Eugénie, 25 octobre 1870, AN 400 AP 69.

3. *L'Indépendant rémois*, 11 septembre 1870 ; cité in Girard (Louis), *Napoléon III, op. cit.*, pp. 490-491.

4. Lettre de Napoléon III à l'impératrice Eugénie, 21 décembre 1870, 400 AN AP 43.

5. Girard (Louis), *Napoléon III, op. cit.*, p. 489.

6. Mels (A.), *Souvenirs de la captivité de Napoléon III.*

7. Cité in Desternes (Suzanne), Chandet (Henriette), *Napoléon III, homme du XXᵉ siècle, op. cit.*, pp. 340-341.

8. *Ibid.*, p. 339.

9. Feuillet (Mme Octave), *Souvenirs et Correspondances*, Paris, Calmann-Lévy, 1896, p. 269.

10. Journal de la reine Victoria, cité in Smith (William), *Eugénie, impératrice et femme, op. cit.*, p. 210.

11. *Ibid.*, p. 211.

12. Desternes (Suzanne), Chandet (Henriette), *Napoléon III..., op. cit.*, p. 350.

13. Ce sont les termes employés par l'empereur lors de l'ouverture de la session du Corps législatif en 1863.

14. Journal de la reine Victoria, 27 mars 1871, cité in Smith (Willliam), *Eugénie...*, *op. cit.*, p. 215.

15. Lettre d'Émile Ollivier du 10 février 1873, in *Émile Ollivier et Caroline Sayn-Wittgenstein : Correspondance 1858-1887*, Paris, Publications de la Sorbonne, 1984, p. 108.

21. Survie et mutation du bonapartisme

1. Articles du *Times* cité in Castelot (André), *Napoléon III*, II, Paris, Librairie Académique Perrin, 1974, p. 925.

2. Milza (Pierre), *Mussolini*, Paris, Fayard, pp. 883-884.

3. Cité in Garrigues (Jean), *Le boulangisme*, Paris, PUF (Que sais-je ?), 1992, p. 45.

4. La Gorce (Pierre de), *Histoire du Second Empire*, Paris, 7 vol., 1894-1904.

5. Ollivier (Émile), *L'Empire libéral*, Paris, Garnier Frères, 17 vol., 1894-1915.

6. Seignobos (Charles), *Le Déclin de l'Empire et l'établissement de la Troisième République (1859-1875)* et *L'Évolution de la Troisième République (1875-1914)*, tome VI et VII de l'*Histoire de France contemporaine*, dirigée par Ernest Lavisse, Paris, 1921.

7. Jallifier (R.), Vast (H.), *Histoire contemporaine, Cours de Philosophie*, Programme 1902, Paris, Garnier Frères, 1904, p. 307.

8. Seignobos (Charles), *Histoire contemporaine depuis 1815*, Cours Charles Seignobos (philos. A, B ; Math. A, B), Paris, A. Collin, 1904, p. 186.

9. Jallifier (R.), Vast (H.), *Histoire contemporaine, op. cit.*, p. 331.

10. Malet (Albert), Isaac (Jules), *La France de 1870 à la fin du xixᵉ siècle*, Manuel d'histoire à l'usage des élèves de deuxième année de l'enseignement primaire supérieur, Paris, Hachette, 1913, p. 210.

11. *Ibid.*, p. 211.

12. Aubry (Octave), *Napoléon III*, Paris, Fayard, 1929.

13. Dansette (Adrien), *Louis-Napoléon à la conquête du pouvoir*, Paris, Hachette, 1961.

14. Dansette (Adrien), *Du 2 décembre au 4 septembre*, Paris, Hachette, 1972.

15. Girard (Louis), *Napoléon III*, Paris, Fayard, 1986.

16. Séguin (Philippe), *Louis-Napoléon le Grand*, Paris, Grasset, 1990.

17. Rémond (René), *Les droites en France*, Paris, Aubier, 1982.

18. Smith (William), *Napoléon III*, Paris, Hachette, 1982.

19. Smith (William), *Eugénie, impératrice et femme, 1826-1920*, Paris, Orban, 1989.

20. Proclamation de Louis-Napoléon Bonaparte au peuple français, Boulogne, 1840.

21. Lettre à M. le rédacteur du *Journal du Loiret*, 21 octobre 1843, in *Œuvres de Louis-Napoléon Bonaparte*, Paris, 1848, t. I, p. 134.

22. Rosanvallon (Pierre), *La démocratie inachevée. Histoire de la souveraineté du peuple en France*, Paris, Gallimard, 2000, pp. 184-185.

23. Nicolet (Claude), *La fabrique d'une nation. La France entre Rome et les Germains*, Paris, Perrin, 2003, p. 155.

24. *Ibid.*, p. 140.

25. *Ibid.*, p. 147.

26. *Histoire de Jules César, op. cit.*, t. I, p. 248.

27. *Ibid.*, p. 515.

28. Sur le populisme, la biographie est immense. Je renvoie le lecteur à deux ouvrages récents en français qui font l'un et l'autre le point sur la question : Taguieff (Pierre-André), *L'illusion populiste*, Paris, Berg International, 2002 ; et Hermet (Guy), *Les populismes dans le monde. Une histoire sociologique, XIXᵉ-XXᵉ siècle*, Paris, Fayard, 2001.

29. Rosanvallon (Pierre), *La démocratie inachevée, op. cit.*, p. 187 ; voir également sur cette question : Lagoueyte (Patrick), *Candidature officielle et pratiques électorales sous le Second Empire (1852-1870)*, thèse de doctorat, Université de Paris-I, 5 vol., 1990.

30. Rothney (J.), *Bonapartism after Sedan*, New York, Cornwell University, 1969.

31. Berstein (Serge), *Les cultures politiques en France*, Paris, Seuil, 1999, pp. 150-151.

32. Cf. Rémond (René), *Les droites en France, op. cit.*, pp. 322 sq ; Berstein (Serge), *Histoire du gaullisme*, Paris, Perrin, 2001.

Conclusion

1. Huard (Raymond), *L'affirmation du suffrage universel masculin*, in Bernstein (Serge), Winock (Michel), dir., *L'invention de la démocratie, 1789-1914*, Paris, Seuil, 2003, pp. 153-184.

Sources

Œuvres de Napoléon III

BONAPARTE (prince Louis-Napoléon), *Manuel d'artillerie à l'usage des officiers d'artillerie de l'armée helvétique*, Zurich, Füssli, 1834.

L'extinction du paupérisme, Louis-Napoléon Bonaparte, Paris, Pagnerre, 1844.

BONAPARTE (Louis-Napoléon), *Des idées napoléoniennes*, Paris, Plon, 1860.

NAPOLÉON III, empereur des Français, *La politique impériale exposée par les discours et proclamations de l'Empereur Napoléon III depuis le 10 décembre 1848 jusqu'en juillet 1865*, Paris, Plon, 1865.

NAPOLÉON III, *Œuvres de Napoléon III*, 5 volumes, Paris, Plon ; Amyot, 1854-1869.

NAPOLÉON III, *Histoire de Jules César*, 2 vol., Paris, 1865-1866.

NAPOLÉON III, *Œuvres posthumes*, Ed. La Chapelle, 1973.

Mémoires, correspondances

AMBÈS (baron d'), *Mémoires inédits sur Napoléon III*, recueillis et annotés par Charles Simond et M.C. Poinsot, Paris, Société des Publications Littéraires Illustrées, 1909.

BARAIL (François de), *Souvenirs*, 3 vol., Paris, Plon, 1894-1896.

BAROCHE (Madame Jules), *Second Empire : notes et souvenirs*, Paris, Ed. G. Crès, 1921.

BLAYAU (Noël), *Billaut, ministre de Napoléon III, d'après ses papiers personnels, 1805-1863*, Paris, Klincksieck, 1969.

BOURGUIGNON (Jean), *Mémoires de Valérie Masuyer, dame d'honneur de la reine Hortense*, Paris, 1937.

CARETTE (Madame), *Souvenirs intimes de la Cour des Tuileries*, Paris, Ollendorf-Albin Michel, 1888-1891.

CHATEAUBRIAND (François-René de), *Mémoires d'outre-tombe*, Paris, Le Livre de poche, t. III.

COCHELET (Louise), *Mémoires sur la reine Hortense et la famille impériale*, Paris, Ladvocat, 1836-1837.

DES GARETS, née Marie de Larminat, *Souvenirs d'une demoiselle d'honneur auprès de l'impératrice Eugénie*, 1928.

DU CAMP (Maxime), *Souvenirs d'un demi-siècle*, 2 vol., Paris, 1949.

EVANS (Dr Thomas), *Mémoires*, Paris, Plon, 1910.

FEUILLET (Madame Octave), *Souvenirs et Correspondance*, Paris, Calmann-Lévy, 1896.

FILON (Augustin), *Souvenirs de l'Impératrice Eugénie*, Paris, Calmann-Lévy, 1935.

FLEURY (général), *Souvenirs*, 2 vol., 1897.

GONCOURT (Edmond et Jules de), *Journal*, Paris, Flammarion, 1956.

HAUSSMANN (Georges, Eugène, baron), *Mémoires*, Paris, Seuil, 2000.

HAUTERIVE (E.) éd., *Correspondance de Napoléon III et du prince Napoléon*, Paris, Calmann-Lévy, 1925.

HORTENSE, reine de Hollande, *Mémoires de la reine Hortense*, Paris, 1927.

HORTENSE, reine de Hollande, *Mémoires de la reine Hortense, publiés par le prince Napoléon*. Avec avant-propos et notes de Jean Hanotaux, 3 vol., Paris, Plon, 1928.

HOUSSAYE (Arsène), *Les confessions. Souvenirs d'un demi-siècle, 1830-1880*, Paris, Dentu, 1885-1891.

HÜBNER (comte de), *Neuf ans de souvenirs d'un ambassadeur d'Autriche à Paris*, Paris, Plon, 1904.

HUGO (Victor), *Actes et paroles. Avant l'exil*, Paris, Nelson, 1936.

HUGO (Victor), *Histoire d'un crime*, Paris, 1877.

MAURAIN (J.), *Baroche, ministre de Napoléon III, d'après ses papiers inédits*, Paris, 1936.

MERCY-ARGENTEAU (Marie Clotilde Elisabeth Louise de Caraman-Chimay, comtesse de), *The Last Love of an Emperor*.

Reminiscences of the Comtesse Mercy-Argenteau, Garden City (NY), Doubleday, Page & Co, 1926.

NAPOLÉON III, *Lettres de Napoléon III à Madame Cornu*, Paris, 1906-1907.

LOLIÉE (Frédéric), *La vie d'une impératrice (Eugénie de Montijo), d'après des mémoires de Cour inédits*, Paris, J. Tallandier, 1926.

LE BAS (Philippe), *La jeunesse de Napoléon III ; correspondance inédite de son précepteur Philippe Le Bas*, Paris, F. Juven, 1902.

MALMESBURY (Lord), *Memoirs of an ex-Minister*, Londres, 1884.

MAURAIN (Jean), *Un bourgeois français au XIXᵉ siècle : Baroche, ministre de Napoléon III, d'après ses papiers inédits*, Paris, F. Alcan, 1936.

MELS (A.), *Souvenirs de la captivité de Napoléon III*.

MÉRIMÉE (Prosper), *Correspondance*, Ed. Parturier.

METTERNICH (princesse Pauline de), *Souvenirs, 1859-1871*, Paris, Plon, 1922.

MEYER (Arthur), *Ce que mes yeux ont vu*, Paris, Plon, 1911.

OLLIVIER (Émile), *Journal*, 2 vol., 1846-1870, Paris, 1921.

OLLIVIER (Émile), *Lettres de l'exil, 1870-1874*, Paris, 1921.

PALÉOLOGUE (Maurice), *Les entretiens de l'Impératrice Eugénie*, Paris, Plon, 1928.

PARQUIN (commandant), *Souvenirs du commandant Parquin*, suivis d'une biographie, J. Jourquin éd., Paris, 1979.

PERSIGNY (Fialin de), *Mémoires*, Paris, Plon, 1896.

POULET-MALASSIS, *Papiers secrets et correspondances du Second Empire*, Bruxelles, 1871.

RÉMUSAT (Charles de), *Mémoires de ma vie. 5, Rémusat pendant le Second Empire, la Guerre et l'Assemblée nationale, Gouvernement de Thiers et ministère de Rémusat aux Affaires étrangères : 1852-1875*, présentés et annotés par Ch.-H. Pouthas, Paris, Plon, 1967.

SMYTH (Ethel), *Steaks of Life*, Londres, 1921.

TROCHU (général Louis), *L'armée française en 1867*, Paris, 1867.

VIEL-CASTEL (H. de), *Mémoires sur le règne de Napoléon III*, 6 vol., Paris, 1863.

TASCHER DE LA PAGERIE (comtesse Stéphanie), *Mon séjour aux Tuileries*, 1893.

TASCHER DE LA PAGERIE (comtesse Stéphanie), *Souvenirs*, Paris, A. Ollendorf, Albin Michel, 1893-1894.

THOUVENEL (Louis), *Pages de l'histoire du Second Empire d'après les papiers de M. Thouvenel, ancien ministre des Affaires étrangères (1854-1866)*, Paris, Plon-Nourrit, 1903.

TOCQUEVILLE (Alexis de), *Souvenirs*, Paris, Gallimard, 1964.

VICTORIA (reine), *Letters of Queen Victoria*, A.C. Benson, Lord Esther, G.E. Buckle ed., Londres, John Murray, 1907-1912.

Bibliographie

Ouvrages généraux sur le Second Empire

BLANCHARD (Marcel), *Le Second Empire*, Paris, Colin, 1950.

CARON (François), *La France des patriotes, 1851-1914*, dans l'*Histoire de France*, Paris, Fayard, 1985.

DANSETTE (Adrien), *Deuxième République et Second Empire*, Paris, Fayard, 1943.

DANSETTE (Adrien), *Louis-Napoléon à la conquête du pouvoir*, Paris, Hachette, 1973.

DANSETTE (Adrien), *Du 2 décembre au 4 septembre*, Paris, Hachette, 1972.

DUVEAU (Georges), *La vie ouvrière sous le Second Empire*, Paris, Gallimard, 1946.

FLEURY (Maurice), SONOLET (Louis), *La Société du Second Empire : d'après les mémoires contemporains et des documents nouveaux*, Paris, Albin Michel, 1911-1913 ; 1. *1851-1858* ; 2. *1858-1863* ; 3. *1863-1867*.

GARRIGUES (Jean), *La France de 1848 à 1870*, Paris, A. Colin (Cursus), 2002.

MIQUEL (Pierre), *Le Second Empire*, Paris, Plon, 1992.

PLESSIS (Alain), *De la fête impériale au mur des fédérés*, Paris, Seuil, 1973

POUTHAS (Charles. H.), GUIRAL (Pierre), BARRAL (Pierre), VAN PRADALIE (Georges), *Le Second Empire*, Paris, PUF, 1957.

REGEMORTER (Jean-Louis), *Démocratie, réaction, capitalisme, 1848-1860*, Paris, PUF (coll. Peuples & Civilisations XVI), 1983.

Rougerie (Jacques), *Le Second Empire*, dans l'*Histoire de la France*, sous la direction de Georges Duby, t. III, Paris, Larousse, 1972.

Simpson (Frederick A.), *Napoléon & the Recovery of France*, Westport (Conn.), Greenwood Press, 1975.

Tulard (Jean), *Dictionnaire du Second Empire*, sous la direction de J. Tulard, Paris, Fayard, 1995.

Williams (Roger L.), *The World of Napoléon III, 1851-1970*, Free Press Paperbacks, 1965.

Zeldin (Theodore), *The Political System of Napoléon III*, Londres, Mac Millan, 1958.

Zeldin (Theodore), *Emile Ollivier and the Liberal Empire*, Oxford, Clarendon, 1963.

Biographies de Napoléon III

Aubry (Octave), *Napoléon III*, Paris, J. Tallandier, 1932.

Bac (Ferdinand), *Napoléon III*, Paris, 1929.

Bornecque-Winandy (Édouard), *Napoléon III, empereur social*, Saint-Cénère, Tequi, 1980.

Brooks (Graham), *Napoléon III*, Londres, Duckworth, 1933.

Castelot (André), *Napoléon III*, Paris, Rombaldi, 1975-1976.

Castelot (André), *Napoléon III*, 2 vol., Paris, Perrin, 1973.

Dansette (Adrien), *Louis-Napoléon à la conquête du pouvoir*, Paris, Hachette, 1961.

Girard (Louis), *Napoléon III*, Paris, Fayard, 1986.

Giraudeau (Fernand), *Napoléon III intime*, Paris, P. Ollendorf, 1895.

Guérard (Albert), *Napoléon III*, Cambridge, Harvard University Press, 1943.

Guériot (Paul), *Napoléon III*, 2 vol., Paris, Payot, 1934.

Labracherie (Pierre), *Napoléon III et son temps*, Paris, Julliard, 1967.

La Gorce (Pierre de), *Napoléon III et sa politique*, 7 vol., Paris, Plon, 1933.

Leguèbe (Eric), *Napoléon III le Grand*, Paris, Authier, 1978.

Merlat-Guitard (O.), *Louis-Napoléon. De l'exil à l'Élysée*, Paris, Hachette, 1939.

Mcmillan (James F.), *Napoléon III*, Londres/New York, Longman, 1991.

Pol (Stéphane), *La jeunesse de Napoléon III*, Paris, 1902.

Ridley (Jasper G.), *Napoléon III and Eugénie*, Londres, Constable, 1979 ; Columbia University Press, 1983.

Roux (Georges), *Napoléon III*, Paris, Flammarion, 1969.

Savant (Jean), *L'énigme de la naissance de Napoléon III*, Paris, 1972.

Séguin (Philippe), *Louis Napoléon le Grand*, Paris, Grasset, 1990.

Smith (William), *Napoléon III*, Paris, Hachette, 1982.

Thomson (James. M.), *Louis Napoléon and the Second Empire*, New York, Columbia University Press, 1955 (1983).

L'impératrice Eugénie

Aubry (Octave), *L'impératrice Eugénie*, Paris, Fayard, 1931.

Autin (Jean), *L'impératrice Eugénie, ou l'empire d'une femme*, Paris, Fayard, 1990.

Bertaut (Jules), *L'impératrice Eugénie et son temps*, Paris, Amiot-Dumont, 1956.

Des Cars (Jean), *Eugénie, la dernière impératrice*, Paris, Perrin, 2000.

Desternes (Suzanne), Chandet (Henriette), *La vie privée de l'impératrice Eugénie*, Paris, Hachette, 1955.

Duff (David), *Eugénie and Napoléon III*, Londres, Collin, 1978.

Dufresne (Claude), *L'impératrice Eugénie*, Paris, Perrin, 1986.

Hermant (Abel), *Eugénie, impératrice des Français, 1856-1920*, Paris, Hachette, 1942.

Lachnitt (Jean-Claude), *Méconnue et calomniée, l'Impératrice Eugénie*, Paris, Les amis de Napoléon, 1982.

Lacour-Gayet (Georges), *L'impératrice Eugénie*, Paris, A. Morancé, 1925.

Leroy (Alfred), *L'impératrice Eugénie*, Genève, Edito-service, 1972.

Martinoire (Francine de), *Mathilde et Eugénie : deux cousines pour un empereur*, Paris, Critérion, 1992.

Smith (William. H. C.), *Eugénie, impératrice et femme, 1826-1920*, Paris, Orban, 1989.

La famille

AGHION (Max), *Le fils de la reine Hortense*, Paris, Bibliothèqu
historique des éditions littéraires de France, 1938.

BAC (Ferdinand), *Le prince Napoléon*, Paris, 1932.

BAC (Ferdinand), *La princesse Mathilde, sa vie, ses œuvres*
Paris, 1928.

BRADIER (A.), *Les journées de Napoléon III, de l'Impératrice e
du prince impérial*, Paris, Librairie napoléonienne, Daizeu
éditeur, 1882.

BERTHET-LELEUX (François), *Le vrai prince Napoléon*, Paris
Grasset, 1932.

BERTAUT (Jules), *La reine Hortense*, Paris, Bloud & Gay, 1959.

CASTILLON DU PERRON (M.), *La princesse Mathilde*, Paris, 1967.

DECAUX (Alain), *Connaissez-vous le prince impérial ?*, Paris
1971.

DECAUX (Lucile), *Loulou, prince impérial*, Paris, Gallimard
1938.

DES CARS (Jean), *La princesse Mathilde*, Paris, 1988.

DESTERNES (S.), CHANDET (H.), *Louis, prince impérial*, Paris
1957.

DUFRESNE (Claude), *La reine Hortense*, Paris, Pygmalion, 2000

FILON (Augustin), *Le prince impérial, souvenirs et documents*
Paris, Hachette, 1912.

FLAMMARION (Dr J.), *Le prince Napoléon (Jérôme)*, Paris, 1939.

KUHN (Joachim), *La princesse Mathilde*, trad. de l'allemand
Paris, Plon, 1935.

La reine Hortense, catalogue de l'exposition au musée natio
nal des châteaux de La Malmaison et de Bois-Préau, mai
septembre 1993, Réunion des musées nationaux, 1993.

LACRETELLE (Pierre de), *Secrets et malheurs de la reine Hortense*
Paris, Hachette, 1936.

MARTINET (A.), *Le prince impérial*, Paris, 1895.

MELCHIOR-BONNET (B.), *Jérôme Bonaparte ou l'envers d
l'époque*, Paris, 1979.

RIOUX (Jean-Pierre), *Les Bonaparte*, Lausanne, Éditions Ren
contres, 1968.

WAGENER (Françoise), *La reine Hortense, 1783-1837*, Paris, J.-C
Lattès, 1992.

L'entourage

CHALARON (Frédéric), *Eugène Rouher*, Riom, 1984.
CHRÉTIEN (P.), *Le duc de Persigny, 1808-1872*, Paris, 1943.
DUFRESNE (Claude), *Morny : le roi du Second Empire*, Paris, J. Picollec, 1993.
LA BARRE DE RAILLECOURT, *Louis Bonaparte*, Paris, 1963.
MOISAN (Michel), *Le duc de Morny (1811-1865) : le Parisien et « l'Auvergnat »*, Paris, Carlat, 2001.
PARTURIER (Maurice), *Morny et son temps*, Paris, Le cercle du nouveau livre d'histoire, 1969.
ROUART (Jean-Marie), *Morny : un voluptueux au pouvoir*, Paris, 1995.
SCHNERB (Robert), *Rouher et le Second Empire*, Paris, A. Colin, 1949.

Napoléon III et les femmes

DECAUX (Alain), *La Castiglione*, Paris, 1964.
ÉMERIT (Marcel), *Madame Cornu et Napoléon III*, Paris, Les Presses modernes, 1937.
FLEICHSMANN (Hector), *Napoléon III and the women he loved*, Londres, Holden & Hardingham, 1915.
PALEWSKI (J.-P.), *Une maîtresse de Louis-Napoléon, Miss Howard*, Paris, 1968.

Politique intérieure, institutions, administration

BELLET (Roger), *Presse et journalisme sous le Second Empire*, Paris, A. Colin, 1967.
GIRARD (Louis), *Problèmes politiques et constitutionnels du Second Empire*, Paris, CDU, 1964.
LECLÈRE (Bernard), *Les préfets sous le Second Empire*, Paris, A. Colin, 1973.
MÉNAGER (Bernard), *Les Napoléon du peuple*, Paris, Aubier, 1988.

MAURAIN (J.), *La politique ecclésiastique du Second Empire*, Paris, 1930.

NAJJAR (Alexandre), *Le Procureur de l'Empire. Ernest Picard (1822-1909)*, Paris, Balland, 2001.

PAYNE (H.C.), *The Police State of Louis Napoléon Bonaparte*, Seattle, 1966.

RÉMOND (René), *La vie politique en France depuis 1789*, t. II 1848-1879, Paris, A. Colin, 1969.

Les républicains sous le Second Empire, Paris, « Les entretiens d'Auxerre », Ed. de la Maison des Sciences de l'homme 1992.

WRIGHT (V.), *Le Conseil d'État sous le Second Empire*, Paris 1972.

WRIGHT (V.), *Les préfets du Second Empire*, Paris, 1973.

Économie et société

AUTIN (J.), *Les frères Péreire. Le bonheur d'entreprendre*, Paris Perrin, 1984.

BOUVIER (Jean), *Naissance d'une banque : le Crédit Lyonnais* Paris, Flammarion, 1968.

BOUVIER (Jean), *Les Rothschild*, Paris, Fayard, 1967.

DUVEAU (Georges), *La vie ouvrière sous le Second Empire*, Paris Gallimard, 1946.

FOHLEN (Claude), *L'industrie textile sous le Second Empire* Paris, Plon 1956.

GIRARD (Louis), *La politique des travaux publics du Second Empire*, Paris, A. Colin, 1952.

MILLER (M.B.), *Le Bon Marché*, Paris, Belin, 1987.

PLESSIS (Alain), *La Banque de France et ses deux cents action naires (1852-1870)*, Genève, Droz, 1982.

Politique étrangère

BOURGERIE (Raymond), *Magenta et Solferino (1959) : Napoléon III et le rêve italien*, Paris, Economica, 1993.

ECHARD (William E.), *Napoléon III and the Concert of Europe* Baton Rouge, Louisiana State Univesity Press, 1983.

GAROFFOLO (Francesco), *Napoleone e Cavour. Nuove note sui due personaggi*, Reggio Calabria, Romeo, 1969.

GOUTTMAN (Alain), *La Guerre de Crimée, 1853-1856. La première guerre moderne*, Paris, Perrin, 2003.

HAUMONTÉ (J.O.), *Plombières ancien et moderne*, Paris, Champion, 1905.

JACOTEY (M.L.), *L'entrevue de Plombières et l'Unité italienne*, 1983.

KASTENER (Jean), *Les Bonaparte à Plombières*, Nancy, Éditions du pays lorrain, 1936.

KASTENER (Jean), *Napoléon III à Plombières*, Compagnie des Thermes de Plombières-les-Bains, 1967.

Napoléon III et l'Europe, International Commission for the Teaching of History, Bruxelles, Brepols, 1966.

MATTER (Paul), *Cavour et l'Unité italienne*, Paris, Alcan, 3 vol., 1925.

RENOUVIN (Pierre), *Histoire des relations internationales*, 5 vol., *De 1815 à 1871*, vol. 1, Paris, Hachette, 1964.

RENOUVIN (Pierre), *La politique extérieure du Second Empire*, Paris, CDU, 1947.

SCHEFFER (C.), *La grande idée de Napoléon III. Les origines de l'expédition du Mexique*, Paris, 1939.

SILVA (Pietro), *La politica di Napoleone III in Italia*, Milan, Società editrice Alighieri di Albrighi, Segati & Co., 1927.

Le coup d'État du 2 décembre

GUILLEMIN (Henri), *Le coup d'État du 2 décembre*, Paris, Gallimard, 1951.

LEBEY (André), *Les trois coups d'État de Louis-Napoléon Bonaparte*, Paris, Perrin, 1906.

MÉYER (P.), *Histoire du Deux Décembre*, Paris, Ledoyen éditeur, 1852.

Le jugement de l'histoire

BARBIER (J.-B.), *Outrances sur le Second Empire*, Paris, La Librairie française, 1956.

BARBIER (J.-B.), *Mensonges sur le Second Empire*, Paris, La Librairie française, 1959.

BARBIER (J.-B.), *Silences sur le Second Empire*, Paris, La Librairie française, 1962.

CONCHON (Georges), *Nous, la gauche, devant Louis-Napoléon* Paris, Flammarion, 1969.

DESTERNES (Suzanne), CHANDET (Henriette), *Napoléon III, homme du xxᵉ siècle*, Paris, Hachette, 1961.

DOMINIQUE (Pierre), *Napoléon et le coup d'État du deux décembre*, Paris, SFELT, 1951.

DUCLOS (Jacques), *De Napoléon III à De Gaulle*, Paris, Éditions sociales, 1964.

HENRI-PAJOT (Jeanne), *Napoléon III : l'empereur calomnié* Paris, Beauchesne, 1972.

Paris sous le Second Empire

CARMONA (Michel), *Haussmann : his Life and Time, and the Making of Modern Paris*, traduit du français, Chicago, I.R. DEE, 2002.

CHEVALIER (Louis), *Classes laborieuses et classes dangereuses à Paris pendant la première moitié du xixᵉ siècle*, Paris, Plon 1958.

DES CARS (Jean), *Haussmann. La gloire du Second Empire* Paris, Perrin, 1978.

ÉARIS (Irène), *Napoléon III : l'architecte et l'urbaniste de Paris le conservateur du patrimoine*, Levallois, Centre d'études napoléoniennes, 1991.

HAUSSMANN (Georges, Eugène, baron), *Grands travaux de Paris Sélections*, Le Paris du baron Haussmann, présenté par Patrice de Moncan et Christian Mahout, Paris, Éditions SEESAM-RCI, 1991.

JORDAN (David), *Transforming Paris : the Life and Labors o Baron Haussmann*, New York, Free Press, 1995.

MANEGLIER (Hervé), *Paris impérial : la vie quotidienne sous le Second Empire*, Paris, A. Colin, 1990.

MANSEL (Philip), *Paris capitale de l'Europe, 1814-1852*, traduit de l'anglais, Paris, Perrin, 2003.

PINKNEY (David H.), *Napoléon III and the Rebuilding of Paris* Princeton (NJ), Princeton University Press, 1958.

VALANCE (Georges), *Haussmann le grand*, Paris, Flammarion, 2000.

La fête impériale

ALLEM (Maurice), *La vie quotidienne sous le Second Empire*, Paris, Hachette, 1948.

BOULENGER (Jacques), *Les Tuileries sous le Second Empire*, Paris, Calmann-Lévy, 1932.

CASTELOT (André), *La Féerie impériale*, Paris, Librairie Académique Perrin, 1952.

CHRISTOPHE (C.), *Le théâtre et la Ville de Paris sous le Second Empire. Une mutation organisée*. Thèse de doctorat de l'Université de Lille III, 1990.

KRACAUER (Siegfried), *Jacques Offenbach und das Paris seiner Zeit* ; trad. anglaise : *Offenbach and the Paris of his Time*, Urbana, University of Illinois Press, 2002.

LUEZ (Philippe), *Jacques Offenbach : musicien européen*, Paris, Séguier, 2001.

TOUCHARD (Jean), *La gloire de Béranger*, Paris, A. Colin, 2 vol., 1968.

YON (Jean-Claude), Paris, Gallimard, 2000.

Le bonapartisme et ses mutations

BERSTEIN (Serge), WINOCK (Michel) dir., *L'invention de la démocratie*, Paris, Seuil, 2002.

BLUCHE (François), *Le bonapartisme, 1800-1850*, Paris, 1980.

BLUCHE (François), *Le bonapartisme, aux origines de la droite autoritaire (1800-1851)*, Paris, Nouvelles éditions latines, 1980.

CHOISEL (Francis), *Bonapartisme et gaullisme*, Paris, Editions Albatros, 1986.

GOUDINEAU (Christian), *Le dossier Vercingétorix*, Actes Sud/Errance, 2001.

NICOLET (Claude), *La fabrication d'une nation. La France entre Rome et les Germains*, Paris, Perrin, 2003.

NICOLET (Claude), *Histoire, nation, république*, Paris, Odile Jacob, 2000.

Rémond (René), *Les droites en France*, Paris, Aubier, 1982.

Rosanvallon (Pierre), *Le sacre du citoyen. Histoire du suffrage universel en France*, Paris, Gallimard, 1992.

Rosanvallon (Pierre), *La démocratie inachevée. Histoire de la souveraineté du peuple en France*, Paris, Gallimard, 2000.

Rothney (J.), *Bonapartism after Sedan*, New York, Cornwell University, 1969.

Taguieff (Pierre-André), *L'illusion populiste*, Berg International, 2002.

Volpi (Mauro), *La democrazia autoritaria*, Bologna, Il Mulino, 1979.

Index

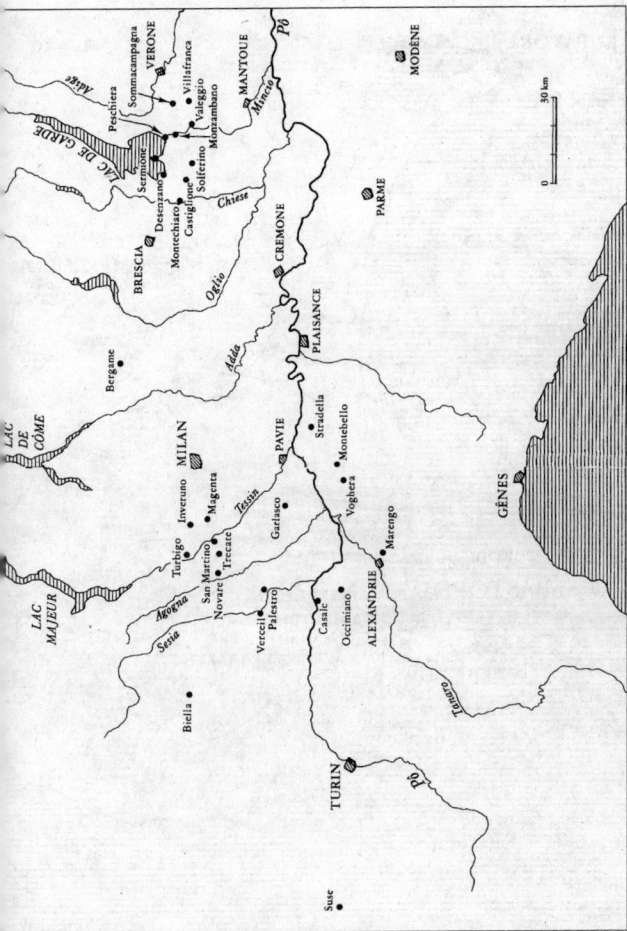

L'Italie du Nord

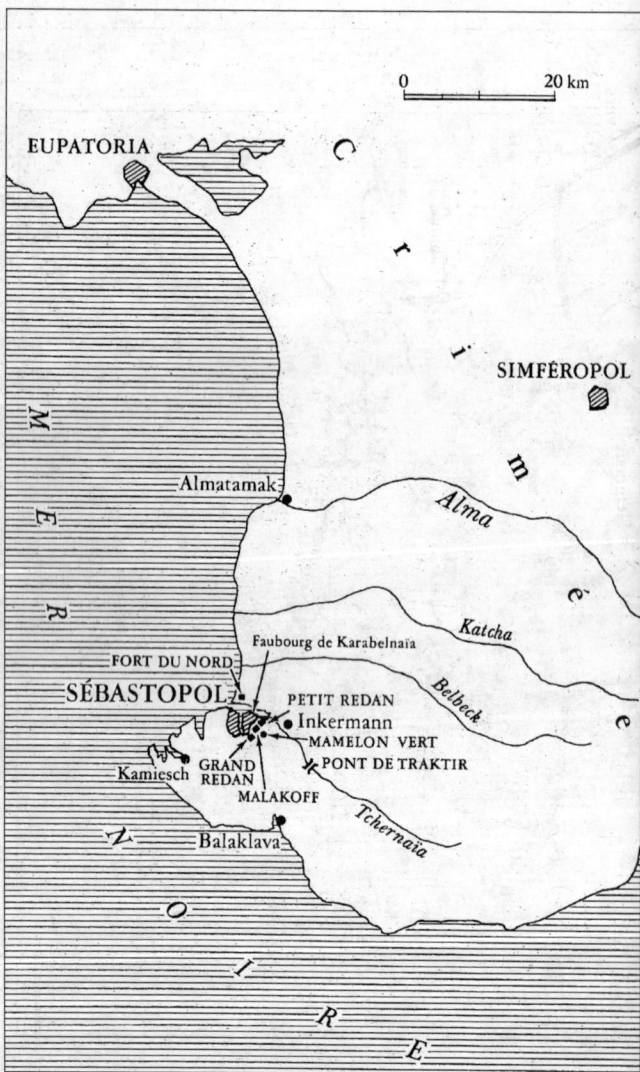

Sébastopol et la presqu'île de Crimée

vers
BOUILLON

la Chapelle

Givonne

Daigny

PLATEAU
D'ILLY

Illy

Fleigneux

Fond de Givonne

Givonne

Meuse

Saint-Menges

SEDAN

Floing

Floing

Iges

Meuse

Bazeilles

HAUTEURS
DE LA MARFÉE

CHÂTEAU
DE
BELLEVUE

N.164

Frénois

Vrigne-aux-Bois

DONCHERY

Meuse

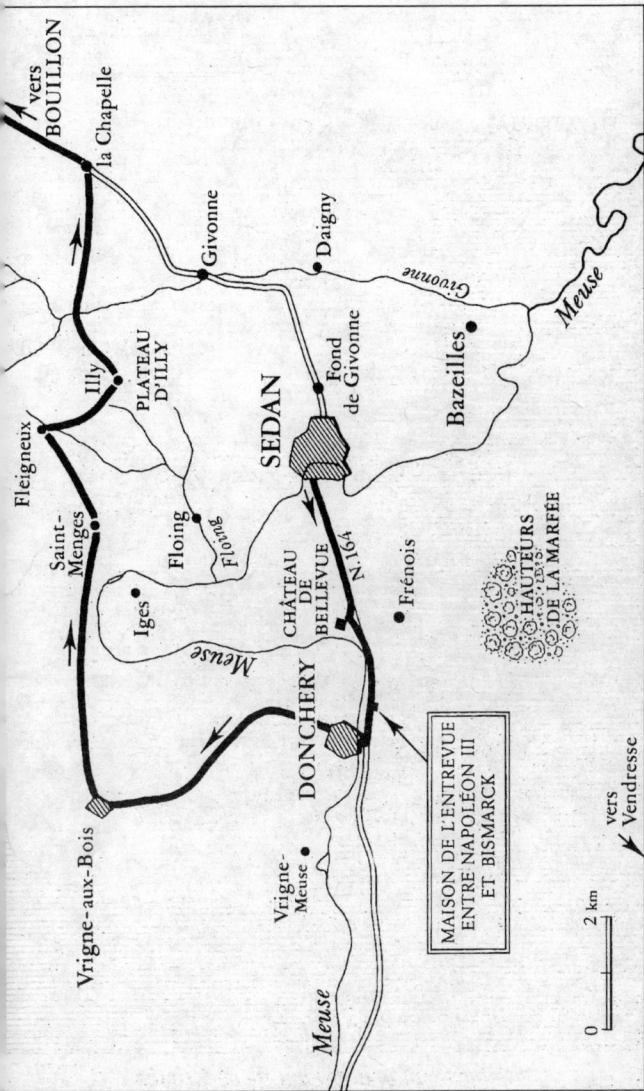

MAISON DE L'ENTREVUE
ENTRE NAPOLÉON III
ET BISMARCK

Vrigne-
Meuse

vers
Vendresse

Meuse

0   2 km

Table

collection tempus
Perrin

Déjà paru

. *Histoire de l'Allemagne* – Henry Bogdan.
. *Lieutenant de panzers* – August von Kageneck.
. *Les hommes de Dien Bien Phu* – Roger Bruge.
. *Histoire des Français venus d'ailleurs* – Vincent Viet.
. *La France qui tombe* – Nicolas Baverez.
. *Histoire du climat* – Pascal Acot.
. *Charles Quint* – Philippe Erlanger.
. *Le terrorisme intellectuel* – Jean Sévillia.
. *La place des bonnes* – Anne Martin-Fugier.
. *Les grands jours de l'Europe* – Jean-Michel Gaillard.
. *Georges Pompidou* – Eric Roussel.
. *Les États-Unis d'aujourd'hui* – André Kaspi.
. *Le masque de fer* – Jean-Christian Petitfils.
. *Le voyage d'Italie* – Dominique Fernandez.
. *1789, l'année sans pareille* – Michel Winock.
. *Les Français du Jour J* – Georges Fleury.
. *Padre Pio* – Yves Chiron.
. *Naissance et mort des Empires.*
. *Vichy 1940-1944* – Jean-Pierre Azéma, Olivier Wieviorka.
. *L'Arabie Saoudite en guerre* – Antoine Basbous.
. *Histoire de l'éducation, tome III* – Françoise Mayeur.
. *Histoire de l'éducation, tome IV* – Antoine Prost.
. *La bataille de la Marne* – Pierre Miquel.
. *Les intellectuels en France* – Pascal Ory, Jean-François Sirinelli.
. *Dictionnaire des pharaons* – Pascal Vernus, Jean Yoyotte.
. *La Révolution américaine* – Bernard Cottret.
. *Voyage dans l'Égypte des Pharaons* – Christian Jacq.
. *Histoire de la Grande-Bretagne* – Roland Marx, Philippe Chassaigne.
. *Histoire de la Hongrie* – Miklós Molnar.
. *Chateaubriand* – Ghislain de Diesbach.
. *La Libération de la France* – André Kaspi.
. *L'empire des Plantagenêt* – Martin Aurell.
. *La Révolution française* – Jean-Paul Bertaud.
. *Les Vikings* – Régis Boyer.
. *Examen de conscience* – August von Kageneck.
. *1905, la séparation des Églises et de l'État.*

Tel.:

F. Dengey   919-960-9207
A. Lyndsay   919-966-1273
S. Bigleren   919.666.0355

Composition et mise en page NORD COMPO

Impression réalisée en France sur Presse Offset par

C P I
Brodard & Taupin

La Flèche (Sarthe), le 15-10-2008
pour le compte des Éditions Perrin
11, rue de Grenelle
Paris 7ᵉ

N° d'édition : 2210 – N° d'impression : 49681
Dépôt légal : janvier 2007
Imprimé en France